ANTOLOGÍA GENERAL

PABLO NERUDA

ANTOLOGÍA GENERAL

REAL ACADEMIA ESPAÑOLA

ASOCIACIÓN DE ACADEMIAS
DE LA LENGUA ESPAÑOLA

«Como una ola hecha de todas las olas». Así consideraba Pablo Neruda el latido de sus versos. Así lo hemos percibido también millones de lectores para quienes son lo que el propio poeta deseaba: «un relámpago de fulgor persistente», una poesía que es un torrente deslumbrante e impetuoso. «En la casa de la poesía no permanece nada sino lo que fue escrito con sangre para ser escuchado por la sangre». Lo había anticipado ya Vallejo, y el gran Rubén Darío, a quien Neruda y García Lorca rindieron, a dúo, tributo de admiración porque «por encima de normas, formas y escuelas» en él vibraba la energía de una palabra creadora. Con ellos se enseñoreó de la poesía hispánica la voz de América.

La de Neruda tiene un alcance grande: quiere ser, se propone explorar todo lo real, pasando cada vez de la materia al canto. Pero en la mayor parte de su obra, naturaleza y sociedad gravitan hacia una visión unitaria de la geografía y la historia de América. De ahí que la Real Academia Española y la Asociación de Academias hayan querido publicar esta *Antología general* para rendir homenaje a Neruda, junto con su colega de Nobel, Gabriela Mistral, en el V Congreso Internacional de la Lengua Española que se celebrará precisamente en Valparaíso, ciudad a la que Neruda estuvo muy vinculado.

Se ha encargado de su compilación el académico chileno Hernán Loyola, que, en diálogo con

LIMPIA, FIXA, Y DA ESPLENDOR

«Como una ola hecha de todas las olas». Así consideraba Pablo Neruda el latido de sus versos. Así lo hemos percibido también millones de lectores para quienes son lo que el propio poeta deseaba: «un relámpago de fulgor persistente», una revelación, un pentecostés deslumbrante e impetuoso. «En la casa de la poesía no permanece nada sino lo que fue escrito con sangre para ser escuchado por la sangre». Lo había anticipado ya Vallejo y el gran Rubén Darío, a quien Neruda y García Lorca rindieron, a dúo, tributo de admiración, porque «fuera de normas, formas y escuelas» en él vibraba la verdad de una palabra creadora. Con ellos se enseñoreaba de las letras hispánicas la voz de América.

La de Neruda tiene un alcance universalizador; se propone explorar todo lo real, para recrearlo y depurarlo en el canto. Pero en la mayor parte de su obra, naturaleza y sociedad gravitan hacia una visión unitaria de la geografía y la historia de América. De ahí que la Real Academia Española y la Asociación de Academias hayan querido agavillar esta *Antología general* para rendir homenaje a Neruda, junto con su colega de Nobel, Gabriela Mistral, en el V Congreso Internacional de la Lengua Española que se celebra precisamente en Valparaíso, ciudad a la que Neruda estuvo muy vinculado.

Se ha encargado de su compilación el académico chileno Hernán Loyola, que, en diálogo con la Asociación, ha logrado perfilar una excelente guía para poder seguir, en doce capítulos, toda la aventura creadora que fue jalonando la vida del gran poeta.

A los textos se añade un inédito vinculado a Valparaíso. El abogado Nurieldín Hermosilla nos ha cedido para su publicación un curioso escrito con el que Neruda quiso agradecer la protección que en 1948 le brindó una familia de Valparaíso cuando era perseguido por la dictadura.

Introducen y acompañan la lectura casi una docena de estudios que abre en la primera parte Jorge Edwards (Academia Chilena) con un testimonio personal, una crónica de la última etapa de vida del gran poeta. Alain Sicard (Academia Cubana) se ocupa, en una visión de conjunto, de los grandes temas sobre los que gira la poesía del Nobel chileno, en tanto que Selena Millares (Universidad Autónoma de Madrid) afronta el estudio de sus poéticas y de la intertextualidad que Neruda establece con diversas tradiciones poéticas. El propio Hernán Loyola (Academia Chilena) cierra este bloque con la explicación de la selección realizada y de su periodización, lo que equivale a un estudio sintético de la obra.

En la segunda parte, la sección «Evocaciones y lecturas nerudianas» reúne las colaboraciones de Marco Martos Carrera (Presidente de la Academia Peruana) sobre «Neruda en el corazón»; José Luis Vega (Director de la Academia Puertorriqueña), «La visión trágica en la poesía de Pablo Neruda»; Pere Gimferrer (Real Academia Española), «El espacio verbal de Neruda»; Andrés Gallardo (Academia Chilena), «Pablo Neruda y la lengua castellana»; Francisco Brines (Real Academia Española), «Neruda y García Lorca: la imitación como intensificación poética», y Eduardo Lizalde (Academia Mexicana), «Neruda, río».

Cierran el volumen una «Bibliografía» esencial preparada por Hernán Loyola, y el «Glosario» de voces e «Índice onomástico» preparados por Manuel Jofré (Fundación Pablo Neruda) en colaboración con un equipo de la Real Academia Española integrado por Carlos Domínguez y Abraham Madroñal.

A todos ellos manifiestan su gratitud la Real Academia Española y la Asociación de Academias de la Lengua Española.

Agradecimiento especial merecen la Fundación
Pablo Neruda y don Nurieldín
Hermosilla.

Pablo Neruda

JORGE EDWARDS

EL ÚLTIMO NERUDA

Marcel Proust describe esos campanarios de Normandía dispersos en la planicie: su aparición en el paisaje, su distancia, sus cambios de perspectiva. Pablo Neruda, que leía pocas novelas, o que solo leía, mejor dicho, novelas del género policíaco, había leído *En busca del tiempo perdido* en sus años juveniles de cónsul de elección en el Extremo Oriente. No sé si pensó en esas páginas cuando escribió «El campanario de Authenay», poema que forma parte de su libro *Geografía infructuosa* y que es, al menos para mi gusto, uno de los textos mejores, más concisos, más enigmáticos y coherentes, de toda su última etapa. En ese poema Neruda recuperó y reescribió algunos de sus grandes temas: el trabajo del hombre, el orgullo humano, la culpable sensación de inutilidad del creador de palabras frente a la acción de los constructores, de los trabajadores manuales: la permanencia de la obra de ellos frente al tiempo, a la destrucción paulatina. He releído «El campanario de Authenay» decenas de veces y siempre me parece nuevo, siempre me entrega una visión fresca y a la vez una oscuridad de sentido que se revela en parte y que nunca termina de revelarse del todo. En la poesía del final de Neruda hay frecuentes chispazos, aciertos verbales, visiones parciales, pero es difícil encontrar poemas que se mantengan en toda su solidez, en un ritmo sostenido, desde la primera línea hasta la última. El poeta vivía sumergido en su mundo, pero estaba enfermo, tenía conciencia de su enfermedad, y mostraba algunos signos inevitables de cansancio. De pronto, sin embargo, se producía algo así como una epifanía, un renacimiento milagroso de sus facultades. En un sentido casi literal, el poeta se iluminaba. En otro poema de *Geografía infructuosa,* una especie de oda al sol, aunque de un tono, de una densidad, de un hermetismo muy diferente al de las anteriores *Odas elementales,* escribe:

> Hace tiempo, allá lejos,
> puse los pies en un país tan claro
> que hasta la noche era fosforescente:
> sigo oyendo el rumor de aquella luz...

Como lo dice en otra parte, el poeta es rumiante de su pasado: todo ocurrió en un tiempo y un lugar míticos. El racionalismo que domina en las *Odas elementales* tiende ahora, en los textos finales, a desdibujarse. El poeta sexagenario de 1971 no divide el mundo en dos mitades —siente menos respeto que antes por la simetría, por los sistemas ideológicos, por el principio de contradicción—, «sino que lo mantengo a plena luz / como una sola uva de topacio». Para el mismo poeta, la aparición de los campanarios rectos, inmóviles, negros, «contra la claridad de la pradera [...] / en la infinita estrella horizontal / de la terrestre Normandía» produce una sensación parecida de claridad súbita, de éxtasis, de liberación. Me imagino al escritor embajador en su automóvil, en el asiento de al lado del chofer, encontrándose con ese paisaje, con esa geografía que solo le daba frutos mentales («solo anduve con el humo»), y sacando el cuaderno de dibujo, sin rayas, y alguno de los rotuladores de color verde que nunca dejaba de llevar en la guantera del coche, delante de su asiento. A lo mejor le pedía al chofer que se detuviera un rato frente a esas modestas iglesias, pero más bien pienso que no. Neruda guardaba con celo, con un sentido profundo de lo secreto, los asuntos relacionados con su propia poesía. Parecía que su vida cotidiana y el desarrollo interno de su obra caminaban por cuerdas separadas. Podía mirar de reojo desde el coche, sin dejar traslucir nada, y escribir en la hoja blanca con gruesos trazos verdes:

En la interrogación de la pradera
y mis atónitos dolores

una presencia inmóvil rodeada
por la pradera y el silencio:

la flecha de una pobre torre oscura
sosteniendo un gallo en el cielo.

La decisión de comprar una casa en Normandía tuvo directa relación con su residencia en el caserón de la embajada chilena de la avenida de La Motte-Picquet, en París, y con su reencuentro decepcionante, incómodo, después de años de relativa libertad, con la vida diplomática y burocrática. En ese 1971 de la escritura de *Geografía infructuosa,* al poeta le pasaban muchas cosas: ya se había declarado su cáncer irreversible a la próstata, había abandonado Isla Negra y viajado a Francia, le había presentado sus credenciales en el palacio del Eliseo al presidente Georges Pompidou y observaba con seria preocupación, con visible angustia, los sucesos políticos del Chile de Salvador Allende. Además de todo eso, recibía semanales cartas de amor de una joven amiga chilena y me hablaba con frecuencia de su proyecto de invitarla e instalarla en París en alguna forma. El proyecto, naturalmente, chocaba con el avance de su enfermedad y tenía, por eso mismo, un aspecto patético. Estuvo dos o tres veces en una clínica francesa y fue sometido a dos operaciones, sin que esto llegara a ser conocido por la prensa de ningún lado.

En esas circunstancias, vivir lejos del sitio físico de la residencia oficial, a un piso de las oficinas, se convirtió para él en una obsesión, en una absoluta necesidad. Desde que supo, a través de su amigo el académico y poeta Arthur Lundqvist, que la academia sueca se había reunido y había resuelto otorgarle el Premio Nobel de Literatura, no descansó hasta encontrar su casa de campo del pueblo de Condé-sur-Iton, que se encontraba hacia el oeste de Chartres, no lejos de los paisajes proustianos de Illiers, el Combray de *À la recherche...* Lo acompañé en su Citroën gris durante una larga mañana de sábado, y cuando llegó a la casa de Condé, un antiguo aserradero rodeado de canales, de árboles, de pájaros, de un amplio prado en el que pastaban caballos, tomó su decisión de compra de inmediato. El viejo aserradero había sido un amor a primera vista. Le comenté que se había comprado una casa donde no faltaba ninguno de los elementos del Temuco de su infancia: la madera, el agua, el color verde, los bosques, los animales, los pájaros. Ahora no recuerdo qué me contestó. Es probable que se haya encogido de hombros, que haya levantado las cejas y haya esbozado una vaga sonrisa. Había conseguido escapar del Mausoleo, como bautizó desde un principio la mansión oficial, y volver a encontrarse con el paisaje de su niñez temucana: una muerte y una resurrección. El chofer, entretanto, con gran entusiasmo, nos informaba de que los árboles vecinos estaban llenos de faisanes, pájaros que él se proponía cazar con una escopeta y llevar a la olla, y de que en la distancia se escuchaba el canto de un ruiseñor. En otras palabras, los temas de la poesía europea clásica rondaban por el lugar, que en su última etapa, antes de ser puesto en venta, había desempeñado funciones de sala de baile o cabaret de provincia.

No pretendo hacer el itinerario poético, político, humano del último Neruda. No escribo un capítulo de su biografía. Me limito a dar un testimonio más bien disperso, desordenado, producto de mi memoria personal y de mis ocasionales y escasos apuntes. Creo, a partir de mi propia observación, que hubo tres episodios decisivos que marcaron para él aquellos comienzos de la década de los setenta. El primero fue la carta de los intelectuales y artistas cubanos de 1966, provocada por su viaje a una reunión en Nueva York del PEN Club Internacional y por el encuentro, a su regreso, con el presidente peruano Fernando Belaúnde en Lima. El segundo fue la invasión a Checoslovaquia por los tanques del Pacto de Varsovia en agosto de 1968. El tercero fue el triunfo de Salvador Allende y de la Unidad Popular en Chile y sus difíciles primeros pasos en el gobierno, mientras él asumía sus tareas de embajador en Francia. Dejo a un lado a propósito su experiencia de precandidato presidencial del Partido Comunista en los inicios de la campaña. Neruda tenía perfecta conciencia de que solo se trataba de una fase preliminar. Se sintió halagado en algún momento por el éxito popular de sus actos de campaña, pero nunca creyó en serio en la posibilidad de llegar con su candidatura hasta el final de la campaña. Recibió la noticia de la unidad de los partidos de izquierda alrededor de Allende en una radio a pila, en el bar de su casa de Isla Negra, y ninguno de los presentes en ese episodio podría sostener que el poeta saltaba de entusiasmo. Tenía, mientras manipulaba la pequeña radio portátil, una expresión seria, y miraba el porvenir inmediato con evidente preocupación.

El poeta interpretó la carta de los cubanos como una agresión directa, desaforada, injusta, contra sus credenciales de viejo militante.

> Cuando todo estaba ganado
> se asociaron los escribientes
> y acumularon firmadores...

Los más callados, sostuvo Neruda en la parte III de *Fin de mundo,* libro de 1969, fueron los héroes verdaderos, y después de las victorias «llegaron los vociferantes / llena la boca de jactancia / y de proezas salivares...».

Aquellos héroes falsos (los vociferantes) eran muchos y daba la impresión de que tenían cómplices por todos lados. En alguna lectura de su poesía en Francia, el poeta, atacado a gritos por la extrema izquierda, recogió sus papeles y abandonó la sala, en su trote cansino, por una puerta lateral. En más de una reunión privada, tuvo enfrentamientos verbales apasionados, incluso con personajes que años más tarde se vestirían con algo que podríamos llamar nerudismo póstumo. Ya he contado nuestras llegadas a la embajada cubana en Francia con motivo de ceremonias oficiales. Alejo Carpentier, que en virtud de su cargo de ministro consejero ocupaba el segundo lugar en el comité de recepción, se escondía detrás de una cortina cada vez que pasaba su ex amigo Neruda, a sabiendas de que el poeta no le daría la mano. A mí, que venía después del poeta embajador, me tocaba verlo salir de su escondite y saludarlo.

El signo más notorio de la irritación de Neruda con los firmantes de la carta, entre los muchos que me tocó observar de cerca, fue un llamado por teléfono que recibí en el Hotel Habana Riviera en mis días de encargado de negocios en Cuba. «¿Has visto a Enrique?» —preguntó. La pregunta me tomó de sorpresa. «¿Qué Enrique?, ¿Enrique Bello?, ¿Enrique Lihn?» El poeta me pareció desconcertado, incluso irritado. «¡Enrique Labrador!» —exclamó desde el otro lado de la línea. Era solo un detalle, si se quiere, pero un detalle que revelaba muchas cosas. Enrique Labrador Ruiz era un viejo novelista emparentado con la vanguardia española y europea. No era mirado en Cuba como castrista, ni siquiera como hombre de izquierda, y por ese motivo nadie le había pedido la firma de la carta antinerudiana. Y Neruda, que nunca perdonó a los firmantes, quería agradecer la abstención de Labrador y quería, además, que su agradecimiento se notara. Cuando circuló el documento en 1966, Labrador habría podido presentarse a firmar, como hicieron muchos otros, pero prefirió quedarse en su caserón destartalado, en un barrio del centro de La Habana, junto a su notable colección de pintura cubana de comienzos de siglo. Lo fui a visitar, armado, por consejo del poeta, de dos botellones de *whisky,* y lo encontré en compañía del caricaturista Juan David, amigo mío desde sus tiempos de agregado cultural en París. Enrique contó encuentros y farras extraordinarias en el México de los años cuarenta. Carretes, como se dice en el Chile de ahora: travesías nocturnas regadas, recitadas, cantadas, y que desembocaban en una torre, en un muelle fluvial, encima de una carretela de colores. Parecían páginas surrealistas arrancadas de sus novelas de los años treinta. Me acuerdo de algunas de sus pinturas, que me recordaron a la generación chilena del año 13 —Enrique Bertrix, Pedro Luna—, y a pesar de que me proponía llevarle una botella para beberla esa noche y dejarle la otra de regalo, la interminable, pletórica, *rabelaisiana* conversación nos llevó a beber las dos, de modo que le quedé debiendo una tercera. Había un asunto claro, que se definió perfectamente esa noche: el amigo cubano de Neruda era Enrique Labrador Ruiz, por lejano que estuviera del castrismo o de cualquier otra forma del socialismo real, y no Carpentier, «el escritor más neutral que he conocido», como lo definiría más tarde el poeta en sus memorias, o Nicolás Guillén, que contrastaba con el otro poeta del mismo apellido, con («el español, el bueno»), paréntesis que deberíamos considerar como un clásico en el género de la diatriba.

En la primera parte de *Fin de mundo* hay todo un poema dedicado a la llamada Primavera de Praga y a la intervención armada de los países del Pacto de Varsovia:

> La hora de Praga me cayó
> como una piedra en la cabeza [...].

Fue fácil para el adversario
echar vinagre por la grieta
y no fue fácil definir
y fue más difícil callar.
Pido perdón para este ciego
que veía y que no veía.

El libro es una crónica del año 1969, visto como el fin de una época y como un período de certezas que parecían sólidas y que han empezado a tambalearse. El poeta no abandona ni pretende abandonar en ningún momento la disciplina de su partido, pero casi en cada verso expresa una perplejidad, una duda, un sufrimiento. El ciego veía, y por lo tanto no estaba ciego, pero a la vez, de forma no del todo voluntaria, no veía. Voy a contar un episodio que también es un detalle, como el del saludo a Enrique Labrador Ruiz, y a la vez más que un detalle. El día de fines de agosto en que llegaron a Chile las noticias de la invasión de Checoslovaquia por los tanques del mundo comunista, me tocó cenar en casa de Joaquín Gutiérrez, escritor de origen costarricense, editor, militante comunista de toda la vida, con Pablo Neruda y Matilde, Volodia Teitelboim, Armando Uribe Arce, entre otros. La prensa, la radio y la televisión no hablaban de otra cosa. Los sucesos de Praga se habían convertido en el centro de todos los comentarios de Santiago. Armando Uribe y yo veníamos de una jornada de trabajo en el Ministerio de Relaciones Exteriores y nos habíamos pasado el día recibiendo comunicaciones de nuestras embajadas, discutiendo sobre el tema, escuchando al embajador checoslovaco, que había llegado al final de la mañana a conversar con el Ministro del gobierno de Eduardo Frei Montalva, Gabriel Valdés Subercaseaux. En ese tiempo, me encontraba a la cabeza del Departamento de Europa Oriental, creado hacía poco para ocuparse de las relaciones con los países del bloque soviético, de manera que mi nivel de información sobre los sucesos era de los mejores, de los más completos que se podían alcanzar en el país. A pesar de eso, a lo largo de toda la cena en casa de Joaquín Gutiérrez, no se habló una sola palabra de lo que ocurría fuera de los muros de esa casa. Volodia estaba impertérrito, Joaquín Gutiérrez parecía un monolito, y daba la impresión de que el poeta soñaba con alguna otra cosa. A todo esto, hacía días que nos hablaba de un proyecto de viaje a Europa. Nos despedimos en la puerta de calle y volvimos a despedirnos antes de subir a los automóviles, como suele ocurrir en todas las despedidas chilenas. No sé ahora si fue el poeta Armando Uribe o si fui yo el que le preguntó a Neruda que cuándo emprendía su viaje con Matilde. El poeta, con su voz gangosa, como si no saliera todavía del ensueño de la cena, contestó: «No sé. No creo que viaje. La situación está demasiado checoslovaca». Eso fue todo. Poco tiempo más tarde, en *Fin de mundo,* el poeta escribía:

Yo vuelvo al tema desangrado
como un general del olvido
que sigue viendo su derrota:
no solo los muertos murieron
en los brazos de la batalla,
en la prisión, en el castigo,
en las estepas del destierro,
sino que a nosotros también,
a los que vivimos aún,
ya se sabe que nos mataron.

Con el triunfo de Salvador Allende y de la Unidad Popular y con el viaje a París para hacerse cargo de la embajada de Chile, hubo algo parecido a un renacer, a una nueva partida. Como lo sabe todo lector atento de su poesía, París, el de las torres de la catedral de Notre-Dame, el de la isla de San Luis, el de Rimbaud y Charles Baudelaire, el de Victor

Hugo, era uno de sus amores más antiguos y más fieles. Hubo una esperanza, una energía renovada, una sensación de nuevo comienzo, pero todo acompañado por una sombra doble, ominosa: la enfermedad del poeta, que padecía de un cáncer de próstata avanzado, y la enfermedad de la política chilena, que mostraba síntomas, especialmente alarmantes para alguien que había vivido en Madrid en vísperas y en los primeros días de la guerra, de un enfrentamiento interno violento, cada día más difícil de evitar. A comienzos de octubre del año 70, como ya lo he contado en otra parte, viajé de Lima, donde trabajaba como consejero de la embajada chilena, a Santiago, y fui a la casa de Neruda en los faldeos del cerro San Cristóbal en la mañana siguiente de mi llegada. Subimos a la biblioteca, que se encontraba unos cincuenta metros más arriba que la casa principal. Eran los días en que Salvador Allende había ganado las elecciones presidenciales de comienzos de septiembre y en que todavía no asumía el mando. Santiago estaba lleno de rumores, de especulaciones de todo orden, de temores, de amenazas no disimuladas. La intervención del Gobierno de Richard Nixon, de la CIA, de la ITT, en connivencia con fuerzas de la extrema derecha criolla, era evidente, omnipresente, enormemente peligrosa para la estabilidad de las instituciones nacionales. «Lo veo todo negro» —me dijo Neruda cuando íbamos entrando a su nueva biblioteca. Me habló de una violencia, de una división que se respiraban en el aire. El ambiente de las vísperas de la Guerra Civil española salía a relucir en su conversación con mucha frecuencia. En esos mismos días, debido a un tema delicado que había surgido en la embajada en Lima, conversé con Salvador Allende en su casa de la calle Guardia Vieja. «Tengo que ir a Valparaíso a una manifestación —me dijo el presidente electo— y he recibido informaciones sobre un posible atentado en mi contra, pero después de ganar en las elecciones no puedo andar escondido». El atentado contra el general René Schneider, dos o tres días después, y su asesinato confirmaron los peores rumores. A la vez, por reacción, sirvieron para asegurar el paso de Allende a la presidencia de la República. Fue un triunfo momentáneo, y tengo la impresión de que Neruda adquirió una transitoria seguridad. En sus primeros pasos en la embajada en París, en abril del año siguiente, su preocupación profunda, su angustia, volvían a estar presentes. Si *Fin de mundo* fue una gran crónica de las vísperas, de los anuncios de un cambio de época, un libro de acentos lastimeros, a veces apocalípticos, *Geografía infructuosa,* de algún modo, es reflexión, meditación, perplejidad. En su largo viaje, el viajero inmóvil, como definió Emir Rodríguez Monegal a Pablo Neruda, se detiene, sale de los terrenos escabrosos, pantanosos, de la acción política y trata de hacer un balance definitivo.

> Yo
> pregunto
> en este mundo, en esta tierra, en este
> siglo, en este tiempo,
> en esta vida numeral, por qué,
> por qué nos ordenaron, nos sumieron
> en cantidades, y nos dividieron
> la luz de cada día,
> la lluvia del invierno,
> el pan del sol de todos los veranos,
> las semillas, los trenes,
> el silencio,
> la muerte con sus casas numeradas
> en los inmensos cementerios blancos,
> las calles con hileras.

El mundo, a pesar nuestro, en nuestra contra, se dividió en números: vivimos en una vida numeral, con números asignados a cada uno. La rebelión del poeta, que va aquí más lejos, mucho más allá de la política, es perfectamente inútil. La numeración de cada persona, con su sombra carcelaria, de campo de concentración, parece una realidad insuperable:

> Yo me llamo trescientos,
> cuarenta y seis, o siete,
> con humildad voy arreglando cuentas
> hasta llegar a cero, y despedirme...

En medio de la escritura de *Geografía infructuosa,* la lucha política arreciaba, y él la observaba con lucidez, con algo de sorpresa amarga, con incesante inquietud. Pero también observaba el avance de su enfermedad y el avance del tiempo. Una mañana lo encontré absorto, en su oficina de embajador, frente a un periódico francés desplegado. «Se ha muerto a los 68 años de edad —me dijo— la edad mía, un buen amigo venezolano, el ex presidente Raúl Leoni, ¿y sabes de qué murió? De cáncer de próstata...». El fantasma de la muerte rondaba por su cabeza, pero sus comentarios eran siempre breves, alusivos, discretos. Durante un almuerzo oficial en La Motte-Picquet, en presencia de los ministros de relaciones de Francia y de Chile y del presidente de la Asamblea francesa, Edgar Faure, se levantó de la mesa, lívido, y regresó veinte o treinta minutos más tarde. Me confesó después, sin entrar en detalles, que nunca en su vida había sufrido tanto.

Recibía las cartas semanales de su joven amiga de Chile y no sé cuándo ni cómo las contestaba. Era un amor otoñal, terminal. El día en que le anunciaron el Premio Nobel de Literatura, en octubre de 1971, recibí un telegrama enviado a mi nombre, pero sin duda dirigido a él. Tuve que hacer mi papel nunca convenido ni declarado de correo, de intermediario. «Esto es para ti» —le dije, y le entregué el telegrama. Estaba sentado en un sillón, junto a un brasero chileno apagado, y ahí depositaba toda clase de misivas, saludos, papeles. Miró el telegrama y se lo guardó en un bolsillo interior, sin decir una palabra. A veces me habló de su erotismo general, de su sentimiento, de su curiosidad, pero sin entrar en la menor minucia. Le gustaba mucho, por lo demás, escuchar historias eróticas ajenas. Un día le conté que había conocido a una poeta francesa interesante, atractiva, y que curiosamente se llamaba José. «¿Qué tiene de extraño? —me replicó el poeta— Acuérdate de Josie Bliss». El recuerdo de la maligna, de la furiosa, de la amante birmana que había inspirado «Tango del viudo» uno de los grandes poemas de *Residencia en la tierra*, nunca lo abandonó. No solo era una evocación poética repetida: era también algo parecido a un remordimiento. En esos días finales adquiría un relieve patético. Pero había que entender y saber callar. El hombre de acción ocasional se había doblado de un contemplativo, un silencioso, un meditabundo. Se pasaba horas junto a una ventana de su dormitorio, contemplando los ornamentos dorados de la cúpula de los Inválidos con un catalejo de marinero adquirido en alguna tienda de antigüedades. Pero quizá su mayor distracción consistía en recorrer, atento, impávido, casi anfibio, las galerías del Mercado de las Pulgas. O examinar las estanterías de un librero anticuario del Barrio Latino, el señor Lohlé. Cada vez que encontraba un objeto extraordinario —mascarón de proa, autómata a cuerda del siglo XVIII, edición original de Flaubert, de Joseph Conrad, de algún otro—, dejaba un depósito en dinero para reservarlo. Y después, cuando le pagaban un poema, un libro, un premio, trotaba con su ritmo cansino, sin mirar hacia atrás, a retirarlo. Fui testigo de esta reacción a fines de los años sesenta y puedo asegurar que la mantuvo hasta los días de su despedida de París. ¿Tenía conciencia de que esta despedida era definitiva? Nunca me lo dijo, pero tengo la clara sensación de que sí la tenía. Ya lo he contado: cuando partió de regreso a Chile en compañía de Matilde, a fines de 1972, entré al sector residencial de la embajada y encontré detalles, huellas reveladoras. Había, tirado en un rincón, un pescado de plata que servía de abridor de botellas. Conservé el pescado en mi bar de la calle Santa Lucía y un buen día desapareció. Quizá había hablado en exceso y el pescado de nariz rota había despertado algún instinto de coleccionismo. Y en las alfombras de su salón particular había migas de galletas aplastadas. Lo extraño, lo perturbador, es que no solo eran señales de un final humano. Era un fin de época, y uno, aunque no supiera articularlo, intuía el fenómeno con fuerza irremisible. Poco después, en la última de las reuniones internacionales de renegociación de la deuda chilena, estuve en esos mismos recintos, ocupados ahora por funcionarios cansados, preocupados, llenos de cartapacios atestados de papeles que empezaban a parecer inútiles.

Una mañana cualquiera el poeta me llamó por teléfono desde Isla Negra. Después supe que había ido a la cabina de la hostería de la señora Elena y que había esperado largo rato hasta que se pudo establecer la comunicación. Era una voz cansada, pero animosa, que me decía que el mar estaba maravilloso, que no perdiera más mi tiempo en París. Me había llamado por un asunto burocrático menor, que lo tenía inquieto, pero que ya estaba resuelto. Después me mandó una carta en la que describía uno de los menús de la misma hostería: espléndidas aceitunas, un fabuloso congrio frito, *very happy* chirimoyas y ya no recuerdo qué más. El desabastecimiento, en resumen, era una fábula politiquera, un invento de la derecha, y a él le parecía que la lucha era, en el fondo, tranquila, y que se iba ganando.

Uno de los participantes en las conversaciones sobre la deuda, el representante francés del Fondo Monetario, me llamó en esos mismos días, a su regreso de uno de sus frecuentes viajes a Chile, y salimos a cenar a un restaurante de la *avenue* Bosquet, casi a los pies de la torre Eiffel. Acababa de tener una larga conversación con el presidente Allende, en La Moneda, y había alertado al presidente sobre los efectos políticos letales que podía provocar la inflación galopante que ya se manifestaba en Chile. El francés, mi amigo Jacques Barnouin, terminó aquella cena con un detalle que me pareció extraordinario. El presidente le había preguntado, al cabo de un par de horas: «¿Y por qué a usted le entiendo lo que me dice y a los economistas de mi equipo de gobierno no les entiendo nada?».

A Neruda, precisamente, en los primeros meses de su misión en Francia, le había dicho una alta autoridad del Gobierno allendista: «La inflación va a destruir el poder de la burguesía». Neruda, con toda calma, pero sin la menor vacilación, hizo un gesto negativo con los dedos. «La inflación, mi estimado amigo —replicó— nos va a destruir a nosotros».

Hablaba el poeta de las grandes preguntas, el de las perplejidades esenciales, el ciego «que veía y que no veía». O que veía más de lo que estaba permitido ver, para desgracia suya. A treinta y tantos años de su muerte, uno siente, muchas veces, que el culto suyo póstumo, rutinario, interesado, cauteloso, impide comprender esta visión trágica, crítica y autocrítica, descarnada, dolorosa, de los años finales. En la última parte de *Memorial de Isla Negra,* las mejores memorias que escribió nunca, a pesar de *Confieso que he vivido,* el poeta vuelve a la infancia. Los mayores tocan la guitarra, beben y cantan en la popa de un barco, mientras el poeta niño, en la proa, solitario, contempla, extasiado, las aguas del río, los árboles selváticos de la orilla, el cielo que todavía conserva luces crepusculares. El cierre de *Geografía infructuosa,* el libro de su primer año en la embajada en Francia, culmina en una nota parecida:

si me llamas desde una mesa en un café
y observas que soy torpe, que no te reconozco,
no pienses, no, que soy tu mortal enemigo:
respeta mi remota soberanía, déjame

titubeante, inseguro, salir de las regiones
perdidas, de la tierra que me enseñó a llover,
déjame sacudir el carbón, las arañas,
el silencio: y verás que soy tu hermano.

Para mí, el último Neruda, el de la embajada en París y el regreso a Isla Negra, el de *Fin de mundo* y *Geografía infructuosa,* enseña las lecciones más dolorosas, profundas, contradictorias: sobre la poesía, sobre el tiempo y la muerte, sobre el siglo atormentado, descarriado, mal resuelto. Basta leer con atención, sin prejuicios, con espíritu abierto. Pero es, hay que admitirlo, una forma de lectura difícil, demasiado poco frecuente. (El amor. Las Pulgas. Los libreros anticuarios. El protocolo. La oficina. No aguanto más... Algunos personajes.)

ALAIN SICARD

PABLO NERUDA: ENTRE LO INHABITADO Y LA FRATERNIDAD

«Soy omnívoro de sentimientos, de seres, de libros, de acontecimientos y batallas. Me comería toda la tierra. Me bebería todo el mar». Retrato del artista en ogro de las cordilleras. Podría colgar en la entrada del edificio nerudiano: a esta voracidad insaciable debe su magnitud, su multifacetismo. A ella, sobre todo, ese dinamismo expansivo que parece proyectar la poesía de Pablo Neruda constantemente —¿peligrosamente?— fuera de ella, hacia temas o formas que no son —según nuestra tradición eurocéntrica— de su tradicional jurisdicción. El *Canto general,* que Julio Cortázar comparaba a «un gigantesco almacén de ultramarinos, una de esas ferreterías donde todo se da, desde un tractor hasta un tornillito», queda como el paradigma de aquella proliferación caótica.

Lo singular es que aquel movimiento centrífugo es inseparable, en la poesía de Pablo Neruda, de un centripetismo no menos imperioso. El yo nerudiano es insoslayable. El propio poeta lo reconoce, con fingido arrepentimiento, en un poema de *Fin de mundo* titulado «Siempre yo»:

> Yo que quería hablar del siglo
> adentro de esta enredadera
> que es mi siempre libro naciente,

por todas partes me encontré
y se me escapaban los hechos.

No faltaron —ni faltan— quienes hablaron de egocentrismo. La crítica generalmente prefiere el calificativo de autobiográfico. Es justo cuando se piensa en la importancia estratégica dentro del itinerario poético nerudiano de la sección XV del *Canto general* (1950) titulada «Yo soy» o de los cinco libros del *Memorial de Isla Negra* (1960). Pero es reductor en cuanto la autorreferencialidad nerudiana —para emplear el término más adecuadamente usado por Hernán Loyola— no se limita a este gesto retrospectivo. Consiste primero en esa sinceridad profunda de la que Neruda siempre hizo —a contra-corriente, en esta edad nuestra de la sospecha— la virtud cardinal de su trabajo literario. A ella se refería su amigo Federico cuando hablaba de «un poeta más cerca de la sangre que de la tinta». Es preciso, también, hablando de autobiografía en la poesía del chileno, extenderla a lo existencial en su sentido amplio, y aunarla a la noción tan nerudiana de crecimiento. «Comprendí —dijo el poeta en una conferencia de 1962 titulada "Mariano Latorre, Pedro Prado y mi propia sombra"— que mi trabajo debía producirse en forma tan orgánica y total que mi poesía fuera como mi propia respiración, producto acompasado de mi existencia, resultado de mi crecimiento natural».

De esta doble indagación dentro de los límites existenciales del propio ser y hacia un mundo infinitamente ajeno nace, bajo el seudónimo de Pablo Neruda, el sujeto poético nerudiano. Su vocación es conciliar lo aparentemente inconciliable dentro de un proyecto poético cuyo mejor resumen queda en aquel prólogo intitulado «Sobre una poesía sin pureza», que escribió en 1935 para su revista madrileña *Caballo Verde para la Poesía:*

Una poesía impura como un traje, como un cuerpo, con manchas de nutrición, y actitudes vergonzosas, con arrugas, observaciones, sueños, vigilia, profecías, declaraciones de amor y de odio, bestias, sacudidas, idilios, creencias políticas, negaciones, dudas, afirmaciones, impuestos.

La sagrada ley del madrigal y los decretos del tacto, olfato, gusto, vista, oído, el deseo de justicia, el deseo sexual, el ruido del océano, sin excluir deliberadamente nada, sin aceptar deliberadamente nada, la entrada en la profundidad de las cosas en un acto de arrebatado amor, y el producto poesía manchado de palomas digitales, con huellas de dientes y hielo, roído tal vez levemente por el sudor y el uso.

Esta imbricación, en el nivel más elemental e inmediato de la experiencia del sujeto existencial con el mundo en la infinita multiplicidad de sus aspectos, la hace posible, antes que nada, un modo peculiar de vivir la experiencia temporal.

LA EXPERIENCIA TEMPORAL

Con *Residencia en la tierra* la poesía de Pablo Neruda está invadida por lo temporal. Nada parecía anunciar esta invasión que da al libro un fascinante carácter monotemático. En realidad, la preocupación temporal no estaba ausente de los libros anteriores —valga como prueba el título del primer poemario del chileno, *Crepusculario*—, pero se escondía bajo una noción que tal vez no ha sido objeto de un examen suficiente por la crítica: la esperanza.

En el primer ciclo de la poesía de Pablo Neruda, la esperanza se distingue de la sed de infinito que da título al libro que, con *Veinte poemas de amor y una canción desesperada,* es el más importante de aquellos años: *Tentativa del hombre infinito.* El narrador de *El habitante y su esperanza* —aquella falsa novela escrita por el poeta en el mismo período— da de ella una buena definición cuando se autorretrata como el «pobre habitante perdido en la ola de una esperanza que nunca se supo limitar». En la primera *Residencia en la tierra* es donde la esperanza va a revelar su verdadero contenido. No es, como se supone en aquella etapa de la poesía del chileno, histórico-social, sino temporal:

> Qué esperanza considerar, qué presagio puro,
> qué definitivo beso enterar en el corazón,
> someter en los orígenes del desamparo y la inteligencia,
> suave y seguro sobre las aguas eternamente turbadas?

Esta interrogación, con que se abre «Significa sombras», se escuchará en la obra del poeta mucho más allá de las *Residencias.* Las respuestas que le serán dadas —y en esto consiste tal vez la singularidad del chileno con respecto a otras tradiciones poéticas— no expresarán nunca una voluntad de sustraerse a la condición temporal. El ansia de permanencia engendrada por la fugacidad del tiempo buscará su resolución dentro del tiempo mismo. Someterse al tiempo para vencerlo será siempre la estrategia del sujeto poético nerudiano. Residir en la tierra es residir en el tiempo: es una primera lectura que se puede hacer del título del gran libro de 1935. Pero la proposición también debe ser leída al revés: residiendo en el tiempo es cómo el sujeto tiene la revelación de «la tierra», vale decir, del mundo en su totalidad y su objetividad. Estamos ante una invariante de la poesía nerudiana. Antes y después de la mutación del 36, la relación con el mundo quedará dependiente de la experiencia temporal e, inversamente, la experiencia temporal, en vez de provocar un repliegue del sujeto sobre sí mismo, se convertirá en su modo peculiar de abrirse al mundo, de abarcarlo. Pero se observarán dos maneras antitéticas de residir en el tiempo y en el mundo.

Opacidad y exclusión caracterizan la relación que mantiene el sujeto de *Residencia en la tierra* con la realidad. Su estatuto es —podríamos llamarlo así— el del testigo ontológico.

Amado Alonso, en su gran libro *Poesía y estilo de Pablo Neruda,* ha dejado una descripción magistral del universo residenciario: «Los ojos del poeta, incesantemente abiertos, como si carecieran del descanso de los párpados ("como un párpado atrozmente levantado a la fuerza"), ven la lenta descomposición de todo lo existente en la rapidez de un gesto instantáneo, como las máquinas cinematográficas que nos exhiben en pocos segundos el lento desarrollo de las plantas...». Es el mundo que contempla el hablante poético de «La calle destruida», donde

> *... todo se cubre de un sabor mortal*
> *a retroceso y humedad y herida.*

Es importante, en el penúltimo verso, la palabra *todo.* Ella suele rematar las largas enumeraciones de lo herido, de lo socavado por el poder desintegrador del tiempo. Se va imponiendo esta paradoja: al dejar sobre lo creado su marca, el tiempo lo revela en su *unidad* —es el título de un poema— y en su objetividad irreductible. Esto hace de la experiencia temporal una experiencia-matriz, y de *Residencia en la tierra* un libro nuclear en la poesía nerudiana. Pero el sujeto vive esta revelación en el modo de la exclusión. En una carta a su amigo Héctor Eandi el poeta-cónsul escribe: «Actualmente no siento nada que pueda escribir, todas las cosas me parecen no faltas de sentido sino muy abundantes de él, sí siento que todas las cosas han hallado su expresión por sí solas, y que yo no formo parte de ellas ni tengo poder para penetrarlas». Al mismo tiempo que abre el sujeto al mundo la experiencia temporal lo rodea con invisibles paredes, lo aísla. La *destrucción* se materializa en su contrario amenazante: el *aumento,* y pueblan el aire presencias invisibles e invasoras:

Alrededor, de infinito modo,
en propaganda interminable,
de hocico armado y definido
el espacio hierve y se puebla.

Forma un fuerte contraste con aquel alucinado testigo de la universal desgracia el sujeto luminoso que campea, unos quince años más tarde, en el ciclo de las *Odas elementales.* Ha desaparecido la barrera opaca que lo excluía de las cosas. El tiempo se ha vuelto transparente hasta que uno podría creer que ya no existe, cuando se trata solamente de una manera nueva de vivirlo y, a través de él, de vivir el mundo. La totalidad ha cambiado de signo: ya no la revela el general desgaste que sufren las cosas, sino aquella simbiosis eufórica que es como el corolario de la transparencia.

«La dicha es una torre transparente» dice un verso de los *Cien sonetos de amor.* No abundan los poetas de la felicidad. Neruda es uno de ellos. Neruda rechaza enérgicamente la idea recibida según la cual «el poeta debe torturarse y sufrir, debe vivir desesperado, debe seguir escribiendo la canción desesperada», y pretende encabezar una «rebelión de la alegría». ¿Optimismo revolucionario de rigor? Es posible. Pero, esta gracia de comulgar con lo creado en la transparencia del tiempo, esta «alegría duradera del mástil» ya no abandonará la poesía del chileno. «De deberes no se trata», explica el poeta de «Pleno octubre», sino de «plenitud del alma»:

Me gustaba crecer con la mañana,
esponjarme al sol, a plena dicha
de sol, de sal, de luz marina y ola,
y en ese desarrollo de la espuma
fundó mi corazón su movimiento:
crecer con el profundo paroxismo
y morir derramándose en la arena.

En esta evocación de la plenitud temporal es notable el énfasis puesto por el poeta en el *movimiento.* La estrofa que acabamos de citar se cierra sobre esta imagen emblemática, como veremos más adelante, del movimiento material que es el agua oceánica, pero el verso que la iniciaba —«Me gustaba crecer con la mañana»— apuntaba hacia la experiencia temporal aludiendo a uno de sus temas principales: el ciclo de los días y de las noches.

La modulación del tema más frecuente —y la más prolija en variaciones— es la que llamaremos *la cotidiana resurrección.* Da su título a un poema de *La barcarola.* «Resurrección» presenta un interés particular por la integración que realiza al ciclo cósmico cotidiano de las tres fases principales del tiempo biográfico: la niñez, la juventud y la madurez.

Yo me disminuyo en cada día que corre y que cae,
como si naciera: es el alba en mi sangre: sacudo la ropa,
se enredan las ramas del roble, corona el rocío con siete diademas
[mis recién nacidas orejas,
en el mediodía reluzco como una amapola en un traje de luto,
más tarde la luz ferroviaria que huyó transmigrando de los
[archipiélagos
se agarra a mis pies invitándome a huir con los trenes que alargan
[el día de Chile por una semana,
y cuando saciada la sombra con el luminoso alimento
estática se abre mostrando en su seno moreno la punta de Venus,
yo duermo hecho noche, hecho niño o naranja,
extinto y preñado del nuevo dictamen del día.

«Siempre nacer» se intitula otro poema de *Fin de mundo.* De esto se trata: sustituir con un cotidiano renacer el morir incesante de la perspectiva agónica, en vez del enfrentamiento de cada instante con la muerte, su eufemización mediante un rito cósmico. En estos ritos temporales el poeta tiene a su lado a la mujer.

Desde siempre la mujer, en la poesía de Pablo Neruda, tiene una relación privilegiada con el tiempo. «Pura heredera del día destruido» la define el segundo de los *Veinte poemas de amor*. Más de treinta años después, los *Cien sonetos de amor* la siguen retratando en la misma osmosis: «Eres temblor del tiempo que transcurre».

En su estructura misma los *Cien sonetos de amor* —agrupados en secciones tituladas *Mañana, Mediodía* y *Noche*— la retratan unida al ciclo temporal. Hecha de tiempo, del tiempo es victoriosa. A ella el amante se entrega para emprender la «nocturna travesía»:

> Por eso, amor, amárrame al movimiento puro,
> a la tenacidad que en tu pecho golpea
> con las alas de un cisne sumergido.

La mujer es fiadora de la tan anhelada continuidad, sacerdotisa del tiempo.

¿Qué «esperanza» considerar?, preguntaba el poeta de la primera *Residencia en la tierra.* ¿Cómo restituir esa continuidad latente en el fondo del ser? Habitar el tiempo ha sido la respuesta. Definitivamente, dentro de lo existencial se realizará la totalización anhelada, cuyo primer rostro será el de la materia.

LA EXPERIENCIA MATERIAL (I)

Los términos *materia* y *materialismo* son tan ideológicamente connotados que uno está tentado de asociarlos naturalmente al compromiso político del poeta y a la ideología marxista. El marxismo, al cual Neruda accede a una edad relativamente tardía, y del cual existen huellas inmediatamente perceptibles en toda la obra posterior a 1936, llegó a ser parte integrante del pensamiento poético nerudiano.

Pero lo impregnó sin confundirse nunca con él. Esta situación —para la crítica fuente de muchas dificultades y malentendidos— se debe al hecho de que el materialismo histórico penetra en una poesía que ya ha inventado su propio materialismo. El marxismo, del cual Neruda llegó a tener el conocimiento que cualquier intelectual comunista tenía en su época, no fue el núcleo generador de materialismo poético. En esto difiere de César Vallejo, el cual sí llegó a tener un conocimiento profundo del marxismo y, fascinado por su dialéctica, intentó, en sus últimos poemas, hacer de ella un lenguaje. ¿Sonreirán nuestros amigos filósofos si calificamos a Neruda de materialista natural?

Antes que nada el poeta del *Canto general* es materialista porque la materia es inagotable y su canto aspira a lo inagotable. Esta aspiración toma un doble camino: el primero, horizontal —y que hallaría su equivalente biográfico en la pasión del poeta por los viajes y por las colecciones—, lo invita a abarcar el mundo en toda la multitud de sus aspectos. Proponemos llamarlo el camino de la *celebración.* El otro, vertical, el del hundimiento, de «la entrada en la profundidad de las cosas en un acto de arrebatado amor», para decirlo con palabras del manifiesto de 1935, ambiciona alcanzar aquel centro —¿un *aleph* nerudiano?— desde el cual el mundo se le revelará en su unidad. Será el camino de la *identificación.*

La general celebración de las cosas ya estaba anunciada al final de la *Tentativa del hombre infinito* de 1925:

> ... todo como los poetas los filósofos las parejas que se aman
> yo lo comienzo a celebrar entusiasta sencillo...

Pero este programa, cuyas premisas ya se pueden advertir en esa celebración *a lo negativo* de la unidad del mundo que es *Residencia en la tierra,* y a la que el *Canto general* deja un amplio espacio, alcanza su plena realización en los tres libros de *Odas elementales,* al cual conviene añadir un cuarto que es *Navegaciones y regresos.* En ellos Neruda encuentra una forma poética suficientemente flexible para captar la exterioridad inagotable de lo real. Por supuesto, ni la celebración se limita al ciclo de las *Odas elementales* ni estas dan lo material por campo exclusivo. Sin embargo es en el proyecto poético que las subtiende donde se expresa más plenamente la confrontación con lo múltiple, que es la faz más evidente de la totalización nerudiana.

Las *Odas elementales* sistematizan la ambición nerudiana de hacer un inventario poético del mundo. En ellas se codean objetos, animales, vegetales, seres queridos y detestados, reflexiones morales y conceptos, países y ciudades. Ningún elemento de la realidad escapa, en principio, a la pluma del poeta. Pero uno de los prodigios realizados por esta poesía de la celebración es que el gesto de abarcar se presenta en ella exento de toda confusión. Hay como un neoclasicismo de las *Odas elementales,* donde el arabesco dibujado en torno al objeto al mismo tiempo lo aísla en un espacio de veneración y lo ata a la infinita multiplicidad. Su gracia franciscana hace olvidar que, contemporáneas de *Las uvas y el viento,* fueron escritas en la época triunfante del realismo socialista proclamado por los ideólogos soviéticos. Es interesante ver qué lectura hace el chileno de los dogmas de aquella estética, y cómo se comporta con respecto a sus dos normas básicas: la referencialidad y la eticidad.

La ruptura estética de 1936 no concierne a la referencialidad propiamente dicha, como ocurrió, por ejemplo en Francia con los poetas surrealistas que se pasaron al campo comunista. El lenguaje poético de Neruda no pierde nunca su carácter referencial, ni siquiera en las más extremas distorsiones que impone a la realidad. Dos versos de la segunda *Residencia en la tierra* nos lo recuerdan:

> Hablo de cosas que existen, Dios me libre
> de inventar cosas cuando estoy cantando!

Pero la utopía totalizadora imprime a la referencialidad un sesgo que le permite navegar en las aguas socialrealistas sin ahogarse en ellas. Fiel a su ideal de una *poesía sin pureza* —«sin excluir deliberadamente nada»—, el poeta de las *Odas,* en vez de encerrar la celebración en el corsé de lo normativo, la abre al campo infinito de lo dispar, de lo diverso. Su apetito de totalidad burla lo totalitario. La transparencia que quiere para esta nueva casa poética que está construyendo no tiene como objetivo primero reproducir fiel y mecánicamente la realidad, sino restituir su riqueza y su belleza a la inmensa mayoría a la que estaba vedada.

Las *Odas elementales* quieren abarcarlo todo en un solo himno a la creación. Pero en el centro de la interminable galaxia resplandece el hombre. Todo hacia él converge. Su vocación es someter para el bien de todos una naturaleza que solo existe —o debería existir— para ser transformada por su poder prometeico. Al final de su vida, el poeta, escarmentado por los horrores de su siglo, hablará más atinadamente de «la maldita progenie que hace la luz del mundo». Pero tal era la concepción voluntarista y radiante del hombre que imperaba en aquellos años, y tal la que impregnó la poesía de las *Odas elementales.* Pero el didactismo en ellas siempre es leve, jocoso en su modo de tutear a la creación en un diálogo de hermano a hermano. Es legítimo, sin embargo, pensar que la ejemplaridad de las *Odas elementales* hay que buscarla, más que en su pedagogía risueña, en la evidencia poética que es su ley, y en el humanismo de la transparencia que las habita.

LA EXPERIENCIA MATERIAL (II)

La otra modalidad de la experiencia material es la *identificación.* En ella será preciso detenerse más largamente porque incluye la relación del sujeto nerudiano con la naturaleza.

Cuando Pablo Neruda nace y se forma poéticamente la ruralidad predomina en el subcontinente. En La Frontera, donde se instala la familia Reyes en los albores del siglo XX, la presencia de los hombres es reciente y escasa.

> ... no habían fundado la tierra
> donde yo me puse a nacer.

Así dice con humor el poeta de *Fin de mundo.* La poesía de Pablo Neruda conservará las marcas de aquel mundo apenas emergido de la naturaleza. La *fundación* —entendida en el sentido amplio de 'dominación de lo natural por lo cultural'— será siempre socavada en su poesía por una atracción hacia un *antes* de la *fundación.* «Escribo para una tierra recién secada», anuncia el primer verso del *Canto general de Chile.* Neruda no fue poeta de ciudades. Ellas le inspiran un instintivo rechazo. Hay excepciones: Valparaíso por ser puerto, París por su mercado de las pulgas, Madrid por ser la «ciudad perdida» —y aun, confiesa en el *Memorial de Isla Negra,* «por arrabales»—. Definitivamente don Pablo, ecológico *avant la lettre,* es el «caballero natural», como se autodefine en *Fin de mundo,* reacio —sin que ello menoscabe su fe en el progreso humano— a cuanto separa el hombre del contacto vivificante con la naturaleza.

Un sueño de virginidad edénica habita la poesía de Neruda. Al respecto son decisivos dos encuentros: con la selva austral de la infancia, y con el océano, ya que residencia tanto *con el mar* como *en la tierra* fue, para el poeta, la casa de Isla Negra.

La *espesura* llama Neruda en su léxico a la selva que, a principios del último siglo, todavía rodeaba a Temuco. En la *espesura* el niño-poeta descubre «la nocturna cohabitación / de las vidas y de las muertes». Aprende del humus que toda muerte encierra un renacimiento. *Caer* y *crecer* irán constituyendo en la memoria del poeta una pareja dialéctica que estructurará durablemente su visión del mundo. En los bosques de Temuco echa sus raíces —multitud su follaje, unidad inquebrantable su tronco— «el árbol del pueblo» que celebrará el *Canto general.*

Pero la *espesura* es mucho más que la lección dialéctica que el poeta irá sacando retrospectivamente de ella, cuando su conciencia se haya abierto a la historia. Su importancia decisiva viene de que en ella tiene su origen el *proceso de identificación* que nutre toda una vertiente de la poética nerudiana.

Hay en la obra del poeta un recuerdo recurrente. El padre de Neftalí —aún no se había autobautizado Pablo Neruda— era, como se sabe, conductor de un tren lastrero, y, mientras los hombres reparaban los estragos causados a las vías por la intemperie y por las lluvias, el niño se perdía por la selva. El *Memorial de Isla Negra* recuerda el extravío «en la más oscura / entraña de lo verde», pero el gran poema que transforma el recuerdo infantil en mito fundador es, en la segunda *Residencia en la tierra,* «Entrada a la madera». En un acto de «arrebatado amor», en el que selva y madera, madera y materia se confunden, el hablante poético se arrodilla en la «catedral dura» para entonar su himno:

Dulce materia, oh rosa de alas secas...

Los últimos versos celebran las bodas casi místicas del poeta con la materia por medio de una sorprendente transgresión sintáctica:

... y hagamos fuego, y silencio, y sonido,
y ardamos, y callemos, y campanas.

Un nuevo sujeto poético acaba de nacer, al que Pablo Neruda se referirá a menudo como el *nocturno:* paradojal sujeto del «no ser», cuya ambición es habitar lo inhabitado. Un poema del *Memorial de Isla Negra* lo describe agazapado en lo más hondo del útero verde de la espesura:

Alguna vez ser invisible,
hablar sin palabras, oír
solo ciertas gotas de lluvia,
solo el vuelo de cierta sombra.

Volveremos a encontrar en el campo del *ser histórico,* con connotaciones diametralmente opuestas, esta invisibilidad que otorga la identificación. Hasta el final, la poesía de Pablo Neruda repetirá aquel gesto de perderse dentro de las cosas, haciendo del sujeto poético el embajador de la profundidad, bien sea terrestre u oceánica.

Los orígenes biográficos del poeta y su infancia son de tierra adentro. Por eso no deja de ser sorprendente la imagen acuática que muchos testigos conservaron de su encuentro con el poeta: «Pez parece por el ojo y el silencio» *(Il a l'air d'un poisson pour l'œil et le silence)* dirá de él su amigo Aragon; «sus ojos de tiburón varado», anota Cortázar. Otros recordarán algún monstruo del abismo marino olvidado por la ola. Sirva aquel supuesto acuatismo —engendrado tal vez en el huésped de Isla Negra por un exceso de contemplación oceánica— para introducir la relación de Pablo Neruda, del poeta, con aquel que llama «camarada océano». «¿Cómo explicar?», reflexiona un poema del *Memorial de Isla Negra,*

... casi sin movimiento
de la respiración azul y amarga,
una a una las olas repitieron
lo que yo presentía y palpitaba
hasta que sal y zumo me formaron:
el desdén y el deseo de una ola,
el ritmo verde que en lo más oculto
levantó un edificio transparente,
aquel secreto se mantuvo y luego
sentí que latía como aquello:
que mi canto crecía con el agua.

La identificación oceánica es antes que nada con el movimiento: «... di mi adhesión al puro movimiento», dice Neruda resumiendo su instalación en Isla Negra. En el mismo texto insiste: «Necesito del mar porque me enseña: / no sé si música o conciencia». El poema «Mareas», que acabamos de citar, muestra lo que la «música» nerudiana debe a la contemplación oceánica. En cuanto a la conciencia, es imposible medir lo que debe la fe del poeta en la historia al espectáculo del océano: al «central volumen de la fuerza» y a la ola que muere para volver a ser origen. Permanencia, continuidad: el secreto entregado por la dialéctica oceánica es, a primera vista, el mismo que el poeta había recibido de la espesura austral. Pero se trata en realidad de dos versiones muy diferentes de *lo inhabitado* y de la manera de habitarlo.

La madera es la versión autobiográfica de la materia: «tienen mi edad estas maderas / tuvimos las mismas raíces», leemos en la «Carta para que me manden madera» de *Estravagario.* El agua oceánica es su versión cósmica. «La estrella» suele llamar el poeta al océano: una estrella rebelde que se negó a la extinción para repetir incansablemente el movimiento de la génesis. El océano es «el fuego que no se apaga», «la leche embravecida de la estrella». Con él no hay raíces que compartir. La presencia, en el último verso de «Mareas», del verbo *crecer* —también reiterado en «La ola» de *Canto general*— no significa sino la dificultad que experimenta el sujeto poético para pensar el movimiento fuera de la experiencia existencial. Dificultad que, proyectada al océano, explica tal vez su supuesta *indiferencia:*

> Por qué volví a la indiferencia
> del océano desmedido?

pregunta el *Libro de las preguntas.* Recordando en *Estravagario* los bosques del sur, la interrogación se invierte:

Cómo puedo vivir tan lejos
de lo que amé, de lo que amo?

La identificación con el edén austral tendrá siempre este deje melancólico. Es que el lugar en que el poeta se unió al crecimiento es también, ineluctablemente, el lugar de la pérdida, como lo poetiza magníficamente, en el *Memorial de Isla Negra,* «El niño perdido». La indiferencia del océano lo excluye del drama de las raíces cortadas, pero lo hará el testigo recurrente de su acto final: la muerte.

No hay albedrío para los que somos
fragmento del asombro,
no hay salida para este volver
a uno mismo, a la piedra de uno mismo,
ya no hay más estrella que el mar.

Aquí termina la participación entusiasta al movimiento material. Es la hora de consentir a esta última forma de la identificación que es la propia disolución en el infinito verde.

El *amor,* en este esquema bimembre que hemos elegido para indagar el materialismo poético nerudiano, desempeña un papel unificador: el Eros nerudiano realiza la síntesis de las dos modalidades de la experiencia material.

Dicho sea sin malicia: el amor coloca al sujeto de la totalización ante la multiplicidad. «Un ancho Mississippi de estuario femenino» —como dice graciosamente uno de sus *Cien sonetos de amor*— se abre a la celebración. El memorialista de Isla Negra reduce a cinco (callando la musa de *La espada encendida*) las mujeres que habitaron su canto. La mujer, para Neruda, es indisociablemente una y múltiple. «Tú repites la multiplicación del universo» dice el poeta a la *anónima* amada de *Los versos del Capitán.* «De todas eres una», insiste en *Cien sonetos de amor.* Pero si todas son una, cada una es todas. Todas se confunden dentro de una sola experiencia que las incluye y las rebasa. En este proceso, el papel esencial no lo tiene, sea cual sea su importancia, el sentimiento sino la sensualidad. «Mis ojos de sal ávida, de matrimonio rápido» confiesa el poeta en su autorretrato de *Residencia en la tierra.* La sensualidad abre la experiencia erótica nerudiana a la totalidad de lo creado. La mujer es múltiple y una porque es material:

> Desde hace mucho tiempo la tierra te conoce:
> eres compacta como el pan o la madera,
> eres cuerpo, racimo de segura sustancia,
> tienes peso de acacia, de legumbre dorada.

A través de la identificación erótica el sujeto alcanza el conocimiento de la materialidad de su ser: «Vuelvo a saber en ti cómo germino», dice el Capitán a su amada. La alteridad fundamental que el sujeto poético había descubierto en sus viajes a lo inhabitado, la descubre en la mujer. Ella estará presente cuando el materialismo nerudiano integre la historia.

LA EXPERIENCIA HISTÓRICA

En el Madrid bombardeado, en el Madrid martirizado fue el despertar de la poesía de Pablo Neruda a la historia: «El mundo ha cambiado y mi poesía ha cambiado» (1939). El hombre y el poeta conservarán para siempre las marcas del *fuego cruel* que inauguró su adhesión a la comunidad humana. La terrible circunstancia en la que se verificó el despertar de la conciencia del poeta al mundo de los hombres hará que, en su aproximación a la historia, se observe siempre la primacía de la identificación. Con ella se abre, repitiendo el «acto de arrebatado amor» de «Entrada a la madera», la búsqueda identitaria del *Canto general:*

Tierra mía sin nombre, sin América,
estambre equinoccial, lanza de púrpura,
tu aroma me trepó por las raíces
hasta la copa que bebía, hasta la más delgada
palabra aún nacida de mi boca.

Identificándose, en el alba de su *nuevo ser,* con al anónimo constructor enterrado bajo las ruinas es cómo el hablante poético de «Alturas de Macchu Picchu» lo rescata del olvido y lo restituye a las luchas actuales:

Hablad por mis palabras y mi sangre.

Pero, sobre todo, el proceso de identificación explica el carácter existencial, inmediato, espontáneo del compromiso nerudiano:

Quede constancia aquí de que ninguno
pasó cerca de mí sin compartirme.
Y que metí la cuchara hasta el codo
en una adversidad que no era mía,
en el padecimiento de los otros.
No se trató de palma o de partido
sino de poca cosa: no poder
vivir ni respirar con esa sombra...

Actualización circunstancial —dramática o entusiasta— de aquel gesto *poético* que es el gesto identificatorio, el compromiso nerudiano se sitúa más acá de la adhesión ideológica y partidista. Pero se inscribe dentro de ella.

La ambición totalizadora que es la otra faz de la experiencia poética nerudiana constituía un terreno abonado para recibir la fecundación de la historia. La acoge como una dimensión que ella implicaba y necesitaba: lo humano, como lo ha mostrado Hernán Loyola en su lectura de ciertos pasajes de la segunda

Residencia en la tierra, ya asomaba en la poesía del chileno en cuanto grado supremo de la alteridad revelada por la temporalidad residenciaria. El programa de «Sobre una poesía sin pureza», anterior, como se sabe, al compromiso del poeta y a su encuentro con el marxismo, no excluía las «creencias políticas» pero colocándolas entre «idilios» y «negaciones», en el mismo nivel que el ruido del océano o el deseo sexual. Después de 1936, las creencias políticas dejan de ser solo un elemento más del proyecto totalizador. La razón de ello es la aparición en el horizonte de la poética nerudiana de otro proyecto totalizante cuya índole ya no es poética sino ideológica: el materialismo histórico. A su difícil integración al proyecto poético nerudiano la poesía del chileno debe su complejidad y su riqueza.

Existe una primera fase, que va de la *Tercera residencia* hasta la salida del ciclo de las *Odas elementales,* en la que la nueva totalización es vivida por el poeta como excluyente de su versión anterior, nocturna e inhabitada: «La sombra que indagué ya no me pertenece». El poeta se despide de aquel «carpintero ciego» que iba «perfumando la soledad con labios de madera» allá lejos, en la espesura austral. La invisibilidad cambia de signo. El «hombre invisible» del poema liminar de las *Odas elementales* lo es no ya para habitar lo inhabitado sino para ser aceptado en la casa común, para que su canto lo confunda —¿otra utopía?— con todos los hombres.

La historia —entendida en el sentido marxista de historia de las relaciones sociales engendradas por la actividad productora del hombre— parece que quisiera entonces colmar toda la perspectiva. Que no lo logra por completo lo atestiguan —un ejemplo entre muchos— los poemas que el *Canto general* dedica al «Gran océano», pero el poeta no pierde una ocasión de clamar su voluntad de instrumentalizar su poesía al servicio del hombre: «... que todo / tenga / empuñadura, / que todo sea / taza o herramienta...», exclama el hablante poético de las *Nuevas odas elementales.* Una expresión surge, insistente, que no se borrará nunca del léxico nerudiano:

los «deberes del poeta». No consisten solamente en identificarse, por medio del poema, con el combate cotidiano del pueblo, sino en mostrar cómo este se inscribe dentro de una continuidad que hace del «roto» chileno» el hermano de Lautaro. «Yo estoy aquí para contar la historia». La totalización épica prolonga la identificación política y se nutre de ella. Sus contornos no la distinguen, en esta primera fase, de la totalización ideológica. El *Canto general* o *Las uvas y el viento* comparten la visión teleológica del marxismo de aquellos años, según la cual cada momento del movimiento histórico está determinado por su fin: la Revolución.

A fines de los años cincuenta, una falla se abre dentro del bloque que el sujeto formaba con la historia. ¿Cómo tomar la medida exacta del impacto que tuvo sobre Pablo Neruda la revelación por Jrushchov, en 1956, de los crímenes de Stalin? «Mejor no me pregunten nada», dice el poeta en *Estravagario,* «toquen aquí, sobre el chaleco, / y verán cómo me palpita / un saco de piedras oscuras». Para los que vivimos la caída del Muro es fácil criticar la «Sonata crítica» donde, en el *Memorial de Isla Negra,* un poeta comunista hace —con pudor y dignidad— su examen de conciencia. No cabe duda de que, por falta de distancia y de información, Neruda subestimó la amplitud del problema. Al focalizarse sobre el culto, la crítica ignora el sistema que lo produjo. Esto explica la relativa facilidad con que —aparentemente— en la versión que el *Memorial de Isla Negra* da de ella, queda superada la crisis, o *el episodio* como sintomáticamente el poeta la llama. «Un minuto de sombra no nos ciega», dice. Cincuenta años han pasado, y aún no amanece.

La crisis de 1956 no modifica el fondo de la relación del poeta con la historia. Identificación y totalización siguen estructurando su poesía en la misma *dirección* revolucionaria. En 1960 el poeta saluda con su *Canción de gesta* la victoria de la Revolución cubana, y publicará, casi en su lecho de muerte, *Incitación al nixonicidio y alabanza de la revolución chilena,* donde comparte la esperanza y la angustia del pueblo de la Unidad Popular. Pero por primera vez se ha confrontado con una negatividad diferente de aquella que había conocido en la lucha antifascista o en la lucha de clases: una negatividad que no es externa a la utopía revolucionaria sino que la habita, la socava por dentro. «No me esperen de regreso» había advertido el autor de la «Sonata crítica», «No soy de los que vuelven de la luz». Restaurar la continuidad amenazada implica para el sujeto renunciar al monolitismo revolucionario, asumir esta sombra engendrada en el seno mismo de su fe luminosa. Lo va a hacer, como era de esperar, a partir de la experiencia existencial.

Con el «Yo soy» proclamado en las últimas páginas del *Canto general* la temporalidad había desaparecido, como absorbida por el movimiento histórico. El mito del «hombre invisible» resumía esta disolución. A partir de *Estravagario* el sujeto temporal recupera su «visibilidad». «¿Quién soy?» pregunta, en el otoño de su edad, el poeta del *Memorial de Isla Negra* al hojear, melancólico, el libro de su vida. Esta deja de aparecerle como linealmente orientada hacia la plenitud del ser histórico: no habrá sido sino «... la continua sucesión de un vacío / que de día y de sombra llenaban esta copa...». Pero descubre en la fragmentación de sus vidas aquella dialéctica que antes fascinara sus contemplaciones oceánicas. El mar de los años sesenta sigue el mismo, pero su lectura ha cambiado: «La verdad es amargo movimiento». En esta nueva verdad, de ahora en adelante, se fundará la conciencia histórica: en aquella que identifique la negatividad histórica con la propia negatividad existencial.

La «Sonata crítica» dejaba al lector con una visión poco alentadora de la humana condición:

> Mientras tanto, las tribus y los pueblos
> arañan tierra y duermen en la mina,
> pescan en las espinas del invierno,

clavan los clavos de sus ataúdes,
edifican ciudades que no habitan,
siembran el pan que no tendrán mañana,
se disputan el hambre y el peligro.

Pero *Fin de mundo* (1969) representa un paso más en el ensombrecimiento de la perspectiva histórica. Este libro-poema, que tenemos por una de las cumbres de la poesía nerudiana, ocupa en ella una posición simétrica y antitética —hasta cierto punto— respecto al *Canto general.* Como este, *Fin de mundo* abraza y mezcla temas, artes poéticas y acontecimientos. También hereda de *Canto general* su forma: la crónica que, extendida al libro entero, le confiere una impresionante unidad. Neruda reivindicaba el —engañador— prosaísmo de la crónica: «... no debe ser quintaesenciada, ni refinada, ni cultivista. Debe ser pedregosa, polvorienta, lluviosa y cotidiana. Debe tener la huella miserable de los días inútiles y las execraciones y lamentaciones del hombre». Estas palabras de 1962, que hubieran podido ser firmadas por el joven defensor de la «poesía sin pureza», más que evocar la poesía narrativa del *Canto general* anuncian la de *Fin de mundo* en cuanto que definen un proyecto deliberadamente anti-épico. *Fin de mundo:* ¿un *Canto general* al revés? Sería tener por puramente formales las reiteradas afirmaciones del hablante poético acerca de su fe irreductible en *Tentativa del hombre infinito.* Pero el hecho es que la sangre, justa o injustamente derramada, inunda el fresco que el poeta bosqueja de su siglo. «Ustedes vivirán tal vez / resbalando solo en la nieve —escribe—. A mí me tocó este dolor / de resbalar sobre la sangre». *Fin de mundo* describe un siglo atiborrado de destrucciones y atrocidades:

Esta es la edad de la ceniza.
ceniza de niños quemados,
de ensayos fríos del infierno,

cenizas de ojos que lloraron
sin saber de qué se trataba
antes de que los calcinaran...

Las posguerras suceden a las guerras y las guerras a las posguerras en una continua frustración de la esperanza. Acontece todo como si la continuidad mostrara su lado negativo. Una «mala continuidad», en el sentido en que Hegel hablaba de un *mal infinito,* amenaza el dinamismo histórico.

Qué siglo permanente!

Preguntamos:
Cuándo caerá? Cuándo se irán de bruces
al compacto, al vacío?

Ante esta totalización de signo negativo, una necesidad se impone al sujeto histórico, que él va a definir como un nuevo deber, con todo lo que encierra para él esta palabra: el *deber de ruptura.* Es la idea central de un libro más o menos contemporáneo de *Fin de mundo, La espada encendida.* En él, la negatividad histórica se radicaliza: la fábula, que toma de la Biblia su argumento, se sitúa después de las guerras atómicas que destruyeron la humanidad. Rhodo, el sobreviviente, toma la decisión —insólita en el contexto ideológico nerudiano— de «romper el tiempo» y fundar en la soledad austral un edén solitario.

La espada encendida poetiza la ruptura ansiada en *Fin de mundo.* No debe sorprender que esta ruptura se realiza por medio del viejo sueño nerudiano de *lo inhabitado.*

Lo inhabitado tiene un estatuto complicado en la poesía de Pablo Neruda. Oficialmente despedido por la adhesión a la historia, sigue rondando clandestinamente la poesía del chileno —incluidas muchas páginas del *Canto general*— hasta convertirse, a partir de *Estravagario,* en un tema constante del último ciclo nerudiano. En los últimos años de la vida del poeta, una Araucanía mitificada por el recuerdo se ofrece cada vez más al poeta no solo como un refugio contra la intemperie de la historia sino como un lugar de purificación y de renovación del ser. Es esta función histórica de lo inhabitado que *La espada encendida* escenifica y explicita. Pero —y esto es lo que le confiere una importancia fundamental dentro de la obra— la *dialectiza*. La necesaria negación que representaba para Rhodo el edén de soledad encuentra en el amor de Rosía su propia negación. Puede empezar otra vez la historia de los hombres.

No es el lugar aquí de recordar el contexto biográfico de *La espada encendida*. Ya dijimos que la musa de este canto de amor, uno de los más puros que produjo la pluma de Pablo Neruda, no fue Matilde. El hecho no merecería ser mencionado si aquel momento de crisis —la ruptura aquí también fue superada— no encontrara su sublimación en una nueva visión de la historia. Como ya hemos tratado de expresar, la ruptura forma parte integrante de la continuidad erótica pensada por Neruda. Al final de un bello poema del *Memorial de Isla Negra* dedicado a Delia, el poeta medita:

> Y no es la adversidad la que separa
> los seres, sino
> el crecimiento,
> nunca ha muerto una flor: sigue naciendo.

Otra manera de decir que el irreprimible desarrollo del amor, como el no menos irreprimible dinamismo histórico, exigen integrar la negación para asegurar su crecimiento.

Queda por evocar —dentro del contexto existencial del cual nace la nueva totalización histórica— un elemento que, por ser el más discretamente evocado, no es el menos esencial: la perspectiva de la muerte. La enfermedad que iba a causar la muerte del poeta —un cáncer de la próstata— se declara durante la embajada parisina en julio 1971. La muerte como tema ocupa relativamente poco espacio en la obra de Pablo Neruda: ¿de dónde nos viene entonces esta impresión de estar ante uno de los grandes poetas de la muerte del siglo XX? Es posible que la respuesta haya que buscarla en la ambivalencia de esta noción a la que —con razón o sin ella— hemos otorgado un puesto central en el universo nerudiano: *lo inhabitado*. *Deshabitarse* es para el sujeto poético realizar su identificación con el origen material. Es también anticipar la propia muerte, domarla —eufemizarla— convirtiéndola en una práctica poética. Esta práctica, en la etapa final de la poesía de Pablo Neruda, que algunos calificaron de apocalíptica, refleja un patético esfuerzo para hacer coincidir el *Fin de mundo* con su propio fin, la inaceptable ruptura con la ruptura histórica, necesaria y renovadora.

En el centenario del natalicio del poeta, no faltaron quienes preguntaron: ¿es Neruda un poeta para el siglo XXI? Si lo es —y pensamos que lo es— será por esta confrontación con la ruptura que decidió su vida y su poesía, en 1956 como en 1936, y que fue su muerte. Los lectores de 2010 no somos —¿gracias a Dios?— los sobrevivientes de ningún atómico cataclismo. Pero, como Rhodo, ¿quién no aspira, en el umbral de este nuevo siglo, a la ruptura renovadora?

> Tal vez tenemos tiempo aún
> para ser y para ser justos
> ....
> tenemos este último momento
> y luego mil años de gloria
> para no ser y no volver.

SELENA MILLARES

PABLO NERUDA Y LA TRADICIÓN POÉTICA: SOMBRA Y LUZ DE UN DIÁLOGO ENTRE SIGLOS

En 1954, cuando Neruda celebra [illegible] nando a la Universidad de Chile [illegible] nueva sobre una de las paradojas [illegible] creador: tras su aparente actitud [illegible] neracional que cultivó como hijo [illegible] la devoción hacia la tradición [illegible] un controvertido diálogo, fecundo [illegible] secreto. Si en los años treinta [illegible] más cerca de la sangre que de la [illegible] davía en los cincuenta, declaraba [illegible] me libre», «... cuando te cierro [illegible] los tiempos cambian, y al [illegible] de raíz romántica le suceden [illegible] el escepticismo y el desencanto [illegible] desplaza desde el autorretrato como [illegible] título a uno de sus primeros poemarios— hacia [illegible] *invisible* que protagoniza sus *Odas elementales* [illegible] car, al compás de los nuevos tiempos [illegible] —un drama entre dos vacíos— [illegible] últimas entrevistas, ya en 1970 [illegible] cuando más insiste en el reconocimiento [illegible] y se acoge a la plegaria de Apollinaire, que pedía piedad para quienes se movían en la frontera entre la tradición y la [illegible]

Selena Millares

PABLO NERUDA Y LA TRADICIÓN POÉTICA: SOMBRA Y LUZ DE UN DIÁLOGO ENTRE SIGLOS

En 1954, cuando Neruda celebraba su 50 cumpleaños donando a la Universidad de Chile su biblioteca, arrojaba luz nueva sobre una de las paradojas más singulares de su perfil creador: tras su aparente actitud antilibresca —un signo generacional que cultivó como hijo de la vanguardia—, latía la devoción hacia la tradición poética, con la que mantuvo un controvertido diálogo: fecundo, constante y a menudo secreto. Si en los años treinta Lorca lo retrataba como poeta más cerca de la sangre que de la tinta, el propio Neruda, todavía en los cincuenta, declaraba en sus versos: « Libro, déjame libre», «... cuando te cierro / abro la vida». No obstante, los tiempos cambian, y al quimérico anhelo de originalidad de raíz romántica le suceden, con el clima de la posguerra, el escepticismo y el desencanto. El propio poeta chileno se desplaza desde el autorretrato como *hombre infinito* —que da título a uno de sus primeros poemarios— hacia ese *hombre invisible* que protagoniza sus *Odas elementales,* para desembocar, al compás de los nuevos tiempos, en el *hombre inconcluso* —un drama entre dos vacíos— que nombra en una de sus últimas entrevistas, ya en 1970. Es en esas últimas décadas cuando más insiste en el reconocimiento a sus maestros, y se acoge a la plegaria de Apollinaire, que pedía piedad para quienes se movían en la frontera entre la tradición y la invención; su gesto delataba la inevitable melancolía que la búsqueda de originalidad provoca en todo creador, sea clásico, como Juana de Asbaje —«Oh siglo desdichado y desvalido / en que todo lo hallamos ya servido...»—, o contemporáneo, como Julio Torri: «los modernos de nada respetable disponemos fuera de nuestro silencio».

En Neruda, esa melancolía —o angustia de las influencias, en términos de Harold Bloom— emerge una y otra vez, en forma de sucesivos homenajes, guiños y profanaciones a los maestros amados: «El mundo de las artes es un gran taller en el que todos trabajan y se ayudan, aunque no lo sepan ni lo crean —nos recuerda el poeta en 1962—. Y, en primer lugar, estamos ayudados por el trabajo de los que precedieron y ya se sabe que no hay Rubén Darío sin Góngora, ni Apollinaire sin Rimbaud, ni Baudelaire sin Lamartine, ni Pablo Neruda sin todos ellos juntos. Y es por orgullo y no por modestia que proclamo a todos los poetas mis maestros». En esos últimos tiempos vemos incluso cómo hace reconocimientos a los textos bíblicos, o a los poetas *torrremarfileños* o *decadentes,* como Góngora o Baudelaire, que antes siempre mantuvo en la sombra, para focalizar a los del compromiso humanista, como Quevedo; esas declaraciones se desgranan en términos inequívocos ya en sus memorias, póstumas: «Del mismo modo que me gusta el "héroe positivo" encontrado en las turbulentas trincheras de las guerras civiles por el norteamericano Whitman o por el soviético Maiakovski, cabe también en mi corazón el héroe enlutado de Lautréamont, el caballero suspirante de Laforgue, el soldado negativo de Charles Baudelaire. Cuidado con separar estas mitades de la manzana de la creación, porque tal vez nos cortaríamos el corazón y dejaríamos de ser».

Queda así conjurado, al fin, aquel veto y prejuicio de otro tiempo, para abrir las compuertas al intercambio dialógico, motor de la evolución del arte de todos los tiempos, que se construye como un inmenso sistema de vasos comunicantes. Lo que desde la más remota antigüedad se entendía como juego de fuentes e influencias —una visión jerárquica, que Pedro Salinas jocosamente llamó *crítica hidráulica*—, se considera, a partir de los años sesenta, como diálogo fecundo que teje la trama polifónica del arte universal; así lo entendieron, tempranamente, creadores como Whitman y Shelley, y también los críticos, como Bakhtin o Bloom, el cual entiende la crítica como «arte de conocer los caminos secretos que van de poema a poema». Ya no es cuestionada la originalidad del poeta, que desde los tiempos más antiguos fundamenta su tarea en un doble movimiento de *imitatio* y *aemulatio:* no en vano, Petrarca recordaba que «las abejas no merecerían fama si no convirtieran lo que encontraron en algo mejor y nuevo». Ese debate abierto fue acusado por Neruda en muchos momentos, tanto en sus declaraciones como en sus versos. Así, por ejemplo, en sus memorias comenta que no cree en la originalidad, «un fetiche más, creado en nuestra época de vertiginoso derrumbe», y ya antes, en palabras pronunciadas en la Biblioteca Nacional de Santiago, en el año 1964, afirmaba: «... no es la originalidad el camino, no es la búsqueda nerviosa de lo que puede distinguirlo a uno de los demás, sino la expresión hecha camino, encontrado a través, precisamente, de muchas influencias y de muchos aportes». Asimismo, en sus versos pueden rastrearse numerosos ejemplos de esa zozobra, como en el poema «Ayer», de *Fin de mundo,* donde delata, con un humor no exento de cansancio, las críticas y cuestionamientos desde todos los frentes: «Mientras tanto yo me enredaba / con mi calendario ancestral / más anticuado cada día / sin descubrir sino una flor / descubierta por todo el mundo». Tradición e invención señalan así, en definitiva, una bipolaridad que atormenta al escritor, prisionero en sus violentos campos magnéticos. Queda patente, por ejemplo, en sus dos odas al libro; en la primera lo increpa como enemigo de la vida natural —«... vuelve a tu biblioteca, / yo me voy por las calles»—; en la segunda, en cambio, lo transmuta en «lámpara / clandestina /, estrella roja», y le rinde homenaje ferviente. Esa imaginaria lámpara estará constituida por innumerables voces en el caso nerudiano, pero cabe señalar dos focos centrales: el Romanticismo —con sus secuelas posrománticas, simbolistas y modernistas— y el Barroco, cuyas poéticas de la desmesura sintió como afines el nobel chileno.

EL ROMANTICISMO Y SU ESTELA: DE WHITMAN A DARÍO

Esa filiación de Neruda fue detectada por Lorca en la conferencia antes citada, donde afirma que en él «cruje la voz ancha, romántica, cruel, desorbitada, misteriosa, de América», y a esa misma pulsión se refiere Gabriel Celaya cuando, ya en 1970, lo ve como «un poder ctónico desencadenado, un volcán y un torrente que lo arrastra todo en sus enumeraciones caóticas, un río gigante que todo lo arrasa y lo borra, una selva en perpetua germinación». Se trata de visiones europeas de un poeta hispanoamericano que, fiel al mestizaje consagrado por Martí, metaboliza la herencia de una tradición cultural de siglos desde la inmediatez portentosa de su realidad continental. El propio Neruda se autorretrata al mismo tiempo como «americano errante, / huérfano de los ríos y de los / volcanes» en *Las uvas y el viento*, y como «hijo de Apollinaire o de Petrarca» en la póstuma *Elegía*. De todo ello se desprende, entonces, una doble imagen del autor: de un lado, la del poeta popular, y del otro, la del lector apasionado que, consciente de su deuda hacia los grandes maestros de la palabra, urde con sus versos una secreta trama de homenaje hacia ellos, y muy especialmente hacia Walt Whitman, al que Neruda considerara su maestro primero, y de cuya obra se conservan aún, en las bibliotecas del poeta, nada menos que treinta y cinco ejemplares —todos en inglés—, datados entre 1860 y 1972. Sus homenajes son constantes, y entre ellos cabe destacar la «Oda a Walt Whitman» contenida en *Nuevas odas elementales,* que insiste en el aprendizaje de la americanidad y el humanismo, a partir de «su firmeza de pino patriarca, su extensión de pradera, / y su misión de paz circulatoria». Se trata de versos de 1955, aunque el tributo ya quedaba patente, algunos años antes, en la sección IX de *Canto general:* «Dame tu voz y el peso de tu pecho enterrado, / Walt Whitman, y las graves / raíces de tu rostro / para cantar estas reconstrucciones!». Mucho después, en las páginas apesadumbradas de su última etapa, reaparece igualmente como una sombra protectora y fértil, en especial en *Incitación al nixonicidio y alabanza de la revolución chilena:* «Es por acción de amor a mi país / que te reclamo, hermano necesario, / viejo Walt Whitman de la mano gris». La proyección de esa interacción dialógica en los versos de Neruda es variada, y puede detectarse especialmente en la universalización del sujeto poético —que adquiere una dimensión cósmica y mesiánica—, los catálogos omnívoros, el renacer de lo épico y el arraigado compromiso social. Destaca igualmente en ambos el protagonismo y la trascendencia del mundo vegetal, signo de un panteísmo que se traduce, a menudo, en una concepción panerótica del universo. Esta le valió a Whitman el anatema de una sociedad puritana y pacata, que llegó a censurar su obra acusándola de obscena. Sin embargo, su papel como emancipador del deseo frente a los tabúes de la moral al uso habría de dejar honda huella en Neruda, que asumió las conquistas logradas por su predecesor; así, por ejemplo, en los versos de Whitman la tierra es «parda, generosa y parturienta», un «útero fecundo e infinito», y en Neruda es «útero verde, americana / sabana seminal, bodega espesa...». Pero ninguna concomitancia formal será tan destacada entre ambos poetas como la enumeración caótica, que Leo Spitzer considera fundada por Whitman; la marejada de las vanguardias se encargaría de legitimar el recurso, y ya tempranamente Amado Alonso ponderaría los catálogos de *membra disjecta* que en *Residencia en la tierra* son índice, en su opinión, de una poética expresionista acorde con las grandes aportaciones de su contexto literario.

En la estela de Walt Whitman se situarán otros autores que también Neruda leyó con fervor, como Edgar Lee Masters, Vladimir Maiakovski o Carlos Sabat Ercasty, con los que establece igualmente un fértil flujo de intercambios. Al primero lo considera como uno de «los mejores poetas de la época poswhitmaniana»; una primera edición de su obra central —*Spoon River Anthology,* de 1915— figura todavía en los anaqueles de su biblioteca, con señales autógrafas, práctica totalmente inusual en Neruda, cuya bibliofilia guardaba un respeto casi sagrado hacia las páginas de los libros. Al igual que para Rulfo y su *Pedro Páramo,* será fundamental la referencia de Masters para la configuración de «La tierra se llama Juan», sección de *Canto general* donde los personajes del pueblo, a veces desde la tumba, narran sus vidas.

También el futurista ruso Mayakovski, al que retrató Neruda como inventor de «una alianza indestructible entre la revolución y la ternura», está entre los precursores más amados, a pesar de que en sus versos no se transparente esa escritura más que tangencialmente. No obstante, sus prosas le rinden tributo fervoroso en múltiples ocasiones, como en el texto «Sobre Mayakovski», publicado en México, en 1943, por la Sociedad de Amigos de la URSS, y en el que rememora el descubrimiento primero de su poesía: «... un poeta hundía la mano en el corazón colectivo y extraía de él las fuerzas y la fe para elevar sus nuevos cantos. La fuerza, la ternura y la furia hacen de Mayakovski hasta hoy el más alto ejemplo de nuestra época poética. Whitman lo hubiera adorado». Los homenajes se continúan en los años cincuenta, cuando le dedica el texto «Nuestro gran hermano Mayakovski», donde destaca el que haya sido el primer poeta de la historia que convierte al partido comunista y al proletariado en materia poética. En el mismo discurso habrá de alabar sus sátiras contra la burocracia y su «vitalidad verbal que llega a la insolencia». Más tarde, ya en los años sesenta, alaba sus «versos escalonados que parecen regimientos que asaltan posiciones con el ritmo crepitante de sus olas sucesivas, envueltas en pólvora y pasión».

Finalmente, en la nómina de poetas whitmanianos destaca el uruguayo Carlos Sabat Ercasty y su rica cantera de imágenes, que Neruda habrá de transmutar con su personal alquimia desde muy temprano. Ya en 1940, Amado Alonso se ocupaba de esa filiación en lo relativo a la herencia simbólica y la vocación cósmica del poeta chileno, aunque no señalaba la común interacción con la poética whitmaniana en este último aspecto. Los símbolos que comenta son esencialmente cinco: las abejas, las espadas, las flechas, las espigas y la fruta; esta última, como representación de lo erótico y placentero, es un recurso antiguo, si bien en el caso de Sabat y Neruda ha desaparecido la reminiscencia de lo prohibido, para convertirse en signo de un sensualismo trascendente:

> La encendida manzana de púrpura y de fuego,
> la uva fosforescente de licores y llamas,
> las chispas de la espiga y el incendio del vino
> resplandecen y danzan en la luz de tu cuerpo.
>
> (Sabat, *Vidas*)

... en la piel de las uvas / me pareció tocarte.

Era de nácar negro, / era de uvas moradas...

Bienamada, tu sombra tiene olor a ciruela

... tus senos son como dos panes hechos / de tierra cereal...

(Neruda, *Los versos del Capitán*)

También el posromanticismo francés —particularmente la escuela simbolista— tendrá un espacio importante en el panteón personal del poeta chileno; aunque de un modo controvertido y a menudo secreto: supuso la puerta de entrada a la poesía por parte del joven estudiante santiaguino, pero el compromiso político asumido por el Neruda de los años treinta lo llevaría a un claro distanciamiento de esas propuestas. El tratamiento satírico de «Los poetas celestes» en el *Canto general* se hace índice de esa actitud crítica y distante. No obstante, la escritura nerudiana está jalonada de guiños y evocaciones de aquellos compañeros de viaje que, tempranamente, le enseñaron el viejo oficio de la poesía, y en su biblioteca se multiplican las ediciones de los poetas franceses finiseculares. Los datos son elocuentes: hay en ella nada menos que once ediciones de Mallarmé, diecisiete de Laforgue, dieciséis de Baudelaire, diez de Lautréamont, ocho de Musset, veintiocho de Nerval y cuarenta y una de Rimbaud. Baudelaire, Rimbaud, Verlaine y Mallarmé, voces centrales de la nueva escuela simbolista, tendrán en la poética nerudiana un protagonismo subterráneo pero innegable, con sus atmósferas de hastío y de tedio —*spleen* y *ennui*— que se hacen signo de época, y que están muy presentes en el primer Neruda. El vértigo ante el *gouffre* —el abismo de lo desconocido— se proyecta obsesivamente en la textualidad de la época: «Tengo miedo del sueño como se tiene miedo de un gran agujero» (Baudelaire); «Yo huyo, pálido, deshecho, obsesionado por mi mortaja, / y temiendo morir cuando me acuesto solo» (Mallarmé). Los postsimbolistas Maeterlinck y Rilke, también en el panteón nerudiano, insisten en ese temor, en esa fragilidad del ser, y frecuentan igualmente la expresión «tengo miedo»; el poeta chileno continúa esa herencia: «Tengo miedo. La tarde es gris y la tristeza / del cielo se abre como una boca de muerto»; «En tus brazos se enredan las estrellas más altas. / Tengo miedo».

El desasosiego, la melancolía y el hastío que provoca la gran ciudad se visualizan a menudo en la imagen recurrente de los hospitales, presente por ejemplo en Mallarmé («Cansado del triste hospital y del incienso fétido...») y Baudelaire («... los agonizantes en el fondo de los hospicios / lanzan su último estertor en hipos desiguales»). Neruda adoptará también esa imagen, muy especialmente en *Residencia en la tierra,* en poemas como «Walking around» («... a hospitales donde los huesos salen por la ventana, / a ciertas zapaterías con olor a vinagre, / a calles espantosas como grietas»), o «Enfermedades en mi casa» («... tantos hospitales con rodillas quebradas, / tantas tiendas con gentes moribundas». No puede dejar de recordarse, a este respecto, que Neruda tradujo en 1926 pasajes de los desolados *Cuadernos de Malte Laurids Brigge,* de Rilke, cuyas imágenes terribles de la gran ciudad —un París retratado como un cúmulo de hospitales y moribundos— debieron impresionarle hondamente. En definitiva, la honda crisis espiritual que signa las postrimerías del siglo XIX se verbaliza en una escritura pesimista y nihilista, amarga y apocalíptica, que se detiene en lo grotesco y deforme, y que entona un tácito lamento por la pérdida de Dios. La latencia de esa crisis en el primer Neruda culmina en *Residencia en la tierra,* uno de los grandes poemarios metafísicos de la vanguardia histórica: *«... y no hay nadie sino unas huellas de caballo, / no hay nadie sino el viento, no hay nadie / sino la lluvia que cae sobre las aguas del mar, / nadie sino la lluvia que crece sobre el mar».*

Índice de ese malestar será el recurso a la expresión violenta, feísta, descarnada, que quiere conjurar ese desgarrón afectivo. *Las flores del mal* de Baudelaire se instalan en esa órbita, al igual que *Los cantos de Maldoror* del francouruguayo Lautréamont, que Rubén Darío describiera en términos inequívocos: «... no se trata de una "obra literaria", sino del grito, del aullido de un ser sublime martirizado por Satanás». Neruda lo idolatra en sus dos rostros —maldito y converso—, y en el extenso poema que le dedica en *Cantos ceremoniales* —«Lautréamont reconquistado»— justifica su poética del mal como antídoto necesario contra el *mal del siglo:* «... fabricó lobos para defender la luz, / acumuló agonía para salvar la vida, / fue más allá del mal para llegar al bien». La intensa vinculación de Neruda con los maestros simbolistas, declarada por el propio poeta en sus prosas y testimoniada por los homenajes implícitos en sus versos, llega en algunos casos a manifestarse en verdaderos *palimpsestos,* donde se vislumbra ese rumor de voces antiguas detrás de imágenes específicas que ilustran, una vez más, un diálogo permanente y fecundo. En cuanto a Baudelaire, Neruda habla tempranamente —corren los años veinte— de su «alma simple», escondida tras otra «espúreamente venenosa que tiene mucho de postizo», y lo presenta como un poeta de la soledad, escondido tras el «hastío imperial del *dandy* Charles». Como poeta de la amargura lo ve en su «Viaje al corazón de Quevedo», ya en 1942, y en los sesenta reitera su homenaje explícito al incluirlo, con Darío, Góngora y Rimbaud, entre sus grandes maestros. Califica su dandismo como un modo de rebeldía, y considera a sus personajes negativos tan necesarios como los héroes positivos: «Al poeta debemos exigirle sitio en la calle y en el combate, así como en la luz y en la sombra», comenta en sus memorias.

Maligna o amarga, al poeta chileno le imanta vivamente la *alchimie de la douleur* que, desde el título de un poema de Baudelaire, parece dar nombre a la poética de ese triste Midas que cambia, según sus palabras, el oro en hierro y el paraíso en infierno. Su angustiado pesimismo late tras algunas imágenes nerudianas que parecen rendirle tributo. Cabe en primer lugar recordar algunas de las figuraciones de la muerte que hace Neruda, donde parece destellar la escritura de Baudelaire: de entre ellas destaca especialmente la que la presenta como un enemigo interior, que fluye como un río a través de las venas, consumiendo la vida: «Oh dolor del dolor! Corre el tiempo, la vida / y el oscuro enemigo que nos va desangrando / crece y se fortifica con la sangre perdida!». La imagen baudelairiana del enemigo interior enlaza con la de la luna como conspiradora nocturna de la muerte, también presente en los primeros escritos de Neruda, donde este recrea el momento de su propio nacimiento —que conlleva el fallecimiento de su madre— en los siguientes términos: «Cuando nací mi madre se moría [...]. / Por eso llevo / un *invisible río* entre las venas, / un invencible canto de crepúsculo / que me enciende la risa y me la hiela». La metáfora del río invisible con que se representa a la muerte fluye exacta desde un poema de Baudelaire: «y, cuando respiramos, la Muerte a nuestros pulmones / desciende, *río invisible,* con sordos lamentos».

En cuanto a Arthur Rimbaud, a pesar de que son pocas las ocasiones en que se manifiesta directamente su escritura en la textualidad nerudiana, las numerosas evocaciones que de este hace el poeta chileno hablan de una presencia poderosa y antigua que siempre lo acompaña. Del poeta maldito, «errante y amargo», le imantan la rebeldía y la videncia; lo nombra ángel rebelde y «grandioso derrotado, el más glorioso de los insurgentes perdidos». En *Confieso que he vivido* recuerda cómo lo releía, junto con Quevedo o Proust, en los tiempos en que, con un cargo diplomático en Oriente, preparaba *Residencia en la tierra,* y en una entrevista concedida en enero de 1970 leemos: «También me influenciaron en mi época los simbolistas franceses, con esa escala luminosa desde Rimbaud hasta los menos conocidos o más desprestigiados». Igualmente, le rinde tributo en sus versos: en *Nuevas odas elementales* retorna a su figura con más intensidad, y dedica la hermosa «Oda a Jean Arthur Rimbaud» al centenario de ese joven rebelde —al que aquí llama «arcángel iracundo»—, que participó en los sucesos revolucionarios de la Comuna y que su época no supo aceptar. La iconoclastia de Rimbaud arremetió, en efecto, tanto contra la poesía tradicional como contra los poderes de los «asmáticos burgueses», «burócratas gordos» y «rentistas con monóculo» que pululan por su poema «A la música». Su incitación a la revuelta es radical: «Industriales, príncipes, senados: / ¡pereced! Poder, justicia, historia: ¡abajo! / Esto se nos debe. ¡Sangre! ¡Sangre! ¡Llama de oro!». Precisamente esa vertiente social va a ser la que Neruda privilegie en las dos ocasiones en que le rinde homenaje explícito al más famoso texto de Rimbaud, *Una temporada en el infierno,* particularmente a la composición titulada «Adiós», donde habla de la «ardiente paciencia» que permitirá la victoria final. Ese oxímoron, que habla de una pasión contenida y constante, es recordado por Neruda en el discurso que pronuncia con motivo de la recepción del Premio Nobel de Literatura en 1971; dos años después, el poeta chileno reitera la mención, ya como un guiño secreto, en el poema «Mar y amor de Quevedo».

Finalmente, cabría anotar una última intersección de poéticas, que incluye además a Verlaine. En la composición que cierra *Veinte poemas de amor,* «La canción desesperada», aparece una imagen muy decidora: «Sobre mi corazón llueven frías corolas». De su inspiración simbolista hablan las metonimias recurrentes *(corolas* por *flores, corazón* por *poeta)* y el paisaje interior insinuado, donde la lluvia se hace emblema de un sentimiento de melancolía. En *Residencia en la tierra* la imagen reaparece, pero con un grado de objetivación mayor: «las vocales se inundan, el llanto cae en pétalos». Bajo el verso nerudiano late otro de Verlaine —«Llueve en mi corazón / como llueve en la ciudad»—, que a su vez se superpone a otro de Rimbaud, que aparece como epígrafe del poema que lo contiene: «Llueve dulcemente sobre la ciudad». A esa confluencia de registros se añade la voz del postsimbolista Maeterlinck y su drama *Pelleas y Melisanda* —del que Neruda hace una versión en *Crepusculario*—, cuyo protagonista exclamará: «¡Diríase que llueve sobre mi corazón!».

Por último, cabe anotar unas líneas en torno al Modernismo —versión hispánica del Simbolismo—, de intensa presencia en las prosas y versos de Neruda, quien llama a los integrantes de ese movimiento «satanes, ángeles obscuros, sacerdotes martirizados de lo más fantasmal y perdido, comedores de estrellas, pescadores de la noche sombría». A Julio Herrera y Reissig le dedicó un número monográfico de la revista que dirigía en Madrid, *Caballo Verde para la Poesía,* con motivo de la antología que preparaba la casa Aguilar. Manuel Altolaguirre imprimió ese número doble, pero antes de que se cosieran los pliegos estalló la Guerra Civil, y la revista desapareció entre los bombardeos. Neruda califica ahí a Herrera y Reissig como «clásico de toda la poesía», que «sublima la cursilería de una época, reventándola a fuerza de figuraciones volcánicas». También enaltece a López Velarde, del que destaca su «líquido erotismo» y su dulzura, pero también su compromiso con la historia, para concluir: «En la gran trilogía del Modernismo es Ramón López Velarde el maestro final, el que pone el punto sin coma [...]. Sus grandes hermanos, el caudaloso Rubén Darío y el lunático Herrera y Reissig, han abierto las puertas de una América anticuada, han hecho circular el aire libre...».

En cualquier caso, ninguno de los nombres mayores del Modernismo americano es parangonable a Rubén Darío —en especial *Cantos de vida y esperanza. Los cisnes y otros poemas*— como ascendiente de la poética de Neruda, en cuyas bibliotecas se conservan aún nada menos que veintiún ejemplares de sus obras: tres de *Azul...* y de *Los raros,* dos de *Cantos de vida y esperanza* y de *Canto a la Argentina y otros poemas,* y algunos otros títulos, además de las obras completas del nicaragüense, y rarezas como una edición de *Abrojos* de 1887 y otra de *Las rosas andinas* de 1888. Esa poderosa presencia bibliográfica es índice de una veneración que se manifiesta muy tempranamente, ya en los llamados *Cuadernos de Neftalí Reyes,* que recogen sus versos de adolescencia («este del verso raro y cálido / que salta y que brinca de frío / y que en el rostro moreno pálido / se parece a Rubén Darío»).

Pero la primera mención de verdadero interés se produce en el discurso escrito y leído «al alimón» con García Lorca en el PEN Club de Buenos Aires en 1933, donde ambos recuerdan «su incertidumbre incandescente, su descenso a los hospitales del infierno, su subida a los castillos de la fama, sus atributos de poeta grande, desde entonces y para siempre, imprescindible». También son reseñables los comentarios contenidos en el ensayo «Viaje al corazón de Quevedo», donde lo parangona a Francisco de Quevedo como padre del idioma, «a quien pasaremos la mitad de la vida negando para comprender después que sin él no hablaríamos nuestra propia lengua, es decir, que sin él hablaríamos aún un lenguaje endurecido, acartonado y desabrido». En 1973 insiste en esa valoración cuando redacta sus memorias, *Confieso que he vivido,* donde comenta la revolución que Darío supuso para el idioma: «Pero Rubén Darío fue un gran elefante sonoro que rompió todos los cristales de una época del idioma español para que entrara en su ámbito el aire del mundo. Y entró». Por último, no puede evitarse, en este recorrido, recordar el amplio episodio que, bajo el título «R. D.», le dedica al maestro en *La barcarola,* de 1967, con motivo del centenario de su nacimiento y que fue publicado originalmente en la revista chilena *Atenea.* Se trata de una emotiva semblanza biográfica, donde lo llama «mi padre poeta» y lo imagina a su llegada a Valparaíso, debatiéndose entre sus sueños y su miseria: *«Bajo el largo gabán tiritaba su largo esqueleto / y llevaba bolsillos repletos de espejos y cisnes».* Los versos se suceden majestuosos y solemnes, con una configuración métrica inusual en el autor, quien sigue aquí, como en todo el poemario, el modelo de los versos de arte mayor darianos. Hernán Loyola ha explicado esa opción por el clima de homenajes a Darío que domina durante la gestación de *La barcarola,* que evoca las cadencias musicales e hipnóticas de poemas darianos como «Marcha triunfal», asimilados desde la infancia por figurar en todos los manuales escolares chilenos. Cabe también recordar los guiños y homenajes implícitos en los propios versos nerudianos; así, por ejemplo, el poema «Lo fatal» de Darío, con su célebre lamento —«y la carne que tienta con sus frescos racimos, / y la tumba que aguarda con sus fúnebres ramos, / ¡y no saber a dónde vamos, / ni de dónde venimos!»—, es homenajeado por Neruda en los siguientes versos de «Pantheos»: «Si quieres no nos digas de qué racimo somos, / no nos digas el cuándo, no nos digas el cómo, / pero dinos a dónde nos llevará la muerte...».

En definitiva, la topografía del intercambio fértil de Neruda con sus «acreedores» poéticos del Romanticismo y Simbolismo se hace tan magnética como inabarcable. Pero también lo será la del diálogo con los maestros del Barroco español, cuyo encuentro dejó una impronta indeleble en su poética.

LA LÁMPARA BARROCA: QUEVEDO Y GÓNGORA

En sus prosas, anota Neruda que «los únicos verdaderos ríos de España son sus poetas; Quevedo con sus aguas verdes y profundas, de espuma negra; Calderón, con sus sílabas que cantan; los cristalinos Argensolas; Góngora, río de rubíes». Los versos celebérrimos de *España en el corazón* testimonian la conmoción producida no solo por el reencuentro con «el agua verde del idioma», o por su definitiva conversión política, sino también, y muy especialmente, por el intercambio con lo que él mismo llamara los «ríos del canto»: los poetas vivos —Rafael Alberti, Federico García Lorca, Vicente Aleixandre, Miguel Hernández...— y también los que desde los siglos de oro fecundaban su quehacer; a todos ellos rinde frecuente homenaje en sus ensayos y memorias, y también en sus versos. En ellos, por ejemplo, Garcilaso de la Vega es, con Ovidio, dios del Danubio en la sección de *Las uvas y el viento* dedicada a Rumanía, presidida por un epígrafe de la «Canción III» del poeta toledano; también tiene palabras para él en el acto inaugural de la Fundación Pablo Neruda para el Estudio de la Poesía, el 20 de junio de 1954, cuando presenta, al desprenderse de su biblioteca, los pequeños tesoros que esta guarda, y entre ellos destaca «mi primer Garcilaso que compré en cinco pesetas con una emoción que recuerdo aún. Es del año 1549». Se conservan además, en sus anaqueles, ejemplares de Garcilaso de la Vega editados en 1765 y 1817 en Madrid, y en 1946 en Buenos Aires (este último, con el homenaje de Rafael Alberti). Asimismo, acusa Neruda la latencia de Jorge Manrique, al que dedica un poema completo en sus *Nuevas odas elementales,* donde lo llama «buen caballero / de la muerte». De él conservaba Neruda un ejemplar de *Coplas de don Jorge Manrique, hechas a la muerte de su padre don Rodrigo Manrique,* publicado por Antonio de Sancha en Madrid, en 1779, y su huella se siente en el retorno al tópico del *ubi sunt* que hallamos en *Memorial de Isla Negra* —«Y cómo, en dónde yace / aquel / antiguo amor? / [...]. Dónde está el amor muerto? / El amor, el amor, / dónde se va a morir?»—, y también en *Fin de mundo:* «Dónde está ahora aquella gente? / Y aquella nación qué se hizo? / Lincoln y Whitman qué se hicieron? / Dónde están las nieves de antaño?».

La trilogía del renacentismo español que seleccionan las afinidades de Neruda se completa con la figura fundamental de Alonso de Ercilla, al que llama «inventor de Chile» en el artículo «Nosotros, los indios», publicado en *Ercilla* en julio de 1969. Mucho antes, en marzo de 1962, en el discurso «Mariano Latorre, Pedro Prado y mi propia sombra», adelantaba las razones de esa condición fundacional: «Nuestro primer novelista criollo fue un poeta: don Alonso de Ercilla». Años después, en *Incitación al nixonicidio,* una de sus obras más combativas ideológicamente, lo sitúa, junto con

Whitman y Quevedo, en la tríada de acreedores mayores de su poesía social, y le dedica los tres poemas finales.

De todo ese marco de referencia que, a partir de los años treinta, compone la tradición hispánica para Neruda, sin duda cabe destacar como prioritario el de la edad barroca, con su desgarro y desmesura, más afines a su espíritu romántico que la serenidad y la armonía precedentes. Entre sus preferencias se encuentran Pedro de Espinosa y su «Fábula del Genil» —situada entre el bucolismo garcilasiano y el preciosismo gongorino—, y, más especialmente, el conde de Villamediana, cuya muerte trágica lo impactara vivamente, al que dedica una elegía sobrecogedora en *Residencia en la tierra.* En julio de 1935, la revista *Cruz y Raya* publica una selección de poemas de Villamediana realizada por Neruda, «En manos del silencio». Los textos que selecciona son esencialmente amorosos, y el título elegido evoca la naturaleza clandestina de su relación con la reina, que le costaría la vida. Tras la reproducción de una carta de Góngora a Cristóbal de Heredia, a quien aquel relata, con fecha de 23 de agosto de 1622, la muerte del conde, incluye Neruda su propio homenaje —la mencionada elegía, «El desenterrado»— para devolverle la vida en su imaginaria resurrección («... hasta su corazón quiere morder manzanas»), y también desde la permanencia de su palabra poética, a través de la reproducción de treinta y tres composiciones de Villamediana; en la segunda se halla el verso con que Neruda titula la serie: «En manos del silencio me encomiendo, / por no perder lo que sufriendo callo / por lo que con mis lágrimas os digo».

Por lo demás, cabe anotar que aún perviven en los anaqueles de Neruda tres valiosos ejemplares de las obras del conde de Villamediana: una de 1634, otra de 1635 y la tercera sin fecha. No obstante, serán Quevedo y Góngora quienes dejen en su escritura una huella más fértil y permanente. Su devoción hacia ellos se respira en sus versos y prosas, y también se puede palpar físicamente en su biblioteca: hay en ella un total de diecinueve volúmenes de Quevedo, fechados entre 1609 y 1971 —la poesía filosófica del poeta madrileño es una de las lecturas favoritas de sus últimos años—, y también ocho de Góngora, fechados entre 1634 y 1948. La presencia de ambos se entrelaza en la textualidad de Neruda, y si bien es Quevedo el que lo acompaña hasta sus últimos versos, no ha de desdeñarse el papel de Góngora. Entre los ejemplares de Quevedo abundan las ediciones de las obras completas, y también las de su producción satírica y de *Los sueños.* En cuanto a Góngora, de él conservaba Neruda varias ediciones de sus obras completas, además de una edición de la *Fábula de Polifemo y Galatea* de 1923.

En general, los aspectos que testimonian el diálogo de Neruda con los clásicos hispánicos son, esencialmente, el léxico arcaizante, la recurrencia a tópicos —como el de la rosa, o el mencionado del *ubi sunt*— y mitos grecolatinos, la forma del soneto y el conceptualismo cancioneril. Se trata de claves que tienen su lugar de máxima presencia en *Cien sonetos de amor,* poemario inscrito en una genealogía que parte del *Canzoniere* de Petrarca, y que se ramifica por los siglos de oro, ya en la serena belleza del renacentismo garcilasiano, ya en el barroco violento de los sonetos a Lisi de Quevedo. El vitalismo de Neruda no se hace eco de la pena de amor por ausencia o desdén, que cederá a la plenitud de la presencia; por otra parte, ya en un tiempo en que las preocupaciones métricas han pasado a un segundo plano, los sonetos serán más libres e imperfectos, «de madera» según el propio poeta: *«... pequeñas casas de catorce tablas para que en ellas vivan tus ojos que adoro y canto».*

No obstante, de todos los signos clasicistas sembrados en la poética nerudiana, ninguno tiene tanta presencia y arraigo como el oxímoron de más neto perfil barroco, si bien su antecedente está en Petrarca, autor que Neruda también frecuentó, y del que conservaba un espléndido incunable de 1484, aún presente en su biblioteca. En *Confieso que he vivido* comenta Neruda el impacto que le produjeron «los tercetos deslumbrantes, el apasionado atavío, la profundidad y la pedrería, de los Alighieri, Cavalcanti, Petrarca, Poliziano» que «iluminaron a Góngora y tiñeron con su dardo de sombra la melancolía de Quevedo».

La trama intertextual se hace tan rica como compleja, especialmente cuando se trata del oxímoron, ese recurso emblemático de la era barroca —y también de la poesía ascética y mística—, consistente en unir dos conceptos aparentemente antitéticos para provocar una particular tensión expresiva. Cabe, por ejemplo, recordar los que se construyen en torno a los vocablos *líquido* y *fugitivo,* ambos connotadores de movimiento y, sin embargo, acompañados por expresiones que lo niegan. Góngora, en *Soledades,* representa al mar como «líquido diamante» y a los arroyos como «líquidos cristales», expresión que usa igualmente Quevedo para referirse al agua de una fuente: «Yo vi presa del yelo la corriente / que, en líquidos cristales derretida, / despide alegre la parlera fuente...». Quevedo, además, frecuenta la variante *fuego líquido;* las lágrimas de amor son «alma en líquido fuego transformada». Neruda, por su parte, en una de sus odas nombra a la energía como «llama líquida, esfera / de frenética púrpura», y en *Memorial de Isla Negra* nos cuenta cómo, ante la acción del cuchillo, los peces derraman «fuego líquido y rubíes». En cuanto al segundo vocablo anotado, *fugitivo,* la ninfa que protagoniza la gongorina *Fábula de Polifemo y Galatea* es definida como «fugitivo cristal» en expresión preciosista; asimismo, cuando Polifemo la sorprende con Acis, ve «correr al mar la «fugitiva nieve». En *Soledades* reaparece la fórmula para señalar al mar como «fugitiva plata». La escritura nerudiana se hace eco del recurso en diversas ocasiones: en *Canto general* las danzarinas son «estatua fugitiva», y en *Las piedras de Chile* las aves son «plata fugitiva».

No obstante, ninguno de los oxímoros de raigambre clásica tendrá en la obra del chileno tanta fecundidad y proyección como el que ronda el cromatismo del rojo y el blanco, que de nuevo se remonta a las formulaciones de la lírica amorosa petrarquista. Las versiones cromáticas de Góngora, con su fusión de los colores rojo y blanco, son de referencia imprescindible: «Purpúreas rosas sobre Galatea / la alba entre lilios cándidos deshoja: / duda el amor cuál más su color sea, / o púrpura nevada o nieve roja». Este tipo de oxímoron abunda también en Quevedo: «En nieve y rosas quise floreceros»; «... la ardiente rosa en vuestra nieve pura». Neruda se hará heredero de esta modalidad, como puede constatarse, por ejemplo, en su definición de la ciruela como «clavel cristalino», que aúna el preciosismo y el colorismo del poeta cordobés.

La productividad de esos paradigmas ha de proyectarse en nuevas propuestas con infinidad de variantes que renuevan la tradición y la rescatan de la erosión semántica. La de más elevada frecuencia es la que enfrenta los colores negro y blanco, y los ejemplos, que se extienden por toda la escritura de Neruda posterior a la etapa española, son innumerables: Chile es una cinta de «espuma blanca y negra» y el cabello de la amada es «llama negra» en *Las uvas y el viento;* la mujer es de «nácar negro» en *Los versos del Capitán;* el invierno tiene «racimos de nieve negra», el pasado es «harina negra» y la tierra es «estrella negra» en *Odas elementales;* el cielo es «diamante negro» en *Nuevas odas elementales;* los acantilados son «de nieve y alas negras» en *Navegaciones y regresos;* Manuela Sáenz tiene piel de «nardo negro» en *Cantos ceremoniales;* el río es en *La barcarola* «plata sombría» que cae en la sombra; en *Arte de pájaros,* el cormorán es «nieve negra», el pingüino es «luto nevado» y el queltehue, «nieve blanca y nieve negra».

La lectura creadora de los clásicos por el poeta chileno se extiende además hacia una versión nueva, en una dimensión ya visionaria, al complicar la dualidad del blanco y el negro con un tercer color: el rojo, de connotación violenta o pasional. Así, por ejemplo, en *Las uvas y el viento,* el dolor por España la convertirá en «granada roja y dura, topacio negro», y la referencia a Stalingrado evocará igualmente imágenes convulsas: «Toda la noche se iba desangrando [...]. / Palidecía con la nieve negra / y toda la muerte cayendo...»; en *Cien sonetos de amor:* «... estallan las granadas del sol y las estrellas, / se viene abajo el cielo con la noche sombría, / arden a plena luna campanas y claveles...».

Góngora aparece así como imprescindible compañero de viaje —a veces clandestino, otras declarado—, como en «Erratas y erratones», de 1969, donde leemos: «... el idioma español, es un cauce infinitamente poblado de gotas y sílabas, es una corriente irrefrenable que baja de las cordilleras de Góngora hasta el lenguaje popular de los ciegos que cantan en las esquinas». De hecho, en los propios versos nerudianos emergen referencias inesperadas y directas al poeta cordobés: en *Canto general,* los vinos de Jerez son «... catedrales / en cuyos corazones gongorinos / arde el topacio con pálido fuego»; en *Estravagario,* «San Francisco es un almanaque / lleno de fechas gongorinas...»; en *Cantos ceremoniales,* la descripción de la faena taurina culmina con la visión de la sangre: «... las catedrales se incendiaron, / en Góngora temblaban los rubíes ...». Neruda no hereda la críptica estructura latinizante ni la ornamentación extremada, sino la sensualidad, la luz, el cromatismo y el vitalismo de su modelo. Las afinidades son tales que, en ocasiones, podemos encontrar verdaderos palimpsestos, en los que se transparenta nítido el paradigma original. Valga mencionar la imagen que con el cristal representa simultáneamente la belleza del agua y de la piel: en *Fábula de Polifemo y Galatea,* Acis dirige su boca al arroyo para beber agua mientras contempla a la ninfa dormida: «... su boca dio, y sus ojos cuanto pudo, / al sonoro cristal, al cristal mudo»; la escena se repite entre los amantes adánicos de *La espada encendida,* de 1970: «Él le dijo: He caído / en tu insondable transparencia. Veo / alrededor de mí, como en el agua, / debajo de un cristal, otro cristal. / Y me ahogo en un pozo cristalino». Otro ejemplo nítido es el que metaforiza el vino blanco y tinto a partir de topacios y rubíes respectivamente. Puede encontrarse en *Soledades,* en una compleja propuesta formal, de un cromatismo casi impresionista por la fusión de los colores: «... en vidrio topacios carmesíes / y pálidos rubíes». No deja de sorprender en la sencillez de las odas nerudianas esa recurrencia, que al feísmo del residenciario «Estatuto del vino» le opone un nuevo preciosismo: «... vino con pies de púrpura / o sangre de topacio». Reaparece la metáfora en el *Tercer libro de las odas,* donde el poeta apostrofa al primer día del año en los siguientes términos: «... te beberemos / como / si fueras un topacio». Las posibilidades de la imagen son explotadas por Neruda en otras ocasiones; en el mismo libro, el limón es descrito al modo gongorino: «... en gotas / resbalaron los topacios...»; posteriormente, retorna el recurso en el poema «Locos amigos», de *Memorial de Isla Negra,* de nuevo con la elisión del término real de la metáfora: «... entre botellas rojas que estallaban / a veces derramando sus rubíes...».

En cuanto a Quevedo, Neruda lo nombra con devoción en 1939 como «padre de nuestras palabras y de nuestro silencio», en su ensayo «Quevedo adentro», uno de los innumerables homenajes que le rinde, y que tienen su más cumplida muestra en la conferencia «Viaje al corazón de Quevedo». Se trata del único ensayo extenso que dedica a un escritor, y delata la honda impresión que le produjo el encuentro con una escritura que lo signa para siempre, y de la que publicaría una antología de poemas amorosos y filosóficos en 1935, en la revista *Cruz y Raya.* Define Neruda el destino de ese *viaje* como un «infierno terrestre, arrasado por la angustia humana», y establece unos fundamentos para justificar su elección —que quedan citados en el epígrafe precedente— hasta concluir: «Hablo de una grandeza humana, no de la grandeza del sortilegio, ni de la magia, ni del mal, ni de la palabra: hablo de una poesía que, nutrida de todas las substancias del ser, se levanta como árbol grandioso que la tempestad del tiempo no doblega y que, por el contrario, lo hace esparcir alrededor el tesoro de sus semillas insurgentes». Neruda ve en su maestro al «más grande de los poetas espirituales de todos los tiempos», y enaltece su actitud crítica y combativa, proyectada en la célebre «Epístola satírica y censoria», a cuyos tercetos encadenados retornará todavía en una de sus últimas obras, *Incitación al nixonicidio,* donde reitera los homenajes explícitos al poeta madrileño, y lo nombra «caballero del conocimiento» y «padre mayor», en pasajes estremecidos de devoción y gratitud hacia su magisterio.

Amor y muerte serán los ejes sobre los que gravite la fascinación nerudiana por ese paradigma hispánico, a pesar de la gran distancia entre la visión que de esos temas tienen ambos poetas. El amor en Quevedo tiende a presentarse como platónico y atormentado; en Neruda, en cambio, muestra una plenitud gozosa. En cualquier caso, sea carnal o espiritual ese sentimiento, lo que merece aquí atención es la originalidad de la expresión quevedesca, que Neruda se apropia para metabolizarla según sus propios códigos, no sin antes rendir tributo al maestro, como se desprende de sus notas sobre el célebre soneto «Amor constante más allá de la muerte»: «Jamás el grito del hombre alcanzó más altanera insurrección: nunca en nuestro idioma alcanzó la palabra a acumular pólvora tan desbordante. "Polvo serán, mas polvo enamorado". Está en este verso el eterno retorno, la perpetua resurrección del amor». Quevedo a menudo se inscribe en la tradición platónica, que identifica el amor eterno con lo espiritual, pero en ocasiones hace una propuesta innovadora: esa «ceniza enamorada» que es emblema de la pervivencia material del amor. En el poema «Muere de amor y entiérrase amando», por ejemplo, los huesos arden en llamas en la tumba del amante: «Aún arden, de las llamas habitados, / sus huesos, de la vida despoblados [...]. /

Fue mi vida a mis penas semejante: / amé muriendo, y vivo tierra amante». Las alusiones a la pervivencia del amor en la materia, en el *cuerpo,* son recurrentes: «Espíritu desnudo, puro amante, / sobre el sol arderé, y el cuerpo frío / se acordará de Amor en polvo y tierra»; «Del vientre a la prisión vine en naciendo; / de la prisión iré al sepulcro amando, / y siempre en el sepulcro estaré ardiendo». Neruda, por su parte, ha de aportar a esa tradición su propia lectura creadora, muy especialmente en *Cien sonetos de amor,* con infinidad de manifestaciones. Su formulación se aleja del modelo aportando una nota distintiva esencial, centrada en la ausencia del componente cristiano y la aproximación a posturas panteístas, que afirman el eterno retorno de los ciclos: «... y allí donde respiran los claveles / fundaremos un traje que resista / la eternidad de un beso victorioso». La manifestación de esa recurrencia no acaba aquí. Neruda reitera su concepción de la perennidad del amor, unida a su naturaleza ígnea, en *Fulgor y muerte de Joaquín Murieta,* donde el héroe muere junto a la tumba de su amada «y ardió el amor allí donde moría». Como último ejemplo cabría recordar la historia de «la insepulta de Paita», Manuela Sáenz, la amante de Bolívar, en una bella versión poética inserta en *Cantos ceremoniales:* «... los dos, ahora reunidos en la verdad desnuda: / cruel ceniza de un rayo que no enterró la muerte, / ni devoró la sal, ni consumió la arena».

Finalmente, puede recordarse la configuración formal de la temporalidad, tan definitoria del poeta madrileño, como paradigma que igualmente deja honda huella en el chileno. Ya Manuel Durán ha comentado al respecto que el verso quevedesco «Hoy pasa, y es, y fue...» hace de los tiempos verbales «un uso completamente nuevo en su época [...], yuxtapone los tiempos, y al colocarlos uno tras otro nos comunica la sensación exacta del tiempo en movimiento». La originalidad del recurso no deja indiferente a Neruda, que vuelve a él en muchas ocasiones. Lo hallamos por primera vez en ese libro tan quevedesco que es *Cien sonetos de amor,* particularmente en los poemas XLIX y LXXVII. El primero reinterpreta el modelo hacia una visión esperanzada: «Es hoy: todo el ayer se fue cayendo / entre dedos de luz y ojos de sueño, / mañana llegará con pasos verdes: / nadie detiene el río de la aurora». En el segundo caso, el mensaje se mantiene, aunque con menor énfasis: «Hoy es hoy con el peso de todo el tiempo ido / con las alas de todo lo que será mañana [...]. / Hoy, ayer y mañana se comen caminando, / consumimos un día como una vaca ardiente...». Sin embargo, en las siguientes manifestaciones de *La barcarola,* la temporalidad se hace ya angustiosa: «Es ahora la hora y ayer es la hora y mañana es la hora...»; «Se fue ayer, se hizo luz, se hizo humo, se fue, / y otro día compacto levanta una lanza en el frío...». Progresivamente, la poesía nerudiana va ensombreciéndose, poblándose de muerte; en *Geografía infructuosa* se incluye el poema «Ser», donde leemos: «... fui un pobre ser: soy un orgullo inútil, / un seré victorioso y derrotado». Los ejemplos contenidos en la obra póstuma serán los más cercanos al paradigma quevediano; en *El corazón amarillo,* el poema «Enigma para intranquilos» insiste en la obsesión por el reloj y la hora fatal: «... no se sabrá ya más si ayer se fue / o lo que vuelve es lo que no pasó»; en *2000,* el diálogo con la muerte se desenvuelve desde esa serenidad que es fruto de un largo aprendizaje, el de la vida, el de la poesía:

> Hoy es hoy. Ha llegado este mañana
> preparado por mucha oscuridad [...].
>
> Hoy es hoy y ayer se fue, no hay duda.
> Hoy es también mañana, y yo me fui
> con algún año frío que se fue,
> se fue conmigo y me llevó aquel año.

CODA

En definitiva, la poética *prometeica* defendida por los románticos —alusiva al héroe mítico que usurpa su poder a los dioses en un acto de rebeldía luciferina— deriva hacia lo que podría llamarse, paralelamente, una poética *arácnida:* la nueva metáfora hablaría de aquella hábil tejedora, Aracne, que con su soberbia retó igualmente a la diosa Atenea; esta, enfurecida, la convierte en la araña que laboriosa y humilde teje su red anónimamente, ya sin ninguna pretensión de grandeza. De este modo, cada poeta participa en ese vasto taller que es, en palabras de Neruda, el mundo de las artes; de algún modo, el poeta parece sumarse a esta metáfora cuando se refiere a los poetas venideros como los que un día «hilarán en el ronco telar interrumpido / las significaciones de mañana». Tradición y originalidad se confabulan así en una poesía intencionalmente espejeante, dialogante y proteica, integrada en un movimiento universal que tempranamente nombró Lautréamont en términos certeros: «La poésie doit être faite par tous. Non par un».

N E R U D A

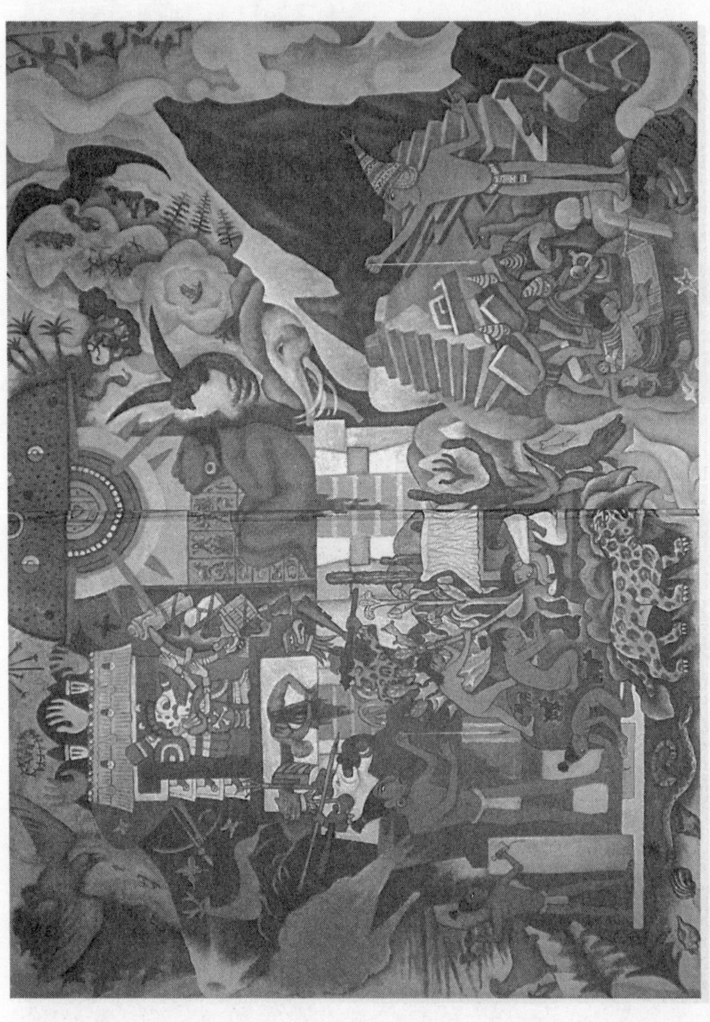

El *Canto general* fue publicado en México (1950), en los Talleres Gráficos de la Nación. La portada (p. LXXXI) presentaba por primera vez el logo nerudiano tantas veces reproducido. Posiblemente fue diseñado por el pintor y grafista español Miguel Prieto, responsable de la edición.

La guarda de inicio (p. LXXXII) corresponde a Diego Rivera, que la titula «América prehispánica». Dividida, verticalmente, en dos partes, representa a mayas e incas en su cultura tradicional. La presencia de un gran sol, constante «lámpara» nerudiana del *Canto general,* ampara en la parte superior a las dos culturas así como a la fauna y la flora autóctonas. Es la representación del poema «La lámpara de la tierra».

La guarda de cierre (p. LXXXIII) pertenece a David Alfaro Siqueiros e ilustra el poema «La arena traicionada» de la serie «Las tierras y los hombres». Representa una gran figura humana con los brazos extendidos, surgiendo desde las entrañas de un volcán en erupción. Simboliza el nacimiento de «la raza mineral, el hombre», el nuevo hombre americano forjado en las entrañas de la tierra.

Hernán Loyola

GUÍA A ESTA SELECCIÓN DE NERUDA

(NOTA AL TEXTO)

La presente selección propone, hasta donde me fue posible, una secuencia dispuesta según la sucesión cronológica de la escritura y/o de la primera publicación de los textos (cada uno trae al pie los datos correspondientes hasta ahora conocidos). De ahí la mezcla de poemas canónicos con textos sueltos (prosas y poemas dispersos, crónicas, conferencias). La idea es sugerir al lector los itinerarios conexos de una escritura poética y de su personaje-protagonista (construido en modo sui géneris por Neruda con materiales de su propia biografía).

Las doce secciones de la selección responden a un particular criterio de periodización en tres fases: (1) sección I: modernidad del siglo XIX o clásica; (2) secciones II a VIII: modernidad del siglo XX; (3) secciones IX a XII: la posmodernidad. La tercera fase supone una ruptura respecto a las dos precedentes, las que en cambio se continúan entre ellas a pesar de sus notorias diferencias.

Los textos mismos proceden de la edición anotada de las *Obras completas* de Pablo Neruda en cinco volúmenes (Barcelona, Galaxia Gutenberg-Círculo de Lectores, 1999-2002).

1. LA MODERNIDAD DEL SIGLO XIX

Sección I: 1918-1923. El poeta ritual.

Hasta 1923 la poesía de Neruda mezcla variadamente el imaginario y la axiología de la literatura de fines del siglo XIX y de las dos primeras décadas del XX, en particular el simbolismo, el naturalismo y el modernismo de Darío. Sus principales fuentes nutricias son *La poesía francesa moderna. Antología ordenada y anotada por Enrique Díez-Canedo y Fernando Fortún* (Madrid, Renacimiento, 1913); *Selva lírica*, antología de poesía chilena com-pilada y comentada por Julio Molina Núñez y O. Segura Castro (Santiago, Sociedad Imprenta y Litografía Universo,1917), y la obra de Rubén Darío. Pero la voracidad literaria del adolescente Neftalí Reyes no conoce otros límites que la dificultad para procurarse los libros en la provincia.

En tres cuadernos escolares, hoy perdidos, reunió Neftalí hacia finales de 1920 los poemas que había escrito a partir de abril de 1918, vale decir, desde antes de cumplir 14 años (recogidos en *Obras completas,* IV, 2001, pp. 51-211). «Nocturno», el más antiguo de esos textos, ya exhibe una segura combinación de endecasílabos y heptasílabos, revelando con ello un precoz manejo de la métrica castellana (nótese también el soneto alejandrino «Sensación autobiográfica» escrito al cumplir los 16 años). Solo cinco de los 160 poemas de *Los cuadernos de Neftalí Reyes* pasarán a *Crepusculario* en 1923. Los tres aquí recogidos muestran líneas temáticas diversas, filosófica en «Pantheos», simbolista en «Sensación de olor» y de inquietud social en «Maestranzas de noche». El poeta ritual, como el narrador de las novelas decimonónicas, cree poseer un conocimiento seguro de sí y del mundo, y desde tal estatuto básico de superioridad y de certezas interroga la realidad y examina su propia condición, incluyendo sus íntimos conflictos y los de la sociedad, el dolor, la sexualidad, la muerte.

Desde octubre de 1920 el nombre *Neftalí Reyes* desaparece como firma del poeta, y es sustituido por *Pablo Neruda*. En marzo de 1921 el joven provinciano llega a Santiago para iniciar estudios universitarios (licenciatura en francés) que nunca terminará. Trae consigo un proyecto poético entusiasta y solar, sostenido por una juvenil confianza en la capacidad de la literatura para contribuir a mejorar el mundo, a promover el reinado de la justicia y de la solidaridad social en la urbe (véase «Oración»). Pero ya en 1922 esa confianza entra en crisis y Neruda se refugia en una poesía de resonancias simbolistas, o erótica a la Vargas Vila («Un hombre anda bajo la luna», «Farewell» y después «Morena la Besadora»). En los primeros meses de 1923 el derrumbe del ánimo es total, según denuncian «Playa del Sur» y «El castillo maldito».

A mediados de 1923 Neruda publica su primer libro, *Crepusculario,* en el cual, sin embargo, ya no se reconoce. Negándose a aceptar el derrumbe, busca rescatarse a través de la línea de grandilocuencia y titanismo que le sugieren en particular el poeta uruguayo Carlos Sabat Ercasty, y también Gabriele d'Annunzio, Walt Whitman, Pablo de Rokha. A lo largo de ese 1923 Neruda escribe numerosos textos en los que cree estar alcanzando su lenguaje más personal, entre ellos «Amiga, no te mueras», «Déjame sueltas las manos», «Canción del macho y de la hembra!» y «Hago girar mis brazos», aquí incluidos. Una carta de Sabat Ercasty lo desilusiona acerca de la presunta originalidad de tal tentativa, y aborta así el proyecto de libro que debía contenerla: *El hondero entusiasta,* que parcialmente será publicado solo diez años más tarde (1933).

2. LA NUEVA MODERNIDAD

Sección II: 1923-1926. El ámbito Noche-Sur en clave vanguardista.

Paralelamente a los titánicos y altisonantes poemas del *Hondero,* Neruda escribe durante 1923 una serie de poemas que él considera «menores», de índole sentimental y tono disminuido, pero que la carta de Sabat Ercasty convierte en alternativa al fracasado y abandonado proyecto grandilocuente. Así surge el volumen *Veinte poemas de amor y una canción desesperada* (1924). Por su carácter iniciador o precursor de esta línea de textos incluyo aquí la prosa suelta «Aquel bote salvavidas», escrita en el álbum de Teresa Vásquez. Ella y Albertina Azócar son las musas principales de los poemas de 1923 que, a última hora, serán ordenados por Neruda según el esquema «narrativo» de una vaga historia de amor y desamor, completada a comienzos de 1924 por el poema 1 y por la versión definitiva de «La canción desesperada».

Sin proponérselo, los *Veinte poemas...* introducen al verdadero Sujeto nerudiano, dejando atrás para siempre al Sujeto ritual —decimonónico— de *Crepusculario,* del *El hondero entusiasta* y de los textos adolescentes. El nuevo Sujeto —llamémoslo *individual*— ya no tiene una imagen segura de sí ni del mundo: sus incertidumbres ya no son retóricas como en *Crepusculario,* tampoco son altisonantes como las del *El hondero entusiasta* sus tentativas de autoafirmación. Pero son serias. Su nueva búsqueda de la *autenticidad* va a coincidir con una de las características determinantes de la nueva modernidad.

Al mismo tiempo los *Veinte poemas...* fundan el mítico Sur de la infancia que, a partir de las prosas «El otoño de las enredaderas» y «Provincia de la infancia» de 1924, devendrá el centro sagrado y tutelar del universo nerudiano a través de los tres libros publicados en 1926: *Tentativa del hombre infinito, Anillos* y *El habitante y su esperanza.* Así Neruda ingresa a la nueva modernidad, incubada en Europa durante las primeras décadas del siglo XX bajo el signo de la tríada Einstein-Freud-Lenin, que se impone al desarrollo histórico-cultural de Occidente (simultáneamente, por primera vez, a ambos lados del Atlántico) desde comienzos de los años veinte.

Puesto que el sol de la trilla campesina y los crepúsculos de calle Maruri configuran en *Crepusculario* el espacio de la derrota, Pablo convalece de sus heridas lejos de la urbe, replegando hacia un ámbito simbólico en que convergen la Noche (espacio de los *sueños* = Eros) y el Sur de la infancia (espacio provisorio de la *acción* poética). Es al interior de este ámbito que Neruda realiza sus incursiones vanguardistas, lo que les confiere su máxima y básica singularidad al no proponer el característico enfrentamiento con la gran ciudad («No hay vanguardia sin metrópolis» según Andrés Soria Olmedo). La vanguardia en Neruda es *rural* porque subordina su experimentación formal y de lenguaje a la constante-clave de su escritura, vale decir, a la representación (o traducción) poética de su acontecer personal, de su propia «historia» en cuanto protagonista ficticio de sus textos a partir de los *Veinte poemas...* Ahora bien, lo que en este período (1924-1926) los libros de Neruda «documentan» es su repliegue al ámbito Noche-Sur, espacio protegido y al margen de esa «intensificación de la vida nerviosa» (Simmel, Cacciari) inseparable de la metrópolis.

A diferencia de Huidobro, Neruda no escribe *manifiestos* o programas por desarrollar. Su escritura fluye como, y con, su vida. Así, su libro *Tentativa del hombre infinito* fue escrito en 1925 sin puntuación ni mayúsculas, asumiendo deliberadamente una forma experimental pero sin rebeldías temáticas. A sus poemas solo interesa el desarrollo del Sujeto nerudiano nacido con los *Veinte poemas...,* proseguir la búsqueda de su camino poético a través del amor y de la compenetración con su entorno provinciano (casa, bosque, ríos, trenes...).

Las prosas de *Anillos* permiten seguir las fases de ese desarrollo desde «El otoño de las enredaderas», todavía música verbal post-simbolista (junio de 1924), hasta la distensión expresiva de un nuevo lenguaje en «Desaparición o muerte de un gato» (mayo de 1926), resonancia de la prosa de Rilke en sus *Cuadernos de Malte Laurids Brigge,* que Neruda conoce en traducción francesa (de la que a su vez traducirá un fragmento para la revista *Claridad,* octubre 1926).

De Rilke proviene esa nueva modulación verbal del espacio-tiempo, esa inédita red de contactos tangenciales, y cruces insólitos, entre objetos culturales y procesos naturales que Neruda ensaya en las últimas prosas de *Anillos* (las de 1926) y en *El habitante y su esperanza* (1926). Este proceso de aprendizaje cristaliza magistralmente en «Galope muerto», el poema-pórtico de *Residencia en la tierra*.

Sección III: 1926-1927. Enfrentando otra vez al Día-Urbe.

A fines de 1925 el poema «Serenata» había saludado a la Noche solicitándole la fuerza (el *metal*) que el Sujeto necesitaba para abandonar la protección del ámbito Noche-Sur y enfrentar otra vez el riesgo, la dura realidad del Día-Urbe. Algunos meses más tarde, en 1926, el poeta rinde homenaje a la Noche que está dejando atrás, pero al partir establece con ella el pacto que el poema «Alianza (Sonata)» documenta. Antes, «Galope muerto» ha registrado otra secreta ceremonia de alianza, la del poeta con la energía profunda que gobierna la Vida en el Bosque, en la Naturaleza del Sur.

El retorno al Día-Urbe, «experiencia para la cual la vivencia del *shock* se ha convertido en norma» (Walter Benjamin), alcanza su más amarga representación en «Débil del alba». El poema, sin embargo, declara la irrenunciable tenacidad del Sujeto (comparable a la de la lluvia) en dar testimonio del Día-Realidad que lo rechaza.

En abril o mayo de 1927, poco antes de partir hacia Oriente, escribe Neruda «Caballo de los sueños». El tema del texto es el conflicto entre la *norma* y la *libertad,* actualizado por la coyuntura biográfica del nombramiento consular en Rangoon. ¿Puede un anarquista permitirse el ingreso en la burocracia de Estado? La novedad del enfoque consiste en que el poema muestra cómo ambos polos u opciones del conflicto, la libertad y la norma, atraen al Sujeto con seducción simultánea. No será la última vez que este conflicto se configure en el desarrollo de la escritura de *Residencia en la tierra*.

Sección IV: 1927-1932. Residencia (o exilio) en Oriente.

Tras algunas crónicas de viaje incluyo «Colección nocturna», el primer poema de *Residencia en la tierra* escrito fuera de Chile. Desde «La noche del soldado» hasta «Arte poética»: textos de 1928 conexos a la relación amorosa entre Neruda y una mujer birmana (Josie Bliss) en Rangoon. Las cartas a González Vera y a Héctor Eandi documentan el vínculo entre esa torrencial pasión erótica y la invención del título *Residencia en la tierra*.

De los poemas escritos en Wellawatta (periferia de Colombo, Ceilán), «Caballero solo» y «Ritual de mis piernas» intentan desarrollar una línea temática inspirada por *Lady Chatterley's Lover* de D. H. Lawrence y por otras novelas inglesas recientes. No habrá continuación inmediata.

«Comunicaciones desmentidas» es un poco anterior al inminente y apresurado matrimonio de Pablo y Maruca Hagenaar en Batavia (06.12.1930). Esta prosa repropone el conflicto *libertad/norma* ya tematizado en «Caballo de los sueños», pero en términos opuestos: esta vez la intención crítica va enderezada contra el ilusorio espacio de la *libertad* (equivalente a la *soledad* padecida en Colombo = el pasado), mientras el espacio de la *norma* (presente y futuro) se colora de sumisión o aceptación. El título subraya la crítica a su personal y reciente pasado en Wellawatta, donde las *comunicaciones* en clave de libertad no remediaban la soledad y en cambio causaban degradación y extravío (del «sentido profético» del poeta), por lo cual ahora en Batavia el Sujeto las *desmiente,* o se propone *desmentirlas,* con el acatamien-to de la norma (el matrimonio). Algunos meses más tarde, en 1931, «Lamento lento» denuncia la nostalgia de Albertina y el precoz deterioro de aquel matrimonio equivocado. «El fantasma del buque de carga» es el testimonio poético de los dos terribles meses de navegación de Neruda (con Maruca) regresando a Chile a través de los océanos Índico y Atlántico, y del Estrecho de Magallanes, hasta desembarcar en Puerto Montt en abril de 1932.

Sección V: 1932-1939. Santiago-Madrid, ida y vuelta. La Guerra Civil española.

Neruda se siente derrotado al regresar a Chile. Sin haber conquistado una situación económica ni haber publicado su *Residencia en la tierra* en el extranjero, vuelve sin trabajo y con una mujer a la que ya no ama. No trae ningún triunfo que desmienta los sarcásticos vaticinios de su padre anteriores a 1927. Este ánimo de derrota determinará un año de esterilidad poética, solo rescatado por las publicaciones de la definitiva segunda edición de *Veinte poemas...*, revisada con nuevas versiones de los poemas 2 y 9 (Nascimento, 1932), y de 12 poemas recuperados para el opúsculo *El hondero entusiasta* (Letras, enero 1933). Pero en abril 1933 la situación comienza a cambiar con la magnífica edición en Nascimento de *Residencia en la tierra* (1925-1932). En mayo renace el poeta tras un breve regreso a la costa de Puerto Saavedra, vale decir, a «El sur del océano».

A comienzos de septiembre Neruda reasume funciones diplomáticas algo mejoradas en Buenos Aires, donde sin embargo «Walking around» denuncia que el ánimo está por los suelos otra vez. La llegada de Federico García Lorca en octubre evitará a Pablo una grave recaída en la crisis. El «Discurso al alimón sobre Rubén Darío» en la cena de homenaje del PEN Club (noviembre) sella la amistad entre ambos poetas. Se reencontrarán en Madrid algunos meses más tarde. Apenas pone el pie en Barcelona, la noticia de la muerte de su amigo Alberto Rojas Giménez (mayo de 1934) se proyecta a una gran elegía, su primer poema escrito en España.

En agosto, «Enfermedades en mi casa» traduce el infinito dolor de Neruda frente al nacimiento de su hija Malva Marina en muy malas condiciones de salud (hidrocefalia). Pero en junio ha conocido a Delia del Carril. La convergencia del amor y del dolor, de la revolución asturiana y de las reuniones en los cafés madrileños, cuaja espléndidamente en los *Tres cantos materiales* que Neruda escribirá para el recital en la Universidad (diciembre) que le ha organizado García Lorca, a quien dedicará poco después, agradecido, la «Oda» que lleva su nombre (raro caso de un poema-homenaje en cuyo título Neruda *nombra* a un amigo aún vivo). A su vez, en abril de 1935, los mejores poetas españoles de entonces consagran a Neruda con la publicación en cuadernillo de los *Tres cantos materiales* («Entrada a la madera», «Apogeo del apio» y «Estatuto del vino») y, más adelante, con la dirección de la revista *Caballo Verde para la Poesía,* cuyo primer número trae como prólogo el «manifiesto» —raro en la trayectoria del chileno— titulado «Sobre una poesía sin pureza». El año de gracia de 1935 incluirá la edición completa de *Residencia en la tierra* (Cruz y Raya) en sus dos volúmenes definitivos.

1936 traerá en cambio el triunfo del Frente Popular en las elecciones españolas de febrero y la Guerra Civil en julio. La defensa de Madrid convence definitivamente a Neruda sobre la eficacia de la organización en la lucha política. El «Canto a las madres de los milicianos muertos» inaugura la serie *España en el corazón* (1937). De regreso en Chile, Neruda muestra su propia capacidad organizadora al fundar la Alianza de Intelectuales y la importante revista *Aurora de Chile.* En pocas semanas logra hacer de la Guerra Civil española y de la lucha antifascista una *cuestión nacional* en Chile (lo que no ocurre en ningún otro país de América, salvo en México) en conexión con la campaña electoral del Frente Popular, cuyo candidato, Pedro Aguirre Cerda, accede a la presidencia de Chile en 1938. Año de victoria y también de doble luto: César Vallejo muere en París, en Temuco mueren su padre José del Carmen Reyes (mayo) y su *mamadre* Trinidad (agosto).

El extraordinario texto «La copa de sangre» conecta este luto personal al proyecto de un *Canto general de Chile* inaugurado ese mismo agosto de 1938 con la «Oda de invierno al río Mapocho», interrumpido en 1939 por la proeza de embarcar en el *Winnipeg* a dos mil refugiados españoles (que desde Francia llegan a Valparaíso en coincidencia con el inicio de la Segunda Guerra Mundial) y reanudado en Chile con «Himno y regreso». Antes de volver Neruda viaja a La Haya (noviembre) donde intenta sin éxito un acuerdo de separación con Maruca. Allí abraza y besa por última vez a Malva Marina. Nadie imagina entonces que los alemanes invadirán Holanda varios meses más tarde (mayo de 1940).

Durante algunos años Neruda vivirá paralelamente estas dos identidades: la del combatiente antifascista y la del cronista lírico de América (revelación de la naturaleza chilena y después americana).

Sección VI: 1940-1946. De cónsul en México a senador de los mineros.

A comienzos de 1940 Pablo y Delia toman posesión de la casa en Isla Negra, pero no podrán disfrutarla todavía. Neruda viaja a México para asumir el cargo de cónsul general en la capital, a la que llega el mismo día del asesinato de Trotski en Coyoacán (21.08.1940). Antes de partir publica en *La Hora* otros poemas del *Canto general de Chile* que confirman su orientación reveladora del mundo natural («Océano», «Botánica») y de la historia («Almagro», después «Descubridores de Chile»). En México se hace más visible el creciente compromiso político de su poesía («Reunión bajo las nuevas banderas»), pero también la nostalgia de Chile a causa del agravamiento de una persistente enfermedad vascular («Quiero volver al Sur»). La Cancillería hostiliza de nuevo a Neruda por haber concedido visa al pintor comunista David Alfaro Siqueiros y lo suspende de su cargo por un mes; ocasión de viajar a Guatemala donde conoce a Miguel Ángel Asturias (junio de 1941). Al regresar a México, en julio, lee en la Universidad su poema «Un canto para Bolívar». A finales de año es víctima de una grave agresión por parte de filonazistas en un restaurante de Cuernavaca.

La intensificación de la guerra en Europa (tras la invasión nazi de la URSS) y en el Pacífico (tras el ataque japonés a Pearl Harbor) refuerza la definición política de Neruda y multiplica la resonancia de su nueva poesía militante (en enero de 1942 su poema «Tina Modotti ha muerto» hace callar a la prensa mexicana de derechas que intenta enfangar la memoria de la fotógrafa italiana; el primer canto a la épica batalla de Stalingrado fue impreso como cartel y fijado en los muros de muchas calles de la capital). Su viaje a Cuba en marzo de 1942 marca no solo la ampliación americana del proyecto poético sobre Chile, sino también su extensión a España a través de la magnífica conferencia «Viaje al corazón de Quevedo» (se incluye un significativo fragmento).

Durante la primera mitad de 1943 toma forma el conjunto de poemas que bajo el título «América, no invoco tu nombre en vano» publica en julio la revista mexicana *América* (véanse «Juventud», «Hambre en el Sur», «América»). Pero las nuevas reprimendas de la Cancillería chilena por sus declaraciones antifascistas en Estados Unidos (al inicio de 1943) y por la lectura del poema «Dura elegía» en el funeral de la madre del líder comunista Luis Carlos Prestes (encarcelado en Brasil), inducen a Neruda a dejar el servicio diplomático.

A finales de agosto de 1943, tras la multitudinaria y apoteósica despedida de México, Neruda inicia un no menos espectacular viaje de regreso a Chile pasando por Panamá y Colombia, donde sostiene una vivaz polémica y un «duelo a sonetos» con Laureano Gómez, acaudalado político conservador, presunto poeta y dueño del diario *El Siglo* de Bogotá. Su viaje prosigue hacia Perú, donde viene acogido con honores e invitado a visitar las ruinas de Machu Picchu.

En noviembre llega triunfalmente a su país, solicitado para múltiples recitales y conferencias. En diciembre lee la versión definitiva de «Viaje por las costas del mundo», texto iniciado en La Habana, 1942, aumentado en Bogotá y luego en Santiago al cierre de 1943. Ya liberado de las amarras diplomáticas, inmediatamente se suma a las actividades del Partido Comunista, que lo postula a senador por las provincias mineras de Tarapacá y Antofagasta, junto al dirigente obrero Elías Lafertte. Ambos resultan elegidos en marzo de 1945. El 30 de mayo el senador Ricardo Reyes (alias Pablo Neruda) pronuncia su primer discurso, a pocos días de haber obtenido el premio Nacional de Literatura.

Los meses siguientes lo ven empeñado en refundar su identidad pública de ciudadano y de poeta. Inicia los trámites para legalizar su pseudónimo, y el 8 de julio, durante un acto de masas en el Teatro Caupolicán, recibe por primera vez su carné de comunista. En septiembre comienza a escribir en Isla Negra el poema «Alturas de Macchu Picchu», síntesis simbólica de su trayectoria personal.

A comienzos de 1946 conoce a la pelirroja Matilde Urrutia durante un concierto en el Parque Forestal de Santiago («Alguien que me esperó entre los violines»), pero ese encuentro fugaz florecerá solo algunos años más tarde en México. Durante aquel verano de 1946 concluye «Alturas de Macchu Picchu», que será publicado ese año en revistas de Caracas y de Buenos Aires.

Sección VII: 1946-1949. La modernidad militante. Neruda clandestino.

El capítulo XI de *Canto general,* «Las flores de Punitaqui», recoge las primeras experiencias del poeta-senador. Nótese cómo los poemas incluidos al comienzo de esta sección modulan variaciones (menos complejas) sobre los motivos o temas de «Alturas de Macchu Picchu». Tras la muerte del presidente Juan Antonio Ríos, el Frente Popular propone para sustituirlo a Gabriel González Videla, quien viene elegido en 1946 con el apoyo decisivo de los comunistas y gracias a las extraordinarias dotes de organizador exhibidas por el senador Neruda (aún *Reyes* oficialmente), jefe nacional de propaganda. A finales de ese año 1946 es sancionada la legalización del nombre *Pablo Neruda*, y desde febrero de 1947 las actas del Senado lo nombran por fin EL SEÑOR NERUDA, definitivamente su *verdadero* nombre.

El prestigio conquistado por la URSS al término de la Segunda Guerra Mundial contribuye al vigoroso incremento de la votación comunista en las elecciones municipales de abril 1947, pero este resultado, en el nuevo clima internacional que surge de la creciente hostilidad entre las potencias victoriosas (la Guerra Fría), determina que González Videla olvide sus promesas electorales y ordene la represión de sus aliados. Neruda vive este cambio como una traición personal y fustiga con violencia la política nacional e internacional del presidente a través de un documento publicado en *El Nacional* de Caracas el 27 de noviembre de 1947, que provocará su desafuero parlamentario. El poeta-senador pasa a la clandestinidad para evitar el arresto.

A partir de enero de 1948, y durante más de un año, Pablo y Delia viven ocultos en diversas regiones de Chile. Como al Cid Campeador, el pueblo protege al fugitivo y en vano lo persigue la policía de González Videla. La clandestinidad permite acelerar la escritura del *Canto general.* La ira del poeta contra su personal enemigo suscita por fin el tono épico que buscaba para su libro. González Videla encarna la pieza que faltaba: la figura del traidor.

La noción mítica de *traición a la madre tierra* funda la elaboración del capítulo V, «La arena traicionada», donde Neruda resuelve el problema de la inserción épica de los conquistadores españoles. Las figuras de Cortés, Alvarado, Balboa, Pizarro, Valverde, Valdivia, son trazadas en 1948 con una intención condenatoria que Almagro, Ercilla y Magallanes no comportaban en poemas escritos con anterioridad a ese año. Si no como traidores, los conquistadores españoles son ahora integrados a *Canto general* como ofensores de la madre tierra americana. A Balboa lo salva en parte su descubrimiento del Gran Océano, la más alta divinidad mítica del poeta.

Así como la estirpe de los antiguos traidores se prolonga en los modernos dictadores americanos («Las satrapías»), así también los libertadores originarios renacen con Emiliano Zapata, con Recabarren, con los héroes de la resistencia popular (Arturo Carrión, Margarita Naranjo). El poeta mismo inserta su propia escritura en esa tradición de lucha contra la injusticia y por la solidaridad entre los hombres («A mi partido», «Carta a Miguel Otero Silva, en Caracas») y siente haber conquistado el derecho a cerrar el *Canto general* con un capítulo personal titulado «Yo Soy» donde Neruda examina, desde la altura del presente, las etapas del camino recorrido. Esta autobiografía del Sujeto, elaborada desde la perspectiva de un horizonte alcanzado, es característica de la última fase de la modernidad.

Sección VIII: 1949-1955. El amor en tiempos del exilio.

A finales de febrero de 1949 el fugitivo logra huir a territorio argentino por un paso cordillerano, a la altura del lago Maihue («Solo el hombre»). Reaparece públicamente en París el 25 de abril de 1949, en una Salle Pleyel repleta de intelectuales de muchos países y famosos a nivel internacional. La persecución de González Videla lo ha catapultado al nivel más alto de la Guerra Fría. El 28 de agosto de 1949 llega a Ciudad de México (con Delia, Paul Éluard y Roger Garaudy) para organizar el Congreso Continental

Americano por la Paz. Ha programado sólo unos diez días en México, en cambio permanecerá diez meses y algo más.

Convaleciente de un ataque de tromboflebitis, entre los visitantes ocasionales reaparece la pelirroja del concierto de enero 1946 en el Parque Forestal. Este reencuentro cambia todo. Desde su lecho de enfermo Neruda organiza y pone en marcha la edición en gran formato de *Canto general,* cuyos primeros ejemplares, firmados por Neruda, Rivera y Siqueiros, serán entregados a los suscriptores el 3 de abril de 1950.

Entre julio de 1950 (retorno a Praga) y agosto de 1952 (retorno a Santiago de Chile) Neruda recorre muchos miles de kilómetros en avión, en tren, en automóvil, yendo y viniendo entre Europa y Asia, incluyendo la travesía de la Unión Soviética en el Transiberiano con destino a Pekín, hasta recalar en Nyon (Suiza) con Matilde a finales de noviembre de 1951, y luego en Italia (con domicilio-base en Capri) desde enero a junio de 1952. Antes de dejar Italia, Neruda ha publicado en Nápoles (julio de 1952) los 44 ejemplares de la primera edición —anónima, numerada y nominativa— de *Los versos del Capitán,* que es hoy la pieza más rara y ambicionada de toda la bibliofilia nerudiana. Y notemos cómo esos *versos de amor* eran fieles al espíritu de la *modernidad militante*: en ellos (véase «El amor del soldado») la pasión erótica y la batalla política (y utópica) eran inseparables.

Esa misma unidad de propósitos se advierte en el ciclo de las *Odas elementales* —iniciado también en 1952 con publicaciones en *El Nacional* de Caracas— y en los poemas de *Las uvas y el viento* que antes aún, desde 1951, intentan la épica total del bloque socialista y de la lucha revolucionaria en países del occidente europeo (Francia, Italia, España). En ambos proyectos poéticos —los dos serán publicados en 1954— la convergencia entre el amor por Matilde y la combatividad política define esta fase de la escritura —y de la vida— de Neruda. Los amantes viven ahora en Chile su ferviente pasión clandestina. En diciembre de 1953 confluyen la asignación del premio Stalin a Neruda (el líder soviético había fallecido en marzo) y el inicio de la construcción de *La Chascona,* la casa de Pablo y Matilde al pie del cerro San Cristóbal. El apoteósico quincuagésimo cumpleaños del poeta se configura simultáneamente en claves política y literaria, inseparables en la conferencia «Infancia y poesía» como en los libros *Odas elementales* y *Las uvas y el viento,* ambos publicados en ese 1954.

Cuando Neruda parece estar alcanzando el apogeo de su trayectoria vital y literaria, la ruptura con Delia del Carril abre, a comienzos de 1955, la primera etapa de una gran crisis que incluye la ruptura con amigos de toda la vida, como Tomás Lago. Neruda prosigue sin embargo su vida política y cultural (incluso funda en septiembre de 1955 la revista *La Gaceta de Chile*) y completa otro volumen con *Nuevas odas elementales,* que Losada publicará en 1956.

3. LA POSMODERNIDAD

Sección IX: 1956-1962. La única gran crisis en la trayectoria de Neruda.

El informe de Jruschov al XX Congreso del PCUS sobre Stalin (febrero de 1956) y la ocupación de Budapest por los tanques soviéticos (noviembre) constriñen a Neruda a revisar el optimismo histórico que desde 1936 gobierna su escritura. Lo hace con su habitual honestidad y según la lógica de su trayectoria, admitiendo de hecho el error de haber subordinado su identidad cívica y poética (su *Yo Soy,* la vocación *profética* de su poesía) a un proyecto histórico-político que suponía ya bien definido y cuya realización suponía próxima e inevitable (la instalación del socialismo en el mundo). Por eso, y a diferencia de tantos intelectuales que rasgaron sus vestiduras y gritaron a la traición, Neruda no cambia de partido, sino de poesía.

El reflujo desde la esfera pública a la privada es el modo en que su nueva escritura acusa inicialmente la dureza del golpe. A partir de 1956 desaparecen bruscamente de sus poemas las figuras de autorrepresentación que tras tanta fatiga habían coronado su trayectoria MODERNA: el Yo Soy de *Canto general,* el Capitán de los *Versos,* el Hombre Invisible de las primeras *Odas elementales* y el Cronista Americano del mundo socialista y de la revolución planetaria *(Las uvas y el viento).* Sus nuevos textos, en cambio, abren amplio espacio a autorrepresentaciones irónicas, lúdicas o jocosas antes impensables.

Con el *Tercer libro de las odas* (1957) nace así un Neruda POSMODERNO que abandona la idea rectora de un horizonte por alcanzar (característica de la última *modernidad,* según vimos) y que, por lo mismo, sustituye el pasado único y ascendente del Yo viajero, que había creído «caminar por los caminos» hacia el cumplimiento de *la Vida,* por un pasado múltiple de altibajos y de «muchas vidas» («Oda al camino»). No solo en este sentido vertical, la univocidad del Yo Soy se desintegra también en el sentido horizontal del presente: «Muchos somos» *(Estravagario).* De la crisis de la conciencia temporal —iniciada por el *Tercer libro de las odas*— surge un nuevo registro autobiográfico: «Ahora me doy cuenta que he sido / no solo un hombre sino varios» (*Estravagario*, «Regreso a una ciudad»).

Al regresar de un viaje con Matilde por los *lugares sagrados* de su biografía (Rangún, Colombo y otras ciudades de Oriente), Neruda la corona su reina con los *Cien sonetos de amor* (1959). Cuando su poesía parece afincada en la intimidad personal, la circunstancia histórica la orienta de nuevo hacia el acontecer político inmediato: una *Canción de gesta* (1960) para la revolución cubana, «por fin una victoria verdadera» en América. Al cierre de ese volumen, el poema «Meditación sobre la Sierra Maestra / Escrito en el año 2000» introduce una sinopsis autobiográfica imprevista, diversa de la que había clausurado *Canto general.*

Sección X: 1962-1967. La escritura autobiográfica posmoderna.

Así como la respuesta de Sabat Ercasty había determinado en 1924 el ingreso de Neruda en la *modernidad del siglo* XX, así el informe de Jruschov (1956) y la ruptura con Delia lo situaron precozmente en la *posmodernidad,* cuya modulación latinoamericana la habían inaugurado Juan Rulfo y Nicanor Parra en 1953 y 1954. En ambos casos (1924 y 1956) una circunstancia externa actuó como catalizador de una reacción que Neruda necesitaba, sin saberlo, para renovar su escritura y evitar su estancamiento letal. En ambos casos, por lo mismo, la renovación no resultó forzada, su aceptación llegó y creció con naturalidad. Pero en 1924, a través de la ruptura con su poesía ritual Neruda había asumido la vía de la continuidad y del *verdadero* desarrollo de la *modernidad* inaugurada casi cinco siglos atrás: se trataba entonces de una *nueva fase de la modernidad,* la del siglo XX (será su última fase: la agonía y muerte de la modernidad coincidirán con el derrumbe del muro de Berlín en 1989), que Neruda aceptó y poetizó en todas sus implicaciones, sea personales que histórico-políticas.

En cambio, en 1956 el tránsito de la modernidad a la *posmodernidad* significa en Neruda una ruptura radical dentro de su escritura, que en primer lugar —según ya vimos— deja de ser preconcebidamente *teleológica,* tanto en el plano del desarrollo personal (real y mítico) del Sujeto como en el del desarrollo colectivo de la Historia. Pero tal ruptura no compromete la sustancia de su compromiso ideológico y político: afecta sí, radicalmente, la modulación y traducción de ese compromiso en su escritura. Repito: Neruda posmoderno no cambia de partido sino de poesía. Por ello su obra literaria posmoderna se encontrará, más allá de su muerte, en el campo de la *oposición* a la *dominante histórico-cultural posmoderna* que desde 1989 ha impuesto su vocación reaccionaria y restauradora. Neruda fue precursor de esa actual literatura minoritaria, no retrógrada ni nostálgica, que *dentro de las nuevas reglas del juego* no se rinde a la reductora tiranía del mercado global y sostiene las banderas cualitativas de la *resistencia posmoderna.*

A esta línea de *resistencia* adscribo póstumamente la poesía nerudiana posmoderna (1956-1973), que en su fase inicial torna a ocuparse —en modo cada vez más programático— de asuntos autobiográficos: retazos de la memoria en *Estravagario* («Regreso a una ciudad», «Dónde estará la Guillermina?»), un sumario en *Canción de gesta* («Escrito en el año 2000»), episodios aislados en *Cantos ceremoniales* («El sobrino de Occidente») y en *Plenos poderes* («Regresó el caminante»), hasta adquirir forma sistemática en 1962 a través de las diez crónicas publicadas por *O Cruzeiro Internacional* y del volumen *Sumario / Libro donde nace la lluvia,* impreso por Alberto Tallone en Alpignano, Italia, y reeditado en Buenos Aires como primer volumen del *Memorial de Isla Negra* (1964). El ciclo autobiográfico se cierra con *La barcarola* (1967), aparte las *memorias,* póstumas e incompletas: *Confieso que he vivido* (1974).

Liberado del hilo heroico del *Yo Soy,* el Sujeto *posmoderno* busca recuperar los intersticios de la memoria, vale decir, los episodios que hasta 1956 el Sujeto *moderno* desechaba por no significativos o no útiles al épico autorretrato que creía haber conquistado. Así, en *Sumario* los episodios familiares («La mamadre», «El padre») o eróticos («El sexo»). O bien construye sus libros con espíritu lúdico que antes no se permitía sino en modo críptico. Es el caso de la primera edición de *Estravagario,* que trae bizarras ilustraciones de libros antiguos, o la de *Arte de pájaros,* cuyos poemas, escritos durante 1963, describen pájaros que conoce desde niño

(«Cernícalo», «Diuca», «Jote», «Picaflor», «Tordo») pero también otros inventados («El tintitrán», «El tontivuelo»).

En 1964 Neruda celebra los 400 años del nacimiento de Shakespeare con un discurso en la Universidad de Chile y con su traducción de *Romeo y Julieta.* Festeja también sus propios 60 años con los cinco tomos de *Memorial de Isla Negra.* Faltó el tomo de la sexta década: *Arte de pájaros* o *Una casa en la arena,* que se publicarán en 1966. O más bien *La barcarola* (1967), cuyo hilo conductor es la historia de la pareja Pablo-Matilde, que el 28 de octubre de 1966 celebra con boda privada los 20 años transcurridos desde aquel concierto de 1946 en el Parque Forestal. La *barcarola* de la pareja enlaza una serie de episodios de los cuales se incluye el dedicado a un personaje llamado Chivilcoy, pícaro de la posmodernidad, imagen de un héroe popular muy distante de los obreros de *Canto general.*

Sección XI: 1968-1971. Otra vez la Historia y el Amor.

En sus fases finales la obra de Neruda se desliga del ciclo autobiográfico precedente. Los poemas de *Las manos del día* son (aplicando la fórmula con que el poeta se refirió en 1964 a su producción reciente) «un diario de cuanto acontecía dentro y fuera de mí mismo... he vuelto... a los comienzos sensoriales de mi poesía, a *Crepusculario,* es decir, a una poesía de la sensación de cada día... la expresión venturosa o sombría de cada día».

Es más sombrío que venturoso el tono de *Las manos del día* (1968) debido a las acechanzas de una enfermedad grave y a las nuevas pruebas que debe afrontar su adhesión a la causa comunista (la hostilidad de la ultraizquierda en Caracas y en Santiago, la ocupación soviética de Praga en 1968), que intensifican la amargura y la ira provocadas por la «Carta abierta» de los intelectuales cubanos (en verdad, del gobierno) en 1966.

Los grandes temas de la historia contemporánea y de la política mundial retornan a los últimos libros de Neruda, en parte como percepción apocalíptica del presente (y del entero siglo XX). *Fin de mundo* propone en 1969 la contrapartida posmoderna del ferviente y apologético discurso de *Las uvas y el viento* de 1954. Atención a «Tristeza en la muerte de un héroe», un homenaje *diferente* al Che Guevara caído en Bolivia. Pero la vehemencia crítica no reniega, antes bien reafirma en otra clave aquel *engagement* libremente asumido en 1945, ahora lacerado pero no renunciable. De ahí que el mismo 1969 de *Fin de mundo* es el año en que un Neruda infatigable recorre Chile, de norte a sur, como candidato estelar de los comunistas a la Presidencia de la República.

1969 es también el año en que florece el amor otoñal de Neruda por Alicia Urrutia, joven sobrina de Matilde que desde hace poco tiempo vive en Isla Negra con su pequeña hija Rosario. Esta relación instaura una posibilidad de renacer, por lo que se proyecta a la escritura de un opúsculo cuyo decidor título es *Aún,* publicado por Nascimento a pocos días del sexagésimo quinto cumpleaños de Neruda, y de *La espada encendida* (1970), un libro muy ambicioso que transfigura la pasión clandestina y el conflicto conyugal a través de una fábula en verso con un triángulo ficticio: Rhodo el patriarca de 150 años, Rosía «suave y salvaje», el amenazador Volcán.

Hay en el libro un tratamiento posmoderno del tema bíblico de la Expulsión de la Pareja Primordial. Los amantes de *La espada encendida,* en contraste con los de *Los versos del Capitán,* realizan el Amor *huyendo* de la Historia, del Apocalipsis planetario y del propio pasado para renacer en la primordial soledad del Sur del mundo (Patagonia).

Pero en la realidad, y casi en coincidencia con la elección de Salvador Allende a la presidencia de Chile (primavera de 1970), Matilde sorprende a los amantes *in flagrante.* De lo cual deriva una crisis conyugal que Neruda resuelve pidiendo y obteniendo del nuevo gobierno el cargo de embajador en París. Mientras se negocia en el Congreso el nombramiento diplomático, a comienzos de 1971 Neruda viaja a Isla de Pascua, experiencia que proyectará al libro *La rosa separada* (París, 1972). El 26 de marzo de 1971 el poeta embajador presenta sus cartas credenciales al presidente Georges Pompidou, quien lo recibe con particular deferencia.

Sección XII: 1971-1973. Las batallas finales.

Se agudizan en París los síntomas del oscuro mal que los médicos disfrazan con eufemísticas dolencias (reumatismo, agresiva infección interna, etcétera). El paciente las acepta de buen grado pero con cada vez mayor inquietud. La enfermedad agrava el íntimo drama que trae Neruda desde Chile y ni siquiera le permite saborear plenamente el desquite de los agravios que la representación diplomática de Chile, desde esa misma sede en la rue de la Motte-Picquet, le infligió decenios atrás durante el embarque de los españoles del *Winnipeg* (1939) y durante el exilio a que lo obligó González Videla (1949). De sus temores y sufrimientos hay testimonio en poemas de *Geografía infructuosa:* «Sonata con dolores», «El cobarde». Durante el verano de 1971 viaja a Italia, invitado a presenciar el famoso Palio de Siena en agosto, pero justo allí le sobreviene una crisis aguda que exige su hospitalización en Florencia.

El 21 de octubre la Academia Sueca otorga a Neruda el premio Nobel de Literatura 1971. A finales del mismo mes, mientras en Chile aún duran los festejos y las repercusiones del premio en la prensa y en la televisión, el poeta es operado de cáncer a la próstata. La intervención se realiza con máxima reserva. Todavía convaleciente, a comienzos de diciembre Neruda debe apelar a toda su reserva de energías para viajar a Suecia y enfrentar el torbellino de actividades conexas a la recepción del premio. El admirable «Discurso de Estocolmo» que lee en esa ocasión pone a dura prueba no solo su talento literario. Elegir como núcleo del Discurso el episodio de la fuga en 1949 a través de la cordillera consiente a Neruda la convergencia de los temas axiales de su obra poética: el espacio originario (el Sur de Chile) y la solidaridad entre los hombres.

Con los dineros del premio Nobel adquiere una casa en Normandía: La Manquel. En esa casa, y en automóvil durante los viajes a/desde París, escribe bellísimos poemas como «El campanario de Authenay», con los que completará uno de sus mejores libros tardíos: *Geografía infructuosa* (1972). A pesar de su enfermedad Neruda realiza brillantemente sus tareas de embajador del asediado gobierno de la Unidad Popular, incluyendo las reuniones del Club de París para renegociar la deuda externa (enero de 1972) y un viaje a Nueva York para inaugurar el Congreso del PEN Club (10 de abril, 1972). El 24 de abril viaja a Moscú para consultar a prestigiosos médicos soviéticos, quienes no pueden sino confirmar a Matilde el diagnóstico y el tratamiento de los médicos franceses. Neruda se despide de Moscú y de sus amigos soviéticos con los poemas que reunirá en *Elegía* (1974), de alta y singular calidad —y de compleja significación— entre sus libros póstumos.

Una breve hospitalización en junio, pero el 12 de julio celebra en La Manquel sus 68 años con una fiesta que cuenta entre sus invitados a García Márquez, Cortázar, Vargas Llosa, Fuentes, Edwards. Su aparición en la fiesta, disfrazado de *chansonnier* de vodevil parisién, provoca una explosión de hilaridad. Todavía tiene fuerzas para ironizar su enfermedad y los amigos colaboran, con gorros de papel y cantos y brindis, al éxito de esta fiesta que es, lo saben, la despedida del poeta. Pocos días después, una segunda gran intervención quirúrgica. El peligro es superado pero no la tristeza de aquel verano de convalecencia en La Manquel. Neruda escribe allí un poema, «Llama el océano» *(Jardín de invierno),* donde invoca el auxilio de las aguas regeneradoras del áspero mar chileno, imagen de inmortalidad en sus años de juventud. En noviembre regresa a Chile y al océano anhelado.

Lo esperan programas de celebración del Nobel, pero al regresar Neruda no está para festejos. Sí en cambio para batallas, es de no creer. Apenas el océano le restituye energías, las ocupa en el discurso de recepción del homenaje que el gobierno y el pueblo de Santiago le ofrecen en el Estadio Nacional el 5 de diciembre de 1972: «Yo asistí a una guerra civil... No quiero para mi patria un destino semejante».

Sus aportes a la paz interna incluyen la edición —única preparada por él mismo— de una *Antología popular* de sus poemas, para ser distribuida gratuitamente «entre la población escolar, los sindicatos y las fuerzas armadas». Pero no excluyen respuestas a la creciente agresión del enemigo nacional y extranjero, como la *Incitación al nixonicidio y alabanza de la revolución chilena* que escribe velozmente desde finales de 1972 (se terminó de imprimir en febrero de 1973) y que será su último libro publicado en vida.

Su batalla personal contra la enfermedad le impide prodigarse a fondo en la contienda colectiva, pero el ánimo ha mejorado notablemente y renacen sus ganas de vivir y un cierto optimismo. Trabaja cada día en las compilaciones con que proyecta celebrar sus 70 años en 1974: siete poemarios (uno por cada decenio) y las *memorias* que ha comenzado a organizar y a integrar en París, y cuyos originales completos prevé entregar a Losada en mayo de 1974 (según me reveló conversando en Isla Negra) para ser publicados en julio. Los médicos creen que ello es posible.

Pero el golpe militar del 11 de septiembre derrumba estas últimas reservas vitales. Cuando Neruda decide aceptar el exilio en México ya es tarde, las fuerzas lo abandonan y muere a las 22:30 del domingo 23, doce días después que su amigo Salvador Allende. Por decisión de Matilde el cadáver de su marido fue velado en La Chascona, saqueada y ultrajada en los días anteriores. Solo nueve personas velamos al poeta la noche del 24 al 25 de septiembre. No fue el azar lo que llenó de imprevisto significado el funeral de Neruda, que espontáneamente se transformó de hecho en la primera manifestación pública contra una Junta Militar impotente, paralizada. Ese funeral vigilado —corajudo y popular— fue la primera batalla póstuma de Neruda. Y, como la legendaria del Cid Campeador, la ganó.

Los libros póstumos. Coda.

Siete poemarios inéditos de Neruda fueron publicados por Losada entre noviembre de 1973 y mediados de 1974. Sus títulos: *2000, Elegía, El corazón amarillo, Jardín de invierno, Libro de las preguntas, Defectos escogidos* y *El mar y las campanas.* La serie incluyó también *La rosa separada,* que ya había sido publicado en París, 1972.

Precisar los datos cronológicos y topológicos de la escritura de cada uno de los libros póstumos —o sea, establecer un *orden de composición* de los poemas— es tarea muy difícil, si no imposible al actual estado de examen de los manuscritos. Creo que algunos de esos poemas fueron escritos en Chile a comienzos de 1971, una cantidad mayor en Francia entre abril de 1971 y octubre-noviembre de 1972, y el resto en Isla Negra entre diciembre de 1972 y julio-agosto de 1973. Algunos de los textos escritos en Francia fueron desgajados del proyecto «70 años» e incluidos en el volumen *Geografía infructuosa* (1972).

Presumo que los nueve poemas del libro titulado *2000* fueron escritos a comienzos de 1971, durante el mismo período de los 24 de *La rosa separada* (todos ellos probablemente retocados o pulidos después). El libro *Elegía* fue concebido y escrito (al menos en parte) en Moscú a finales de abril de 1972.

Los demás libros póstumos mezclaron poemas escritos entre 1971 y 1973, al parecer según criterios temáticos o formales de agrupación. Así, *El corazón amarillo* se asemeja a *Estravagario* por el dominio del eneasílabo y de un cierto sobretono sarcástico, y también por la elección de temas que alternan la reflexión irónica, el autorretrato en solfa e historietas grotescas o esperpénticas como «El pollo jeroglífico». También *Defectos escogidos* se sitúa en un campo temático afín al de *Estravagario,* solo que en su versificación dominan los endecasílabos y otros versos de arte mayor, como en *Jardín de invierno,* cuyo tono general es en cambio decididamente crepuscular y melancólico. *El libro de las preguntas* presenta una estructura propia y bien característica, pero algunos de sus fragmentos seguramente fueron escritos en los intersticios de la escritura de los otros libros.

Desde la perspectiva de una producción póstuma, *El mar y las campanas* me parece el libro más indicado no solo para cerrar la serie de los inéditos, sino también —por su extraordinaria calidad de conjunto— para cerrar la entera obra canónica de Neruda. Fue el libro de su reconciliación con Matilde («Cuando yo decidí quedarme claro»), cuyo comportamiento valeroso tras el golpe de Estado de 1973 bien justifica que el poema «Final» de toda la obra de su marido esté a ella dedicado. Aquí se incluye además un poema suelto de 1973: «La chillaneja», y de *Confieso que he vivido – Memorias* se han seleccionado dos textos recientes, antes inéditos, sobre las experiencias primarias del bosque y del lenguaje. El irónico «Autorretrato» final fue manuscrito por Neruda, a petición de la fotógrafa argentina Sara Facio, en el bar de su casa de Isla Negra durante el verano de 1973.

ANTOLOGÍA GENERAL

I

ADOLESCENCIA Y REBELDÍA

(1918-1923)

NOCTURNO

Es de noche: medito triste y solo
a la luz de una vela titilante
y pienso en la alegría y en el dolo,
en la vejez cansada
y en juventud gallarda y arrogante.

Pienso en el mar, quizás porque en mi oído
siento el tropel bravío de las olas:
estoy muy lejos de ese mar temido
del pescador que lucha por su vida
y de su madre que lo espera sola.

No solo pienso en eso, pienso en todo:
en el pequeño insecto que camina
en la charca de lodo
y en el arroyo que serpenteando
deja correr sus aguas cristalinas...

Cuando la noche llega y es oscura
como boca de lobo, yo me pierdo
en reflexiones llenas de amargura
y ensombrezco mi mente
en la infinita edad de los recuerdos.

Se concluye la vela: sus fulgores
semejan los espasmos de agonía
de un moribundo. Pálidos colores

el nuevo día anuncian y con ellos
terminan mis aladas utopías.

–*Los cuadernos de Neftalí Reyes,* 18.4.1918 / *OC,* t. IV, pp.53-54

PANTHEOS

Oh pedazo, pedazo de miseria, en qué vida
tienes tus manos albas y tu cabeza triste?
... Y tanto andar, y tanto llorar las cosas idas
sin saber qué dolores fueron los que tuviste.

Sin saber qué pan blanco te nutrió, ni qué duna
te envolvió con su arena, te fundió en su calor,
sin saber si eres carne, si eres sol, si eres luna,
sin saber si sufriste nuestro mismo dolor.

Si estás en este árbol o si lloras conmigo,
qué es lo que quieres, pedazo de miseria y amigo
de la cansada carne que no quiere perderte?

Si quieres no nos digas de qué racimo somos,
no nos digas el cuándo, no nos digas el cómo,
pero dinos adónde nos llevará la muerte...

–*Los cuadernos de Neftalí Reyes,* mayo de 1920 / *Crepusculario,* 1923

SENSACIÓN AUTOBIOGRÁFICA

Hace dieciséis años que nací en un polvoso
pueblo blanco y lejano que no conozco aún,
y como esto es un poco vulgar y candoroso,
hermano errante, vamos hacia mi juventud.

Eres muy pocas cosas en la vida. La vida
no me ha entregado todo lo que yo le entregué
y ecuacional y altivo me río de la herida:
el dolor es a mi alma como dos es a tres!

Nada más. Ah! me acuerdo que teniendo diez años
dibujé mi camino contra todos los daños
que en el largo sendero me pudieran vencer:

haber amado a una mujer y haber escrito
un libro. No he vencido, porque está manuscrito
el libro y no amé a una, sino que a cinco o seis...

–*Los cuadernos de Neftalí Reyes,* 12.7.1920 / *OC,* t. IV, p. 158

SENSACIÓN DE OLOR

Fragancia
de lilas...

Claros atardeceres de mi lejana infancia
que fluyó como el cauce de unas aguas tranquilas.

Y después un pañuelo temblando en la distancia.
Bajo el cielo de seda la estrella que titila.

Nada más. Pies cansados en las largas errancias
y un dolor, un dolor que remuerde y se afila.

... Y a lo lejos campanas, canciones, penas, ansias,
vírgenes que tenían tan dulces las pupilas.

Fragancia
de lilas...

–*Los cuadernos de Neftalí Reyes,* noviembre de 1920 / *Crepusculario,* 1923

MAESTRANZAS DE NOCHE

Hierro negro que duerme, fierro negro que gime
por cada poro un grito de desconsolación.

Las cenizas ardidas sobre la tierra triste,
los caldos en que el bronce derritió su dolor.

Aves de qué lejano país desventurado
graznaron en la noche dolorosa y sin fin?

Y el grito se me crispa como un nervio enroscado
o como la cuerda rota de un violín.

Cada máquina tiene una pupila abierta
para mirarme a mí.

En las paredes cuelgan las interrogaciones,
florece en las bigornias el alma de los bronces
y hay un temblor de pasos en los cuartos desiertos.

Y entre la noche negra —desesperadas— corren
y sollozan las almas de los obreros muertos.

–*Los cuadernos de Neftalí Reyes,* noviembre de 1920 / *Crepusculario,* 1923

ORACIÓN

Carne doliente y machacada,
raudal de llanto sobre cada
noche de jergón malsano:
en esta hora yo quisiera
ver encantarse mis quimeras
a flor de labio, pecho y mano,
para que desciendan ellas
—las puras y únicas estrellas
de los jardines de mi amor—

en caravanas impolutas
sobre las almas de las putas
de estas ciudades del dolor.

Mal del amor, sensual laceria:
campana negra de miseria:
rosas del lecho de arrabal,
abierto al mal como un camino
por donde va el placer y el vino
desde la gloria al hospital.

Én esta hora en que las lilas
sacuden sus hojas tranquilas
para botar el polvo impuro,
vuela mi espíritu intocado,
traspasa el huerto y el vallado,
abre la puerta, salta el muro

y va enredando en su camino
el mal dolor, el agrio sino,
y desnudando la raigambre
de las mujeres que lucharon
y cayeron
y pecaron
y murieron
bajo los látigos del hambre.

No solo es seda lo que escribo:
que el verso mío sea vivo
como recuerdo en tierra ajena
para alumbrar la mala suerte
de los que van hacia la muerte
como la sangre por las venas.

De los que van desde la vida
rotas las manos doloridas
en todas las zarzas ajenas:
de los que en estas horas quietas

no tienen madres ni poetas
para la pena.

Porque la frente en esta hora
se dobla y la mirada llora
saltando dolores y muros:
en esta hora en que las lilas
sacuden sus hojas tranquilas
para botar el polvo impuro.

–*Claridad,* n.º 43, Santiago, 19.11.1921 / *Crepusculario,* 1923

UN HOMBRE ANDA BAJO LA LUNA

Pena de mala fortuna
que cae en mi alma y la llena.
Pena.
Luna.

Calles blancas, calles blancas...
... Siempre ha de haber luna cuando
por ver si la pena arranca
ando
y ando...

Recuerdo el rincón oscuro
en que lloraba en mi infancia:
los líquenes en los muros,
las risas a la distancia.

... Sombra... silencio... una voz
que se perdía...
La lluvia en el techo. Atroz
lluvia que siempre caía...
y mi llanto, húmeda voz
que se perdía.

... Se llama y nadie responde,
se anda por seguir andando...

Andar... Andar... Hacia dónde?...
Y hasta cuándo?...
Nadie responde
y se sigue andando.

Amor perdido y hallado
y otra vez la vida trunca.
Lo que siempre se ha buscado
no debiera hallarse nunca!

Uno se cansa de amar...
Uno vive y se ha de ir...
Soñar... Para qué soñar?
Vivir... Para qué vivir?

... Siempre ha de haber calles blancas
cuando por la tierra grande
por ver si la pena arranca
ande
y ande...

... Ande en noches sin fortuna
bajo el vellón de la luna,
como las almas en pena...

Pena de mala fortuna
que cae en mi alma y la llena.
Pena.
Luna.

–*Claridad,* n.º 49, Santiago, 29.4.1922 / *OC,* t. IV, pp. 230-231

FAREWELL

1

Desde el fondo de ti, y arrodillado,
un niño triste, como yo, nos mira.

Por esa vida que arderá en sus venas
tendrían que amarrarse nuestras vidas.

Por esas manos, hijas de tus manos,
tendrían que matar las manos mías.

Por sus ojos abiertos en la tierra
veré en los tuyos lágrimas un día.

2

Yo no lo quiero, Amada.

Para que nada nos amarre
que no nos una nada.

Ni la palabra que aromó tu boca,
ni lo que no dijeron las palabras.

Ni la fiesta de amor que no tuvimos,
ni tus sollozos junto a la ventana.

3

(Amo el amor de los marineros
que besan y se van.

Dejan una promesa.
No vuelven nunca más.

En cada puerto una mujer espera:
los marineros besan y se van.

Una noche se acuestan con la muerte
en el lecho del mar.

4

Amo el amor que se reparte
en besos, lecho y pan.

Amor que puede ser eterno
y puede ser fugaz.

Amor que quiere libertarse
para volver a amar.

Amor divinizado que se acerca.
Amor divinizado que se va).

5

Ya no se encantarán mis ojos en tus ojos,
ya no se endulzará junto a ti mi dolor.

Pero hacia donde vaya llevaré tu mirada
y hacia donde camines llevarás mi dolor.

Fui tuyo, fuiste mía. Qué más? Juntos hicimos
un recodo en la ruta donde el amor pasó.

Fui tuyo, fuiste mía. Tú serás del que te ame,
del que corte en tu huerto lo que he sembrado yo.

Yo me voy. Estoy triste: pero siempre estoy triste.
Vengo desde tus brazos. No sé hacia dónde voy.

... Desde tu corazón me dice adiós un niño.
Y yo le digo adiós.

– «Canción de adiós», *Claridad,* n.º 66, Santiago, 26.8.1922 /
Crepusculario, 1923

PLAYA DEL SUR

La dentellada del mar muerde
la abierta pulpa de la costa
donde se estrella el agua verde
contra la tierra silenciosa.

Parado cielo y lejanía.
El horizonte, como un brazo,
rodea la fruta encendida
del sol cayendo en el ocaso.

Frente a la furia del mar son
inútiles todos los sueños.
Para qué decir la canción
de un corazón que es tan pequeño?

Sin embargo es tan vasto el cielo
y rueda el tiempo, sin embargo.
Tenderse y dejarse llevar
por este viento azul y amargo!...

Desgranado viento del mar,
sigue besándome la cara.
Arrástrame, viento del mar,
adonde nadie me esperara!

A la tierra más pobre y dura
llévame, viento, entre tus alas,
así como llevas a veces
las semillas de las hierbas malas.

Ellas quieren rincones húmedos,
surcos abiertos, ellas quieren
crecer como todas las hierbas:
yo solo quiero que me lleves!

Allá estaré como aquí estoy:
adonde vaya estaré siempre
con el deseo de partir
y con las manos en la frente...

Esa es la pequeña canción
arrullada en un vasto sueño.
Para qué decir la canción
si el corazón es tan pequeño?

Pequeño frente al horizonte
y frente al mar enloquecido.
Si Dios gimiera en esta playa
nadie oiría sus gemidos!

A mordiscos de sal y espuma
borra el mar mis últimos pasos...

La marea desata ahora
su cinturón, en el ocaso.

Y una bandada raya el cielo
como una nube de flechazos...

–Ms. *Álbum Terusa,* febrero de 1923 / *Crepusculario,* 1923

[AMIGA, NO TE MUERAS]

Amiga, no te mueras.
Óyeme estas palabras que me salen ardiendo,
y que nadie diría si yo no las dijera.

Amiga, no te mueras.

Yo soy el que te espera en la estrellada noche.
El que bajo el sangriento sol poniente te espera.

Miro caer los frutos en la tierra sombría.
Miro bailar las gotas del rocío en las hierbas.

En la noche al espeso perfume de las rosas,
cuando danza la ronda de las sombras inmensas.

Bajo el cielo del sur, el que te espera cuando
el aire de la tarde como una boca besa.

Amiga, no te mueras.

Yo soy el que cortó las guirnaldas rebeldes
para el lecho selvático fragante a sol y a selva.
El que trajo en los brazos jacintos amarillos.
Y rosas desgarradas. Y amapolas sangrientas.

El que cruzó los brazos por esperarte, ahora.
El que quebró sus arcos. El que dobló sus flechas.

Yo soy el que en los labios guarda sabor de uvas.
Racimos refregados. Mordeduras bermejas.

El que te llama desde las llanuras brotadas.
Yo soy el que en la hora del amor te desea.

El aire de la tarde cimbra las ramas altas.
Ebrio, mi corazón, bajo Dios, tambalea.

El río desatado rompe a llorar y a veces
se adelgaza su voz y se hace pura y trémula.

Retumba, atardecida, la queja azul del agua.
Amiga, no te mueras!

Yo soy el que te espera en la estrellada noche,
sobre las playas áureas, sobre las rubias eras.

El que cortó jacintos para tu lecho, y rosas.
Tendido entre las hierbas yo soy el que te espera!

–Ms. *Álbum Terusa,* febrero de 1923 / *El hondero entusiasta,* 1933

[DÉJAME SUELTAS LAS MANOS]

Déjame sueltas las manos
y el corazón, déjame libre!
Deja que mis dedos corran
por los caminos de tu cuerpo.
La pasión —sangre, fuego, besos—
me incendia a llamaradas trémulas.
Ay, tú no sabes lo que es esto!

Es la tempestad de mis sentidos
doblegando la selva sensible de mis nervios.
Es la carne que grita con sus ardientes lenguas!
Es el incendio!
Y estás aquí, mujer, como un madero intacto
ahora que vuela toda mi vida hecha cenizas
hacia tu cuerpo lleno, como la noche, de astros!

Déjame libres las manos
y el corazón, déjame libre!
Yo solo te deseo, yo solo te deseo!
No es amor, es deseo que se agosta y se extingue,
es precipitación de furias,
acercamiento de lo imposible,
pero estás tú,
estás para dármelo todo,
y a darme lo que tienes a la tierra viniste—
como yo para contenerte,
y desearte,
y recibirte!

–Ms. *Álbum Terusa,* febrero de 1923 / *El hondero entusiasta,* 1933

[CANCIÓN DEL MACHO Y DE LA HEMBRA!]

Canción del macho y de la hembra!
La fruta de los siglos
exprimiendo su jugo
en nuestras venas.

Mi alma derramándose en tu carne extendida
para salir de ti más buena,
el corazón desparramándose,
estirándose como una pantera,
y mi vida, hecha astillas, anudándose
a ti como la luz a las estrellas!

Me recibes
como al viento la vela.

Te recibo
como el surco a la siembra.

Duérmete sobre mis dolores
si mis dolores no te queman,
amárrate a mis alas,
acaso mis alas te llevan,
endereza mis deseos,
acaso te lastima su pelea.

Tú eres lo único que tengo
desde que perdí mi tristeza!

Desgárrame como una espada
o táctame como una antena!

Bésame,
muérdeme,
incéndiame,
que yo vengo a la tierra

solo por el naufragio de mis ojos de macho
en el agua infinita de tus ojos de hembra!

–Ms. *Álbum Terusa,* febrero de 1923 / *El hondero entusiasta,* 1933

MORENA, LA BESADORA

Cabellera rubia, suelta,
corriendo como un estero,
cabellera.

Uñas duras y doradas,
flores curvas y sensuales,
uñas duras y doradas.

Comba del vientre, escondida,
y abierta como una fruta
o una herida.

Dulce rodilla desnuda
apretada en mis rodillas,
dulce rodilla desnuda.

Enredadera del pelo
entre la oferta redonda
de los senos.

Huella que dura en el lecho,
huella dormida en el alma,
palabras locas.

Perdidas palabras locas:
rematarán mis canciones,
se morirán nuestras bocas.

Morena, la Besadora,
rosal de todas las rosas
en una hora.

Besadora dulce y rubia,
me iré,
te irás, Besadora.

Pero aún tengo la aurora
enredada en cada sien.

Bésame, por eso, ahora,
bésame, Besadora,
ahora y en la hora
de nuestra muerte.
Amén.

–*Claridad* n.º 86, Santiago, 5.5.1923 / *Crepusculario,* 1923

EL CASTILLO MALDITO

Mientras camino la acera va golpeándome los pies,
el fulgor de las estrellas me va rompiendo los ojos.
Se me cae un pensamiento como se cae una mies
del carro que tambaleando raya los pardos rastrojos.

Oh pensamientos perdidos que nunca nadie recoge,
si la palabra se dice, la sensación queda adentro:
espiga sin madurar, Satanás le encuentre troje,
que yo con los ojos rotos no le busco ni le encuentro!

Que yo con los ojos rotos sigo una ruta sin fin...
Por qué de los pensamientos, por qué de la vida en vano?
Como se muere la música si se deshace el violín,
no moveré mi canción cuando no mueva mis manos.

Alto de mi corazón en la explanada desierta
donde estoy crucificado como el dolor en un verso...
Mi vida es un gran castillo sin ventanas y sin puertas
y para que tú no llegues por esta senda,
la tuerzo.

–*Claridad,* n.º 88, Santiago, 19.5.1923 / *Crepusculario,* 1923

[HAGO GIRAR MIS BRAZOS]

Hago girar mis brazos como dos aspas locas...
en la noche toda ella de metales azules.

Hacia donde las piedras no alcanzan y retornan.
Hacia donde los fuegos oscuros se confunden.
Al pie de las murallas que el viento inmenso abraza.
Corriendo hacia la muerte como un grito hacia el eco.

El lejano, hacia donde ya no hay más que la noche
y la ola del designio, y la cruz del anhelo.
Dan ganas de gemir el más largo sollozo.
De bruces frente al muro que azota el viento inmenso.

Pero quiero pisar más allá de esa huella:
pero quiero voltear esos astros de fuego:
lo que es mi vida y es más allá de mi vida,
eso de sombras duras, eso de nada, eso de lejos:
quiero alzarme en las últimas cadenas que me aten,
sobre este espanto erguido, en esta ola de vértigo,
y echo mis piedras trémulas hacia este país negro,
solo, en la cima de los montes,
solo, como el primer muerto,
rodando enloquecido, presa del cielo oscuro
que mira inmensamente, como el mar en los puertos.

Aquí, la zona de mi corazón,
llena de llanto helado, mojada en sangres tibias.

Desde él, siento saltar las piedras que me anuncian.
En él baila el presagio del humo y la neblina.
Todo de sueños vastos caídos gota a gota.
Todo de furias y olas y mareas vencidas.
Ah, mi dolor, amigos, ya no es dolor de humano.
Ah, mi dolor, amigos, ya no cabe en mi vida.
Y en él cimbro las hondas que van volteando estrellas!
Y en él suben mis piedras en la noche enemiga!
Quiero abrir en los muros una puerta. Eso quiero.
Eso deseo. Clamo. Grito. Lloro. Deseo.
Soy el más doloroso y el más débil. Lo quiero.
El lejano, hacia donde ya no hay más que la noche.

Pero mis hondas giran. Estoy. Grito. Deseo.
Astro por astro, todos fugarán en astillas.
Mi fuerza es mi dolor, en la noche. Lo quiero.
He de abrir esa puerta. He de cruzarla. He de vencerla.
Han de llegar mis piedras. Grito. Lloro. Deseo.

Sufro, sufro y deseo. Deseo, sufro y canto.
Río de viejas vidas, mi voz salta y se pierde.
Tuerce y destuerce largos collares aterrados.
Se hincha como una vela en el viento celeste.
Rosario de la angustia, yo no soy quien lo reza.
Hilo desesperado, yo no soy quien lo tuerce.
El salto de la espada a pesar de los brazos.
El anuncio en estrellas de la noche que viene.
Soy yo: pero es mi voz la existencia que escondo.
El temporal de aullidos y lamentos y fiebres.
La dolorosa sed que hace próxima el agua.
La resaca invencible que me arrastra a la muerte.

Gira mi brazo entonces, y centellea mi alma.
Se trepan los temblores a la cruz de mis cejas.
He aquí mis brazos fieles! He aquí mis manos ávidas!
He aquí la noche absorta! Mi alma grita y desea!
He aquí los astros pálidos todos llenos de enigma!
He aquí mi sed que aúlla sobre mi voz ya muerta!
He aquí los cauces locos que hacen girar mis hondas!

Las voces infinitas que preparan mi fuerza!
Y doblado en un nudo de anhelos infinitos,
en la infinita noche, suelto y suben mis piedras.

Más allá de esos muros, de esos límites, lejos.
Debo pasar las rayas de la lumbre y la sombra.
Por qué no he de ser yo? Grito. Lloro. Deseo.
Sufro, sufro y deseo. Cimbro y zumban mis hondas.
El viajero que alargue su viaje sin regreso.
El hondero que trice la frente de la sombra.
Las piedras entusiastas que hagan parir la noche.
La flecha, la centella, la cuchilla, la proa.
Grito. Sufro. Deseo. Se alza mi brazo, entonces,
hacia la noche llena de estrellas en derrota.

He aquí mi voz extinta. He aquí mi alma caída.
Los esfuerzos baldíos. La sed herida y rota.
He aquí mis piedras ágiles que vuelven y me hieren.
Las altas luces blancas que bailan y se extinguen.
Las húmedas estrellas absolutas y absortas.
He aquí las mismas piedras que alzó mi alma en combate.
He aquí la misma noche desde donde retornan.

Soy el más doloroso y el más débil. Deseo.
Deseo, sufro, caigo. El viento inmenso azota.
Ah, mi dolor, amigos, ya no es dolor de humano!
Ah, mi dolor, amigos, ya no cabe en la sombra!
En la noche toda ella de astros fríos y errantes,
hago girar mis brazos como dos aspas locas.

–[Primavera de 1923] / «El hondero entusiasta», *Atenea,* n.º 4, Concepción, julio de 1924 / *El hondero entusiasta,* 1933

II

VIAJE A TRAVÉS DE LA NOCHE

(1923-1926)

[AQUEL BOTE, SALVAVIDAS]

Aquel bote, salvavidas de un barco mercante que conducía harinas de Valdivia al norte, naufragó quién sabe dónde. Las olas lo botaron a esta costa y ahora reposa en el huerto de mi casa, como un animal dulce y familiar.

Como esos recuerdos que a pesar del tiempo sostienen aún su huella inexpresable en los recodos del corazón, él conserva todavía algas diminutas y marinas, líquenes del agua profunda, esa flora verde y minúscula que decora las raíces de los barcos. Y yo creo ver aún la huella desesperada de los náufragos, de los que en la final angustia se agarraron a esta armazón marinera mientras la tempestad los perseguía inmensamente.

Cuando el sol no se ha escondido aún, trepo a este bote náufrago, abandonado entre las hierbas del huerto. Siempre llevo un libro, que nunca alcanzo a abrir. Extiendo mi capa en la bancada y, extendido sobre ella, miro al cielo infinitamente azul.

Viejos recuerdos, sumergidos en el agua del tiempo, me asaltan. Siempre, en sitios de soledad, me acechan estos indefinibles salteadores. Siempre, en sitios de soledad, siento extranjera mi alma. Ruidos inesperados, murmullos de voces desconocidas, cantos avasallados y nuevos cantos vencedores, una música extraña e incontenible se quiebra sobre mi corazón como el viento sobre una selva.

Mujer, en esos momentos te amo sin amarte. En ti no pienso porque en nadie se detiene mi pensamiento. Como un pájaro ebrio, como una flecha perdida, atraviesa sin destino hasta perderse en la obscura lejanía.

Yo mismo no me recuerdo: cómo pudiera recordarte?

Pero tu amor descansa más adentro y más allá de mí mismo. Vaso maravillado que trajo hasta mis labios el vino más dulce, vaso de amor. No necesito recordarte. Como una letra grabada profundamente, bástame hacer volar el polvo impalpable para verte. No pienso en ti, pero, abandonado a todas las fuerzas de mi corazón, a ti también me abandono y me entrego, oh amor que sostienes mis tumultuosos ensueños, como la tierra del fondo del mar sostiene las desamparadas corrientes y las mareas incontenibles.

–Ms. *Álbum Terusa,* febrero de 1923 / *OC,* t. IV, pp. 271-272

[PARA MI CORAZÓN BASTA TU PECHO]

Para mi corazón basta tu pecho,
para tu libertad bastan mis alas.
Desde mi boca llegará hasta el cielo
lo que estaba dormido sobre tu alma.

Es en ti la ilusión de cada día.
Llegas como el rocío a las corolas.
Socavas el horizonte con tu ausencia.
Eternamente en fuga como la ola.

He dicho que cantabas en el viento
como los pinos y como los mástiles.
Como ellos eres alta y taciturna.
Y entristeces de pronto, como un viaje.

Acogedora como un viejo camino.
Te pueblan ecos y voces nostálgicas.
Yo desperté y a veces emigran y huyen
pájaros que dormían en tu alma.

– «Vaso de amor», *Zig-Zag,* n.º 938, Santiago, 10.2.1923 /
Veinte poemas de amor…, 1924, 1932, poema 12

[AH VASTEDAD DE PINOS]

Ah vastedad de pinos, rumor de olas quebrándose,
lento juego de luces, campana solitaria,
crepúsculo cayendo en tus ojos, muñeca,
caracola terrestre, en ti la tierra canta!

En ti los ríos cantan y mi alma en ellos huye
como tú lo desees y hacia donde tú quieras.
Márcame mi camino en tu arco de esperanza
y soltaré en delirio mi bandada de flechas.

En torno a mí estoy viendo tu cintura de niebla
y tu silencio acosa mis horas perseguidas,
y eres tú con tus brazos de piedra transparente
donde mis besos anclan y mi húmeda ansia anida.

Ah tu voz misteriosa que el amor tiñe y dobla
en el atardecer resonante y muriendo!
Así en horas profundas sobre los campos he visto
doblarse las espigas en la boca del viento.

–[1923] / *Veinte poemas de amor...*, 1924, 1932, poema 3

[ES LA MAÑANA LLENA DE TEMPESTAD]

Es la mañana llena de tempestad
en el corazón del verano.

Como pañuelos blancos de adiós viajan las nubes,
el viento las sacude con sus viajeras manos.

Innumerable corazón del viento
latiendo sobre nuestro silencio enamorado.

Zumbando entre los árboles, orquestal y divino,
como una lengua llena de guerras y de cantos.

Viento que lleva en rápido robo la hojarasca
y desvía las flechas latientes de los pájaros.

Viento que la derriba en ola sin espuma
y sustancia sin peso, y fuegos inclinados.

Se rompe y se sumerge su volumen de besos
combatido en la puerta del viento del verano.

– «La tempestad», *Claridad,* n.º 109, Santiago, 13.10.1923 /
Veinte poemas de amor..., 1924, 1932, poema 4

[PARA QUE TÚ ME OIGAS]

Para que tú me oigas
mis palabras
se adelgazan a veces
como las huellas de las gaviotas en las playas.

Collar, cascabel ebrio
para tus manos suaves como las uvas.

Y las miro lejanas mis palabras.
Más que mías son tuyas.
Van trepando en mi viejo dolor como las yedras.

Ellas trepan así por las paredes húmedas.
Eres tú la culpable de este juego sangriento.

Ellas están huyendo de mi guarida oscura.
Todo lo llenas tú, todo lo llenas.

Antes que tú poblaron la soledad que ocupas,
y están acostumbradas más que tú a mi tristeza.

Ahora quiero que digan lo que quiero decirte
para que tú las oigas como quiero que me oigas.

El viento de la angustia aún las suele arrastrar.
Huracanes de sueños aún a veces las tumban.
Escuchas otras voces en mi voz dolorida.
Llanto de viejas bocas, sangre de viejas súplicas.
Ámame, compañera. No me abandones. Sígueme.
Sígueme, compañera, en esa ola de angustia.

Pero se van tiñendo con tu amor mis palabras.
Todo lo ocupas tú, todo lo ocupas.

Voy haciendo de todas un collar infinito
para tus blancas manos, suaves como las uvas.

–[1923] / *Veinte poemas de amor...*, 1924, 1932, poema 5

[TE RECUERDO COMO ERAS EN EL ÚLTIMO OTOÑO]

Te recuerdo como eras en el último otoño.
Eras la boina gris y el corazón en calma.
En tus ojos peleaban las llamas del crepúsculo.
Y las hojas caían en el agua de tu alma.

Apegada a mis brazos como una enredadera,
las hojas recogían tu voz lenta y en calma.
Hoguera de estupor en que mi sed ardía.
Dulce jacinto azul torcido sobre mi alma.

Siento viajar tus ojos y es distante el otoño:
boina gris, voz de pájaro y corazón de casa
hacia donde emigraban mis profundos anhelos
y caían mis besos alegres como brasas.

Cielo desde un navío. Campo desde los cerros.
Tu recuerdo es de luz, de humo, de estanque en calma!
Más allá de tus ojos ardían los crepúsculos.
Hojas secas de otoño giraban en tu alma.

–[1923] / *Veinte poemas de amor...,* 1924, 1932, poema 6

[INCLINADO EN LAS TARDES]

Inclinado en las tardes tiro mis tristes redes
a tus ojos oceánicos.

Allí se estira y arde en la más alta hoguera
mi soledad que da vueltas los brazos como un náufrago.

Hago rojas señales sobre tus ojos ausentes
que olean como el mar a la orilla de un faro.

Solo guardas tinieblas, hembra distante y mía,
de tu mirada emerge a veces la costa del espanto.

Inclinado en las tardes echo mis tristes redes
a ese mar que sacude tus ojos oceánicos.

Los pájaros nocturnos picotean las primeras estrellas
que centellean como mi alma cuando te amo.

Galopa la noche en su yegua sombría
desparramando espigas azules sobre el campo.

– [1923] / *Veinte poemas de amor...,* 1924, 1932, poema 7

[ABEJA BLANCA ZUMBAS]

Abeja blanca zumbas —ebria de miel— en mi alma
y te tuerces en lentas espirales de humo.

Soy el desesperado, la palabra sin ecos,
el que lo perdió todo, y el que todo lo tuvo.

Última amarra, cruje en ti mi ansiedad última.
En mi tierra desierta eres la última rosa.

Ah silenciosa!

Cierra tus ojos profundos. Allí aletea la noche.
Ah desnuda tu cuerpo de estatua temerosa.

Tienes ojos profundos donde la noche alea.
Frescos brazos de flor y regazo de rosa.

Se parecen tus senos a los caracoles blancos.
Ha venido a dormirse en tu vientre una mariposa de sombra.

Ah silenciosa!

He aquí la soledad de donde estás ausente.
Llueve. El viento del mar caza errantes gaviotas.

El agua anda descalza por las calles mojadas.
De aquel árbol se quejan, como enfermos, las hojas.

Abeja blanca, ausente, aún zumbas en mi alma.
Revives en el tiempo, delgada y silenciosa.

Ah silenciosa!

– [1923] / *Veinte poemas de amor...*, 1924, 1932, poema 8

[HEMOS PERDIDO AUN ESTE CREPÚSCULO]

Hemos perdido aun este crepúsculo.
Nadie nos vio esta tarde con las manos unidas
mientras la noche azul caía sobre el mundo.

He visto desde mi ventana
la fiesta del poniente en los cerros lejanos.

A veces como una moneda
se encendía un pedazo de sol entre mis manos.

Yo te recordaba con el alma apretada
de esa tristeza que tú me conoces.

Entonces, dónde estabas?
Entre qué gentes?
Diciendo qué palabras?
Por qué se me vendrá todo el amor de golpe
cuando me siento triste, y te siento lejana?

Cayó el libro que siempre se toma en el crepúsculo,
y como un perro herido rodó a mis pies mi capa.

Siempre, siempre te alejas en las tardes
hacia donde el crepúsculo corre borrando estatuas.

– [1923] / *Veinte poemas de amor...,* 1924, 1932, poema 10

[CASI FUERA DEL CIELO]

Casi fuera del cielo ancla entre dos montañas
la mitad de la luna.
Girante, errante noche, la cavadora de ojos.
A ver cuántas estrellas trizadas en la charca.

Hace una cruz de luto entre mis cejas, huye.
Fragua de metales azules, noches de las calladas luchas,
mi corazón da vueltas como un volante loco.
Niña venida de tan lejos, traída de tan lejos,
a veces fulgurece su mirada debajo del cielo.
Quejumbre, tempestad, remolino de furia,
cruza encima de mi corazón, sin detenerte.
Viento de los sepulcros acarrea, destroza, dispersa tu raíz
[soñolienta.
Desarraiga los grandes árboles al otro lado de ella.
Pero tú, clara niña, pregunta de humo, espiga.
Era la que iba formando el viento con hojas iluminadas.
Detrás de las montañas nocturnas, blanco lirio de incendio,
ah nada puedo decir! Era hecha de todas las cosas.

Ansiedad que partiste mi pecho a cuchillazos,
es hora de seguir otro camino, donde ella no sonría.
Tempestad que enterró las campanas, turbio revuelo de tormentas
para qué tocarla ahora, para qué entristecerla.

Ay seguir el camino que se aleja de todo,
donde no esté atajando la angustia, la muerte, el invierno,
con sus ojos abiertos entre el rocío.

– [1923] / *Veinte poemas de amor...*, 1924, 1932, poema 11

[HE IDO MARCANDO CON CRUCES DE FUEGO]

He ido marcando con cruces de fuego
el atlas blanco de tu cuerpo.
Mi boca era una araña que cruzaba escondiéndose.
En ti, detrás de ti, temerosa, sedienta.

Historias que contarte a la orilla del crepúsculo,
muñeca triste y dulce, para que no estuvieras triste.
Un cisne, un árbol, algo lejano y alegre.
El tiempo de las uvas, el tiempo maduro y frutal.

Yo que viví en un puerto desde donde te amaba.
La soledad cruzada de sueño y de silencio.
Acorralado entre el mar y la tristeza.
Callado, delirante, entre dos gondoleros inmóviles.

Entre los labios y la voz, algo se va muriendo.
Algo con alas de pájaro, algo de angustia y de olvido.
Así como las redes no retienen el agua.
Muñeca mía, apenas quedan gotas temblando.
Sin embargo, algo canta entre estas palabras fugaces.
Algo canta, algo sube hasta mi ávida boca.
Oh poder celebrarte con todas las palabras de alegría.
Cantar, arder, huir, como un campanario en las manos de un loco.
Triste ternura mía, qué te haces de repente?
Cuando he llegado al vértice más atrevido y frío
mi corazón se cierra como una flor nocturna.

– [1923] / *Veinte poemas de amor...,* 1924, 1932, poema 13

[JUEGAS TODOS LOS DÍAS CON LA LUZ DEL UNIVERSO]

Juegas todos los días con la luz del universo.
Sutil visitadora, llegas en la flor y en el agua.
Eres más que esta blanca cabecita que aprieto
como un racimo entre mis manos cada día.

A nadie te pareces desde que yo te amo.
Déjame tenderte entre guirnaldas amarillas.
Quién escribe tu nombre con letras de humo entre las estrellas
[del sur?
Ah déjame recordarte cómo eras entonces, cuando aún no existías.

De pronto el viento aúlla y golpea mi ventana cerrada.
El cielo es una red cuajada de peces sombríos.
Aquí vienen a dar todos los vientos, todos.
Se desviste la lluvia.

Pasan huyendo los pájaros.
El viento. El viento.
Yo solo puedo luchar contra la fuerza de los hombres.
El temporal arremolina hojas oscuras
y suelta todas las barcas que anoche amarraron al cielo.

Tú estás aquí. Ah tú no huyes.
Tú me responderás hasta el último grito.
Ovíllate a mi lado como si tuvieras miedo.
Sin embargo alguna vez corrió una sombra extraña por tus ojos.

Ahora, ahora también, pequeña, me traes madreselvas,
y tienes hasta los senos perfumados.
Mientras el viento triste galopa matando mariposas
yo te amo, y mi alegría muerde tu boca de ciruela.

Cuánto te habrá dolido acostumbrarte a mí,
a mi alma sola y salvaje, a mi nombre que todos ahuyentan.
Hemos visto arder tantas veces el lucero besándonos los ojos
y sobre nuestras cabezas destorcerse los crepúsculos en abanicos
[girantes.
Mis palabras llovieron sobre ti acariciándote.
Amé desde hace tiempo tu cuerpo de nácar soleado.
Hasta te creo dueña del universo.
Te traeré de las montañas flores alegres, copihues,
avellanas oscuras, y cestas silvestres de besos.

Quiero hacer contigo
lo que la primavera hace con los cerezos.

– [1923] / *Veinte poemas de amor...*, 1924, 1932, poema 14

[ME GUSTAS CUANDO CALLAS]

Me gustas cuando callas porque estás como ausente,
y me oyes desde lejos, y mi voz no te toca.
Parece que los ojos se te hubieran volado
y parece que un beso te cerrara la boca.

Como todas las cosas están llenas de mi alma
emerges de las cosas, llena del alma mía.
Mariposa de sueño, te pareces a mi alma,
y te pareces a la palabra melancolía.

Me gustas cuando callas y estás como distante.
Y estás como quejándote, mariposa en arrullo.
Y me oyes desde lejos, y mi voz no te alcanza:
déjame que me calle con el silencio tuyo.

Déjame que te hable también con tu silencio
claro como una lámpara, simple como un anillo.
Eres como la noche, callada y constelada.
Tu silencio es de estrella, tan lejano y sencillo.

Me gustas cuando callas porque estás como ausente.
Distante y dolorosa como si hubieras muerto.
Una palabra entonces, una sonrisa bastan.
Y estoy alegre, alegre de que no sea cierto.

– Ms. «Poesía de su silencio», octubre de 1923 / *Veinte poemas de amor...*, 1924, 1932, poema 15

[EN MI CIELO AL CREPÚSCULO]

Paráfrasis a R. Tagore

En mi cielo al crepúsculo eres como una nube
y tu color y forma son como yo los quiero.

Eres mía, eres mía, mujer de labios dulces,
y viven en tu vida mis infinitos sueños.

La lámpara de mi alma te sonrosa los pies,
el agrio vino mío es más dulce en tus labios:
oh segadora de mi canción de atardecer,
cómo te sienten mía mis sueños solitarios!

Eres mía, eres mía, voy gritando en la brisa
de la tarde, y el viento arrastra mi voz viuda.
Cazadora del fondo de mis ojos, tu robo
estanca como el agua tu mirada nocturna.

En la red de mi música estás presa, amor mío,
y mis redes de música son anchas como el cielo.
Mi alma nace a la orilla de tus ojos de luto.
En tus ojos de luto comienza el país del sueño.

–[1923] / *Veinte poemas de amor...*, 1924, 1932, poema 16

[PENSANDO, ENREDANDO SOMBRAS]

Pensando, enredando sombras en la profunda soledad.
Tú también estás lejos, ah más lejos que nadie.
Pensando, soltando pájaros, desvaneciendo imágenes,
enterrando lámparas.
Campanario de brumas, qué lejos, allá arriba!
Ahogando lamentos, moliendo esperanzas sombrías,
molinero taciturno,
se te viene de bruces la noche, lejos de la ciudad.

Tu presencia es ajena, extraña a mí como una cosa.
Pienso, camino largamente, mi vida antes de ti.
Mi vida antes de nadie, mi áspera vida.
El grito frente al mar, entre las piedras,
corriendo libre, loco, en el vaho del mar.

La furia triste, el grito, la soledad del mar.
Desbocado, violento, estirado hacia el cielo.

Tú, mujer, qué eras allí, qué raya, qué varilla
de ese abanico inmenso? Estabas lejos como ahora.
Incendio en el bosque! Arde en cruces azules.
Arde, arde, llamea, chispea en árboles de luz.
Se derrumba, crepita. Incendio. Incendio.

Y mi alma baila herida de virutas de fuego.
Quién llama? Qué silencio poblado de ecos?
Hora de la nostalgia, hora de la alegría, hora de la soledad,
hora mía entre todas!

Bocina en que el viento pasa cantando.
Tanta pasión de llanto anudada a mi cuerpo.
Sacudida de todas las raíces,
asalto de todas las olas!
Rodaba, alegre, triste, interminable, mi alma.

Pensando, enterrando lámparas en la profunda soledad.
Quién eres tú, quién eres?

–[1923] / *Veinte poemas de amor...*, 1924, 1932, poema 17

[AQUÍ TE AMO]

Aquí te amo.
En los oscuros pinos se desenreda el viento.
Fosforece la luna sobre las aguas errantes.
Andan días iguales persiguiéndose.

Se desciñe la niebla en danzantes figuras.
Una gaviota de plata se descuelga del ocaso.
A veces una vela. Altas, altas estrellas.

O la cruz negra de un barco.
Solo.
A veces amanezco, y hasta mi alma está húmeda.
Suena, resuena el mar lejano.
Este es un puerto.
Aquí te amo.

Aquí te amo y en vano te oculta el horizonte.
Te estoy amando aún entre estas frías cosas.
A veces van mis besos en esos barcos graves,
que corren por el mar hacia donde no llegan.

Ya me veo olvidado como estas viejas anclas.
Son más tristes los muelles cuando atraca la tarde.
Se fatiga mi vida inútilmente hambrienta.
Amo lo que no tengo. Estás tú tan distante.

Mi hastío forcejea con los lentos crepúsculos.
Pero la noche llega y comienza a cantarme.
La luna hace girar su rodaje de sueño.

Me miran con tus ojos las estrellas más grandes.
Y como yo te amo, los pinos en el viento,
quieren cantar tu nombre con sus hojas de alambre.

–[1923] / *Veinte poemas de amor...*, 1924, 1932, poema 18

[NIÑA MORENA Y ÁGIL]

Niña morena y ágil, el sol que hace las frutas,
el que cuaja los trigos, el que tuerce las algas,
hizo tu cuerpo alegre, tus luminosos ojos
y tu boca que tiene la sonrisa del agua.

Un sol negro y ansioso se te arrolla en las hebras
de la negra melena, cuando estiras los brazos.

Tú juegas con el sol como con un estero
y él te deja en los ojos dos oscuros remansos.

Niña morena y ágil, nada hacia ti me acerca.
Todo de ti me aleja, como del mediodía.
Eres la delirante juventud de la abeja,
la embriaguez de la ola, la fuerza de la espiga.

Mi corazón sombrío te busca, sin embargo,
y amo tu cuerpo alegre, tu voz suelta y delgada.
Mariposa morena dulce y definitiva,
como el trigal y el sol, la amapola y el agua.

–[1923] / *Veinte poemas de amor,* 1924, 1932, poema 19

[PUEDO ESCRIBIR LOS VERSOS MÁS TRISTES ESTA NOCHE]

Puedo escribir los versos más tristes esta noche.

Escribir, por ejemplo: «La noche está estrellada,
y tiritan, azules, los astros, a lo lejos».

El viento de la noche gira en el cielo y canta.

Puedo escribir los versos más tristes esta noche.
Yo la quise, y a veces ella también me quiso.

En las noches como esta la tuve entre mis brazos.
La besé tantas veces bajo el cielo infinito.

Ella me quiso, a veces yo también la quería.
Cómo no haber amado sus grandes ojos fijos.

Puedo escribir los versos más tristes esta noche.
Pensar que no la tengo. Sentir que la he perdido.

Oír la noche inmensa, más inmensa sin ella.
Y el verso cae al alma como al pasto el rocío.

Qué importa que mi amor no pudiera guardarla.
La noche está estrellada y ella no está conmigo.

Eso es todo. A lo lejos alguien canta. A lo lejos.
Mi alma no se contenta con haberla perdido.

Como para acercarla mi mirada la busca.
Mi corazón la busca, y ella no está conmigo.

La misma noche que hace blanquear los mismos árboles.
Nosotros, los de entonces, ya no somos los mismos.

Ya no la quiero, es cierto, pero cuánto la quise.
Mi voz buscaba el viento para tocar su oído.

De otro. Será de otro. Como antes de mis besos.
Su voz, su cuerpo claro. Sus ojos infinitos.

Ya no la quiero, es cierto, pero tal vez la quiero.
Es tan corto el amor, y es tan largo el olvido.

Porque en noches como esta la tuve entre mis brazos,
mi alma no se contenta con haberla perdido.

Aunque este sea el último dolor que ella me causa,
y estos sean los últimos versos que yo le escribo.

– «Tristeza a la orilla de la noche», *Claridad,* n.º 115, Santiago, 24.11.1923 / *Veinte poemas de amor...,* 1924, 1932, poema 20

[CUERPO DE MUJER, BLANCAS COLINAS, MUSLOS BLANCOS]

Cuerpo de mujer, blancas colinas, muslos blancos,
te pareces al mundo en tu actitud de entrega.
Mi cuerpo de labriego salvaje te socava
y hace saltar el hijo del fondo de la tierra.

Fui solo como un túnel. De mí huían los pájaros
y en mí la noche entraba su invasión poderosa.
Para sobrevivirme te forjé como un arma,
como una flecha en mi arco, como una piedra en mi honda.

Pero cae la hora de la venganza, y te amo.
Cuerpo de piel, de musgo, de leche ávida y firme.
Ah los vasos del pecho! Ah los ojos de ausencia!
Ah las rosas del pubis! Ah tu voz lenta y triste!

Cuerpo de mujer mía, persistiré en tu gracia.
Mi sed, mi ansia sin límite, mi camino indeciso!
Oscuros cauces donde la sed eterna sigue,
y la fatiga sigue, y el dolor infinito.

–[1924] / *Veinte poemas de amor...,* 1924, 1932, poema 1

LA CANCIÓN DESESPERADA

Emerge tu recuerdo de la noche en que estoy.
El río anuda al mar su lamento obstinado.

Abandonado como los muelles en el alba.
Es la hora de partir, oh abandonado!

Sobre mi corazón llueven frías corolas.
Oh sentina de escombros, feroz cueva de náufragos!

En ti se acumularon las guerras y los vuelos.
De ti alzaron las alas los pájaros del canto.

Todo te lo tragaste, como la lejanía.
Como el mar, como el tiempo. Todo en ti fue naufragio!

Era la alegre hora del asalto y el beso.
La hora del estupor que ardía como un faro.

Ansiedad de piloto, furia de buzo ciego,
turbia embriaguez de amor, todo en ti fue naufragio!

En la infancia de niebla mi alma alada y herida.
Descubridor perdido, todo en ti fue naufragio!

Te ceñiste al dolor, te agarraste al deseo.
Te tumbó la tristeza, todo en ti fue naufragio!

Hice retroceder la muralla de sombra,
anduve más allá del deseo y del acto.

Oh carne, carne mía, mujer que amé y perdí,
a ti en esta hora húmeda, evoco y hago canto.

Como un vaso albergaste la infinita ternura,
y el infinito olvido te trizó como a un vaso.

Era la negra, negra soledad de las islas,
y allí, mujer de amor, me acogieron tus brazos.

Era la sed y el hambre, y tú fuiste la fruta.
Era el duelo y las ruinas, y tú fuiste el milagro.

Ah mujer, no sé cómo pudiste contenerme
en la tierra de tu alma, y en la cruz de tus brazos!

Mi deseo de ti fue el más terrible y corto,
el más revuelto y ebrio, el más tirante y ávido.

Cementerio de besos, aún hay fuego en tus tumbas,
aún los racimos arden picoteados de pájaros.

Oh la boca mordida, oh los besados miembros,
oh los hambrientos dientes, oh los cuerpos trenzados.

Oh la cópula loca de esperanza y esfuerzo
en que nos anudamos y nos desesperamos.

Y la ternura, leve como el agua y la harina.
Y la palabra apenas comenzada en los labios.

Ese fue mi destino y en él viajó mi anhelo,
y en él cayó mi anhelo, todo en ti fue naufragio!

Oh sentina de escombros, en ti todo caía,
qué dolor no exprimiste, qué olas no te ahogaron.

De tumbo en tumbo aún llameaste y cantaste
de pie como un marino en la proa de un barco.

Aún floreciste en cantos, aún rompiste en corrientes.
Oh sentina de escombros, pozo abierto y amargo.

Pálido buzo ciego, desventurado hondero,
descubridor perdido, todo en ti fue naufragio!

Es la hora de partir, la dura y fría hora
que la noche sujeta a todo horario.

El cinturón ruidoso del mar ciñe la costa.
Surgen frías estrellas, emigran negros pájaros.

Abandonado como los muelles en el alba.
Solo la sombra trémula se retuerce en mis manos.

Ah más allá de todo. Ah más allá de todo.

Es la hora de partir. Oh abandonado!

–[1924] / *Veinte poemas de amor...*, 1924, 1932

EL OTOÑO DE LAS ENREDADERAS

Amarillo fugitivo, el tiempo que degüella las hojas avanza hacia el otro lado de la tierra, pesado, crujidor de hojarascas caídas. Pero antes de irse, trepa por las paredes, se prende a los crespos zarcillos, e ilumina las taciturnas enredaderas. Ellas esperan su llegada todo el año, porque él las viste de crespones y de broncerías. Es cuando el otoño se aleja cuando las enredaderas arden, llenas de alegría, invadidas de una última y desesperada resurrección. Tiempo lleno de desesperanza, todo corre hacia la muerte. Entonces tú forjas en las húmedas murallas el correaje sombrío de las trepadoras. Inmóviles arañas azules, cicatrices moradas y amarillas, ensangrecidas medallas, juguetería de los vientos del norte. Donde ha de ir sacando el viento cada bordado, donde ha de ir completando su tarea el agua de las nubes.

Ya han emigrado los pájaros, han fijado su traición cantando, y las banderas olvidadas bordean los muros carcomidos. El terrible estatuario comienza a patinar los adobes, y poco a poco la soledad se hace profunda. Agua infinita que acarrea el invierno, que nada estorbe tu paso silencioso. Pequeñas hojas que como pájaros a la orilla del grano, os agrupasteis para mejor morir; es hora de descender de vuestros nidos y rodar y hacerse polvo, y bailar en el frío de los caminos. Durecidos tallos, amarras pertinaces, este barco se suelta. He ahí despedazadas las velas y destruido el mascarón ensimismado, que cruza encima de las estaciones siempre en fuga. Quedaos vosotros apretando un cuerpo que no existe entre vuestras serpientes glaciales. Nunca vuelve este barco; el que se aleja regresa cambiado por el tiempo y la lucha. Nunca el tiempo del sol aporta las mismas hojas a los muros. Primero asoman en las axilas, escondidas como abejas de esmeralda y estallan hablándose un lenguaje de recién nacidos. Es que nunca, nunca vuelve el barco roto que huye hacia el sur llevando el mascarón tapado por las enredaderas taciturnas. Lo empuja el viento, lo apresura la lluvia, por los senderos del mar, lo empuja el viento, lo apresura la lluvia, y la estela de ese navío está sembrada de pájaros amarillos.

–*Zig-Zag,* n.º 1009, Santiago, 21.6.1924 / *Anillos,* 1926

PROVINCIA DE LA INFANCIA

Provincia de la infancia, desde el balcón romántico te extiendo como un abanico. Lo mismo que antes abandonado por las calles, examino las calles abandonadas. Pequeña ciudad que forjé a fuerza de sueños resurges de tu inmóvil existencia. Grandes trancos pausados a la orilla del musgo, pisando tierras y yerbas, pasión de la infancia revives cada vez. Corazón mío ovillado bajo este cielo recién pintado, tú fuiste el único capaz de lanzar las piedras que hacen huir la noche. Así te hiciste, trabajado de soledad, herido de congoja, andando, andando por pueblos desolados. Para qué hablar de viejas cosas, para qué vestir ropajes de olvido. Sin embargo, grande y oscura es tu sombra, provincia de mi infancia. Grande y oscura tu sombra de aldea, besada por la fría travesía, desteñida por el viento del norte. También tus días de sol, incalculables, delicados; cuando de entre la humedad emerge el tiempo vacilando como una espiga. Ah, pavoroso invierno de las crecidas, cuando la madre y yo temblábamos en el viento frenético. Lluvia caída de todas partes, oh triste prodigadora inagotable. Aullaban, lloraban los trenes perdidos en el bosque. Crujía la casa de tablas acorraladas por la noche. El viento a caballazos, saltaba las ventanas, tumbaba los cercos; desesperado, violento, desertaba hacia el mar. Pero qué noches puras, hojas del buen tiempo, sombrío cielo engastado en estrellas excelentes. Yo fui el enamorado, el que de la mano llevó a la señorita de grandes ojos a través de lentas veredas, en crepúsculo, en mañanas sin olvido. Cómo no recordar tanta palabra pasada. Besos desvanecidos, flores flotantes, a pesar de que todo termina. El niño que encaró la tempestad y crió debajo de sus alas amargas la boca, ahora te sustenta, país húmedo y callado, como a un gran árbol después de la tormenta. Provincia de la infancia deslizada de horas secretas, que nadie conoció. Región de soledad, acostado sobre unos andamios mojados por la lluvia reciente, te propongo a mi destino como refugio de regreso.

–*El Mercurio,* Santiago, 19.10.1924 / *Anillos,* 1926

[TORCIENDO HACIA ESE LADO]

torciendo hacia ese lado o más allá continúas siendo mía
en la soledad del atardecer golpea tu sonrisa
en ese instante trepan enredaderas a mi ventana
el viento de lo alto cimbra la sed de tu presencia
un gesto de alegría una palabra de pena que estuviera más cerca
[de ti
en su reloj profundo la noche aísla horas
sin embargo teniéndote entre los brazos vacilé
algo que no te pertenece desciende de tu cabeza
y se te llena de oro la mano levantada

hay esto entre dos paredes a lo lejos
radiantes ruedas de piedra sostienen el día mientras tanto
después colgado en la horca del crepúsculo
pisa en los campanarios y en las mujeres de los pueblos
moviéndose en la orilla de mis redes
mujer querida en mi pecho tu cabeza cerrada
a grandes llamaradas el molino se revuelve
y caen las horas nocturnas como murciélagos del cielo

en otra parte lejos lejos existen tú y yo parecidos a nosotros
tú escribes margaritas en la tierra solitaria

es que ese país de cierto nos pertenece
el amanecer vuela de nuestra casa

–*La Nación,* Santiago, 23.1.1925 / *tentativa del hombre infinito,* 1926

IMPERIAL DEL SUR

Las resonancias del mar atajan contra la hoja del cielo; fulgurece de pronto la espalda verde; revienta en violentos abanicos; se retira, recomienza; campanas de olas azules despliegan y acosan la costa solitaria; la gimnasia del mar desespera el sentido de los pájaros en viaje y amedrenta el corazón de las mujeres. Oh mar océano, vacilación de aguas sombrías, ida y regreso de los movimientos incalculables, el viajero se para en tu orilla de piedra destruyéndose, y levanta su sangre hasta tu sensación infinita!

Él está tendido al lado de tu espectáculo, y tus sales y sus transparencias alzan encima de su frente; tus coros cruzan la anchura de sus ojos, tu soledad le golpea el corazón y adentro de él tus llamamientos se sacuden como los peces desesperados en la red que levantan los pescadores.

El día brillante como un arma ondula sobre el movimiento del mar, en la península de arena saltan y resaltan los juegos del agua, grandes cordeles se arrastran amontonándose, refulgen de pronto sus húmedas etincelias y chapotea la última ola, alcanzándose a sí misma.

Voluntad misteriosa, insistente multitud del mar, jauría condenada al planeta, algo hay en ti más oscuro que la noche, más profundo que el tiempo. Acosas los amarillos días, las tardes de aire, estrellas contra los largos inviernos de la costa, fatigas entre acantilados y bahías, golpeas tu locura de aguas contra la orilla infranqueable, oh mar océano de los inmensos vientos verdes y la ruidosa vastedad.

El puerto está apilado en la bahía salpicado de techumbres rojas, interceptado por sitios sin casas, y mi amiga y yo desde lejos lo miramos adornado con su cintura de nubes blancas y pegado al agua marina que empuja la marea. Trechos de pinos y en el fondo los contrafuertes de montañas; refulge la amorosa pureza del aire; por encima del río cruzan gaviotas de espuma, mi amiga me las muestra cada vez y veo el recinto del agua azul y los viejos muelles extendiéndose detrás de su mano abierta.

Ella y yo estamos en la cubierta de los pequeños barcos, se estrella el viento frío contra nosotros, una voz de mujer se pega a la tristeza de los acordeones; el río es ancho de colores de plata, y las márgenes se doblan de malezas floridas, donde comunican los lomajes del Sur. Atrae el cauce profundo, callado; la tarde asombra de resonancias, de orilla a orilla por la línea del agua que camina, atraviesa el pensamiento del viajero. Los barbechos brillan secamente al último sol; atracada a favor del cantil sombrío una lancha velera sonríe con sus dos llamas blancas; de pronto surgen casas aisladas en las orillas, atardece grandemente, y cruzan sobre la proa los gritos de los tricaos de agorería.

Muelles de Carahue, donde amarran las gruesas espigas y desembarcan los viajeros; cuánto y cuánto conozco tus tablones deshechos, recuerdo días de infancia a la sombra del maderamen mojado, donde lame y revuelve el agua verde y negra.

Cuando ella y yo nos escondemos en el tren de regreso, aún llaman los viejos días algo, sin embargo del corazón duro que cree haberlos dejado atrás.

–*El Mercurio,* Santiago, 1.3.1925 / *Anillos,* 1926

[NO SÉ HACER EL CANTO DE LOS DÍAS]

no sé hacer el canto de los días
sin querer suelto el canto la alabanza de las noches
pasó el viento latigándome la espalda alegre saliendo de su
[huevo
descienden las estrellas a beber al océano
uercen sus velas verdes grandes buques de brasa
para qué decir eso tan pequeño que escondes canta pequeño
los planetas dan vueltas como husos entusiastas giran
el corazón del mundo se repliega y se estira
con voluntad de columna y fría furia de plumas
oh los silencios campesinos claveteados de estrellas
recuerdo los ojos caían en ese pozo inverso
hacia donde ascendía la soledad de todos los ruidos espantados
el descuido de las bestias durmiendo sus duros lirios
preñé entonces la altura de mariposas negras mariposa medusa
aparecían estrépitos humedad nieblas
y vuelto a la pared escribí
oh noche huracán muerto resbala tu oscura lava
mis alegrías muerden tus tintas
mi alegre canto de hombre chupa tus duras mamas
mi corazón de hombre se trepa por tus alambres
xasperado contengo mi corazón que danza

danza en los vientos que limpian tu color
bailador asombrado en las grandes mareas que hacen surgir el alba

–[1925] / *tentativa del hombre infinito,* 1926

[CUANDO APROXIMO EL CIELO CON LAS MANOS]

cuando aproximo el cielo con las manos para despertar
[completamente
sus húmedos terrones su red confusa se suelta

tus besos se pegan como caracoles a mi espalda
gira el año de los calendarios y salen del mundo los días como
[hojas
cada vez cada vez al norte están las ciudades inconclusas
ahora el sur mojado encrucijada triste
en donde los peces movibles como tijeras
ah solo tú apareces en mi espacio en mi anillo
al lado de mi fotografía como la palabra está enfermo
detrás de ti pongo una familia desventajosa
radiante mía salto perteneciente hora de mi distracción
están encorvados tus parientes y tú con tranquilidad
te miras en una lágrima te secas los ojos donde estuve
está lloviendo de repente mi puerta se va a abrir

–Ms. *Álbum Laura Arrué,* 26.7.1925 / *tentativa del hombre infinito,* 1926

[AL LADO DE MÍ MISMO SEÑORITA ENAMORADA]

al lado de mí mismo señorita enamorada
quién sino tú como el alambre ebrio es una canción sin título
ah triste mía la sonrisa se extiende como una mariposa en tu
[rostro
y por ti mi hermana no viste de negro

yo soy el que deshoja nombres y altas constelaciones de rocío
en la noche de paredes azules alta sobre tu frente
para alabarte a ti palabra de alas puras
el que rompió su suerte siempre donde no estuvo
por ejemplo es la noche rodando entre cruces de plata
que fue tu primer beso para qué recordarlo
yo te puse extendida delante del silencio
tierra mía los pájaros de mi sed te protegen
y te beso la boca mojada de crepúsculo

es más allá más alto
para significarte criaría una espiga
corazón distraído torcido hacia una llaga
atajas el color de la noche y libertas a los prisioneros
ah para qué alargaron la tierra
del lado en que te miro y no estás niña mía
entre sombra y sombra destino de naufragio
nada tengo oh soledad

sin embargo eres la luz distante que ilumina las frutas
y moriremos juntos
pensar que estás ahí navío blanco listo para partir
y que tenemos juntas las manos en la proa navío siempre en viaje

– «Canción para su destino», *Dínamo,* n.º 1, Concepción, 1925 /
tentativa del hombre infinito, 1926

[ESTA ES MI CASA]

esta es mi casa
aún la perfuman los bosques
desde donde la acarreaban
allí tricé mi corazón como el espejo para andar a través de mí
[mismo
esa es la alta ventana y ahí quedan las puertas
de quién fue el hacha que rompió los troncos
tal vez el viento colgó de las vigas

su peso profundo olvidándolo entonces
era cuando la noche bailaba entre sus redes
cuando el niño despertó sollozando
yo no cuento yo digo en palabras desgraciadas
aún los andamios dividen el crepúsculo
y detrás de los vidrios la luz del petróleo
era para mirar hacia el cielo
caía la lluvia en pétalos de vidrio
ahí seguiste el camino que iba a la tempestad
como las altas insistencias del mar
aíslan las piedras duras de las orillas del aire
qué quisiste qué ponías como muriendo muchas veces
todas las cosas suben a un gran silencio
y él se desesperaba inclinado en su borde
sostenías una flor dolorosa
entre sus pétalos giraban los días margaritas de pilotos decaídos
decaído desocupado revolviste de la sombra
el metal de las últimas distancias o esperabas el turno
amaneció sin embargo en los relojes de la tierra
de pronto los días trepan a los años
he aquí tu corazón andando estás cansado sosteniéndote
a tu lado se despiden los pájaros de la estación ausente

–[1925] / *tentativa del hombre infinito*, 1926

[ADMITIENDO EL CIELO]

admitiendo el cielo profundamente mirando el cielo estoy
[pensando
con inseguridad sentado en ese borde
oh cielo tejido con aguas y papeles
comencé a hablarme en voz baja decidido a no salir
arrastrado por la respiración de mis raíces
inmóvil navío ávido de esas leguas azules
temblabas y los peces comenzaron a seguirte
tirabas a cantar con grandeza ese instante de sed querías cantar
querías cantar sentado en tu habitación ese día

pero el aire estaba frío en tu corazón como en una campana
un cordel delirante iba a romper tu frío
se me durmió una pierna en esa posición y hablé con ella
cantándole mi alma me pertenece
el cielo era una gota que sonaba cayendo en la gran soledad
pongo el oído y el tiempo como un eucaliptus
frenéticamente canta de lado a lado
en el que estuviera silbando un ladrón
ay y en el límite me paré caballo de las barrancas
sobresaltado ansioso inmóvil sin orinar
en ese instante lo juro oh atardecer que llegas pescador satisfecho
tu canasto vivo en la debilidad del cielo

– «Canto de las ansiedades», *Caballo de Bastos,* n.° 3, Santiago, 1925 / *tentativa del hombre infinito,* 1926

SOLEDAD DE LOS PUEBLOS

En la noche oceánica ladran los perros desorientados, abren sus coros las coigüillas desde el agua, y ese ruido de aguas, y esa aspiración de los seres se estira y se intercepta entre los grandes rumores del viento. La noche pasa así, batida de orilla a orilla por el rechazo de los vientos, como un aro de metales oscuros lanzado desde el norte hacia los campanarios del sur.

El amanecer solitario, empujado y retenido como una barca amarrada, oscila hasta mediodía y aparece en la soledad del pueblo la tarde de techumbres azules, blanca vela mayor del navío desaparecido.

Frente a mis ventanas detrás de los frutales verdes, más lejos de las casas del río, tres cerros se apoyan en el cielo tranquilo. Pardos, amarillentos paralelogramos de labranzas y siembras, caminos carreteros, matorrales, árboles aislados. La loma grande, de cereales dorados, quiebra lentas olas uniformes contra la cima.

Aparece la lluvia en el paisaje, cae cruzándose de todas partes del cielo. Veo agacharse los grandes girasoles dorados y oscurecerse el horizonte de los cerros por su palpitante veladura. Llueve sobre el pueblo, el agua baila desde los suburbios de Coilaco hasta la pared de los cerros; el temporal corre por los techos, entra en las quintas, en las canchas de juego; al lado del río, entre matorrales y piedras, el mal tiempo llena los campos de apariciones de tristeza.

Lluvia, amiga de los soñadores y los desesperados, compañera de los inactivos y los sedentarios, agita, triza tus mariposas de vidrio sobre los metales de la tierra, corre por las antenas y las torres, estréllate contra las viviendas y los techos, destruye el deseo de acción y ayuda la soledad de los que tienen las manos en la frente detrás de las ventanas que solicita tu presencia. Conozco tu rostro innumerable, distingo tu voz y soy tu centinela, el que despierta a tu llamado en la aterradora tormenta terrestre y deja el sueño para recoger tus collares, mientras caes sobre los caminos y los caseríos, y resuenas como persecuciones de campanas, y mojas los frutos de la noche, y sumerges profundamente tus rápidos viajes sin sentido. Así bailas sosteniéndote entre el cielo lívido y la tierra como un gran huso de plata dando vueltas entre sus hilos transparentes.

Entre las hojas mojadas, pesadas gotas como frutas suspenden de las ramas; olor de tierra, de madreselvas humedecidas; abro el portón pisando las ciruelas volteadas, camino debajo de los ganchos verdes y mojados. Aparece de pronto el cielo entre ellos como el fondo de mi taza azul, recién limpiado de lluvias, sostenido por las ramas y peligrosamente frágil. El perro acompañante camina, lleno de gotas como un vegetal. Al pasar entre los maíces agacha pequeñas lluvias y dobla los grandes girasoles que me ponen de pronto sus grandes escarapelas sobre el pecho.

Día sobresaltado apareces después, cerciorado de la huida del agua, y corres sigilosamente bajo el temporal, al encuentro de los cerros, abarcas dos anillos de oro que se pierden en los charcos del pueblo.

Hay una avenida de eucaliptus, hay charcas debajo de ellos, llenos de su fuerte fragancia de invierno. El gran dolor, la pesadumbre de las cosas gravita conforme voy andando. La soledad es grande en torno a mí, las luces comienzan a trepar a las ventanas y los trenes lloran, lejos, antes de entrar a los campos. Existe una palabra que explica la pesadumbre de esta hora, buscándola camino bajo los eucaliptus taciturnos, y pequeñas estrellas comienzan a asomarse a los charcos oscureciéndose.

He aquí la noche que baja de los cerros de Temuco.

–[1925] / *Anillos,* 1926

MADRIGAL ESCRITO EN INVIERNO

En el fondo del mar profundo,
en la noche de largas listas,
como un caballo cruza corriendo
tu callado callado nombre.

Alójame en tu espalda, ay refúgiame,
aparéceme en tu espejo, de pronto,
sobre la hoja solitaria, nocturna,
brotando de lo oscuro, detrás de ti.

Flor de la dulce luz completa,
acúdeme tu boca de besos,
violenta de separaciones,
determinada y fina boca.

Ahora bien, en lo largo y largo,
de olvido a olvido residen conmigo
los rieles, el grito de la lluvia:
lo que la oscura noche preserva.

Acógeme en la tarde de hilo
cuando el anochecer trabaja
su vestuario, y palpita en el cielo
una estrella llena de viento.

Acércame tu ausencia hasta el fondo,
pesadamente, tapándote los ojos,

crúzame tu existencia, suponiendo
que mi corazón está destruido.

–[Invierno de 1925] / *Residencia en la tierra,* I, 1933

SERENATA

En tu frente descansa el color de las amapolas,
el luto de las viudas halla eco, oh apiadada:
cuando corres detrás de los ferrocarriles, en los campos,
el delgado labrador te da la espalda,
de tus pisadas brotan temblando los dulces sapos.

El joven sin recuerdos te saluda, te pregunta por su olvidada
[voluntad,
las manos de él se mueven en tu atmósfera como pájaros,
y la humedad es grande a su alrededor:
cruzando sus pensamientos incompletos,
queriendo alcanzar algo, oh buscándote,
le palpitan los ojos pálidos en tu red
como instrumentos perdidos que brillan de súbito.

O recuerdo el día primero de la sed,
la sombra apretada contra los jazmines,
el cuerpo profundo en que te recogías
como una gota temblando también.

Pero acallas los grandes árboles, y encima de la luna, sobrelejos,
vigilas el mar como un ladrón.
Oh noche, mi alma sobrecogida te pregunta
desesperadamente a ti por el metal que necesita.

–*Zig-Zag,* n.º 1086, Santiago, 12.12.1925 / *Residencia en la tierra,* I, 1933

TRISTEZA

Duerme el farero de Ilela debajo de las linternas fijas, discontinuas, el mar atropella las vastedades del cielo, ahuyentan hacia el oeste las resonancias repetidas, más arriba miro, recién construyéndose, el hangar de rocíos que se caen. En la mano me crece una planta salvaje, pienso en la hija del farero, Mele, que yo tanto amaba. Puedo decir que me hallaba cada vez su presencia, me la hallaba como los caracoles de esta costa. Aún es noche, pavorosa de oquedades, empollando el alba y los peces de todas las redes. De sus ojos a su boca hay la distancia de dos besos, apretándolos, demasiado juntos, en la frágil porcelana. Tenía la palidez de los relojes, ella también, la pobre Mele, de sus manos salía la luna, caliente aún como un pájaro prisionero. Hablan las aguas negras, viniéndose y rodándose, lamentan el oscuro concierto hasta las paredes lejanas, las noches del Sur desvelan a los centinelas despiertos y se mueven a grandes saltos azules y revuelven las joyas del cielo. Diré que la recuerdo, la recuerdo; para no romper la amanecida venía descalza, y aún no se retiraba la marea en sus ojos. Se alejaron los pájaros de su muerte como de los inviernos y de los metales.

–*Panorama,* n.º 1, Santiago, abril de 1926 / *Anillos,* 1926

DESAPARICIÓN O MUERTE DE UN GATO

También la vida tiene misterios sencillos e inaccesibles, existen los rumores del granero inacabablemente, el perpetuo acabarse de las nueces verdes y amargas, la caída de las peras olorosas madurando, se reviene la sal transparente, desaparece o muere el gato de María Soledad. Hasta su cola era usada como un instrumento, el color era de retículos negros y blancos, era una forma familiar y animada an-dando en cuatro pies de algodón, oliendo la noche fría y adversa, roncando su actitud misteriosa en las direcciones de la alfombra.

Se ha escurrido el gato con sigilosidad de aire, nadie lo encuentra en la lista de sol que se comía atardeciendo, no aparece su cola de madera flexible, tampoco relucen sus verdes miradas pegadas a la sombra como clavándolas a los rincones de la casa.

Ahí está María Soledad, con los cuadros del delantal jugando con los ojos a los dados, pensando en los rincones preferidos del gato y en su fuga o en su muerte de la que ella no es culpable, María Soledad a quien también le cuesta vigilar sus ojos anchos. Para los días que dure la ausencia deja de ponerse alegre como si el color del gato hubiera estado anillado con sus risas de agua. En la noche estaríalos estremeciendo el fulgor de la luna, él a los pies de ella, pasarían las rondas de la noche, tocarían las grandes horas solitarias; entonces María Soledad, está más lejos, con esa lejanía de ojos cerrados, pasan campos y países debajan puentes, cielos, no se llega nunca, nunca a fondear tu sueño a ninguna distancia, con ningún movimiento, María Soledad, solo tu gato fulgurece los ojos y te sigue, ahuyentando mariposas extrañas. Ahí está de repente, a la orilla de un viejo mueble, aparece con su pobreza verdadera, con su realidad de animal muerto, entonces estás llorando de nuevo, María Soledad, tus lágrimas caen, lagunan al borde del compañero, la sola muerte señala el llanto caído, más allá el balcón de los sueños sin regreso.

–*Atenea,* Concepción, mayo de 1926 / *Anillos,* 1926

EL HABITANTE Y SU ESPERANZA. NOVELA [FRAGMENTOS]

I

Ahora bien, mi casa es la última de Cantalao, y está frente al mar estrepitoso, encajonado contra los cerros.

El verano es dulce, aletargado, pero el invierno surge de repente del mar como una red de siniestros pescados, que se pegan al cielo, amontonándose, saltando, goteando, lamentándose. El viento produce sus estériles ruidos, desiguales según corran silbando en los alambrados o den vueltas su oscura boleadora encima de los caseríos o vengan del mar océano arrollando su infinito cordel.

He estado muchas veces solo en mi vivienda mientras el temporal azota la costa. Estoy tranquilo porque no tengo temor de la muerte, ni pasiones, pero me gusta ver la mañana que casi siempre surge limpia y reluciendo. No es raro que me siente entonces en un tronco mirando hasta lejos el agua inmensa, oliendo la atmósfera libre, mirando cada carreta que cruza hacia el pueblo con comerciantes, indios y trabajadores y viajeros. Una especie de fuerza de esperanza se pone en mi manera de vivir aquel día, una manera superior a la indolencia, exactamente superior a mi indolencia.

No es raro que esas veces vaya a casa de Irene. Atravieso ese recinto baldío que me separa del pueblo, cosa de una legua, sigo por las calles deshabitadas y me detengo frente al portón de su casa, donde la espero aparecer.

Si está lavando me gusta ver sus manos que se azulan con el agua fría, si está entre la huerta, me gusta ver su cabeza entre las pesadas flores del girasol, si no está, me gusta ver vacío el patio y la huerta y la espero sin desear que llegue.

II

Irene es gruesa, rubia, habladora, por eso me he formado el propósito de venirme al pueblo. Lava, canta, es ágil, rápida, garabatea los papeles con monos inverosímiles: en realidad la vida sería divertida.

No me saluda desde lejos al acercarse, pero yo me pongo entre ella y yo para recoger su primer beso antes de que resbale de su rostro. Espérate, le digo, abrazándola, no te has acordado de mí en esto largos días, para qué podía venir? Ella no me oye siquiera, me arrastra de prisa a contarle mis historias. Me siento alegre al lado suyo, invadiéndome su salud de piedra de arroyo.

III

Los cuatro caballos son negros con la luz nocturna y descansan echados a la orilla del agua como los países en el mapa. Rivas y yo nos juntamos en el Roble Huacho y echamos a andar a pie sin hablar.

Ladran los perros a millares lejos, en todas partes y un vaho blanco emana de las calladas lomerías.

—Serán las tres?

—Deben ser.

He dado el salto, y con amortiguados movimientos suelto las trancas.

El piño se levanta y sale con lentitud. Las coigüillas resuenan profundamente con su intermitencia redoblada, metálica, fatal.

Robar caballos es fácil, y contentos Rivas y yo apuramos las bestias. Rivas sabe su oficio y llegará con el robo a Limaiquén, y nadie como él sabrá ocultarlo y venderlo.

Nos despedimos y a galope violento alcanzo mi camino, desciendo los cerros, y al lado del mar apuro salpicándome, pegándome fuertemente el viento de la noche del mar.

IV

Estoy enfermo y siento el runrún tirante de la fiebre dándome vueltas sobre la paja del camastro. El calabozo tiene una ventanuca, muy arriba, muy triste, con sus delgados fierros, con su parte de alto cielo. Dos o tres presos son: Diego Cóper, también cuatrero, hombre altanero, de aire orgulloso, y Rojas Carrasco, tipo gordo, sucio, antipático, que no sé qué líos tiene con la policía rural.

Pero sobre todo, el largo día, cuando el verano de esta comarca marina zumba hasta mis oídos como una chicharra, con lejos, lejos, el rumor de la desembocadura, donde recuerdo el muelle internando su solitaria madera, el vaivén del agua profunda, o más distante las carretas atascadas de viejos trigos, la era, los avellanos.

Solo me apena pensar que haya aprendido las cosas inútilmente; me apena recordar las alegrías de mi tristeza, el ejercicio de mi vida conducida como un instrumento en busca de una esperanza, la desierta latitud vanamente explorada con buenos ojos y entusiasmo.

A media tarde se escurre por debajo de la puerta una gallina. Ha puesto después entre la paja del camastro un huevo que dura ahí, asustando su pequeña inmovilidad.

V

Mi querido Tomás:

Estoy preso en la policía de Cantalao, por unos asuntos de animales. He pasado un mes ocioso, con gran tedio. Es un cuartel campesino, de grandes paredes coloradas, en donde vienen a caer indios infelices y vagabundos de los campos. Yo le escribo para saber de Irene, la mujer de Florencio, a quien deseo que lleve un recado que no necesito decirle. La veo y tengo la sensación de que está sola o de que la maltrataran.

Qué quiere decir esto? Trate de encontrarla. Ella vive frente al chalet de las Vásquez.

Lo abraza su amigo.

VI

Entonces cuando ya cae la tarde y el rumor del mar alimenta su dura distancia, contento de mi libertad y de mi vida, atravieso las desiertas calles siguiendo un camino que conozco mucho.

En su cuarto estoy comiéndome una manzana cuando aparece frente a mí, el olor de los jazmines que aprieta con el pecho y las manos, se sumerge en nuestro abrazo. Miro, miro sus ojos debajo de mi boca, llenos de lágrimas, pesadas. Me aparto hacia el balcón comiendo mi manzana, callado, mientras que ella se tiende un poco en la cama echando hacia arriba el rostro humedecido. Por la ventana el anochecer cruza como un fraile, vestido de negro, que se parara frente a nosotros lúgubremente. El anochecer es igual en todas partes, frente al corazón del hombre que se acongoja, vacila su trapo y se arrolla a las piernas como vela vencida, temerosa. Ay del que no sabe qué camino tomar, del mar o de la selva, ay, del que regresa y encuentra dividido su terreno, en esa hora débil, en que nadie puede retratarse, porque las condenas del tiempo son iguales e infinitas, caídas sobre la vacilación o las angustias.

Entonces nos acercamos conjurando el maleficio, cerrando los ojos como para oscurecernos por completo, pero alcanzo a divisar por el ojo derecho sus trenzas amarillas, largas entre las almohadas. Yo la beso con reconciliación, con temor de que se muera; los besos se aprietan como culebras, se tocan con levedad muy diáfana, son besos profundos y blandos, o se alcanzan los dientes que suenan como metales, o se sumergen las dos grandes bocas temblando como desgraciados.

Te contaré día a día mi infancia, te contaré cantando mis solitarios días de liceo, oh, no importa, hemos estado ausentes, pero te hablaré de lo que he hecho y de lo que he deseado hacer y de cómo viví sin tranquilidad en el hotel de Mauricio.

Ella está sentada a mis pies en el balcón, nos levantamos, la dejo, ando, silbando me paseo a grandes trancos por su pieza y encendemos la lámpara, comemos sin hablarnos mucho, ella frente a mí, tocándonos los pies.

Más tarde, la beso y nos miramos con silencio, ávidos, resueltos, pero la dejo sentada en la cama. Y vuelvo a pasear por el cuarto, abajo y arriba, arriba y abajo, y la vuelvo a besar pero la dejo. La muerdo en el brazo blanco, pero me aparto.

Pero la noche es larga.

VII

El doce de marzo, estando yo durmiendo, golpea en mi puerta Florencio Rivas. Yo conozco, yo conozco algo de lo que quieres hablarme, Florencio, pero espérate, somos viejos amigos. Se sienta junto a la lámpara, frente a mí y mientras me visto lo miro a veces, notando su tranquila preocupación. Florencio Rivas es hombre tranquilo y duro y su carácter es leal y de improviso.

Mi compadre de mesas de juego y asuntos de animales perdidos, es blanco de piel, azul de ojos, y en el azul de ellos, gotas de indiferencia. Tiene la nariz ladeada y su mano derecha contra la frente y en la pared su silueta negra, sentada. Me deja hacer, con mi lentitud y al salir me pide mi poncho de lana gruesa.

—Es para un viaje largo, niño.

Pero él que está tranquilo esta noche mató a su mujer, Irene. Yo lo tengo escrito en los zapatos que me voy poniendo, en mi chaqueta blanca de campero, lo leo escrito en la pared, en el techo. Él no me ha dicho nada, él me ayuda a ensillar mi caballo, él se adelanta al trote, él no me dice nada. Y luego galopamos, galopamos fuertemente a través de la costa solitaria, y el ruido de los cascos hace tas tas, tas tas, así hace entre las malezas aproximadas a la orilla y se golpea contra las piedras playeras.

Mi corazón está lleno de preguntas y de valor, compañero Florencio. Irene es más mía que tuya y hablaremos; pero galopamos, galopamos, sin hablarnos, juntos y mirando hacia adelante, porque la noche es oscura y llena de frío.

Pero esta puerta la conozco, es claro, y la empujo y sé quién me espera detrás de ella, sé quién me espera, ven tú también, Florencio.

Pero ya está lejos y las pisadas de su caballo corren profundamente en la soledad nocturna; él ya va arrancando por los caminos de Cantalao hasta perderse de nombre, hasta alejarse sin regreso.

VIII

La encontré muerta, sobre la cama, desnuda, fría, como una gran lisa del mar, arrojada allí entre la espuma nocturna. La fui a mirar de cerca, sus ojos estaban abiertos y azules como dos ramas de flor sobre su rostro. Las manos estaban ahuecadas como queriendo aprisionar humo, su cuerpo estaba extendido todavía con firmeza en este mundo y era de un metal pálido que quería temblar.

Ay, ay, las horas del dolor que ya nunca encontrará consuelo, en ese instante el sufrimiento se pega resueltamente al material del alma, y el cambio apenas se advierte. Cruzan los ratones por el cuarto vecino, la boca del río choca con el mar sus aguas llorando; es negra, es oscura la noche, está lloviendo.

Está lloviendo y en la ventana donde falta un vidrio, pasa corriendo el temporal, a cada rato, y es triste para mi corazón la mala noche que tira a romper las cortinas, el mal viento que silba sus movimientos de tumultos, la habitación donde está mi mujer muerta, la habitación es cuadrada, larga, los relámpagos entran a veces, que no alcanzan a encender los velones grandes, blancos, que mañana estarán. Yo quiero oír su voz, de inflexión hacia atrás tropezando, su voz segura para llegar a mí como una desgracia que lleva alguien sonriéndose.

Yo quiero oír su voz que llama de improviso, originándose en su vientre, en su sangre, su voz que nunca quedó parada fijamente en lugar ninguno de la tierra para salir a buscarla. Yo necesito agudamente recordar su voz que tal vez no conocí completa, que debí escuchar no solo frente a mi amor, en mis oídos, sino que detrás de las paredes, ocultándome para que mi presencia no la hubiera cambiado. Qué pérdida es esta? Cómo lo comprendo?

Estoy sentado cerca de ella, ya muerta, y su presencia, como un sonido ya muy grande, me hace poner atención sorda exasperada, hasta una gran distancia. Todo es misterioso, y la velo toda la triste oscura noche de lluvia cayendo, solo al amanecer estoy otra vez transido encima del caballo que galopa el camino.

[...]

XIV

> Pero, por desgracia, habíase metido
> entonces en un mal negocio.
>
> LOTI, *Mi hermano Yves*

Voy a decir con sinceridad mi caso: lo he explicado sin claridad porque yo mismo no lo comprendo. Todo sucede dentro de uno con movimientos y colores confusos, sin distinguirse. Mi única idea ha sido vengarme.

Han sido largos días en que esta idea comienza a despertar, a apartarse de las otras, viniendo, reviniendo como cosa natural e inapartable. Y allí, en el círculo elegido del blanco se clava de repente calladamente la determinación.

Mi hombre contra nada huye o está lejos. Conozco todos los paraderos de Florencio, los nombres, las profesiones, las ciudades y los campos en que cruzó el paso de mi antiguo camarada. El ataque lo he meditado detalle por detalle, volviéndome loco de noche, revolcando esa acción desesperada que debe libertar mi espíritu. Como un tremendo obstáculo en un camino necesario ese acto se ha puesto en mi existencia, y ese tiempo de desorientación y de fatiga solo hace no más que aislarlo.

Frente a frente a un individuo odiado desde las raíces del ser, hablar con voz callada el padecimiento, y descifrar con lentitud la condena, no enumerar los dolores, las angustias del tiempo forzado, para que ellos no crezcan y debiliten la voluntad de obrar, estar atentos y seguros al momento en que la bala rompa el pecho del otro, y de los dos aventureros que fuimos, quedarse muerto uno allí mismo, sobre las tablas de una casa vacía, en el campo, en la ciudad, en los puertos, tenderlo muerto allí mismo por una inmediata voluntad humana.

Y que ese gran cumplimiento vaya a ser el mío, que esa gran seguridad tenga que ser mi alimentación de pesares tragados con continuidad que solo yo conozco y sea yo también una vez llegado el término, el dueño de mi parte de libertades.

Entonces de la noche que palpita encima de mi lecho se cae deshaciéndose una campanada: son iguales en toda la tierra las vigilias. Es extraño, ayer cuando subía la escala a oscuras, crujió muchas veces, y recibí de repente la sensación del olor del mar. Tendré cuidado. La distancia del mar es opresora, invade, subí los escalones pensando en ella, y la manera de medirla poniendo mi cuerpo en su orilla alargándolo hasta palidecer.

Ay de mí, ay del hombre que puede quedarse solo con sus fantasmas.

XV

Os debo contar mi aventura, a vosotros los que por completo conocéis el secreto de las noches y os alimentáis de ese misterio, a vosotros los desinteresados vigilantes que tenéis los ojos abiertos en la puerta de los túneles, allí donde una luz roja parpadea el peligro, y gusanos de luz verde cruzan su vientre, a vosotros los que conocéis el destino de la vigilia y que en el mar, en el desierto, en el destierro, veis nacer y crecer las grandes mariposas de alas de trapo que brotan del sueño incompartible, a vosotros los pescadores, poetas, panaderos, guardianes de faro, y a los que demasiado celosos por guardar una inquietud, conocen el riesgo de haber estado una sola vez siquiera frente a lo indescifrable.

También de noche he entrado titubeando en la casa del buscado, con el frío del arma en la mano, y con el corazón lleno de amargas olas. Es de noche, crujen los escalones, cruje la casa entera bajo las pisadas del homicida que son muy leves y muy ligeras sin embargo, y en la oscuridad negra que se desprende de todas las cosas, mi corazón latía fuertemente. También he entrado en la habitación del encontrado, allí las tinieblas ya habían bajado hasta sus ojos, su sueño era seguro porque él también conoce lo inexistente: mi antiguo compañero roncaba a tropezones, y sus ojos los cerraba fuertemente, con fuerza de hombre sabio, como para guardar su sueño siempre. Entonces, qué hace entonces ese pálido fantasma al cual algo de acero le brilla en la mano levantada?

Estaba durmiendo, soñaba que en el gran desierto confundido de arenas y de nombres, nacía una escalera pegándose del suelo al cielo, y él al subir sentía su alma confundida. Quién eres tú, ladrona, que acurrucada entre los peldaños coses silenciosamente y con una sola mano? Todo es del mismo color, un gris de fría noche de otoño, todo tiene el color de viejos metales gastados, y también del tiempo. He aquí que de repente la vieja ladrona se para ante Florencio. Es una equivocación, cómo podía ser tan grande? Su voz sale con ruido de olas de su única mano, pero no se podía entender su lenguaje. Me engañaba, todo era color de naranja, todo era como una sola fruta, cuya luz misteriosa no podía madurar, y ante ese silencio no se podía comprender nada. Qué buscábamos allí? Sin duda no veníamos por ningún instrumento olvidado, y repito que este color es muy extraño, como si allí se amontonasen millones de cáscaras cárdenas.

Las bestias retrocedían sueltas hasta encontrar su salida. El temor me hacía arrancar a mí también parándome al borde de la corriente de aquella avenida. Hay detrás de todo esto también una mujer durmiendo, él la recuerda sin concisión. De toda esa zozobra emergen destellos que quisieran precisar su forma. Bueno, está tendida de lado, y los peces se amontonan queriendo sorprender su mirada, pero ella es demasiado dulce y pálida para poder mirar. No mira, sus ojos están fatigados; sus manos también están fatigadas, solamente querían crecer. Quién podría decir hasta dónde iban a llegar? He sentido su frío sobre mi frente, su frío de riel mojado por el rocío de la noche, o también de violetas mojadas. El prado de las violetas es inmenso, subsiste a pesar de la lluvia, todo el año los árboles de las violetas están creciendo y se hunden bajo mis pies como coles. Esa es la verdad. Pero es imposible encontrar nada en esa región, las violetas rotas se componen con rapidez, crecen detrás de nosotros, y a nuestro alrededor solo existe este pesado muro, espeso, blando, verde, azul. Entonces tomé el hacha de mi compañera, pero algo extraño observé que pasaba, era mi hacha leñera la que mis árboles habían robado, y vi su luz de acero temblando fríamente sobre mi cabeza. Tendré cuidado. Será necesario traerla amarrada a mis tobillos, y ella gritará, os lo aseguro, aullará lúgubremente como un perro.

Yo he estado solo a solo, durmiendo el hombre que debo matar, os lo aseguro, pero entre mi mano levantada con el arma brillando, se ha interpuesto su sueño como una pared. Lo juro, muchas veces bajé el arma contra ese material impenetrable, su densidad sujetaba mi mano, y yo mismo, en la solitaria vivienda en que yo tampoco estaba, yo también me puse a soñar.

Ahora estoy acodado frente a la ventana, y una gran tristeza empaña los vidrios. Qué es esto? Dónde estuve? He aquí que de esta casa silenciosa brota también el olor del mar, como saliendo de una gran valva oceánica, y donde estoy inmóvil. Es hora, porque la soledad comienza a poblarse de monstruos; la noche titila en una punta con colores caídos, desiertos, y el alba saca llorando los ojos del agua.

-1926

III

EL RETORNO AL DÍA

(1926-1927)

GALOPE MUERTO

Como cenizas, como mares poblándose,
en la sumergida lentitud, en lo informe,
o como se oyen desde el alto de los caminos
cruzar las campanadas en cruz,
teniendo ese sonido ya aparte del metal,
confuso, pesando, haciéndose polvo
en el mismo molino de las formas demasiado lejos,
o recordadas o no vistas,
y el perfume de las ciruelas que rodando a tierra
se pudren en el tiempo, infinitamente verdes.

Aquello todo tan rápido, tan viviente,
inmóvil sin embargo, como la polea loca en sí misma,
esas ruedas de los motores, en fin.
Existiendo como las puntadas secas en las costuras del árbol,
callado, por alrededor, de tal modo,
mezclando todos los limbos sus colas.
Es que de dónde, por dónde, en qué orilla?
El rodeo constante, incierto, tan mudo,
como las lilas alrededor del convento,
o la llegada de la muerte a la lengua del buey
que cae a tumbos, guardabajo, y cuyos cuernos quieren sonar.

Por eso, en lo inmóvil, deteniéndose, percibir,
entonces, como aleteo inmenso, encima,
como abejas muertas o números,
ay, lo que mi corazón pálido no puede abarcar,
en multitudes, en lágrimas saliendo apenas,

y esfuerzos humanos, tormentas,
acciones negras descubiertas de repente
como hielos, desorden vasto,
oceánico, para mí que entro cantando
como con una espada entre indefensos.

Ahora bien, de qué está hecho ese surgir de palomas
que hay entre la noche y el tiempo, como una barranca húmeda?
Ese sonido ya tan largo
que cae listando de piedras los caminos,
más bien, cuando solo una hora
crece de improviso, extendiéndose sin tregua.

Adentro del anillo del verano
una vez los grandes zapallos escuchan,
estirando sus plantas conmovedoras,
de eso, de lo que solicitándose mucho,
de lo lleno, obscuros de pesadas gotas.

–*Claridad,* n.º 133, Santiago, agosto de 1926 / *Residencia en la tierra,* I, 1933

ALIANZA (SONATA)

De miradas polvorientas caídas al suelo
o de hojas sin sonido y sepultándose.
De metales sin luz, con el vacío,
con la ausencia del día muerto de golpe.
En lo alto de las manos el deslumbrar de mariposas,
el arrancar de mariposas cuya luz no tiene término.

Tú guardabas la estela de luz, de seres rotos
que el sol abandonado, atardeciendo, arroja a las iglesias.
Teñida con miradas, con objeto de abejas,
tu material de inesperada llama huyendo
precede y sigue al día y a su familia de oro.

Los días acechando cruzan el sigilo
pero caen adentro de tu voz de luz.
Oh dueña del amor, en tu descanso
fundé mi sueño, mi actitud callada.

Con tu cuerpo de número tímido, extendido de pronto
hasta cantidades que definen la tierra,
detrás de la pelea de los días blancos de espacio
y fríos de muertes lentas y estímulos marchitos,
siento arder tu regazo y transitar tus besos
haciendo golondrinas frescas en mi sueño.

A veces el destino de tus lágrimas asciende
como la edad hasta mi frente, allí
están golpeando las olas, destruyéndose de muerte:
su movimiento es húmedo, decaído, final.

–[Santiago, 1926] / *Residencia en la tierra,* I, 1933

DÉBIL DEL ALBA

El día de los desventurados, el día pálido se asoma
con un desgarrador olor frío, con sus fuerzas en gris,
sin cascabeles, goteando el alba por todas partes:
es un naufragio en el vacío, con un alrededor de llanto.

Porque se fue de tantos sitios la sombra húmeda, callada,
de tantas cavilaciones en vano, de tantos parajes terrestres
en donde debió ocupar hasta el designio de las raíces,
de tanta forma aguda que se defendía.

Yo lloro en medio de lo invadido, entre lo confuso,
entre el sabor creciente, poniendo el oído
en la pura circulación, en el aumento,
cediendo sin rumbo el paso a lo que arriba,
a lo que surge vestido de cadenas y claveles,
yo sueño, sobrellevando mis vestigios morales.

Nada hay de precipitado ni de alegre, ni de forma orgullosa,
todo aparece haciéndose con evidente pobreza,
la luz de la tierra sale de sus párpados
no como la campanada, sino más bien como las lágrimas:
el tejido del día, su lienzo débil,
sirve para una venda de enfermos, sirve para hacer señas
en una despedida, detrás de la ausencia:
es el color que solo quiere reemplazar,
cubrir, tragar, vencer, hacer distancias.

Estoy solo entre materias desvencijadas,
la lluvia cae sobre mí, y se me parece,
se me parece con su desvarío, solitaria en el mundo muerto,
rechazada al caer, y sin forma obstinada.

–[Santiago, 1926] / *Residencia en la tierra,* I, 1933

FANTASMA

Cómo surges de antaño, llegando,
encandilada, pálida estudiante,
a cuya voz aún piden consuelo
los meses dilatados y fijos.

Sus ojos luchaban como remeros
en el infinito muerto
con esperanza de sueño y materia
de seres saliendo del mar.

De la lejanía en donde
el olor de la tierra es otro
y lo vespertino llega llorando
en forma de oscuras amapolas.

En la altura de los días inmóviles
el insensible joven diurno

en tu rayo de luz se dormía
afirmado como en una espada.

Mientras tanto crece a la sombra
del largo transcurso en olvido
la flor de la soledad, húmeda, extensa,
como la tierra en un largo invierno.

–«Tormentas», *Atenea,* n.° 10, Concepción, diciembre de 1926 /
Residencia en la tierra, I, 1933

UNIDAD

Hay algo denso, unido, sentado en el fondo,
repitiendo su número, su señal idéntica.
Cómo se nota que las piedras han tocado el tiempo,
en su fina materia hay olor a edad,
y el agua que trae el mar, de sal y sueño.

Me rodea una misma cosa, un solo movimiento:
el peso del mineral, la luz de la piel,
se pegan al sonido de la palabra noche:
la tinta del trigo, del marfil, del llanto,
las cosas de cuero, de madera, de lana,
envejecidas, desteñidas, uniformes,
se unen en torno a mí como paredes.

Trabajo sordamente, girando sobre mí mismo,
como el cuervo sobre la muerte, el cuervo de luto.
Pienso, aislado en lo extenso de las estaciones,
central, rodeado de geografía silenciosa:
una temperatura parcial cae del cielo,
un extremo imperio de confusas unidades
se reúne rodeándome.

–[Santiago, 1927] / *Residencia en la tierra,* I, 1933

SABOR

De falsas astrologías, de costumbres un tanto lúgubres,
vertidas en lo inacabable y siempre llevadas al lado,
he conservado una tendencia, un sabor solitario.

De conversaciones gastadas como usadas maderas,
con humildad de sillas, con palabras ocupadas
en servir como esclavos de voluntad secundaria,
teniendo esa consistencia de la leche, de las semanas muertas,
del aire encadenado sobre las ciudades.

Quién puede jactarse de paciencia más sólida?
La cordura me envuelve de piel compacta
de un color reunido como una culebra:
mis criaturas nacen de un largo rechazo:
ay, con un solo alcohol puedo despedir este día
que he elegido, igual entre los días terrestres.

Vivo lleno de una sustancia de color común, silenciosa
como una vieja madre, una paciencia fija
como sombra de iglesia o reposo de huesos.
Voy lleno de esas aguas dispuestas profundamente,
preparadas, durmiéndose en una atención triste.

En mi interior de guitarra hay un aire viejo,
seco y sonoro, permanecido, inmóvil,
como una nutrición fiel, como humo:
un elemento en descanso, un aceite vivo:
un pájaro de rigor cuida mi cabeza:
un ángel invariable vive en mi espada.

–[Santiago, 1927] / *Residencia en la tierra,* I, 193[illegible]

CABALLO DE LOS SUEÑOS

Innecesario, viéndome en los espejos,
con un gusto a semanas, a biógrafos, a papeles,
arranco de mi corazón al capitán del infierno,
establezco cláusulas indefinidamente tristes.

Vago de un punto a otro, absorbo ilusiones,
converso con los sastres en sus nidos:
ellos, a menudo, con voz fatal y fría,
cantan y hacen huir los maleficios.

Hay un país extenso en el cielo
con las supersticiosas alfombras del arco-iris
y con vegetaciones vesperales:
hacia allí me dirijo, no sin cierta fatiga,
pisando una tierra removida de sepulcros un tanto frescos,
yo sueño entre esas plantas de legumbre confusa.

Paso entre documentos disfrutados, entre orígenes,
vestido como un ser original y abatido:
amo la miel gastada del respeto,
el dulce catecismo entre cuyas hojas
duermen violetas envejecidas, desvanecidas,
y las escobas, conmovedoras de auxilio,
en su apariencia hay, sin duda, pesadumbre y certeza.
Yo destruyo la rosa que silba y la ansiedad raptora:
yo rompo extremos queridos: y aún más,
aguardo el tiempo uniforme, sin medida:
un sabor que tengo en el alma me deprime.

Qué día ha sobrevenido! Qué espesa luz de leche,
compacta, digital, me favorece!
He oído relinchar su rojo caballo
desnudo, sin herraduras y radiante.
Atravieso con él sobre las iglesias,
galopo los cuarteles desiertos de soldados
y un ejército impuro me persigue.

Sus ojos de eucaliptus roban sombra,
su cuerpo de campana galopa y golpea.

Yo necesito un relámpago de fulgor persistente,
un deudo festival que asuma mis herencias.

–[Santiago, 1927] / *Residencia en la tierra,* I, 1933

IV

DESTINO: ORIENTE

(1927-1932)

IMAGEN VIAJERA

De esto hace algunos días. El inmenso Brasil saltó encima del barco.

Desde temprano la bahía de Santos fue cenicienta, y luego las cosas emanaron su luz natural, el cielo se hizo azul. Entonces la orilla apareció en el color de millares de bananas, acontecieron las canoas repletas de naranjas, monos macacos se balanceaban ante los ojos y de un extremo a otro del navío chillaban con estrépito los loros reales.

Fantástica tierra. De su entraña silenciosa ni una advertencia: los macizos de luz verde y sombría, el horizonte vegetal y tórrido, su extendido, cruzado secreto de lianas gigantescas llenando la lejanía, en una circunstancia de silencio misterioso. Pero las barcas crujen desventradas de cajones: café, tabaco, frutas por enormes millares, y el olor lo tira a uno de las narices hacia la tierra.

Allí subió aquel día una familia brasilera: padre, madre y una muchacha. Ella, la niña, era muy bella.

Buena parte de su rostro la ocupan los ojos, absortos, negrazos, dirigidos sin prisa, con abundancia profunda de fulgor. Debajo de la frente pálida hacen notar su presencia en un aleteo constante. Su boca es grande porque sus dientes quieren brillar en la luz del mar desde lo alto de su risa. Linda criolla, compadre. Su ser comienza en dos pies diminutos y sube por las piernas de forma sensual, cuya maduridad la mirada quisiera morder.

Despacio, despacio va el barco costeando estas tierras, como si hiciera gran esfuerzo por desprenderse, como si lo atrajeran las voces ardientes del litoral. De pronto caen sobre cubierta muy grandes mariposas negras y verdes, de pronto el viento silba con su aire caliente desde tierra adentro, tal vez trayendo la crónica de los trabajos de las plantaciones, el eco de la marcha sigilosa de los seringueiros hacia el caucho, otra vez se detiene y su pausa es una advertencia.

Porque aguas andando llegamos a la línea ecuatorial. En el desierto de agua como aceite penetra el barco sin ruido, como en un estanque. Y tiene algo de pavoroso este acceso a una atmósfera caliente en medio del océano. Dónde comienza este anillo incendiado? El navío marcha en la más silenciosa latitud, desierta, de implacable ebullición apagada. Qué formas fantasmas habitarán el mar bajo esta presión de fuego?

Marinech, la brasilera, ocupa cada tarde su silla de cubierta frente al crepúsculo. Su rostro levemente se tiñe con las tintas del firmamento, a veces sonríe.

Es amiga mía, Marinech. Conversa en la melosa lengua portuguesa, y le da encanto su idioma de juguete. Quince enamorados la rodean formando círculo. Ella es altiva, pálida, no muestra preferencia por ninguno. Su mirada, cargada de materia sombría, está huyendo.

Bueno, las tardes al caer en la tierra se rompen en pedazos, se estrellan contra el suelo. De ahí ese ruido, esa oquedad del crepúsculo terrestre, esa greguería misteriosa que no es sino el aplastarse vespertino del día. Aquí la tarde cae en silencio letal, como el desplomarse de un oscuro trapo sobre el agua. Y la noche nos tapa los ojos de sorpresa sin que se oigan sus pasos, queriendo saber si ha sido reconocida, ella, la infinita inconfundible.

–Alta mar, julio 1927 / *La Nación,* Santiago, 14.8.1927

DANZA DE ÁFRICA

Debo escribir este pasaje con mi mano izquierda, mientras con la derecha me resguardo del sol. Del agudo sol africano que uno a uno, hace pasar mis dedos del rojo al blanco. Entonces los sumerjo en el agua; bruscamente se hacen tibios, fríos, pesados Mi mano derecha se ha hecho de metal: venceré con ella (ocultándola en un guante) a los más espantosos boxeadores, al más atrevido fakir.

Estamos frente a Djibouti. No se nota el límite del Mar Rojo y del océano Índico: las aguas franquean esta barrera de letras, los títulos del mapa, con inconsciencia de iletrados. Aquí se confunden aguas y religiones, en este mismo punto. Los primeros salmones budistas cruzan indiferentes al lado de las últimas truchas sarracenas.

Entonces de la profundidad del litoral saltan los más graciosos negroides somalíes a pescar monedas del agua o del aire. Episodio descrito millones de veces y que de verdad es así: el granuja es de aceituna, con altas orejas egipcias, con boca blanca de una sola y firme sonrisa, y cuyo ombligo notable se ve que ha sido trazado por una moneda francesa lanzada desde la borda con demasiada fuerza. Son una flota de abejas obscuras que a veces, al vuelo, cazan el ejemplar fiduciario; las más del tiempo lo arrancan del mar y lo levantan en la boca, habituándose así a ese alimento argentino que hace del tipo somalí una especie humana de consistencia metálica, clara de sonido, imposible de romper.

Djibouti es blanco, bajo, cuadrado en su parte europea, como todos los dedos sobre un hule resplandeciente. Djibouti es estéril como el lomo de una espada: estas naranjas vienen de Arabia; esas pieles, de Abisinia. Sobre esta región sin inclinaciones de madre el sol cae vertical, agujereando el suelo. Los europeos se esconden a esta hora en el fondo de sus casas con palmeras y sombra, se sepultan dentro de las bañeras, fuman entre el agua y los ventiladores. Solo transitan por las calles, perpetuamente fijas en una iluminación de relámpago, los orientales desaprensivos: callados hindúes, árabes, abisinios de barbas cuadradas, somalíes desnudos.

Djibouti me pertenece. Lo he dominado paseando bajo su sol en las horas temibles: el mediodía, la siesta, cuyas patadas de fuego rompieron la vida de Arturo Rimbaud, a esa hora en que los camellos hacen disminuir su joroba y apartan sus pequeños ojos del lado del desierto.

Del lado del desierto está la ciudad indígena. Tortuosa, aplastada, de materiales viejos y resecos: adobe, totoras miserables. Variada de cafés árabes en que fuman tendidos en esteras, semidesnudos, personajes de altivo rostro. Al dar vuelta a un recodo, gran zalagarda de mujeres, pollerones multicolores, rostros negros pintados de amarillo, brazaletes de ámbar: es la calle de las danzarinas. En multitud, a racimos, colgadas de nuestros brazos, quieren, cada una, ganar las monedas del extranjero. Entro en la primera cabaña, y me tiendo sobre un tapiz. En ese instante, del fondo, aparecen dos mujeres. Están desnudas. Bailan.

Danzan sin música, pisando en el gran silencio de África como en una alfombra. Su movimiento es lento, precavido, no se las oiría aunque bailaran entre campanas. Son de sombra. De una parecida sombra ardiente y dura, ya para siempre pegada al metal recto de los pechos, a la fuerza de piedra de todos los miembros. Alimentan la danza con voces internas, gastrálgicas, y el ritmo se hace ligero, de frenesí. Los talones golpean el suelo con pesado fulgor: una gravitación sin sentido, un dictado irascible las impulsa. Sus negros cuerpos brillan de sudor como muebles mojados; sus manos, levantándose, sacuden el sonido de los brazaletes, y de un salto brusco, en una última tensión giratoria, quedan inmóviles, terminada la danza, pegadas al suelo como peleles aplastados, ya pasada la hora de fuego, como frailes derribados por la presencia de lo que suscitaron.

Ya no bailan. Entonces llamo a mi lado a la más pequeña, a la más grácil bailadora. Ella viene: con mi chaqueta blanca de *palm-beach* limpio su frente nocturna, con mi brazo atraigo su cintura estival. Entonces le hablo en un idioma que nunca antes oyó, le hablo en español, en la lengua en que Díaz Casanueva escribe versos largos, vespertinos; en la misma lengua en que Joaquín Edwards [Bello] predica el nacionalismo. Mi discurso es profundo; hablo largamente con elocuencia y seducción; mis palabras salen, más que de mí, de las calientes noches, de las muchas noches solitarias del Mar Rojo; y cuando la pequeña bailarina levanta su brazo hasta mi cuello, comprendo que comprende. Maravilloso idioma!

–Djibouti, 2.9.1927 / *La Nación*, Santiago, 20.11.1927

EL SUEÑO DE LA TRIPULACIÓN

El barco cruza insensible su camino. Qué busca? Pronto tocaremos Sumatra. Eso disminuye su marcha, y poco a poco se torna imperceptible, de pavor de hundirse repentinamente en los blandos boscajes de la isla, de despertar en la mañana con elefantes y tal vez ornitorrincos sobre el puente.

Es de noche, una noche llegada con fuerza, decisiva. Es la noche que busca extenderse sobre el océano, el lecho sin barrancas, sin volcanes, sin trenes que pasan. Allí ronca su libertad, sin encoger sus piernas en las fronteras, sin disminuirse en penínsulas; duerme, enemiga de la topografía con sueño en libertad.

La tripulación yace sobre el puente, huyendo del calor, en desorden, derribados, sin ojos, como después de una batalla. Están durmiendo, cada uno dentro de un sueño diferente, como dentro de un vestido.

Duermen los dulces anamitas, con el torso dormido sobre mantas, y Laho, su caporal, sueña levantando una espada de oro bordada; sus músculos se mueven, como reptiles dentro de su piel. Su cuerpo sufre, se fatiga luchando. Otros tienen adentro un sueño de guerreros, duro como una lanza de piedra y parecen padecer, abrir los ojos a su aguda presión. Otros lloran levemente, con un ronco gemido perdido, y los hay de sueño blando como un huevo, cuyo tejido a cada sonido, a cada emoción, se quiebra; el contenido resbala como la leche sobre cubierta, y luego se recompone, se pegan sus cáscaras sin materia y sin ruido, y el hombre sigue absorto. Hay otros.

Laurent, el verdadero marinero del Mediterráneo, reposa echado, con su camiseta rayada y su cinturón rojo. Los hindúes duermen con los ojos vendados, separados de la vida por esa venda de condenados a muerte, y uno que otro pone la mano levemente en el sitio del corazón, batiéndose bravamente con el sueño como con una bala. Los negros de la Martinica duermen, voluptuosos, diurnos: la oscuridad índica se traspone en una siesta de palmeras, en acantilados de luz inmóvil. Los árabes amarran su cabeza para mantenerla fija en la dirección de Mahoma muerto.

Álvaro Rafael Hinojosa duerme sin sueño, sueña con costureras de Holanda, con profesoras de Charlesville, con Erika Pola de Dresde: su sueño es una descomposición del espacio, un líquido corruptor, un barreno. Se siente descender en esa espiral de taladro, tragado como una mariposa en un ventilador muy grande; se nota perforando las distancias duras de la tierra, los transcursos salobres del mar; se ve perdido, débil, sin piernas, enrollado en la transmigración interminable; queriendo regresar golpea con la frente edades equivocadas, sustituidas; regiones de las que huye, recibido como descubridor. De un punto a otro del tiempo vuela con furor, el viento silba a su lado como en torno a un proyectil.

Los chinos, prosternados a medias, se han encajado su máscara de sueño, helada, tiesa, y andan entre lo dormido como en el fondo de una armadura. Los corsos roncan, sonoros como caracolas, llenos de tatuajes, con semblante de trabajo. Es que levantan el sueño como la arboladura de una barcaza, a golpe de músculo, con oficio marinero. También su barco es el más seguro entre los sueños, apenas titubea en el temporal celeste: lleva entre los cordajes ángeles y cacatúas ecuatoriales.

Allí está Dominique, tendido sobre las tablas. En el tobillo está tatuado *Marche ou Crève,* con letras azules. En los brazos tiene una mano sujetando un puñal, lo que significa valor; en el pecho el retrato de la ingrata Eloïse, entre una araña de vello; lleva además tatuadas las piernas con anclas que conjuran los peligros del mar; palomas que evitan la cárcel de la rosa de los vientos, buena para orientarse y protectora de la embriaguez.

Los hay que duermen sin soñar, como minerales; otros con cara asombrada como ante una barrera infranqueable. Yo extiendo mi estera, cierro los ojos y mi sueño se arroja en su extensión con infinito cuidado. Tengo miedo de despertarlos. Trato de no soñar con cascabeles, con Montmartre, con fonógrafos; podrían despertar. Soñaré con mujercitas, las más silenciosas: Lulú o mejor Laura, cuya voz más bien se leía, más bien era del sueño.

–Cargo *Elsinor,* golfo de Bengala, septiembre de 1927 /
La Nación, Santiago, 26.2.1928

COLECCIÓN NOCTURNA

He vencido al ángel del sueño, el funesto alegórico:
su gestión insistía, su denso paso llega
envuelto en caracoles y cigarras,
marino, perfumado de frutos agudos.

Es el viento que agita los meses, el silbido de un tren,
el paso de la temperatura sobre el lecho,
un opaco sonido de sombra
que cae como trapo en lo interminable,
una repetición de distancias, un vino de color confundido,
un paso polvoriento de vacas bramando.

A veces su canasto negro cae en mi pecho,
sus sacos de dominio hieren mi hombro,
su multitud de sal, su ejército entreabierto
recorren y revuelven las cosas del cielo:
él galopa en la respiración y su paso es de beso:
su salitre seguro planta en los párpados
con vigor esencial y solemne propósito:
entra en lo preparado como un dueño:
su substancia sin ruido equipa de pronto,
su alimento profético propaga tenazmente.

Reconozco a menudo sus guerreros,
sus piezas corroídas por el aire, sus dimensiones,
y su necesidad de espacio es tan violenta
que baja hasta mi corazón a buscarlo:
él es el propietario de las mesetas inaccesibles,
él baila con personajes trágicos y cotidianos:
de noche rompe mi piel su ácido aéreo
y escucho en mi interior temblar su instrumento.

Yo oigo el sueño de viejos compañeros y mujeres amadas,
sueños cuyos latidos me quebrantan:
su material de alfombra piso en silencio,
su luz de amapola muerdo con delirio.

Cadáveres dormidos que a menudo
danzan asidos al peso de mi corazón,
qué ciudades opacas recorremos!
Mi pardo corcel de sombra se agiganta,
y sobre envejecidos tahúres, sobre lenocinios de escaleras gastadas,
sobre lechos de niñas desnudas, entre jugadores de *football,*
del viento ceñidos pasamos:
y entonces caen a nuestra boca esos frutos blandos del cielo,
los pájaros, las campanas conventuales, los cometas:
aquel que se nutrió de geografía pura y estremecimiento,
ese tal vez nos vio pasar centelleando.

Camaradas cuyas cabezas reposan sobre barriles,
en un desmantelado buque prófugo, lejos,
amigos míos sin lágrimas, mujeres de rostro cruel:
la medianoche ha llegado, y un gong de muerte
golpea en torno mío como el mar.
Hay en la boca el sabor, la sal del dormido.
Fiel como una condena a cada cuerpo
la palidez del distrito letárgico acude:
una sonrisa fría, sumergida,
unos ojos cubiertos como fatigados boxeadores,
una respiración que sordamente devora fantasmas.

En esa humedad de nacimiento, con esa proporción tenebrosa,
cerrada como una bodega, el aire es criminal:
las paredes tienen un triste color de cocodrilo,
una contextura de araña siniestra:
se pisa en lo blando como sobre un monstruo muerto:
las uvas negras inmensas, repletas,
cuelgan de entre las ruinas como odres:
oh Capitán, en nuestra hora de reparto
abre los mudos cerrojos y espérame:
allí debemos cenar vestidos de luto:
el enfermo de malaria guardará las puertas.

Mi corazón, es tarde y sin orillas,
el día como un pobre mantel puesto a secar
oscila rodeado de seres y extensión:

de cada ser viviente hay algo en la atmósfera:
mirando mucho el aire aparecerían mendigos,
abogados, bandidos, carteros, costureras,
y un poco de cada oficio, un resto humillado
quiere trabajar su parte en nuestro interior.
Yo busco desde antaño, yo examino sin arrogancia,
conquistado, sin duda, por lo vespertino.

–[Golfo de Bengala-Rangoon 1927] / *Residencia en la tierra*, I, 1933

INVIERNO EN LOS PUERTOS

Es triste dejar atrás la tierra indochina de dulces nombres, Battambang, Berenbeng, Saigón. De toda esta península, no en flor sino en frutos, emana un consistente aroma, una tenaz impregnación de costumbre. Qué difícil es dejar Siam, perder jamás la etérea, murmurante noche de Bangkok, el sueño de sus mil canales cubiertos de embarcaciones, sus altos templos de esmalte. Qué sufrimiento dejar las ciudades de Cambodge, que cada una tiene su gota de miel, su ruina khmer en lo monumental, su cuerpo de bailarina en la gracia. Pero aún más imposible es dejar Saigón, la suave y llena de encanto.

Es en el Este un descanso esa región semioccidentalizada. Hay allí un olor de café caliente, una temperatura suave como piel femenina y en la naturaleza cierta vocación paradisíaca. El opio que se vende en cada esquina, el cohete chino que suena como balazo, el restaurante francés lleno de risas, ensaladas y vino tinto, hacen de Saigón una ciudad de sangre mestiza, de atracción turbadora. Agregad el paso de las muchachas anamitas, ataviadas de seda, con un pañuelo hecho deliciosa toca sobre la cabeza, muñecas de finísima feminidad, impregnadas sutilmente de una atmósfera de gineceo, gráciles como apariciones florales, accesibles y amorosas.

Pero aquello cambia con violencia en los primeros días de navegar el mar de la China. Se cruza bajo una implacable constelación de hielo, un terrible frío rasca los huesos.

Ese desembarco en Kowloon, bajo una llovizna pétrea, tiene algo de acontecimiento, algo de expedición en un país esquimal.

Los pasajeros tiritan entre sus bufandas y los coolíes que desembarcan los equipajes visten extraordinarios macfarlanes de arpillera y paja. Tienen aspecto de fantásticos pingüinos de una ribera glacial. Las luces de Hong Kong tiemblan colocadas en su teatro de cerros. En el atardecer las altísimas construcciones americanas se desvanecen un poco y una multitud insondable de techos se acuesta a montones bajo las sábanas de una niebla gruesa.

Kowloon! Miro las calles en que recién Juan Guzmán [Cruchaga] consumía y creaba un tiempo decididamente solitario, un aislamiento de espantoso vecindario inglés, y las avenidas parecen conservar aún algo de su literatura, algo elegante, frío y sombrío. Pero algo resuena al borde mismo de las aguas del canal, y es Hong Kong vasto, obscuro y brillando como una ballena recién cazada, lleno de ruidos, de respiraciones misteriosas, de silbatos increíbles.

Y ya se halla uno rodeado de una ciudad hormigueante, alta y gris de paredes, sin más carácter chino que los avisos de alfabeto enigmático; una violencia de gran ciudad de Occidente —Buenos Aires, Londres— cuyos habitantes hubieran adquirido los ojos oblicuos y la piel pálida. La multitud que nos empuja en su tránsito va mayormente metida en enormes sobretodos, largos hasta la extravagancia, o en batas negras de seda o satín debajo de las cuales asoma un grueso acolchado protector. La gente así vestida camina ridículamente obesa y los niños, cuya cabeza apenas asoma entre esta espesura de vestuario, toman un curioso carácter extrahumano, hipopotámico. Cada mañana amanece una docena de muertos por el frío de la terrible noche de Hong Kong, noche de extensión hostil que necesita cadáveres, y a la que hay que sacrificar puntualmente esas víctimas, alimentando así sus designios mortíferos.

Shangai aparece más hospitalaria y confortable, con sus cabarets internacionales, con su vida de trasnochada metrópoli y su visible desorden moral.

Todos los pasajeros del barco en que viajo descienden en Shangai como fin de viaje. Vienen de Noruega, de la Martinica, de Mendoza. En todo el litoral de Oriente no hay mayor imán atractor que el puerto del río Wangpoo, y allí nuestro planeta se ha acrecido de un densísimo tumulto humano, de una colosal costra de razas. En sus calles se pierde el control, la atención se despedaza repartiéndose en millones de vías, queriendo captar la circulación ruidosa, oceánica, el tráfico agitándose millonariamente. Las innumerables callejas chinas desembocan en las avenidas europeas como barcas de extraordinarios velámenes coloreados. En ellos, es decir en la selva de tela que adorna el exterior de los bazares, se encuentran a cada paso el león de seda y el loto de jade, el vestido del mandarín y la pipa de los soñadores. Estas callejas repletas de multitud, hechas de un gentío compacto, parecen la ruta de un solo gran animal vivo, de un dragón chillón, lento y largo.

Dentro del límite de las Concesiones, el *Bund* o *City* bancaria, se extiende a la orilla del río; y a menos de cincuenta metros los grandes barcos de guerra ingleses, americanos, franceses, parecen sentados en el agua, bajos y grises de silueta. Estas presencias severas y amenazantes imponen la seguridad sobre el gran puerto. Sin embargo en ninguna parte se advierte más la proximidad, la atmósfera de la revolución. Las puertas de hierro que cada noche cierran la entrada de las Concesiones, parecen demasiado débiles ante una avalancha desencadenada. A cada momento se ostenta la agresividad contra el forastero, y el transeúnte chino, súbdito antiguo de Nankín y Londres, se hace más altanero y audaz. Mi compañero de viaje, el chileno Álvaro Hinojosa, es asaltado y robado en su primera excursión nocturna. El coolí de Shangai toma ante el blanco un aire de definida insolencia: su ferocidad mongólica le pide alimento en este tiempo de ferocidad y sangre. Ese ofrecimiento que el viajero oye en Oriente mil veces al día: *Girls! Girls!*, toma en Shangai un carácter de imposición; el *rickshaman,* el conductor de coches, se disputan al cliente con aire de ferocidad contenida, desvalijándolo desde luego con los ojos.

Sin embargo Shangai excepciona la obscura vida colonial. Su vida numerosa se ha llenado de placeres: en Extremo Oriente marca el mismo solsticio del cabaret y la ruleta. A pesar, yo hallo cierta tristeza en estos sitios nocturnos de Shangai. La misma monótona clientela de soldados y marineros. *Dancings* en que las piernas bombachas del marino internacional se pegan obligatoriamente a las faldas de la rusa aventurera. *Dancings* demasiado grandes, un poco obscuros, como salas de recepción de reyes desposeídos, y en cuyo ámbito la música no alcanza hasta los rincones, como una calefacción defectuosa, fracasada en su intento de temperatura e intimidad.

Pero, como inquebrantable recurso de lo pintoresco, hay la calle, el sorpresivo, magnético arroyo del Asia. Cuánto hallazgo, qué saco de extravagancias, qué dominio de colores y usos extraños cada suburbio. Vehículos, vestuarios, todo parece revuelto entre los maravillosos dedos del absurdo. Frailes taoístas, mendicantes budistas, vendedores de cestos, repartidores de comidas, juglares, adivinos, casas de placer o Jardines de Té, dentistas ambulantes, y también el palanquín señorial transportando a bellas de dientes que sonríen. Cada cosa delata un encuentro intraducible, una sorpresa súbita que se amontona a otras.

–Shangai, febrero de 1928 / *La Nación,* Santiago, 8.4.1928

[CARTA A HÉCTOR EANDI]

Rangoon, 11 de mayo de 1928

Señor H. I. Eandi

Querido amigo: Quiero salir ahora de un estado de espíritu verdaderamente miserable escribiéndole en contestación a su valiosa y noble carta que he leído tantas veces con mucho placer. A medida que he ido viviendo he hecho más y más difícil mi trabajo literario, he ido rechazando y enterrando cosas que me eran bien queridas, de tal manera que me lo paso en preocupaciones pobres, en pensamientos escasos, influenciado por esas súbitas salidas, cuyo contenido voy reemplazando muy lentamente. Pensaba en su carta, en su significación tan amigable y tan digna, y me he sentido desvalido, cruelmente incapaz.

A veces por largo tiempo estoy así tan vacío, sin poder expresar nada ni verificar nada en mi interior, y una violenta disposición poética que no deja de existir en mí, me va dando cada vez una vía más inaccesible, de modo que gran parte de mi labor se cumple con sufrimiento, por la necesidad de ocupar un dominio un poco remoto con una fuerza seguramente demasiado débil. No le hablo de duda o de pensamientos desorientados, no, sino de una aspiración que no se satisface, de una conciencia exasperada. Mis libros son ese hacinamiento de ansiedades sin salida. Usted, Eandi, al preocuparse de mí con tanta inteligencia se acerca a mí más allá de la significación literaria, me toca usted en lo más profundo y personal. Tengo que abrazarlo, Eandi, debo agradecerle mucho.

[P. N.]

-Rangoon, 11.5.1928 / *OC,* t. V, p. 937

LA NOCHE DEL SOLDADO

Yo hago la noche del soldado, el tiempo del hombre sin melancolía ni exterminio, del tipo tirado lejos por el océano y una ola, y que no sabe que el agua amarga lo ha separado y que envejece, paulatinamente y sin miedo, dedicado a lo normal de la vida, sin cataclismos, sin ausencias, viviendo dentro de su piel y de su traje, sinceramente oscuro. Así, pues, me veo con camaradas estúpidos y alegres, que fuman y escupen y horrendamente beben, y que de repente caen, enfermos de muerte. Porque dónde están la tía, la novia, la suegra, la cuñada del soldado? Tal vez de ostracismo o de malaria mueren, se ponen fríos, amarillos y emigran a un astro de hielo, a un planeta fresco, a descansar, al fin, entre muchachas y frutas glaciales, y sus cadáveres, sus pobres cadáveres de fuego, irán custodiados por ángeles alabastrinos a dormir lejos de la llama y la ceniza.

Por cada día que cae, con su obligación vesperal de sucumbir, paseo, haciendo una guardia innecesaria, y paso entre mercaderes mahometanos, entre gentes que adoran la vaca y la cobra, paso yo, inadorable y común de rostro. Los meses no son inalterables, y a veces llueve: cae del calor del cielo una impregnación callada como el sudor, y sobre los grandes vegetales, sobre el lomo de las bestias feroces, a lo largo de cierto silencio, estas plumas húmedas se entretejen y alargan. Aguas de la noche, lágrimas del viento monzón, saliva salada caída como la espuma del caballo, y lenta de aumento, pobre de salpicadura, atónita de vuelo.

Ahora, dónde está esa curiosidad profesional, esa ternura abatida que solo con su reposo abría brecha, esa conciencia resplandeciente cuyo destello me vestía de ultra azul? Voy respirando como hijo hasta el corazón de un método obligatorio, de una tenaz paciencia física, resultado de alimentos y edad acumulados cada día, despojado de mi vestuario de venganza y de mi piel de oro. Horas de una sola estación ruedan a mis pies, y un día de formas diurnas y nocturnas está casi siempre detenido sobre mí.

Entonces, de cuando en cuando, visito muchachas de ojos y caderas jóvenes, seres en cuyo peinado brilla una flor amarilla como el relámpago. Ellas llevan anillos en cada dedo del pie, y brazaletes, y ajorcas en los tobillos, y además collares de color, collares que retiro y examino, porque yo quiero sorprenderme ante un cuerpo ininterrumpido y compacto, y no mitigar mi beso. Yo peso con mis brazos cada nueva estatua, y bebo su remedio vivo con sed masculina y en silencio. Tendido, mirando desde abajo la fugitiva criatura, trepando por su ser desnudo hasta su sonrisa: gigantesca y triangular hacia arriba, levantada en el aire por dos senos globales, fijos ante mis ojos como dos lámparas con luz de aceite blanco y dulces energías. Yo me encomiendo a su estrella morena, a su calidez de piel, e inmóvil bajo mi pecho como un adversario desgraciado, de miembros demasiado espesos y débiles, de ondulación indefensa: o bien girando sobre sí misma como una rueda pálida, dividida de aspas y dedos, rápida, profunda, circular, como una estrella en desorden.

Ay, de cada noche que sucede, hay algo de brasa abandonada que se gasta sola, y cae envuelta en ruinas, en medio de cosas funerales. Yo asisto comúnmente a esos términos, cubierto de armas inútiles, lleno de objeciones destruidas. Guardo la ropa y los huesos levemente impregnados de esa materia seminocturna: es un polvo temporal que se me va uniendo, y el dios de la substitución vela a veces a mi lado, respirando tenazmente, levantando la espada.

–[Rangoon, a fines de junio, 1928] / *Residencia en la tierra,* I, 1933

JUNTOS NOSOTROS

Qué pura eres de sol o de noche caída,
qué triunfal desmedida tu órbita de blanco,
y tu pecho de pan, alto de clima,
tu corona de árboles negros, bienamada,
y tu nariz de animal solitario de oveja salvaje
que huele a sombra y a precipitada fuga tiránica.

Ahora, qué armas espléndidas mis manos,
digna su pala de hueso y su lirio de uñas,
y el puesto de mi rostro, y el arriendo de mi alma
están situados en lo justo de la fuerza terrestre.

Qué pura mi mirada de nocturna influencia,
caída de ojos obscuros y feroz acicate,
mi simétrica estatua de piernas gemelas
sube hacia estrellas húmedas cada mañana,
y mi boca de exilio muerde la carne y la uva,
mis brazos de varón, mi pecho tatuado
en que penetra el vello como ala de estaño,
mi cara blanca hecha para la profundidad del sol,
mi pelo hecho de ritos, de minerales negros,
mi frente penetrante como golpe o camino,
mi piel de hijo maduro, destinado al arado,
mis ojos de sal ávida, de matrimonio rápido,
mi lengua amiga blanda del dique y del buque,
mis dientes de horario blanco, de equidad sistemática,
la piel que hace a mi frente un vacío de hielos
y en mi espalda se torna, y vuela en mis párpados,
y se repliega sobre mi más profundo estímulo,
y crece hacia las rosas en mis dedos,
en mi mentón de hueso y en mis pies de riqueza.

Y tú como un mes de estrella, como un beso fijo,
como estructura de ala, o comienzos de otoño,
niña, mi partidaria, mi amorosa,
la luz hace su lecho bajo tus grandes párpados

dorados como bueyes, y la paloma redonda
hace sus nidos blancos frecuentemente en ti.

Hecha de ola en lingotes y tenazas blancas,
tu salud de manzana furiosa se estira sin límite,
el tonel temblador en que escucha tu estómago,
tus manos hijas de la harina y el cielo.

Qué parecida eres al más largo beso,
su sacudida fija parece nutrirte,
y su empuje de brasa, de bandera revuelta,
va latiendo en tus dominios y subiendo temblando
y entonces tu cabeza se adelgaza en cabellos,
y su forma guerrera, su círculo seco,
se desploma de súbito en hilos lineales
como filos de espadas o herencias del humo.

–[Rangoon, julio de 1928] / *Residencia en la tierra,* I, 1933

SONATA Y DESTRUCCIONES

Después de mucho, después de vagas leguas,
confuso de dominios, incierto de territorios,
acompañado de pobres esperanzas,
y compañías infieles, y desconfiados sueños,
amo lo tenaz que aún sobrevive en mis ojos,
oigo en mi corazón mis pasos de jinete,
muerdo el fuego dormido y la sal arruinada,
y de noche, de atmósfera obscura y luto prófugo,
aquel que vela a la orilla de los campamentos,
el viajero armado de estériles resistencias,
detenido entre sombras que crecen y alas que tiemblan,
me siento ser, y mi brazo de piedra me defiende.

Hay entre ciencias de llanto un altar confuso,
y en mi sesión de atardeceres sin perfume,
en mis abandonados dormitorios donde habita la luna,

y arañas de mi propiedad, y destrucciones que me son queridas,
adoro mi propio ser perdido, mi substancia imperfecta,
mi golpe de plata y mi pérdida eterna.
Ardió la uva húmeda, y su agua funeral
aún vacila, aún reside,
y el patrimonio estéril, y el domicilio traidor.
Quién hizo ceremonia de cenizas?
Quién amó lo perdido, quién protegió lo último?
El hueso del padre, la madera del buque muerto,
y su propio final, su misma huida,
su fuerza triste, su dios miserable?
Acecho, pues, lo inanimado y lo doliente,
y el testimonio extraño que sostengo
con eficiencia cruel y escrito en cenizas,
es la forma de olvido que prefiero,
el nombre que doy a la tierra, el valor de mis sueños,
la cantidad interminable que divido
con mis ojos de invierno, durante cada día de este mundo.

–[Rangoon, julio-agosto de 1928] / *Residencia en la tierra,* I, 1933

[CARTA A JOSÉ SANTOS GONZÁLEZ VERA]

[Rangoon, 6 de agosto de 1928]

... Más de un año de vida en estos destierros, en estas tierras fantásticas, entre hombres que adoran la cobra y la vaca. Hace falta en este panorama versátil su aguda complacencia, su fresca imparcialidad. Yo sufro, me angustio con hallazgos horribles, me quema el clima, maldigo a mi madre y a mi abuela, converso días enteros con mi cacatúa, pago por mensualidades un elefante. Los días me caen en la cabeza como palos, no escribo, no leo, vestido de blanco y con casco de corcho, auténtico fantasma, mis deseos están influenciados por la tempestad y las limonadas. [...]

Ya le he contado, grandes inactividades, pero exteriores únicamente; en mi profundo no dejo de solucionarme, ya que mi cuestión literaria es un problema de ansiedades, de ambiciones expresivas bastante sobrehumanas. Ahora bien, mis escasos trabajos últimos, desde hace un año, han alcanzado gran perfección (o imperfección), pero dentro de lo ambicionado. Es decir, he pasado un límite literario que nunca creí capaz de sobrepasar, y en verdad mis resultados me sorprenden y me consuelan. Mi nuevo libro se llamará *Residencia en la tierra* y serán cuarenta poemas en verso que deseo publicar en España. Todo tiene igual movimiento, igual presión, y está desarrollado en la misma región de mi cabeza, como una misma clase de insistentes olas. Ya verá usted en qué equidistancia de lo abstracto y lo viviente consigo mantenerme, y qué lenguaje tan agudamente adecuado utilizo. [...]

–Rangoon, 6.8.1928 / *OC,* t. V, pp. 1026-1027

EL JOVEN MONARCA

Como continuación de lo leído y precedente de la página que sigue debo encaminar mi estrella al territorio amoroso.

Patria limitada por dos largos brazos cálidos, de larga pasión paralela, y un sitio de oros defendidos por sistema y matemática ciencia guerrera. Sí, quiero casarme con la más bella de Mandalay, quiero encomendar mi envoltura terrestre a ese ruido de la mujer cocinando, a ese aleteo de falda y pie desnudo que se mueven y mezclan como viento y hojas.

Amor de niña de pie pequeño y gran cigarro, flores de ámbar en el puro y cilíndrico peinado, y de andar en peligro, como un lirio de pesada cabeza, de gruesa consistencia.

Y mi esposa a mi orilla, al lado de mi rumor tan venido de lejos, mi esposa birmana, hija del rey.

Su enrollado cabello negro entonces beso, y su pie dulce y perpetuo: y acercada ya la noche, desencadenado su molino, escucho a mi tigre y lloro a mi ausente.

–[Rangoon, agosto de 1928] / *Residencia en la tierra,* I, 1933

[CARTA A HÉCTOR EANDI]

Rangoon, 8 de septiembre, 1928]

Eandi, querido amigo: Las fechas de estas cartas quieren decir para mí largo tiempo de horrorosa, solitaria e inerte vida. Qué hacer? Hallé su carta después de un largo viaje por Extremo Oriente, y lo juzgué a usted de nuevo inteligente y sensible en grado extremo, y su carta la única digna de contestar, y su amistad un privilegio. Así como con viejos amigos se hace, cada día he postergado mi obligación de escribirle pensando en esto como en un trabajo, en que por deber, hay que mostrar lo más profundo, el lado más legítimo, el más difícil de sacar afuera. Pero, verdaderamente, no se halla usted rodeado de destrucciones, de muertes, de cosas aniquiladas? En su trabajo, no se siente obstruido por dificultades e imposibilidades? Verdad que sí? Bueno, yo he decidido formar mi fuerza en este peligro, sacar provecho de esta lucha, utilizar estas debilidades. Sí, ese momento depresivo, funesto para muchos, es una noble materia para mí. Y esa adhesión literaria de su parte que conocí hace tiempo, y tan finalmente comprensiva, se refiere a lo interior de mi existencia, y me presta una incomparable ayuda.

Esto estaba diciéndole en mi carta inconclusa, y casi estoy satisfecho de esta larga interrupción. He completado casi un libro de versos: *Residencia en la tierra,* y ya verá usted cómo consigo aislar mi expresión, haciéndola vacilar constantemente entre peligros, y con qué sustancia sólida y uniforme hago aparecer insistentemente una misma fuerza.

Quiere usted leer estas cosas que le acompaño? Resígnese, y sea una vez más mi auditorio ideal, y dígame sus reparos o el grado de su estimación. Eandi, si usted quiere publique alguna de estas historias por ahí, donde mejor le parezca. Pero van en condición de ser estrictamente cambiadas por trabajos suyos, que le pedía en mi primera carta, que aún no me envía usted. No hallará usted sobre la tierra mayor atención para sus resultados, ni mejor voluntad de comprensión. Ahora con qué pagarle el *Segundo Sombra* que me mandó? Lo leí con sed y como si hubiese podido tenderme otra vez sobre los campos de trébol de mi país escuchando a mi abuelo y a mis tíos. Verdad que es algo grandioso y natural, algo conmovedor? Olor a extensión, a caballos, a vidas humanas, repetidos de una manera tan directa, comunicados tan completamente. Yo quiero pagarle este libro y le mando aquí esta fotografía del extraño Buda hambriento, después de aquellos inútiles seis años de privación. Yo vivo rodeado de miles o millones de retratos de Gautama en marfil, alabastro, maderas! Se acumulan en cada pagoda, pero ninguno me conmueve como la de este delgado arrepentido. La otra la compré en Cambodge, y son tres de aquellas seis bailarinas maravillosas.

Ya nos veremos alguna vez, Eandi! No sé, pero quisiera ir a vivir a España. Mi existencia aquí es inhumana, imposible. Algún diario de Buenos Aires me pagaría correspondencias? Necesito de esto malamente, el diario de Chile que me contrató no fue capaz de cumplir, son una tropa de perros.

Compañero, mi amigo: escríbame largamente, no tengo cartas de nadie. No deseo libros, solo leo viejos libracos, pero quisiera revistas, periódicos. También *Martín Fierro,* si vive.

No me olvido de abrazarlo al final de esta carta y a lo largo de la vida.

–Rangoon, 8.9.1928 / *OC,* t. V, pp. 938-939

ENTIERRO EN EL ESTE

Yo trabajo de noche, rodeado de ciudad,
de pescadores, de alfareros, de difuntos quemados
con azafrán y frutas, envueltos en muselina escarlata:
bajo mi balcón esos muertos terribles
pasan sonando cadenas y flautas de cobre,
estridentes y finas y lúgubres silban
entre el color de las pesadas flores envenenadas
y el grito de los cenicientos danzarines
y el creciente monótono de los tam-tam
y el humo de las maderas que arden y huelen.

Porque una vez doblado el camino, junto al turbio río,
sus corazones, detenidos o iniciando un mayor movimiento,

rodarán quemados, con la pierna y el pie hechos fuego,
y la trémula ceniza caerá sobre el agua,
flotará como ramo de flores calcinadas
o como extinto fuego dejado por tan poderosos viajeros
que hicieron arder algo sobre las negras aguas, y devoraron
un alimento desaparecido y un licor extremo.

–[Rangoon, septiembre de 1928] / *Residencia en la tierra,* I, 1933

DIURNO DOLIENTE

De pasión sobrante y sueños de ceniza
un pálido palio llevo, un cortejo evidente,
un viento de metal que vive solo,
un sirviente mortal vestido de hambre,
y en lo fresco que baja del árbol, en la esencia del sol
que su salud de astro implanta en las flores,
cuando a mi piel parecida al oro llega el placer,
tú, fantasma coral con pies de tigre,
tú, ocasión funeral, reunión ígnea,
acechando la patria en que sobrevivo
con tus lanzas lunares que tiemblan un poco.

Porque la ventana que el mediodía vacío atraviesa
tiene un día cualquiera mayor aire en sus alas,
el frenesí hincha el traje y el sueño al sombrero,
una abeja extremada arde sin tregua.
Ahora, qué imprevisto paso hace crujir los caminos?
Qué vapor de estación lúgubre, qué rostro de cristal,
y aún más, qué sonido de carro viejo con espigas?
Ay, una a una, la ola que llora y la sal que se triza,
y el tiempo del amor celestial que pasa volando,
han tenido voz de huéspedes y espacio en la espera.

De distancias llevadas a cabo, de resentimientos infieles,
de hereditarias esperanzas mezcladas con sombra,
de asistencias desgarradoramente dulces

y días de transparente veta y estatua floral,
qué subsiste en mi término escaso, en mi débil producto?
De mi lecho amarillo y de mi substancia estrellada,
quién no es vecino y ausente a la vez?
Un esfuerzo que salta, una flecha de trigo
tengo, y un arco en mi pecho manifiestamente espera,
y un latido delgado, de agua y tenacidad,
como algo que se quiebra perpetuamente,
atraviesa hasta el fondo mis separaciones,
apaga mi poder y propaga mi duelo.

–[Rangoon, octubre de 1928] / *Residencia en la tierra,* I, 1933

TANGO DEL VIUDO

Oh Maligna, ya habrás hallado la carta, ya habrás llorado de furia,
y habrás insultado el recuerdo de mi madre
llamándola perra podrida y madre de perros,
ya habrás bebido sola, solitaria, el té del atardecer
mirando mis viejos zapatos vacíos para siempre,
y ya no podrás recordar mis enfermedades, mis sueños nocturnos, mis
[comidas
sin maldecirme en voz alta como si estuviera allí aún,
quejándome del trópico, de los coolies coringhis,
de las venenosas fiebres que me hicieron tanto daño
y de los espantosos ingleses que odio todavía.

Maligna, la verdad, qué noche tan grande, que tierra tan sola!
He llegado otra vez a los dormitorios solitarios,
a almorzar en los restaurantes comida fría, y otra vez
tiro al suelo los pantalones y las camisas,
no hay perchas en mi habitación, ni retratos de nadie en las paredes.
Cuánta sombra de la que hay en mi alma daría por recobrarte,
y qué amenazadores me parecen los nombres de los meses,
y la palabra invierno qué sonido de tambor lúgubre tiene.

Enterrado junto al cocotero hallarás más tarde
el cuchillo que escondí allí por temor de que me mataras,
y ahora repentinamente quisiera oler su acero de cocina
acostumbrado al peso de tu mano y al brillo de tu pie:
bajo la humedad de la tierra, entre las sordas raíces,
de los lenguajes humanos el pobre solo sabría tu nombre,
y la espesa tierra no comprende tu nombre
hecho de impenetrables substancias divinas.

Así como me aflige pensar en el claro día de tus piernas
recostadas como detenidas y duras aguas solares,
y la golondrina que durmiendo y volando vive en tus ojos,
y el perro de furia que asilas en el corazón,
así también veo las muertes que están entre nosotros desde ahora,
y respiro en el aire la ceniza y lo destruido,
el largo, solitario espacio que me rodea para siempre.

Daría este viento del mar gigante por tu brusca respiración
oída en largas noches sin mezcla de olvido,
uniéndose a la atmósfera como el látigo a la piel del caballo.
Y por oírte orinar, en la oscuridad, en el fondo de la casa,
como vertiendo una miel delgada, trémula, argentina, obstinada,
cuántas veces entregaría este coro de sombras que poseo,
y el ruido de espadas inútiles que se oye en mi alma,
y la paloma de sangre que está solitaria en mi frente
llamando cosas desaparecidas, seres desaparecidos,
substancias extrañamente inseparables y perdidas.

–[Calcutta, noviembre de 1928] / *Residencia en la tierra,* I, 1933

ARTE POÉTICA

Entre sombra y espacio, entre guarniciones y doncellas,
dotado de corazón singular y sueños funestos,
precipitadamente pálido, marchito en la frente,
y con luto de viudo furioso por cada día de vida,
ay, para cada agua invisible que bebo soñolientamente,

y de todo sonido que acojo temblando,
tengo la misma sed ausente y la misma fiebre fría,
un oído que nace, una angustia indirecta,
como si llegaran ladrones o fantasmas,
y en una cáscara de extensión fija y profunda,
como un camarero humillado, como una campana un poco ronca,
como un espejo viejo, como un olor de casa sola
en la que los huéspedes entran de noche perdidamente ebrios,
y hay un olor de ropa tirada al suelo, y una ausencia de flores,
posiblemente de otro modo aún menos melancólico,
pero, la verdad, de pronto, el viento que azota mi pecho,
las noches de substancia infinita caídas en mi dormitorio,
el ruido de un día que arde con sacrificio,
me piden lo profético que hay en mí, con melancolía,
y un golpe de objetos que llaman sin ser respondidos
hay, y un movimiento sin tregua, y un nombre confuso.

–[Calcutta, diciembre de 1928] / *Residencia en la tierra,* I, 1933

[CARTA A DOÑA TRINIDAD CANDIA MARVERDE]

Sra.
Trinidad C. de Reyes
Temuco-Chile

Colombo, isla de Ceylán, 14 de marzo de 1929

Mi queridísima y recordada mamá:

Supongo que ya sabrá por mi última carta fechada en Calcutta que el Gobierno me trasladó a Colombo desde donde le escribo en contestación a la suya enviada por el correo aéreo. En realidad debo decirle que estoy bastante mejor aquí que en Rangoon, es decir que estoy menos mal.

La vida es siempre muy cara, mi sueldo apenas alcanza para vivir con la decencia que impone la situación de un cónsul. Arriendo un *bungalow* o chalet a la orilla del mar, y vivo completamente solo en la casa, que es grande. Tengo dos sirvientes, un cocinero y un mozo. Son bastante listos, muy serviciales y muy ladrones. Se roban la tercera parte del dinero de las compras, pero ya se acostumbra uno a esto. Todos los sirvientes roban en la India, y no se puede prescindir de ellos porque es mal mirado que la gente blanca haga cualquier cosa por sí misma. El blanco no debe comprar nada en el mercado o en la calle, de otra manera los nativos perderían el respeto. Bueno, esto me parece enteramente mal, pero sucede que mi conocida flojera se ha acrecentado con el calor de estos países, y si usted, mi querida mamá, pasara por mi casa en Colombo, oiría cómo grito de la mañana a la noche al mozo para que me pase cigarrillos, papel, limonada, y me tenga listos los pantalones, las camisas y todos los artefactos necesarios para vivir.

Usted se estará imaginando que soy un gran millonario con tanta historia que le cuento, y no puedo negarle que a veces me parece que lo soy, aunque la realidad es algo diferente. A veces me siento pobre y abandonado, y es que a menudo tengo preocupaciones y molestias que antes no conocía. Pero la vida se debe emprender con valentía, y si me quejo no es para que nadie me escuche sino para desahogarme solo.

Como le iba diciendo, mi buena mamá, vivo a la orilla del mar, en las afueras de esta gran ciudad, en una aldea que se llama Wellawatta, y que tiene cierto parecido con el nunca olvidado Puerto Saavedra. Me levanto de mañana, y ando por la orilla de la playa en traje de baño por un par de horas aprovechando la única hora fresca del día. Luego me meto al agua que está siempre tibia, y trato de nadar, arte en el que voy adelantando poco a poco. Luego vuelvo a casa donde mis servidores han preparado un excelente (?) almuerzo para el *master,* como me dicen. Luego trabajo. A veces el trabajo es fatigante, otros días no hay nada que hacer, sino dormir. Lo que me hace falta es una señora, pero ya ve usted, parece que nadie quiere al feo de su hijo.

Mamá, le ruego que haga a la Laura Coneja que me escriba más seguido. Yo no tengo nunca novedades, no estoy nunca enfermo, ni hasta la fecha me ha pasado nada digno de contarse. En cambio ustedes son tantos, y estoy seguro de que siempre tienen novedades. Cómo está la salud de mi señor Padre? Ya debe estar bastante canoso el caballero. Me causa bastante dolor, mi querida mamá, su enfermedad de los ojos, pero señora, hay que conformarse con la ley de Dios. Además espero que no sea tan grave eso como usted dice, ya que siempre ha tenido malos nervios y eso hace creer que uno tiene más enfermedades que las que tiene.

Qué es de Rodolfo, Teresa, cómo estará de grande y hermoso como su tío el cabro Raúl. Dígame qué es de la familia Reyes, el abuelito. Mi tío Abdías, se ha mejorado de suerte? Así lo deseo. Y los otros, están siempre incorregibles? Amós, Oseas y Joseangelito, dónde viven ahora, qué hacen? Qué es del santo de mi primo curita? La verdad es que no tenía cara de santo, o yo no conozco a los santos.

Qué será de don Manuel Basoalto, de la tía Rosa? Me gustaría que me hiciera saber algunas noticias de ellos. Me arrepiento tanto de no haberlos visto antes de venirme. Pero no siempre se puede hacer todo lo que se quiere.

Ya pronto hará dos años que dejé Chile y no sé cuándo pueda regresar. Pienso ir a España el próximo año, por ahora la falta de dinero y lo caro que cuestan los viajes no me dejan pensar en ese lujo.

A todos les deseo felicidad, de todos ustedes me acuerdo todo el tiempo, me acuerdo hasta de aquellos que no piensan en mí o no me quieren.

Mi mamá querida, sienta que estoy junto a usted y que la abrazo con ternura. Su hijo

Neftalí
Ricardo

–Colombo, Wellawatta, 14.3.1929 / *OC,* t. V, pp. 810-812

MONZÓN DE MAYO

El viento de la estación, el viento verde,
cargado de espacio y agua, entendido en desdichas,
arrolla su bandera de lúgubre cuero:
y de una desvanecida substancia, como dinero de limosna,
así, plateado, frío, se ha cobijado un día,
frágil como la espada de cristal de un gigante
entre tantas fuerzas que amparan su suspiro que teme,

su lágrima al caer, su arena inútil,
rodeado de poderes que cruzan y crujen,
como un hombre desnudo en una batalla,
levantando su ramo blanco, su certidumbre incierta,
su gota de sal trémula entre lo invadido.

Qué reposo emprender, qué pobre esperanza amar,
con tan débil llama y tan fugitivo fuego?
Contra qué levantar el hacha hambrienta?
De qué materia desposeer, huir de qué rayo?
Su luz apenas hecha de longitud y temblor
arrastra como cola de traje de novia triste
aderezada de sueño mortal y palidez.
Porque todo aquello que la sombra tocó y ambicionó el desorden,
gravita, líquido, suspendido, desprovisto de paz,
indefenso entre espacios, vencido de muerte.

Ay, y es el destino de un día que fue esperado,
hacia el que corrían cartas, embarcaciones, negocios,
morir, sedentario y húmedo, sin su propio cielo.
Dónde está su toldo de olor, su profundo follaje,
su rápido celaje de brasa, su respiración viva?
Inmóvil, vestido de un fulgor moribundo y una escama opaca,
verá partir la lluvia sus mitades
y al viento nutrido de aguas atacarlas.

–[Wellawatta, mayo de 1929] / *Residencia en la tierra,* I, 1933

CEILÁN ESPESO

Litoral feliz! Una barrera de coral se alarga, paralela a la playa; y el océano interrumpe allí sus azules en una gorguera rizada y blanca y perpetua de plumas y espumas; las triangulares velas rojas de los *sampangs;* la longitud pura de la costa en que, como estallidos, ascienden sus rectos troncos las palmas cocoteras, reuniendo casi en el cielo sus brillantes y verdes peinetas.

Cruzando casi en línea recta la isla, en dirección a Trincomali, el paisaje se hace denso, terrestre, los seres y cosas muebles desaparecen: la inmutable, sólida selva lo reemplaza todo. Los árboles se anudan ayudándose o destruyéndose, y mezclándose pierden sus contornos y así se camina como bajo un túnel de bajos y espesos vegetales, entre un pavoroso mundo de coles caóticas y violentas.

Rebaños de elefantes cruzan la ruta de uno en uno; pequeñas liebres de la jungla saltan velozmente huyendo del automóvil; gallinas y gallos silvestres, minúsculos y finos, asoman por todas partes; frágiles y azules aves del paraíso aparecen y huyen.

De noche nuestra máquina corre silenciosamente a través de los perfumes y las sombras de la jungla. De todas partes brotan ojos de seres sorprendidos; ojos que arden verdemente como llamas de alcohol; es la noche selvática, poblada de instintos, hambre y amores, y disparamos constantemente a los cerdos salvajes, a los bellos leopardos, a los ciervos. Bajo las lámparas del automóvil se detienen sin intentar huir, como desconcertados, y luego caen desapareciendo entre los ramajes, y se trae un moribundo todo húmedo y magnífico de rocío y sangre, con olor a follaje y a la vez a muerte.

Hay en la espesa selva un silencio igual al de las bibliotecas, abstracto, húmedo.

A veces se oye el trompetear de los elefantes salvajes, o el familiar aullido de los chacales. A veces un disparo de cazador estalla y cesa, tragado por el silencio, como el agua traga una piedra.

Descansan también, en medio de la selva e invadidas por ella, las ruinas de las misteriosas ciudades cingalesas: Anuradhapura, Polonaruwa, Mihintala, Sigiriya, Dambulla. Delgados capiteles de piedra enterrados por veinte siglos asoman sus cáscaras grises entre las plantas; estatuas y escalinatas derribadas, inmensos estanques y palacios que han retornado al suelo con sus genitores ya olvidados. Todavía junto a esas piedras dispersas, a la sombra de las inmensas pagodas de Anuradhapura, la noche de luna llena se llena de budistas arrodillados y las viejas oraciones vuelven a lo labios cingaleses.

La trágica roca Sigiriya viene a mis recuerdos mientras escribo. En el espeso centro de la jungla, un inmenso y abrupto cerro de roca, accesible tan solo por inseguras, arriesgadas graderías talladas en la gran piedra; y en su altura las ruinas de un palacio y los maravillosos frescos sigiriyos, intactos a pesar de los siglos. Hace mil quinientos años un rey de Ceilán, parricida, buscó asilo contra su hermano vengador en la cima de la terrible montaña de piedra. Allí levantó entonces, a su imagen y semejanza, su castillo aislado y remordido. Con sus reinas y sus guerreros y sus artistas y sus elefantes, trepó y permaneció en la roca por veinte años, hasta que su hermano implacable llegó a destruirlo.

No hay en el planeta sitio tan desolado como Sigiriya. La gigantesca roca con sus tenues escalerillas talladas, interminables, y sus garitas ya para siempre desiertas de centinelas; arriba, los restos del palacio, la sala de audiencias del monarca con su trono de piedra negra, y por todas partes ruinas de lo desaparecido, cubriéndose de vegetales y de olvido; y desde la altura, a nuestro alrededor, nada sino la impenetrable jungla, por leguas y leguas, nada, ni un ser humano, ni una cabaña, ni un movimiento de vida, nada sino la oscura, espesa y oceánica selva.

–Wellawatta, julio de 1929 / *La Nación*, Santiago, 17.11.1929

SIGNIFICA SOMBRAS

Qué esperanza considerar, qué presagio puro,
qué definitivo beso enterrar en el corazón,
someter en los orígenes del desamparo y la inteligencia,
suave y seguro sobre las aguas eternamente turbadas?

Qué vitales, rápidas alas de un nuevo ángel de sueños
instalar en mis hombros desnudos para seguridad perpetua,
de tal manera que el camino entre las estrellas de la muerte
sea un violento vuelo comenzado desde hace muchos días y meses
[y siglos?

Tal vez la debilidad natural de los seres recelosos y ansiosos
busca de súbito permanencia en el tiempo y límites en la tierra,
tal vez las fatigas y las edades acumuladas implacablemente

se extienden como la ola lunar de un océano recién creado
sobre litorales y tierras angustiosamente desiertas.
Ay, que lo que soy siga existiendo y cesando de existir,
y que mi obediencia se ordene con tales condiciones de hierro
que el temblor de las muertes y de los nacimientos no conmueva
el profundo sitio que quiero reservar para mí eternamente.

Sea, pues, lo que soy, en alguna parte y en todo tiempo,
establecido y asegurado y ardiente testigo,
cuidadosamente destruyéndose y preservándose incesantemente,
evidentemente empeñado en su deber original.

–[Wellawatta, noviembre de 1929] / *Residencia en la tierra,* I, 1933

CABALLERO SOLO

Los jóvenes homosexuales y las muchachas amorosas,
y las largas viudas que sufren el delirante insomnio,
y las jóvenes señoras preñadas hace treinta horas,
y los roncos gatos que cruzan mi jardín en tinieblas,
como un collar de palpitantes ostras sexuales
rodean mi residencia solitaria,
como enemigos establecidos contra mi alma,
como conspiradores en traje de dormitorio
que cambiaran largos besos espesos por consigna.

El radiante verano conduce a los enamorados
en uniformes regimientos melancólicos,
hechos de gordas y flacas y alegres y tristes parejas:
bajo los elegantes cocoteros, junto al océano y la luna
hay una continua vida de pantalones y polleras,
un rumor de medias de seda acariciadas,
y senos femeninos que brillan como ojos.

El pequeño empleado, después de mucho,
después del tedio semanal, y las novelas leídas de noche, en cama,
ha definitivamente seducido a su vecina,

y la lleva a los miserables cinematógrafos
donde los héroes son potros o príncipes apasionados,
y acaricia sus piernas llenas de dulce vello
con sus ardientes y húmedas manos que huelen a cigarrillo.

Los atardeceres del seductor y las noches de los esposos
se unen como dos sábanas sepultándome,
y las horas después del almuerzo en que los jóvenes estudiantes,
y las jóvenes estudiantes, y los sacerdotes se masturban,
y los animales fornican directamente,
y las abejas huelen a sangre, y las moscas zumban coléricas,
y los primos juegan extrañamente con sus primas,
y los médicos miran con furia al marido de la joven paciente,
y las horas de la mañana en que el profesor, como por descuido,
cumple con su deber conyugal, y desayuna,
y, más aún, los adúlteros, que se aman con verdadero amor
sobre lechos altos y largos como embarcaciones:
seguramente, eternamente me rodea
este gran bosque respiratorio y enredado
con grandes flores como bocas y dentaduras
y negras raíces en forma de uñas y zapatos.

–[Wellawatta, 1930] / *Residencia en la tierra,* I, 1933

RITUAL DE MIS PIERNAS

Largamente he permanecido mirando mis largas piernas
con ternura infinita y curiosa, con mi acostumbrada pasión,
como si hubieran sido las piernas de una mujer divina
profundamente sumida en el abismo de mi tórax:
y es que, la verdad, cuando el tiempo, el tiempo pasa,
sobre la tierra, sobre el techo, sobre mi impura cabeza,
y pasa, el tiempo pasa, y en mi lecho no siento de noche que
una mujer está respirando, durmiendo, desnuda y a mi lado,
entonces, extrañas, oscuras cosas toman el lugar de la ausente,
viciosos, melancólicos pensamientos
siembran pesadas posibilidades en mi dormitorio,

y así, pues, miro mis piernas como si pertenecieran a otro cuerpo,
y fuerte y dulcemente estuvieran pegadas a mis entrañas.

Como tallos o femeninas, adorables cosas,
desde las rodillas suben, cilíndricas y espesas,
con turbado y compacto material de existencia:
como brutales, gruesos brazos de diosa,
como árboles monstruosamente vestidos de seres humanos,
como fatales, inmensos labios sedientos y tranquilos,
son allí la mejor parte de mi cuerpo:
lo enteramente substancial, sin complicado contenido
de sentidos o tráqueas o intestinos o ganglios:
nada, sino lo puro, lo dulce y espeso de mi propia vida,
nada, sino la forma y el volumen existiendo,
guardando la vida, sin embargo, de una manera completa.

Las gentes cruzan el mundo en la actualidad
sin apenas recordar que poseen un cuerpo y en él la vida,
y hay miedo, hay miedo en el mundo de las palabras que designan
[el cuerpo,
y se habla favorablemente de la ropa,
de pantalones es posible hablar, de trajes,
y de ropa interior de mujer (de medias y ligas de «señora»),
como si por las calles fueran las prendas y los trajes vacíos por
[completo
y un oscuro y obsceno guardarropas ocupara el mundo.

Tienen existencia los trajes, color, forma, designio,
y profundo lugar en nuestros mitos, demasiado lugar,
demasiados muebles y demasiadas habitaciones hay en el mundo,
y mi cuerpo vive entre y bajo tantas cosas abatido,
con un pensamiento fijo de esclavitud y de cadenas.

Bueno, mis rodillas, como nudos,
particulares, funcionarios, evidentes,
separan las mitades de mis piernas en forma seca:
y en realidad dos mundos diferentes, dos sexos diferentes
no son tan diferentes como las dos mitades de mis piernas.

Desde la rodilla hasta el pie una forma dura,
mineral, fríamente útil aparece,
una criatura de hueso y persistencia,
y los tobillos no son ya sino el propósito desnudo,
la exactitud y lo necesario dispuestos en definitiva.

Sin sensualidad, cortas y duras, y masculinas,
son allí mis piernas, y dotadas
de grupos musculares como animales complementarios,
y allí también una vida, una sólida, sutil, aguda vida
sin temblar permanece, aguardando y actuando.

En mis pies cosquillosos,
y duros como el sol, y abiertos como flores,
y perpetuos, magníficos soldados
en la guerra gris del espacio,
todo termina, la vida termina definitivamente en mis pies,
lo extranjero y lo hostil allí comienza,
los nombres del mundo, lo fronterizo y lo remoto,
lo sustantivo y lo adjetivo que no caben en mi corazón,
con densa y fría constancia allí se originan.

Siempre,
productos manufacturados, medias, zapatos,
o simplemente aire infinito,
habrá entre mis pies y la tierra
extremando lo aislado y lo solitario de mi ser,
algo tenazmente supuesto entre mi vida y la tierra,
algo abiertamente invencible y enemigo.

–[Wellawatta, 1930] / *Residencia en la tierra,* I, 1933

COMUNICACIONES DESMENTIDAS

Aquellos días extraviaron mi sentido profético, a mi casa entraban los coleccionistas de sellos, y emboscados, a altas horas de la estación, asaltaban mis cartas, arrancaban de ellas besos frescos, besos sometidos a una larga residencia marina, y conjuros que protegían mi suerte con ciencia femenina y defensiva caligrafía.

Vivía al lado de otras casas, otras personas y árboles tendiendo a lo grandioso, pabellones de follaje pasional, raíces emergidas, palas vegetales, cocoteros directos, y en medio de estas espumas verdes, pasaba con mi sombrero puntiagudo y un corazón por completo novelesco, con tranco pesado de esplendor, porque a medida que mis poderes se roían, y destruidos en polvo buscaban simetría como los muertos en los cementerios, los lugares conocidos, las extensiones hasta esa hora despreciadas, y los rostros que como plantas lentas brotaban en mi abandono, variaban a mi alrededor con terror y sigilo, como cantidades de hojas que un otoño súbito trastorna.

Loros, estrellas, y además el sol oficial, y una brusca humedad, hicieron nacer en mí un gusto ensimismado por la tierra y cuanta cosa la cubría, y una satisfacción de casa vieja por sus murciélagos, una delicadeza de mujer desnuda por sus uñas, dispusieron en mi como de armas débiles y tenaces de mis facultades vergonzosas, y la melancolía puso su estría en mi tejido, y la carta de amor, pálida de papel y temor, sustrajo su araña trémula que apenas teje y sin cesar desteje y teje. Naturalmente, de la luz lunar, de su circunstancial prolongación, y más aún, de su eje frío, que los pájaros (golondrinas, ocas) no pueden pisar ni en los delirios de la emigración, de su piel azul, lisa, delgada y sin alhajas, caí hacia el duelo, como quien cae herido de arma blanca. Yo soy sujeto de sangre especial, y esa substancia a la vez nocturna y marítima me hacía alterar y padecer, y esas aguas subcelestes degradaban mi energía y lo comercial de mi disposición.

De ese modo histórico mis huesos adquirieron gran preponderancia en mis intenciones: el reposo, las mansiones a la orilla del mar me atraían sin seguridad, pero con destino, y una vez llegado al recinto, rodeado del coro mudo y más inmóvil, sometido a la hora postrera y sus perfumes, injusto con las geografías inexactas y partidario mortal del sillón de cemento, aguardo el tiempo militarmente, y con el florete de la aventura manchado de sangre olvidada.

–[Batavia, noviembre de 1930] / *Residencia en la tierra,* I, 193

LAMENTO LENTO

En la noche del corazón
la gota de tu nombre lento
en silencio circula y cae
y rompe y desarrolla su agua.

Algo quiere su leve daño
y su estima infinita y corta,
como el paso de un ser perdido
de pronto oído.

De pronto, de pronto escuchado
y repartido en el corazón
con triste insistencia y aumento
como un sueño frío de otoño.

La espesa rueda de la tierra
su llanta húmeda de olvido
hace rodar, cortando el tiempo
en mitades inaccesibles.

Sus copas duras cubren tu alma
derramada en la tierra fría
con sus pobres chispas azules
volando en la voz de la lluvia.

–[Batavia, agosto de 1931] / *Residencia en la tierra,* I, 1933

EL FANTASMA DEL BUQUE DE CARGA

Distancia refugiada sobre tubos de espuma,
sal en rituales olas y órdenes definidos,
y un olor y rumor de buque viejo,
de podridas maderas y hierros averiados,
y fatigadas máquinas que aúllan y lloran
empujando la proa, pateando los costados,

mascando lamentos, tragando y tragando distancias,
haciendo un ruido de agrias aguas sobre las agrias aguas,
moviendo el viejo buque sobre las viejas aguas.

Bodegas interiores, túneles crepusculares
que el día intermitente de los puertos visita:
sacos, sacos que un dios sombrío ha acumulado
como animales grises, redondos y sin ojos,
con dulces orejas grises,
y vientres estimables llenos de trigo o copra,
sensitivas barrigas de mujeres encinta,
pobremente vestidas de gris, pacientemente
esperando en la sombra de un doloroso cine.

Las aguas exteriores de repente
se oyen pasar, corriendo como un caballo opaco,
con un ruido de pies de caballo en el agua,
rápidas, sumergiéndose otra vez en las aguas.
Nada más hay entonces que el tiempo en las cabinas:
el tiempo en el desventurado comedor solitario,
inmóvil y visible como una gran desgracia.
Olor de cuero y tela densamente gastados,
y cebollas, y aceite, y aún más,
olor de alguien flotando en los rincones del buque,
olor de alguien sin nombre
que baja como una ola de aire las escalas,
y cruza corredores con su cuerpo ausente,
y observa con sus ojos que la muerte preserva.

Observa con sus ojos sin color, sin mirada,
lento, y pasa temblando, sin presencia ni sombra:
los sonidos lo arrugan, las cosas lo traspasan,
su transparencia hace brillar las sillas sucias.

Quién es ese fantasma sin cuerpo de fantasma,
con sus pasos livianos como harina nocturna
y su voz que solo las cosas patrocinan?

Los muebles viajan llenos de su ser silencioso
como pequeños barcos dentro del viejo barco,
cargados de su ser desvanecido y vago:
los roperos, las verdes carpetas de las mesas,
el color de las cortinas y del suelo,
todo ha sufrido el lento vacío de sus manos,
y su respiración ha gastado las cosas.

Se desliza y resbala, desciende, transparente,
aire en el aire frío que corre sobre el buque,
con sus manos ocultas se apoya en las barandas
y mira el mar amargo que huye detrás del buque.

Solamente las aguas rechazan su influencia,
su color y su olor de olvidado fantasma,
y frescas y profundas desarrollan su baile
como vidas de fuego, como sangre o perfume,
nuevas y fuertes surgen, unidas y reunidas.

Sin gastarse las aguas, sin costumbre ni tiempo,
verdes de cantidad, eficaces y frías,
tocan el negro estómago del buque y su materia
lavan, sus costras rotas, sus arrugas de hierro:
roen las aguas vivas la cáscara del buque,
traficando sus largas banderas de espuma
y sus dientes de sal volando en gotas.

Mira el mar el fantasma con su rostro sin ojos:
el círculo del día, la tos del buque, un pájaro
en la ecuación redonda y sola del espacio,
y desciende de nuevo a la vida del buque
cayendo sobre el tiempo muerto y la madera,
resbalando en las negras cocinas y cabinas,
lento de aire y atmósfera, y desolado espacio.

–[Alta mar, febrero-abril de 1932] / *Residencia en la tierra,* I, 1933

V

SANTIAGO-MADRID-PARÍS

(1932-1939)

[EN SU LLAMA MORTAL LA LUZ TE ENVUELVE]

En su llama mortal la luz te envuelve.
Absorta, pálida doliente, así situada
contra las viejas hélices del crepúsculo
que en torno a ti da vueltas.

Muda, mi amiga,
sola en lo solitario de esta hora de muertes
y llena de las vidas del fuego,
pura heredera del día destruido.

Del sol cae un racimo en tu vestido oscuro.
De la noche las grandes raíces
crecen de súbito desde tu alma,
y a lo exterior regresan las cosas en ti ocultas,
de modo que un pueblo pálido y azul
de ti recién nacido se alimenta.

Oh grandiosa y fecunda y magnética esclava
del círculo que en negro y dorado sucede:
erguida, trata y logra una creación tan viva
que sucumben sus flores, y llena es de tristeza.

–[Santiago, 1932] / *Veinte poemas de amor...*, 1932, 2.ª edic., poema 2

[EBRIO DE TREMENTINA Y LARGOS BESOS]

Ebrio de trementina y largos besos,
estival, el velero de las rosas dirijo,
torcido hacia la muerte del delgado día,
cimentado en el sólido frenesí marino.

Pálido y amarrado a mi agua devorante
cruzo en el agrio olor del clima descubierto,
aún vestido de gris y sonidos amargos,
y una cimera triste de abandonada espuma.

Voy, duro de pasiones, montado en mi ola única,
lunar, solar, ardiente y frío, repentino,
dormido en la garganta de las afortunadas
islas blancas y dulces como caderas frescas.

Tiembla en la noche húmeda mi vestido de besos
locamente cargado de eléctricas gestiones,
de modo heroico dividido en sueños
y embriagadoras rosas practicándose en mí.

Aguas arriba, en medio de las olas externas,
tu paralelo cuerpo se sujeta en mis brazos
como un pez infinitamente pegado a mi alma
rápido y lento en la energía subceleste.

–[Santiago, 1932] / *Veinte poemas de amor...,* 1932, 2.ª edic., poema 9

BARCAROLA

Si solamente me tocaras el corazón,
si solamente pusieras tu boca en mi corazón,
tu fina boca, tus dientes,
si pusieras tu lengua como una flecha roja
allí donde mi corazón polvoriento golpea,

si soplaras en mi corazón, cerca del mar, llorando,
sonaría con un ruido oscuro, con sonido de ruedas de tren con
[sueño,
como aguas vacilantes,
como el otoño en hojas,
como sangre,
con un ruido de llamas húmedas quemando el cielo,
sonando como sueños o ramas o lluvias,
o bocinas de puerto triste,
si tú soplaras en mi corazón, cerca del mar,
como un fantasma blanco,
al borde de la espuma,
en mitad del viento,
como un fantasma desencadenado, a la orilla del mar, llorando.

Como ausencia extendida, como campana súbita,
el mar reparte el sonido del corazón,
lloviendo, atardeciendo, en una costa sola:
la noche cae sin duda,
y su lúgubre azul de estandarte en naufragio
se puebla de planetas de plata enronquecida.

Y suena el corazón como un caracol agrio,
llama, oh mar, oh lamento, oh derretido espanto
esparcido en desgracias y olas desvencijadas:
de lo sonoro el mar acusa
sus sombras recostadas, sus amapolas verdes.

Si existieras de pronto, en una costa lúgubre,
rodeada por el día muerto,
frente a una nueva noche,
llena de olas,
y soplaras en mi corazón de miedo frío,
soplaras en la sangre sola de mi corazón,
soplaras en su movimiento de paloma con llamas,
sonarían sus negras sílabas de sangre,
crecerían sus incesantes aguas rojas,
y sonaría, sonaría a sombras,
sonaría como la muerte,

llamaría como un tubo lleno de viento o llanto,
o una botella echando espanto a borbotones.

Así es, y los relámpagos cubrirían tus trenzas
y la lluvia entraría por tus ojos abiertos
a preparar el llanto que sordamente encierras,
y las alas negras del mar girarían en torno
de ti, con grandes garras, y graznidos, y vuelos.

Quieres ser el fantasma que sople, solitario,
cerca del mar su estéril, triste instrumento?
Si solamente llamaras,
su prolongado son, su maléfico pito,
su orden de olas heridas,
alguien vendría acaso,
alguien vendría,
desde las cimas de las islas, desde el fondo rojo del mar,
alguien vendría, alguien vendría.

Alguien vendría, sopla con furia,
que suene como sirena de barco roto,
como lamento,
como un relincho en medio de la espuma y la sangre,
como un agua feroz mordiéndose y sonando.

En la estación marina
su caracol de sombra circula como un grito,
los pájaros del mar lo desestiman y huyen,
sus listas de sonido, sus lúgubres barrotes
se levantan a orillas del océano solo.

–[Santiago, diciembre de 1932] / *Residencia en la tierra,* II, 1935

EL SUR DEL OCÉANO

De consumida sal y garganta en peligro
están hechas las rosas del océano solo,
el agua rota sin embargo,
y pájaros temibles,
y no hay sino la noche acompañada
del día, y el día acompañado
de un refugio, de una
pezuña, del silencio.

En el silencio crece el viento
con su hoja única y su flor golpeada,
y la arena que tiene solo tacto y silencio,
no es nada, es una sombra,
una pisada de caballo vago,
no es nada sino una ola que el tiempo ha recibido,
porque todas las aguas van a los ojos fríos
del tiempo que debajo del océano mira.

Ya sus ojos han muerto de agua muerta y palomas,
y son dos agujeros de latitud amarga
por donde entran los peces de ensangrentados dientes
y las ballenas buscando esmeraldas,
y esqueletos de pálidos caballeros deshechos
por las lentas medusas, y además
varias asociaciones de arrayán venenoso,
manos aisladas, flechas,
revólveres de escama,
interminablemente corren por sus mejillas
y devoran sus ojos de sal destituida.

Cuando la luna entrega sus naufragios,
sus cajones, sus muertos
cubiertos de amapolas masculinas,
cuando en el saco de la luna caen
los trajes sepultados en el mar,
con sus largos tormentos, sus barbas derribadas,
sus cabezas que el agua y el orgullo pidieron para siempre,

en la extensión se oyen caer rodillas
hacia el fondo del mar traídas por la luna
en su saco de piedra gastado por las lágrimas
y por las mordeduras de pescados siniestros.

Es verdad, es la luna descendiendo
con crueles sacudidas de esponja, es, sin embargo,
la luna tambaleando entre las madrigueras,
la luna carcomida por los gritos del agua,
los vientres de la luna, sus escamas
de acero despedido: y desde entonces
al final del Océano desciende,
azul y azul, atravesada por azules,
ciegos azules de materia ciega,
arrastrando su cargamento corrompido,
buzos, maderas, dedos,
pescadora de la sangre que en las cimas del mar
ha sido derramada por grandes desventuras.

Pero hablo de una orilla, es allí donde azota
el mar con furia y las olas golpean
los muros de ceniza. Qué es esto? Es una sombra?
No es la sombra, es la arena de la triste república,
es un sistema de algas, hay alas, hay
un picotazo en el pecho del cielo:
oh superficie herida por las olas,
oh manantial del mar,
si la lluvia asegura tus secretos, si el viento interminable
mata los pájaros, si solamente el cielo,
solo quiero morder tus costas y morirme,
solo quiero mirar la boca de las piedras
por donde los secretos salen llenos de espuma.

Es una región sola, ya he hablado
de esta región tan sola,
donde la tierra está llena de océano,
y no hay nadie sino unas huellas de caballo,
no hay nadie sino el viento, no hay nadie

sino la lluvia que cae sobre las aguas del mar,
nadie sino la lluvia que crece sobre el mar.

–[Santiago, 1933] / *Residencia en la tierra,* II, 1935

SOLO LA MUERTE

Hay cementerios solos,
tumbas llenas de huesos sin sonido,
el corazón pasando un túnel
oscuro, oscuro, oscuro,
como un naufragio hacia adentro nos morimos,
como ahogarnos en el corazón,
como irnos cayendo desde la piel al alma.

Hay cadáveres,
hay pies de pegajosa losa fría,
hay la muerte en los huesos,
como un sonido puro,
como un ladrido sin perro,
saliendo de ciertas campanas, de ciertas tumbas,
creciendo en la humedad como el llanto o la lluvia.

Yo veo solo, a veces,
ataúdes a vela
zarpar con difuntos pálidos, con mujeres de trenzas muertas,
con panaderos blancos como ángeles,
con niñas pensativas casadas con notarios,
ataúdes subiendo el río vertical de los muertos,
el río morado,
hacia arriba, con las velas hinchadas por el sonido de la muerte,
hinchadas por el sonido silencioso de la muerte.

A lo sonoro llega la muerte
como un zapato sin pie, como un traje sin hombre,
llega a golpear con un anillo sin piedra y sin dedo,
llega a gritar sin boca, sin lengua, sin garganta.

Sin embargo sus pasos suenan
y su vestido suena, callado, como un árbol.

Yo no sé, yo conozco poco, yo apenas veo,
pero creo que su canto tiene color de violetas húmedas,
de violetas acostumbradas a la tierra,
porque la cara de la muerte es verde,
y la mirada de la muerte es verde,
con la aguda humedad de una hoja de violeta
y su grave color de invierno exasperado.

Pero la muerte va también por el mundo vestida de escoba,
lame el suelo buscando difuntos,
la muerte está en la escoba,
es la lengua de la muerte buscando muertos,
es la aguja de la muerte buscando hilo.

La muerte está en los catres:
en los colchones lentos, en las frazadas negras
vive tendida, y de repente sopla:
sopla un sonido oscuro que hincha sábanas
y hay camas navegando a un puerto
en donde está esperando, vestida de almirante.

–[Santiago, 1933] / *Residencia en la tierra,* II, 1935

WALKING AROUND

Sucede que me canso de ser hombre.
Sucede que entro en las sastrerías y en los cines
marchito, impenetrable, como un cisne de fieltro
navegando en un agua de origen y ceniza.

El olor de las peluquerías me hace llorar a gritos.
Solo quiero un descanso de piedras o de lana,
solo quiero no ver establecimientos ni jardines,
ni mercaderías, ni anteojos, ni ascensores.

Sucede que me canso de mis pies y mis uñas
y mi pelo y mi sombra.
Sucede que me canso de ser hombre.

Sin embargo sería delicioso
asustar a un notario con un lirio cortado
o dar muerte a una monja con un golpe de oreja.
Sería bello
ir por las calles con un cuchillo verde
y dando gritos hasta morir de frío.

No quiero seguir siendo raíz en las tinieblas,
vacilante, extendido, tiritando de sueño,
hacia abajo, en las tripas mojadas de la tierra,
absorbiendo y pensando, comiendo cada día.

No quiero para mí tantas desgracias.
No quiero continuar de raíz y de tumba,
de subterráneo solo, de bodega con muertos,
aterido, muriéndome de pena.

Por eso el día lunes arde como el petróleo
cuando me ve llegar con mi cara de cárcel,
y aúlla en su transcurso como una rueda herida,
y da pasos de sangre caliente hacia la noche.

Y me empuja a ciertos rincones, a ciertas casas húmedas,
a hospitales donde los huesos salen por la ventana,
a ciertas zapaterías con olor a vinagre,
a calles espantosas como grietas.

Hay pájaros de color de azufre y horribles intestinos
colgando de las puertas de las casas que odio,
hay dentaduras olvidadas en una cafetera,
hay espejos
que debieran haber llorado de vergüenza y espanto,
hay paraguas en todas partes, y venenos, y ombligos.

Yo paseo con calma, con ojos, con zapatos,
con furia, con olvido,
paso, cruzo oficinas y tiendas de ortopedia,
y patios donde hay ropas colgadas de un alambre:
calzoncillos, toallas y camisas que lloran
lentas lágrimas sucias.

–[Buenos Aires, septiembre de 1933] / *Residencia en la tierra,* II, 1935

LORCA Y NERUDA: DISCURSO AL ALIMÓN SOBRE RUBÉN DARÍO

Neruda: Señoras...

Lorca: y señores: Existe en la fiesta de los toros una suerte llamada «toreo al alimón» en que dos toreros hurtan su cuerpo al toro cogidos de la misma capa.

Neruda: Federico y yo, amarrados por un alambre eléctrico, vamos a parear y a responder esta recepción muy decisiva.

Lorca: Es costumbre en estas reuniones que los poetas muestren su palabra viva, plata o madera, y saluden con su voz propia a sus compañeros y amigos.

Neruda: Pero nosotros vamos a establecer entre vosotros un muerto, un comensal viudo, oscuro en las tinieblas de una muerte más grande que otras muertes, viuda de la vida, de quien fuera en su hora marido deslumbrante. Nos vamos a esconder bajo su sombra ardiendo, vamos a repetir su nombre hasta que su poder salte del olvido.

Lorca: Nosotros vamos, después de enviar nuestro abrazo con ternura de pingüino al delicado poeta Amado Villar, vamos a lanzar un gran nombre sobre el mantel, en la seguridad de que se han de romper las copas, han de saltar los tenedores, buscando el ojo que ellos ansían, y un golpe de mar ha de manchar los manteles. Nosotros vamos a nombrar al poeta de América y de España: Rubén...

Neruda: Darío. Porque, señoras...

Lorca: y señores...

Neruda: Dónde está, en Buenos Aires, la plaza de Rubén Darío?

Lorca: Dónde está la estatua de Rubén Darío?

Neruda: Él amaba los parques. Dónde está el parque Rubén Darío?

Lorca: Dónde está la tienda de rosas de Rubén Darío?

Neruda: Dónde están el manzano y las manzanas de Rubén Darío?

Lorca: Dónde está la mano cortada de Rubén Darío?

Neruda: Dónde está el aceite, la resina, el cisne de Rubén Darío?

Lorca: Rubén Darío duerme en su «Nicaragua natal» bajo su espantoso león de marmolina, como esos leones que los ricos ponen en los portales de sus casas.

Neruda: Un león de botica, a él, fundador de leones, un león sin estrellas a quien dedicaba estrellas.

Lorca: Dio el rumor de la selva con un adjetivo, y como fray Luis de Granada, jefe de idioma, hizo signos estelares con el limón, y la pata de ciervo, y los moluscos llenos de terror e infinito; nos puso al mar con fragatas y sombras en las niñas de nuestros ojos y construyó un enorme paseo de Gin sobre la tarde más gris que ha tenido el cielo, y saludó de tú a tú el ábrego oscuro, todo pecho, como un poeta romántico, y puso la mano sobre el capitel corintio con una duda irónica y triste, de todas las épocas.

Neruda: Merece su nombre rojo recordarlo en sus direcciones esenciales con sus terribles dolores del corazón, su incertidumbre incandescente, su descenso a los hospitales del infierno, su subida a los castillos de la fama, sus atributos de poeta grande, desde entonces y para siempre imprescindible.

Lorca: Como poeta español enseñó en España a los viejos maestros y a los niños, con un sentido de universalidad y de generosidad que hace falta en los poetas actuales. Enseñó a Valle-Inclán y a Juan Ramón Jiménez, y a los hermanos Machado, y su voz fue agua y salitre, en el surco del venerable idioma. Desde Rodrigo Caro a los Argensolas o don Juan de Arguijo no había tenido el español fiestas de palabras, choques de consonantes, luces y forma como en Rubén Darío. Desde el paisaje de Velázquez y la hoguera de Goya y desde la melancolía de Quevedo al culto color manzana de las payesas mallorquinas, Darío paseó la tierra de España como su propia tierra.

Neruda: Lo trajo a Chile una marea, el mar caliente del norte, y lo dejó allí el mar, abandonado en costa dura y dentada, y el océano lo golpeaba con espumas y campanas, y el viento negro de Valparaíso lo llenaba de sal sonora. Hagamos esta noche su estatua con el aire, atravesada por el humo y la voz y por las circunstancias, y por la vida, como esta su poética magnífica, atravesada por sueños y sonidos.

Lorca: Pero sobre esta estatua de aire yo quiero poner su sangre como un ramo de coral, agitado por la marea, sus nervios idénticos a la fotografía de un grupo de rayos, su cabeza de minotauro, donde la nieve gongorina es pintada por un vuelo de colibrís, sus ojos vagos y ausentes de millonario de lágrimas, y también sus defectos. Las estanterías comidas ya por los jaramagos, donde suenan vacíos de flauta, las botellas de coñac de su dramática embriaguez, y su mal gusto encantador, y sus ripios descarados que llenan de humanidad la muchedumbre de sus versos. Fuera de normas, formas y escuelas queda en pie la fecunda substancia de su gran poesía.

Neruda: Federico García Lorca, español, y yo, chileno, declinamos la responsabilidad de esta noche de camaradas, hacia esa gran sombra que cantó más altamente que nosotros, y saludó con voz inusitada a la tierra argentina que pisamos.

Lorca: Pablo Neruda, chileno, y yo, español, coincidimos en el idioma y en el gran poeta nicaragüense, argentino, chileno y español, Rubén Darío.

Neruda y Lorca: Por cuyo homenaje y gloria levantamos nuestros vasos.

–[Buenos Aires, 20.11.1933] / *OC*, t. IV, pp. 369-371

AGUA SEXUAL

Rodando a goterones solos,
a gotas como dientes,
a espesos goterones de mermelada y sangre,
rodando a goterones
cae el agua,

como una espada en gotas,
como un desgarrador río de vidrio,
cae mordiendo,
golpeando el eje de la simetría, pegando en las costuras del alma,
rompiendo cosas abandonadas, empapando lo oscuro.

Solamente es un soplo, más húmedo que el llanto,
un líquido, un sudor, un aceite sin nombre,
un movimiento agudo,
haciéndose, espesándose,
cae el agua,
a goterones lentos,
hacia su mar, hacia su seco océano,
hacia su ola sin agua.

Veo el verano extenso, y un estertor saliendo de un granero,
bodegas, cigarras,
poblaciones, estímulos,
habitaciones, niñas
durmiendo con las manos en el corazón,
soñando con bandidos, con incendios,
veo barcos,
veo árboles de médula
erizados como gatos rabiosos,
veo sangre, puñales y medias de mujer,
y pelos de hombre,
veo camas, veo corredores donde grita una virgen,
veo frazadas y órganos y hoteles.

Veo los sueños sigilosos,
admito los postreros días,
y también los orígenes, y también los recuerdos,
como un párpado atrozmente levantado a la fuerza
estoy mirando.

Y entonces hay este sonido:
un ruido rojo de huesos,
un pegarse de carne,
y piernas amarillas como espigas juntándose.

Yo escucho entre el disparo de los besos,
escucho, sacudido entre respiraciones y sollozos.

Estoy mirando, oyendo,
con la mitad del alma en el mar y la mitad del alma en la tierra,
y con las dos mitades del alma miro el mundo.

Y aunque cierre los ojos y me cubra el corazón enteramente,
veo caer un agua sorda,
a goterones sordos.

Es como un huracán de gelatina,
como una catarata de espermas y medusas.
Veo correr un arco iris turbio.
Veo pasar sus aguas a través de los huesos.

–[Buenos Aires, diciembre de 1933] / *Residencia en la tierra,* II, 1935

ALBERTO ROJAS GIMÉNEZ VIENE VOLANDO

Entre plumas que asustan, entre noches,
entre magnolias, entre telegramas,
entre el viento del sur y el oeste marino,
vienes volando.

Bajo las tumbas, bajo las cenizas,
bajo los caracoles congelados,
bajo las últimas aguas terrestres,
vienes volando.

Más abajo, entre niñas sumergidas,
y plantas ciegas, y pescados rotos,
más abajo, entre nubes otra vez,
vienes volando.

Más allá de la sangre y de los huesos,
más allá del pan, más allá del vino,
más allá del fuego,
vienes volando.

Más allá del vinagre y de la muerte,
entre putrefacciones y violetas,
con tu celeste voz y tus zapatos húmedos,
vienes volando.

Sobre diputaciones y farmacias,
y ruedas, y abogados, y navíos,
y dientes rojos recién arrancados,
vienes volando.

Sobre ciudades de tejado hundido
en que grandes mujeres se destrenzan
con anchas manos y peines perdidos,
vienes volando.

Junto a bodegas donde el vino crece
con tibias manos turbias, en silencio,
con lentas manos de madera roja,
vienes volando.

Entre aviadores desaparecidos,
al lado de canales y de sombras,
al lado de azucenas enterradas,
vienes volando.

Entre botellas de color amargo,
entre anillos de anís y desventura,
levantando las manos y llorando,
vienes volando.

Sobre dentistas y congregaciones,
sobre cines, y túneles, y orejas,
con traje nuevo y ojos extinguidos,
vienes volando.

Sobre tu cementerio sin paredes
donde los marineros se extravían,
mientras la lluvia de tu muerte cae,
vienes volando.

Mientras la lluvia de tus dedos cae,
mientras la lluvia de tus huesos cae,
mientras tu médula y tu risa caen,
vienes volando.

Sobre las piedras en que te derrites,
corriendo, invierno abajo, tiempo abajo,
mientras tu corazón desciende en gotas,
vienes volando.

No estás allí, rodeado de cemento,
y negros corazones de notarios,
y enfurecidos huesos de jinetes:
vienes volando.

Oh amapola marina, oh deudo mío,
oh guitarrero vestido de abejas,
no es verdad tanta sombra en tus cabellos:
vienes volando.

No es verdad tanta sombra persiguiéndote,
no es verdad tantas golondrinas muertas,
tanta región oscura con lamentos:
vienes volando.

El viento negro de Valparaíso
abre sus alas de carbón y espuma
para barrer el cielo donde pasas:
vienes volando.

Hay vapores, y un frío de mar muerto,
y silbatos, y meses, y un olor
de mañana lloviendo y peces sucios:
vienes volando.

Hay ron, tú y yo, y mi alma donde lloro,
y nadie y nada, sino una escalera
de peldaños quebrados, y un paraguas:
vienes volando.

Allí está el mar. Bajo de noche y te oigo
venir volando bajo el mar sin nadie,
bajo el mar que me habita, oscurecido:
vienes volando.

Oigo tus alas y tu lento vuelo,
y el agua de los muertos me golpea
como palomas ciegas y mojadas:
vienes volando.

Vienes volando, solo, solitario,
solo entre muertos, para siempre solo,
vienes volando sin sombra y sin nombre,
sin azúcar, sin boca, sin rosales,
vienes volando.

–[Barcelona, mayo-junio de 1934] / *Residencia en la tierra,* II, 1935

ENFERMEDADES EN MI CASA

Cuando el deseo de alegría con sus dientes de rosa
escarba los azufres caídos durante muchos meses
y su red natural, sus cabellos sonando
a mis habitaciones extinguidas con ronco paso llegan,
allí la rosa de alambre maldito
golpea con arañas las paredes
y el vidrio roto hostiliza la sangre,
y las uñas del cielo se acumulan,
de tal modo que no se puede salir, que no se puede dirigir
un asunto estimable,
es tanta la niebla, la vaga niebla cagada por los pájaros,
es tanto el humo convertido en vinagre

y el agrio aire que horada las escalas:
en ese instante en que el día se cae con las plumas deshechas,
no hay sino llanto, nada más que llanto,
porque solo sufrir, solamente sufrir,
y nada más que llanto.

El mar se ha puesto a golpear por años una pata de pájaro,
y la sal golpea y la espuma devora,
las raíces de un árbol sujetan una mano de niña,
las raíces de un árbol más grande que una mano de niña,
más grande que una mano del cielo,
y todo el año trabajan, cada día de luna
sube sangre de niña hacia las hojas manchadas por la luna,
y hay un planeta de terribles dientes
envenenando el agua en que caen los niños,
cuando es de noche, y no hay sino la muerte,
solamente la muerte, y nada más que el llanto.

Como un grano de trigo en el silencio, pero
a quién pedir piedad por un grano de trigo?
Ved cómo están las cosas: tantos trenes,
tantos hospitales con rodillas quebradas,
tantas tiendas con gentes moribundas:
entonces, cómo? cuándo?
a quién pedir por unos ojos del color de un mes frío,
y por un corazón del tamaño del trigo que vacila?
No hay sino ruedas y consideraciones,
alimentos progresivamente distribuidos,
líneas de estrellas, copas
en donde nada cae, sino solo la noche,
nada más que la muerte.

Hay que sostener los pasos rotos.
Cruzar entre tejados y tristezas mientras arde
una cosa quemada con llamas de humedad,
una cosa entre trapos tristes como la lluvia,
algo que arde y solloza,
un síntoma, un silencio.
Entre abandonadas conversaciones y objetos respirados,

entre las flores vacías que el destino corona y abandona,
hay un río que cae en una herida,
hay el océano golpeando una sombra de flecha quebrantada,
hay todo el cielo agujereando un beso.

Ayudadme, hojas que mi corazón ha adorado en silencio,
ásperas travesías, inviernos del sur, cabelleras
de mujeres mojadas en mi sudor terrestre,
luna del sur del cielo deshojado,
venid a mí con un día sin dolor,
con un minuto en que pueda reconocer mis venas.

Estoy cansado de una gota,
estoy herido en solamente un pétalo,
y por un agujero de alfiler sube un río de sangre sin consuelo,
y me ahogo en las aguas del rocío que se pudre en la sombra,
y por una sonrisa que no crece, por una boca dulce,
por unos dedos que el rosal quisiera
escribo este poema que solo es un lamento,
solamente un lamento.

–[Madrid, agosto de 1934] / *Residencia en la tierra,* II, 1935

ENTRADA A LA MADERA

Con mi razón apenas, con mis dedos,
con lentas aguas lentas inundadas,
caigo al imperio de los nomeolvides,
a una tenaz atmósfera de luto,
a una olvidada sala decaída,
a un racimo de tréboles amargos.

Caigo en la sombra, en medio
de destruidas cosas,
y miro arañas, y apaciento bosques
de secretas maderas inconclusas,

y ando entre húmedas fibras arrancadas
al vivo ser de substancia y silencio.

Dulce materia, oh rosa de alas secas,
en mi hundimiento tus pétalos subo
con pies pesados de roja fatiga,
y en tu catedral dura me arrodillo
golpeándome los labios con un ángel.

Es que soy yo ante tu color de mundo,
ante tus pálidas espadas muertas,
ante tus corazones reunidos,
ante tu silenciosa multitud.

Soy yo ante tu ola de olores muriendo,
envueltos en otoño y resistencia:
soy yo emprendiendo un viaje funerario
entre tus cicatrices amarillas:
soy yo con mis lamentos sin origen,
sin alimentos, desvelado, solo,
entrando oscurecidos corredores,
llegando a tu materia misteriosa.

Veo moverse tus corrientes secas,
veo crecer manos interrumpidas,
oigo tus vegetales oceánicos
crujir de noche y furia sacudidos,
y siento morir hojas hacia adentro,
incorporando materiales verdes
a tu inmovilidad desamparada.

Poros, vetas, círculos de dulzura,
peso, temperatura silenciosa,
flechas pegadas a tu alma caída,
seres dormidos en tu boca espesa,
polvo de dulce pulpa consumida,
ceniza llena de apagadas almas,
venid a mí, a mi sueño sin medida,
caed en mi alcoba en que la noche cae

y cae sin cesar como agua rota,
y a vuestra vida, a vuestra muerte asidme,
a vuestros materiales sometidos,
a vuestras muertas palomas neutrales,
y hagamos fuego, y silencio, y sonido,
y ardamos, y callemos, y campanas.

–[Madrid, diciembre de 1934] / *Residencia en la tierra,* II, 1935

ESTATUTO DEL VINO

Cuando a regiones, cuando a sacrificios
manchas moradas como lluvias caen,
el vino abre las puertas con asombro,
y en el refugio de los meses vuela
su cuerpo de empapadas alas rojas.

Sus pies tocan los muros y las tejas
con humedad de lenguas anegadas,
y sobre el filo del día desnudo
sus abejas en gotas van cayendo.

Yo sé que el vino no huye dando gritos
a la llegada del invierno,
ni se esconde en iglesias tenebrosas
a buscar fuego en trapos derrumbados,
sino que vuela sobre la estación,
sobre el invierno que ha llegado ahora
con un puñal entre las cejas duras.

Yo veo vagos sueños,
yo reconozco lejos,
y miro frente a mí, detrás de los cristales,
reuniones de ropas desdichadas.

A ellas la bala del vino no llega,
su amapola eficaz, su rayo rojo,

mueren ahogados en tristes tejidos,
y se derrama por canales solos,
por calles húmedas, por ríos sin nombre,
el vino amargamente sumergido,
el vino ciego y subterráneo y solo.

Yo estoy de pie en su espuma y sus raíces,
yo lloro en su follaje y en sus muertos,
acompañado de sastres caídos
en medio del invierno deshonrado,
yo subo escalas de humedad y sangre
tanteando las paredes,
y en la congoja del tiempo que llega
sobre una piedra me arrodillo y lloro.

Y hacia túneles acres me encamino
vestido de metales transitorios,
hacia bodegas solas, hacia sueños,
hacia betunes verdes que palpitan,
hacia herrerías desinteresadas,
hacia sabores de lodo y garganta,
hacia imperecederas mariposas.

Entonces surgen los hombres del vino
vestidos de morados cinturones,
y sombreros de abejas derrotadas,
y traen copas llenas de ojos muertos,
y terribles espadas de salmuera,
y con roncas bocinas se saludan
cantando cantos de intención nupcial.

Me gusta el canto ronco de los hombres del vino,
y el ruido de mojadas monedas en la mesa,
y el olor de zapatos y de uvas
y de vómitos verdes:
me gusta el canto ciego de los hombres,
y ese sonido de sal que golpea
las paredes del alba moribunda.

Hablo de cosas que existen, Dios me libre
de inventar cosas cuando estoy cantando!
Hablo de la saliva derramada en los muros,
hablo de lentas medias de ramera,
hablo del coro de los hombres del vino
golpeando el ataúd con un hueso de pájaro.

Estoy en medio de ese canto, en medio
del invierno que rueda por las calles,
estoy en medio de los bebedores,
con los ojos abiertos hacia olvidados sitios,
o recordando en delirante luto,
o durmiendo en cenizas derribado.

Recordando noches, navíos, sementeras,
amigos fallecidos, circunstancias,
amargos hospitales y niñas entreabiertas:
recordando un golpe de ola en cierta roca
con un adorno de harina y espuma,
y la vida que hace uno en ciertos países,
en ciertas costas solas,
un sonido de estrellas en las palmeras,
un golpe del corazón en los vidrios,
un tren que cruza oscuro de ruedas malditas
y muchas cosas tristes de esta especie.

A la humedad del vino, en las mañanas,
en las paredes a menudo mordidas por los días de invierno
que caen en bodegas sin duda solitarias,
a esa virtud del vino llegan luchas,
y cansados metales y sordas dentaduras,
y hay un tumulto de objeciones rotas,
hay un furioso llanto de botellas,
y un crimen, como un látigo caído.

El vino clava sus espinas negras,
y sus erizos lúgubres pasea,
entre puñales, entre mediasnoches,
entre roncas gargantas arrastradas,

entre cigarros y torcidos pelos,
y como ola de mar su voz aumenta
aullando llanto y manos de cadáver.

Y entonces corre el vino perseguido
y sus tenaces odres se destrozan
contra las herraduras, y va el vino en silencio,
y sus toneles, en heridos buques en donde el aire muerde
rostros, tripulaciones de silencio,
y el vino huye por las carreteras,
por las iglesias, entre los carbones,
y se caen sus plumas de amaranto,
y se disfraza de azufre su boca,
y el vino ardiendo entre calles usadas
buscando pozos, túneles, hormigas,
bocas de tristes muertos,
por donde ir al azul de la tierra
en donde se confunden la lluvia y los ausentes.

–[Madrid, diciembre de 1934] / *Residencia en la tierra,* II, 1935

ODA A FEDERICO GARCÍA LORCA

Si pudiera llorar de miedo en una casa sola,
si pudiera sacarme los ojos y comérmelos,
lo haría por tu voz de naranjo enlutado
y por tu poesía que sale dando gritos.

Porque por ti pintan de azul los hospitales
y crecen las escuelas y los barrios marítimos,
y se pueblan de plumas los ángeles heridos,
y se cubren de escamas los pescados nupciales,
y van volando al cielo los erizos:
por ti las sastrerías con sus negras membranas
se llenan de cucharas y de sangre,
y tragan cintas rotas, y se matan a besos,
y se visten de blanco.

Cuando vuelas vestido de durazno,
cuando ríes con risa de arroz huracanado,
cuando para cantar sacudes las arterias y los dientes,
la garganta y los dedos,
me moriría por lo dulce que eres,
me moriría por los lagos rojos
en donde en medio del otoño vives
con un corcel caído y un dios ensangrentado,
me moriría por los cementerios
que como cenicientos ríos pasan
con agua y tumbas,
de noche, entre campanas ahogadas:
ríos espesos como dormitorios
de soldados enfermos, que de súbito crecen
hacia la muerte en ríos con números de mármol
y coronas podridas, y aceites funerales:
me moriría por verte de noche
mirar pasar las cruces anegadas,
de pie y llorando,
porque ante el río de la muerte lloras
abandonadamente, heridamente,
lloras llorando, con los ojos llenos
de lágrimas, de lágrimas, de lágrimas.

Si pudiera de noche, perdidamente solo,
acumular olvido y sombra y humo
sobre ferrocarriles y vapores,
con un embudo negro,
mordiendo las cenizas,
lo haría por el árbol en que creces,
por los nidos de aguas doradas que reúnes,
y por la enredadera que te cubre los huesos
comunicándote el secreto de la noche.

Ciudades con olor a cebolla mojada
esperan que tú pases cantando roncamente,
y silenciosos barcos de esperma te persiguen,
y golondrinas verdes hacen nido en tu pelo,
y además caracoles y semanas,

mástiles enrollados y cerezas
definitivamente circulan cuando asoman
tu pálida cabeza de quince ojos
y tu boca de sangre sumergida.

Si pudiera llenar de hollín las alcaldías
y, sollozando, derribar relojes,
sería para ver cuándo a tu casa
llega el verano con los labios rotos,
llegan muchas personas de traje agonizante,
llegan regiones de triste esplendor,
llegan arados muertos y amapolas,
llegan enterradores y jinetes,
llegan planetas y mapas con sangre,
llegan buzos cubiertos de ceniza,
llegan enmascarados arrastrando doncellas
atravesadas por grandes cuchillos,
llegan raíces, venas, hospitales,
manantiales, hormigas,
llega la noche con la cama en donde
muere entre las arañas un húsar solitario,
llega una rosa de odio y alfileres,
llega una embarcación amarillenta,
llega un día de viento con un niño,
llego yo con Oliverio, Norah,
Vicente Aleixandre, Delia,
Maruca, Malva Marina, María Luisa y Larco,
la Rubia, Rafael, Ugarte,
Cotapos, Rafael Alberti,
Carlos, Bebé, Manolo Altolaguirre,
Molinari,
Rosales, Concha Méndez,
y otros que se me olvidan.

Ven a que te corone, joven de la salud
y de la mariposa, joven puro
como un negro relámpago perpetuamente libre,
y conversando entre nosotros,
ahora, cuando no queda nadie entre las rocas,

hablemos sencillamente como eres tú y soy yo:
para qué sirven los versos si no es para el rocío?

Para qué sirven los versos si no es para esa noche
en que un puñal amargo nos averigua, para ese día,
para ese crepúsculo, para ese rincón roto
donde el golpeado corazón del hombre se dispone a morir?

Sobre todo de noche,
de noche hay muchas estrellas,
todas dentro de un río,
como una cinta junto a las ventanas
de las casas llenas de pobres gentes.

Alguien se les ha muerto, tal vez
han perdido sus colocaciones en las oficinas,
en los hospitales, en los ascensores,
en las minas,
sufren los seres tercamente heridos
y hay propósito y llanto en todas partes:
mientras las estrellas corren dentro de un río interminable
hay mucho llanto en las ventanas,
los umbrales están gastados por el llanto,
las alcobas están mojadas por el llanto
que llega en forma de ola a morder las alfombras.

Federico,
tú ves el mundo, las calles,
el vinagre,
las despedidas en las estaciones
cuando el humo levanta sus ruedas decisivas
hacia donde no hay nada sino algunas
separaciones, piedras, vías férreas.

Hay tantas gentes haciendo preguntas
por todas partes.
Hay el ciego sangriento, y el iracundo, y el
desanimado,

y el miserable, el árbol de las uñas,
el bandolero con la envidia a cuestas.

Así es la vida, Federico, aquí tienes
las cosas que te puede ofrecer mi amistad
de melancólico varón varonil.
Ya sabes por ti mismo muchas cosas,
y otras irás sabiendo lentamente.

–[Madrid, junio de 1935] / *Residencia en la tierra,* II, 1935

SOBRE UNA POESÍA SIN PUREZA

Es muy conveniente, en ciertas horas del día o de la noche, observar profundamente los objetos en descanso: las ruedas que han recorrido largas, polvorientas distancias, soportando grandes cargas vegetales o minerales, los sacos de las carbonerías, los barriles, las cestas, los mangos y asas de los instrumentos del carpintero. De ellos se desprende el contacto del hombre y de la tierra como una lección para el torturado poeta lírico. Las superficies usadas, el gasto que las manos han infligido a las cosas, la atmósfera a menudo trágica y siempre patética de estos objetos, infunde una especie de atracción no despreciable hacia la realidad del mundo.

La confusa impureza de los seres humanos se percibe en ellos, la agrupación, uso y desuso de los materiales, las huellas del pie y los dedos, la constancia de una atmósfera humana inundando las cosas desde lo interno y lo externo.

Así sea la poesía que buscamos, gastada como por un ácido por los deberes de la mano, penetrada por el sudor y el humo, oliente a orina y a azucena, salpicada por las diversas profesiones que se ejercen dentro y fuera de la ley.

Una poesía impura como un traje, como un cuerpo, con manchas de nutrición, y actitudes vergonzosas, con arrugas, observaciones, sueños, vigilia, profecías, declaraciones de amor y de odio, bestias, sacudidas, idilios, creencias políticas, negaciones, dudas, afirmaciones, impuestos.

La sagrada ley del madrigal y los decretos del tacto, olfato, gusto, vista, oído, el deseo de justicia, el deseo sexual, el ruido del océano, sin excluir deliberadamente nada, sin aceptar deliberadamente nada, la entrada en la profundidad de las cosas en un acto de arrebatado amor, y el producto poesía manchado de palomas digitales, con huellas de dientes y hielo, roído tal vez levemente por el sudor y el uso. Hasta alcanzar esa dulce superficie del instrumento tocado sin descanso, esa suavidad durísima de la madera manejada, del orgulloso hierro. La flor, el trigo, el agua tienen también esa consistencia especial, ese recuerdo de un magnífico tacto.

Y no olvidemos nunca la melancolía, el gastado sentimentalismo, perfectos frutos impuros de maravillosa calidad olvidada, dejados atrás por el frenético libresco: la luz de la luna, el cisne en el anochecer, «corazón mío» son sin duda lo poético elemental e imprescindible. Quien huye del mal gusto cae en el hielo.

–*Caballo Verde para la Poesía,* n.° 1, Madrid, octubre de 1935 /
OC, t. IV, pp. 381-382

CANTO A LAS MADRES DE LOS MILICIANOS MUERTOS

No han muerto! Están en medio
de la pólvora,
de pie, como mechas ardiendo.
Sus sombras puras se han unido
en la pradera de color de cobre
como una cortina de viento blindado,
como una barrera de color de furia,
como el mismo invisible pecho del cielo.

Madres! Ellos están de pie en el trigo,
altos como el profundo mediodía,
dominando las grandes llanuras!
Son una campanada de voz negra

que a través de los cuerpos de acero asesinado
repica la victoria.
Hermanas como el polvo
caído, corazones
quebrantados,
tened fe en vuestros muertos!
No solo son raíces
bajo las piedras teñidas de sangre,
no solo sus pobres huesos derribados
definitivamente trabajan en la tierra,
sino que aun sus bocas muerden pólvora seca
y atacan como océanos de hierro, y aún
sus puños levantados contradicen la muerte.

Porque de tantos cuerpos una vida invisible
se levanta. Madres, banderas, hijos!
Un solo cuerpo vivo como la vida:
un rostro de ojos rotos vigila las tinieblas
con una espada llena de esperanzas terrestres!

Dejad
vuestros mantos de luto, juntad todas
vuestras lágrimas hasta hacerlas metales:
que allí golpeamos de día y de noche,
allí pateamos de día y de noche,
allí escupimos de día y de noche
hasta que caigan las puertas del odio!

Yo no me olvido de vuestras desgracias, conozco
vuestros hijos
y si estoy orgulloso de sus muertes,
estoy también orgulloso de sus vidas.
Sus risas
relampagueaban en los sordos talleres,
sus pasos en el Metro
sonaban a mi lado cada día, y junto
a las naranjas de Levante, a las redes del sur, junto
a la tinta de las imprentas, sobre el cemento de las arquitecturas
he visto llamear sus corazones de fuego y energías.

Y como en vuestros corazones, madres,
hay en mi corazón tanto luto y tanta muerte
que parece una selva
mojada por la sangre que mató sus sonrisas,
y entran en él las rabiosas nieblas del desvelo
con la desgarradora soledad de los días.

Pero
más que la maldición a las hienas sedientas, al estertor bestial
que aúlla desde el África sus patentes inmundas,
más que la cólera, más que el desprecio, más que el llanto,
madres atravesadas por la angustia y la muerte,
mirad el corazón del noble día que nace,
y sabed que vuestros muertos sonríen desde la tierra
levantando los puños sobre el trigo.

–*El Mono Azul,* n.º 5, Madrid, 24.9.1936 / *España en el corazón,* 1937

CANTO SOBRE UNAS RUINAS

Esto que fue creado y dominado,
esto que fue humedecido, usado, visto,
yace —sobre pañuelo— entre las olas
de tierra y negro azufre.
Como el botón o el pecho
se levantan al cielo, como la flor que sube
desde el hueso destruido, así las formas
del mundo aparecieron. Oh párpados,
oh columnas, oh escalas!
Oh profundas materias
agregadas y puras: cuánto hasta ser campanas!
Cuánto hasta ser relojes! Aluminio
de azules proporciones, cemento
pegado al sueño de los seres!
El polvo se congrega,
la goma, el lodo, los objetos crecen

y las paredes se levantan
como parras de oscura piel humana.
Allí dentro en blanco, en cobre,
en fuego, en abandono, los papeles crecían,
el llanto abominable, las prescripciones
llevadas en la noche a la farmacia mientras
alguien con fiebre,
la seca sien mental, la puerta
que el hombre ha construido
para no abrir jamás.
Todo ha ido y caído
brutalmente marchito.
Utensilios heridos, telas
nocturnas, espuma sucia, orines justamente
vertidos, mejillas, vidrio, lana,
alcanfor, círculos de hilo y cuero, todo,
todo por una rueda vuelto al polvo,
al desorganizado sueño de los metales,
todo el perfume, todo lo fascinado,
todo reunido en nada, todo caído
para no nacer nunca.
Sed celeste, palomas
con cintura de harina: épocas
de polen y racimo, ved cómo
la madera se destroza
hasta llegar al luto: no hay raíces
para el hombre: todo descansa apenas
sobre un temblor de lluvia.
Ved cómo se ha podrido
la guitarra en la boca de la fragante novia:
ved cómo las palabras que tanto construyeron,
ahora son exterminio: mirad sobre la cal y entre el mármol deshecho
la huella —ya con musgos— del sollozo.

–*Los Poetas del Mundo Defienden al Pueblo Español,* n.º 1, noviembre de 1936 /
España en el corazón, 1937

EXPLICO ALGUNAS COSAS

Preguntaréis: Y dónde están las lilas?
Y la metafísica cubierta de amapolas?
Y la lluvia que a menudo golpeaba
sus palabras llenándolas
de agujeros y pájaros?

Os voy a contar todo lo que me pasa.

Yo vivía en un barrio
de Madrid, con campanas,
con relojes, con árboles.

Desde allí se veía
el rostro seco de Castilla
como un océano de cuero.
Mi casa era llamada
la casa de las flores, porque por todas partes
estallaban geranios: era
una bella casa
con perros y chiquillos.
Raúl, te acuerdas?
Te acuerdas, Rafael?
Federico, te acuerdas
debajo de la tierra,
te acuerdas de mi casa con balcones en donde
la luz de junio ahogaba flores en tu boca?
Hermano, hermano!
Todo
eran grandes voces, sal de mercaderías,
aglomeraciones de pan palpitante,
mercados de mi barrio de Argüelles con su estatua
como un tintero pálido entre las merluzas:
el aceite llegaba a las cucharas,
un profundo latido
de pies y manos llenaba las calles,

metros, litros, esencia
aguda de la vida,
                                        pescados hacinados,
contextura de techos con sol frío en el cual
la flecha se fatiga,
delirante marfil fino de las patatas,
tomates repetidos hasta el mar.

Y una mañana todo estaba ardiendo
y una mañana las hogueras
salían de la tierra
devorando seres,
y desde entonces fuego,
pólvora desde entonces,
y desde entonces sangre.

Bandidos con aviones y con moros,
bandidos con sortijas y duquesas,
bandidos con frailes negros bendiciendo
venían por el cielo a matar niños,
y por las calles la sangre de los niños
corría simplemente, como sangre de niños.

Chacales que el chacal rechazaría,
piedras que el cardo seco mordería escupiendo,
víboras que las víboras odiaran!

Frente a vosotros he visto la sangre
de España levantarse
para ahogaros en una sola ola
de orgullo y de cuchillos!

Generales
traidores:
mirad mi casa muerta,
mirad España rota:
pero de cada casa muerta sale metal ardiendo
en vez de flores,
pero de cada hueco de España

sale España,
pero de cada niño muerto sale un fusil con ojos,
pero de cada crimen nacen balas
que os hallarán un día el sitio
del corazón.

Preguntaréis por qué su poesía
no nos habla del sueño, de las hojas,
de los grandes volcanes de su país natal?

Venid a ver la sangre por las calles,
venid a ver
la sangre por las calles,
venid a ver la sangre
por las calles!

– «Es así», *El Mono Azul,* n.º 22, Madrid, 1.7.1937 /
España en el corazón, 1937

CÉSAR VALLEJO HA MUERTO

Esta primavera de Europa está creciendo sobre uno más, uno inolvidable entre los muertos, nuestro bienadmirado, nuestro bienquerido César Vallejo. Por estos tiempos de París, él vivía con la ventana abierta, y su pensativa cabeza de piedra peruana recogía el rumor de Francia, del mundo, de España... Viejo combatiente de la esperanza, viejo querido. Es posible? Y qué haremos en este mundo para ser dignos de tu silenciosa obra duradera, de tu interno crecimiento esencial? Ya en tus últimos tiempos, hermano, tu cuerpo, tu alma te pedían tierra americana, pero la hoguera de España te retenía en Francia, en donde nadie fue más extranjero. Porque eras el espectro americano —indoamericano, como vosotros preferís decir—, un espectro de nuestra martirizada América, un espectro maduro en la libertad y en la pasión. Tenías algo de mina, de socavón lunar, algo terrenalmente profundo.

«Rindió tributo a sus muchas hambres», me escribe Juan Larrea. Muchas hambres, parece mentira... Las muchas hambres, las muchas soledades, las muchas leguas de viaje, pensando en los hombres, en la injusticia sobre esta tierra, en la cobardía de media humanidad. Lo de España ya te iba royendo el alma. Esa alma tan roída por tu propio espíritu, tan despojada, tan herida por tu propia necesidad ascética. Lo de España ha sido el taladro de cada día para tu inmensa virtud. Eras grande, Vallejo. Eras interior y grande, como un gran palacio de piedra subterránea, con mucho silencio mineral, con mucha esencia de tiempo y de especie. Y allá en el fondo el fuego implacable del espíritu, brasa y ceniza... Salud, gran poeta, salud, hermano.

–*Aurora de Chile,* n.º 1, Santiago, agosto de 1938 / *OC,* t. IV, pp. 416-417

ODA DE INVIERNO AL RÍO MAPOCHO

Oh, sí, nieve imprecisa,
oh, sí, temblando en plena flor de nieve,
párpado boreal, pequeño rayo helado
quién, quién te llamó hacia el ceniciento valle,
quién, quién te arrastró desde el pico del águila
hasta donde tus aguas puras tocan
los terribles harapos de mi patria?
Río, por qué conduces
agua fría y secreta,
agua que el alba dura de las piedras
guardó en su catedral inaccesible,
hasta los pies heridos de mi pueblo?
Vuelve, vuelve a tu copa de nieve, río amargo,
vuelve, vuelve a tu copa de espaciosas escarchas,
sumerge tu plateada raíz en tu secreto origen
o despéñate y rómpete en otro mar sin lágrimas!
Río Mapocho, cuando la noche llega
y como negra estatua echada
duerme bajo tus puentes con un racimo negro
de cabezas golpeadas por el frío y el hambre
como por dos inmensas águilas, oh río,
oh duro río parido por la nieve,

por qué no te levantas como inmenso fantasma
o como nueva cruz de estrellas para los olvidados?
No, tu brusca ceniza corre ahora
junto al sollozo echado al agua negra,
junto a la manga rota que el viento endurecido
hace temblar debajo de las hojas de hierro.
Río Mapocho, adónde llevas
plumas de hielo para siempre heridas,
siempre junto a tu cárdena ribera
la flor salvaje nacerá mordida por los piojos
y tu lengua de frío rasgará las mejillas
de mi patria desnuda?
Oh, que no sea,
oh, que no sea, y que una gota de tu espuma negra
salte del légamo a la flor del fuego
y precipite la semilla del hombre.

–*Aurora de Chile,* n.º 1, Santiago, agosto de 1938 /
Canto general, canto VII, poema XVII, 1950

LA COPA DE SANGRE

Cuando remotamente regreso y en el extraordinario azar de los trenes, como los antepasados sobre las cabalgaduras, me quedo sobredormido y enredado en mis exclusivas propiedades, veo a través de lo negro de los años cruzándolo todo como una enredadera nevada un patriótico sentimiento, un bárbaro viento tricolor en mi investidura: pertenezco a un pedazo de pobre tierra austral hacia la Araucanía, han venido mis actos desde los más distantes relojes, como si aquella tierra boscosa y perpetuamente en lluvia tuviera un secreto mío que no conozco, que no conozco y que debo saber, y que busco, perdidamente, ciegamente, examinando largos ríos, vegetaciones, inconcebibles montones de madera, mares del sur, hundiéndome en la botánica y en la lluvia, sin llegar a esa privilegiada espuma que las olas depositan y rompen, sin llegar a ese metro de tierra especial, sin tocar mi verdadera arena. Entonces, mientras el tren nocturno toca violentamente estaciones madereras o carboníferas como si en medio del mar de la noche se sacudiera contra los arrecifes, me siento disminuido y escolar, niño en el frío de la zona sur, con el colegio en los deslindes del pueblo, y contra el corazón los grandes, húmedos boscajes del sur del mundo. Entro en un patio, voy vestido de negro, tengo corbata de poeta, mis tíos están allí todos reunidos, son todos inmensos, debajo del árbol guitarras y cuchillos, cantos que rápidamente entrecorta el áspero vino. Y entonces abren la garganta de un cordero palpitante, y una copa abrasadora de sangre me llevan a la boca, entre disparos y cantos, y me siento agonizar como el cordero, y quiero también llegar a ser centauro, y, pálido, indeciso, perdido en medio de la desierta infancia, levanto y bebo la copa de sangre.

Hace poco murió mi padre, acontecimiento estrictamente laico, y sin embargo algo religiosamente funeral ha sucedido en su tumba, y este es el momento de revelarlo. Algunas semanas después mi madre, según el diario y temible lenguaje, fallecía también, y para que descansaran juntos trasladamos de nicho al caballero muerto. Fuimos a mediodía con mi hermano y algunos de los ferroviarios amigos del difunto, hicimos abrir el nicho ya sellado y cimentado, y sacamos la urna, pero ya llena de hongos, y sobre ella una palma con flores negras y extinguidas: la humedad de la zona había partido el ataúd y al bajarlo de su sitio, ay sin creer lo que veía, vimos bajar de él cantidades de agua, cantidades como interminables litros que caían de adentro de él, de su substancia.

Pero todo se explica: esta agua trágica era lluvia, lluvia tal vez de un solo día, de una sola hora tal vez de nuestro austral invierno, y esta lluvia había atravesado techos y balaustradas, ladrillo y otros materiales y otros muertos hasta llegar a la tumba de mi deudo. Ahora bien, esta agua terrible, esta agua salida de un imposible, insondable, extraordinario escondite, para mostrarme a mí su torrencial secreto, esta agua original y temible me advertía otra vez con su misterioso derrame mi conexión interminable con una determinada vida, región y muerte.

–[Temuco, agosto-septiembre de 1938] / *Selección,* 1943

EN LA MUERTE DE ANTONIO MACHADO

En este desgarrador crepúsculo del mundo, después de una campanada de sangre, entra la noche por tierras españolas. Hoy, a esta hora, entra y se instala la sombra hasta debajo de las piedras. Debajo de cada piedra y bajo cada hoja y bajo cada techo, hay en esta hora una gota de sangre y una gota de sombra. Y esta reunida sangre y sombra entierran todo lo terrestre: cubren también el corazón del hombre. Llega la noche por los caminos de España, por los viejos caminos de polvo finísimo y secular llegan las cabalgatas nocturnas, ante cada puerta estremecida se detienen los asesinos, los hombres de la sombra, y ante el que se llama Juan, ante el que se llama Pedro, como tú, como tu padre, ante el herrero, ante el labrador, ante el maestro, ante España, se sitúa una boca de fusil, una llamarada loca y un grito de agonía.

Por los caminos de nuestra sangre llega la noche. Veo cruzar las parejas de campesinos escondiéndose entre las arrugas de la piedra, veo rodar los enloquecidos ojos de los hombres que miran al mar, el mar sin barcos, veo a mis camaradas escritores arañar la tierra con las uñas quebradas porque el tormento ya no tiene capacidad en el corazón, veo correr por los senderos, caerse por las rocas, toda la raza de los orgullosos españoles, a quienes dejaron solos ante sus asesinos, toda una parte de una humanidad miserable. Y en esta fila amarga, entre los niños hambrientos y las madres heridas, miro, antes de la muerte, a este ardiente y melancólico caballero, a esta apostura de encina y piedra tocada por la nieve, a este héroe de una profunda España, que es ahora solo un estremecimiento, solo una cuchillada en la sangre, solo una semilla en la frente de todos los hombres.

Quién eres?, le digo; y esta sombra pura me responde: «Soy lo que dejo atrás, soy una comarca de molinos y luna, soy un sol de frío en la meseta, soy una misteriosa mano de piedra que toca las puertas del pueblo. Soy Antonio Machado expulsado de su mansión tutelar, soy España echada fuera de España».

Todas las breñas arriesgadas de la exploración por la inteligencia, todas las pasiones del ser llevadas a la destreza de la luz, toda la ancianidad llevada a su esplendor y a su destello, todo lo puso Antonio Machado en las manos de su pueblo, toda su sabiduría, toda su ternura, todo su silencio, toda su alcurnia, todo lo dejó Machado ardiendo en esa hoguera de leones, y al mirar atrás y al ver a su pueblo perseguido, destrozado, ofendido, humillado, traicionado y sacudido por esta mortal, por esta infame injusticia consumada, Antonio Machado, al ver la noche, y la gota de sangre y la gota de sombra temblar y ocultar toda la luz de su patria, Antonio Machado cierra los ojos y muere, contemplando a España con los ojos cerrados, porque así miramos ahora a España los que la amamos, con los ojos cerrados, para no ver el puñal de los malvados rompiendo el corazón de los justos.

Yo, si él no se hubiera muerto, yo le habría dicho: «Tomad, señor, este camino; dejadme, señor, haceros hueco bajo este follaje y encenderos fuego entre estas piedras extranjeras». Y le habría dicho: «Mirad, señor, detrás de estos árboles fronterizos; mirad, señor, más allá del océano; mirad hacia allá donde brillan estrellas desconocidas antes al mundo, estrellas que fueron dadas al cielo por un puñado de manos españolas, allá, en el límite de las islas y del mar, está América, y América española, América libre, América rumorosa de sílabas y de venas hispánicas, América llena de frutas y de carne. América no puede mostrar el corazón encallecido de Europa, América, señor —le habría dicho—, América no puede traicionar, no puede negar refugio a la desventurada madre de su sangre».

Pero no pude decírselo. Yo voy a Francia a recoger españoles y darles el refugio de Chile, porque en mi patria manda el pueblo, y es este uno de sus mandatos. Y no podré decírselo, pero se lo diré a un pescador gallego, a un labriego de Castilla, a un minero de Asturias, se lo diré a cualquier obrero vasco, catalán o andaluz, y sé que Machado, el poeta, escuchará este mensaje que llevo de un pueblo, porque Antonio Machado ya entró a la historia, y la historia escucha y guarda lo grande y lo mezquino, lo alto y lo miserable, lo escucha todo para juzgar mañana.

Y cuando la justicia se escriba, cuando caiga todo el lodo que se nos echa encima cada mañana de este mundo, cuando se rompan los últimos harapos de la mentira, en esa hora de la justicia y del amanecer que esperamos, en las grandes puertas de pórfido, en las columnas fundamentales que sostendrán la paz entre los hombres, estará grabado este nombre con alfabeto ardiendo: Pueblo español, y dentro de ese nombre, como pequeñas, pero formidables abejas, estará el pequeño nombre de Antonio Machado, estará el pequeño nombre de Federico García Lorca, pequeños dentro del gran tribunal palpitante de la justicia universal y popular, pero grandes, titánicos y sonoros como las raíces de la raza.

Pensaréis que cuando rueda degollada la voz de los ruiseñores ha llegado una noche más completa, más salvaje y más sanguinaria que todas las noches del mundo. Y así es. Pensaréis que sombra y sangre van a crecer hasta de la punta de las espigas y hasta del centro de las rosas, y así es; pensaréis que levantan el brazo en España para mostrar las manos manchadas por la traición y la sangre de los hermanos, y así es; pero, acongojados compañeros, camaradas míos, pensad que el mar es más profundo, más amargo y más lleno de cólera, y el hombre ha esperado con los ojos puestos en la otra orilla, pensad que el desierto, la distancia y el tiempo son atravesados por la esperanza humana, pensad que la roca se deshace bajo el pro de la voluntad. Y la manada de lobos se dispersará por las estepas y por las puertas severas de España volverán a entrar la alegría y la justicia del hombre.

–*Aurora de Chile,* n.° 10, Santiago, 6.5.1939 / *OC,* t. IV, pp. 430-432

HIMNO Y REGRESO

Patria, mi patria, vuelvo hacia ti la sangre.
Pero te pido, como a la madre el niño
lleno de llanto.
                    Acoge
esta guitarra ciega
y esta frente perdida.
Salí a encontrarte hijos por la tierra,
salí a cuidar caídos con tu nombre de nieve,
salí a hacer una casa con tu madera pura,
salí a llevar tu estrella a los héroes heridos.

Ahora quiero dormir en tu substancia.
Dame tu clara noche de penetrantes cuerdas,
tu noche de navío, tu estatura estrellada.

Patria mía: quiero mudar de sombra.
Patria mía: quiero cambiar de rosa.
Quiero poner mi brazo en tu cintura exigua
y sentarme en tus piedras por el mar calcinadas,
a detener el trigo y mirarlo por dentro.

Voy a escoger la flora delgada del nitrato,
voy a hilar el estambre glacial de la campana,
y mirando tu ilustre y solitaria espuma
un ramo litoral tejeré a tu belleza.

Patria, mi patria
toda rodeada de agua combatiente
y nieve combatida,
en ti se junta el águila al azufre,
y en tu antártica mano de armiño y de zafiro
una gota de pura luz humana
brilla encendiendo el enemigo cielo.

Guarda tu luz, oh patria!, mantén
tu dura espiga de esperanza en medio
del ciego aire temible.
En tu remota tierra ha caído toda esta luz difícil,
este destino de los hombres
que te hace defender una flor misteriosa
sola, en la inmensidad de América dormida.

–[1939] / *Canto general,* canto VII, poema I, 1950

VI

«AMÉRICA, NO INVOCO TU NOMBRE EN VANO»

(1940-1946)

OCÉANO

Si tu desnudo aparecido y verde,
si tu manzana desmedida, si
en las tinieblas tu mazurca, dónde
está tu origen?
Noche
más dulce que la noche,
                                        sal
madre, sal sangrienta, curva madre del agua,
planeta recorrido por la espuma y la médula:
titánica dulzura de estelar longitud:
noche con una sola ola en la mano:
tempestad contra el águila marina,
ciega bajo las manos del sulfato insondable:
bodega en tanta noche sepultada,
corola fría toda de invasión y sonido,
catedral enterrada a golpes en la estrella.
Hay el caballo herido que en la edad de tu orilla
recorre, por el fuego glacial substituido,
hay el abeto roto transformado en plumaje
y deshecho en tus manos de atroz cristalería,
y la incesante rosa combatida en las islas
y la diadema de agua y luna que estableces.
Patria mía, a tu tierra
todo este cielo oscuro!
Toda esta fruta universal, toda esta
delirante corona!
Para ti esta copa de espumas donde el rayo

se pierde como un albatros ciego, y donde el sol del Sur
se levanta mirando tu condición sagrada.

–*La Hora,* Santiago, 21.7.1940 / *Canto general,* canto VII, poema IV, 1950

BOTÁNICA

El sanguinario litre y el benéfico boldo
diseminan su estilo
en irritantes besos de animal esmeralda
o antologías de agua oscura entre las piedras.

El chupón en la cima del árbol establece
su dentadura nívea
y el salvaje avellano construye su castillo
de páginas y gotas.

La altamisa y la chépica rodean
los ojos del orégano
y el radiante laurel de la frontera
perfuma las lejanas intendencias.

Quila y quelenquelén de las mañanas.
Idioma frío de las fucsias,
que se va por las piedras tricolores
gritando viva Chile con la espuma!

El dedal de oro espera
los dedos de la nieve
y rueda el tiempo sin su matrimonio
que uniría a los ángeles del fuego y del azúcar.

El mágico canelo
lava en la lluvia su racial ramaje,
y precipita sus lingotes verdes
bajo la vegetal agua del Sur.

La dulce aspa del ulmo
con fanegas de flores
sube las gotas del copihue rojo
a conocer el sol de las guitarras.

La agreste delgadilla
y el celestial poleo
bailan en las praderas con el joven rocío
recientemente armado por el río Toltén.

La indescifrable doca
decapita su púrpura en la arena
y conduce sus triángulos marinos
hacia las secas lunas litorales.

La bruñida amapola,
relámpago y herida, dardo y boca,
sobre el quemante trigo
pone sus puntuaciones escarlata.

La patagua evidente
condecora sus muertos
y teje sus familias
con manantiales aguas y medallas de río.

El paico arregla lámparas
en el clima del Sur, desamparado,
cuando viene la noche
del mar nunca dormido.

El roble duerme solo,
muy vertical, muy pobre, muy mordido,
muy decisivo en la pradera pura
con su traje de roto maltratado
y su cabeza llena de solemnes estrellas.

–*La Hora,* Santiago, 21.7.1940 /
Canto general, canto VII, poema XII, 1950

DESCUBRIDORES DE CHILE

Del Norte trajo Almagro su arrugada centella.
Y sobre el territorio, entre explosión y ocaso,
se inclinó día y noche como sobre una carta.
Sombra de espinas, sombra de cardo y cera,
el español reunido con su seca figura,
mirando las sombrías estrategias del suelo.
Noche, nieve y arena hacen la forma
de mi delgada patria,
todo el silencio está en su larga línea,
toda la espuma sale de su barba marina,
todo el carbón la llena de misteriosos besos.
Como una brasa el oro arde en sus dedos
y la plata ilumina como una luna verde
su endurecida forma de tétrico planeta.
El español sentado junto a la rosa un día,
junto al aceite, junto al vino, junto al antiguo cielo
no imaginó este punto de colérica piedra
nacer bajo el estiércol del águila marina.

–«Almagro», *La Hora,* Santiago, 21.7.1940 /
Canto general, canto III, poema XVIII, 1950

REUNIÓN BAJO LAS NUEVAS BANDERAS

Quién ha mentido? El pie de la azucena
roto, insondable, oscurecido, todo
lleno de herida y resplandor oscuro!
Todo, la norma de ola en ola en ola,
el impreciso túmulo del ámbar
y las ásperas gotas de la espiga!
Fundé mi pecho en esto, escuché toda
la sal funesta: de noche
fui a plantar mis raíces:
averigüé lo amargo de la tierra:
todo fue para mí noche o relámpago:

cera secreta cupo en mi cabeza
y derramó cenizas en mis huellas.

Y para quién busqué este pulso frío
sino para una muerte?
Y qué instrumento perdí en las tinieblas
desamparadas, donde nadie me oye?
No,
ya era tiempo, huid,
sombras de sangre,
hielos de estrella, retroceded al paso de los pasos humanos
y alejad de mis pies la negra sombra!

Yo de los hombres tengo la misma mano herida,
yo sostengo la misma copa roja
e igual asombro enfurecido:
un día
palpitante de sueños
humanos, un salvaje
cereal ha llegado
a mi devoradora noche
para que junte mis pasos de lobo
a los pasos del hombre.
Y así, reunido,
duramente central, no busco asilo
en los huecos del llanto: muestro
la cepa de la abeja: pan radiante
para el hijo del hombre: en el misterio el azul se prepara
para mirar un trigo lejano de la sangre.
Dónde está tu sitio en la rosa?
En dónde está tu párpado de estrella?
Olvidaste esos dedos de sudor que enloquecen
por alcanzar la arena?
Paz para ti, sol sombrío,
paz para ti, frente ciega,
hay un quemante sitio para ti en los caminos,
hay piedras sin misterio que te miran,
hay silencios de cárcel con una estrella loca,
desnuda, desbocada, contemplando el infierno.

Juntos, frente al sollozo!
                                        Es la hora
alta de tierra y de perfume, mirad este rostro
recién salido de la sal terrible,
mirad esta boca amarga que sonríe,
mirad este nuevo corazón que os saluda
con su flor desbordante, determinada y áurea.

–*España Peregrina,* n.º 8-9, México, 12.10.1940 / *Tercera residencia,* 1947

UN CANTO PARA BOLÍVAR

Padre nuestro que estás en la tierra, en el agua, en el aire
de toda nuestra extensa latitud silenciosa,
todo lleva tu nombre, padre, en nuestra morada:
tu apellido la caña levanta a la dulzura,
el estaño bolívar tiene un fulgor bolívar,
el pájaro bolívar sobre el volcán bolívar,
la patata, el salitre, las sombras especiales,
las corrientes, las vetas de fosfórica piedra,
todo lo nuestro viene de tu vida apagada,
tu herencia fueron ríos, llanuras, campanarios,
tu herencia es el pan nuestro de cada día, padre.

Tu pequeño cadáver de capitán valiente
ha extendido en lo inmenso su metálica forma,
de pronto salen dedos tuyos entre la nieve
y el austral pescador saca a la luz de pronto
tu sonrisa, tu voz palpitando en las redes.

De qué color la rosa que junto a tu alma alcemos?
Roja será la rosa que recuerde tu paso.
Cómo serán las manos que toquen tu ceniza?
Rojas serán las manos que en tu ceniza nacen.
Y cómo es la semilla de tu corazón muerto?
Es roja la semilla de tu corazón vivo.

Por eso es hoy la ronda de manos junto a ti.
Junto a mi mano hay otra y hay otra junto a ella,
y otra más, hasta el fondo del continente oscuro.
Y otra mano que tú no conociste entonces
viene también, Bolívar, a estrechar a la tuya:
de Teruel, de Madrid, del Jarama, del Ebro,
de la cárcel, del aire, de los muertos de España
llega esta mano roja que es hija de la tuya.

Capitán, combatiente, donde una boca
grita libertad, donde un oído escucha,
donde un soldado rojo rompe una frente parda,
donde un laurel de libres brota, donde una nueva
bandera se adorna con la sangre de nuestra insigne aurora,
Bolívar, capitán, se divisa tu rostro.
Otra vez entre pólvora y humo tu espada está naciendo.
Otra vez tu bandera con sangre se ha bordado.
Los malvados atacan tu semilla de nuevo,
clavado en otra cruz está el hijo del hombre.

Pero hacia la esperanza nos conduce tu sombra,
el laurel y la luz de tu ejército rojo
a través de la noche de America con tu mirada mira.
Tus ojos que vigilan más allá de los mares,
más allá de los pueblos oprimidos y heridos,
más allá de las negras ciudades incendiadas,
tu voz nace de nuevo, tu mano otra vez nace:
tu ejército defiende las banderas sagradas:
la Libertad sacude las campanas sangrientas,
y un sonido terrible de dolores precede
la aurora enrojecida por la sangre del hombre.
Libertador, un mundo de paz nació en tus brazos.
La paz, el pan, el trigo de tu sangre nacieron,
de nuestra joven sangre venida de tu sangre
saldrán paz, pan y trigo para el mundo que haremos.
Yo conocí a Bolívar una mañana larga,
en Madrid, en la boca del Quinto Regimiento,
Padre, le dije, eres o no eres o quién eres?

Y mirando el Cuartel de la Montaña, dijo:
«Despierto cada cien años cuando despierta el pueblo».

–[México, 1941] / *Tercera residencia,* 1947

QUIERO VOLVER AL SUR

Enfermo en Veracruz, recuerdo un día
del Sur, mi tierra, un día de plata
como un rápido pez en el agua del cielo.
Loncoche, Lonquimay, Carahue, desde arriba
esparcidos, rodeados por silencio y raíces,
sentados en sus tronos de cueros y maderas.
El Sur es un caballo echado a pique
coronado con lentos árboles y rocío,
cuando levanta el verde hocico caen las gotas,
la sombra de su cola moja el gran archipiélago
y en su intestino crece el carbón venerado.
Nunca más, dime, sombra, nunca más, dime, mano,
nunca más, dime, pie, puerta, pierna, combate,
trastornarás la selva, el camino, la espiga,
la niebla, el frío, lo que, azul, determinaba
cada uno de tus pasos sin cesar consumidos?
Cielo, déjame un día de estrella a estrella irme
pisando luz y pólvora, destrozando mi sangre
hasta llegar al nido de la lluvia!
Quiero ir
detrás de la madera por el río
Toltén fragante, quiero salir de los aserraderos,
entrar en las cantinas con los pies empapados,
guiarme por la luz del avellano eléctrico,
tenderme junto al excremento de las vacas,
morir y revivir mordiendo trigo.
Océano, tráeme
un día del Sur, un día agarrado a tus olas,

un día de árbol mojado, trae un viento
azul polar a mi bandera fría!

–[México, 1941] / *Canto general,* canto VII, poema II, 1950

TINA MODOTTI HA MUERTO

Tina Modotti, hermana, no duermes, no, no duermes:
tal vez tu corazón oye crecer la rosa
de ayer, la última rosa de ayer, la nueva rosa.
Descansa dulcemente, hermana.

La nueva rosa es tuya, la nueva tierra es tuya:
te has puesto un nuevo traje de semilla profunda
y tu suave silencio se llena de raíces.
No dormirás en vano, hermana.

Puro es tu dulce nombre, pura es tu frágil vida.
De abeja, sombra, fuego, nieve, silencio, espuma,
de acero, línea, polen, se construyó tu férrea,
tu delgada estructura.

El chacal a la alhaja de tu cuerpo dormido
aún asoma la pluma y el alma ensangrentada
como si tú pudieras, hermana, levantarte,
sonriendo sobre el lodo.

A mi patria te llevo para que no te toquen,
a mi patria de nieve para que a tu pureza
no llegue el asesino, ni el chacal, ni el vendido:
allí estarás tranquila.

Oyes un paso, un paso lleno de pasos, algo
grande desde la estepa, desde el Don, desde el frío?
Oyes un paso firme de soldado en la nieve?
Hermana, son tus pasos.

Ya pasarán un día por tu pequeña tumba
antes de que las rosas de ayer se desbaraten,
ya pasarán a ver los de un día, mañana,
    donde está ardiendo tu silencio.

Un mundo marcha al sitio donde tú ibas, hermana.
Avanzan cada día los cantos de tu boca
en la boca del pueblo glorioso que tú amabas.
    Tu corazón era valiente.

En las viejas cocinas de tu patria, en las rutas
polvorientas, algo se dice y pasa,
algo vuelve a la llama de tu dorado pueblo,
    algo despierta y canta.

Son los tuyos, hermana: los que hoy dicen tu nombre,
los que de todas partes, del agua y de la tierra,
con tu nombre otros nombres callamos y decimos.
    Porque el fuego no muere.

–[México, enero de 1942] / *Tercera residencia,* 1947

VIAJE AL CORAZÓN DE QUEVEDO
[FRAGMENTO]

[...]
A mí me hizo la vida recorrer los más lejanos sitios del mundo antes de llegar al que debió ser mi punto de partida: España. Y en la vida de mi poesía, en mi pequeña historia de poeta, me tocó conocerlo casi todo antes de llegar a Quevedo.

Así también, cuando pisé España, cuando puse los pies en las piedras polvorientas de sus pueblos dispersos, cuando me cayó en la frente y en el alma la sangre de sus heridas, me di cuenta de una parte original de mi existencia, de una base roquera donde está temblando aún la cuna de la sangre.

Nuestras praderas, nuestros volcanes, nuestra frente abrumada por tanto esplendor volcánico y fluvial, pudieron hace ya tiempo construir en esta desértica fortaleza el arma de fuego capaz de horadar la noche. Hasta hoy, de los genios poéticos nacidos en nuestra tierra virginal, dos son franceses y dos son afrancesados. Hablo de los uruguayos Julio Laforgue e Isidoro Ducasse, y de Rubén Darío y Julio Herrera y Reissig. Nuestros dos primeros compatriotas, Isidoro Ducasse y Julio Laforgue, abandonan América a corta edad de ellos y de América. Dejan desamparado el vasto territorio vital que en vez de procrearlos con torbellinos de papel y con ilusiones caninas, los levanta y los llena de soplo masculino y terrible que produce en nuestro continente, con la misma sinrazón y el mismo desequilibrio, el hocico sangriento del puma, el caimán devorador y destructor y la pampa llena de trigo para que la humanidad entera no olvide, a través de nosotros, su comienzo, su origen.

América llena, a través de Laforgue y de Ducasse, las calles enrarecidas de Europa con una flora ardiente y helada, con unos fantasmas que desde entonces la poblarán para siempre. El payaso lunático de Laforgue no ha recibido la luna inmensa de las pampas en vano: su resplandor lunar es mayor que la vieja luna de todos los siglos: la luna apostrofada, virulenta y amarilla de Europa. Para sacar a la luz de la noche una luz tan lunar, se necesitaba haberla recibido en una tierra resplandeciente de astros recién creados, de planeta en formación, con estepas llenas aún de rocío salvaje. Isidoro Ducasse, conde de Lautréamont, es americano, uruguayo, chileno, colombiano, nuestro. Pariente de gauchos, de cazadores de cabezas del Caribe remoto, es un héroe sanguinario de la tenebrosa profundidad de nuestra América. Corren en su desértica literatura los caballistas machos, los colonos del Uruguay, de la Patagonia, de Colombia. Hay en él un ambiente geográfico de exploración gigantesca y una fosforescencia marítima que no la da el Sena, sino la flora torrencial del Amazonas y el abstracto nitrato, el cobre longitudinal, el oro agresivo y las corrientes activas y caóticas que tiñen la tierra y el mar de nuestro planeta americano.

Pero a lo americano no estorba lo español, porque a la tierra no estorba la piedra ni la vegetación. De la piedra española, de los aledaños gastados por las pisadas de un mundo tan nuestro como el nuestro, tan puro como nuestra pureza, tan original como nuestro origen, tenía que salir el caudaloso camino del descubrimiento y de la conquista. Pero, si España ha olvidado con elegancia inmemorial su epopeya de conquista, América olvidó y le enseñaron a olvidar su conquista de España, la conquista de su herencia cultural. Pasaron las semanas, y los años endurecieron el hielo y cerraron las puertas del camino duro que nos unía a nuestra madre.

Y yo venía de una atmósfera cargada de aroma, inundada por nuestros despiadados ríos. Hasta entonces viví sujeto por el tenebroso poder de grandes selvas: la madera nueva, recién cortada, había traspasado mi ropa: estaba acostumbrado a las riberas inmensamente pobladas de pájaros y vapor donde, en el fondo, entre las conflagraciones de agua y lodo, se oyen chapotear pequeñas embarcaciones selváticas. Pasé por estaciones en que la madera recién llegaba de los bosques, precipitada desde las riberas de ríos rápidos y torrenciales, y en las provincias tropicales de América, junto a los plátanos amontonados y su olor decadente, vi atravesar de noche las columnas de mariposas, las divisiones de luciérnagas y el paso desamparado de los hombres.

Quevedo fue para mí la roca tumultuosamente cortada, la superficie sobresaliente y cortante sobre un fondo de color de arena, sobre un paisaje histórico que recién me comenzaba a nutrir. Los mismos oscuros dolores que quise vanamente formular, y que tal vez se hicieron en mí extensión y geografía, confusión de origen, palpitación vital para nacer, los encontré detrás de España, plateada por los siglos, en lo íntimo de la estructura de Quevedo. Fue entonces mi padre mayor y mi visitador de España. Vi a través de su espectro la grave osamenta, la muerte física, tan arraigada a España. Este gran contemplador de osarios me mostraba lo sepulcral, abriéndose paso entre la materia muerta, con un desprecio imperecedero por lo falso, hasta en la muerte. Le estorbaba el aparato de lo mortal: iba en la muerte derecho a nuestra consumación, a lo que llamó con palabras únicas «la agricultura de la muerte». Pero cuanto le rodeaba, la necrología adorativa, la pompa y el sepulturero fueron sus repugnantes enemigos. Fue sacando ropaje de los vivos, su obra fue retirar caretas de los altos enmascarados, para preparar al hombre a la muerte desnuda, donde las apariencias humanas serán más inútiles que la cáscara del fruto caído. Solo la semilla vuelve a la tierra con el derecho de su desnudez original.

Por eso para Quevedo la metafísica es inmensamente física, lo más material de su enseñanza. Hay una sola enfermedad que mata, y esa es la vida. Hay un solo paso, y es el camino hacia la muerte. Hay una manera sola de gasto y de mortaja, es el paso arrastrador del tiempo que nos conduce. Nos conduce adónde? Si al nacer empezamos a morir, si cada día nos acerca a un límite determinado, si la vida misma es una etapa patética de la muerte, si el mismo minuto de brotar avanza hacia el desgaste del cual la hora final es solo la culminación de ese transcurrir, no integramos la muerte en nuestra cuotidiana existencia, no somos parte perpetua de la muerte, no somos lo más audaz, lo que ya salió de la muerte? No es lo más mortal, lo más viviente, por su mismo misterio?

Por eso, en tanta región incierta, Quevedo me dio a mí una enseñanza clara y biológica. No es el transcurriremos en vano, no es el Eclesiastés ni el Kempis, adornos de la necrología, sino la llave adelantada de las vidas. Si ya hemos muerto, si venimos de la profunda crisis, perderemos el temor a la muerte. Si el paso más grande de la muerte es el nacer, el paso menor de la vida es el morir.

Por eso la vida se acrecienta en la doctrina quevedesca como yo lo he experimentado, porque Quevedo ha sido para mí no una lectura, sino una experiencia viva, con toda la rumorosa materia de la vida. Así tienen en él su explicación la abeja, la construcción del topo, los recónditos misterios florales. Todos han pasado la etapa oscura de la muerte, todos se van gastando hasta el final, hasta el aniquilamiento puro de la materia. Tiene su explicación el hombre y su borrasca, la lucha de su pensamiento, la errante habitación de los seres.

La borrascosa vida de Quevedo, no es un ejemplo de comprensión de la vida y sus deberes de lucha? No hay acontecimiento de su época que no lleve algo de su fuego activo. Lo conocen todas las embajadas y él conoce todas las miserias. Lo conocen todas las prisiones, y él conoce todo el esplendor. No hay nada que escape a su herejía en movimiento: ni los descubrimientos geográficos, ni la búsqueda de la verdad. Pero donde ataca con lanza y con linterna es en la gran altura. Quevedo es el enemigo viviente del linaje gubernamental. Quevedo es el más popular de todos los escritores de España, más popular que Cervantes, más indiscreto que Mateo Alemán. Cervantes saca de lo limitado humano toda su perspectiva grandiosa, Quevedo viene de la interrogación agorera, de descifrar los más oscuros estados, y su lenguaje popular está impregnado de su saber político y de su sabiduría doctrinaria. Lejos de mí pretender estas rivalidades en el cauce apagado de las horas. Pero cuando a través de mi viaje, recién iluminado por la oscura fosforescencia del océano, llegué a Quevedo, desembarqué en Quevedo, fui recorriendo esas costas substanciales de España hasta conocer su abstracción y su páramo, su racimo y su altura, y escoger lo determinativo que me esperaba.

Me fue dado a conocer a través de galerías subterráneas de muertos las nuevas germinaciones, lo espontáneo de la avena, lo soterrado de sus nuevas viñas, y las nuevas cristalinas campanas. Cristalinas campanas de España, que me llamaban desde ultramar, para dominar en mí lo insaciable, para descarnar los límites territoriales del espíritu, para mostrarme la base secreta y dura del conocimiento. Campanas de Quevedo levemente tañidas por funerales y carnavales de antiguo tiempo, interrogación esencial, caminos populares con vaqueros y mendigos, con príncipes absolutistas y con la verdad harapienta cerca del mercado. Campanas de España vieja y Quevedo inmortal, donde pude reunir mi escuela de sollozos, mis adioses a través de los ríos a unas cuantas páginas de piedra en donde estaba ya determinado mi pensamiento.

[...]

–[La Habana, marzo de 1942] / *OC,* t. IV, pp. 454-458

NUEVO CANTO DE AMOR A STALINGRADO

Yo escribí sobre el tiempo y sobre el agua,
describí el luto y su metal morado,
yo escribí sobre el cielo y la manzana,
ahora escribo sobre Stalingrado.

Ya la novia guardó con su pañuelo
el rayo de mi amor enamorado,
ahora mi corazón está en el suelo,
en el humo y la luz de Stalingrado.

Yo toqué con mis manos la camisa
del crepúsculo azul y derrotado:
ahora toco el alba de la vida
naciendo con el sol de Stalingrado.

Yo sé que el viejo joven transitorio
de pluma, como un cisne encuadernado,
desencuaderna su dolor notorio
por mi grito de amor a Stalingrado.

Yo pongo el alma mía donde quiero.
Y no me nutro de papel cansado,
adobado de tinta y de tintero.
Nací para cantar a Stalingrado.

Mi voz estuvo con tus grandes muertos
contra tus propios muros machacados,
mi voz sonó como campana y viento
mirándote morir, Stalingrado.

Ahora americanos combatientes
blancos y oscuros como los granados,
matan en el desierto a la serpiente.
Ya no estás sola, Stalingrado.

Francia vuelve a las viejas barricadas
con pabellón de furia enarbolado
sobre las lágrimas recién secadas.
Ya no estás sola, Stalingrado.

Y los grandes leones de Inglaterra
volando sobre el mar huracanado
clavan las garras en la parda tierra.
Ya no estás sola, Stalingrado.

Hoy bajo tus montañas de escarmiento
no solo están los tuyos enterrados:
temblando está la carne de los muertos
que tocaron tu frente, Stalingrado.

Deshechas van las invasoras manos,
triturados los ojos del soldado,
están llenos de sangre los zapatos
que pisaron tu puerta, Stalingrado.

Tu acero azul de orgullo construido,
tu pelo de planetas coronados,
tu baluarte de panes divididos,
tu frontera sombría, Stalingrado.

Tu Patria de martillos y laureles,
la sangre sobre tu esplendor nevado,
la mirada de Stalin a la nieve
tejida con tu sangre, Stalingrado.

Las condecoraciones que tus muertos
han puesto sobre el pecho traspasado
de la tierra, y el estremecimiento
de la muerte y la vida, Stalingrado.

La sal profunda que de nuevo traes
al corazón del hombre acongojado
con la rama de rojos capitanes
salidos de tu sangre, Stalingrado.

La esperanza que rompe en los jardines
como la flor del árbol esperado,
la página grabada de fusiles,
las letras de la luz, Stalingrado.

La torre que concibes en la altura,
los altares de piedra ensangrentados,
los defensores de tu edad madura,
los hijos de tu piel, Stalingrado.

Las águilas ardientes de tus piedras,
los metales por tu alma amamantados,
los adioses de lágrimas inmensas
y las olas de amor, Stalingrado.

Los huesos de asesinos malheridos,
los invasores párpados cerrados,
y los conquistadores fugitivos
detrás de tu centella, Stalingrado.

Los que humillaron la curva del Arco
y las aguas del Sena han taladrado
con el consentimiento del esclavo,
se detuvieron en Stalingrado.

Los que Praga la Bella sobre lágrimas,
sobre lo enmudecido y traicionado,
pasaron pisoteando sus heridas,
murieron en Stalingrado.

Los que en la gruta griega han escupido,
la estalactita de cristal truncado
y su clásico azul enrarecido,
ahora dónde están, Stalingrado?

Los que España quemaron y rompieron
dejando el corazón encadenado
de esa madre de encinos y guerreros,
se pudren a tus pies, Stalingrado.

Los que en Holanda, tulipanes y agua
salpicaron de lodo ensangrentado
y esparcieron el látigo y la espada,
ahora duermen en Stalingrado.

Los que en la noche blanca de Noruega
con un aullido de chacal soltado
quemaron esa helada primavera,
enmudecieron en Stalingrado.

Honor a ti por lo que el aire trae,
lo que se ha de cantar y lo cantado,
honor para tus madres y tus hijos
y tus nietos, Stalingrado.

Honor al combatiente de la bruma,
honor al comisario y al soldado,
honor al cielo detrás de tu luna,
        honor al sol de Stalingrado.

Guárdame un trozo de violenta espuma,
guárdame un rifle, guárdame un arado,
y que lo pongan en mi sepultura
con una espiga roja de tu estado,
para que sepan, si hay alguna duda,
que he muerto amándote y que me has amado,
y si no he combatido en tu cintura
dejo en tu honor esta granada oscura,
        este canto de amor a Stalingrado.

–[México, febrero de 1943] / *Tercera residencia,* 1947

JUVENTUD

Un perfume como una ácida espada
de ciruelas en un camino,
los besos del azúcar en los dientes,
las gotas vitales resbalando en los dedos,
la dulce pulpa erótica,
las eras, los pajares, los incitantes
sitios secretos de las casas anchas,
los colchones dormidos en el pasado, el agrio valle verde
mirado desde arriba, desde el vidrio escondido:
toda la adolescencia mojándose y ardiendo
como una lámpara derribada en la lluvia.

–[México, 1943] / *Canto general,* canto VI, poema VI, 1950

HAMBRE EN EL SUR

Veo el sollozo en el carbón de Lota
y la arrugada sombra del chileno humillado
picar la amarga veta de la entraña, morir,
vivir, nacer en la dura ceniza
agachados, caídos como si el mundo
entrara así y saliera así
entre polvo negro, entre llamas,
y solo sucediera
la tos en el invierno, el paso
de un caballo en el agua negra, donde ha caído
una hoja de eucaliptus como un cuchillo muerto.

–[México, 1943] / *Canto general,* canto VI, poema XI, 1950

AMÉRICA

Estoy, estoy rodeado
por madreselva y páramo, por chacal y centella,
por el encadenado perfume de las lilas:
estoy, estoy rodeado
por días, meses, aguas que solo yo conozco,
por uñas, peces, meses que solo yo establezco,
estoy, estoy rodeado
por la delgada espuma combatiente
del litoral poblado de campanas.
La camisa escarlata del volcán y del indio,
el camino, que el pie desnudo levantó entre las hojas
y las espinas entre las raíces,
llega a mis pies de noche para que lo camine.
La oscura sangre como en un otoño
derramada en el suelo,
el temible estandarte de la muerte en la selva,
los pasos invasores deshaciéndose, el grito
de los guerreros, el crepúsculo de las lanzas dormidas,
el sobresaltado sueño de los soldados, los grandes

ríos en que la paz del caimán chapotea,
tus recientes ciudades de alcaldes imprevistos,
el coro de los pájaros de costumbre indomable,
en el pútrido día de la selva, el fulgor
tutelar de la luciérnaga,
cuando en tu vientre existo, en tu almenada
tarde, en tu descanso, en el útero de tus nacimientos,
en el terremoto, en el diablo de los campesinos, en la ceniza
que cae de los ventisqueros, en el espacio,
en el espacio puro, circular inasible,
en la garra sangrienta de los cóndores, en la paz humillada
de Guatemala, en los negros,
en los muelles de Trinidad, en La Guayra:
todo es mi noche, todo
es mi día, todo
es mi aire, todo
es lo que vivo, sufro, levanto y agonizo.
América, no de noche
ni de luz están hechas las sílabas que canto.
De tierra es la materia apoderada
del fulgor y del pan de mi victoria,
y no es sueño mi sueño sino tierra.
Duermo rodeado de espaciosa arcilla
y por mis manos corre cuando vivo
un manantial de caudalosas tierras.
Y no es vino el que bebo sino tierra,
tierra escondida, tierra de mi boca,
tierra de agricultura con rocío,
vendaval de legumbres luminosas,
estirpe cereal, bodega de oro.

–[México, 1943] / *Canto general,* canto VI, poema XVIII, 1950

ERCILLA

Piedras de Arauco y desatadas rosas
fluviales, territorios de raíces,
se encuentran con el hombre que ha llegado de España.
Invaden su armadura con gigantesco liquen.
Atropellan su espada las sombras del helecho.
La yedra original pone manos azules
en el recién llegado silencio del planeta.
Hombre, Ercilla sonoro, oigo el pulso del agua
de tu primer amanecer, un frenesí de pájaros
y un trueno en el follaje.
Deja, deja tu huella
de águila rubia, destroza
tu mejilla contra el maíz salvaje,
todo será en la tierra devorado.
Sonoro, solo tú no beberás la copa
de sangre, sonoro, solo al rápido
fulgor de ti nacido
llegará la secreta boca del tiempo en vano
para decirte: en vano.
En vano, en vano
sangre por los ramajes de cristal salpicado,
en vano por las noches del puma
el desafiante paso del soldado,
las órdenes,
los pasos
del herido.
Todo vuelve al silencio coronado de plumas
en donde un rey remoto devora enredaderas.

–*Selección,* 1943 / *Canto general,* canto III, poema XXII, 1950

EN LA SOBERBIA LA ESPINA

TRES SONETOS PUNITIVOS PARA LAUREANO GÓMEZ

I

Adiós, Laureano nunca laureado.
Sátrapa triste, rey advenedizo.
Adiós, emperador de cuarto piso
antes de tiempo y sin cesar pagado.

Administras las tumbas del pasado,
y, hechizado, aprovechas el hechizo
en el agusanado paraíso
donde llega el soberbio derrotado.

Allí eres dios sin luz ni primavera.
Allí eres capitán de gusanera,
y en la terrible noche del arcano

el cetro de violencia que te espera
caerá podrido como polvo y cera
bajo la jerarquía del gusano.

2

Caballero del látigo mezquino,
excomulgado por el ser humano,
iracunda piltrafa del camino,
oh pequeño anticristo anticristiano.

Como tú, con el látigo en la mano,
tiembla en España Franco, el asesino,
y en Alemania tu sangriento hermano
lee sobre la nieve su destino.

Es tarde para ti, triste Laureano.
Quedarás como cola de tirano
en el museo de lo que no existe,
en tu pequeño parque de veneno

con tu pistola que dispara cieno.
Te vas antes de ser. Tarde viniste!

3

Donde estén la canción y el pensamiento,
donde bailen o canten los poetas,
donde la lira diga su lamento
no te metas, Laureano, no te metas.

Las críticas que aúllas en el viento,
la estricnina que llena tus maletas,
te las devolverán con escarmiento:
no te metas, Laureano, no te metas.

No toques con tus pies la geografía
de la verdad o de la poesía,
no está en lo verdadero tu terreno.

Vuelve al látigo, vuelve a la amargura,
vuelve a tu rencorosa sepultura.
Que no nos abandone tu veneno!

–*El Tiempo,* Bogotá, octubre de 1943 / *OC,* t. IV, pp. 492-494

VIAJE POR LAS COSTAS DEL MUNDO
[FRAGMENTO]

[...]
En estos últimos años vagué por México, corrí por todas sus costas, sus altas costas acantiladas, incendiadas por un perpetuo relámpago fosfórico. Desde Topolobambo en Sinaloa, bajé por esos nombres hemisféricos, ásperos nombres que los dioses dejaron de herencia a México cuando en él entraron a mandar los hombres, menos crueles que los dioses. Anduve por todas esas sílabas de misterio y esplendor, por esos sonidos aurorales. Sonora y Yucatán, Anáhuac que se levanta como un brasero frío a donde llegan

todos los confusos aromas desde Nayarit hasta Michoacán, desde donde se percibe el humo de la pequeña isla de Janitzio, y el olor de maíz y magüey que sube por Jalisco, el azufre del nuevo volcán de Pararicutín juntándose a la humedad fragante de los pescados del lago de Pátzcuaro. México, el último de los países mágicos, mágico de antigüedad y de historia, mágico de música y de geografía. Haciendo mi camino de vagabundo por esas piedras azotadas por la lluvia perenne, entrecruzadas por un ancho hilo de sangre y de musgo, me sentí inmenso y antiguo, digno de andar entre tantas creaciones inmemoriales. Valles abruptos, cortados por inmensas paredes de roca, de cuando en cuando colinas elevadas recortadas al ras como por un cuchillo, inmensas selvas tropicales, fervientes de madera, de serpientes, de pájaros y de leyendas, en aquel vasto país habitado hasta sus últimos confines por la lucha del hombre en el tiempo, en sus grandes espacios encontré que éramos los países antípodas de América. Nunca he estado de acuerdo con la convencional frase diplomática que hace que el embajador del Japón encuentre en los cerezos de Chile, como el inglés en nuestra niebla de la costa, como el alemán en nuestra nieve circundante, que somos parecidos, muy parecidos, después de tantos discursos a todos los países. Me complace la diversidad terrenal, la fruta terrestre diferenciada en todas las latitudes. No resto nada a México, el país amado, poniéndolo en lo más lejano a nuestro país oceánico y cereal, sino que elevo sus diferencias, para que nuestra América tenga todas sus capas, sus alturas y sus profundidades. Y no hay en América, ni tal vez en el planeta, país de mayor profundidad humana que México y sus hombres. A través de sus desiertos luminosos, como a través de sus errores gigantescos, se ve la misma cadena de grandiosa generosidad, de vitalidad profunda, de inagotable historia, de germinación inacabable.

Por los pueblos pescadores donde la red se hace tan diáfana que parece una gran mariposa que volviera a las aguas para adquirir las escamas de plata que le faltan, por sus centros mineros en que, apenas salido, el metal se convierte de duro lingote en geometría esplendorosa, por las rutas de donde salen los conventos católicos espesos y espinosos como cactus colosales, por los mercados donde la legumbre es presentada como una flor y donde la riqueza de colores y sabores llega al paroxismo, nos desviamos un día hasta que, atravesando México, llegamos a Yucatán, tierra sumergida de la más vieja raza del mundo, el idolátrico Mayab. Allí la tierra está sacudida por la historia y la simiente y junto a la fibra del henequén crecen aún las ruinas llenas de inteligencia y de sacrificios.

Cuando se cruzan los últimos caminos y llegamos al inmenso territorio donde aquellos antiguos mexicanos dejaron su bordada historia escondida por la selva, encontramos una nueva especie de agua, la más misteriosa de todas las aguas terrestres. No es el mar, ni es el arroyo ni el río, ni nada de las aguas conocidas. En Yucatán no hay agua sino bajo la tierra, y esta se resquebraja de pronto, produciendo unos pozos enormes y abruptos, cuyas laderas llenas de vegetación tropical dejan ver en el fondo una agua profundísima verde y cenital. Los mayas encontraron estas aberturas terrestres llamadas cenotes y las divinizaron con sus extraños ritos. Como en todas las religiones, en un principio consagraron la necesidad y la fecundidad y en aquella tierra la aridez fue vencida por esas aguas escondidas, para las cuales la tierra se desgajaba.

Entonces, sobre los cenotes sagrados, por miles de años las religiones primitivas e invasoras aumentaron el misterio del agua misteriosa. En las orillas del cenote, cientos de vírgenes condecoradas por la flora y por el oro, después de ceremonias nupciales, fueron cargadas de alhajas y precipitadas desde la altura a las aguas corrientes y profundas. Desde la gran profundidad subían hasta la superficie las flores y las coronas de las vírgenes, pero ellas quedaban en el fango del suelo remoto, sujetas por sus cadenas de oro.

Las joyas han sido rescatadas en una mínima parte después de miles de años y están bajo las vitrinas de los museos de México y Norteamérica. Pero yo, al entrar en esas soledades, no busqué el oro sino el grito de las doncellas ahogadas. Me parecía oír en los extraños gritos de los pájaros la ronca agonía de las vírgenes, y en el veloz vuelo con que cruzaban la tenebrosa magnitud del agua inmemorial, me parecía ver las manos amarillas de las jóvenes muertas.

De pronto, sobre la estatua que alargaba su mano de piedra clara sobre el agua y el aire eternos, vi una vez posarse una paloma. No sé qué águila la perseguiría, nada tenía que ver en aquel recinto en que las únicas aves, el atajacaminos de voz tartamuda, el quetzal de plumaje fabuloso, el colibrí de turquesa y las aves de rapiña poseían la selva para su carnicería y su esplendor. La paloma se posó en la mano

de la estatua, blanca como una gota de nieve sobre las piedras tropicales. La miré porque venía de otro mundo, de un mundo medido y armónico, de una columna pitagórica o de un número mediterráneo. Se detuvo en el margen de las tinieblas, me miró a los ojos cuando yo mismo ya pertenecía a ese mundo original, americano, sangriento y antiguo, y voló frente a mis ojos hasta perderse en el cielo.
[...]

–[La Habana-Bogotá-Santiago, 1942-1943] / *OC,* t. IV, pp. 513-516

ALTURAS DE MACCHU PICCHU

I

Del aire al aire, como una red vacía,
iba yo entre las calles y la atmósfera, llegando y despidiendo,
en el advenimiento del otoño la moneda extendida
de las hojas, y entre la primavera y las espigas,
lo que el más grande amor, como dentro de un guante
que cae, nos entrega como una larga luna.

(Días de fulgor vivo en la intemperie
de los cuerpos: aceros convertidos
al silencio del ácido:
noches deshilachadas hasta la última harina:
estambres agredidos de la patria nupcial).

Alguien que me esperó entre los violines
encontró un mundo como una torre enterrada
hundiendo su espiral más abajo de todas
las hojas de color de ronco azufre:
más abajo, en el oro de la geología,
como una espada envuelta en meteoros,
hundí la mano turbulenta y dulce
en lo más genital de lo terrestre.

Puse la frente entre las olas profundas,
descendí como gota entre la paz sulfúrica,
y, como un ciego, regresé al jazmín
de la gastada primavera humana.

II

Si la flor a la flor entrega el alto germen
y la roca mantiene su flor diseminada
en su golpeado traje de diamante y arena,
el hombre arruga el pétalo de la luz que recoge
en los determinados manantiales marinos
y taladra el metal palpitante en sus manos.
Y pronto, entre la ropa y el humo, sobre la mesa hundida,
como una barajada cantidad, queda el alma:
cuarzo y desvelo, lágrimas en el océano
como estanques de frío: pero aún
mátala y agonízala con papel y con odio,
sumérgela en la alfombra cotidiana, desgárrala
entre las vestiduras hostiles del alambre.

No: por los corredores, aire, mar o caminos,
quién guarda sin puñal (como las encarnadas
amapolas) su sangre? La cólera ha extenuado
la triste mercancía del vendedor de seres,
y, mientras en la altura del ciruelo, el rocío
desde mil años deja su carta transparente
sobre la misma rama que lo espera, oh corazón, oh frente triturada
entre las cavidades del otoño:

Cuántas veces en las calles de invierno de una ciudad o en
un autobús o un barco en el crepúsculo, o en la soledad
más espesa, la de la noche de fiesta, bajo el sonido
de sombras y campanas, en la misma gruta del placer humano,
me quise detener a buscar la eterna veta insondable
que antes toqué en la piedra o en el relámpago que el beso
[desprendía.

(Lo que en el cereal como una historia amarilla
de pequeños pechos preñados va repitiendo un número
que sin cesar es ternura en las capas germinales,
y que, idéntica siempre, se desgrana en marfil
y lo que en el agua es patria transparente, campana
desde la nieve aislada hasta las olas sangrientas).

No pude asir sino un racimo de rostros o de máscaras
precipitadas, como anillos de oro vacío,
como ropas dispersas hijas de un otoño rabioso
que hiciera temblar el miserable árbol de las razas asustadas.

No tuve sitio donde descansar la mano
y que, corriente como agua de manantial encadenado,
o firme como grumo de antracita o cristal,
hubiera devuelto el calor o el frío de mi mano extendida.
Qué era el hombre? En qué parte de su conversación abierta
entre los almacenes y los silbidos, en cuál de sus movimientos
[metálicos
vivía lo indestructible, lo imperecedero, la vida?

III

El ser como el maíz se desgranaba en el inacabable
granero de los hechos perdidos, de los acontecimientos
miserables, del uno al siete, al ocho,
y no una muerte, sino muchas muertes, llegaba a cada uno:
cada día una muerte pequeña, polvo, gusano, lámpara
que se apaga en el lodo del suburbio, una pequeña muerte de
[alas gruesas
entraba en cada hombre como una corta lanza
y era el hombre asediado del pan o del cuchillo,
el ganadero: el hijo de los puertos, o el capitán oscuro del arado,
o el roedor de las calles espesas:
todos desfallecieron esperando su muerte, su corta muerte diaria:
y su quebranto aciago de cada día era
como una copa negra que bebían temblando.

IV

La poderosa muerte me invitó muchas veces:
era como la sal invisible en las olas,
y lo que su invisible sabor diseminaba
era como mitades de hundimientos y altura
o vastas construcciones de viento y ventisquero.

Yo al férreo filo vine, a la angostura
del aire, a la mortaja de agricultura y piedra,
al estelar vacío de los pasos finales
y a la vertiginosa carretera espiral:
pero, ancho mar, oh muerte!, de ola en ola no vienes,
sino como un galope de claridad nocturna
o como los totales números de la noche.
Nunca llegaste a hurgar en el bolsillo, no era
posible tu visita sin vestimenta roja:
sin auroral alfombra de cercado silencio:
sin altos y enterrados patrimonios de lágrimas.

No pude amar en cada ser un árbol
con su pequeño otoño a cuestas (la muerte de mil hojas),
todas las falsas muertes y las resurrecciones
sin tierra, sin abismo:
quise nadar en las más anchas vidas,
en las más sueltas desembocaduras,
y cuando poco a poco el hombre fue negándome
y fue cerrando paso y puerta para que no tocaran
mis manos manantiales su inexistencia herida,
entonces fui por calle y calle y río y río,
y ciudad y ciudad y cama y cama,
y atravesó el desierto mi máscara salobre,
y en las últimas casas humilladas, sin lámpara, sin fuego,
sin pan, sin piedra, sin silencio, solo,
rodé muriendo de mi propia muerte.

V

No eras tú, muerte grave, ave de plumas férreas,
la que el pobre heredero de las habitaciones
llevaba entre alimentos apresurados, bajo la piel vacía:
era algo, un pobre pétalo de cuerda exterminada:
un átomo del pecho que no vino al combate
o el áspero rocío que no cayó en la frente.
Era lo que no pudo renacer, un pedazo
de la pequeña muerte sin paz ni territorio:
un hueso, una campana que morían en él.
Yo levanté las vendas del yodo, hundí las manos
en los pobres dolores que mataban la muerte,
y no encontré en la herida sino una racha fría
que entraba por los vagos intersticios del alma.

VI

Entonces en la escala de la tierra he subido
entre la atroz maraña de las selvas perdidas
hasta ti, Macchu Picchu.

Alta ciudad de piedras escalares,
por fin morada del que lo terrestre
no escondió en las dormidas vestiduras.
En ti, como dos líneas paralelas,
la cuna del relámpago y del hombre
se mecían en un viento de espinas.

Madre de piedra, espuma de los cóndores.

Alto arrecife de la aurora humana.

Pala perdida en la primera arena.

Esta fue la morada, este es el sitio:
aquí los anchos granos del maíz ascendieron
y bajaron de nuevo como granizo rojo.

Aquí la hebra dorada salió de la vicuña
a vestir los amores, los túmulos, las madres,
el rey, las oraciones, los guerreros.

Aquí los pies del hombre descansaron de noche
junto a los pies del águila, en las altas guaridas
carniceras, y en la aurora
pisaron con los pies del trueno la niebla enrarecida,
y tocaron las tierras y las piedras
hasta reconocerlas en la noche o la muerte.

Miro las vestiduras y las manos,
el vestigio del agua en la oquedad sonora,
la pared suavizada por el tacto de un rostro
que miró con mis ojos las lámparas terrestres,
que aceitó con mis manos las desaparecidas
maderas: porque todo, ropaje, piel, vasijas,
palabras, vino, panes,
se fue, cayó a la tierra.

Y el aire entró con dedos
de azahar sobre todos los dormidos:
mil años de aire, meses, semanas de aire,
de viento azul, de cordillera férrea,
que fueron como suaves huracanes de pasos
lustrando el solitario recinto de la piedra.

VII

Muertos de un solo abismo, sombras de una hondonada,
la profunda, es así como al tamaño
de vuestra magnitud
vino la verdadera, la más abrasadora
muerte y desde las rocas taladradas,
desde los capiteles escarlata,
desde los acueductos escalares
os desplomasteis como en un otoño,
en una sola muerte.
Hoy el aire vacío ya no llora,

ya no conoce vuestros pies de arcilla,
ya olvidó vuestros cántaros que filtraban el cielo
cuando lo derramaban los cuchillos del rayo,
y el árbol poderoso fue comido
por la niebla, y cortado por la racha.

Él sostuvo una mano que cayó de repente
desde la altura hasta el final del tiempo.
Ya no sois, manos de araña, débiles
hebras, tela enmarañada:
cuando fuisteis cayó: costumbres, sílabas
raídas, máscaras de luz deslumbradora.

Pero una permanencia de piedra y de palabra:
la ciudad como un vaso se levantó en las manos
de todos, vivos, muertos, callados, sostenidos
de tanta muerte, un muro, de tanta vida un golpe
de pétalos de piedra: la rosa permanente, la morada:
este arrecife andino de colonias glaciales.

Cuando la mano de color de arcilla
se convirtió en arcilla, y cuando los pequeños párpados se cerraron
llenos de ásperos muros, poblados de castillos,
y cuando todo el hombre se enredó en su agujero,
quedó la exactitud enarbolada:
el alto sitio de la aurora humana:
la más alta vasija que contuvo el silencio:
una vida de piedra después de tantas vidas.

VIII

Sube conmigo, amor americano.

Besa conmigo las piedras secretas.
La plata torrencial del Urubamba
hace volar el polen a su copa amarilla.

Vuela el vacío de la enredadera,
la planta pétrea, la guirnalda dura

sobre el silencio del cajón serrano.
Ven, minúscula vida, entre las alas
de la tierra, mientras —cristal y frío, aire golpeado—
apartando esmeraldas combatidas,
oh agua salvaje, bajas de la nieve.

Amor, amor, hasta la noche abrupta,
desde el sonoro pedernal andino,
hacia la aurora de rodillas rojas,
contempla el hijo ciego de la nieve.

Oh, Wilkamayu de sonoros hilos,
cuando rompes tus truenos lineales
en blanca espuma, como herida nieve,
cuando tu vendaval acantilado
canta y castiga despertando al cielo,
qué idioma traes a la oreja apenas
desarraigada de tu espuma andina?

Quién apresó el relámpago del frío
y lo dejó en la altura encadenado,
repartido en sus lágrimas glaciales,
sacudido en sus rápidas espadas,
golpeando sus estambres aguerridos,
conducido en su cama de guerrero,
sobresaltado en su final de roca?

Qué dicen tus destellos acosados?
Tu secreto relámpago rebelde
antes viajó poblado de palabras?
Quién va rompiendo sílabas heladas,
idiomas negros, estandartes de oro,
bocas profundas, gritos sometidos,
en tus delgadas aguas arteriales?

Quién va cortando párpados florales
que vienen a mirar desde la tierra?
Quién precipita los racimos muertos

que bajan en tus manos de cascada
a desgranar su noche desgranada
en el carbón de la geología?

Quién despeña la rama de los vínculos?
Quién otra vez sepulta los adioses?

Amor, amor, no toques la frontera,
ni adores la cabeza sumergida:
deja que el tiempo cumpla su estatura
en su salón de manantiales rotos,
y, entre el agua veloz y las murallas,
recoge el aire del desfiladero,
las paralelas láminas del viento,
el canal ciego de las cordilleras,
el áspero saludo del rocío,
y sube, flor a flor, por la espesura,
pisando la serpiente despeñada.

En la escarpada zona, piedra y bosque,
polvo de estrellas verdes, selva clara,
Mantur estalla como un lago vivo
o como un nuevo piso del silencio.

Ven a mi propio ser, al alba mía,
hasta las soledades coronadas.
El reino muerto vive todavía.
Y en el Reloj la sombra sanguinaria
del cóndor cruza como una nave negra.

IX

Águila sideral, viña de bruma.
Bastión perdido, cimitarra ciega.
Cinturón estrellado, pan solemne.
Escala torrencial, párpado inmenso.
Túnica triangular, polen de piedra.
Lámpara de granito, pan de piedra.
Serpiente mineral, rosa de piedra.

Nave enterrada, manantial de piedra.
Caballo de la luna, luz de piedra.
Escuadra equinoccial, vapor de piedra.
Geometría final, libro de piedra.
Témpano entre las ráfagas labrado.
Madrépora del tiempo sumergido.
Muralla por los dedos suavizada.
Techumbre por las plumas combatida.
Ramos de espejo, bases de tormenta.
Tronos volcados por la enredadera.
Régimen de la garra encarnizada.
Vendaval sostenido en la vertiente.
Inmóvil catarata de turquesa.
Campana patriarcal de los dormidos.
Argolla de las nieves dominadas.
Hierro acostado sobre sus estatuas.
Inaccesible temporal cerrado.
Manos de puma, roca sanguinaria.
Torre sombrera, discusión de nieve.
Noche elevada en dedos y raíces.
Ventana de las nieblas, paloma endurecida.
Planta nocturna, estatua de los truenos.
Cordillera esencial, techo marino.
Arquitectura de águilas perdidas.
Cuerda del cielo, abeja de la altura.
Nivel sangriento, estrella construida.
Burbuja mineral, luna de cuarzo.
Serpiente andina, frente de amaranto.
Cúpula del silencio, patria pura.
Novia del mar, árbol de catedrales.
Ramo de sal, cerezo de alas negras.
Dentadura nevada, trueno frío.
Luna arañada, piedra amenazante.
Cabellera del frío, acción del aire.
Volcán de manos, catarata oscura.
Ola de plata, dirección del tiempo.

X

Piedra en la piedra, el hombre, dónde estuvo?
Aire en el aire, el hombre, dónde estuvo?
Tiempo en el tiempo, el hombre, dónde estuvo?
Fuiste también el pedacito roto
de hombre inconcluso, de águila vacía
que por las calles de hoy, que por las huellas,
que por las hojas del otoño muerto
va machacando el alma hasta la tumba?
La pobre mano, el pie, la pobre vida...
Los días de la luz deshilachada
en ti, como la lluvia
sobre las banderillas de la fiesta,
dieron pétalo a pétalo de su alimento oscuro
en la boca vacía?
                              Hambre, coral del hombre,
hambre, planta secreta, raíz de los leñadores,
hambre, subió tu raya de arrecife
hasta estas altas torres desprendidas?

Yo te interrogo, sal de los caminos,
muéstrame la cuchara, déjame, arquitectura,
roer con un palito los estambres de piedra,
subir todos los escalones del aire hasta el vacío,
rascar la entraña hasta tocar el hombre.

Macchu Picchu, pusiste
piedra en la piedra, y en la base, harapos?
Carbón sobre carbón, y en el fondo la lágrima?
Fuego en el oro, y en él, temblando el rojo
goterón de la sangre?
Devuélveme el esclavo que enterraste!
Sacude de las tierras el pan duro
del miserable, muéstrame los vestidos
del siervo y su ventana.
Dime cómo durmió cuando vivía.
Dime si fue su sueño
ronco, entreabierto, como un hoyo negro

hecho por la fatiga sobre el muro.
El muro, el muro! Si sobre su sueño
gravitó cada piso de piedra, y si cayó bajo ella
como bajo una luna, con el sueño!
Antigua América, novia sumergida,
también tus dedos,
al salir de la selva hacia el alto vacío de los dioses,
bajo los estandartes nupciales de la luz y el decoro,
mezclándose al trueno de los tambores y de las lanzas,
también, también tus dedos,
los que la rosa abstracta y la línea del frío, los
que el pecho sangriento del nuevo cereal trasladaron
hasta la tela de materia radiante, hasta las duras cavidades,
también, también, América enterrada, guardaste en lo más bajo,
en el amargo intestino, como un águila, el hambre?

XI

A través del confuso esplendor,
a través de la noche de piedra, déjame hundir la mano
y deja que en mí palpite, como un ave mil años prisionera,
el viejo corazón del olvidado!
Déjame olvidar hoy esta dicha, que es más ancha que el mar,
porque el hombre es más ancho que el mar y que sus islas,
y hay que caer en él como en un pozo para salir del fondo
con un ramo de agua secreta y de verdades sumergidas.
Déjame olvidar, ancha piedra, la proporción poderosa,
la trascendente medida, las piedras del panal,
y de la escuadra déjame hoy resbalar
la mano sobre la hipotenusa de áspera sangre y cilicio.
Cuando, como una herradura de élitros rojos, el cóndor furibundo
me golpea las sienes en el orden del vuelo
y el huracán de plumas carniceras barre el polvo sombrío
de las escalinatas diagonales, no veo a la bestia veloz,
no veo el ciego ciclo de sus garras,
veo el antiguo ser, servidor, el dormido
en los campos, veo un cuerpo, mil cuerpos, un hombre, mil
[mujeres,
bajo la racha negra, negros de lluvia y noche,

con la piedra pesada de la estatua:
Juan Cortapiedras, hijo de Wiracocha,
Juan Comefrío, hijo de estrella verde,
Juan Piesdescalzos, nieto de la turquesa,
sube a nacer conmigo, hermano.

XII

Sube a nacer conmigo, hermano.

Dame la mano desde la profunda
zona de tu dolor diseminado.
No volverás del fondo de las rocas.
No volverás del tiempo subterráneo.
No volverá tu voz endurecida.
No volverán tus ojos taladrados.
Mírame desde el fondo de la tierra,
labrador, tejedor, pastor callado:
domador de guanacos tutelares:
albañil del andamio desafiado:
aguador de las lágrimas andinas:
joyero de los dedos machacados:
agricultor temblando en la semilla:
alfarero en tu greda derramado:
traed a la copa de esta nueva vida
vuestros viejos dolores enterrados.
Mostradme vuestra sangre y vuestro surco,
decidme: aquí fui castigado,
porque la joya no brilló o la tierra
no entregó a tiempo la piedra o el grano:
señaladme la piedra en que caísteis
y la madera en que os crucificaron,
encendedme los viejos pedernales,
las viejas lámparas, los látigos pegados
a través de los siglos en las llagas
y las hachas de brillo ensangrentado.
Yo vengo a hablar por vuestra boca muerta.
A través de la tierra juntad todos
los silenciosos labios derramados

y desde el fondo habladme toda esta larga noche
como si yo estuviera con vosotros anclado,
contadme todo, cadena a cadena,
eslabón a eslabón, y paso a paso,
afilad los cuchillos que guardasteis,
ponedlos en mi pecho y en mi mano,
como un río de rayos amarillos,
como un río de tigres enterrados,
y dejadme llorar, horas, días, años,
edades ciegas, siglos estelares.

Dadme el silencio, el agua, la esperanza.

Dadme la lucha, el hierro, los volcanes.

Apegadme los cuerpos como imanes.

Acudid a mis venas y a mi boca.

Hablad por mis palabras y mi sangre.

–[Isla Negra-Santiago, 1945-1946] / *Canto general,* canto II, 1950

VII

EL SENADOR FUGITIVO

(1946-1949)

EL POETA

Antes anduve por la vida, en medio
de un amor doloroso: antes retuve
una pequeña página de cuarzo
clavándome los ojos en la vida.
Compré bondad, estuve en el mercado
de la codicia, respiré las aguas
más sordas de la envidia, la inhumana
hostilidad de máscaras y seres.
Viví un mundo de ciénaga marina
en que la flor, de pronto, la azucena
me devoraba en su temblor de espuma,
y donde puse el pie resbaló mi alma
hacia las dentaduras del abismo.
Así nació mi poesía, apenas
rescatada de ortigas, empuñada
sobre la soledad como un castigo,
o apartó en el jardín de la impudicia
su más secreta flor hasta enterrarla.
Aislado así como el agua sombría
que vive en sus profundos corredores,
corrí de mano en mano, al aislamiento
de cada ser, al odio cuotidiano.
Supe que así vivían, escondiendo
la mitad de los seres, como peces
del más extraño mar, y en las fangosas
inmensidades encontré la muerte.

La muerte abriendo puertas y caminos.
La muerte deslizándose en los muros.

–[Santiago, 1946] / *Canto general,* canto XI, poema X, 1950

LA MUERTE EN EL MUNDO

La muerte iba mandando y recogiendo
en lugares y tumbas su tributo:
el hombre con puñal o con bolsillo,
a mediodía o en la luz nocturna,
esperaba matar, iba matando,
iba enterrando seres y ramajes,
asesinando y devorando muertos.
Preparaba sus redes, estrujaba,
desangraba, salía en las mañanas
oliendo sangre de la cacería,
y al volver de su triunfo estaba envuelto
por fragmentos de muerte y desamparo,
y matándose entonces enterraba
con ceremonia funeral sus pasos.

Las casas de los vivos eran muertas.
Escoria, techos rotos, orinales,
agusanados callejones, cuevas
acumuladas con el llanto humano.
—Así debes vivir —dijo el decreto.
—Púdrete en tu substancia —dijo el jefe.
—Eres inmundo —razonó la Iglesia.
—Acuéstate en el lodo —te dijeron.
Y unos cuantos armaron la ceniza
para que gobernara y decidiera,
mientras la flor del hombre se golpeaba
contra los muros que le construyeron.

El cementerio tuvo pompa y piedra.
Silencio para todos y estatura

de vegetales altos y afilados.
Al fin estás aquí, por fin nos dejas
un hueco en medio de la selva amarga,
por fin te quedas tieso entre paredes
que no traspasarás. Y cada día
las flores como un río de perfume
se juntaron al río de los muertos.
Las flores que la vida no tocaba
cayeron sobre el hueco que dejaste.

–[Santiago, 1946] / *Canto general,* canto XI, poema XI, 1950

EL HOMBRE

Aquí encontré el amor. Nació en la arena,
creció sin voz, tocó los pedernales
de la dureza y resistió a la muerte.
Aquí el hombre era vida que juntaba
la intacta luz, el mar sobreviviente,
y atacaba y cantaba y combatía
con la misma unidad de los metales.
Aquí los cementerios eran tierra
apenas levantada, cruces rotas,
sobre cuyas maderas derretidas
se adelantaban los vientos arenosos.

–[Santiago, 1946] / *Canto general,* canto XI, poema XII, 1950

LA HUELGA

Extraña era la fábrica inactiva.
Un silencio en la planta, una distancia
entre máquina y hombre, como un hilo
cortado entre planetas, un vacío
de las manos del hombre que consumen

el tiempo construyendo, y las desnudas
estancias sin trabajo y sin sonido.
Cuando el hombre dejó las madrigueras
de la turbina, cuando desprendió
los brazos de la hoguera y decayeron
las entrañas del horno, cuando sacó los ojos
de la rueda y la luz vertiginosa
se detuvo en su círculo invisible,
de todos los poderes poderosos,
de los círculos puros de potencia,
de la energía sobrecogedora,
quedó un montón de inútiles aceros
y en las salas sin hombre, el aire viudo,
el solitario aroma del aceite.

Nada existía sin aquel fragmento
golpeando, sin Ramírez,
sin el hombre de ropa desgarrada.
Allí estaba la piel de los motores,
acumulada en muerto poderío,
como negros cetáceos en el fondo
pestilente de un mar sin oleaje,
o montañas hundidas de repente
bajo la soledad de los planetas.

–[Santiago, 1946] / *Canto general,* canto XI, poema XIII, 1950

EL PUEBLO

Paseaba el pueblo sus banderas rojas
y entre ellos en la piedra que tocaron
estuve, en la jornada fragorosa
y en las altas canciones de la lucha.
Vi cómo paso a paso conquistaban.
Solo su resistencia era camino,
y aislados eran como trozos rotos
de una estrella, sin boca y sin brillo.

Juntos en la unidad hecha silencio,
eran el fuego, el canto indestructible,
el lento paso del hombre en la tierra
hecho profundidades y batallas.
Eran la dignidad que combatía
lo que fue pisoteado, y despertaba
como un sistema, el orden de las vidas
que tocaban la puerta y se sentaban
en la sala central con sus banderas.

–[Santiago, 1946] / *Canto general,* canto XI, poema XIV, 1950

LA LETRA

Así fue. Y así será. En las sierras
calcáreas, y a la orilla
del humo, en los talleres,
hay un mensaje escrito en las paredes
y el pueblo, solo el pueblo puede verlo.
Sus letras transparentes se formaron
con sudor y silencio. Están escritas.
Las amasaste, pueblo, en tu camino
y están sobre la noche como el fuego
abrasador y oculto de la aurora.
Entra, pueblo, en las márgenes del día.
Anda como un ejército, reunido,
y golpea la tierra con tus pasos
y con la misma identidad sonora.
Sea uniforme tu camino como
es uniforme el sudor en la batalla,
uniforme la sangre polvorienta
del pueblo fusilado en los caminos.

Sobre esta claridad irá naciendo
la granja, la ciudad, la minería,
y sobre esta unidad como la tierra
firme y germinadora se ha dispuesto

la creadora permanencia, el germen
de la nueva ciudad para las vidas.
Luz de los gremios maltratados, patria
amasada por manos metalúrgicas,
orden salido de los pescadores
como un ramo del mar, muros armados
por la albañilería desbordante,
escuelas cereales, armaduras
de fábricas amadas por el hombre.
Paz desterrada que regresas, pan
compartido, aurora, sortilegio
del amor terrenal, edificado
sobre los cuatro vientos del planeta.

–[Santiago, 1946] / *Canto general,* canto XI, poema XV, 1950

SALITRE

Salitre, harina de la luna llena,
cereal de la pampa calcinada,
espuma de las ásperas arenas,
jazminero de flores enterradas.

Polvo de estrella hundida en tierra oscura,
nieve de soledades abrasadas,
cuchillo de nevada empuñadura,
rosa blanca de sangre salpicada.

Junto a tu nívea luz de estalactita,
duelo, viento y dolor, el hombre habita:
harapo y soledad son su medalla.

Hermanos de las tierras desoladas:
aquí tenéis como un montón de espadas
mi corazón dispuesto a la batalla.

–*El Siglo,* Santiago, 27.10.1946 / *OC,* t. IV, p. 595

AMOR AMÉRICA (1400)

Antes de la peluca y la casaca
fueron los ríos, ríos arteriales:
fueron las cordilleras, en cuya onda raída
el cóndor o la nieve parecían inmóviles:
fue la humedad y la espesura, el trueno
sin nombre todavía, las pampas planetarias.

El hombre tierra fue, vasija, párpado
del barro trémulo, forma de la arcilla,
fue cántaro caribe, piedra chibcha,
copa imperial o sílice araucana.
Tierno y sangriento fue, pero en la empuñadura
de su arma de cristal humedecido,
las iniciales de la tierra estaban
escritas.
          Nadie pudo
recordarlas después: el viento
las olvidó, el idioma del agua
fue enterrado, las claves se perdieron
o se inundaron de silencio o sangre.

No se perdió la vida, hermanos pastorales.
Pero como una rosa salvaje
cayó una gota roja en la espesura
y se apagó una lámpara de tierra.

Yo estoy aquí para contar la historia.
Desde la paz del búfalo
hasta las azotadas arenas
de la tierra final, en las espumas
acumuladas de la luz antártica,
y por las madrigueras despeñadas
de la sombría paz venezolana,
te busqué, padre mío,
joven guerrero de tiniebla y cobre
oh tú, planta nupcial, cabellera indomable,
madre caimán, metálica paloma.

Yo, incásico del légamo,
toqué la piedra y dije:
Quién
me espera? Y apreté la mano
sobre un puñado de cristal vacío.
Pero anduve entre flores zapotecas
y dulce era la luz como un venado,
y era la sombra como un párpado verde.

Tierra mía sin nombre, sin América,
estambre equinoccial, lanza de púrpura,
tu aroma me trepó por las raíces
hasta la copa que bebía, hasta la más delgada
palabra aún no nacida de mi boca.

–[¿1946?] / *Canto general,* canto I, pórtico, 1950

LA PATRIA PRISIONERA

Patria de mi ternura y mis dolores,
patria de amor, de primavera y agua,
hoy sangran tus banderas tricolores
sobre las alambradas de Pisagua.

Existes, patria, sobre los temores
y arde tu corazón de fuego y fragua
hoy, entre carceleros y traidores,
ayer, entre los muros de Rancagua.

Pero saldrás al aire, a la alegría,
saldrás del duelo de estas agonías,
y de esta sumergida primavera,

libre en la dignidad de tu derecho
y cantará en la luz, y a pleno pecho,
tu dulce voz, oh, patria prisionera!

–*Unidad,* n.º 60, Santiago, diciembre de 1947 / *OC,* t. IV, pp. 609-610

ARTURO CARRIÓN (NAVEGANTE IQUIQUE)

Junio 1948. Querida Rosaura, aquí
me tienes, en Iquique, preso, mándame una camisa
y tabaco. No sé
hasta cuándo durará este baile.
Cuando me embarqué en el *Glenfoster*
pensé en ti, te escribí desde Cádiz,
allí fusilaban a gusto, luego fue más
triste en Atenas, aquella mañana
en la cárcel a bala mataron
a doscientos setenta y tres muchachos:
la sangre corría fuera del muro,
vimos salir a los oficiales
griegos con los jefes norteamericanos, venían riéndose:
la sangre del pueblo les gusta,
pero había como un humo negro
en la ciudad, estaba escondido el llanto, el dolor, el luto,
te compré un tarjetero, allí
conocí a un paisano chilote,
tiene un pequeño restaurante, me dijo
están mal las cosas, hay odio:
luego fue mejor en Hungría,
los campesinos tienen tierra,
reparten libros, en Nueva York
encontré tu carta, pero todos
se juntan, palo y palo al pobre,
ya ves, yo, marinero viejo
y porque soy del sindicato,
apenas desde la cubierta
me sacaron, me preguntaron
sandeces, me dejaron preso,
policía por todas partes,
lágrimas también en la pampa:
hasta cuándo estas cosas
duran, todos se preguntan, hoy es uno
y el otro palo para el pobre,
dicen que en Pisagua hay dos mil,
yo me pregunto qué le pasa al mundo,

pero no hay derecho a preguntas
así, dice la policía: no te olvides el tabaco, habla con Rojas
si no está preso, no llores,
el mundo tiene demasiadas
lágrimas, hace falta otra cosa
y aquí te digo hasta pronto, te
abraza y besa tu esposo amante
Arturo Carrión Cornejo, cárcel
de Iquique.

–[1948] / *Canto general,* canto VIII, poema V, 1950

MARGARITA NARANJO
(SALITRERA «MARÍA ELENA», ANTOFAGASTA)

Estoy muerta. Soy de María Elena.
Toda mi vida la viví en la pampa.
Dimos la sangre para la Compañía
norteamericana, mis padres antes, mis hermanos.
Sin que hubiera huelga, sin nada nos rodearon.
Era de noche, vino todo el Ejército,
iban de casa en casa despertando a la gente,
llevándola al campo de concentración.
Yo esperaba que nosotros no fuéramos.
Mi marido ha trabajado tanto para la Compañía,
y para el Presidente, fue el más esforzado,
consiguiendo los votos aquí, es tan querido,
nadie tiene nada que decir de él, él lucha
por sus ideales, es puro y honrado
como pocos. Entonces vinieron a nuestra puerta,
mandados por el coronel Urízar,
y lo sacaron a medio vestir y a empellones
lo tiraron al camión que partió en la noche,
hacia Pisagua, hacia la oscuridad. Entonces
me pareció que no podía respirar más, me parecía
que la tierra faltaba debajo de los pies,
es tanta la traición, tanta la injusticia,

que me subió a la garganta algo como un sollozo
que no me dejó vivir. Me trajeron comida
las compañeras, y les dije: «No comeré hasta que vuelva».
Al tercer día hablaron al señor Urízar,
que se rió con grandes carcajadas, enviaron
telegramas y telegramas que el tirano en Santiago
no contestó. Me fui durmiendo y muriendo,
sin comer, apreté los dientes para no recibir
ni siquiera la sopa o el agua. No volvió, no volvió,
y poco a poco me quedé muerta, y me enterraron:
aquí, en el cementerio de la oficina salitrera,
había en esa tarde un viento de arena,
lloraban los viejos y las mujeres y cantaban
las canciones que tantas veces canté con ellos.
Si hubiera podido, habría mirado a ver si estaba
Antonio, mi marido, pero no estaba, no estaba,
no lo dejaron venir ni a mi muerte: ahora,
aquí estoy muerta, en el cementerio de la pampa
no hay más que soledad en torno a mí, que ya no existo,
que ya no existiré sin él, nunca más, sin él.

–[1948] / *Canto general,* canto VIII, poema VIII, 1950

EL FUGITIVO

Por la alta noche, por la vida entera,
de lágrima a papel, de ropa en ropa,
anduve en estos días abrumados.
Fui el fugitivo de la policía:
y en la hora de cristal, en la espesura
de estrellas solitarias,
crucé ciudades, bosques,
chacarerías, puertos,
de la puerta de un ser humano a otro,
de la mano de un ser a otro ser, a otro ser.
Grave es la noche, pero el hombre
ha dispuesto sus signos fraternales,

y a ciegas por caminos y por sombras
llegué a la puerta iluminada, al pequeño
punto de estrella que era mío,
al fragmento de pan que en el bosque los lobos
no habían devorado.

Una vez, a una casa, en la campiña,
llegué de noche, a nadie
antes de aquella noche había visto,
ni adivinado aquellas existencias.
Cuanto hacían, sus horas
eran nuevas en mi conocimiento.
Entré, eran cinco de familia:
todos como en la noche de un incendio
se habían levantado.
Estreché una
y otra mano, vi un rostro y otro rostro,
que nada me decían: eran puertas
que antes no vi en la calle,
ojos que no conocían mi rostro,
y en la alta noche, apenas
recibido, me tendí al cansancio,
a dormir la congoja de mi patria.

Mientras venía el sueño,
el eco innumerable de la tierra
con sus roncos ladridos y sus hebras
de soledad, continuaba la noche,
y yo pensaba: «Dónde estoy? Quiénes
son? Por qué me guardan hoy?
Por qué ellos, que hasta hoy no me vieron,
abren sus puertas y defienden mi canto?».
Y nadie respondía
sino un rumor de noche deshojada,
un tejido de grillos construyéndose:
la noche entera apenas
parecía temblar en el follaje.
Tierra nocturna, a mi ventana

llegabas con tus labios,
para que yo durmiera dulcemente
como cayendo sobre miles de hojas,
de estación a estación, de nido a nido,
de rama en rama, hasta quedar de pronto
dormido como un muerto en tus raíces.

–[1948] / *Canto general,* canto X, poema 1, 1950

[AMO, VALPARAÍSO, CUANTO ENCIERRAS]

Amo, Valparaíso, cuanto encierras,
y cuanto irradias, novia del océano,
hasta más lejos de tu nimbo sordo.
Amo la luz violeta con que acudes
al marinero en la noche del mar,
y entonces eres —rosa de azahares—
luminosa y desnuda, fuego y niebla.
Que nadie venga con un martillo turbio
a golpear lo que amo, a defenderte:
nadie sino mi ser por tus secretos:
nadie sino mi voz por tus abiertas
hileras de rocío, por tus escalones
en donde la maternidad salobre
del mar te besa, nadie sino mis labios
en tu corona fría de sirena,
elevada en el aire de la altura,
oceánico amor, Valparaíso,
reina de todas las costas del mundo,
verdadera central de olas y barcos,
eres en mí como la luna o como
la dirección del aire en la arboleda.
Amo tus criminales callejones,
tu luna de puñal sobre los cerros,
y entre tus plazas la marinería
revistiendo de azul la primavera.

Que se entienda, te pido, puerto mío,
que yo tengo derecho
a escribirte lo bueno y lo malvado
y soy como las lámparas amargas
cuando iluminan las botellas rotas.

–[1948] / *Canto general,* canto X, poema VIII, 1950

[ARENA AMERICANA]

Arena americana, solemne
plantación, roja cordillera,
hijos, hermanos desgranados
por las viejas tormentas,
juntemos todo el grano vivo
antes de que vuelva a la tierra,
y que el nuevo maíz que nace
haya escuchado tus palabras
y las repita y se repitan.
Y se canten de día y de noche,
y se muerdan y se devoren,
y se propaguen por la tierra,
y se hagan, de pronto, silencio,
se hundan debajo de las piedras,
encuentren las puertas nocturnas,
y otra vez salgan a nacer,
a repartirse, a conducirse
como el pan, como la esperanza,
como el aire de los navíos.
El maíz te lleva mi canto,
salido desde las raíces
de mi pueblo, para nacer,
para construir, para cantar,
y para ser otra vez semilla
más numerosa en la tormenta.

Aquí están mis manos perdidas.
Son invisibles, pero tú
las ves a través de la noche,
a través del viento invisible.
Dame tus manos, yo las veo
sobre las ásperas arenas
de nuestra noche americana,
y escojo la tuya y la tuya,
esa mano y aquella otra mano,
la que se levanta a luchar
y la que vuelve a ser sembrada.

No me siento solo en la noche,
en la oscuridad de la tierra.
Soy pueblo, pueblo innumerable.
Tengo en mi voz la fuerza pura
para atravesar el silencio
y germinar en las tinieblas.
Muerte, martirio, sombra, hielo,
cubren de pronto la semilla.
Y parece enterrado el pueblo.
Pero el maíz vuelve a la tierra.
Atravesaron el silencio
sus implacables manos rojas.
Desde la muerte renacemos.

–[1948] / *Canto general,* canto X, poema XIII, 1950

CORTÉS

Cortés no tiene pueblo, es rayo frío,
corazón muerto en la armadura.
«Feraces tierras, mi Señor y Rey,
templos en que el oro, cuajado
está por manos del indio.»

Y avanza hundiendo puñales, golpeando
las tierras bajas, las piafantes
cordilleras de los perfumes,
parando su tropa entre orquídeas
y coronaciones de pinos,
atropellando los jazmines,
hasta las puertas de Tlaxcala.

(Hermano aterrado, no tomes
como amigo al buitre rosado:
desde el musgo te hablo, desde
las raíces de nuestro reino.
Va a llover sangre mañana,
las lágrimas serán capaces
de formar niebla, vapor, ríos,
hasta que derritas los ojos.)

Cortés recibe una paloma,
recibe un faisán, una cítara
de los músicos del monarca,
pero quiere la cámara del oro,
quiere otro paso, y todo cae
en las arcas de los voraces.
El rey se asoma a los balcones:
«Es mi hermano», dice. Las piedras
del pueblo vuelan contestando,
y Cortés afila puñales
sobre los besos traicionados.

Vuelve a Tlaxcala, el viento ha traído
un sordo rumor de dolores.

–[1948] / *Canto general,* canto III, poema IV, 1950

LA CABEZA EN EL PALO

Balboa, muerte y garra
llevaste a los rincones de la dulce
tierra central, y entre los perros
cazadores, el tuyo era tu alma:
Leoncico de belfo sangriento
recogió al esclavo que huía,
hundió colmillos españoles
en las gargantas palpitantes,
y de las uñas de los perros
salía la carne al martirio
y la alhaja caía en la bolsa.

Malditos sean perro y hombre,
el aullido infame en la selva
original, el acechante
paso del hierro y del bandido.
Maldita sea la espinosa
corona de la zarza agreste
que no saltó como un erizo
a defender la cuna invadida.

Pero entre los capitanes
sanguinarios se alzó en la sombra
la justicia de los puñales,
la acerba rama de la envidia.

Y al regreso estaba en medio
de tu camino el apellido
de Pedrarias como una soga.

Te juzgaron entre ladridos
de perros matadores de indios.
Ahora que mueres, oyes
el silencio puro, partido
por tus lebreles azuzados?
Ahora que mueres en las manos
de los torvos adelantados,

sientes el aroma dorado
del dulce reino destruido?

Cuando cortaron la cabeza
de Balboa, quedó ensartada
en un palo. Sus ojos muertos
descompusieron su relámpago
y descendieron por la lanza
en un goterón de inmundicia
que desapareció en la tierra.

–[1948] / *Canto general,* canto III, poema IX, 1950

HOMENAJE A BALBOA

Descubridor, el ancho mar, mi espuma,
latitud de la luna, imperio del agua,
después de siglos te habla por boca mía.
Tu plenitud llegó antes de la muerte.
Elevaste hasta el cielo la fatiga,
y de la dura noche de los árboles
te condujo el sudor hasta la orilla
de la suma del mar, del gran océano.
En tu mirada se hizo el matrimonio,
de la luz extendida y del pequeño
corazón del hombre, se llenó una copa
antes no levantada, una semilla
de relámpagos llegó contigo
y un trueno torrencial llenó la tierra.
Balboa, capitán, qué diminuta
tu mano en la visera, misterioso
muñeco de la sal descubridora,
novio de la oceánica dulzura,
hijo del nuevo útero del mundo.
Por tus ojos entró como un galope
de azahares el olor oscuro
de la robada majestad marina,

cayó en tu sangre una aurora arrogante
hasta poblarte el alma, poseído!
Cuando volviste a las hurañas tierras,
sonámbulo del mar, capitán verde,
eras un muerto que esperaba
la tierra para recibir tus huesos.

Novio mortal, la traición cumplía.

No en balde por la historia
entraba el crimen pisoteando, el halcón devoraba
su nido, y se reunían las serpientes
atacándose con lenguas de oro.

Entraste en el crepúsculo frenético
y los perdidos pasos que llevabas,
aún empapado por las profundidades,
vestido de fulgor y desposado
por la mayor espuma, te traían
a las orillas de otro mar: la muerte.

–[1948] / *Canto general,* canto III, poema X, 1950

CITA DE CUERVOS

En Panamá se unieron los demonios.

Allí fue el pacto de los hurones.
Una bujía apenas alumbraba
cuando los tres llegaron uno a uno.
Primero llegó Almagro antiguo y tuerto,
Pizarro, el mayoral porcino
y el fraile Luque, canónigo entendido
en tinieblas. Cada uno
escondía el puñal para la espalda
del asociado, cada uno
con mugrienta mirada en las oscuras

paredes adivinaba sangre,
y el oro del lejano imperio los atraía
como la luna a las piedras malditas.
Cuando pactaron, Luque levantó
la hostia en la eucaristía,
los tres ladrones amasaron
la oblea con torva sonrisa.
«Dios ha sido dividido, hermanos,
entre nosotros», sostuvo el canónigo,
y los carniceros de dientes
morados dijeron «Amén».
Golpearon la mesa escupiendo.
Como no sabían de letras
llenaron de cruces la mesa,
el papel, los bancos, los muros.

El Perú oscuro, sumergido,
estaba señalado y las cruces,
pequeñas, negras, negras cruces,
al Sur salieron navegando:
cruces para las agonías,
cruces peludas y filudas,
cruces con ganchos de reptil,
cruces salpicadas de pústulas,
cruces como piernas de araña,
sombrías cruces cazadoras.

–[1948] / *Canto general,* canto III, poema XIII, 1950

VALDIVIA (1544)

Pero volvieron.
(Pedro se llamaba).
Valdivia, el capitán intruso,
cortó mi tierra con la espada
entre ladrones: «Esto es tuyo,
esto es tuyo, Valdés, Montero,

esto es tuyo, Inés, este sitio
es el cabildo».
Dividieron mi patria
como si fuera un asno muerto.
«Llévate
este trozo de luna y arboleda,
devórate este río con crepúsculo»,
mientras la gran cordillera
elevaba bronce y blancura.

Asomó Arauco. Adobes, torres,
calles, el silencioso
dueño de casa levantó sonriendo.
Trabajó con las manos empapadas
por su agua y su barro, trajo
la greda y vertió el agua andina:
pero no pudo ser esclavo.
Entonces Valdivia, el verdugo,
atacó a fuego y a muerte.
Así empezó la sangre,
la sangre de tres siglos, la sangre océano,
la sangre atmósfera que cubrió mi tierra
y el tiempo inmenso, como ninguna guerra.
Salió el buitre iracundo
de la armadura enlutada
y mordió al promauca, rompió
el pacto escrito en el silencio
de Huelén, en el aire andino.
Arauco comenzó a hervir su plato
de sangre y piedras.
Siete príncipes
vinieron a parlamentar.
Fueron encerrados.
Frente a los ojos de la Araucanía,
cortaron las cabezas cacicales.
Se daban ánimo los verdugos. Toda
empapada de vísceras, aullando,
Inés de Suárez, la soldadera,
sujetaba los cuellos imperiales

con sus rodillas de infernal harpía.
Y las tiró sobre la empalizada,
bañándose de sangre noble,
cubriéndose de barro escarlata.
Así creyeron dominar Arauco.
Pero aquí la unidad sombría
de árbol y piedra, lanza y rostro,
transmitió el crimen en el viento.
Lo supo el árbol fronterizo,
el pescador, el rey, el mago,
lo supo el labrador antártico,
lo supieron las aguas madres
del Bío Bío.
                    Así nació la guerra patria.
Valdivia entró la lanza goteante
en las entrañas pedregosas
de Arauco, hundió la mano
en el latido, apretó los dedos
sobre el corazón araucano,
derramó las venas silvestres
de los labriegos,
                    exterminó
el amanecer pastoril,
                    mandó martirio
al reino del bosque, incendió
la casa del dueño del bosque,
cortó las manos del cacique,
devolvió a los prisioneros
con narices y orejas cortadas,
empaló al Toqui, asesinó
a la muchacha guerrillera
y con su guante ensangrentado
marcó las piedras de la patria,
dejándola llena de muertos,
y soledad y cicatrices.

–[1948] / *Canto general,* canto III, poema XXI, 1950

LOS LIBERTADORES

Aquí viene el árbol, el árbol
de la tormenta, el árbol del pueblo.
De la tierra suben sus héroes
como las hojas por la savia,
y el viento estrella los follajes
de muchedumbre rumorosa,
hasta que cae la semilla
del pan otra vez a la tierra.

Aquí viene el árbol, el árbol
nutrido por muertos desnudos,
muertos azotados y heridos,
muertos de rostros imposibles,
empalados sobre una lanza,
desmenuzados en la hoguera,
decapitados por el hacha,
descuartizados a caballo,
crucificados en la iglesia.

Aquí viene el árbol, el árbol
cuyas raíces están vivas,
sacó salitre del martirio,
sus raíces comieron sangre
y extrajo lágrimas del suelo:
las elevó por sus ramajes,
las repartió en su arquitectura.
Fueron flores invisibles,
a veces, flores enterradas,
otras veces iluminaron
sus pétalos, como planetas.

Y el hombre recogió en las ramas
las caracolas endurecidas,
las entregó de mano en mano
como magnolias o granadas
y de pronto, abrieron la tierra,
crecieron hasta las estrellas.

Este es el árbol de los libres.
El árbol tierra, el árbol nube,
el árbol pan, el árbol flecha,
el árbol puño, el árbol fuego.
Lo ahoga el agua tormentosa
de nuestra época nocturna,
pero su mástil balancea
el ruedo de su poderío.

Otras veces, de nuevo caen
las ramas rotas por la cólera
y una ceniza amenazante
cubre su antigua majestad:
así pasó desde otros tiempos,
así salió de la agonía
hasta que una mano secreta,
unos brazos innumerables,
el pueblo, guardó los fragmentos,
escondió troncos invariables,
y sus labios eran las hojas
del inmenso árbol repartido,
diseminado en todas partes,
caminando con sus raíces.
Este es el árbol, el árbol
del pueblo, de todos los pueblos
de la libertad, de la lucha.

Asómate a su cabellera:
toca sus rayos renovados:
hunde la mano en las usinas
donde su fruto palpitante
propaga su luz cada día.
Levanta esta tierra en tus manos,
participa de este esplendor,
toma tu pan y tu manzana,
tu corazón y tu caballo
y monta guardia en la frontera,
en el límite de sus hojas.

Defiende el fin de sus corolas,
comparte las noches hostiles,
vigila el ciclo de la aurora,
respira la altura estrellada,
sosteniendo el árbol, el árbol
que crece en medio de la tierra.

–[1948] / *Canto general,* canto IV, pórtico, 1950

LA GUERRA PATRIA

La Araucanía estranguló el cantar
de la rosa en el cántaro, cortó
los hilos
en el telar de la novia de plata.
Bajó la ilustre Machi de su escala,
y en los dispersos ríos, en la arcilla,
bajo la copa hirsuta
de las araucarias guerreras,
fue naciendo el clamor de las campanas
enterradas. La madre de la guerra
saltó las piedras dulces del arroyo,
recogió a la familia pescadora,
y el novio labrador besó las piedras
antes de que volaran a la herida.

Detrás del rostro forestal del Toqui,
Arauco amontonaba su defensa:
eran ojos y lanzas, multitudes
espesas de silencio y amenaza,
cinturas imborrables, altaneras
manos oscuras, puños congregados.

Detrás del alto Toqui, la montaña,
y en la montaña, innumerable Arauco.

Arauco era el rumor del agua errante.

Arauco era el silencio tenebroso.

El mensajero en su mano cortada
iba juntando las gotas de Arauco.

Arauco fue la ola de la guerra,
Arauco los incendios de la noche.

Todo hervía detrás del Toqui augusto,
y cuando él avanzó, fueron tinieblas,
arenas, bosques, tierras,
unánimes hogueras, huracanes,
aparición fosfórica de pumas.

–[1948] / *Canto general,* canto IV, poema VI, 1950

EL EMPALADO

Pero Caupolicán llegó al tormento.

Ensartado en la lanza del suplicio,
entró en la muerte lenta de los árboles.

Arauco replegó su ataque verde,
sintió en las sombras el escalofrío,
clavó en la tierra la cabeza,
se agazapó con sus dolores.
El Toqui dormía en la muerte.
Un ruido de hierro llegaba
del campamento, una corona
de carcajadas extranjeras,
y hacia los bosques enlutados
solo la noche palpitaba.

No era el dolor, la mordedura
del volcán abierto en las vísceras,
era solo un sueño del bosque,
el árbol que se desangraba.

En las entrañas de mi patria
entraba la punta asesina
hiriendo las tierras sagradas.
La sangre quemante caía
de silencio en silencio, abajo,
hacia donde está la semilla
esperando la primavera.

Más hondo caía esta sangre.

Hacia las raíces caía.

Hacia los muertos caía.

Hacia los que iban a nacer.

–[1948] / *Canto general,* canto IV, poema VII, 1950

LAUTARO (1550)

La sangre toca un corredor de cuarzo.
Así nace Lautaro de la tierra.
La piedra crece donde cae la gota.

–[1948] / *Canto general,* canto IV, poema VIII, 1950

EDUCACIÓN DEL CACIQUE

Lautaro era una flecha delgada.
Elástico y azul fue nuestro padre.
Fue su primera edad solo silencio.
Su adolescencia fue dominio.
Su juventud fue un viento dirigido.
Se preparó como una larga lanza.
Acostumbró los pies en las cascadas.
Educó la cabeza en las espinas.
Ejecutó las pruebas del guanaco.
Vivió en las madrigueras de la nieve.
Acechó la comida de las águilas.
Arañó los secretos del peñasco.
Entretuvo los pétalos del fuego.
Se amamantó de primavera fría.
Se quemó en las gargantas infernales.
Fue cazador entre las aves crueles.
Se tiñeron sus manos de victorias.
Leyó las agresiones de la noche.
Sostuvo los derrumbes del azufre.

Se hizo velocidad, luz repentina.

Tomó las lentitudes del otoño.
Trabajó en las guaridas invisibles.
Durmió en las sábanas del ventisquero.
Igualó la conducta de las flechas.
Bebió la sangre agreste en los caminos.
Arrebató el tesoro de las olas.
Se hizo amenaza como un dios sombrío.
Comió en cada cocina de su pueblo.
Aprendió el alfabeto del relámpago.
Olfateó las cenizas esparcidas.
Envolvió el corazón con pieles negras.

Descifró el espiral hilo del humo.
Se construyó de fibras taciturnas.
Se aceitó como el alma de la oliva.

Se hizo cristal de transparencia dura.
Estudió para viento huracanado.
Se combatió hasta apagar la sangre.

Solo entonces fue digno de su pueblo.

–[1948] / *Canto general,* canto IV, poema IX, 1950

LAUTARO ENTRE LOS INVASORES

Entró en la casa de Valdivia.
Lo acompañó como la luz.
Durmió cubierto de puñales.
Vio su propia sangre vertida,
sus propios ojos aplastados,
y dormido en las pesebreras
acumuló su poderío.
No se movían sus cabellos
examinando los tormentos:
miraba más allá del aire
hacia su raza desgranada.

Veló a los pies de Valdivia.

Oyó su sueño carnicero
crecer en la noche sombría
como una columna implacable.
Adivinó aquellos sueños.
Pudo levantar la dorada
barba del capitán dormido,
cortar el sueño en la garganta,
pero aprendió —velando sombras—
la ley nocturna del horario.

Marchó de día acariciando
los caballos de piel mojada
que iban hundiéndose en su patria.

Adivinó aquellos caballos.
Marchó con los dioses cerrados.
Adivinó las armaduras.
Fue testigo de las batallas,
Mientras entraba paso a paso
al fuego de la Araucanía.

–[1948] / *Canto general,* canto IV, poema x, 1950

LAUTARO CONTRA EL CENTAURO (1554)

Atacó entonces Lautaro de ola en ola.
Disciplinó las sombras araucanas:
antes entró el cuchillo castellano
en pleno pecho de la masa roja.
Hoy estuvo sembrada la guerrilla
bajo todas las alas forestales,
de piedra en piedra y vado en vado,
mirando desde los copihues,
acechando bajo las rocas.
Valdivia quiso regresar.
Fue tarde.
Llegó Lautaro en traje de relámpago.

Siguió el conquistador acongojado.
Se abrió paso en las húmedas marañas
del crepúsculo austral.
Llegó Lautaro,
en un galope negro de caballos.

La fatiga y la muerte conducían
la tropa de Valdivia en el follaje.

Se acercaban las lanzas de Lautaro.

Entre los muertos y las hojas iba
como en un túnel Pedro de Valdivia.

En las tinieblas llegaba Lautaro.

Pensó en Extremadura pedregosa,
en el dorado aceite, en la cocina,
en el jazmín dejado en ultramar.

Reconoció el aullido de Lautaro.

Las ovejas, las duras alquerías,
los muros blancos, la tarde extremeña.

Sobrevino la noche de Lautaro.

Sus capitanes tambaleaban ebrios
de sangre, noche y lluvia hacia el regreso.

Palpitaban las flechas de Lautaro.

De tumbo en tumbo la capitanía
iba retrocediendo desangrada.

Ya se tocaba el pecho de Lautaro.

Valdivia vio venir la luz, la aurora,
tal vez la vida, el mar.
Era Lautaro.

–[1948] / *Canto general,* canto IV, poema XI, 1950

MANUEL RODRÍGUEZ

CUECA

Señora, dicen que dónde,
mi madre dicen, dijeron,
el agua y el viento dicen
que vieron al guerrillero.

Vida Puede ser un obispo,
puede y no puede,
puede ser solo el viento
sobre la nieve:
sobre la nieve, sí,
madre, no mires,
que viene galopando
Manuel Rodríguez.
Ya viene el guerrillero
por el estero.

CUECA

Pasión Saliendo de Melipilla,
corriendo por Talagante,
cruzando por San Fernando,
amaneciendo en Pomaire.

Pasando por Rancagua,
por San Rosendo,
por Cauquenes, por Chena,
por Nacimiento:
por Nacimiento, sí,
desde Chiñigüe,
por todas partes viene
Manuel Rodríguez.
Pásale este clavel.
Vamos con él.

CUECA

y Muerte Que se apaguen las guitarras,
que la patria está de duelo.
Nuestra tierra se oscurece.
Mataron al guerrillero.

En Til-Til lo mataron
los asesinos,
su espalda está sangrando

sobre el camino:
sobre el camino, sí.

Quién lo diría,
él, que era nuestra sangre,
nuestra alegría.
La tierra está llorando.
Vamos callando.

–[1948] / *Canto general,* canto IV, poema XXV, 1950

MORAZÁN (1842)

Alta es la noche y Morazán vigila.
Es hoy, ayer, mañana? Tú lo sabes.

Cinta central, América angostura
que los golpes azules de dos mares
fueron haciendo, levantando en vilo
cordilleras y plumas de esmeralda:
territorio, unidad, delgada diosa
nacida en el combate de la espuma.

Te desmoronan hijos y gusanos,
se extienden sobre ti las alimañas
y una tenaza te arrebata el sueño
y un puñal con tu sangre te salpica
mientras se despedaza tu estandarte.

Alta es la noche y Morazán vigila.

Ya viene el tigre enarbolando un hacha.
Vienen a devorarte las entrañas.
Vienen a dividir la estrella.
Vienen,
pequeña América olorosa,
a clavarte en la cruz, a desollarte,
a tumbar el metal de tu bandera.

Alta es la noche y Morazán vigila.

Invasores llenaron tu morada.
Y te partieron como fruta muerta,
y otros sellaron sobre tus espaldas
los dientes de una estirpe sanguinaria,
y otros te saquearon en los puertos
cargando sangre sobre tus dolores.

Es hoy, ayer, mañana? Tú lo sabes.

Hermanos, amanece. (Y Morazán vigila).

–[1948] / *Canto general,* canto IV, poema XXXI, 1950

A EMILIANO ZAPATA CON MÚSICA DE TATA NACHO

Cuando arreciaron los dolores
en la tierra, y los espinares desolados
fueron la herencia de los campesinos,
y como antaño, las rapaces
barbas ceremoniales, y los látigos,
entonces, flor y fuego galopado...

Borrachita me voy
hacia la capital

se encabritó en el alba transitoria
la tierra sacudida de cuchillos,
el peón de sus amargas madrigueras
cayó como un elote desgranado
sobre la soledad vertiginosa.

a pedirle al patrón
que me mandó llamar

Zapata entonces fue tierra y aurora.
En todo el horizonte aparecía
la multitud de su semilla armada.
En un ataque de aguas y fronteras
el férreo manantial de Coahuila,
las estelares piedras de Sonora:
todo vino a su paso adelantado,
a su agraria tormenta de herraduras.

que si se va del rancho
muy pronto volverá

Reparte el pan, la tierra:
te acompaño.
Yo renuncio a mis párpados celestes.
Yo, Zapata, me voy con el rocío
de las caballerías matutinas,
en un disparo desde los nopales
hasta las casas de pared rosada.

cintitas pa tu pelo
no llores por tu Pancho

La luna duerme sobre las monturas.
La muerte amontonada y repartida
yace con los soldados de Zapata.
El sueño esconde bajo los baluartes
de la pesada noche su destino,
su incubadora sábana sombría.
La hoguera agrupa el aire desvelado:
grasa, sudor y pólvora nocturna.

Borrachita me voy
para olvidarte

Pedimos patria para el humillado.
Tu cuchillo divide el patrimonio
y tiros y corceles amedrentan
los castigos, la barba del verdugo.

La tierra se reparte con un rifle.
No esperes, campesino polvoriento,
después de tu sudor la luz completa
y el cielo parcelado en tus rodillas.
Levántate y galopa con Zapata.

Yo la quise traer
dijo que no

México, huraña agricultura, amada
tierra entre los oscuros repartida:
de las espaldas del maíz salieron
al sol tus centuriones sudorosos.
De la nieve del Sur vengo a cantarte.
Déjame galopar en tu destino
y llenarme de pólvora y arados.

Que si habrá de llorar
pa qué volver...

–[1948] / *Canto general,* canto IV, poema XXXVI, 1950

LAS SATRAPÍAS

Trujillo, Somoza, Carías,
hasta hoy, hasta este amargo
mes de septiembre
del año 1948,
con Moriñigo (o Natalicio)
en Paraguay, hienas voraces
de nuestra historia, roedores
de las banderas conquistadas
con tanta sangre y tanto fuego,
encharcados en sus haciendas,
depredadores infernales,
sátrapas mil veces vendidos
y vendedores, azuzados

por los lobos de Nueva York.
Máquinas hambrientas de dólares,
manchadas en el sacrificio
de sus pueblos martirizados,
prostituidos mercaderes
del pan y el aire americano,
cenagales verdugos, piara
de prostibularios caciques,
sin otra ley que la tortura
y el hambre azotada del pueblo.

Doctores *honoris causa*
de Columbia University,
con la toga sobre las fauces
y sobre el cuchillo, feroces
trashumantes del Waldorf Astoria
y de las cámaras malditas
donde se pudren las edades
eternas del encarcelado.

Pequeños buitres recibidos
por Mr. Truman, recargados
de relojes, condecorados
por «Loyalty», desangradores
de patrias, solo hay uno
peor que vosotros, solo hay uno
y ese lo dio mi patria un día
para desdicha de mi pueblo.

–[1948] / *Canto general,* canto V, poema I, 1950

EL GRAN OCÉANO

Si de tus dones y de tus destrucciones, Océano, a mis manos
pudiera destinar una medida, una fruta, un fermento,
escogería tu reposo distante, las líneas de tu acero,
tu extensión vigilada por el aire y la noche,

y la energía de tu idioma blanco
que destroza y derriba sus columnas
en su propia pureza demolida.

No es la última ola con su salado peso
la que tritura costas y produce
la paz de arena que rodea el mundo:
es el central volumen de la fuerza,
la potencia extendida de las aguas,
la inmóvil soledad llena de vidas.
Tiempo, tal vez, o copa acumulada
de todo movimiento, unidad pura
que no selló la muerte, verde víscera
de la totalidad abrasadora.

Del brazo sumergido que levanta una gota
no queda sino un beso de la sal. De los cuerpos
del hombre en tus orillas una húmeda fragancia
de flor mojada permanece. Tu energía
parece resbalar sin ser gastada,
parece regresar a su reposo.

La ola que desprendes,
arco de identidad, pluma estrellada,
cuando se despeñó fue solo espuma,
y regresó a nacer sin consumirse.

Toda tu fuerza vuelve a ser origen.
Solo entregas despojos triturados,
cáscaras que apartó tu cargamento,
lo que expulsó la acción de tu abundancia,
todo lo que dejó de ser racimo.

Tu estatua está extendida más allá de las olas.

Viviente y ordenada como el pecho y el manto
de un solo ser y sus respiraciones,
en la materia de la luz izadas,
llanuras levantadas por las olas,

forman la piel desnuda del planeta.
Llenas tu propio ser con tu substancia.

Colmas la curvatura del silencio.

Con tu sal y tu miel tiembla la copa,
la cavidad universal del agua,
y nada falta en ti como en el cráter
desollado, en el vaso cerril:
cumbres vacías, cicatrices, señales
que vigilan el aire mutilado.

Tus pétalos palpitan contra el mundo,
tiemblan tus cereales submarinos,
las suaves ovas cuelgan su amenaza,
navegan y pululan las escuelas,
y solo sube al hilo de las redes
el relámpago muerto de la escama,
un milímetro herido en la distancia
de tus totalidades cristalinas.

–[1949] / *Canto general,* canto XIV, poema I, 1950

LOS ENIGMAS

Me habéis preguntado qué hila el crustáceo entre sus patas de oro
y os respondo: El mar lo sabe.
Me decís qué espera la ascidia en su campana transparente? Qué
[espera?
Yo os digo, espera como vosotros el tiempo.
Me preguntáis a quién alcanza el abrazo del alga Macrocustis?
Indagadlo, indagadlo a cierta hora, en cierto mar que conozco.
Sin duda me preguntaréis por el marfil maldito del *narwhal,*
[para que yo os conteste
de qué modo el unicornio marino agoniza arponeado.
Me preguntáis tal vez por las plumas alcionarias que tiemblan

en los puros orígenes de la marea austral?
Y sobre la construcción cristalina del pólipo habéis barajado,
[sin duda,
una pregunta más, desgranándola ahora?
Queréis saber la eléctrica materia de las púas del fondo?
La armada estalactita que camina quebrándose?
El anzuelo del pez pescador, la música extendida
en la profundidad como un hilo en el agua?

Yo os quiero decir que esto lo sabe el mar, que la vida en sus arcas
es ancha como la arena, innumerable y pura
y entre las uvas sanguinarias el tiempo ha pulido
la dureza de un pétalo, la luz de la medusa
y ha desgranado el ramo de sus hebras corales
desde una cornucopia de nácar infinito.

Yo no soy sino la red vacía que adelanta
ojos humanos, muertos en aquellas tinieblas,
dedos acostumbrados al triángulo, medidas
de un tímido hemisferio de naranja.

Anduve como vosotros escarbando
la estrella interminable,
y en mi red, en la noche, me desperté desnudo,
única presa, pez encerrado en el viento.

–[1949] / *Canto general,* canto XIV, poema XVII, 1950

LA FRONTERA (1904)

Lo primero que vi fueron árboles, barrancas
decoradas con flores de salvaje hermosura,
húmedo territorio, bosques que se incendiaban
y el invierno detrás del mundo, desbordado.
Mi infancia son zapatos mojados, troncos rotos
caídos en la selva, devorados por lianas
y escarabajos, dulces días sobre la avena,

y la barba dorada de mi padre saliendo
hacia la majestad de los ferrocarriles.

Frente a mi casa el agua austral cavaba
hondas derrotas, ciénagas de arcillas enlutadas,
que en el verano eran atmósfera amarilla
por donde las carretas crujían y lloraban
embarazadas con nueve meses de trigo.
Rápido sol del Sur:
rastrojos, humaredas
en caminos de tierras escarlatas, riberas
de ríos de redondo linaje, corrales y potreros
en que reverberaba la miel del mediodía.

El mundo polvoriento entraba grado a grado
en los galpones, entre barricas y cordeles,
a bodegas cargadas con el resumen rojo
del avellano, todos los párpados del bosque.

Me pareció ascender en el tórrido traje
del verano, con las máquinas trilladoras,
por las cuestas, en la tierra barnizada de boldos,
erguida entre los robles, indeleble,
pegándose en las ruedas como carne aplastada.

Mi infancia recorrió las estaciones: entre
los rieles, los castillos de madera reciente,
la casa sin ciudad, apenas protegida
por reses y manzanos de perfume indecible
fui yo, delgado niño cuya pálida forma
se impregnaba de bosques vacíos y bodegas.

–[1949] / *Canto general,* canto XV, poema 1, 1950

LA GUERRA (1936)

España, envuelta en sueño, despertando
como una cabellera con espigas,
te vi nacer, tal vez entre las breñas
y las tinieblas, labradora,
levantarte entre las encinas y los montes
y recorrer el aire con las venas abiertas.
Pero te vi atacada en las esquinas
por los antiguos bandoleros. Iban
enmascarados, con sus cruces hechas
de víboras, con los pies metidos
en el glacial pantano de los muertos.
Entonces vi tu cuerpo desprendido
de matorrales, roto
sobre la arena encarnizada, abierto,
sin mundo, aguijoneado en la agonía.
Hasta hoy corre el agua de tus peñas
entre los calabozos, y sostienes
tu corona de púas en silencio,
a ver quién puede más, si tus dolores
o los rostros que cruzan sin mirarte.
Yo viví con tu aurora de fusiles,
y quiero que de nuevo pueblo y pólvora
sacudan los ramajes deshonrados
hasta que tiemble el sueño y se reúnan
los frutos divididos en la tierra.

–[1949] / *Canto general,* canto XV, poema X, 1950

A MI PARTIDO

Me has dado la fraternidad hacia el que no conozco.
Me has agregado la fuerza de todos los que viven.
Me has vuelto a dar la patria como en un nacimiento.
Me has dado la libertad que no tiene el solitario.
Me enseñaste a encender la bondad, como el fuego.

Me diste la rectitud que necesita el árbol.
Me enseñaste a ver la unidad y la diferencia de los hombres.
Me mostraste cómo el dolor de un ser ha muerto en la victoria
[de todos.
Me enseñaste a dormir en las camas duras de mis hermanos.
Me hiciste construir sobre la realidad como sobre una roca.
Me hiciste adversario del malvado y muro del frenético.
Me has hecho ver la claridad del mundo y la posibilidad de la
[alegría.
Me has hecho indestructible porque contigo no termino en mí
[mismo.

–[1949] / *Canto general,* canto XV, poema XXVII, 1950

CARTA A MIGUEL OTERO SILVA, EN CARACAS
[FRAGMENTO]

[...]
Cuando yo escribía versos de amor, que me brotaban
por todas partes, y me moría de tristeza,
errante, abandonado, royendo el alfabeto,
me decían: «Qué grande eres, oh Teócrito!».
Yo no soy Teócrito: tomé a la vida,
me puse frente a ella, la besé hasta vencerla,
y luego me fui por los callejones de las minas
a ver cómo vivían otros hombres.
Y cuando salí con las manos teñidas de basura y dolores,
las levanté mostrándolas en las cuerdas de oro,
y dije: «Yo no comparto el crimen».
Tosieron, se disgustaron mucho, me quitaron el saludo,
me dejaron de llamar Teócrito, y terminaron
por insultarme y mandar toda la policía a encarcelarme,
porque no seguía preocupado exclusivamente de asuntos
[metafísicos.
Pero yo había conquistado la alegría.
Desde entonces me levanté leyendo las cartas
que traen las aves del mar desde tan lejos,

cartas que vienen mojadas, mensajes que poco a poco
voy traduciendo con lentitud y seguridad: soy meticuloso
como un ingeniero en este extraño oficio.

–[1949] / *Canto general,* canto XII, poema I, 1950

VIII

EXILIO Y RETORNO DEL SOLDADO

(1949-1955)

REGRESÓ LA SIRENA

Amor, como si un día
te murieras,
y yo cavara
y yo cavara
noche y día
en tu sepulcro
y te recompusiera,
levantara tus senos desde el polvo,
la boca que adoré, de sus cenizas,
construyera de nuevo
tus brazos y tus piernas y tus ojos,
tu cabellera de metal torcido,
y te diera la vida
con el amor que te ama,
te hiciera andar de nuevo,
palpitar otra vez en mi cintura,
así, amor, levantaron de nuevo
la ciudad de Varsovia.

Yo llegaría ciego a tus cenizas
pero te buscaría,
y poco a poco irías elevando
los edificios dulces de tu cuerpo,
y así encontraron ellos
en la ciudad amada
solo viento y ceniza,
fragmentos arrasados,
carbones que lloraban en la lluvia,

sonrisas de mujer bajo la nieve.
Muerta estaba la bella,
no existían ventanas,
la noche se acostaba sobre la blanca muerta,
el día iluminaba la pradera vacía.

Y así la levantaron,
con amor, y llegaron
ciegos y sollozantes,
pero cavaron hondo,
limpiaron la ceniza.
Era tarde, la noche,
el cansancio, la nieve
detenían la pala,
y ellos cavando hallaron
primero la cabeza,
los blancos senos de la dulce muerta,
su traje de sirena,
y al fin el corazón bajo la tierra,
enterrado y quemado pero vivo,
y hoy vive vivo, palpitando en medio

de la reconstrucción de su hermosura.
Ahora comprendes cómo
el amor construyó las avenidas,
hizo cantar la luna en los jardines.
Hoy cuando
pétalo a pétalo cae la nieve
sobre los techos y los puentes
y el invierno golpea
las puertas de Varsovia,
el fuego, el canto
viven de nuevo en los hogares
que edificó el amor sobre la muerte.

Ay de aquellos que huyeron y creyeron
escapar con la poesía:
no saben que el amor está en Varsovia,
y que cuando la muerte

allí fue derrotada,
y cuando el río pasa,
reconociendo seres y destinos,
como dos flores de perfume y plata,
ciudad y poesía,
Varsovia y poesía,
en sus cúpulas claras
guardan la luz, el fuego y el pan de su destino.

Varsovia milagrosa,
corazón enterrado
de nuevo vivo y libre,
ciudad en que se prueba
cómo el hombre es más grande
que toda la desdicha,
Varsovia, déjame
tocar tus muros.
No están hechos de piedra o de madera,
de esperanza están hechos,
y el que quiera tocar la esperanza,
materia firme y dura,
tierra tenaz que canta,
metal que reconstruye,
arena indestructible,
cereal infinito,
miel para todos los siglos,
martillo eterno,
estrella vencedora,
herramienta invencible,
cemento de la vida,
la esperanza,
que aquí la toquen,
que aquí sientan en ella cómo sube
la vida y la sangre de nuevo,
porque el amor, Varsovia,
levantó tu estatura de sirena
y si toco tus muros,
tu piel sagrada,
comprendo

que eres la vida y que en tus muros
ha muerto, al fin, la muerte.

–[Varsovia, 1950] / *Las uvas y el viento,* sección III,
poema VI, 1954

SOLO EL HOMBRE

Yo atravesé las hostiles
cordilleras,
entre los árboles pasé a caballo.
El humus ha dejado
en el suelo
su alfombra de mil años.

Los árboles se tocan en la altura,
en la unidad temblorosa.
Abajo, oscura es la selva.
Un vuelo corto, un grito
la atraviesan,
los pájaros del frío,
los zorros de eléctrica cola,
una gran hoja que cae,
y mi caballo pisa el blando
lecho del árbol dormido,
pero bajo la tierra
los árboles de nuevo
se entienden y se tocan.
La selva es una sola,
un solo gran puñado de perfume,
una sola raíz bajo la tierra.

Las púas me mordían,
las duras piedras herían mi caballo,
el hielo iba buscando bajo mi ropa rota
mi corazón para cantarle y dormirlo.
Los ríos que nacían

ante mi vista bajaban veloces
y querían matarme.
De pronto un árbol ocupaba el camino
como si hubiera
echado a andar y entonces
lo hubiera derribado
la selva, y allí estaba
grande como mil hombres,
lleno de cabelleras,
pululado de insectos,
podrido por la lluvia,
pero desde la muerte
quería detenerme.

Yo salté el árbol,
lo rompí con el hacha,
acaricié sus hojas hermosas como manos,
toqué las poderosas
raíces que mucho más que yo
conocían la tierra.
Yo pasé sobre el árbol,
crucé todos los ríos,
la espuma me llevaba,
las piedras me mentían,
el aire verde que creaba
alhajas a cada minuto
atacaba mi frente,
quemaba mis pestañas.
Yo atravesé las altas cordilleras
porque conmigo un hombre,
otro hombre, un hombre
iba conmigo.
No venían los árboles,
no iba conmigo el agua
vertiginosa que quiso matarme,
ni la tierra espinosa.
Solo el hombre,
solo el hombre estaba conmigo.
No las manos del árbol,

hermosas como rostros, ni las graves
raíces que conocen la tierra
me ayudaron.
Solo el hombre.
No sé cómo se llama.
Era tan pobre como yo, tenía
ojos como los míos, y con ellos
descubría el camino
para que otro hombre pasara.
Y aquí estoy.
Por eso existo.

Creo
que no nos juntaremos en la altura.
Creo
que bajo la tierra nada nos espera,
pero sobre la tierra
vamos juntos.
Nuestra unidad está sobre la tierra.

–Ms. 1951 / «El peregrino de Europa», *El Nacional*, Caracas, 3.7.1952 / *Las uvas y el viento,* sección I, poema I, 1954

EL RÍO

Yo entré en Florencia. Era
de noche. Temblé escuchando
casi dormido lo que el dulce río
me contaba. Yo no sé
lo que dicen los cuadros ni los libros
(no todos los cuadros ni todos los libros,
solo algunos),
pero sé lo que dicen
todos los ríos.
Tienen el mismo idioma que yo tengo.
En las tierras salvajes

el Orinoco me habla
y entiendo, entiendo
historias que no puedo repetir.
Hay secretos míos
que el río se ha llevado,
y lo que me pidió lo voy cumpliendo
poco a poco en la tierra.
Reconocí en la voz del Arno entonces
viejas palabras que buscaban mi boca,
como el que nunca conoció la miel
y halla que reconoce su delicia.
Así escuché las voces
del río de Florencia,
como si antes de ser me hubieran dicho
lo que ahora escuchaba:
sueños y pasos que me unían
a la voz del río,
seres en movimiento,
golpes de luz en la historia,
tercetos encendidos como lámparas.
El pan y la sangre cantaban
con la voz nocturna del agua.

–Ms. 1951 / *El Nacional,* Caracas, 3.7.1952 /
Las uvas y el viento, sección I, poema II, 1954

LA REINA

Yo te he nombrado reina.
Hay más altas que tú, más altas.
Hay más puras que tú, más puras.
Hay más bellas que tú, hay más bellas.
Pero tú eres la reina.

Cuando vas por las calles
nadie te reconoce.
Nadie ve tu corona de cristal, nadie mira

la alfombra de oro rojo
que pisas donde pasas,
la alfombra que no existe.

Y cuando asomas
suenan todos los ríos
en mi cuerpo, sacuden
el cielo las campanas,
y un himno llena el mundo.

Solo tú y yo,
solo tú y yo, amor mío,
lo escuchamos.

–Ms. Bucarest, 25.8.1951 / *Los versos del Capitán,* 1952

EL AMOR DEL SOLDADO

En plena guerra te llevó la vida
a ser el amor del soldado.

Con tu pobre vestido de seda,
tus uñas de piedra falsa,
te tocó caminar por el fuego.

Ven acá, vagabunda,
ven a beber sobre mi pecho
rojo rocío.

No querías saber dónde andabas,
eras la compañera de baile,
no tenías partido ni patria.

Y ahora a mi lado caminando
ves que conmigo va la vida
y que detrás está la muerte.

Ya no puedes volver a bailar
con tu traje de seda en la sala.

Te vas a romper los zapatos,
pero vas a crecer en la marcha.

Tienes que andar sobre las espinas
dejando gotitas de sangre.

Bésame de nuevo, querida.

Limpia ese fusil, camarada.

–Ms. Pekín 4.10.1951 / *Los versos del Capitán,* 1952

SI TÚ ME OLVIDAS

Quiero que sepas
una cosa.

Tú sabes cómo es esto:
si miro
la luna de cristal, la rama roja
del lento otoño en mi ventana,
si toco
junto al fuego
la impalpable ceniza
o el arrugado cuerpo de la leña,
todo me lleva a ti,
como si todo lo que existe,
aromas, luz, metales,
fueran pequeños barcos que navegan
hacia las islas tuyas que me aguardan.

Ahora bien,
si poco a poco dejas de quererme
dejaré de quererte poco a poco.

Si de pronto
me olvidas
no me busques,
que ya te habré olvidado.

Si consideras largo y loco
el viento de banderas
que pasa por mi vida
y te decides
a dejarme a la orilla
del corazón en que tengo raíces,
piensa
que en ese día,
a esa hora
levantaré los brazos
y saldrán mis raíces
a buscar otra tierra.

Pero
si cada día,
cada hora
sientes que a mí estás destinada
con dulzura implacable.
Si cada día sube
una flor a tus labios a buscarme,
ay amor mío, ay mía,
en mí todo ese fuego se repite,
en mí nada se apaga ni se olvida,
mi amor se nutre de tu amor, amada,
y mientras vivas estará en tus brazos
sin salir de los míos.

–Ms. Nyon, 3.12.1951 / *Los versos del Capitán,* 1952

EL HIJO

Ay hijo, sabes, sabes
de dónde vienes?

De un lago con gaviotas
blancas y hambrientas.
Junto al agua de invierno
ella y yo levantamos
una fogata roja
gastándonos los labios
de besarnos el alma,
echando al fuego todo,
quemándonos la vida.

Así llegaste al mundo.

Pero ella para verme
y para verte un día
atravesó los mares
y yo para abrazar
su pequeña cintura
toda la tierra anduve,
con guerras y montañas,
con arenas y espinas.

Así llegaste al mundo.

De tantos sitios vienes,
del agua y de la tierra,
del fuego y de la nieve,
de tan lejos caminas
hacia nosotros dos,
desde el amor terrible
que nos ha encadenado,
que queremos saber
cómo eres, qué nos dices,

porque tú sabes más
del mundo que te dimos.

Como una gran tormenta
sacudimos nosotros
el árbol de la vida
hasta las más ocultas
fibras de las raíces
y apareces ahora
cantando en el follaje,
en la más alta rama
que contigo alcanzamos.

–Ms. en tren de Suiza a Italia, 29.12.1951 /
Los versos del Capitán, 1952

LA NOCHE EN LA ISLA

Toda la noche he dormido contigo
junto al mar, en la isla.
Salvaje y dulce eras entre el placer y el sueño,
entre el fuego y el agua.

Tal vez muy tarde
nuestros sueños se unieron
en lo alto o en el fondo,
arriba como ramas que un mismo viento mueve,
abajo como rojas raíces que se tocan.

Tal vez tu sueño
se separó del mío
y por el mar oscuro
me buscaba
como antes
cuando aún no existías,
cuando sin divisarte
navegué por tu lado,

y tus ojos buscaban
lo que ahora
—pan, vino, amor y cólera—
te doy a manos llenas
porque tú eres la copa
que esperaba los dones de mi vida.

He dormido contigo
toda la noche mientras
la oscura tierra gira
con vivos y con muertos,
y al despertar de pronto
en medio de la sombra
mi brazo rodeaba tu cintura.
Ni la noche, ni el sueño
pudieron separarnos.

He dormido contigo
y al despertar tu boca
salida de tu sueño
me dio el sabor de tierra,
de agua marina, de algas,
del fondo de tu vida,
y recibí tu beso
mojado por la aurora
como si me llegara
del mar que nos rodea.

–Ms. Capri, 21.1.1952 / *Los versos del Capitán,* 1952

PEQUEÑA AMÉRICA

Cuando miro la forma
de América en el mapa,
amor, a ti te veo:
las alturas del cobre en tu cabeza,
tus pechos, trigo y nieve,

tu cintura delgada,
veloces ríos que palpitan, dulces
colinas y praderas
y en el frío del sur tus pies terminan
su geografía de oro duplicado.

Amor, cuando te toco
no solo han recorrido
mis manos tu delicia,
sino ramas y tierra, frutas y agua,
la primavera que amo,
la luna del desierto, el pecho
de la paloma salvaje,
la suavidad de las piedras gastadas
por las aguas del mar o de los ríos
y la espesura roja
del matorral en donde
la sed y el hambre acechan.
Y así mi patria extensa me recibe,
pequeña América, en tu cuerpo.

Aún más, cuando te veo recostada
veo en tu piel, en tu color de avena,
la nacionalidad de mi cariño.
Porque desde tus hombros
el cortador de caña
de Cuba abrasadora
me mira, lleno de sudor oscuro,
y desde tu garganta
pescadores que tiemblan
en las húmedas casas de la orilla
me cantan su secreto.
Y así a lo largo de tu cuerpo,
pequeña América adorada,
las tierras y los pueblos
interrumpen mis besos
y tu belleza entonces
no solo enciende el fuego
que arde sin consumirse entre nosotros,

sino que con tu amor me está llamando
y a través de tu vida
me está dando la vida que me falta
y al sabor de tu amor se agrega el barro,
el beso de la tierra que me aguarda.

–Ms. Nápoles, 7.3.1952 / *Los versos del Capitán,* 1952

EL HOMBRE INVISIBLE

Yo me río,
me sonrío
de los viejos poetas,
yo adoro toda
la poesía escrita,
todo el rocío,
luna, diamante, gota
de plata sumergida
que fue mi antiguo hermano
agregando a la rosa,
pero
me sonrío,
siempre dicen «yo»,
a cada paso
les sucede algo,
es siempre «yo»,
por las calles
solo ellos andan
o la dulce que aman,
nadie más,
no pasan pescadores,
ni libreros,
no pasan albañiles,
nadie se cae
de un andamio,
nadie sufre,
nadie ama,

solo mi pobre hermano,
el poeta,
a él le pasan
todas las cosas
y a su dulce querida,
nadie vive
sino él solo,
nadie llora de hambre
o de ira,
nadie sufre en sus versos
porque no puede
pagar el alquiler,
a nadie en poesía
echan a la calle
con camas y con sillas
y en las fábricas
tampoco pasa nada,
no pasa nada,
se hacen paraguas, copas,
armas, locomotoras,
se extraen minerales
rascando el infierno,
hay huelga,
vienen soldados,
disparan,
disparan contra el pueblo,
es decir,
contra la poesía,
y mi hermano
el poeta
estaba enamorado,
o sufría
porque sus sentimientos
son marinos,
ama los puertos
remotos, por sus nombres,
y escribe sobre océanos
que no conoce,
junto a la vida, repleta

como el maíz de granos,
él pasa sin saber
desgranarla,
él sube y baja
sin tocar la tierra,
o a veces
se siente profundísimo
y tenebroso,
él es tan grande
que no cabe en sí mismo,
se enreda y desenreda,
se declara maldito,
lleva con gran dificultad la cruz
de las tinieblas,
piensa que es diferente
a todo el mundo,
todos los días come pan
pero no ha visto nunca
un panadero
ni ha entrado a un sindicato
de panificadores,
y así mi pobre hermano
se hace oscuro,
se tuerce y se retuerce
y se halla
interesante,
interesante,
esta es la palabra,
yo no soy superior
a mi hermano
pero sonrío,
porque voy por las calles
y sólo yo no existo,
la vida corre
como todos los ríos,
yo soy el único
invisible,
no hay misteriosas sombras,
no hay tinieblas,

todo el mundo me habla,
me quieren contar cosas,
me hablan de sus parientes,
de sus miserias
y de sus alegrías,
todos pasan y todos
me dicen algo,
y cuántas cosas hacen!
cortan maderas,
suben hilos eléctricos,
amasan hasta tarde en la noche
el pan de cada día,
con una lanza de hierro
perforan las entrañas
de la tierra
y convierten el hierro
en cerraduras,
suben al cielo y llevan
cartas, sollozos, besos,
en cada puerta
hay alguien,
nace alguno,
o me espera la que amo,
y yo paso y las cosas
me piden que las cante,
yo no tengo tiempo,
debo pensar en todo,
debo volver a casa,
pasar al Partido,
qué puedo hacer,
todo me pide
que hable,
todo me pide
que cante y cante siempre,
todo está lleno
de sueños y sonidos,
la vida es una caja
llena de cantos, se abre
y vuela y viene

una bandada
de pájaros
que quieren contarme algo
descansando en mis hombros,
la vida es una lucha
como un río que avanza
y los hombres
quieren decirme,
decirte,
por qué luchan,
si mueren,
por qué mueren,
y yo paso y no tengo
tiempo para tantas vidas,
yo quiero
que todos vivan
en mi vida
y canten en mi canto,
yo no tengo importancia,
no tengo tiempo
para mis asuntos,
de noche y de día
debo anotar lo que pasa,
y no olvidar a nadie.
Es verdad que de pronto
me fatigo
y miro las estrellas,
me tiendo en el pasto, pasa
un insecto color de violín,
pongo el brazo
sobre un pequeño seno
o bajo la cintura
de la dulce que amo,
y miro el terciopelo
duro
de la noche que tiembla
con sus constelaciones congeladas,
entonces
siento subir a mi alma

la ola de los misterios,
la infancia,
el llanto en los rincones,
la adolescencia triste,
y me da sueño,
y duermo
como un manzano,
me quedo dormido
de inmediato
con las estrellas o sin las estrellas,
con mi amor o sin ella,
y cuando me levanto
se fue la noche,
la calle ha despertado antes que yo,
a su trabajo
van las muchachas pobres,
los pescadores vuelven
del océano,
los mineros
van con zapatos nuevos
entrando en la mina,
todo vive,
todos pasan,
andan apresurados,
y yo tengo apenas tiempo
para vestirme,
yo tengo que correr:
ninguno puede
pasar sin que yo sepa
adónde va, qué cosa
le ha sucedido.
No puedo
sin la vida vivir,
sin el hombre ser hombre
y corro y veo y oigo
y canto,
las estrellas no tienen
nada que ver conmigo,
la soledad no tiene

flor ni fruto.
Dadme para mi vida
todas las vidas,
dadme todo el dolor
de todo el mundo,
yo voy a transformarlo
en esperanza.
Dadme
todas las alegrías,
aun las más secretas,
porque si así no fuera,
cómo van a saberse?
Yo tengo que contarlas,
dadme
las luchas
de cada día
porque ellas son mi canto,
y así andaremos juntos,
codo a codo,
todos los hombres,
mi canto los reúne:
el canto del hombre invisible
que canta con todos los hombres.

–Ms. Sant'Angelo, Ischia, 24.6.1952 / *Odas elementales,* 1954

EL OLOR DEL REGRESO

Mi casa es profunda y ramosa. Tiene rincones en los que, después de tanta ausencia, me gusta perderme y saborear el regreso. En el jardín han crecido matorrales misteriosos y fragancias que yo desconocía. El álamo que planté en el fondo y que era esbelto y casi invisible es ahora adulto. Su corteza tiene arrugas de sabiduría que suben al cielo y se expresan en un temblor continuo de hojas nuevas en la altura.

Los castaños han sido los últimos en reconocerme. Cuando llegué, se mostraron impenetrables y hostiles con sus enramadas desnudas y secas, altos y ciegos, mientras alrededor de sus troncos germinaba la penetrante primavera de Chile. Cada día fui a visitarlos, pues comprendía que necesitaban mi homenaje, y en el frío de la mañana me quedé inmóvil bajo las ramas sin hojas hasta que un día, un tímido brote verde, muy lejos en lo alto, salió a mirarme y luego vinieron otros. Así se transmitió mi aparición a las desconfiadas hojas escondidas del castaño mayor que ahora me saludan con orgullo pero ya acostumbradas a mi retorno.

En los árboles los pájaros renuevan los trinos antiguos, como si nada hubiera pasado bajo las hojas.

La biblioteca me reserva un olor profundo de invierno y postrimerías. Es entre todas las cosas la que más se impregnó de ausencia.

Este aroma de libros encerrados tiene algo mortal que se va derecho a las narices y a los vericuetos del alma porque es un olor a olvido, a recuerdo enterrado.

Junto a la vieja ventana, frente al cielo andino blanco y azul, por detrás de mí siento el aroma de la primavera que lucha con los libros. Estos no quieren desprenderse del largo abandono, exhalan aún rachas de olvido. La primavera entra en las habitaciones con vestido nuevo y olor a madreselva.

Los libros se han dispersado locamente en mi ausencia. No es que falten sino que han cambiado de sitio. Junto a un tomo del austero Bacon, vieja edición del siglo XVII, encuentro *La capitana del Yucatán,* de Salgari, y no se han llevado mal, a pesar de todo. En cambio, un Byron suelto, al levantarlo, deja caer su tapa como un ala oscura de albatros. Vuelvo a coser con trabajo lomo y tapa, no sin antes recibir en los ojos una bocanada de frío romanticismo.

Los caracoles son los más silenciosos habitantes de mi casa. Todos los años del océano pasaron antes y endurecieron su silencio. Ahora, estos años le han agregado tiempo y polvo. Sin embargo, sus fríos destellos de madreperla, sus concéntricas elipses góticas o sus valvas abiertas me recuerdan costas y sucesos lejanos. Esa inestimable lanza de luz sonrosada es la *Rostellaria*, que el malacólogo de Cuba, mago de profundidad, Carlos de la Torre, me otorgó una vez como una condecoración submarina. Aquí está un poco más descolorida y empolvada, la «oliva» negra de los mares de California y, de la misma procedencia, la ostra de espinas rojas y la de perlas negras. Allí casi naufragamos en aquel mar de tantos tesoros.

Hay nuevos habitantes, libros y cosas que salen de cajones largo tiempo cerrados. Estos de pino vienen de Francia. Sus tablas tienen olor al Mediodía, y, al levantarlos crujen y cantan mostrando un interior de luz dorada desde donde salen las tapas rojas de Victor Hugo. *Los miserables,* en su antigua edición, llegan a poblar con múltiples y desgarradoras existencias los muros de mi casa.

Pero de este largo cajón parecido a un ataúd sale un dulce rostro de mujer, altos senos de madera que cortaron el viento, unas manos impregnadas de música y salmuera. Es una figura de mujer, un mascarón de proa. La bautizo *María Celeste* porque trae el misterio de una embarcación perdida. Yo encontré su belleza radiante en un *bric à brac* de París, sepultada bajo la ferretería en desuso, desfigurada por el abandono, escondida bajo los sepulcrales andrajos del arrabal. Ahora, colocada en la altura navega otra vez viva y fresca. Se llenarán cada mañana sus mejillas de un misterioso rocío o lágrimas marinas.

Las rosas florecen precipitadamente. Yo antes fui enemigo de la rosa, de sus interminables adherencias literarias, de su orgullo. Pero viéndolas surgir, resistiendo al invierno sin vestidos ni sombreros, cuando asomaron sus pechos nevados o sus fuegos solferinos entre los troncos duros y espinosos, me he llenado poco a poco de enternecimiento, de admiración por su salud de caballos, por la desafiante ola secreta de perfume y luz que extraen implacablemente de la tierra negra, en la hora debida, como milagros del deber, como ejercicios exactos de amor a la intemperie. Y ahora, las rosas se levantan en todos los rincones con seriedad conmovedora que correspondo, alejadas, ellas y yo, de la pompa y de la frivolidad, cada uno trabajando en su personal relámpago.

Pero de todas las capas del aire llega un suave y tembloroso vaivén, una palpitación de flor que entra en el corazón. Son nombres y primaveras idas, y manos que apenas se tocaron y altaneros ojos de piedra amarilla y trenzas perdidas en el tiempo: la juventud que golpea con sus recuerdos y su más arrobador aroma.

Es el perfume de las madreselvas, son los primeros besos de la primavera.

Los Guindos, 22 de octubre de 1952

–*Vistazo,* n.º 12, Santiago, 11.11.1952 / *OC,* t. IV, pp. 851-854

ODA AL MAR

Aquí en la isla
el mar
y cuánto mar
se sale de sí mismo
a cada rato,
dice que sí, que no,
que no, que no, que no,
dice que sí, en azul,
en espuma, en galope,
dice que no, que no.
No puede estarse quieto,
me llamo mar, repite
pegando en una piedra
sin lograr convencerla,
entonces
con siete lenguas verdes
de siete perros verdes,
de siete tigres verdes,
de siete mares verdes,
la recorre, la besa,
la humedece
y se golpea el pecho
repitiendo su nombre.
Oh mar, así te llamas,
oh camarada océano,
no pierdas tiempo y agua,
no te sacudas tanto,
ayúdanos,
somos los pequeñitos
pescadores,
los hombres de la orilla,
tenemos frío y hambre,
eres nuestro enemigo,
no golpees tan fuerte,
no grites de ese modo,
abre tu caja verde
y déjanos a todos

en las manos
tu regalo de plata:
el pez de cada día.

Aquí en cada casa
lo queremos
y aunque sea de plata,
de cristal o de luna,
nació para las pobres
cocinas de la tierra.
No lo guardes,
avaro,
corriendo frío como
relámpago mojado
debajo de tus olas.
Ven, ahora,
ábrete
y déjalo
cerca de nuestras manos,
ayúdanos, océano,
padre verde y profundo,
a terminar un día
la pobreza terrestre.
Déjanos
cosechar la infinita
plantación de tus vidas,
tus trigos y tus uvas,
tus bueyes, tus metales,
el esplendor mojado
y el fruto sumergido.

Padre mar, ya sabemos
cómo te llamas, todas
las gaviotas reparten
tu nombre en las arenas:
ahora, pórtate bien,
no sacudas tus crines,
no amenaces a nadie,
no rompas contra el cielo

tu bella dentadura,
déjate por un rato
de gloriosas historias,
danos a cada hombre,
a cada
mujer y a cada niño,
un pez grande o pequeño
cada día.
Sal por todas las calles
del mundo
a repartir pescado
y entonces
grita,
grita
para que te oigan todos
los pobres que trabajan
y digan,
asomando a la boca
de la mina:
«Ahí viene el viejo mar
repartiendo pescado».
Y volverán abajo,
a las tinieblas,
sonriendo, y por las calles
y los bosques
sonreirán los hombres
y la tierra
con sonrisa marina.

Pero
si no lo quieres,
si no te da la gana,
espérate,
espéranos,
lo vamos a pensar,
vamos en primer término
a arreglar los asuntos
humanos,
los más grandes primero,

todos los otros después,
y entonces
entraremos en ti,
cortaremos las olas
con cuchillo de fuego,
en un caballo eléctrico
saltaremos la espuma,
cantando
nos hundiremos
hasta tocar el fondo
de tus entrañas,
un hilo atómico
guardará tu cintura,
plantaremos
en tu jardín profundo
plantas
de cemento y acero,
te amarraremos
pies y manos,
los hombres por tu piel
pasearán escupiendo,
sacándote racimos,
construyéndote arneses,
montándote y domándote,
dominándote el alma.
Pero eso será cuando
los hombres
hayamos arreglado
nuestro problema,
el grande,
el gran problema.
Todo lo arreglaremos
poco a poco:
te obligaremos, mar,
te obligaremos, tierra,
a hacer milagros,
porque en nosotros mismos,
en la lucha,

está el pez, está el pan,
está el milagro.

–Ms. Isla Negra, 28.11.1952 / *Odas elementales,* 1954

ODA A LA TRISTEZA

Tristeza, escarabajo
de siete patas rotas,
huevo de telaraña,
rata descalabrada,
esqueleto de perra:
Aquí no entras.
No pasas.
Ándate.
Vuelve
al Sur con tu paraguas,
vuelve
al Norte con tus dientes de culebra.
Aquí vive un poeta.
La tristeza no puede
entrar por estas puertas.
Por las ventanas
entra el aire del mundo,
las rojas rosas nuevas,
las banderas bordadas
del pueblo y sus victorias.
No puedes.
Aquí no entras.
Sacude
tus alas de murciélago,
yo pisaré las plumas
que caen de tu manto,
yo barreré los trozos
de tu cadáver hacia
las cuatro puntas del viento,
yo te torceré el cuello,

te coseré los ojos,
cortaré tu mortaja
y enterraré tus huesos roedores
bajo la primavera de un manzano.

–Ms. en avión, Brasil, 29.12.1952 / *Odas elementales,* 1954

ODA AL DÍA FELIZ

Esta vez dejadme
ser feliz,
nada ha pasado a nadie,
no estoy en parte alguna,
sucede solamente
que soy feliz
por los cuatro costados
del corazón, andando,
durmiendo o escribiendo.
Qué voy a hacerle, soy
feliz.
Soy más innumerable
que el pasto
en las praderas,
siento la piel como un árbol rugoso
y el agua abajo,
los pájaros arriba,
el mar como un anillo
en mi cintura,
hecha de pan y piedra la tierra
el aire canta como una guitarra.

Tú a mi lado en la arena
eres arena,
tú cantas y eres canto,
el mundo
es hoy mi alma,
canto y arena,

el mundo
es hoy tu boca,
dejadme
en tu boca y en la arena
ser feliz,
ser feliz porque sí, porque respiro
y porque tú respiras,
ser feliz porque toco
tu rodilla
y es como si tocara
la piel azul del cielo
y su frescura.

Hoy dejadme
a mí solo
ser feliz,
con todos o sin todos,
ser feliz
con el pasto
y la arena,
ser feliz
con el aire y la tierra,
ser feliz,
contigo, con tu boca,
ser feliz.

–Ms. *Datitla,* Uruguay, 10.1.1953 / *Odas elementales,* 1954

ODA AL TIEMPO

Dentro de ti tu edad
creciendo,
dentro de mí mi edad
andando.
El tiempo es decidido,
no suena su campana,
se acrecienta, camina,

por dentro de nosotros,
aparece
como un agua profunda
en la mirada
y junto a las castañas
quemadas de tus ojos
una brizna, la huella
de un minúsculo río,
una estrellita seca
ascendiendo a tu boca.
Sube el tiempo
sus hilos
a tu pelo,
pero en mi corazón
como una madreselva
es tu fragancia,
viviente como el fuego.
Es bello
como lo que vivimos
envejecer viviendo.
Cada día
fue piedra transparente,
cada noche
para nosotros fue una rosa negra,
y este surco en tu rostro o en el mío
son piedra o flor,
recuerdo de un relámpago.
Mis ojos se han gastado en tu hermosura,
pero tú eres mis ojos.
Yo fatigué tal vez bajo mis besos
tu pecho duplicado,
pero todos han visto en mi alegría
tu resplandor secreto.
Amor, qué importa
que el tiempo,
el mismo que elevó como dos llamas
o espigas paralelas
mi cuerpo y tu dulzura,
mañana los mantenga

o los desgrane
y con sus mismos dedos invisibles
borre la identidad que nos separa
dándonos la victoria
de un solo ser final bajo la tierra.

–Ms. Isla Negra, 30.11.1953 / *Odas elementales,* 1954

ODA A LA CEBOLLA

Cebolla,
luminosa redoma,
pétalo a pétalo
se formó tu hermosura,
escamas de cristal te acrecentaron
y en el secreto de la tierra oscura
se redondeó tu vientre de rocío.
Bajo la tierra
fue el milagro
y cuando apareció
tu torpe tallo verde,
y nacieron
tus hojas como espadas en el huerto,
la tierra acumuló su poderío
mostrando tu desnuda transparencia,
y como en Afrodita el mar remoto
duplicó la magnolia
levantando sus senos,
la tierra
así te hizo,
cebolla,
clara como un planeta,
y destinada
a relucir,
constelación constante,
redonda rosa de agua,
sobre

la mesa
de las pobres gentes.

Generosa
deshaces
tu globo de frescura
en la consumación
ferviente de la olla,
y el jirón de cristal
al calor encendido del aceite
se transforma en rizada pluma de oro.

También recordaré cómo fecunda
tu influencia el amor de la ensalada
y parece que el cielo contribuye
dándote fina forma de granizo
a celebrar tu claridad picada
sobre los hemisferios de un tomate.
Pero al alcance
de las manos del pueblo,
regada con aceite,
espolvoreada
con un poco de sal,
matas el hambre
del jornalero en el duro camino.
Estrella de los pobres,
hada madrina
envuelta
en delicado
papel, sales del suelo,
eterna, intacta, pura
como semilla de astro,
y al cortarte
el cuchillo en la cocina
sube la única lágrima
sin pena.
Nos hiciste llorar sin afligirnos.

Yo cuanto existe celebré, cebolla,
pero para mí eres
más hermosa que un ave
de plumas cegadoras,
eres para mis ojos
globo celeste, copa de platino,
baile inmóvil
de anémona nevada.

y vive la fragancia de la tierra
en tu naturaleza cristalina.

–Ms. Isla Negra, 31.12.1953 / *Odas elementales,* 1954

INFANCIA Y POESÍA
[FRAGMENTOS]

[...]
Pocos saben lo que es un tren lastrero. En la región austral, de grandes vendavales, las aguas se llevarían los rieles, si no les echaran piedrecillas entre los durmientes, sin descuidarlos en ningún momento. Hay que sacar con capachos el lastre de las canteras y volcar la piedra menuda en los carros planos. Hace cuarenta años la tripulación de un tren de esta clase tenía que ser formidable. Tenía que quedarse en los sitios aislados picando piedra. Los salarios de la empresa eran miserables. No se pedía antecedentes a los que querían trabajar en los trenes lastreros. La cuadrilla estaba formada por gigantescos y musculosos peones. Venían de los campos, de los suburbios, de las cárceles, mi padre era el conductor del tren. Se había acostumbrado a mandar y a obedecer. A veces me arrebataba del colegio y yo me iba en el tren lastrero. Picábamos piedras en Boroa, corazón silvestre de la frontera, escenario de los terribles combates entre españoles y araucanos.

La naturaleza allí me daba una especie de embriaguez. Yo tendría unos diez años, pero era ya poeta. No escribía versos, pero me atraían los pájaros, los escarabajos, los huevos de perdiz. Era milagroso encontrarlos en las quebradas, empavonados, oscuros y relucientes, con un color parecido al del cañón de una escopeta. Me asombraba la perfección de los insectos. Recogía las madres de la culebra. Con este nombre extravagante se designa al mayor coleóptero, negro, bruñido y fuerte, el titán de los insectos de Chile. Estremece verlo de pronto en los troncos de los maquis y de los manzanos silvestres, de los coigües, pero yo sabía que era tan fuerte que podía pararme con mis dos pies sobre él y no se rompería. Con su gran dureza defensiva no necesitaba veneno.

Estas exploraciones mías llenaban de curiosidad a los trabajadores. Pronto comenzaron a interesarse en mis descubrimientos. Apenas se descuidaba mi padre se largaban por la selva virgen y con más destreza, más inteligencia y más fuerza que yo encontraban para mí tesoros increíbles. Había uno que se llamaba Monge. Según mi padre, el más peligroso cuchillero... Tenía dos grandes líneas en su cara morena. Una era la cicatriz vertical de un cuchillazo y la otra su sonrisa blanca, horizontal, llena de simpatía y picardía. Este Monge me traía copihues blancos, arañas peludas, crías de torcaza, y una vez descubrió para mí lo más deslumbrante, el coleóptero del coigüe y de la luna. No sé si ustedes lo han visto alguna vez. Yo solo lo vi en aquella ocasión, porque era un relámpago vestido de arco iris. El rojo y el violeta y el verde y el amarillo deslumbraban en su caparazón y como un relámpago se me escapó de las manos y se volvió a la selva. Ya no estaba Monge para que me lo cazara. Pero nunca me he recobrado de aquella aparición deslumbrante. Tampoco he olvidado a aquel amigo... Mi padre me contó su muerte. Cayó del tren y rodó por un precipicio. Se detuvo el convoy, pero me decía mi padre, solo era un saco de huesos. Lloré una semana.

[...]

El verano es abrasador en Cautín. Quema el cielo y el trigo. La tierra quiere recuperarse de su letargo. Las casas no están preparadas para el verano, como no lo estuvieron para el invierno. Yo me voy por el campo en busca de mi poesía. Ando y ando. Me pierdo en el cerro Ñielol. Estoy solo, tengo el bolsillo lleno de escarabajos. En una caja llevo una araña peluda, recién cazada. Arriba no se ve el cielo. La selva está siempre húmeda, me resbalo, de repente grita un pájaro, es el grito fantasmal del chucao. Crece desde mis pies como una advertencia aterradora. Apenas se distinguen como gotas de sangre los copihues. Paso minúsculo, bajo los helechos gigantes. Junto a mi boca pasa una torcaza con un ruido seco de alas. Más arriba otros pájaros se ríen de mí con risa ronca. Encuentro difícilmente mi camino. Ya es tarde.

Mi padre no ha llegado. Llegará a las tres o a las cuatro de la mañana. Me voy arriba, a mi pieza. Leo a Salgari. Se descarga la lluvia como una catarata. En un minuto la noche y la lluvia cubren el mundo. Allí estoy solo y en mi cuaderno de aritmética escribo versos. A la mañana siguiente me levanto muy temprano. Las ciruelas están verdes. Salto los cercos. Llevo un paquetito con sal. Me subo a un árbol, me siento cómodamente, cojo con cuidado una ciruela, la muerdo y escupo un pedacito, entonces la empapo en la sal. Me la como. Así hasta cien ciruelas. Ya lo sé que es demasiado.

Como se nos ha incendiado la casa, esta nueva es misteriosa. Subo al cerco y miro a los vecinos. No hay nadie. Levanto unos palos. Nada más que unas miserables arañas chicas. En el fondo del sitio está el excusado. Los árboles junto a él tienen orugas. Los almendros muestran su fruta forrada en felpa blanca. Sé cómo cazar los moscardones sin hacerles daño, con un pañuelo. Los mantengo prisioneros un rato y los levanto a mis oídos. Qué precioso zumbido!

Qué soledad la de un pequeño niño poeta vestido de negro, en la frontera espaciosa y terrible. La vida y los libros poco a poco me van dejando entrever misterios abrumadores.

No puedo olvidarme de lo que leí anoche: la fruta del pan salvó a Sandokán y a sus compañeros en una lejana Malasia.

No me gusta Búfalo Bill, porque mata a los indios, pero, qué buen corredor de caballo! Qué hermosas las praderas y las tiendas cónicas de los pieles rojas! Por entonces comienzo a leer vorazmente, saltándome de Jules Verne a Vargas Vila, a Strindberg, a Gorki, a Felipe Trigo, a Diderot. Me enfermo de sufrimiento y de piedad con *Los miserables* y lloro de amor con Bernardino de Saint-Pierre.

El saco de la sabiduría humana se había roto y se desgranaba en la noche de Temuco. No dormía ni comía leyendo. No voy a decir a nadie nunca que leía sin método. Quién lee con método? Solo las estatuas.

Por todas las esquinas de la tierra se entra en el conocimiento. Para unos es un manual de geometría la revelación, para otros las líneas de un poema. Para mí los libros fueron como la misma selva en que me perdía, en que continuaba perdiéndome. Eran otras flores deslumbradoras, otros altos follajes sombríos, misteriosos silencios, sonidos celestiales, pero también, la vida de los hombres más allá de los cerros, más allá de los helechos, más allá de la lluvia. [...]

–Universidad de Chile, 20.1.1954 / *OC,* t. IV, pp. 915-916 y 924-925

ODA AL DICCIONARIO

Lomo de buey, pesado
cargador, sistemático
libro espeso:
de joven
te ignoré, me vistió
la suficiencia
y me creí repleto,
y orondo como un
melancólico sapo
dictaminé: «Recibo
las palabras
directamente
del Sinaí bramante.
Reduciré
las formas a la alquimia.
Soy mago».

El gran mago callaba.

El Diccionario,
viejo y pesado, con su chaquetón
de pellejo gastado,
se quedó silencioso
sin mostrar sus probetas.

Pero un día,
después de haberlo usado

y desusado,
después
de declararlo
inútil y anacrónico camello,
cuando por largos meses, sin protesta,
me sirvió de sillón
y de almohada,
se rebeló y plantándose
en mi puerta
creció, movió sus hojas
y sus nidos,
movió la elevación de su follaje:
árbol
era,
natural,
generoso
manzano, manzanar o *manzanero,*
y las palabras,
brillaban en su copa inagotable,
opacas o sonoras,
fecundas en la fronda del lenguaje,
cargadas de verdad y de sonido.

Aparto una
sola de
sus
páginas:
Caporal
Capuchón
qué maravilla
pronunciar estas sílabas
con aire,
y más abajo
Cápsula
hueca, esperando aceite o ambrosía,
y junto a ellas
Captura Capucete Capuchina
Caprario Captatorio
palabras

que se deslizan como suaves uvas
o que a la luz estallan
como gérmenes ciegos que esperaron
en las bodegas del vocabulario
y viven otra vez y dan la vida:
una vez más el corazón las quema.

Diccionario, no eres
tumba, sepulcro, féretro,
túmulo, mausoleo,
sino preservación,
fuego escondido,
plantación de rubíes,
perpetuidad viviente
de la esencia,
granero del idioma.
Y es hermoso
recoger en tus filas
la palabra
de estirpe,
la severa
y olvidada
sentencia,
hija de España,
endurecida
como reja de arado,
fija en su límite
de anticuada herramienta,
preservada
con su hermosura exacta
y su dureza de medalla.
O la otra
palabra
que allí vimos perdida
entre renglones
y que de pronto
se hizo sabrosa y lisa en nuestra boca
como una almendra
o tierna como un higo.

Diccionario, una mano
de tus mil manos, una
de tus mil esmeraldas,
una
sola
gota
de tus vertientes virginales,
un grano
de
tus
magnánimos graneros
en el momento
justo
a mis labios conduce,
al hilo de mi pluma,
a mi tintero.
De tu espesa y sonora
profundidad de selva,
dame,
cuando lo necesite,
un solo trino, el lujo
de una abeja,
un fragmento caído
de tu antigua madera perfumada
por una eternidad de jazmineros,
una
sílaba,
un temblor, un sonido,
una semilla:
de tierra soy y con palabras canto.

–*El Nacional,* Caracas, 17.4.1955 /
Nuevas odas elementales, 1956 (enero)

ODA A LAS FLORES DE LA COSTA

Han abierto las flores
silvestres de Isla Negra,
no tienen nombre, algunas
parecen azahares de la arena,
otras
encienden
en el suelo un relámpago amarillo.

Soy pastoral poeta.
Me alimento
como los cazadores,
hago fuego
junto al mar, en la noche.

Solo esta flor, solo estas
soledades marinas
y tú, alegre,
y simple como rosa de la tierra.

La vida
me pidió que combatiera
y organicé mi corazón luchando
y levantando la esperanza:
hermano
del hombre soy, de todos.
Deber y amor se llaman
mis dos manos.

Mirando
entre las piedras
de la costa
las flores que esperaron
a través del olvido
y del invierno
para elevar un rayo diminuto
de luz y de fragancia,
al despedirme

una vez más
del fuego,
de la leña,
del bosque,
de la arena,
me duele dar un paso,
aquí
me quedaría,
no en las calles.
Soy pastoral poeta.

Pero deber y amor son mis dos manos.

–[1955] / *Nuevas odas elementales,* 1956

ODA A LA LUNA DEL MAR

Luna
de la ciudad,
me pareces
cansada,
oscura
me pareces
o amarilla,
con algo
de uña gastada
o gancho de candado,
cadavérica,
vieja,
borrascosa,
tambaleante
como una
religiosa oxidada
en el transcurso
de las metálicas
revoluciones:
luna

transmigratoria,
respetable,
impasible:
tu
palidez
ha visto
barricadas
sangrientas,
motines
del pueblo que sacude
sus cadenas,
amapolas
abiertas
sobre
la guerra
y sus
exterminados
y allí, cansada, arriba,
con tus párpados viejos
cada vez
más cansada,
más
triste,
más rellena con humo,
con sangre, con tabaco,
con infinitas interrogaciones,
con el sudor nocturno
de las panaderías,
luna
gastada
como
la única muela
del cielo
de la noche
desdentada.

De pronto
llego
al mar

y otra luna
me pareces,
blanca,
mojada
y fresca
como
yegua
reciente
que corre
en el rocío,
joven
como una perla,
diáfana
como frente
de sirena.
Luna
del mar,
te lavas
cada noche
y amaneces
mojada
por una aurora eterna,
desposándote
sin cesar con el cielo, con el aire,
con el viento marino,
desarrollado cada
nueva hora
por el interno impulso
vital de la marea,
limpia como las uñas
en la sal
del océano.

Oh, luna de los mares,
luna
mía,
cuando
de las calles
regreso,

de mi número
vuelvo,
tú me lavas
el polvo,
el sudor
y las manchas
del camino,
lavandera
marina,
lavas
mi corazón cansado,
mi camisa.
En la noche
te miro,
pura,
encendida
lámpara
del cielo,
fresca, recién nacida
entre las olas,
y me duermo
bajo tu esfera limpia,
reluciente,
de universal reloj,
de rosa blanca.
Amanezco
nuevo, recién vestido,
lavado por tus manos,
lavandera,
buena para el trabajo
y la batalla.
Tal vez tu paz, tu nimbo
nacarado,
tu nave
entre las olas,
eterna, renaciendo
con la sombra,
tienen que ver conmigo
y a tu fresca

eternidad de plata
y de marea
debe mi corazón
su levadura.

–*El Nacional,* Caracas, 16.10.1955 /
Nuevas odas elementales, 1956

IX

LOS AÑOS DEL REFLUJO
(1956-1962)

ODA AL ALGARROBO MUERTO

Caminábamos desde
Totoral, polvoriento
era nuestro planeta:
la pampa circundada
por el celeste cielo:
calor y clara luz en el vacío.
Atravesábamos
Barranca Yaco
hacia las soledades de Ongamira
cuando
tendido sobre la pradera
hallamos
un árbol derribado,
un algarrobo muerto.

La tempestad
de anoche
levantó sus raíces
argentinas
y las dejó crispadas
como una cabellera de frenéticas crines
clavadas en el viento.

Me acerqué y era tal
su fuerza herida,
tan heroicas sus ramas en el suelo,
irradiaba su copa
tal majestad terrestre,

que cuando
toqué su tronco
yo sentí que latía
y una ráfaga
del corazón del árbol
me hizo cerrar los ojos
y bajar
la cabeza.

Era duro y arado
por el tiempo, una firme
columna trabajada
por la lluvia y la tierra,
y como un candelabro repartía
sus redondeados
brazos de madera
desde donde
luz verde y sombra verde
prodigó a la llanura.

Al algarrobo
duro, firme
como
una copa de hierro,
llegó
la tempestad americana,
el aquilón
azul
de la pradera
y de un golpe de cielo
derribó su hermosura.

Allí quedé mirando
lo que hasta ayer
enarboló
rumor silvestre y nidos
y no lloré
porque mi hermano muerto
era tan bello en muerte como en vida.

Me despedí. Y allí quedó
acostado
sobre la tierra madre.

Dejé al viento
velándolo y llorándolo
y desde lejos vi
que
aún
acariciaba su cabeza.

–Ms. Totoral, 19.1.1956 / *Tercer libro de las odas,* 1957

ODA AL CAMINO

En el invierno azul
con mi caballo
al paso al paso
sin saber
recorro
la curva del planeta,
las arenas
bordadas
por una cinta mágica
de espuma,
caminos
resguardados
por acacias, por boldos
polvorientos,
lomas, cerros hostiles,
matorrales
envueltos
por el nombre del invierno.

Ay viajero!
No vas y no regresas:
eres

en los caminos,
existes
en la niebla.

Viajero
dirigido
no a un punto, no a una cita,
sino solo
al aroma
de la tierra,
sino solo al invierno
en los caminos.

Por eso
lentamente
voy
cruzando el silencio
y parece
que nadie
me acompaña.

No es cierto.

Las soledades cierran
sus ojos
y sus bocas
solo
al transitorio, al fugaz, al dormido.
Yo voy despierto.
Y
como
una nave en el mar
abre
las aguas
y seres invisibles
acuden y se apartan,
así
detrás del aire,
se mueven

y reúnen
las invisibles vidas
de la tierra, las hojas
suspiran en la niebla,
el viento
oculta
su desdichado rostro
y llora
sobre
la punta de los pinos.
Llueve,
y cada gota cae
sobre una pequeñita
vasija de la tierra:
hay una copa de cristal que espera
cada gota de lluvia.

Andar alguna vez
solo
por eso! Vivir
la temblorosa
pulsación del camino
con las respiraciones sumergidas
del campo en el invierno:
caminar para ser, sin otro
rumbo
que la propia vida,
y como, junto al árbol,
la multitud
del viento
trajo zarzas, semillas,
lianas, enredaderas,
así, junto a tus pasos,
va creciendo la tierra.

Ah viajero,
no es niebla,
ni silencio,
ni muerte,

lo que viaja contigo,
sino
tú mismo con tus muchas vidas.

Así es como, a caballo,
cruzando
colinas y praderas,
en invierno,
una vez más me equivoqué:
creía
caminar por los caminos:
no era verdad,
porque
a través de mi alma
fui viajero
y regresé
cuando no tuve
ya secretos
para la tierra
y
ella
los repetía con su idioma.

En cada hoja está mi nombre escrito.

La piedra es mi familia.

De una manera o de otra
hablamos o callamos
con la tierra.

–Ms. 1956 / *El Nacional,* Caracas, 27.1.1957 /
Tercer libro de las odas, 1957 (diciembre)

ODA A UNAS FLORES AMARILLAS

Contra el azul moviendo sus azules,
el mar, y contra el cielo,
unas flores amarillas.

Octubre llega.

Y aunque sea
tan importante el mar desarrollando
su mito, su misión, su levadura,
estalla
sobre la arena el oro
de una sola
planta amarilla
y se amarran
tus ojos
a la tierra,
huyen del magno mar y sus latidos.

Polvo somos, seremos.

Ni aire, ni fuego, ni agua
sino
tierra
solo tierra
seremos
y tal vez
unas flores amarillas.

–*El Nacional,* Caracas, 14.7.1957 / *Tercer libro de las odas,* 1957

ODA AL DOBLE OTOÑO

Está viviendo el mar mientras la tierra
no tiene movimiento:
el grave otoño

de la costa
cubre
con su muerte
la luz inmóvil
de la tierra,
pero
el mar errante, el mar
sigue viviendo.

No hay
una
sola
gota
de
sueño,
muerte
o
noche
en su
combate:
todas
las máquinas
del agua, las azules
calderas,
las crepitantes fábricas
del viento
coronando
las olas
con
sus violentas flores,
todo
vivo
como
las vísceras
del toro,
como
el fuego
en la música,
como

el acto
de la unión amorosa.

Siempre fueron oscuros
los
trabajos
del otoño
en la tierra:
inmóviles
raíces, semillas
sumergidas
en el tiempo
y arriba
solo
la corola del frío,
un vago
aroma de hojas
disolviéndose
en
oro:
nada.
Un hacha
en el bosque
rompe
un tronco de cristales,
luego
cae
la tarde
y la tierra
pone sobre su rostro
una máscara
negra.

Pero
el mar
no descansa, no duerme, no se ha muerto.
Crece en la noche
su barriga
que combaron

las estrellas
mojadas, como trigo en el alba,
crece,
palpita
y llora
como un niño
perdido
que solo con el golpe
de la aurora,
como un tambor, despierta,
gigantesco,
y se mueve.
Todas sus manos mueve,
su incesante organismo,
su dentadura extensa,
sus negocios
de sal, de sol, de plata,
todo
lo mueve, lo remueve
con sus arrasadores
manantiales,
con el combate
de su movimiento,
mientras
transcurre
el triste
otoño
de la tierra.

–*El Nacional,* Caracas, 26.6.1956 / *Tercer libro de las odas,* 1957

ODA AL TIEMPO VENIDERO

Tiempo, me llamas. Antes
eras
espacio puro,
ancha pradera.

Hoy
hilo o gota
eres,
luz delgada
que corre como liebre hacia las zarzas
de la cóncava noche.

Pero,
ahora
me dices, tiempo, aquello
que ayer no me dijiste:

tus pasos apresura,
tu corazón reposa,
desarrolla tu canto.

El mismo soy. No soy? Quién, en el cauce
de las aguas que corren
identifica el río?

Solo sé que allí mismo,
en una sola
puerta
mi corazón golpea,
desde ayer, desde lejos,
desde entonces,
desde mi nacimiento.

Allí
donde responde
el eco oscuro
del mar
que canta y canto
y que
conozco
solo
por un ciego silbido,
por un rayo

en las olas,
por sus anchas espumas en la noche.

Así, pues, tiempo, en vano
me has medido,
en vano transcurriste
adelantando
caminos al errante.

Junto a una sola puerta
pasé toda la noche,
solitario, cantando.

Y ahora
que tu luz se adelgaza
como animal que corre
perdiéndose en la sombra
me dices,
al oído,
lo que no me enseñaste
y supe siempre.

–*El Nacional,* Caracas, 25.7.1957 / *Tercer libro de las odas,* 1957

PIDO SILENCIO

Ahora me dejen tranquilo.
Ahora se acostumbren sin mí.

Yo voy a cerrar los ojos.

Y solo quiero cinco cosas,
cinco raíces preferidas.

Una es el amor sin fin.

Lo segundo es ver el otoño.
No puedo ser sin que las hojas
vuelen y vuelvan a la tierra.

Lo tercero es el grave invierno,
la lluvia que amé, la caricia
del fuego en el frío silvestre.

En cuarto lugar el verano
redondo como una sandía.

La quinta cosa son tus ojos,
Matilde mía, bienamada,
no quiero dormir sin tus ojos,
no quiero ser sin que me mires:
yo cambio la primavera
por que tú me sigas mirando.

Amigos, eso es cuanto quiero.
Es casi nada y casi todo.

Ahora si quieren se vayan.

He vivido tanto que un día
tendrán que olvidarme por fuerza,
borrándome de la pizarra:
mi corazón fue interminable.

Pero porque pido silencio
no crean que voy a morirme:
me pasa todo lo contrario:
sucede que voy a vivirme.

Sucede que soy y que sigo.

No será, pues, sino que adentro
de mí crecerán cereales,
primero los granos que rompen
la tierra para ver la luz,

pero la madre tierra es oscura:
y dentro de mí soy oscuro:
soy como un pozo en cuyas aguas
la noche deja sus estrellas
y sigue sola por el campo.

Se trata de que tanto he vivido
que quiero vivir otro tanto.

Nunca me sentí tan sonoro,
nunca he tenido tantos besos.

Ahora, como siempre, es temprano.
Vuela la luz con sus abejas.

Déjenme solo con el día.
Pido permiso para nacer.

–Ms. China, agosto de 1957 /
Estravagario, 1958 (agosto)

REGRESO A UNA CIUDAD

A qué he venido? les pregunto.

Quién soy en esta ciudad muerta?

No encuentro la calle ni el techo
de la loca que me quería.

Los cuervos, no hay duda, en las ramas,
el monzón verde y furibundo,
el escupitajo escarlata
en las calles desmoronadas,
el aire espeso, pero dónde,
pero dónde estuve, quién fui?
No entiendo sino las cenizas.

El vendedor de betel mira
sin reconocer mis zapatos,
mi rostro recién resurrecto.
Tal vez su abuelo me diría:
«Salam» pero sucede
que se cayó mientras volaba,
se cayó al pozo de la muerte.

En tal edificio dormí
catorce meses y sus años,
escribí desdichas,
mordí
la inocencia de la amargura,
y ahora paso y no está la puerta:
la lluvia ha trabajado mucho.

Ahora me doy cuenta que he sido
no solo un hombre sino varios
y que cuantas veces he muerto,
sin saber cómo he revivido,
como si cambiara de traje
me puse a vivir otra vida
y aquí me tienen sin que sepa
por qué no reconozco a nadie,
por qué nadie me reconoce,
si todos fallecieron aquí
y yo soy entre tanto olvido
un pájaro sobreviviente
o al revés la ciudad me mira
y sabe que yo soy un muerto.

Ando por bazares de seda
y por mercados miserables,
me cuesta creer que las calles
son las mismas, los ojos negros
duros como puntos de clavo
golpean contra mis miradas,
y la pálida Pagoda de Oro
con su inmóvil idolatría

ya no tiene ojos, ya no tiene
manos, ya no tiene fuego.
Adiós, calles sucias del tiempo,
adiós, adiós, amor perdido,
regreso al vino de mi casa,
regreso al amor de mi amada,
a lo que fui y a lo que soy,
agua y sol, tierras con manzanas,
meses con labios y con nombres,
regreso para no volver,
o nunca más quiero equivocarme,
es peligroso caminar
hacia atrás porque de repente
es una cárcel el pasado.

–[1957] / *Estravagario,* 1958

FÁBULA DE LA SIRENA Y LOS BORRACHOS

Todos estos señores estaban dentro
cuando ella entró completamente desnuda
ellos habían bebido y comenzaron a escupirla
ella no entendía nada recién salía del río
era una sirena que se había extraviado
los insultos corrían sobre su carne lisa
la inmundicia cubrió sus pechos de oro
ella no sabía llorar por eso no lloraba
no sabía vestirse por eso no se vestía
la tatuaron con cigarrillos y con corchos quemados
y reían hasta caer al suelo de la taberna
ella no hablaba porque no sabía hablar
sus ojos eran color de amor distante
sus brazos construidos de topacios gemelos
sus labios se cortaron en la luz del coral
y de pronto salió por esa puerta
apenas entró al río quedó limpia
relució como una piedra blanca en la lluvia

y sin mirar atrás nadó de nuevo
nadó hacia nunca más hacia morir.

–Ms. Isla Negra, 1957 / *Estravagario,* 1958

NO TAN ALTO

De cuando en cuando y a lo lejos
hay que darse un baño de tumba.

Sin duda todo está muy bien
y todo está muy mal, sin duda.

Van y vienen los pasajeros,
crecen los niños y las calles,
por fin compramos la guitarra
que lloraba sola en la tienda.

Todo está bien, todo está mal.

Las copas se llenan y vuelven
naturalmente a estar vacías
y a veces en la madrugada,
se mueren misteriosamente.

Las copas y los que bebieron.

Hemos crecido tanto que ahora
no saludamos al vecino
y tantas mujeres nos aman
que no sabemos cómo hacerlo.

Qué ropas hermosas llevamos!
Y qué importantes opiniones!

Conocí a un hombre amarillo
que se creía anaranjado
y a un negro vestido de rubio.

Se ven y se ven tantas cosas.

Vi festejados los ladrones
por caballeros impecables
y esto se pasaba en inglés.
Y vi a los honrados, hambrientos,
buscando pan en la basura.

Yo sé que no me cree nadie.
Pero lo he visto con mis ojos.

Hay que darse un baño de tumba
y desde la tierra cerrada
mirar hacia arriba el orgullo.

Entonces se aprende a medir.
Se aprende a hablar, se aprende a ser.
Tal vez no seremos tan locos,
tal vez no seremos tan cuerdos.
Aprenderemos a morir.
A ser barro, a no tener ojos.
A ser apellido olvidado.

Hay unos poetas tan grandes
que no caben en una puerta
y unos negociantes veloces
que no recuerdan la pobreza.
Hay mujeres que no entrarán
por el ojo de una cebolla
y hay tantas cosas, tantas cosas,
y así son, y así no serán.

Si quieren no me crean nada.

Solo quise enseñarles algo.

Yo soy profesor de la vida,
vago estudiante de la muerte
y si lo que sé no les sirve
no he dicho nada, sino todo.

–[1957] / *Estravagario,* 1958

PUNTO

No hay espacio más ancho que el dolor,
no hay universo como aquel que sangra.

–[1957] / *Estravagario,* 1958

EL MIEDO

Todos me piden que dé saltos,
que tonifique y que futbole,
que corra, que nade y que vuele.
Muy bien.

Todos me aconsejan reposo,
todos me destinan doctores,
mirándome de cierta manera.
Qué pasa?

Todos me aconsejan que viaje,
que entre y que salga, que no viaje,
que me muera y que no me muera.
No importa.

Todos ven las dificultades
de mis vísceras sorprendidas
por radioterribles retratos.
No estoy de acuerdo.

Todos pican mi poesía
con invencibles tenedores
buscando, sin duda, una mosca.
Tengo miedo.

Tengo miedo de todo el mundo,
del agua fría, de la muerte.
Soy como todos los mortales,
inaplazable.

Por eso en estos cortos días
no voy a tomarlos en cuenta,
voy a abrirme y voy a encerrarme
con mi más pérfido enemigo,
Pablo Neruda.

–[1957] / *Estravagario,* 1958

CABALLOS

Vi desde la ventana los caballos.

Fue en Berlín, en invierno. La luz
era sin luz, sin cielo el cielo.

El aire blanco como un pan mojado.

Y desde mi ventana un solitario circo
mordido por los dientes del invierno.

De pronto, conducidos por un hombre,
diez caballos salieron a la niebla.

Apenas ondularon al salir, como el fuego,
pero para mis ojos ocuparon el mundo
vacío hasta esa hora. Perfectos, encendidos,

eran como diez dioses de largas patas puras,
de crines parecidas al sueño de la sal.

Sus grupas eran mundos y naranjas.

Su color era miel, ámbar, incendio.

Sus cuellos eran torres
cortadas en la piedra del orgullo,
y a los ojos furiosos se asomaba
como una prisionera, la energía.

Y allí en silencio, en medio
del día, del invierno sucio y desordenado,
los caballos intensos eran la sangre,
el ritmo, el incitante tesoro de la vida.

Miré, miré y entonces reviví: sin saberlo
allí estaba la fuente, la danza de oro, el cielo,
el fuego que vivía en la belleza.

He olvidado el invierno de aquel Berlín oscuro.

No olvidaré la luz de los caballos.

–Ms. diciembre de 1957 / *El Nacional,*
Caracas, 12.1.1958 / *Estravagario,* 1958

MUCHOS SOMOS

De tantos hombres que soy, que somos,
no puedo encontrar a ninguno:
se me pierden bajo la ropa,
se fueron a otra ciudad.

Cuando todo está preparado
para mostrarme inteligente

el tonto que llevo escondido
se toma la palabra en mi boca.

Otras veces me duermo en medio
de la sociedad distinguida
y cuando busco en mí al valiente,
un cobarde que no conozco
corre a tomar con mi esqueleto
mil deliciosas precauciones.

Cuando arde una casa estimada
en vez del bombero que llamo
se precipita el incendiario
y ese soy yo. No tengo arreglo.
Qué debo hacer para escogerme?

Cómo puedo rehabilitarme?
Todos los libros que leo
celebran héroes refulgentes
siempre seguros de sí mismos:
me muero de envidia por ellos,
y en los filmes de vientos y balas
me quedo envidiando al jinete,
me quedo admirando al caballo.

Pero cuando pido al intrépido
me sale el viejo perezoso,
y así yo no sé quién soy,
no sé cuántos soy o seremos.
Me gustaría tocar un timbre
y sacar el mí verdadero
porque si yo me necesito
no debo desaparecerme.

Mientras escribo estoy ausente
y cuando vuelvo ya he partido:
voy a ver si a las otras gentes
les pasa lo que a mí me pasa,
si son tantos como soy yo,

si se parecen a sí mismos
y cuando lo haya averiguado
voy a aprender tan bien las cosas
que para explicar mis problemas
les hablaré de geografía.

–Ms. Isla Negra, 1958 / *Estravagario,* 1958

SOBRE MI MALA EDUCACIÓN

Cuál es el cuál, cuál es el cómo?
Quién sabe cómo conducirse?

Qué naturales son los peces!
Nunca parecen inoportunos.
Están en el mar invitados
y se visten correctamente
sin una escama de menos,
condecorados por el agua.

Yo todos los días pongo
no solo los pies en el plato,
sino los codos, los riñones,
la lira, el alma, la escopeta.

No sé qué hacer con las manos
y he pensado venir sin ellas,
pero dónde pongo el anillo?
Qué pavorosa incertidumbre!

Y luego no conozco a nadie.
No recuerdo sus apellidos.

—Me parece conocer a usted.
—No es usted un contrabandista?
—Y usted, señora, no es la amante
del alcohólico poeta

que se paseaba sin cesar,
sin rumbo fijo por las cornisas?
—Voló porque tenía alas.
—Y usted continúa terrestre.
—Me gustaría haberla entregado
como india viuda a un gran brasero.
No podríamos quemarla ahora?
Resultaría palpitante!

Otra vez en una Embajada
me enamoré de una morena,
no quiso desnudarse allí,
y yo se lo increpé con dureza:
estás loca, estatua silvestre,
cómo puedes andar vestida?

Me desterraron duramente
de esa y de otras reuniones,
si por error me aproximaba
cerraban ventanas y puertas.

Anduve entonces con gitanos
y con prestidigitadores,
con marineros sin buque,
con pescadores sin pescado,
pero todos tenían reglas,
inconcebibles protocolos
y mi educación lamentable
me trajo malas consecuencias.

Por eso no voy y no vengo,
no me visto ni ando desnudo,
eché al pozo los tenedores,
las cucharas y los cuchillos.
Solo me sonrío a mí solo,
no hago preguntas indiscretas
y cuando vienen a buscarme,
con gran honor, a los banquetes,
mando mi ropa, mis zapatos,

mi camisa con mi sombrero,
pero aun así no se contentan:
iba sin corbata mi traje.

Así, para salir de dudas
me decidí a una vida honrada
de la más activa pereza,
purifiqué mis intenciones,
salí a comer conmigo solo
y así me fui quedando mudo.
A veces me saqué a bailar,
pero sin gran entusiasmo,
y me acuesto solo, sin ganas,
por no equivocarme de cuarto.

Adiós, porque vengo llegando.

Buenos días, me voy de prisa.

Cuando quieran verme ya saben:
búsquenme donde no estoy
y si les sobra tiempo y boca
pueden hablar con mi retrato.

–[1958] / *Estravagario,* 1958

LARINGE

Ahora va de veras, dijo
la Muerte y a mí me parece
que me miraba, me miraba.

Esto pasaba en hospitales,
en corredores agobiados
y el médico me averiguaba
con pupilas de periscopio.
Entró su cabeza en mi boca,

me rasguñaba la laringe:
allí tal vez había caído
una semilla de la muerte.

En un principio me hice humo
para que la cenicienta
pasara sin reconocerme.
Me hice el tonto, me hice el delgado,
me hice el sencillo, el transparente:
solo quería ser ciclista
y correr donde no estuviera.

Luego la ira me invadió
y dije: Muerte, hija de puta,
hasta cuándo nos interrumpes?
No te basta con tantos huesos?
Voy a decirte lo que pienso:
no discriminas, eres sorda
e inaceptablemente estúpida.

Por qué pareces indagarme?
Qué te pasa con mi esqueleto?
Por qué no te llevas al triste,
al cataléptico, al astuto,
al amargo, al infiel, al duro,
al asesino, a los adúlteros,
al juez prevaricador,
al mentiroso periodista,
a los tiranos de las islas,
a los que incendian las montañas,
a los jefes de policía
con carceleros y ladrones?
Por qué vas a llevarme a mí?
Qué tengo que ver con el cielo?
El infierno no me conviene
y me siento bien en la tierra.

Con estas vociferaciones
mentales me sostenía

mientras el doctor intranquilo
se paseaba por mis pulmones:
iba de bronquio en bronquio como
pajarillo de rama en rama:
yo no sentía mi garganta,
mi boca se abría como
el hocico de una armadura
y entraba y salía el doctor
por mi laringe en bicicleta
hasta que adusto, incorregible,
me miró con su telescopio
y me separó de la muerte.

No era lo que se creía.
Esta vez sí no me tocaba.

Si les digo que sufrí mucho,
que quería al fin el misterio,
que Nuestro Señor y Señora
me esperaban en su palmera,
si les digo mi desencanto,
y que la angustia me devora
de no tener muerte cercana,
si digo como la gallina
que muero porque no muero
denme un puntapié en el culo
como castigo a un mentiroso.

–[1958] / *Estravagario,* 1958

DÓNDE ESTARÁ LA GUILLERMINA?

Dónde estará la Guillermina?

Cuando mi hermana la invitó
y yo salí a abrirle la puerta,
entró el sol, entraron estrellas,

entraron dos trenzas de trigo
y dos ojos interminables.

Yo tenía catorce años
y era orgullosamente oscuro,
delgado, ceñido y fruncido,
funeral y ceremonioso:
yo vivía con las arañas,
humedecido por el bosque,
me conocían los coleópteros
y las abejas tricolores,
yo dormía con las perdices
sumergido bajo la menta.

Entonces entró la Guillermina
con dos relámpagos azules
que me atravesaron el pelo
y me clavaron como espadas
contra los muros del invierno.
Esto sucedió en Temuco.
Allá en el Sur, en la frontera.

Han pasado lentos los años
pisando como paquidermos,
ladrando como zorros locos,
han pasado impuros los años
crecientes, raídos, mortuorios,
y yo anduve de nube en nube,
de tierra en tierra, de ojo en ojo,
mientras la lluvia en la frontera
caía, con el mismo traje.

Mi corazón ha caminado
con intransferibles zapatos,
y he digerido las espinas:
no tuve tregua donde estuve:
donde yo pegué me pegaron,
donde me mataron caí
y resucité con frescura,

y luego y luego y luego y luego,
es tan largo contar las cosas.

No tengo nada que añadir.

Vine a vivir en este mundo.

Dónde estará la Guillermina?

–[1958] / *Estravagario,* 1958

EL GRAN MANTEL

Cuando llamaron a comer
se abalanzaron los tiranos
y sus cocotas pasajeras,
y era hermoso verlas pasar
como avispas de busto grueso
seguidas por aquellos pálidos
y desdichados tigres públicos.

Su oscura ración de pan
comió el campesino en el campo,
estaba solo y era tarde,
estaba rodeado de trigo,
pero no tenía más pan,
se lo comió con dientes duros,
mirándolo con ojos duros.

En la hora azul del almuerzo,
la hora infinita del asado,
el poeta deja su lira,
toma el cuchillo, el tenedor
y pone su vaso en la mesa,
y los pescadores acuden
al breve mar de la sopera.
Las papas ardiendo protestan

entre las lenguas del aceite.
Es de oro el cordero en las brasas
y se desviste la cebolla.
Es triste comer de frac,
es comer en un ataúd,
pero comer en los conventos
es comer ya bajo la tierra.
Comer solos es muy amargo
pero no comer es profundo,
es hueco, es verde, tiene espinas
como una cadena de anzuelos
que cae desde el corazón
y que te clava por adentro.

Tener hambre es como tenazas,
es como muerden los cangrejos,
quema, quema y no tiene fuego:
el hambre es un incendio frío.
Sentémonos pronto a comer
con todos los que no han comido,
pongamos los largos manteles,
la sal en los lagos del mundo,
panaderías planetarias,
mesas con fresas en la nieve,
y un plato como la luna
en donde todos almorcemos.

Por ahora no pido más
que la justicia del almuerzo.

–*Vea,* n.º 996, Santiago, 29.5.1958 / *Estravagario,* 1958

POR BOCA CERRADA ENTRAN LAS MOSCAS

Por qué con esas llamas rojas
se han dispuesto a arder los rubíes?

Por qué el corazón del topacio
tiene panales amarillos?

Por qué se divierte la rosa
cambiando el color de sus sueños?

Por qué se enfría la esmeralda
como una ahogada submarina?

Y por qué palidece el cielo
sobre las estrellas de junio?

Dónde compra pintura fresca
la cola de la lagartija?

Dónde está el fuego subterráneo
que resucita los claveles?

De dónde saca la sal
esa mirada transparente?

Dónde durmieron los carbones
que se levantaron oscuros?

Y dónde, dónde compra el tigre
rayas de luto, rayas de oro?

Cuándo comenzó a conocer
la madreselva su perfume?

Cuándo se dio cuenta el pino
de su resultado oloroso?

Cuándo aprendieron los limones
la misma doctrina del sol?

Cuándo aprendió a volar el humo?
Cuándo conversan las raíces?

Cómo es el agua en las estrellas?
Por qué el escorpión envenena,
por qué el elefante es benigno?

En qué medita la tortuga?
Dónde se retira la sombra?
Qué canto repite la lluvia?
Dónde van a morir los pájaros?
Y por qué son verdes las hojas?

Es tan poco lo que sabemos
y tanto lo que presumimos
y tan lentamente aprendemos,
que preguntamos, y morimos.
Mejor guardemos orgullo
para la ciudad de los muertos
en el día de los difuntos
y allí cuando el viento recorra
los huecos de tu calavera
te revelará tanto enigma,
susurrándote la verdad
donde estuvieron tus orejas.

–[1958] / *Estravagario,* 1958

TESTAMENTO DE OTOÑO
[FRAGMENTOS]

EL POETA ENTRA A CONTAR SU CONDICIÓN Y PREDILECCIONES

Entre morir y no morir
me decidí por la guitarra
y en esta intensa profesión
mi corazón no tiene tregua,
porque donde menos me esperan
yo llegaré con mi equipaje
a cosechar el primer vino
en los sombreros del otoño.

Entraré si cierran la puerta
y si me reciben me voy,
no soy de aquellos navegantes
que se extravían en el hielo:
yo me acomodo como el viento,
con las hojas más amarillas,
con los capítulos caídos
de los ojos de las estatuas
y si en alguna parte descanso
es en la propia nuez del fuego,
en lo que palpita y crepita
y luego viaja sin destino.

A lo largo de los renglones
habrás encontrado tu nombre,
lo siento muchísimo poco,
no se trataba de otra cosa
sino de muchísimas más,
porque eres y porque no eres
y esto le pasa a todo el mundo,
nadie se da cuenta de todo
y cuando se suman las cifras
todos éramos falsos ricos:
ahora somos nuevos pobres.

HABLA DE SUS ENEMIGOS Y LES PARTICIPA SU HERENCIA

He sido cortado en pedazos
por rencorosas alimañas
que parecían invencibles.
Yo me acostumbré en el mar
a comer pepinos de sombra,
extrañas variedades de ámbar
y a entrar en ciudades perdidas
con camiseta y armadura
de tal manera que te matan
y tú te mueres de la risa.

Dejo pues a los que ladraron
mis pestañas de caminante,
mi predilección por la sal,
la dirección de mi sonrisa
para que todo lo lleven
con discreción, si son capaces:
ya que no pudieron matarme
no puedo impedirles después
que no se vistan con mi ropa,
que no aparezcan los domingos
con trocitos de mi cadáver,
certeramente disfrazados.
Si no dejé tranquilo a nadie
no me van a dejar tranquilo,
y se verá y eso no importa:
publicarán mis calcetines.

SE DIRIGE A OTROS SECTORES

Dejé mis bienes terrenales
a mi Partido y a mi pueblo,
ahora se trata de otras cosas,
cosas tan oscuras y claras
que son sin embargo una sola.
Así sucede con las uvas,
y sus dos poderosos hijos,

el vino blanco, el vino rojo,
toda la vida es roja y blanca,
toda claridad es oscura,
y no todo es tierra y adobe,
hay en mi herencia sombra y sueños.

[…]

TERMINA SU LIBRO EL POETA HABLANDO DE SUS VARIADAS TRANSFORMACIONES Y CONFIRMANDO SU FE EN LA POESÍA

De tantas veces que he nacido
tengo una experiencia salobre
como criatura del mar
con celestiales atavismos
y con destinación terrestre.
Y así me muevo sin saber
a qué mundo voy a volver
o si voy a seguir viviendo.
Mientras se resuelven las cosas
aquí dejé mi testimonio,
mi navegante estravagario
para que leyéndolo mucho
nadie pudiera aprender nada,
sino el movimiento perpetuo
de un hombre claro y confundido,
de un hombre lluvioso y alegre,
enérgico y otoñabundo.

Y ahora detrás de esta hoja
me voy y no desaparezco:
daré un salto en la transparencia
como un nadador del cielo,
y luego volveré a crecer
hasta ser tan pequeño un día
que el viento me llevará

y no sabré cómo me llamo
y no seré cuando despierte:

entonces cantaré en silencio.

–[1958] / *Estravagario,* 1958

EL BARCO

Pero si ya pagamos nuestros pasajes en este mundo
por qué, por qué no nos dejan sentarnos y comer?
Queremos mirar las nubes,
queremos tomar el sol y oler la sal,
francamente no se trata de molestar a nadie,
es tan sencillo: somos pasajeros.

Todos vamos pasando y el tiempo con nosotros:
pasa el mar, se despide la rosa,
pasa la tierra por la sombra y por la luz,
y ustedes y nosotros pasamos, pasajeros.

Entonces, qué les pasa?
Por qué andan tan furiosos?
A quién andan buscando con revólver?

Nosotros no sabíamos
que todo lo tenían ocupado,
las copas, los asientos,
las camas, los espejos,
el mar, el vino, el cielo.

Ahora resulta
que no tenemos mesa.
No puede ser, pensamos.
No pueden convencernos.
Estaba oscuro cuando llegamos al barco.

Estábamos desnudos.
Todos llegábamos del mismo sitio.
Todos veníamos de mujer y de hombre.
Todos tuvimos hambre y pronto dientes.
A todos nos crecieron las manos y los ojos
para trabajar y desear lo que existe.

Y ahora nos salen con que no podemos,
que no hay sitio en el barco,
no quieren saludarnos,
no quieren jugar con nosotros.

Por qué tantas ventajas para ustedes?
Quién les dio la cuchara cuando no habían nacido?

Aquí no están contentos,
así no andan las cosas.

No me gusta en el viaje
hallar, en los rincones, la tristeza,
los ojos sin amor o la boca con hambre.

No hay ropa para este creciente otoño
y menos, menos, menos para el próximo invierno.
Y sin zapatos cómo vamos a dar la vuelta
al mundo, a tanta piedra en los caminos?
Sin mesa dónde vamos a comer,
dónde nos sentaremos si no tenemos silla?
Si es una broma triste, decídanse, señores,
a terminarla pronto,
a hablar en serio ahora.

Después el mar es duro.

Y llueve sangre.

–*Revista Nacional de Cultura,* Caracas, nº 134,
mayo-junio de 1959 / *Navegaciones y regresos,* 1959

ODA AL GATO

Los animales fueron
imperfectos,
largos de cola, tristes
de cabeza.
Poco a poco se fueron
componiendo,
haciéndose paisaje,
adquiriendo lunares, gracia, vuelo.
El gato,
solo el gato
apareció completo
y orgulloso:
nació completamente terminado,
camina solo y sabe lo que quiere.

El hombre quiere ser pescado y pájaro,
la serpiente quisiera tener alas,
el perro es un león desorientado,
el ingeniero quiere ser poeta,
la mosca estudia para golondrina,
el poeta trata de imitar la mosca,
pero el gato
quiere ser solo gato
y todo gato es gato
desde bigote a cola,
desde presentimiento a rata viva,
desde la noche hasta sus ojos de oro.

No hay unidad
como él,
no tienen
la luna ni la flor
tal contextura:
es una sola cosa
como el sol o el topacio,
y la elástica línea en su contorno
firme y sutil es como

la línea de la proa de una nave.
Sus ojos amarillos
dejaron una sola
ranura
para echar las monedas de la noche.

Oh pequeño
emperador sin orbe,
conquistador sin patria,
mínimo tigre de salón, nupcial
sultán del cielo
de las tejas eróticas,
el viento del amor
en la intemperie
reclamas
cuando pasas
y posas
cuatro pies delicados
en el suelo,
oliendo,
desconfiando
de todo lo terrestre,
porque todo
es inmundo
para el inmaculado pie del gato.

Oh fiera independiente
de la casa, arrogante
vestigio de la noche,
perezoso, gimnástico
y ajeno,
profundísimo gato,
policía secreta
de las habitaciones,
insignia
de un
desaparecido terciopelo,
seguramente no hay
enigma

en tu manera,
tal vez no eres misterio,
todo el mundo te sabe y perteneces
al habitante menos misterioso,
tal vez todos lo creen,
todos se creen dueños,
propietarios, tíos
de gatos, compañeros,
colegas,
discípulos o amigos
de su gato.

Yo no.
Yo no suscribo.
Yo no conozco al gato.
Todo lo sé, la vida y su archipiélago,
el mar y la ciudad incalculable,
la botánica,
el gineceo con sus extravíos,
el por y el menos de la matemática,
los embudos volcánicos del mundo,
la cáscara irreal del cocodrilo,
la bondad ignorada del bombero,
el atavismo azul del sacerdote,
pero no puedo descifrar un gato.
Mi razón resbaló en su indiferencia,
sus ojos tienen números de oro.

–*El Nacional,* Caracas, 15.3.1959 / *Navegaciones y regresos,* 1959

A MI PUEBLO, EN ENERO

Cuando el año
nacía,
recio, oloroso a pan de cordillera
y a manzano marino,
cuando mi patria pobre

su poncho de racimos desplegaba,
abrió la tiranía
el viejo hocico
de saurio desdentado
y mordió el corazón del territorio.

Pasó la ráfaga, volvió
por su camino
la simple vida amarga
o la alegría.
Muchos han olvidado,
han muerto muchos
y otros que hoy tienen boca no sufrieron
porque no eran nacidos.

No he olvidado ni he muerto.

Soy el árbol de enero
en la selva quemada:
la llama cruel que bailó en el follaje,
tal vez se fue, se fue la quemadura,
la ceniza voló,
se retorció
en la muerte la madera.
No hay hojas en los palos.
Solo en mi corazón las cicatrices
florecen y recuerdan.

Soy el último ramo del castigo.

–[Enero de ¿1958 o 1959?] / *Navegaciones y regresos,* 1959

[SONETO I]

Matilde, nombre de planta o piedra o vino,
de lo que nace de la tierra y dura,
palabra en cuyo crecimiento amanece,
en cuyo estío estalla la luz de los limones.

En ese nombre corren navíos de madera
rodeados por enjambres de fuego azul marino,
y esas letras son el agua de un río
que desemboca en mi corazón calcinado.

Oh nombre descubierto bajo una enredadera
como la puerta de un túnel desconocido
que comunica con la fragancia del mundo!

Oh invádeme con tu boca abrasadora,
indágame, si quieres, con tus ojos nocturnos,
pero en tu nombre déjame navegar y dormir.

–[1959] / *Cien sonetos de amor,* 1959

[SONETO XXV]

Antes de amarte, amor, nada era mío:
vacilé por las calles y las cosas:
nada contaba ni tenía nombre:
el mundo era del aire que esperaba.

Yo conocí salones cenicientos,
túneles habitados por la luna,
hangares crueles que se despedían,
preguntas que insistían en la arena.

Todo estaba vacío, muerto y mudo,
caído, abandonado y decaído,
todo era inalienablemente ajeno,

todo era de los otros y de nadie,
hasta que tu belleza y tu pobreza
llenaron el otoño de regalos.

–[1959] / *Cien sonetos de amor,* 1959

[SONETO XLIV]

Sabrás que no te amo y que te amo
puesto que de dos modos es la vida,
la palabra es un ala del silencio,
el fuego tiene una mitad de frío.

Yo te amo para comenzar a amarte,
para recomenzar el infinito
y para no dejar de amarte nunca:
por eso no te amo todavía.

Te amo y no te amo como si tuviera
en mis manos las llaves de la dicha
y un incierto destino desdichado.

Mi amor tiene dos vidas para amarte.
Por eso te amo cuando no te amo
y por eso te amo cuando te amo.

–[1959] / *Cien sonetos de amor,* 1959

[SONETO XLVI]

De las estrellas que admiré, mojadas
por ríos y rocíos diferentes,
yo no escogí sino la que yo amaba
y desde entonces duermo con la noche.

De la ola, una ola y otra ola,
verde mar, verde frío, rama verde,
yo no escogí sino una sola ola:
la ola indivisible de tu cuerpo.

Todas las gotas, todas las raíces,
todos los hilos de la luz vinieron,
me vinieron a ver tarde o temprano.

Yo quise para mí tu cabellera.
Y de todos los dones de mi patria
solo escogí tu corazón salvaje.

–[1959] / *Cien sonetos de amor,* 1959

[SONETO LII]

Cantas y a sol y a cielo con tu canto
tu voz desgrana el cereal del día,
hablan los pinos con su lengua verde:
trinan todas las aves del invierno.

El mar llena sus sótanos de pasos,
de campanas, cadenas y gemidos,
tintinean metales y utensilios,
suenan las ruedas de la caravana.

Pero solo tu voz escucho y sube
tu voz con vuelo y precisión de flecha,
baja tu voz con gravedad de lluvia,

tu voz esparce altísimas espadas,
vuelve tu voz cargada de violetas
y luego me acompaña por el cielo.

–[1959] / *Cien sonetos de amor,* 1959

[SONETO LIX]

(G. M.)

Pobres poetas a quienes la vida y la muerte
persiguieron con la misma tenacidad sombría
y luego son cubiertos por impasible pompa
entregados al rito y al diente funerario.

Ellos —oscuros como piedrecitas— ahora
detrás de los caballos arrogantes, tendidos
van, gobernados al fin por los intrusos,
entre los edecanes, a dormir sin silencio.

Antes y ya seguros de que está muerto el muerto
hacen de las exequias un festín miserable
con pavos, puercos y otros oradores.

Acecharon su muerte y entonces la ofendieron:
solo porque su boca está cerrada,
y ya no puede contestar su canto.

–[1959] / *Cien sonetos de amor,* 1959

[SONETO LXI]

Trajo el amor su cola de dolores,
su largo rayo estático de espinas
y cerramos los ojos porque nada,
porque ninguna herida nos separe.

No es culpa de tus ojos este llanto:
tus manos no clavaron esta espada:
no buscaron tus pies este camino:
llegó a tu corazón la miel sombría.

Cuando el amor como una inmensa ola
nos estrelló contra la piedra dura,
nos amasó con una sola harina,

cayó el dolor sobre otro dulce rostro
y así en la luz de la estación abierta
se consagró la primavera herida.

–[1959] / *Cien sonetos de amor,* 1959

[SONETO LXV]

Matilde, dónde estás? Noté, hacia abajo,
entre corbata y corazón, arriba,
cierta melancolía intercostal:
era que tú de pronto eras ausente.

Me hizo falta la luz de tu energía
y miré devorando la esperanza,
miré el vacío que es sin ti una casa,
no quedan sino trágicas ventanas.

De puro taciturno el techo escucha
caer antiguas lluvias deshojadas,
plumas, lo que la noche aprisionó:

y así te espero como casa sola
y volverás a verme y habitarme.
De otro modo me duelen las ventanas.

–[1959] / *Cien sonetos de amor,* 1959

[SONETO LXVI]

No te quiero sino porque te quiero
y de quererte a no quererte llego
y de esperarte cuando no te espero
pasa mi corazón del frío al fuego.

Te quiero solo porque a ti te quiero,
te odio sin fin, y odiándote te ruego,
y la medida de mi amor viajero
es no verte y amarte como un ciego.

Tal vez consumirá la luz de enero,
su rayo cruel, mi corazón entero,
robándome la llave del sosiego.

En esta historia solo yo me muero
y moriré de amor porque te quiero,
porque te quiero, amor, a sangre y fuego.

–[1959] / *Cien sonetos de amor,* 1959

[SONETO LXIX]

Tal vez no ser es ser sin que tú seas,
sin que vayas cortando el mediodía
como una flor azul, sin que camines
más tarde por la niebla y los ladrillos,

sin esa luz que llevas en la mano
que tal vez otros no verán dorada,
que tal vez nadie supo que crecía
como el origen rojo de la rosa,

sin que seas, en fin, sin que vinieras
brusca, incitante, a conocer mi vida,
ráfaga de rosal, trigo del viento,

y desde entonces soy porque tú eres,
y desde entonces eres, soy y somos,
y por amor seré, serás, seremos.

–[1959] / *Cien sonetos de amor,* 1959

[SONETO XCI]

La edad nos cubre como la llovizna,
interminable y árido es el tiempo,
una pluma de sal toca tu rostro,
una gotera carcomió mi traje:

el tiempo no distingue entre mis manos
o un vuelo de naranjas en las tuyas:
pica con nieve y azadón la vida:
la vida tuya que es la vida mía.

La vida mía que te di se llena
de años, como el volumen de un racimo.
Regresarán las uvas a la tierra.

Y aún allá abajo el tiempo sigue siendo,
esperando, lloviendo sobre el polvo,
ávido de borrar hasta la ausencia.

–[1959] / *Cien sonetos de amor,* 1959

[SONETO XCII]

Amor mío, si muero y tú no mueres,
amor mío, si mueres y no muero,
no demos al dolor más territorio:
no hay extensión como la que vivimos.

Polvo en el trigo, arena en las arenas,
el tiempo, el agua errante, el viento vago
nos llevó como grano navegante.
Pudimos no encontrarnos en el tiempo.

Esta pradera en que nos encontramos,
oh pequeño infinito! devolvemos.
Pero este amor, amor, no ha terminado,

y así como no tuvo nacimiento
no tiene muerte, es como un largo río,
solo cambia de tierras y de labios.

–[1959] / *Cien sonetos de amor,* 1959

BAILANDO CON LOS NEGROS

Negros del continente, al Nuevo Mundo
habéis dado la sal que le faltaba:
sin negros no respiran los tambores
y sin negros no suenan las guitarras.
Inmóvil era nuestra verde América
hasta que se movió como una palma
cuando nació de una pareja negra
el baile de la sangre y de la gracia.
Y luego de sufrir tantas miserias
y de cortar hasta morir la caña
y de cuidar los cerdos en el bosque
y de cargar las piedras más pesadas
y de lavar pirámides de ropa
y de subir cargados las escalas
y de parar sin nadie en el camino
y no tener ni plato ni cuchara
y de cobrar más palos que salario
y de sufrir la venta de la hermana
y de moler harina todo un siglo
y de comer un día a la semana

y de correr como un caballo siempre
repartiendo cajones de alpargatas,
manejando la escoba y el serrucho,
y cavando caminos y montañas,
acostarse cansados, con la muerte,
y vivir otra vez cada mañana
cantando como nadie cantaría,
cantando con el cuerpo y con el alma.
Corazón mío, para decir esto
se me parte la vida y la palabra
y no puedo seguir porque prefiero
irme con las palmeras africanas,
madrinas de la música terrestre
que ahora me incita desde la ventana:
y me voy a bailar por los caminos
con mis hermanos negros de La Habana.

–[1959] / *Canción de gesta,* 1960 (diciembre)

ESCRITO EN EL AÑO 2000

Quiero hablar con las últimas estrellas
ahora, elevado en este monte humano,
solo estoy con la noche compañera
y un corazón gastado por los años.
Llegué de lejos a estas soledades,
tengo derecho al sueño soberano,
a descansar con los ojos abiertos
entre los ojos de los fatigados,
y mientras duerme el hombre con su tribu,
cuando todos los ojos se cerraron,
los pueblos sumergidos de la noche,
el cielo de rosales estrellados,
dejo que el tiempo corra por mi cara
como aire oscuro o corazón mojado
y veo lo que viene y lo que nace,
los dolores que fueron derrotados,

las pobres esperanzas de mi pueblo:
los niños en la escuela con zapatos,
el pan y la justicia repartiéndose
como el sol se reparte en el verano.
Veo la sencillez desarrollada,
la pureza del hombre con su arado
y entre la agricultura voy y vuelvo
sin encontrar inmensos hacendados.
Es tan fácil la luz y no se hallaba:
el amor parecía tan lejano:
estuvo siempre cerca la razón:
nosotros éramos los extraviados
y ya creíamos en un mundo triste
lleno de emperadores y soldados
cuando se vio de pronto que se fueron
para siempre los crueles y los malos
y todo el mundo se quedó tranquilo
en su casa, en la calle, trabajando.
Y ahora ya se sabe que no es bueno
que esté la tierra en unas pocas manos,
que no hay necesidad de andar corriendo
entre gobernadores y juzgados.
Qué sencilla es la paz y qué difícil
embestirse con piedras y con palos
todos los días y todas las noches
como si ya no fuéramos cristianos.

Alta es la noche y pura como piedra
y con su frío toca mi costado
como diciéndome que duerma pronto,
que ya están mis trabajos terminados.
Pero tengo que hablar con las estrellas,
hablar en un idioma oscuro y claro
y con la noche misma conversar
con sencillez como hermana y hermano.
Me envuelve con fragancia poderosa
y me toca la noche con sus manos:
me doy cuenta que soy aquel nocturno
que dejé atrás en el tiempo lejano

cuando la primavera estudiantil
palpitaba en mi traje provinciano.
Todo el amor de aquel tiempo perdido,
el dolor de un aroma arrebatado,
el color de una calle con cenizas,
el cielo inextinguible de unas manos!
Y luego aquellos climas devorantes
donde mi corazón fue devorado,
los navíos que huían sin destino,
los países oscuros o delgados,
aquella fiebre que tuve en Birmania
y aquel amor que fue crucificado.

Soy solo un hombre y llevo mis castigos
como cualquier mortal apesarado
de amar, amar, amar sin que lo amaran
y de no amar habiendo sido amado.
Y surgen las cenizas de una noche,
cerca del mar, en un río sagrado,
y un cadáver oscuro de mujer
ardiendo en un brasero abandonado:
el Irrawadhy desde la espesura
mueve sus aguas y su luz de escualo.
Los pescadores de Ceylán que alzaban
conmigo todo el mar y sus pescados
y las redes chorreando milagrosos
peces de terciopelo colorado
mientras los elefantes esperaban
a que les diera un fruto con mis manos.
Ay cuánto tiempo es el que en mis mejillas
se acumuló como un reloj opaco
que acarrea en su frágil movimiento
un hilo interminablemente largo
que comienza con un niño que llora
y acaba en un viajero con un saco!

Después llegó la guerra y sus dolores
y me tocan los ojos y me buscan
en la noche los muertos españoles,

los busco y no me ven y sin embargo
veo sus apagados resplandores:
Don Antonio morir sin esperanza,
Miguel Hernández muerto en sus prisiones
y el pobre Federico asesinado
por los medioevales malhechores,
por la caterva infiel de los Paneros:
los asesinos de los ruiseñores.
Ay tanta y tanta sombra y tanta sangre
me llaman esta noche por mi nombre:
ahora me tocan con alas heladas
y me señalan su martirio enorme:
nadie los ha vengado, y me lo piden.
Y solo mi ternura los conoce.

Ay cuánta noche cabe en una noche
sin desbordar esta celeste copa,
suena el silencio de las lejanías
como una inaccesible caracola
y caen en mis manos las estrellas
llenas aún de música y de sombra.
En este espacio el tumultuoso peso
de mi vida no vence ni solloza
y despido al dolor que me visita
como si despidiera a una paloma:
si hay cuentas que sacar hay que sacarlas
con lo que va a venir y que se asoma,
con la felicidad de todo el mundo
y no con lo que el tiempo desmorona.
Y aquí en el cielo de Sierra Maestra
yo solo alcanzo a saludar la aurora
porque se me hizo tarde en mis quehaceres,
se me pasó la vida en tantas cosas,
que dejo mis trabajos a otras manos
y mi canción la cantará otra boca.
Porque así se encadena la jornada
y floreciendo seguirá la rosa.

No se detiene el hombre en su camino:
otro toma las armas misteriosas:
no tiene fin la primavera humana,
del invierno salió la mariposa
y era mucho más frágil que una flor,
por eso su belleza no reposa
y se mueven sus alas de color
con una matemática radiosa.
Y un hombre construyó solo una puerta
y no sacó del mar sino una gota
hasta que de una vida hasta otra vida
levantaremos la ciudad dichosa
con los brazos de los que ya no viven
y con manos que no han nacido ahora.
Es esa la unidad que alcanzaremos:
la luz organizada por la sombra,
por la continuidad de los deseos
y el tiempo que camina por las horas
hasta que ya todos estén contentos.

Y así comienza una vez más la Historia.

Y así, pues, en lo alto de estos montes,
lejos de Chile y de sus cordilleras
recibo mi pasado en una copa
y la levanto por la tierra entera,
y aunque mi patria circule en mi sangre
sin que nunca se apague su carrera
en esta hora mi razón nocturna
señala en Cuba la común bandera
del hemisferio oscuro que esperaba
por fin una victoria verdadera.
La dejo en esta cumbre custodiada,
alta, ondeando sobre las praderas,
indicando a los pueblos agobiados
la dignidad nacida en la pelea:
Cuba es un mástil claro que divisan
a través del espacio y las tinieblas,
es como un árbol que nació en el centro

del mar Caribe y sus antiguas penas:
su follaje se ve de todas partes
y sus semillas van bajo la tierra,
elevando en la América sombría
el edificio de la primavera.

–[1960] / *Canción de gesta,* 1960

CASA

Tal vez esta es la casa en que viví
cuando yo no existí ni había tierra,
cuando todo era luna o piedra o sombra,
cuando la luz inmóvil no nacía.
Tal vez entonces esta piedra era
mi casa, mis ventanas o mis ojos.
Me recuerda esta rosa de granito
algo que me habitaba o que habité,
cueva o cabeza cósmica de sueños,
copa o castillo o nave o nacimiento.
Toco el tenaz esfuerzo de la roca,
su baluarte golpeado en la salmuera,
y sé que aquí quedaron grietas mías,
arrugadas sustancias que subieron
desde profundidades hasta mi alma,
y piedra fui, piedra seré, por eso
toco esta piedra y para mí no ha muerto:
es lo que fui, lo que seré, reposo
de un combate tan largo como el tiempo.

–*El Nacional,* Caracas, 29.5.1960 / *Las piedras de Chile,* 1961 (junio)

LAUTRÉAMONT RECONQUISTADO

I

Cuando llegó a París tuvo mucho que hacer.
Estas eran las verdaderas calles del hombre.
Aquí las había taladrado como a los túneles el gusano
adentro de un queso oscuro, bajo el atroz invierno.
Las casas eran tan grandes que la sabiduría
se empequeñeció y corrió como rata al granero
y solo fueron habitadas las casas por la sombra,
por la rutina venenosa de los que padecían.
Compró flores, pequeñas flores en el mercado des Halles
y de Clignancourt absorbió el asco militante,
no hubo piedra olvidada para el pequeño Isidoro,
su rostro se fue haciendo delgado como un diente,
delgado y amarillo como la luna menguante en la pampa,
cada vez era más parecido a la luna delgada.
La noche le robaba hora por hora el rostro.
La noche de París ya había devorado
todos los regimientos, las dinastías, los héroes,
los niños y los viejos, las prostitutas, los ricos y los pobres.
Ducasse estaba solo y cuanto tuvo de luz lo entregó cuerpo a cuerpo,
contra la devoradora se dispuso a luchar,
fabricó lobos para defender la luz,
acumuló agonía para salvar la vida,
fue más allá del mal para llegar al bien.

II

Lo conocí en el Uruguay cuando era tan pequeño
que se extraviaba en las guitarras del mes de julio,
aquellos días fueron de guerra y de humo,
se desbocaron los ríos, crecieron sin medida las aguas.
No había tiempo para que naciera.
Debió volver muchas veces, remontar el deseo,
viajar hasta su origen, hasta por fin llegar
cuando sangre y tambores golpeaban a la puerta,
y Montevideo ardía como los ojos del puma.

Turbulenta fue aquella época, y de color morado
como un deshilachado pabellón de asesinos.
Desde la selva el viento militar
llegaba en un confuso olor a hierba ardiendo.
Los fusiles quebrados a la vera del río
entraban en el agua y a plena medianoche
se habían convertido en guitarras, el viento
repartía sollozos y besos de las barcarolas.

III

Americano! Pequeño potro pálido
de las praderas! Hijo
de la luna uruguaya!
Escribiste a caballo, galopando
entre la dura hierba y el olor a camino,
a soledad, a noche y herraduras!
Cada uno
de tus cantos fue un lazo,
y Maldoror sentado sobre las calaveras
de las vacas
escribe con su lazo,
es tarde, es una pieza de hotel, la muerte ronda.
Maldoror con su lazo,
escribe que te escribe su larga carta roja.
La vidalita de Maldoror, hacia el oeste,
las guitarras sin rumbo, cerca del Paraná,
terrenos bajos, el misterioso crepúsculo cayó
como una paletada de sangre sobre la tierra,
las grandes aves carnívoras se despliegan,
sube del Uruguay la noche con sus uvas.
Era tarde, un temblor unánime de ranas,
los insectos metálicos atormentan el cielo,
mientras la inmensa luna se desnuda en la pampa
extendiendo en el frío su sábana amarilla.

IV

El falso cruel de noche prueba sus uñas falsas,
de sus cándidos ojos hace dos agujeros,
con terciopelo negro su razón enmascara,
con un aullido apaga su inclinación celeste.

El sapo de París, la bestia blanda
de la ciudad inmunda lo sigue paso a paso,
lo espera y abre las puertas de su hocico:
el pequeño Ducasse ha sido devorado.

El ataúd delgado parece que llevara
un violín o un pequeño cadáver de gaviota,
son los mínimos huesos del joven desdichado,
y nadie ve pasar el carro que lo lleva,
porque en este ataúd continúa el destierro,
el desterrado sigue desterrado en la muerte.

Entonces escogió la Commune y en las calles
sangrientas, Lautréamont, delgada torre roja,
amparó con su llama la cólera del pueblo,
recogió las banderas del amor derrotado
y en las masacres Maldoror no cayó,
su pecho transparente recibió la metralla
sin que una sola gota de sangre delatara
que el fantasma se había ido volando
y que aquella masacre le devolvía el mundo:
Maldoror reconocía a sus hermanos.

Pero antes de morir volvió su rostro duro
y tocó el pan, acarició la rosa,
soy, dijo, el defensor esencial de la abeja,
solo de claridad debe vivir el hombre.

V

Del niño misterioso recojamos
cuanto dejó, sus cantos triturados,

las alas tenebrosas de la nave enlutada,
su negra dirección que ahora entendemos.
Ha sido revelada su palabra.
Detrás de cada sombra suya el trigo.
En cada ojo sin luz una pupila.
La rosa en el espacio del honor.
La esperanza que sube del suplicio.
El amor desbordando de su copa.
El deber hijo puro de la madera.
El rocío que corre saludando a las hojas.
La bondad con más ojos que una estrella.
El honor sin medalla ni castillo.

VI

Entonces la muerte, la muerte de París cayó como una tela,
como horrendo vampiro, como alas de paraguas,
y el héroe desangrado la rechazó creyendo
que era su propia imagen, su anterior criatura,
la imagen espantosa de sus primeros sueños.
«No estoy aquí, me fui, Maldoror ya no existe».
«Soy la alegría de la futura primavera»,
dijo, y no era la sombra que sus manos crearon,
no era el silbido del folletín en la niebla,
ni la araña nutrida por su oscura grandeza,
era solo la muerte de París que llegaba
a preguntar por el indómito uruguayo,
por el niño feroz que quería volver,
que quería sonreír hacia Montevideo,
era solo la muerte que venía a buscarlo.

–[París, 1960] / *Cantos ceremoniales,* 1961 (octubre)

AL DIFUNTO POBRE

A nuestro pobre enterraremos hoy:
a nuestro pobre pobre.

Tan mal anduvo siempre
que es la primera vez
que habita este habitante.

Porque no tuvo casa, ni terreno,
ni alfabeto, ni sábanas,
ni asado,
y así de un sitio a otro, en los caminos,
se fue muriendo de no tener vida,
se fue muriendo poco a poco
porque esto le duró desde nacer.

Por suerte, y es extraño, se pusieron de acuerdo
todos desde el obispo hasta el juez
para decirle que tendrá cielo
y ahora muerto, bien muerto nuestro pobre,
ay nuestro pobre pobre
no va a saber qué hacer con tanto cielo.
Podrá ararlo y sembrarlo y cosecharlo?

Él lo hizo siempre, duro
peleó con los terrones,
y ahora el cielo es suave para ararlo,
y luego entre los frutos celestiales
por fin tendrá lo suyo, y en la mesa
a tanta altura todo está dispuesto
para que coma cielo a dos carrillos
nuestro pobre que lleva, por fortuna,
sesenta años de hambre desde abajo
para saciarla, al fin, como se debe,
sin recibir más palos de la vida,
sin que lo metan preso porque come,
bien seguro en su caja y bajo tierra
ya no se mueve para defenderse,

ya no combatirá por su salario.
Nunca esperó tanta justicia este hombre,
de pronto lo han colmado y lo agradece:
ya se quedó callado de alegría.

Qué peso tiene ahora el pobre pobre!
Era de puro hueso y de ojos negros
y ahora sabemos, por su puro peso,
ay cuántas cosas le faltaron siempre,
porque si este vigor anduvo andando,
cavando eriales, arañando piedras,
cortando trigo, remojando arcilla,
moliendo azufre, transportando leña,
si este hombre tan pesado no tenía
zapatos, oh dolor, si este hombre entero
de tendones y músculos no tuvo
nunca razón y todos le pegaron,
todos lo demolieron, y aun entonces
cumplió con sus trabajos, ahora llevándolo
en su ataúd sobre nosotros,
ahora sabemos cuánto le faltó
y no lo defendimos en la tierra.

Ahora nos damos cuenta que cargamos
con lo que no le dimos, y ya es tarde:
nos pesa y no podemos con su peso.

Cuántas personas pesa nuestro muerto?

Pesa como este mundo, y continuamos
llevando a cuestas este muerto. Es claro
que el cielo es una gran panadería.

– «Oda al difunto pobre», *El Nacional,* Caracas, 7.5.1961 /
Plenos poderes, 1962 (septiembre)

REGRESÓ EL CAMINANTE

En plena calle me pregunto, dónde
está la ciudad? Se fue, no ha vuelto.
Tal vez esta es la misma, y tiene casas,
tiene paredes, pero no la encuentro.
No se trata de Pedro ni de Juan,
ni de aquella mujer, ni de aquel árbol,
ya la ciudad aquella se enterró,
se metió en un recinto subterráneo
y otra hora vive, otra y no la misma,
ocupando la línea de las calles,
y un idéntico número en las casas.

El tiempo entonces, lo comprendo, existe,
existe, ya lo sé, pero no entiendo
cómo aquella ciudad que tuvo sangre,
que tuvo tanto cielo para todos,
y de cuya sonrisa a mediodía
se desprendía un cesto de ciruelas,
de aquellas casas con olor a bosque
recién cortado al alba con la sierra,
que seguía cantando junto al agua
de los aserraderos montañosos,
todo lo que era suyo y era mío,
de la ciudad y de la transparencia,
se envolvió en el amor como un secreto
y se dejó caer en el olvido.

Ahora donde estuvo hay otras vidas,
otra razón de ser y otra dureza:
todo está bien, pero por qué no existe?
Por qué razón aquel aroma duerme?
Por qué aquellas campanas se callaron
y dijo adiós la torre de madera?

Tal vez en mí cayó casa por casa
la ciudad, con bodegas destruidas
por la lenta humedad, por el transcurso,

en mí cayó el azul de la farmacia,
el trigo acumulado, la herradura
que colgó de la talabartería,
y en mí cayeron seres que buscaban
como en un pozo el agua oscura.

Entonces yo a qué vengo, a qué he venido.
Aquella que yo amé entre las ciruelas
en el violento estío, aquella clara
como un hacha brillando con la luna,
la de ojos que mordían
como ácido el metal del desamparo,
ella se fue, se fue sin que se fuese,
sin cambiarse de casa ni frontera,
se fue en sí misma, se cayó en el tiempo
hacia atrás, y no cayó en los míos
cuando abría, tal vez, aquellos brazos
que apretaron mi cuerpo, y me llamaba
a lo largo, tal vez, de tantos años,
mientras yo en otra esquina del planeta
en mi distante edad me sumergía.

Acudiré a mí mismo para entrar,
para volver a la ciudad perdida.
En mí debo encontrar a los ausentes,
aquel olor de la maderería,
sigue creciendo solo en mí tal vez
el trigo que temblaba en la ladera
y en mí debo viajar buscando aquella
que se llevó la lluvia, y no hay remedio,
de otra manera nada vivirá,
debo cuidar yo mismo aquellas calles
y de alguna manera decidir
dónde plantar los árboles, de nuevo.

–[Temuco, 1961] / *Plenos poderes,* 1962

A LA TRISTEZA (II)

Tristeza, necesito
tu ala negra,
tanto sol, tanta miel en el topacio,
cada rayo sonríe
en la pradera
y todo es luz redonda en torno mío,
todo es abeja eléctrica en la altura.
Por eso
tu ala negra
dame,
hermana tristeza:
necesito que alguna vez se apague
el zafiro y que caiga
la oblicua enredadera de la lluvia,
el llanto de la tierra:
quiero
aquel madero roto en el estuario,
la vasta casa a oscuras
y mi madre
buscando
parafina
y llenando la lámpara
hasta no dar la luz sino un suspiro.

La noche no nacía.

El día resbalaba
hacia su cementerio provinciano,
y entre el pan y la sombra
me recuerdo
a mí mismo
en la ventana
mirando lo que no era,
lo que no sucedía
y un ala negra de agua que llegaba
sobre aquel corazón que allí tal vez
olvidé para siempre, en la ventana.

Ahora echo de menos
la luz negra.

Dame tu lenta sangre,
lluvia
fría,
dame tu vuelo atónito!
A mi pecho
devuélvele la llave
de la puerta cerrada,
destruida.
Por un minuto, por
una corta vida,
quítame luz y déjame
sentirme
perdido y miserable,
temblando entre los hilos
del crepúsculo,
recibiendo en el alma
las manos
temblorosas
de
la
lluvia.

–[Temuco, 1961] / *Plenos poderes,* 1962

X

NUEVA ESCRITURA AUTOBIOGRÁFICA

(1962-1967)

PRIMER VIAJE

No sé cuándo llegamos a Temuco.
Fue impreciso nacer y fue tardío
nacer de veras, lento,
y palpar, conocer, odiar, amar,
todo esto tiene flor y tiene espinas.
Del pecho polvoriento de mi patria
me llevaron sin habla
hasta la lluvia de la Araucanía.
Las tablas de la casa
olían a bosque,
a selva pura.
Desde entonces mi amor
fue maderero
y lo que toco se convierte en bosque.
Se me confunden
los ojos y las hojas,
ciertas mujeres con la primavera
del avellano, el hombre con el árbol,
amo el mundo del viento y del follaje,
no distingo entre labios y raíces.

Del hacha y de la lluvia fue creciendo
la ciudad maderera
recién cortada como
nueva estrella con gotas de resina,
y el serrucho y la sierra
se amaban noche y día
cantando,

trabajando,
y ese sonido agudo de cigarra
levantando un lamento
en la obstinada soledad, regresa
al propio canto mío:
mi corazón sigue cortando el bosque,
cantando con las sierras en la lluvia,
moliendo frío y aserrín y aroma.

–[Isla Negra-Valparaíso, 1961-1962] / *Sumario,* 1962 /
Memorial de Isla Negra, vol. I, 1964

LA MAMADRE

La mamadre viene por ahí,
con zuecos de madera. Anoche
sopló el viento del polo, se rompieron
los tejados, se cayeron
los muros y los puentes,
aulló la noche entera con sus pumas,
y ahora, en la mañana
de sol helado, llega
mi mamadre, doña
Trinidad Marverde,
dulce como la tímida frescura
del sol en las regiones tempestuosas,
lamparita
menuda y apagándose,
encendiéndose,
para que todos vean el camino.

Oh dulce mamadre
—nunca pude
decir madrastra—,
ahora
mi boca tiembla para definirte,
porque apenas

abrí el entendimiento
vi la bondad vestida de pobre trapo oscuro,
la santidad más útil:
la del agua y la harina,
y eso fuiste: la vida te hizo pan
y allí te consumimos,
invierno largo a invierno desolado
con las goteras dentro
de la casa
y tu humildad ubicua
desgranando
el áspero
cereal de la pobreza
como si hubieras ido
repartiendo
un río de diamantes.

Ay mamá, cómo pude
vivir sin recordarte
cada minuto mío?
No es posible. Yo llevo
tu Marverde en mi sangre,
el apellido
del pan que se reparte,
de aquellas
dulces manos
que cortaron del saco de la harina
los calzoncillos de mi infancia,
de la que cocinó, planchó, lavó,
sembró, calmó la fiebre,
y cuando todo estuvo hecho,
y ya podía
yo sostenerme con los pies seguros,
se fue, cumplida, oscura,
al pequeño ataúd

donde por vez primera estuvo ociosa
bajo la dura lluvia de Temuco.

–[Isla Negra-Valparaíso, 1961-1962] / *Sumario,* 1962 /
Memorial de Isla Negra, vol. I, 1964

EL PADRE

El padre brusco vuelve
de sus trenes:
reconocimos
en la noche
el pito
de la locomotora
perforando la lluvia
con un aullido errante,
un lamento nocturno,
y luego
la puerta que temblaba:
el viento en una ráfaga
entraba con mi padre
y entre las dos pisadas y presiones
la casa
se sacudía,
las puertas asustadas
se golpeaban con seco
disparo de pistolas,
las escalas gemían
y una alta voz
recriminaba, hostil,
mientras la tempestuosa
sombra, la lluvia como catarata
despeñada en los techos
ahogaba poco a poco
el mundo
y no se oía nada más que el viento
peleando con la lluvia.

Sin embargo, era diurno.
Capitán de su tren, del alba fría,
y apenas despuntaba
el vago sol, allí estaba su barba,
sus banderas
verdes y rojas, listos los faroles,
el carbón de la máquina en su infierno,
la Estación con los trenes en la bruma
y su deber hacia la geografía.

El ferroviario es marinero en tierra
y en los pequeños puertos sin marina
—pueblos del bosque— el tren corre que corre
desenfrenando la naturaleza,
cumpliendo su navegación terrestre.
Cuando descansa el largo tren
se juntan los amigos,
entran, se abren las puertas de mi infancia,
la mesa se sacude,
al golpe de una mano ferroviaria
chocan los gruesos vasos del hermano
y destella
el fulgor
de los ojos del vino.

Mi pobre padre duro
allí estaba, en el eje de la vida,
la viril amistad, la copa llena.
Su vida fue una rápida milicia
y entre su madrugar y sus caminos,
entre llegar para salir corriendo,
un día con más lluvia que otros días
el conductor José del Carmen Reyes
subió al tren de la muerte y hasta ahora no ha vuelto.

–[Isla Negra-Valparaíso, 1961-1962] / *Sumario,* 1962 /
Memorial de Isla Negra, vol. I, 1964

EL PRIMER MAR

Descubrí el mar. Salía de Carahue
el Cautín a su desembocadura
y en los barcos de rueda comenzaron
los sueños y la vida a detenerme,
a dejar su pregunta en mis pestañas.
Delgado niño o pájaro,
solitario escolar o pez sombrío,
iba solo en la proa,
desligado
de la felicidad, mientras
el mundo
de la pequeña nave
me ignoraba
y desataba el hilo
de los acordeones,
comían y cantaban
transeúntes
del agua y del verano,
yo, en la proa, pequeño
inhumano,
perdido,
aún sin razón ni canto,
ni alegría,
atado al movimiento de las aguas
que iban entre los montes apartando
para mí solo aquellas soledades,
para mí solo aquel camino puro,
para mí solo el universo.

Embriaguez de los ríos,
márgenes de espesuras y fragancias,
súbitas piedras, árboles quemados,
y tierra plena y sola.

Hijo de aquellos ríos
me mantuve
corriendo por la tierra,

por las mismas orillas
hacia la misma espuma
y cuando el mar de entonces
se desplomó como una torre herida,
se incorporó encrespado de su furia,
salí de las raíces,
se me agrandó la patria,
se rompió la unidad de la madera:
la cárcel de los bosques
abrió una puerta verde
por donde entró la ola con su trueno
y se extendió mi vida
con un golpe de mar, en el espacio.

–[Isla Negra-Valparaíso, 1961-1962] / *Sumario,* 1962 /
Memorial de Isla Negra, vol. I, 1964

LA TIERRA AUSTRAL

La gran frontera. Desde
el Bío Bío
hasta Reloncaví, pasando
por
Renaico, Selva Oscura,
Pillanlelbún, Lautaro,
y más allá los huevos de perdices,
los densos musgos de la selva,
las hojas en el humus,
transparentes
—solo delgados nervios—,
las arañas
de cabellera parda,
una culebra
como un escalofrío
cruza el estero oscuro,
brilla
y desaparece,

los hallazgos
del bosque,
el extravío
bajo
la bóveda, la nave,
la tiniebla del bosque,
sin rumbo,
pequeñísimo, cargado de alimañas,
de frutos, de plumajes,
voy perdido
en la más oscura
entraña de lo verde:
silban aves glaciales,
deja caer un árbol
algo que vuela y cae
sobre mi cabeza.

Estoy solo
en las selvas natales,
en la profunda
y negra Araucanía.
Hay alas
que cortan con tijeras el silencio,
una gota que cae
pesada y fría como
una herradura.
Suena y se calla el bosque:
se calla cuando escucho,
suena cuando me duermo,
entierro
los fatigados pies
en el detritus
de viejas flores, en las defunciones
de aves, hojas y frutos,
ciego, desesperado,
hasta que un punto brilla:
es una casa.
Estoy vivo de nuevo.
Pero, solo de entonces,

de los pasos perdidos,
de la confusa soledad, del miedo,
de las enredaderas,
del cataclismo verde, sin salida,
volví con el secreto:
solo entonces y allí pude saberlo,
en la escarpada orilla de la fiebre,
allí, en la luz sombría,
se decidió mi pacto
con la tierra.

–[Isla Negra-Valparaíso, 1961-1962] / *Sumario,* 1962 /
Memorial de Isla Negra, vol. I, 1964

EL COLEGIO DE INVIERNO

Colegio e invierno son dos hemisferios,
una sola manzana fría y larga,
pero bajo las salas descubrimos
subterráneos poblados por fantasmas,
y en el secreto mundo
caminamos
con respeto.

Es la sombra enterrada,
las luchas sin objeto
con espadas de palo,
bandas crepusculares
armadas de bellotas,
hijos enmascarados
del escolar subsuelo.

Luego el río y el bosque, las ciruelas
verdes, y Sandokán y Sandokana,
la aventura con ojos de leopardo,
el verano color de trigo,
la luna llena sobre los jazmines,

y
todo cambia:
algo rodó del cielo,
se desprendió una estrella
o palpitó la tierra
en tu camisa,
algo increíble se mezcló a tu arcilla
y comenzó el amor a devorarte.

–[Isla Negra-Valparaíso, 1961-1962] / *Sumario,* 1962 /
Memorial de Isla Negra, vol. I, 1964

[FRENTE A MI CASA VIVÍAN DOS MUCHACHAS]

Frente a mi casa vivían dos muchachas que de continuo me lanzaban miradas que me ruborizaban. Lo que yo tenía de tímido y de silencioso lo tenían ellas de precoces y diabólicas. Esa vez, parado en la puerta de mi casa, trataba de no mirarlas. Tenían en sus manos algo que me fascinaba. Me acerqué con cautela y me mostraron un nido de pájaro silvestre, tejido con musgo y plumillas, que guardaba en su interior unos maravillosos huevecillos de color turquesa. Cuando fui a tomarlo una de ellas me dijo que primero debían hurgar en mis ropas. Temblé de terror y me escabullí rápidamente, perseguido por las jóvenes ninfas que enarbolaban el incitante tesoro. En la persecución entré por un callejón hacia el local deshabitado de una panadería de propiedad de mi padre. Las asaltantes lograron alcanzarme y comenzaban a despojarme de mis pantalones cuando por el corredor se oyeron los pasos de mi padre. Allí terminó el nido. Los maravillosos huevecillos quedaron rotos en la panadería abandonada, mientras, debajo del mostrador, asaltado y asaltantes conteníamos la respiración.

–*O Cruzeiro Internacional,* Río de Janeiro, 16.1.1962 /
Confieso que he vivido, I, 1974

EL SEXO

La puerta en el crepúsculo,
en verano.
Las últimas carretas
de los indios,
una luz indecisa
y el humo
de la selva quemada
que llega hasta las calles
con los aromas rojos,
la ceniza
del incendio distante.

Yo, enlutado,
severo,
ausente,
con pantalones cortos,
piernas flacas,
rodillas
y ojos que buscan
súbitos tesoros,
Rosita y Josefina
al otro lado
de la calle,
llenas de dientes y ojos,
llenas de luz y con voz como pequeñas
guitarras escondidas
que me llaman.
Y yo crucé
la calle, el desvarío,
temeroso,
y apenas
llegué
me susurraron,
me tomaron las manos,
me taparon los ojos
y corrieron conmigo,

con mi inocencia
a la Panadería.

Silencio de mesones, grave
casa del pan, deshabitada,
y allí las dos
y yo su prisionero
en manos de
la primera Rosita,
la última Josefina.
Quisieron
desvestirme,
me fugué, tembloroso,
y no podía
correr, mis piernas
no podían
llevarme. Entonces
las
fascinadoras
produjeron
ante mi vista
un milagro:
un minúsculo
nido
de avecilla salvaje
con cinco huevecitos,
con cinco uvas blancas,
un pequeño
racimo
de la vida del bosque,
y yo estiré
la mano,
mientras
trajinaban mi ropa,
me tocaban,
examinaban con sus grandes ojos
su primer hombrecito.

Pasos pesados, toses,
mi padre que llegaba
con extraños,
y corrimos
al fondo y a la sombra
las dos piratas
y yo su prisionero,
amontonados
entre las telarañas, apretados
bajo un mesón, temblando,
mientras el milagro,
el nido
de los huevecitos celestes
cayó y luego los pies de los intrusos
demolieron fragancia y estructura.
Pero, con las dos niñas
en la sombra
y el miedo,
entre el olor de la harina,
los pasos espectrales,
la tarde que se convertía en sombra,
yo sentí que cambiaba
algo
en mi sangre
y que subía a mi boca,
a mis manos,
una eléctrica
flor,
la
flor
hambrienta
y pura
del deseo.

–[Isla Negra-Valparaíso, 1961-1962] / *Sumario,* 1962 /
Memorial de Isla Negra, vol. I, 1964

LA POESÍA

Y fue a esa edad... Llegó la poesía
a buscarme. No sé, no sé de dónde
salió, de invierno o río.
No sé cómo ni cuándo,
no, no eran voces, no eran
palabras, ni silencio,
pero desde una calle me llamaba,
desde las ramas de la noche,
de pronto entre los otros,
entre fuegos violentos
o regresando solo,
allí estaba sin rostro
y me tocaba.

Yo no sabía qué decir, mi boca
no sabía
nombrar,
mis ojos eran ciegos,
y algo golpeaba en mi alma,
fiebre o alas perdidas,
y me fui haciendo solo,
descifrando
aquella quemadura,
y escribí la primera línea vaga,
vaga, sin cuerpo, pura
tontería,
pura sabiduría
del que no sabe nada,
y vi de pronto
el cielo
desgranado
y abierto,
planetas,
plantaciones palpitantes,
la sombra perforada,
acribillada

por flechas, fuego y flores,
la noche arrolladora, el universo.

Y yo, mínimo ser,
ebrio del gran vacío
constelado,
a semejanza, a imagen
del misterio,
me sentí parte pura
del abismo,
rodé con las estrellas,
mi corazón se desató en el viento.

–[Isla Negra-Valparaíso, 1961-1962] / *Sumario,* 1962 /
Memorial de Isla Negra, vol. I, 1964

LA INJUSTICIA

Quien descubre el quién soy descubrirá el quién eres.
Y el cómo, y el adónde.
Toqué de pronto toda la injusticia.
El hambre no era solo hambre,
sino la medida del hombre.
El frío, el viento, eran también medidas.
Midió cien hambres y cayó el erguido.
A los cien fríos fue enterrado Pedro.
Un solo viento duró la pobre casa.
Y aprendí que el centímetro y el gramo,
la cuchara y la lengua medían la codicia,
y que el hombre asediado se caía de pronto
a un agujero, y ya no más sabía.
No más, y ese era el sitio,
el real regalo, el don, la luz, la vida,
eso era, padecer de frío y hambre,
y no tener zapatos y temblar
frente al juez, frente a otro,
a otro ser con espada o con tintero,

y así a empellones, cavando y cortando,
cosiendo, haciendo pan, sembrando trigo,
pegándole a cada clavo que pedía madera,
metiéndose en la tierra como en un intestino
para sacar, a ciegas, el carbón crepitante
y, aún más, subiendo ríos y cordilleras,
cabalgando caballos, moviendo embarcaciones,
cociendo tejas, soplando vidrios, lavando ropa,
de tal manera que parecería
todo esto el reino recién levantado,
uva resplandeciente del racimo,
cuando el hombre se decidió a ser feliz,
y no era, no era así. Fui descubriendo
la ley de la desdicha,
el trono de oro sangriento,
la libertad celestina,
la patria sin abrigo,
el corazón herido y fatigado,
y un rumor de muertos sin lágrimas,
secos, como piedras que caen.
Y entonces dejé de ser niño
porque comprendí que a mi pueblo
no le permitieron la vida
y le negaron sepultura.

–[Isla Negra-Valparaíso, 1961-1962] / *Sumario,* 1962 /
Memorial de Isla Negra, vol. I, 1964

LOS LIBROS

Libros sagrados y sobados, libros
devorados, devoradores,
secretos,
en las faltriqueras:
Nietzsche, con olor a membrillos,
y subrepticio y subterráneo,
Gorki caminaba conmigo.

Oh aquel momento mortal
en las rocas de Victor Hugo
cuando el pastor casa a su novia
después de derrotar al pulpo,
y el Jorobado de París
sube circulando en las venas
de la gótica anatomía.
Oh María de Jorge Isaacs,
beso blanco en el día rojo
de las haciendas celestes
que allí se inmovilizaron
con el azúcar mentiroso
que nos hizo llorar de puros.

Los libros tejieron, cavaron,
deslizaron su serpentina
y poco a poco, detrás
de las cosas, de los trabajos,
surgió como un olor amargo
con la claridad de la sal
el árbol del conocimiento.

–[Isla Negra-Valparaíso, 1961-1962] / *Sumario,* 1962 /
Memorial de Isla Negra, vol. I, 1964

RANGOON, 1927

En Rangoon era tarde para mí.
Todo lo habían hecho:
una ciudad
de sangre,
sueño y oro.
El río que bajaba
de la selva salvaje
a la ciudad caliente,
a las calles leprosas
en donde un hotel blanco para blancos

y una pagoda de oro para gente dorada
era cuanto
pasaba
y no pasaba.
Rangoon, gradas heridas
por los escupitajos
del betel,
las doncellas birmanas
apretando al desnudo
la seda
como si el fuego acompañase
con lenguas de amaranto
la danza, la suprema
danza:
el baile de los pies hacia el Mercado,
el ballet de las piernas por las calles.
Suprema luz que abrió sobre mi pelo
un globo cenital, entró en mis ojos
y recorrió en mis venas
los últimos rincones de mi cuerpo
hasta otorgarse la soberanía
de un amor desmedido y desterrado.

Fue así, la encontré cerca
de los buques de hierro
junto a las aguas sucias
de Martabán: miraba
buscando hombre:
ella también tenía
color duro de hierro,
su pelo era de hierro,
y el sol pegaba en ella como en una herradura.

Era mi amor que yo no conocía.

Yo me senté a su lado
sin mirarla
porque yo estaba solo
y no buscaba río ni crepúsculo,

no buscaba abanicos,
ni dinero ni luna,
sino mujer, quería
mujer para mis manos y mi pecho,
mujer para mi amor, para mi lecho,
mujer plateada, negra, puta o pura,
carnívora celeste, anaranjada,
no tenía importancia,
la quería para amarla y no amarla,
la quería para plato y cuchara,
la quería de cerca, tan de cerca
que pudiera morderle los dientes con mis besos,
la quería fragante a mujer sola,
la deseaba con olvido ardiente.

Ella tal vez quería
o no quería lo que yo quería,
pero allí en Martabán, junto al agua de hierro,
cuando llegó la noche, que allí sale del río,
como una red repleta de pescados inmensos,
yo y ella caminamos juntos a sumergirnos
en el placer amargo de los desesperados.

–[Isla Negra, 1962] / *Memorial de Isla Negra,* vol. II, 1964

NO HAY PURA LUZ

No hay pura luz
ni sombra en los recuerdos:
estos se hicieron cárdena ceniza
o pavimento sucio
de calle atravesada por los pies de las gentes
que sin cesar salía y entraba en el mercado.

Y hay otros: los recuerdos buscando aún qué morder
como dientes de fiera no saciada.

Buscan, roen el hueso último, devoran
este largo silencio de lo que quedó atrás.

Y todo quedó atrás, noche y aurora,
el día suspendido como un puente entre sombras,
las ciudades, los puertos del amor y el rencor,
como si al almacén la guerra hubiera entrado
llevándose una a una todas las mercancías
hasta que a los vacíos anaqueles
llegue el viento a través de las puertas deshechas
y haga bailar los ojos del olvido.

Por eso a fuego lento surge la luz del día,
el amor, el aroma de una niebla lejana
y calle a calle vuelve la ciudad sin banderas
a palpitar tal vez y a vivir en el humo.

Horas de ayer cruzadas por el hilo
de una vida como por una aguja sangrienta
entre las decisiones sin cesar derribadas,
el infinito golpe del mar y de la duda
y la palpitación del cielo y sus jazmines.

Quién soy Aquel? Aquel que no sabía
sonreír, y de puro enlutado moría?
Aquel que el cascabel y el clavel de la fiesta
sostuvo derrocando la cátedra del frío?

Es tarde, tarde. Y sigo. Sigo con un ejemplo
tras otro, sin saber cuál es la moraleja,
porque de tantas vidas que tuve estoy ausente
y soy, a la vez soy aquel hombre que fui.

Tal vez es este el fin, la verdad misteriosa.

La vida, la continua sucesión de un vacío
que de día y de sombra llenaban esta copa
y el fulgor fue enterrado como un antiguo príncipe
en su propia mortaja de mineral enfermo,

hasta que tan tardíos ya somos, que no somos:
ser y no ser resultan ser la vida.

De lo que fui no tengo sino estas marcas crueles,
porque aquellos dolores confirman mi existencia.

–[Isla Negra o Valparaíso, 1962] /
Memorial de Isla Negra, vol. II, 1964

MARIANO LATORRE, PEDRO PRADO Y MI PROPIA SOMBRA [FRAGMENTO]

[...]
Salí a la calle durante todos estos años, dispuesto a defender principios solidarios, a hombres y pueblos, pero mi poesía no pudo ser enseñada a nadie. Quise que se diluyera sobre mi tierra, como las lluvias de mis latitudes natales. No la exigí ni en cenáculos ni en academias, no la impuse a jóvenes transmigrantes, la concentré como producto vital de mi propia experiencia, de mis sentidos, que continuaron abiertos a la extensión del ardiente amor y del espacioso mundo.

No reclamo para mí ningún privilegio de soledad: no la tuve sino cuando se me impuso como condición terrible de mi vida. Y entonces escribí mis libros como los escribí, rodeado por la adorable multitud, por la infinita y rica muchedumbre del hombre. Ni la soledad ni la sociedad pueden alterar los requisitos del poeta, y los que se reclaman de una o de otra exclusivamente falsean su condición de abejas que construyen desde hace siglos la misma célula fragante, con el mismo alimento que necesita el corazón humano. Pero no condeno ni a los poetas de la soledad ni a los altavoces del grito colectivo: el silencio, el sonido, la separación y la integración de los hombres, todo es material para que las sílabas de la poesía se agreguen precipitando la combustión de un fuego imborrable, de una comunicación inherente, de una sagrada herencia que desde hace miles de años se traduce en la palabra y se eleva en el canto.

Federico García Lorca, aquel gran encantador encantado que perdimos, me mostró siempre gran curiosidad por cuanto yo trabajaba, por cuanto yo estaba en trance de escribir o terminar de escribir. Igual cosa me pasaba a mí, igual interés tuve por su extraordinaria creación. Pero cuando yo llevaba a medio leer alguna de mis poesías, levantaba los brazos, gesticulaba con cabeza y ojos, se tapaba los oídos, y me decía: «Para! Para! No sigas leyendo, no sigas, que me influencias!».

Educado yo mismo en esa escuela de vanidad de nuestras letras americanas, en que nos combatimos unos a otros con peñones andinos o se galvanizan los escritores a puro ditirambo, fue sabrosa para mí esta modestia del gran poeta. También recuerdo que me traía capítulos enteros de sus libros, extensos ramos de su flora singular, para que yo sobre ellos les escribiera un título. Así lo hice más de una vez. Por otra parte, Manuel Altolaguirre, poeta y persona de gracia celestial, de repente me sacaba un soneto inconcluso de sus faltriqueras de tipógrafo y me pedía: «Escríbeme este verso final que no me sale». Y se marchaba muy orondo con aquel verso que me arrancaba. Era él generoso.

El mundo de las artes es un gran taller en el que todos trabajan y se ayudan, aunque no lo sepan ni lo crean. Y, en primer lugar, estamos ayudados por el trabajo de los que precedieron y ya se sabe que no hay Rubén Darío sin Góngora, ni Apollinaire sin Rimbaud, ni Baudelaire sin Lamartine, ni Pablo Neruda sin todos ellos juntos. Y es por orgullo y no por modestia que proclamo a todos los poetas mis maestros, pues, qué sería de mí sin mis largas lecturas de cuanto se escribió en mi patria y en todos los universos de la poesía?

Recuerdo, como si aún lo tuviera en mis manos, el libro de Daniel de la Vega, de cubierta blanca y títulos en ocre, que alguien trajo a la quinta de mi tía Telésfora en un verano de hace muchos años, en los campos de Quepe.

Llevé aquel libro bajo la olorosa enramada. Allí devoré *Las montañas ardientes,* que así se llamaba el libro. Un estero ancho golpeaba las grandes piedras redondas en las que me senté para leer. Subían enmarañados los laureles poderosos y los coigües ensortijados. Todo era aroma verde y agua secreta. Y en aquel sitio, en plena profundidad de la naturaleza, aquella cristalina poesía corría centelleando con las aguas.

Estoy seguro de que alguna gota de aquellos versos sigue corriendo en mi propio cauce, al que también llegarían después otras gotas del infinito torrente, electrizadas por mayores descubrimientos, por insólitas revelaciones, pero no tengo derecho a desprender de mi memoria aquella fiesta de soledad, agua y poesía.

Hemos llegado dentro de un intelectualismo militante a escoger hacia atrás, escoger aquellos que previeron los cambios y establecieron las nuevas dimensiones. Esto es falsificarse a sí mismo falsificando los antepasados. De leer muchas revistas literarias de ahora, se nota que algunas escogieron como tíos o abuelos a Rilke o Kafka, es decir, a los que tienen ya su secreto bien limpio y con buenos títulos y forman parte de lo que ya es plenamente visible.

En cuanto a mí, recibí el impacto de libros desacreditados ahora, como los de Felipe Trigo, carnales y enlutados con esa lujuria sombría que siempre pareció habitar el pasado de España, poblándolo de hechicerías y blasfemias. Los floretes de Paul Feval, aquellos espadachines que hacían brillar sus armas bajo la luna feudal, o el ínclito mundo de Emilio Salgari, la melancolía fugitiva de Albert Samain, el delirante amor de Pablo y de Virginia, los cascabeles tripentálicos que alzó Pedro Antonio González dando a nuestra poesía un acompañamiento oriental que transformó, por un minuto, a nuestra pobre patria cordillerana en un gran salón alfombrado y dorado, todo el mundo de las tentaciones, de todos los libros, de todos los ritmos, de todos los idiomas, de todas las abejas, de todas las sombras, el mundo, en fin, de toda la afirmación poética, me impregnó de tal manera que fui sucesivamente la voz de cuantos me enseñaron una partícula, pasajera o eterna, de la belleza.

Pero mi libro más grande, más extenso, ha sido este libro que llamamos Chile. Nunca he dejado de leer la patria, nunca he separado los ojos del largo territorio.

Por virtual incapacidad me quedó siempre mucho por amar, o mucho que comprender, en otras tierras.

En mis viajes por el Oriente extremo entendí solo algunas cosas. El violento color, el sórdido atavismo, la emanación de los entrecruzados bosques cuyas bestias y cuyos vegetales me amenazaban de alguna manera. Eran sitios recónditos que siguieron siendo, para mí, indescifrables. Por lo demás tampoco entendí bien las resecas colinas del Perú misterioso y metálico, ni la extensión argentina de las pampas. Tal vez con todo lo que he amado a México no fui capaz de comprenderlo. Y me sentí extraño en los Montes Urales, a pesar de qué allí se practicaba la justicia y la verdad de nuestro tiempo. En alguna calle de París, rodeado por el inmenso ámbito de la cultura más universal y de la extraordinaria muchedumbre, me sentí solo como esos arbolitos del sur que se levantan medio quemados sobre las cenizas. Aquí siempre me pasó otra cosa. Se conmueve aún mi corazón —por el que ha pasado tanto tiempo— con esas casas de madera, con esas calles destartaladas que comienzan en Victoria y terminan en Puerto Montt, y que los vendavales hacen sonar como guitarras. Casas en que el invierno y la pobreza dejaron una escritura jeroglífica que yo comprendo, como comprendo en la pampa grande del norte, mirada desde Huantajaya, ponerse el sol sobre las cumbres arenosas que toman entonces los colores intermitentes, arrobadores, fulgurantes, resplandecientes o cenicientos del cuello de torcaza silvestre.

Yo aprendí desde muy pequeño a leer el lomo de las lagartijas que estallan como esmeraldas sobre los viejos troncos podridos de la selva sureña, y mi primera lección de la inteligencia constructora del hombre aún no he podido olvidarla. Es el viaducto o puente a inmensa altura sobre el río Malleco, tejido con hierro fino, esbelto y sonoro como el más bello instrumento musical, destacando cada una de sus cuerdas en la olorosa soledad de aquella región transparente.

Yo soy un patriota poético, un nacionalista de las gredas de Chile. Nuestra patria conmovedora! Cuesta un poco entreverla en los libros, tantos ramajes militares han ido desfigurando su imagen de nieve y agua marina. Una aureola aguerrida que comenzó nuestro Alonso de Ercilla, aquel padre diamantino que nos cayó de la luna, nos ha impedido ver nuestra íntima y humilde estructura. Con tantas historias en cincuenta tomos se nos fue olvidando mirar nuestra loza negra, hija del barro y de las manos de Quinchamalí, la cestería que a veces se trenza con tallos de copihues. Con tanta leyenda o verdad heroica y con aquellos pesados centauros que llegaron de España a malherirnos se nos olvidó que, a pesar de *La Araucana* y de su doloroso orgullo, nuestros indios andan hasta ahora sin alfabeto, sin tierra y a pie desnudo.

Esa patria de pantalones rotos y cicatrices, esa infinita latitud que por todas partes nos limita con la pobreza, tiene fecundidad de creación, lluviosa mitología y posibilidades de granero numeroso y genésico.

Conversé con las gentes en los almacenes de San Fernando, de Rengo, de Parral, de Chanco, donde las dunas avanzan hasta ir cubriendo las viviendas, hablé de hortalizas con los chacareros del valle de Santiago y recité mis poemas en la Vega Central, al sindicato de cargadores, donde fui escuchado por hombres que usan como vestimenta un saco amarrado a la cintura.

Nadie conoce sino yo la emoción de decir mis versos en la más abandonada oficina salitrera y ver que me escuchaban, como tostadas estatuas paradas en la arena, bajo el sol desbordante, hombres que usaban la antigua «cotona» o camiseta calichera. En los tugurios del puerto de Valparaíso, así como en Puerto Natales o en Puerto Montt, o en las usinas del gran Santiago, o en las minas de Coronel, de Lota, de Curanilahue, me han visto entrar y salir, meditar y callar.

Esta es una profesión errante y ya se sabe que en todas partes me toman, a orgullo lo tengo, no solo como a un chileno más, que no es poco decir, sino como a un buen compañero, que ya es mucho decir. Esta es mi arte poética.
[...]

–Universidad de Chile, Santiago, 30.3.1962 / *OC*, t. IV, pp. 1094-1098

UN GLOBO PARA MATILDE

Un año más para la raza humana,
para la calle Prat, para mi tía,
un año más para La Sebastiana,
para decir «adiós» o «todavía».

Un año más, picadito en semanas
por Dios, el cardenal y compañía,
un año más, Patoja soberana,
para tu deficiente ortografía.

Pero no para ti, mi bien amada:
me das la luz y estás iluminada:
no tiene un día más tu mediodía.

Y aunque hasta las estrellas palidecen
con este amor, los años no envejecen:
tienes un año menos, alma mía.

–Ms. Valparaíso, 3.5.1963 / *OC,* t. IV, p. 1176

CERNÍCALO

Falco Sparverius Cinnamomimus

El medio día estaba abierto:
el sol en medio, coronado.

La tierra esperaba indecisa
algún movimiento del cielo
y todo el mundo se había quedado
indescifrablemente inmóvil.

En ese momento delgado
clavó el cernícalo su vuelo,
se desprendió del firmamento
y cayó como escalofrío.

No pasó nada en el paisaje
y no se asustó la arboleda,
los volcanes siguieron solos,
el río siguió pregonando
su abrupto y mojado linaje:
todo continuó palpitando
en la pausa de pauta verde
menos algo, una liebre, un ave,
algo que volaba o corría,

algo que existió donde ahora
hay una mancha colorada.

–[Isla Negra, 1963] / *Arte de pájaros,* 1966

DIUCA

Diuca Diuca Diuca

Para la misa, con su manto,
sube la suave sentadita,
sube la pulcra de atavío,
perfectamente gris y blanca,
perfectamente clara y cuerda,
vuela bien peinada y vestida,
para que no se arrugue el aire,
tiene tantas cosas que hacer:
inspeccionar las amapolas,
dirigir las crueles abejas,
interrogar al rocío,
hasta que toma la guitarra
y se pone a trinar trinar.

–[Isla Negra, 1963] / *Arte de pájaros,* 1966

JOTE

Coragips Atratus

El jote abrió su Parroquia,
endosó sus hábitos negros,
voló buscando pecadores,
diminutos crímenes, robos,
abigeatos lamentables,
todo lo inspecciona volando:
campos, casas, perros, arena,
todo lo mira sin mirar,

vuela extendido abriendo al sol
su sacerdótica sotana.

No sonríe a la primavera
el jote, espía de Dios:
gira y gira midiendo el cielo,
solemne se posa en la tierra
y se cierra como un paraguas.

–[Isla Negra, 1963] / *Arte de pájaros,* 1966

PICAFLOR II

Sephanoides II

El colibrí de siete luces,
el picaflor de siete flores,
busca un dedal donde vivir:
son desgraciados sus amores
sin una casa donde ir
lejos del mundo y de las flores.

Es ilegal su amor, señor,
vuelva otro día y a otra hora:
debe casarse el picaflor
para vivir con picaflora:
yo no le alquilo este dedal
para este tráfico ilegal.

El picaflor se fue por fin
con sus amores al jardín
y allí llegó un gato feroz
a devorarlos a los dos:
el picaflor de siete flores,
la picaflora de colores:

se los comió el gato infernal
pero su muerte fue legal.

–[Isla Negra, 1963] / *Arte de pájaros,* 1966

TORDO

Nutiopsar Curacus

Al que me mire frente a frente
lo mataré con dos cuchillos,
con dos relámpagos de furia:
con dos helados ojos negros.

Yo no nací para cautivo.

Tengo un ejército salvaje,
una milicia militante,
un batallón de balas negras:
no hay sementera que resista.

Vuelo, devoro, chillo y paso,
caigo y remonto con mil alas:
nada puede parar el brío,
el orden negro de mis plumas.

Tengo alma de palo quemado,
plumaje puro de carbón:
tengo el alma y el traje negros:
por eso bailo en el aire blanco.

Yo soy el negro Floridor.

–[Isla Negra, 1963] / *Arte de pájaros,* 1966

EL TINTITRÁN

Jorgesius Saniversus

Llegó a la orilla el tintitrán
y bebiendo en el agua larga
dejó caer su cola azul
hasta que cantó con el río,
cantó la cola con el agua.

Es transparente el tintitrán,
no se ve contra los cristales
y cuando vuela es invisible:
es una burbuja del viento,
es una fuga de hielo,
es un latido de cristal.

Pude ver en invierno blanco
en regiones desmanteladas
del Aysén, lejos y lloviendo,
una bandada migratoria
que volvía del Ventisquero.

Los tintitranes asustados
del furor ronco de la lluvia
golpearon su vuelo de hielo
contra la proa del navío.

Y se rompieron en astillas,
en pedazos de transparencia
que cuando cayeron al agua
silbaron como agua marina
desordenada por el viento.

–[Isla Negra, 1963] / *Arte de pájaros,* 1966

EL TONTIVUELO

Autoritarius Miliformis

El tontipájaro sentado
sentía que no lo sabía,
que no volaba y no volaba,
pero dio órdenes de vuelo
y fue explicando ala por ala
lo que pasaría en la atmósfera:
dictaminó sobre las plumas,
reveló el cielo y sus corrientes.

Nació sentado el tontipájaro.

Creció sentado y nunca tuvo
este triste pájaro implume
alas ni canto ni volar.

Pero dictaba el dictador.

Dictaba el aire, la esperanza,
las sumas del ir y venir.

Y si se trataba de arriba
él era nacido en la altura,
él indicaba los caminos,
él subiría alguna vez,
pero ahora números van
números vienen, conveniencias,
es mejor no volar ahora:
«Vuelen ustedes mientras tanto».
El tontipájaro feroz
se sienta sobre sus colmillos
y acecha el vuelo de los otros:
«Aquí no vuela ni una abeja
sin los decretos que estipulo».

Y así vuela, pero no vuela
desde su silla el tontipájaro.

–[Isla Negra, 1963] / *Arte de pájaros,* 1966

EL PÁJARO YO

Pablo Insulidae Nigra

Me llamo pájaro Pablo,
ave de una sola pluma,
volador de sombra clara
y de claridad confusa,
las alas no se me ven,
los oídos me retumban
cuando paso entre los árboles
o debajo de las tumbas
cual un funesto paraguas
o como espada desnuda,
estirado como un arco
o redondo como una uva,
vuelo y vuelo sin saber,
herido en la noche oscura,
quiénes me van a esperar,
quiénes no quieren mi canto,
quiénes me quieren morir,
quiénes no saben que llego
y no vendrán a vencerme,
a sangrarme, a retorcerme
o a besar mi traje roto
por el silbido del viento.

Por eso vuelvo y me voy,
vuelo y no vuelo pero canto:
soy el pájaro furioso
de la tempestad tranquila.

–[Isla Negra, 1963] / *Arte de pájaros,* 1966

EL FUEGO CRUEL
[FRAGMENTOS]

[...]

MISIÓN DE AMOR

Yo los puse en mi barco.
Era de día y Francia
su vestido de lujo
de cada día tuvo aquella vez,
fue
la misma claridad de vino y aire
su ropaje de diosa forestal.
Mi navío esperaba
con su remoto nombre
Winnipeg
pegado al malecón del jardín encendido,
a las antiguas uvas acérrimas de Europa.
Pero mis españoles no venían
de Versalles,
del baile plateado,
de las viejas alfombras de amaranto,
de las copas que trinan
con el vino,
no, de allí no venían,
no, de allí no venían.
De más lejos,
de campos y prisiones,
de las arenas negras
del Sahara,
de ásperos escondrijos
donde yacieron
hambrientos y desnudos,
allí a mi barco
claro,
al navío en el mar, a la esperanza
acudieron llamados uno a uno
por mí, desde sus cárceles,

desde las fortalezas
de Francia tambaleante
por mi boca llamados
acudieron,
Saavedra, dije, y vino el albañil,
Zúñiga, dije, y allí estaba,
Roces, llamé, y llegó con severa sonrisa,
grité, Alberti! y con manos de cuarzo
acudió la poesía.
Labriegos, carpinteros,
pescadores,
torneros, maquinistas,
alfareros,
curtidores:
se iba poblando el barco
que partía a mi patria.
Yo sentía en los dedos
las semillas
de España
que rescaté yo mismo y esparcí
sobre el mar, dirigidas
a la paz
de las praderas.

YO REÚNO

Qué orgullo el mío cuando
palpitaba
el navío
y tragaba
más y más hombres, cuando
llegaban las mujeres
separadas
del hermano, del hijo, del amor,
hasta el minuto mismo
en que
yo

los reunía,
y el sol caía sobre el mar
y sobre
aquellos
seres desamparados
que entre lágrimas locas,
entrecortados nombres,
besos con gusto a sal,
sollozos que se ahogaban,
ojos que desde el fuego solo aquí se encontraron:
de nuevo aquí nacieron
resurrectos,
vivientes,
y era mi poesía la bandera
sobre
tantas congojas
la que desde el navío los llamaba
latiendo y acogiendo
los legados
de la descubridora
desdichada,
de la madre remota
que me otorgó la sangre y la palabra.

–[Isla Negra, 1963] / *Memorial de Isla Negra,* vol. III, 1964

AMORES: JOSIE BLISS (I)

Qué fue de la furiosa?
Fue la guerra
quemando
la ciudad dorada
la que la sumergió sin que jamás
ni la amenaza escrita,
ni la blasfemia eléctrica salieran
otra vez a buscarme, a perseguirme
como hace tantos días, allá lejos.

Como hace tantas horas
que una por una hicieron
el tiempo y el olvido
hasta por fin tal vez llamarse muerte,
muerte, mala palabra, tierra negra
en la que Josie Bliss
descansará iracunda.

Contaría agregando
a mis años ausentes
arruga tras arruga, que en su rostro
tal vez cayeron por dolores míos:
porque a través del mundo me esperaba.
Yo no llegué jamás, pero en las copas
vacías,
en el comedor muerto
tal vez se consumía mi silencio,
mis más lejanos pasos,
y ella tal vez hasta morir me vio
como detrás del agua,
como si yo nadara hecho de vidrio,
de torpes movimientos,
y no pudiera asirme
y me perdiera
cada día, en la pálida laguna
donde quedó prendida su mirada.
Hasta que ya cerró los ojos
cuándo?
hasta que tiempo y muerte la cubrieron
cuándo?
hasta que odio y amor se la llevaron
dónde?
Hasta que ya la que me amó con furia,
con sangre, con venganza,
con jazmines,
no pudo continuar hablando sola,
mirando la laguna de mi ausencia.

Ahora tal vez
reposa y no reposa
en el gran cementerio de Rangoon.
O tal vez a la orilla
del Irrawadhy quemaron su cuerpo
toda una tarde, mientras
el río murmuraba
lo que llorando yo le hubiera dicho.

–[Isla Negra, 1963] / *Memorial de Isla Negra,* vol. III, 1964

EL MAR

Necesito del mar porque me enseña:
no sé si aprendo música o conciencia:
no sé si es ola sola o ser profundo
o solo ronca voz o deslumbrante
suposición de peces y navíos.
El hecho es que hasta cuando estoy dormido
de algún modo magnético circulo
en la universidad del oleaje.

No son solo las conchas trituradas
como si algún planeta tembloroso
participara paulatina muerte,
no, del fragmento reconstruyo el día,
de una racha de sal la estalactita
y de una cucharada el dios inmenso.

Lo que antes me enseñó lo guardo! Es aire,
incesante viento, agua y arena.

Parece poco para el hombre joven
que aquí llegó a vivir con sus incendios,
y si embargo el pulso que subía
y bajaba a su abismo,
el frío del azul que crepitaba,

el desmoronamiento de la estrella,
el tierno desplegarse de la ola
despilfarrando nieve con la espuma,
el poder quieto, allí, determinado
como un trono de piedra en lo profundo,
substituyó el recinto en que crecían
tristeza terca, amontonado olvido,
y cambió bruscamente mi existencia:
di mi adhesión al puro movimiento.

–[Isla Negra, 1963] / *Memorial de Isla Negra,* vol. III, 1964

CITA DE INVIERNO

I

He esperado este invierno como ningún invierno
se esperó por un hombre antes de mí,
todos tenían citas con la dicha:
solo yo te esperaba, oscura hora.
Es este como los de antaño, con padre y madre, con fuego
de carbón y el relincho de un caballo en la calle?
Es este invierno como el del año futuro,
el de la inexistencia, con el frío total
y la naturaleza no sabe que nos fuimos?
No. Reclamé la soledad circundada
por un gran cinturón de pura lluvia
y aquí en mi propio océano me encontró con el viento
volando como un pájaro entre dos zonas de agua.
Todo estaba dispuesto para que llore el cielo.
El fecundo cielo de un solo suave párpado
dejó caer sus lágrimas como espadas glaciales
y se cerró como una habitación de hotel
el mundo: cielo, lluvia y espacio.

II

Oh centro, oh copa sin latitud ni término!
Oh corazón celeste del agua derramada!
Entre el aire y la arena baila y vive
un cuerpo destinado
a buscar su alimento transparente
mientras yo llego y entro con sombrero,
con cenicientas botas
gastadas por la sed de los caminos.
Nadie había llegado
para la solitaria ceremonia.
Me siento apenas solo
ahora que la pureza es perceptible.
Sé que no tengo fondo, como el pozo
que nos llenó de espanto cuando niños,
y que rodeado por la transparencia
y la palpitación de las agujas
hablo con el invierno,
con la dominación y el poderío
de su vago elemento,
con la extensión y la salpicadura
de su rosa tardía
hasta que pronto no había luz
y bajo el techo
de la casa oscura
yo seguiré sin que nadie responda
hablando con la tierra.

III

Quién no desea un alma dura?
Quién no se practicó en el alma un filo?
Cuando a poco de ver vimos el odio
y de empezar a andar nos tropezaron
y de querer amar nos desamaron
y solo de tocar fuimos heridos,
quién no hizo algo por armar sus manos
y para subsistir hacerse duro

como el cuchillo, y devolver la herida?
El delicado pretendió aspereza,
el más tierno buscaba empuñadura,
el que solo quería que lo amaran
con un tal vez, con la mitad de un beso,
pasó arrogante sin mirar a aquella
que lo esperaba abierta y desdichada:
no hubo nada que hacer: de calle en calle
se establecieron mercados de máscaras
y el mercader probaba a cada uno
un rostro de crepúsculo o de tigre,
de austero, de virtud, de antepasado,
hasta que terminó la luna llena
y en la noche sin luz fuimos iguales.

IV

Yo tuve un rostro que perdí en la arena,
un pálido papel de pesaroso
y me costó cambiar la piel del alma
hasta llegar a ser el verdadero,
a conquistar este derecho triste:
esperar el invierno sin testigos.
Esperar una ola bajo el vuelo
del oxidado cormorán marino
en plena soledad restituida.
Esperar y encontrarme con un síntoma
de luz o luto
o nada:
lo que percibe apenas mi razón,
mi sinrazón, mi corazón, mis dudas.

V

Ahora ya tiene el agua tanto tiempo
que es nueva, el agua antigua se fugó
a romper su cristal en otra vida
y la arena tampoco recogió
el tiempo, es otro el mar y su camisa,

la identidad perdió el espejo
y crecimos cambiando de camino.

VI

Invierno, no me busques. He partido.
Estoy después, en lo que llega ahora
y desarrollará la lluvia fina,
las agujas sin fin, el matrimonio
del alma con los árboles mojados,
la ceniza del mar, el estallido
de una cápsula de oro en el follaje,
y mis ojos tardíos
solo preocupados por la tierra.

VII

Solo por tierra, viento, agua y arena
que me otorgaron claridad plenaria.

–[Isla Negra, 1963] / *Memorial de Isla Negra,* vol. IV, 1964

DE PRONTO UNA BALADA

Será verdad que otra vez ha golpeado
como aroma o temor, como extranjero
que no conoce bien calle ni casa.
Será verdad, tan tarde, y luego aún
la vida manifiesta una ruptura,
algo nace en el fondo de lo que era
ceniza
y el vaso tiembla con el nuevo vino
que cae y que lo enciende. Ay! será aquello
igual que ayer, camino sin señales,
y las estrellas arden con frescura
de jazmines entre tú y la noche,
ay! es algo que asume la alegría

atropelladamente rechazada
y que declara sin que nadie escuche
que no se rinde. Y sube una bandera
una vez más a las torres quemadas.
Oh amor, oh amor de pronto y de amenaza,
súbito, oscurecido, se estremece
la memoria y acude
el navío de plata,
el desembarcadero matutino:
niebla y espuma cubren las riberas,
cruza un grito espacial hacia las islas
y en plena puerta herida del Océano
la novia con su cola de azucenas
lista para partir. Mira sus trenzas:
son dos cascadas puras de carbones,
dos alas negras como golondrinas,
dos pesadas cadenas victoriosas.
Y ella como en la cita de esponsales
aguarda coronada por el mar
en el embarcadero imaginario.

–[Isla Negra, 1963] / *Memorial de Isla Negra,* vol. IV, 1964

AMORES: DELIA (II)

Las gentes se acallaron y durmieron
como cada uno era y será:
tal vez en ti no nacía el rencor,
porque está escrito en donde no se lee
que el amor extinguido no es la muerte
sino una forma amarga de nacer.

Perdón para mi corazón en donde
habita el gran rumor de las abejas:
yo sé que tú, como todos los seres,
la miel excelsa tocas
y desprendes

de la piedra lunar, del firmamento,
tu propia estrella,
y cristalina eres entre todas.

Yo no desprecio, no desdeño, soy
tesorero del mar, escucho apenas
las palabras del daño
y reconstruyo
mi habitación, mi ciencia, mi alegría,
y si pude agregarte la tristeza
de mis ojos ausentes, no fue mía
la razón ni tampoco la locura:
amé otra vez y levantó el amor
una ola en mi vida y fui llenado
por el amor, solo por el amor,
sin destinar a nadie la desdicha.

Por eso, pasajera
suavísima,
hilo de acero y miel que ató mis manos
en los años sonoros,
existes tú no como enredadera
en el árbol sino con tu verdad.

Pasaré, pasaremos,
dice el agua
y canta la verdad contra la piedra,
el cauce se derrama y se desvía,
crecen las hierbas locas
a la orilla:
pasaré, pasaremos,
dice la noche al día,
el mes al año,
el tiempo
impone rectitud al testimonio
de los que pierden y de los que ganan,
pero incansablemente crece el árbol
y muere el árbol y a la vida acude
otro germen y todo continúa.

Y no es la adversidad la que separa
los seres, sino
el crecimiento,
nunca ha muerto una flor: sigue naciendo.

Por eso aunque perdóname
y perdono
y él es culpable y ella
y van y vienen
las lenguas amarradas
a la perplejidad y a la impudicia,
la verdad
es
que todo ha florecido
y no conoce el sol las cicatrices.

–[Isla Negra, 1963] / *Memorial de Isla Negra,* vol. IV, 1964

INAUGURANDO EL AÑO DE SHAKESPEARE

Goneril, Regan, Hamlet, Angus, Duncan, Glansdale, Mortimer, Ariel, Leontes...

Los nombres de Shakespeare, estos nombres, trabajaron en nuestra infancia, se cristalizaron, se hicieron materia de nuestros sueños. Detrás de los nombres de Shakespeare, cuando aún apenas si podíamos leer, existía un continente con ríos y reyes, clanes y castillos, archipiélagos que alguna vez descubriríamos. Los nombres de sombríos o radiantes protagonistas nos mostraba la piel de la poesía, el primer toque de una gran campana. Después, mucho tiempo después, llegan los días y los años en que descubrimos las venas y las vidas de estos nombres. Descubrimos padecimientos y remordimientos, martirios y crueldades, seres de sangre, criaturas del aire, voces que se iluminan para una fiesta mágica, banquetes a los que acuden los fantasmas ensangrentados. Y tantos hechos, y tantas almas, y tantas pasiones y toda la vida.

En cada época, un bardo asume la totalidad de los sueños y de la sabiduría: expresa el crecimiento, la expansión del mundo. Se llama una vez Alighieri, o Victor Hugo, o Lope de Vega o Walt Whitman.

Sobre todo, se llama Shakespeare.

Entonces, estos bardos acumulan hojas, pero entre estas hojas hay trinos, bajo estas hojas hay raíces. Son hojas de grandes árboles.

Son hojas y son ojos. Se multiplican y nos miran a nosotros, pequeños hombres de todas las edades transitorias, nos miran y nos ayudan a descubrirnos: nos revelan nuestro propio laberinto.

En cuanto a Shakespeare, viene luego una tercera revelación, como vendrán muchas otras: la del sortilegio de su alquitarada poesía. Pocos poetas tan compactos y secretos, tan encerrados en su propio diamante.

Los sonetos fueron cortados en el ópalo del llanto, en el rubí del amor, en la esmeralda de los celos, en la amatista del luto.

Fueron cortados en el fuego, fueron hechos de aire, fueron edificados de cristal.

Los sonetos fueron arrancados a la naturaleza de tal manera, que desde el primero al último se oye cómo transcurre el agua, y cómo baila el viento, y cómo se suceden, doradas o floridas, las estaciones y sus frutos.

Los sonetos tienen infinitas claves, fórmulas mágicas, estática majestad, velocidad de flechas.

Los sonetos son banderas que una a una subieron a las alturas del castillo. Y aunque todas soportaron la intemperie y el tiempo, conservan sus estrellas de color amaranto, sus medialunas de turquesa, sus fulgores de corazón incendiado.

Yo soy un viejo lector de la poesía de Shakespeare, de sus poemas que no nos dicen nombres, ni batallas, ni desacatos, como sus tragedias.

Está solo la blancura del papel, la pureza del camino poético. Por ese camino, interminablemente se deslizan las imágenes como pequeños navíos cargados de miel.

En esta riqueza excesiva en que el urgente poder creativo se acompasa con toda la suma de la inteligencia, podemos ver y palpar a un Shakespeare constante y creciente, siendo lo más señalado, no su caudaloso poderío, sino su forma exigente.

Mi ejemplar de los *Sonetos* tiene mi nombre escrito y el día y el mes en que compré aquel libro en la isla de Java, en 1930.

Hace, pues, 34 años que me acompaña.

Allí en la lejana isla, me dio la norma de una purísima fuente, junto a las selvas y a la fabulosa multitud de los mitos desconocidos, fue para mí la ley cristalina. Porque la poesía de Shakespeare, como la de Góngora y la de Mallarmé, juega con la luz de la razón, impone un código estricto, aunque secreto. En una palabra, en aquellos años abandonados de mi vida, la poesía shakesperiana mantuvo para mí abierta comunicación con la cultura occidental. Al decir esto, incluyo naturalmente en la gran cultura occidental a Pushkin y a Karl Marx, a Bach y a Hölderlin, a lord Tennyson y a Mayakovski.

Naturalmente, la poesía está diseminada en todas las grandes tragedias, en las torres de Elsinor, en la casa de Macbeth, en la barca de Próspero, entre el perfume de los granados de Verona.

Cada tragedia tiene su túnel por el que sopla un viento fantasmagórico. El sonido más viejo del mundo, el sonido del corazón humano va formando las palabras inolvidables. Todo esto está desgranado en las tragedias, junto a las interjecciones del pueblo, a las insignias de los mercados, a las sílabas soeces de parásitos y de bufones, entre el choque de acero de las panoplias enloquecidas.

Pero a mí me gusta buscar la poesía en su fluir desmedido, cuando Shakespeare la ordena y la deja pintada en la pared del tiempo, con el azul, el esmalte y la espuma mágica, amalgama que las dejará estampadas en nuestra eternidad.

Por ejemplo, en el idilio pastoril de *Venus and Adonis,* publicado en 1593, hay muchas sombras frescas sobre las aguas que corren, insinuaciones verdes de la floresta que canta, cascadas de poesía que cae y de mitología que huye hacia el follaje.

Pero, de pronto, aparece un potro y toda irrealidad desapareció al golpe de sus cascos cuando «sus ojos desdeñosos relumbran como el fuego, mostrando su caliente valor, su alto deseo».

Sí, porque se ve que si un pintor pintara ese caballo «tendría que luchar con la excelencia de la naturaleza», «lo viviente sobrepasará a los muertos». No hay descripción como la de este caballo amoroso y furioso golpeando con sus patas verdaderas los estupendos sextetos.

Y lo menciono cuando en su bestiario quedaron rastros de muchas bestias y en el herbario shakesperiano permanece el color y el olor de muchas flores, porque este potro piafante es el tema de su oda, el movimiento genésico de la naturaleza captado por un gran organizador de sueños.

En los últimos meses de este otoño me dieron el encargo de traducir *Romeo y Julieta.*

Tomé esta petición con humildad. Con humildad y por deber, porque me sentí incapaz de volcar al idioma español la historia apasionada de aquel amor. Tenía que hacerlo, puesto que este es el gran año shakesperiano, el año de la reverencia universal al poeta que dio nuevos universos al hombre.

Traduciendo con placer y con honradez la tragedia de los amantes desdichados, me encontré con un nuevo hallazgo.

Comprendí que detrás de la trama del amor infinito y de la muerte sobrecogedora, había otro drama, había otro asunto, otro tema principal.

Romeo y Julieta es un gran alegato por la paz entre los hombres. Es la condenación del odio inútil, es la denuncia de la bárbara guerra y la elevación solemne de la paz.

Cuando el príncipe Escalus recrimina con dolorosas y ejemplares palabras a los clanes feudales que manchan de sangre las calles de Verona, comprendemos que el Príncipe es la encarnación del entendimiento, de la dignidad, de la paz.

Cuando Benvolio reprocha a Tybaldo su pendenciera condición, diciéndole: «Tybaldo, no quieres la paz en estas calles?», el fiero espadachín le responde:

«No me hables de paz, esa palabra que odio».

La paz era, pues, odiada por algunos en la Europa isabelina. Siglos más tarde, Gabriela Mistral, perseguida y ofendida por su defensa de la paz, expulsada del diario chileno que publicaba desde hacía 30 años sus artículos, escribió su recado famoso: «La paz, esa palabra maldita». Se ve que el mundo y los órganos de prensa continuaron gobernados por los Tybaldos, por los espadachines.

Una razón más, pues, para amar a William Shakespeare, el más vasto de los seres humanos. Siempre tendríamos tiempo y espacio para explorarlo y extraviarnos en él, para ir muy lejos alrededor de su estatura, como los diminutos hombres de Lilliput en torno a Gulliver. Para ir muy lejos sin llegar al fin, volviendo siempre con las manos llenas de fragancia y de sangre, de flores y de dolores, de tesoros mortales.

En esta ocasión solemne me toca a mí abrir la puerta de los homenajes, levantando el telón para que aparezca su deslumbrante y pensativa figura. Y yo le diría a través de cuatro siglos:

«Salud, príncipe de la luz! Buenos días, histriones errantes. Heredamos tus grandes sueños que seguimos soñando. Tu palabra es honor de la tierra entera».

Y, más bajo, al oído, le diría también:
«Gracias, compañero».

–*Anales de la Universidad de Chile,* n.º 129, Santiago, enero-marzo de 1964 / *OC,* t. IV, pp. 1197-1201

PARA LA ENVIDIA

De uno a uno saqué los envidiosos
de mi propia camisa, de mi piel,
los vi junto a mí mismo cada día,
los contemplé
en el reino transparente
de una gota de agua:
los amé cuanto pude: en su desdicha
o en la ecuanimidad de sus trabajos:
y hasta ahora no sé
cómo ni cuándo
substituyeron nardo o limonero
por silenciosa arruga
y una grieta anidó donde se abriera
la estrella regular de la sonrisa.

Aquella grieta de un hombre en la boca!

Aquella miel que fue substituida!

El grave viento de la edad
volando
trajo polvo, alimentos,
semillas separadas del amor,
pétalos enrollados de serpiente,
ceniza cruel del odio muerto
y todo

fructificó en la herida de la boca,
funcionó la pasión generatriz
y el triste sedimento del olvido
germinó, levantando la corola,
la medusa violeta de la envidia.
Qué haces tú, Pedro, cuando sacas peces?
Los devuelves al mar, rompes la red,
cierras los ojos ante el incentivo
de la profundidad procreadora?

Ay! Yo confieso mi pecado puro!
Cuanto saqué del mar,
coral, escama,
cola del arcoíris,
pez o palabra o planta plateada
o simplemente piedra submarina,
yo la erigí, le di la luz de mi alma.

Yo, pescador, recogí lo perdido
y no hice daño a nadie en mis trabajos.

No hice daño, o tal vez herí de muerte
al que quiso nacer y recibió
el canto de mi desembocadura
que silenció su condición bravía:
al que no quiso
navegar en mi pecho,
y desató
su propia fuerza,
pero vino el viento
y se llevó su voz y no nacieron
aquellos que querían ver la luz.

Tal vez el hombre crece y no respeta,
como el árbol del bosque, el albedrío
de lo que lo rodea,
y es de pronto
no solo la raíz, sino la noche,
y no solo da frutos, sino sombra,

sombra y noche que el tiempo y el follaje
abandonaron en el crecimiento
hasta que desde la humedad yacente
en donde esperan las germinaciones
no se divisan dedos de la luz:
el gratuito sol le fue negado
a la semilla hambrienta
y a plena oscuridad desencadena
el alma un desarrollo atormentado.

Tal vez no sé, no supe, no sabía.

No tuve tiempo en mis preocupaciones
de ver, de oír, de acechar y palpar
lo que estaba pasando, y por amor
pensé que mi deber era cantar,
cantar creciendo y olvidando siempre,
agonizando como resistiendo:
era mi amor, mi oficio
en la mañana entre los carpinteros,
bebiendo con los húsares, de noche,
desatar la escritura de mi canto
y yo creí cumplir,
ardiente o separado
del fuego,
cerca del manantial o en la ceniza,
creí que dando cuanto yo tenía,
hiriéndome para no dormir,
a todo sueño, a toda hora, a toda vida,
con mi sangre y con mis meditaciones,
y con lo que aprendí de cada cosa,
del clavel, de su generosidad,
de la madera y su paz olorosa,
del propio amor, del río, de la muerte,
con lo que me otorgó la ciudad y la tierra,
con lo que yo arranqué de una ola verde,
o de una casa que dejó vacía
la guerra, o de una lámpara
que halló encendida en medio del otoño,

así como del hombre y de sus máquinas,
del pequeño empleado y su aflicción,
o del navío navegando en la niebla:
con todo y, más que todo, con lo que yo debía
a cada hombre por su propia vida
hice yo lo posible por pagar, y no tuve
otra moneda que mi propia sangre.

Ahora qué hago con este y con el otro?
Qué puedo hacer para restituir
lo que yo no robé? Por qué la primavera
me trajo a mí una corona amarilla
y quién anduvo hostil y enmarañado
buscándola en el bosque? Ahora
tal vez es tarde ya para encontrar
y volcar en la copa del rencor
la verdad atrasada y cristalina.

Tal vez el tiempo endureció la voz,
la boca, la piedad del ofendido,
y ya el reloj no podrá volver
a la consagración de la ternura.

El odio despiadado tuvo tiempo
de construir un pabellón furioso
y destinarme una corona cruel
con espinas sangrientas y oxidadas.
Y no fue por orgullo que guardé
el corazón ausente del terror:
ni de mi dolor ensimismado,
ni de las alegrías que sostengo
dispersé
en la venganza
el poderío.

Fue por otra razón, por indefenso.

Fue porque a cada mordedura
el día
que llegaba
me separaba de un nuevo dolor,
me amarraba las manos y crecía
el liquen en la piedra de mi pecho,
la enredadera se me derramaba,
pequeñas manos verdes me cubrían,
y me fui ya sin puños a los bosques
o me dormí en el título del trébol.
Oh, yo resguardo en mí mismo la avaricia
de mis espadas, lento
en la ira,
gozo
en mi dureza,
pero cuando la tórtola en la torre
trina, y agacha el brazo el alfarero
hacia su barro, haciéndolo vasija,
yo tiemblo y me traspasa
el aire lancinante:
mi corazón se va con la paloma.

Llueve y salgo a probar el aguacero.

Yo salgo a ser lo que amo, la desnuda
existencia del sol en el peñasco,
y lo que crece y crece sin saber
que no puede abolir su crecimiento:
dar grano el trigo: ser innumerable
sin razón: porque así le fue ordenado:
sin orden, sin mandato,
y, entre las rosas que no se reparten,
tal vez esta secreta voluntad,
esta trepidación de pan y arena,
llegaron a imponer su condición
y no soy yo sino materia viva
que fermenta y levanta sus insignias
en la fecundación de cada día.

Tal vez la envidia, cuando
sacó a brillar contra mí la navaja
y se hizo profesión de algunos cuantos,
agregó a mi substancia un alimento
que yo necesitaba en mis trabajos,
un ácido agresivo que me dio
el estímulo brusco de una hora,
la corrosiva lengua contra el agua.

Tal vez la envidia, estrella
hecha de vidrios rotos
caídos
en una calle amarga,
fue una medalla que condecoró
el pan que doy cantando cada día
y a mi buen corazón de panadero.

–[Isla Negra, 1964] / *Memorial de Isla Negra,* vol. IV, 1964

EL EPISODIO
[FRAGMENTOS]

Hoy otra vez buenos días, razón,
como un antepasado y sin duda tal vez
como los que vendrán al trabajo mañana
con una mano toman la herramienta
y con todas las manos el decoro.

Sin ellos tambaleaban los navíos,
las torres no ocultaban su amenaza,
los pies se le enredaban al viajero:
ay, esta humanidad que pierde el rumbo
y vocifera el muerto, tirándola hacia atrás,
hacia la ineptitud de la codicia,
mientras el equilibrio se cubre con la cólera
para restituir la razón del camino.

Hoy otra vez, aquí me tienes, compañero:
con un sueño más dulce que un racimo
atado a ti, a tu suerte, a tu congoja.

Debo abolir orgullo, soledad, desvarío,
atenerme al recinto comunal y volver
a sostener el palio común de los deberes.

Yo sé que puedo abrir el delirio inocente
del casto ser perdido entre palabras
que dispone de entradas falsas al infierno,
pero para ese juego nacieron los saciados:
mi poesía es aún un camino en la lluvia
por donde pasan niños descalzos a la escuela
y no tengo remedio sino cuando me callo:
si me dan la guitarra canto cosas amargas.

[...]

EL MIEDO

Qué pasó? Qué pasó? Cómo pasó?
Cómo pudo pasar? Pero lo cierto
es que pasó y lo claro es que pasó,
se fue, se fue el dolor *a no volver:*
cayó el error en su terrible embudo,
de allí nació su juventud de acero.
Y la esperanza levantó sus dedos.
Ay sombría bandera que cubrió
la hoz victoriosa, el peso del martillo
con una sola pavorosa efigie!

Yo la vi en mármol, en hierro plateado,
en la tosca madera del Ural
y sus bigotes eran dos raíces,
y la vi en plata, en nácar, en cartón,
en corcho, en piedra, en cinc, en alabastro,
en azúcar, en piedra, en sal, en jade,
en carbón, en cemento, en seda, en barro,

en plástico, en arcilla, en hueso, en oro,
de un metro, de diez metros, de cien metros,
de dos milímetros en un grano de arroz,
de mil kilómetros en tela colorada.
Siempre aquellas estatuas estucadas
de bigotudo dios con botas puestas
y aquellos pantalones impecables
que planchó el servilismo realista.
Yo vi a la entrada del hotel, en medio
de la mesa, en la tienda, en la estación,
en los aeropuertos constelados,
aquella efigie fría de un distante:
de un ser que, entre uno y otro movimiento,
se quedó inmóvil, muerto en la victoria.
Y aquel muerto regía la crueldad
desde su propia estatua innumerable:
aquel inmóvil gobernó la vida.

[...]

NOSOTROS CALLÁBAMOS

Saber es un dolor. Y lo supimos:
cada dato salido de la sombra
nos dio el padecimiento necesario:
aquel rumor se transformó en verdades,
la puerta oscura se llenó de luz,
y se rectificaron los dolores.
La verdad fue la vida en esa muerte.
Era pesado el saco del silencio.

Y aún costaba sangre levantarlo:
eran tantas las piedras del pasado.

Pero fue así de valeroso el día:
con un cuchillo de oro abrió la sombra
y entró la discusión como una rueda
rodando por la luz restituida
hasta el punto polar del territorio.

Ahora las espigas coronaron
la magnitud del sol y su energía:
de nuevo el camarada respondió
a la interrogación del camarada.
Y aquel camino duramente errado
volvió, con la verdad, a ser camino.

LOS COMUNISTAS

Los que pusimos el alma en la piedra,
en el hierro, en la dura disciplina,
allí vivimos solo por amor
y ya se sabe que nos desangramos
cuando la estrella fue tergiversada
por la luna sombría del eclipse.

Ahora veréis qué somos y pensamos.
Ahora veréis qué somos y seremos.

Somos la plata pura de la tierra,
el verdadero mineral del hombre,
encarnamos el mar que continúa:
la fortificación de la esperanza:
un minuto de sombra no nos ciega:
con ninguna agonía moriremos.

MIS ENEMIGOS

En cuanto a mí voy a agregar un árbol
a la extensión de la intemperie invicta:
voy a hablar de mí mismo y de los nombres
que me determinaban a la muerte,
de los que no me amaban y esperaron
que cayera el planeta y me aplastara.

[…]

LA POESÍA

Así el poeta escogió su camino
con el hermano suyo que apaleaban:
con el que se metía bajo tierra
y después de pelearse con la piedra
resucitaba solo para el sueño.

EL POETA

Y también escogió la patria oscura,
la madre de frejoles y soldados,
de callejones negros en la lluvia
y trabajos pesados y nocturnos.

Por eso no me esperen de regreso.

No soy de los que vuelven de la luz.

–[Isla Negra, 1964] / *Memorial de Isla Negra,* vol. V, 1964

LA CHASCONA

La piedra y los clavos, la tabla, la teja se unieron: he aquí levantada
la casa chascona con agua que corre escribiendo en su idioma,
las zarzas guardaban el sitio con su sanguinario ramaje
hasta que la escala y sus muros supieron tu nombre
y la flor encrespada, la vid y su alado zarcillo,
las hojas de higuera que como estandartes de razas remotas
cernían sus alas oscuras sobre tu cabeza,
el muro de azul victorioso, el ónix abstracto del suelo,
tus ojos, mis ojos, están derramados en roca y madera
por todos los sitios, los días febriles, la paz que construye
y sigue ordenada la casa con tu transparencia.

Mi casa, tu casa, tu sueño en mis ojos, tu sangre siguiendo
[el camino del cuerpo que duerme
como una paloma cerrada en sus alas inmóvil persigue su vuelo
y el tiempo recoge en su copa tu sueño y el mío
en la casa que apenas nació de las manos despiertas.

La noche encontrada por fin en la nave que tú construimos,
la paz de madera olorosa que sigue con pájaros,
que sigue el susurro del viento perdido en las hojas
y de las raíces que comen la paz suculenta del humus
mientras sobreviene sobre mí dormida la luna del agua
como una paloma del bosque del Sur que dirige el dominio
del cielo, del aire, del viento sombrío que te pertenece,
dormida, durmiendo en la casa que hicieron tus manos,
delgada en el sueño, en el germen del humus nocturno
y multiplicada en la sombra como el crecimiento del trigo.

Dorada, la tierra te dio la armadura del trigo,
el color que los hornos cocieron con barro y delicia,
la piel que no es blanca ni es negra ni roja ni verde,
que tiene el color de la arena, del pan, de la lluvia,
del sol, de la pura madera, del viento,
tu carne color de campana, color de alimento fragante,
tu carne que forma la nave y encierra la ola!

De tantas delgadas estrellas que mi alma recoge en la noche
recibo el rocío que el día convierte en ceniza
y bebo la copa de estrellas difuntas llorando las lágrimas
de todos los hombres, de los prisioneros, de los carceleros,
y todas las manos me buscan mostrando una llaga,
mostrando el dolor, el suplicio o la brusca esperanza,
y así sin que el cielo y la tierra me dejen tranquilo,
así consumido por otros dolores que cambian de rostro,
recibo en el sol y en el día la estatua de tu claridad
y en la sombra, en la luna, en el sueño, el racimo del reino,
el contacto que induce a mi sangre a cantar en la muerte.

La miel, bienamada, la ilustre dulzura del viaje completo
y aún, entre largos caminos, fundamos en Valparaíso una torre,

por más que en tus pies encontré mis raíces perdidas
tú y yo mantuvimos abierta la puerta del mar insepulto
y así destinamos a La Sebastiana el deber de llamar los navíos
y ver bajo el humo del puerto la rosa incitante,
el camino cortado en el agua por el hombre y sus mercaderías.

Pero azul y rosado, roído y amargo entreabierto entre sus
[telarañas,
he aquí, sosteniéndose en hilos, en uñas, en enredaderas,
he aquí victorioso, harapiento, color de campana y de miel,
he aquí, bermellón y amarillo, purpúreo, plateado, violeta,
sombrío y alegre, secreto y abierto como una sandía
el puerto y la puerta de Chile, el manto radiante de Valparaíso,
el sonoro estupor de la lluvia en los cerros cargados de
[padecimientos,
el sol resbalando en la oscura mirada, en los ojos más bellos del
[mundo.

Yo te convidé a la alegría de un puerto agarrado a la furia del
[alto oleaje,
metido en el frío del último océano, viviendo en peligro,
hermosa es la nave sombría, la luz vesperal de los meses antárticos,
la nave de techo amaranto, el puñado de velas o casas o vidas
que aquí se vistieron con trajes de honor y banderas
y se sostuvieron cayéndose en el terremoto que abría y cerraba
[el infierno,
tomándose al fin de la mano los hombres, los muros, las cosas,
unidos y desvencijados en el estertor planetario.

Cada hombre contó con sus manos los bienes funestos, el río
de sus extensiones, su espada, su rienda, su ganadería,
y dijo a la esposa: «Defiende tu páramo ardiente o tu campo de
[nieve»
o «Cuida la vaca, los viejos telares, la sierra o el oro».

Muy bien, bienamada, es la ley de los siglos que fueron atándose
adentro del hombre, en un hilo que ataba también sus cabezas:
el príncipe echaba las redes con el sacerdote enlutado,

y mientras los dioses callaban, caían al cofre monedas
que allí acumularon la ira y la sangre del hombre desnudo.

Por eso, erigida la base y bendita por cuervos oscuros
subió el interés y dispuso en el zócalo su pie mercenario,
después a la Estatua impusieron medallas y música,
periódicos, radios y televisores cantaron la loa del Santo Dinero,
y así hasta el probable, hasta el que no pudo ser hombre,
el manumitido, el desnudo y hambriento, el pastor lacerado,
el empleado nocturno que roe en tinieblas su pan disputado a
[las ratas,
creyeron que aquel era Dios, defendieron el Arca suprema
y se sepultaron en el humillado individuo, ahítos de orgullo
[prestado.

–[Ms. 1964] / *La barcarola,* 1967

SANGRE DE TORO

Robusto vino, tu familia ardiente
no llevaba diademas ni diamantes:
sangre y sudor pusieron en su frente
una rosa de púrpura fragante.

Se convirtió la rosa en toro urgente:
la sangre se hizo vino navegante
y el vino se hizo sangre diferente.
Bebamos esta rosa, caminante.

Vino de agricultura con abuelos,
de manos maltratadas y queridas,
toro con corazón de terciopelo.

Tu cornada mortal nos da la vida
y nos deja tendidos en el suelo
respirando y cantando por la herida.

–[Ms. Budapest, 1965] / *Comiendo en Hungría,* 1965 / *OC*, t. V, p. 97

AMOR PARA ESTE LIBRO

En estas soledades he sido poderoso
de la misma manera que una herramienta alegre
o como hierba impune que suelta sus espigas
o como un perro que se revuelca en el rocío.
Matilde, el tiempo pasará gastando y encendiendo
otra piel, otras uñas, otros ojos, y entonces
el alga que azotaba nuestras piedras bravías,
la ola que construye, sin cesar, su blancura,
todo tendrá firmeza sin nosotros,
todo estará dispuesto para los nuevos días
que no conocerán nuestro destino.

Qué dejamos aquí sino el grito perdido
del queltehve, en la arena del invierno, en la racha
que nos cortó la cara y nos mantuvo
erguidos en la luz de la pureza,
como en el corazón de una estrella preclara?

Qué dejamos viviendo como un nido
de ásperas aves, vivas, entre los matorrales
o estáticas, encima de los fríos peñascos?
Así pues, si vivir fue solo anticiparse
a la tierra, a este suelo y su aspereza,
líbrame tú, amor mío, de no cumplir, y ayúdame
a volver a mi puesto bajo la tierra hambrienta.

Pedimos al océano su rosa,
su estrella abierta, su contacto amargo,
y al agobiado, al ser hermano, al herido
dimos la libertad recogida en el viento.
Es tarde ya. Tal vez
solo fue un largo día color de miel y azul,
tal vez solo una noche, como el párpado
de una grave mirada que abarcó
la medida del mar que nos rodeaba,
y en este territorio fundamos solo un beso,

solo inasible amor que aquí se quedará
vagando entre la espuma del mar y las raíces.

–[Isla Negra, 1965] / *Una casa en la arena,* 1966

LA CALLE

También te amo, calle repleta de rostros que arrastran zapatos,
zapatos que rayan la rueda del orbe instalando almacenes,
y vivo en el cauce de un río infinito de mercaderías,
retiro las manos de la devorante ceniza que cae,
que envuelven la ropa que sale del cinematógrafo,
me pego a los vidrios mirando con hambre sombreros que me
[comería
o alhajas que quieren matarme con ojos de cólera verde
o jabones tan suaves que se hicieron con jugo de luna
o libros de piel incitante que me enseñarían tal vez a morirme
o máquinas ópticas que fotografían hasta tu tristeza
o divanes dispuestos a las seducciones más inoxidables
o el claro aluminio de las cacerolas especializadas en huevos y
[espárragos
o los trajes de obispo que a menudo llevan bolsillos del Diablo
o ferreterías amadas por la exactitud de mi alma
o farmacias pálidas que ocultan, como las serpientes, bajo el
[algodón,
colmillos de arsénico, dientes de estricnina y ungüentos letales,
o tapices vinílicos, estocolmos, brocatos, milanos,
terylén, cañamazo, borlón y colchones de todo sosiego
o relojes que van a medirnos y por fin a tragarnos
o sillas de playa plegables adaptables a todo trasero
o telares con ratier, 1,36 Diederich, complicados y abstractos,
o vajillas completas o sofás floreados con funda
o implacables espejos que esperan demostrar la venganza del agua
o escopetas de repetición tan suavísimas como un hocico de liebre

o bodegas que se atiborraron de cemento: y yo cierro los ojos:
son los huevos de Dios estos sacos terribles que siguen pariendo
[este mundo.

–[1966] / *La barcarola,* 1967

PRIMAVERA EN CHILE

Hermoso es septiembre en mi patria cubierto con una corona de
[mimbre y violetas
y con un canasto colgando en los brazos colmado de dones
[terrestres:
septiembre adelanta sus ojos mapuches matando el invierno
y vuelve el chileno a la resurrección de la carne y el vino.
Amable es el sábado y apenas se abrieron las manos del viernes
voló transportando ciruelas y caldos de luna y pescado.

Oh amor en la tierra que tú recorrieras que yo atravesamos
no tuve en mi boca un fulgor de sandía como en Talagante
y en vano busqué entre los dedos de la geografía
el mar clamoroso, el vestido que el viento y la piedra otorgaron
[a Chile,
y no hallé duraznos de enero redondos de luz y delicia
como el terciopelo que guarda y desgrana la miel de mi patria.
Y en los matorrales del Sur sigiloso conozco el rocío
por sus penetrantes diamantes de menta, y me embriaga el aroma
del vino central que estalló desde tu cinturón de racimos
y el olor de tus aguas pesqueras que te llena de olfato
porque se abren las valvas del mar en tu pecho de plata
[abundante,
y encumbrado arrastrando los pies cuando marcho en los montes
[más duros
yo diviso en la nieve invencible la razón de tu soberanía.

–[1966] / *La barcarola,* 1967

DIÁLOGO AMOROSO
[FRAGMENTO]

VOZ DE MURIETA.

Todo lo que me has dado ya era mío
y a ti mi libre condición someto.
Soy un hombre sin pan ni poderío:
solo tengo un cuchillo y mi esqueleto.

Crecí sin rumbo, fui mi propio dueño
y comienzo a saber que he sido tuyo
desde que comencé con este sueño:
antes no fui sino un montón de orgullo.

VOZ DE TERESA.

Soy campesina de Coihueco arriba,
llegué a la nave para conocerte:
te entregaré mi vida mientras viva
y cuando muera te daré mi muerte.

VOZ DE MURIETA.

Tus brazos son como los alhelíes
de Carampangue y por tu boca huraña
me llama el avellano y los raulíes.
Tu pelo tiene olor a las montañas.

Acuéstate otra vez a mi costado
como agua del estero puro y frío
y dejarás mi pecho perfumado
a madera con sol y con rocío.

VOZ DE TERESA.

Es verdad que el amor quema y separa?
Es verdad que se apaga con un beso?

VOZ DE MURIETA.

Preguntar al amor es cosa rara,
es preguntar cerezas al cerezo.

Yo conocí los trigos de Rancagua,
viví como una higuera en Melipilla.
Cuanto conozco lo aprendí del agua,
del viento, de las cosas más sencillas.

Por eso a ti, sin aprender la ciencia,
te vi, te amé y te amo, bienamada.
Tú has sido, amor, mi única impaciencia,
antes de ti no quise tener nada.

Ahora quiero el oro para el muro
que debe defender a tu belleza:
por ti será dorado y será duro
mi corazón como una fortaleza.

VOZ DE TERESA.

Solo quiero el baluarte de tu altura
y solo quiero el oro de tu arado,
solo la protección de tu ternura:
mi amor es un castillo delicado
y mi alma tiene en ti sus armaduras:
la resguarda tu amor enamorado.

VOZ DE MURIETA.

Me gusta oír tu voz que corre pura
como la voz del agua en movimiento
y ahora solo tú y la noche oscura.
Dame un beso, mi amor, estoy contento.
Beso a mi tierra cuando a ti te beso.

VOZ DE TERESA.

Volveremos a nuestra patria dura
alguna vez.

VOZ DE MURIETA.

El oro es el regreso.

–[1966] / *La barcarola*, 1967

HABLA UN TRANSEÚNTE DE LAS AMÉRICAS LLAMADO CHIVILCOY

I

Yo cambio de rumbo, de empleo, de bar y de barco, de pelo
de tienda y mujer, lancinante, exprofeso no existo,
tal vez soy mexibiano, argentuayo, bolivio,
caribián, panamante, colomvenechilenomalteco:
aprendí en los mercados a vender y comprar caminando:
me inscribí en los partidos dispares y cambié de camisa impulsado
por las necesidades rituales que echan a la mierda el escrúpulo
y confieso saber más que todos sin haber aprendido:
lo que ignoro no vale la pena, no se paga en la plaza, señores.

Acostumbro zapatos quebrados, corbatas raídas, cuidado,
cuando menos lo piensen llevo un gran solitario en un dedo
y me planchan por dentro y por fuera, me perfuman, me cuidan, me peinan.

Me casé en Nicaragua: pregunten ustedes por el general Allegado
que tuvo el honor de suegro de su servidor, y más tarde
en Colombia fui esposo legítimo de una Jaramillo Restrepo.
Si mis matrimonios terminan cambiando de clima, no importa.
(Hablando entre hombres: Mi chola de Tambo! Algo serio en la cama).

II

Vendí mantequilla y chancaca en los puertos peruanos
y medicamentos de un poblado a otro de la Patagonia:
voy llegando a viejo en las malas pensiones sin plata, pasando por rico,
y pasando por pobre entre ricos, sin haber ganado ni perdido nada.

III

Desde la ventana que me corresponde en la vida
veo el mismo jardín polvoriento de tierra mezquina
con perros errantes que orinan y siguen buscando la felicidad,
o excrementicios y eróticos gatos que no se interesan por vidas ajenas.

IV

Yo soy aquel hombre rodado por tantos kilómetros y sin existencia:
soy piedra en un río que no tiene nombre en el mapa:
soy el pasajero de los autobuses gastados de Oruro
y aunque pertenezco a las cervecerías de Montevideo
en la Boca anduve vendiendo guitarras de Chile
y sin pasaporte entraba y salía por las cordilleras.
Supongo que todos los hombres dejan equipaje:
yo voy a dejar como herencia lo mismo que el perro:
es lo que llevé entre las piernas: mis bienes son esos.

V

Si desaparezco aparezco con otra mirada: es lo mismo.
Soy un héroe imperecedero: no tengo comienzo ni fin
y mi moraleja consiste en un plato de pescado frito.

–[1967] / *La barcarola,* 1967

XI

MELANCOLÍAS, AMORES Y BATALLAS DEL POETA OTOÑAL

(1968-1971)

EL VACÍO

Y cómo se hace el mar?
Yo no hice el mar:
lo encontré en sus salvajes
oficinas,
lo hallé dispuesto a todo,
crepitante,
pacífico,
atlántico de plomo,
mediterráneo
teñido de anilina,
todo era blanco y hondo,
hirviente y permanente,
tenía olas, ovarios,
naves muertas,
latía
su organismo.

Lo medí entre las rocas
de la tierra asombrada
y dije, no lo hice,
no lo hice yo, ni nadie:
en ese nadie soy
un sirviente inservible,
como un molusco roto
por los dientes del mar.

No hice la sal dispersa
ni el viento coronado

por la racha que rompe la blancura
no, no hice
la luz del agua ni el beso que estremece
la nave con sus labios de batalla,
ni las demoliciones de la arena,
ni el movimiento que envolvió en silencio
a la ballena y sus procreaciones.

Yo fui alejado
de estos infinitos:
ni un solo dedo de mis semejantes
tembló en el agua urgiendo la existencia
y vine a ser testigo
de la más tempestuosa soledad
sin más que ojos vacíos
que se llenaron de olas
y que se cerrarán
en el vacío.

–[Isla Negra, 1968] / *El Nacional,* Caracas, 3.8.1968 /
Las manos del día, 1968

LAS MANOS NEGATIVAS

Cuándo me vio ninguno
cortando tallos, aventando el trigo?
Quién soy, si no hice nada?
Cualquiera, hijo de Juan,
tocó el terreno
y dejó caer algo
que entró como la llave
entra en la cerradura
y la tierra se abrió de par en par.

Yo no, no tuve tiempo,
ni enseñanza:
guardé las manos limpias

del cadáver urbano,
me despreció la grasa de las ruedas,
el barro inseparable de las costumbres claras
se fue a habitar sin mí las provincias silvestres:
la agricultura nunca se ocupó de mis libros
y sin tener qué hacer, perdido en las bodegas,
reconcentré mis pobres preocupaciones
hasta que no viví sino en las despedidas.

Adiós dije al aceite, sin conocer la oliva,
y al tonel, un milagro de la naturaleza,
dije también adiós porque no comprendía
cómo se hicieron tantas cosas sobre la tierra
sin el consentimiento de mis manos inútiles.

–[Isla Negra, 1968] / *El Nacional,* Caracas, 3.8.1968 /
Las manos del día, 1968

EL OLVIDO

Manos que solo ropas y cuerpos
trabajaron,
camisas y caderas
y libros, libros, libros
hasta que solo fueron
manos de sombra, redes
sin peces, en el aire:
solo certificaron
el heroísmo de las otras manos,
y la procreadora construcción
que dedos muertos levantaron
y continúan dedos vivos.

No hay *antes* en mis manos:
olvidé los labriegos
que en el transcurso
de mi sangre

araron:
no mandaron en mí las recias razas
de herreros
que mano a mano elaboraron
anclas, martillos, clavos,
cucharas y tenazas,
tornillos, rieles, lanzas,
locomotoras, proas,
para que ferroviarios fogoneros
con lentitud de manos sucias
de grasa y de carbón, fueran de pronto
dioses del movimiento
en los trenes que cruzan por mi infancia
bajo las manos verdes de la lluvia.

–[Isla Negra, 1968] / *El Nacional,* Caracas, 3.8.1968 /
Las manos del día, 1968

EL HIJO DE LA LUNA

Todo está aquí viviendo,
haciendo,
haciéndose
sin participación de mi paciencia
y cuando colocaron estos rieles,
hace cien años,
yo no toqué este frío:
no levantó mi corazón mojado
por las lluvias del cielo de Cautín
un solo movimiento
que ayudara
a extender los caminos
de la velocidad que iba naciendo.

Ni luego puse un dedo
en la carrera

del público espacial que mis amigos
lanzaron hacia Aldebarán suntuoso.

Y de los organismos egoístas
que solo oyeron, vieron
y siguieron
yo sufrí humillaciones que no cuento
para que nadie siga sollozando
con mis versos que ya no tienen llanto
sino energía que gasté en el viento,
en el polvo, en la piedra del camino.

Y porque anduve tanto sin quebrar
los minerales ni cortar madera
siento que no me pertenece el mundo:
que es de los que clavaron y cortaron
y levantaron estos edificios
porque si la argamasa, que nació
y duró sosteniendo los designios,
la hicieron otras manos,
sucias de barro y sangre,
yo no tengo derecho a proclamar
mi existencia: fui un hijo de la luna.

–[Isla Negra, 1968] / *El Nacional,* Caracas, 3.8.1968 /
Las manos del día, 1968

ADIOSES

Yo no encendí sino un papel amargo.

Yo no fui causa de aquel Buenos Días
que se dieron el trueno con la rosa.

Yo no hice el mundo, no hice los relojes,
no hice las olas ni tampoco espero
hallar en las espigas mi retrato.

Y de tanto perder donde no estuve
fui quedándome ausente
sin derrochar ninguna preferencia
sino un monte de sal desmoronado
por una copa de agua del invierno.

Se pregunta el viajero si sostuvo
el tiempo, andando contra la distancia,
y vuelve adonde comenzó a llorar,
vuelve a gastar su dosis de yo mismo,
vuelve a irse con todos sus adioses.

–[Isla Negra, 1968] / *El Nacional,* Caracas, 3.8.1968 /
Las manos del día, 1968

CERCA DE LOS CUCHILLOS

Es esta el alma suave que esperaba,
esta es el alma de hoy, sin movimiento,
como si estuviera hecha de luna
sin aire, quieta en su bondad terrible.

Cuando caiga una piedra
como un puño
del cielo de la noche
en esta copa la recibiré:
en la luz rebosante
recibiré la oscuridad viajera,
la incertidumbre celeste.

No robaré sino este movimiento
de la hierba del cielo,
de la noche fértil:
solo un golpe de fuego,
una caída.

Líbrame, tierra oscura, de mis llaves:
si pude abrir y refrenar
y volver a cerrar el cielo duro,
doy testimonio de que no fui nada,
de que no fui nadie,
de que no fui.

Solo esperé la estrella,
el dardo de la luna,
el rayo de piedra celeste,
esperé inmóvil en la sociedad
de la hierba que crece en primavera,
de la leche en la ubre,
de la miel perezosa y peregrina:
esperé la esperanza,
y aquí estoy
convicto
de haber pactado con la tempestad,
de haber aceptado la ira,
de haber abierto el alma,
de haber oído entrar al asesino,
mientras yo conversaba con la noche.

Ahí viene otro, dijo ladrando el perro.

Y yo con mis ojos de frío,
con el luto plateado
que me dio el firmamento,
no vi el puñal ni el perro,
no escuché los ladridos.

Y aquí estoy cuando nacen las semillas
y se abren como labios:
todo es fresco y profundo.

Estoy muerto,
estoy asesinado:
estoy naciendo
con la primavera.

Aquí tengo una hoja,
una oreja, un susurro,
un pensamiento:
voy a vivir otra vez,
me duelen las raíces,
el pelo,
me sonríe la boca:
me levanto
porque ha salido el sol.

Porque ha salido el sol.

–[Isla Negra, 1968] / *El Nacional,* Caracas, 3.8.1968 /
Las manos del día, 1968

EL QUE CANTÓ CANTARÁ

Yo, el anterior, el hijo de Rosa y de José
soy. Mi nombre es Pablo por Arte de Palabra
y debo establecer mis sinrazones:
las deudas que dejé sin pagar a mí mismo.

Sucede que una vez cuando ya no nacía,
cuando tal vez no fui o no fui destinado
a cuerpo alguno, incierto
entre la no existencia y los ojos que se abren,
entre cuentas de caos, en la lucha
de la materia y de la luz naciente,
lo que tuve de vida fue una vacilación,
estuve vivo sin designio alguno,
estuve muerto sin nacer aún,
y entre los muros que se tambaleaban
entré a la oscuridad para vivir.

Por eso, perdón por la tristeza
de mis alegres equivocaciones,
de mis sueños sombríos,

perdón a todos por innecesario:
no alcancé a usar las manos
en las carpinterías ni en el bosque.

Viví una época radiante y sucia,
vagué sobre las olas industriales,
comiendo la ceniza de los muertos
y tanto cuando quise hablar con Dios
o con un general, para entendernos,
todos se habían ido con sus puertas:
no tuve adonde ir sino a mi canto.

Canto, canté, cantando
hice los números
para que ustedes sumen, los que viven
sumando,
para que resten todo
los aminoradores,
después de tanto que sobreviví
me acostumbré a morir más de una muerte.

–[Isla Negra, 1968] / *Las manos del día,* 1968

EL GOLPE

Tinta que me entretienes
gota a gota
y vas guardando el rastro
de mi razón y de mi sinrazón
como una larga cicatriz que apenas
se verá, cuando el cuerpo esté dormido
en el discurso de sus destrucciones.

Tal vez mejor hubiera
volcado en una copa
toda tu esencia, y haberla arrojado
en una sola página, manchándola

con una sola estrella verde
y que solo esa mancha
hubiera sido todo
lo que escribí a lo largo de mi vida,
sin alfabeto ni interpretaciones:
un solo golpe oscuro
sin palabras.

–[Isla Negra, 1968] / *Las manos del día,* 1968

ESTO ES SENCILLO

Muda es la fuerza (me dicen los árboles)
y la profundidad (me dicen las raíces)
y la pureza (me dice la harina).

Ningún árbol me dijo:
«Soy más alto que todos».

Ninguna raíz me dijo:
«Yo vengo de más hondo».

Y nunca el pan ha dicho:
«No hay nada como el pan».

–[Punta del Este, Uruguay, 1968] / *Las manos del día,* 1968

MORALIDADES

Que la razón no me acompañe más,
dice mi compañero, y lo acompaño
porque amo, como nadie, el extravío.
Vuelve mi compañero a la razón

y acompaño otra vez al compañero
porque sin la razón no sobrevivo.

–[Isla Negra, 1968] / *Las manos del día,* 1968

LAS MANOS DE LOS DÍAS

Al azar de la rosa
nace la hora iracunda
o amarilla.
Lámina de volcán, pétalo de odio,
garganta carnicera,
así es un día, y otro
es tiernamente,
sí, decididamente, epitalamio.

–[Isla Negra, 1968] / *Las manos del día,* 1968

EL PASADO

No volverán aquellos anchos días
que sostuvieron, al pasar, la dicha.

Un rumor de fermentos
como sombrío vino en las bodegas
fue nuestra edad. Adiós,
adiós, resbalan
tantos adioses como las palomas
por el cielo, hacia el Sur, hacia el silencio.

–[Isla Negra, 1968] / *Las manos del día,* 1968

LA PUERTA

Qué siglo permanente!

Preguntamos:
Cuándo caerá? Cuándo se irá de bruces
al compacto, al vacío?
A la revolución idolatrada?
O a la definitiva
mentira patriarcal?
Pero lo cierto
es que no lo vivimos
de tanto que queríamos vivirlo.

Siempre fue una agonía:
siempre estaba muriéndose:
amanecía con luz y en la noche era sangre:
llovía en la mañana, por la tarde lloraba.

Los novios encontraron
que la torta nupcial tenía heridas
como una operación de apendicitis.

Subían hombres cósmicos
por una escala de fuego
y cuando ya tocábamos
los pies de la verdad
esta se había marchado a otro planeta.

Y nos mirábamos unos a otros con odio:
los capitalistas más severos no sabían qué hacer:
se habían fatigado del dinero
porque el dinero estaba fatigado
y partían los aviones vacíos.
Aún no llegaban los nuevos pasajeros.

Todos estábamos esperando
como en las estaciones en las noches de invierno:

esperábamos la paz
y llegaba la guerra.

Nadie quería decir nada: todos
tenían miedo de comprometerse:
de un hombre a otro se agravó la distancia
y se hicieron tan diferentes los idiomas
que terminaron por callarse todos
o por hablarse todos a la vez.

Solo los perros siguieron ladrando
en la noche silvestre de las naciones pobres.
Y una mitad del siglo fue silencio:
la otra mitad los perros que ladraban
en la noche silvestre.

No se caía el diente amargo.

Siguió crucificándonos.

Nos abría una puerta, nos seguía
con una cola de cometa de oro,
nos cerraba una puerta, nos pegaba
en el vientre con una culata,
nos libertaba un preso y cuando
lo levantábamos sobre los hombros
se tragaba a un millón el calabozo,
otro millón salía desterrado,
luego un millón entraba por un horno
y se convertía en ceniza.

Yo estoy en la puerta partiendo
y recibiendo a los que llegan.

Cuando cayó la Bomba
(hombres, insectos, peces calcinados)
pensamos irnos con el atadito,
cambiar de astro y de raza.
Quisimos ser caballos, inocentes caballos.

Queríamos irnos de aquí.
Lejos de aquí, más lejos.

No solo por el exterminio,
no solo se trataba de morir
(fue el miedo nuestro pan de cada día)
sino que con dos pies ya no podíamos
caminar. Era grave
esta vergüenza
de ser hombres
iguales
al desintegrador y al calcinado.

Y otra vez, otra vez.
Hasta cuándo otra vez?

Ya parecía limpia la aurora
con tanto olvido con que la limpiamos
cuando matando aquí matando allá,
continuaron absortos
los países
fabricando amenazas y guardándolas
en el almacén de la muerte.

Sí, se ha resuelto, gracias:
nos queda la esperanza.

Por eso, en la puerta, espero
a los que llegan a este fin de fiesta:
a este fin de mundo.

Entro con ellos pase lo que pase.

Me voy con los que parten
y regreso.

Mi deber es vivir, morir, vivir.

–*Ercilla,* n.º 1.780, Santiago, 30.7.1969 / *Fin de mundo,* 1969

1968

La hora de Praga me cayó
como una piedra en la cabeza,
era inestable mi destino,
un momento de oscuridad
como el de un túnel en un viaje
y ahora a fuerza de entender
no llegar a comprender nada:
cuando debíamos cantar
hay que golpear en un sarcófago
y lo terrible es que te oigan
y que te invite el ataúd.

Por qué entre tantas alegrías
que se construyeron sangrando
sobre la nieve salpicada
por las heridas de los muertos
y cuando ya el sol olvidó
las cicatrices de la nieve
llega el miedo y abre la puerta
para que regrese el silencio?

Yo reclamo a la edad que viene
que juzgue mi padecimiento,
la compañía que mantuve
a pesar de tantos errores.
Sufrí, sufrimos sin mostrar,
sin mostrar sino la esperanza.

Sufrimos de no defender
la flor que se nos amputaba
para salvar el árbol rojo
que necesita crecimiento.

Fue fácil para el adversario
echar vinagre por la grieta
y no fue fácil definir
y fue más difícil callar.

Pido perdón para este ciego
que veía y que no veía.

Se cierran las puertas del siglo
sobre los mismos insepultos
y otra vez llamarán en vano
y nos iremos sin oír,
pensando en el árbol más grande,
en los espacios de la dicha.

No tiene remedio el que sufre
para matar el sufrimiento.

–[Isla Negra, 1969] / *Fin de mundo,* 1969

EL CULTO (I)

Ay qué pasión la que cantaba
entre la sangre y la esperanza:
el mundo quería nacer
después de morir tantas veces:
los ojos no tenían lágrimas
después de haber llorado tanto.

No había nada en las arterias,
todo se había desangrado
y sin embargo se arregló
otra vez el pecho del hombre.
Se levantaron las ciudades,
fueron al mar los marineros,
tuvieron niños las escuelas,
y los pájaros, en el bosque,
pusieron sus huevos fragantes
sobre los árboles quemados.

Pero fue duro renovar
la sonrisa de la esperanza:

se plantaba en algunos rostros
y se les caía a la calle
y en verdad pareció imposible
rellenar de nuevo la tierra
con tantos huecos que dejó
la dentellada del desastre.

Y cuando ya crecieron las flores,
las cinerarias del olvido,
un hombre volvió de Siberia
y recomenzó la desdicha.

Y si las manos de la guerra,
las terribles manos del odio
nos hundieron de no creer,
de no comprender la razón,
de no conocer la locura,
siempre fue ajena aquella culpa
y ahora sin comprender nada
y sin conocer la verdad
nos pegamos en las paredes
de los errores y dolores
que partían desde nosotros
y estos tormentos otra vez
se acumularon en mi alma.

–[Isla Negra, 1969] / *Fin de mundo,* 1969

LAS GUERRAS

Ven acá, sombrero caído,
zapato quemado, juguete,
o montón póstumo de anteojos,
o bien, hombre, mujer, ciudad,
levántense de la ceniza
hasta esta página cansada,
destituida por el llanto.

Ven, nieve negra, soledad
de la injusticia siberiana,
restos raídos del dolor,
cuando se perdieron los vínculos
y se abrumó sobre los justos
la noche sin explicaciones.

Muñeca del Asia quemada
por los aéreos asesinos,
presenta tus ojos vacíos
sin la cintura de la niña
que te abandonó cuando ardía
bajo los muros incendiados
o en la muerte del arrozal.

Objetos que quedaron solos
cerca de los asesinados
de aquel tiempo en que yo viví
avergonzado por la muerte
de los otros que no vivieron.

De ver la ropa tendida
a secar en el sol brillante
recuerdo las piernas que faltan,
los brazos que no las llenaron,
partes sexuales humilladas
y corazones demolidos.

Un siglo de zapaterías
llenó de zapatos el mundo
mientras cercenaban los pies
o por la nieve o por el fuego
o por el gas o por el hacha!

A veces me quedo agachado
de tanto que pesa en mi espalda
la repetición del castigo:
me costó aprender a morir
con cada muerte incomprensible

y llevar los remordimientos
del criminal innecesario:
porque después de la crueldad
y aun después de la venganza
no fuimos tal vez inocentes
puesto que seguimos viviendo
cuando mataban a los otros.

Tal vez les robamos la vida
a nuestros hermanos mejores.

–[Isla Negra, 1969] / *Fin de mundo,* 1969

HOY ES TAMBIÉN

Florece este día de invierno
con una sola rosa muerta,
la noche prepara su nave,
caen los pétalos del cielo
y sin rumbo vuelve la vida
a recogerse en una copa.

Yo no sé decir de otro modo:
la noche negra, el día rojo,
y recibo las estaciones
con cortesía de poeta:
espero puntual la llegada
de las verbales golondrinas
y monto una guardia de acero
frente a las puertas del otoño.

Por eso el invierno imprevisto
me sobrecoge en su accidente
como el humo desalentado
del recuerdo de una batalla:
no es la palabra *padecer,*
no es *escarmiento,* no es *desdicha,*

es como un sonido en la selva,
como un tambor bajo la lluvia.
Lo cierto es que cambia mi tema
con el color de la mañana.

–[Isla Negra, 1969] / *Fin de mundo,* 1969

TRISTEZA EN LA MUERTE DE UN HÉROE

Los que vivimos esta historia,
esta muerte y resurrección
de nuestra esperanza enlutada,
los que escogimos el combate
y vimos crecer las banderas,
supimos que los más callados
fueron nuestros únicos héroes
y que después de las victorias
llegaron los vociferantes
llena la boca de jactancia
y de proezas salivares.

El pueblo movió la cabeza:
y volvió el héroe a su silencio.
Pero el silencio se enlutó
hasta ahogarnos en el luto
cuando moría en las montañas
el fuego ilustre de Guevara.

El comandante terminó
asesinado en un barranco.

Nadie dijo esta boca es mía.
Nadie lloró en los pueblos indios.
Nadie subió a los campanarios.
Nadie levantó los fusiles,
y cobraron la recompensa

aquellos que vino a salvar
el comandante asesinado.

Qué pasó, medita el contrito,
con estos acontecimientos?

Y no se dice la verdad
pero se cubre con papel
esta desdicha de metal.
Recién se abría el derrotero
y cuando llegó la derrota
fue como un hacha que cayó
en la cisterna del silencio.

Bolivia volvió a su rencor,
a sus oxidados gorilas,
a su miseria intransigente,
y como brujos asustados
los sargentos de la deshonra,
los generalitos del crimen,
escondieron con eficiencia
el cadáver del guerrillero
como si el muerto los quemara.

La selva amarga se tragó
los movimientos, los caminos,
y donde pasaron los pies
de la milicia exterminada
hoy las lianas aconsejaron
una voz verde de raíces
y el ciervo salvaje volvió
al follaje sin estampidos.

–[Isla Negra, 1969] / *Fin de mundo,* 1969

LA SOLEDAD

Cuando llega la soledad
y tú no estás acostumbrado
se destapan cosas cerradas,
baúles que creías muertos,
frascos que asumen la advertencia
de una invariable calavera,
se abren algunas cerraduras,
se destapan ollas del alma.

Pero no nos gusta saber,
no amamos los descubrimientos
de nuestra vieja identidad,
encontrar al irreductible
que estaba adentro, agazapado,
esperando con un espejo.
Es mucho mejor ir al cine
o conversar con las mujeres
o leer la historia de Egipto,
o estimular la complacencia,
la numismática o la iglesia.

Los que se dedican a Dios
de cuando en cuando, están salvados.
Llenos de ungüento medioeval
regresan a sus oficinas
o se dan un soplo de infierno
o usan dentífrico divino.

Los que no queremos a Dios
desde que Dios no quiere a nadie,
llegamos al campo, temprano,
a Rumay, junto a Melipilla,
y nos pensamos lentamente,
nos rechazamos con fervor,
con paciencia nos desunimos

y nos juntamos otra vez
para seguir siendo los mismos.

–[Isla Negra, 1969] / *Fin de mundo,* 1969

METAMORFOSIS

He recibido un puntapié
del tiempo y se ha desordenado
el triste cajón de la vida.
El horario se atravesó
como doce perdices pardas
en un camino polvoriento
y lo que antes fue la una
pasó a ser las ocho cuarenta
y el mes de abril retrocedió
hasta transformarse en noviembre.

Los papeles se me perdieron,
no se encontraban los recibos,
se llenaron los basureros
con nombres de contribuyentes,
con direcciones de abogados
y números de deliciosas.

Fue una catástrofe callada.

Comenzó todo en un domingo
que en vez de sentirse dorado
se arrepintió de la alegría
y se portó tan lentamente
como una tortuga en la playa:
no llegó nunca al día lunes.

Al despertarme me encontré
más descabellado que nunca,
sin precedentes, olvidado

en una semana cualquiera,
como una valija en un tren
que rodara a ninguna parte
sin conductor ni pasajeros.

No era un sueño porque se oyó
un mugido espeso de vaca
y luego trajeron la leche
con calor aún de las ubres,
además de que me rodeaba
un espectáculo celeste:
la travesura de los pájaros
entre las hojas y la niebla.

Pero lo grave de este asunto
es que no continuaba el tiempo.
Todo seguía siendo sábado
hasta que el viernes se asomaba.

Adónde voy? Adónde vamos?
A quién podía consultar?

Los monumentos caminaban
hacia atrás, empujando el día
como guardias inexorables.
Y se desplomaba hacia ayer
todo el horario del reloj.

No puedo mostrar a la gente
mi colección de escalofríos:
me sentí solo en una casa
perforada por las goteras
de un aguacero inapelable
y para no perder el tiempo,
que era lo único perdido,
rompí los últimos recuerdos,
me despedí de mi botica,
eché al fuego los talonarios,
las cartas de amor, los sombreros,

y como quien se tira al mar
yo me tiré contra el espejo.

Pero ya no me pude ver.
Sentía que se me perdía
el corazón precipitado
y mis brazos disminuyeron,
se desmoronó mi estatura,
a toda velocidad
se me borraban los años,
regresó mi cabellera,
mis dientes aparecieron.

En un fulgor pasé mi infancia,
seguí contra el tiempo en el cauce
hasta que no vi de mí mismo,
de mi retrato en el espejo
sino una cabeza de mosca,
un microscópico huevillo
volviendo otra vez al ovario.

–[Isla Negra, 1969] / *Fin de mundo,* 1969

ARTES POÉTICAS (II)

No he descubierto nada yo,
ya todo estaba descubierto
cuando pasé por este mundo.
Si regreso por estos lados
les pido a los descubridores
que me guarden alguna cosa,
un volcán que no tenga nombre,
un madrigal desconocido,
la raíz de un río secreto.

Fui siempre tan aventurero
que nunca tuve una aventura

y las cosas que descubrí
estaban dentro de mí mismo,
de tal modo que defraudé
a Juan, a Pedro y a María,
porque por más que me esforcé
no pude salir de mi casa.

Contemplé con envidia intensa
la inseminación incesante,
el ciclo de los sateloides,
la añadidura de esqueletos,
y en la pintura vi pasar
tantas maneras fascinantes
que apenas me puse a la moda
ya aquella moda no existía.

–[Isla Negra, 1969] / *Fin de mundo,* 1969

SIEMPRE YO

Yo que quería hablar del siglo
adentro de esta enredadera
que es mi siempre libro naciente,
por todas partes me encontré
y se me escapaban los hechos.
Con buena fe que reconozco
abrí los cajones al viento,
los armarios, los cementerios,
los calendarios con sus meses
y por las grietas que se abrían
se me aparecía mi rostro.

Por más cansado que estuviera
de mi persona inaceptable
volvía a hablar de mi persona
y lo que me parece peor

es que me pintaba a mí mismo
pintando un acontecimiento.

Qué idiota soy dije mil veces
al practicar con maestría
las descripciones de mí mismo
como si no hubiera habido
nada mejor que mi cabeza,
nadie mejor que mis errores.

Quiero saber, hermanos míos,
dije en la Unión de Pescadores,
si todos se aman como yo.
La verdad es —me contestaron—
que nosotros pescamos peces
y tú te pescas a ti mismo
y luego vuelves a pescarte
y a tirarte al mar otra vez.

–[Isla Negra, 1969] / *Fin de mundo,* 1969

CONDICIONES

Con tantas tristes negativas
me despedí de los espejos
y abandoné mi profesión:
quise ser ciego en una esquina
y cantar para todo el mundo
sin ver a nadie porque todos
se me parecían un poco.

Pero buscaba mientras tanto
cómo mirarme hacia detrás,
hacia donde estaba sin ojos
y era oscura mi condición.
No saqué nada con cantar
como un ciego del populacho:

mientras más amarga la calle
me parecía yo más dulce.

Condenado a quererme tanto
me hice un hipócrita exterior
ocultando el amor profundo
que me causaban mis defectos.
Y así sigo siendo feliz
sin que jamás se entere nadie
de mi enfermedad insondable:
de lo que sufrí por amarme
sin ser, tal vez, correspondido.

–[Isla Negra, 1969] / *Fin de mundo,* 1969

RELÁMPAGO

Si fue una estrella innecesaria,
si de aquel fuego tembloroso
no quedó una huella encendida,
si se durmió el carbón oscuro
en la mina oscura del cielo,
no sé, no supe, no sabré.

Yo vi el fulgor de pez dorado
arriba, en la red que dejaba
caer sus gotas infinitas,
y luego perdí en las tinieblas
aquella inicial que temblaba
en el campamento celeste.

Dónde está, dije, crepitando
con su fuego comunicado,
dónde está la cítara verde?

Dónde se fue la llave ardiente?

Me sentí negro en la cintura
de la noche, negro y vacío
después de haber sido estrellado:
perdí la luz que se perdió
y por la noche intransigente
voló un aroma de humo amargo,
como si el mundo se quemara
en alguna parte del cielo
y se me apagaran los ojos
en la iniquidad del silencio.

–[Isla Negra, 1969] / *Fin de mundo,* 1969

EXILIOS

Unos por haber rechazado
lo que no amaban de su amor,
porque no aceptaron cambiar
de tiempo, cambiaron de tierra:

sus razones eran sus lágrimas.

Y otros cambiaron y vencieron
adelantando con la historia.

Y también tenían razón.

La verdad es que no hay verdad.

Pero yo en mi canto cantando
voy, y me cuentan los caminos
a cuántos han visto pasar
en este siglo de apátridas.
Y el poeta sigue cantando
tantas victorias y dolores
como si este pan turbulento
que comemos los de esta edad

tal vez fue amasado con tierra
bajo los pies ensangrentados,
tal vez fue amasado con sangre
el triste pan de la victoria.

–[Isla Negra, 1969] / *Fin de mundo,* 1969

[HOY ES EL DÍA MÁS]

Hoy es el día más, el que traía
una desesperada claridad que murió.
Que no lo sepan los agazapados:
todo debe quedar entre nosotros,
día, entre tu campana
y mi secreto.

Hoy es el ancho invierno de la comarca olvidada
que con una cruz en el mapa y un volcán en la nieve
viene a verme, a volverme, a devolverme el agua
desplomada en el techo de mi infancia.
Hoy cuando el sol comenzó con sus espigas
a contar el relato más claro y más antiguo
como una cimitarra cayó la oblicua lluvia,
la lluvia que agradece mi corazón amargo.

Tú, mi bella, dormida aún en agosto,
mi reina, mi mujer, mi extensión, geografía,
beso de barro, cítara que cubren los carbones,
tú, vestidura de mi porfiado canto,
hoy otra vez renaces y con el agua negra
del cielo me confundes y me obligas:
debo reanudar mis huesos en tu reino,
debo aclarar aún mis deberes terrestres.

–[Isla Negra, 5-6.7.1969] / *Aún,* poema I, 1969

[ERCILLA EL RAMIFICADO]

Ercilla el ramificado, el polvoroso,
el diamantino, el pobre caballero,
por estas aguas anduvo, navegó estos caminos,
y aunque les pareció petimetre a los buitres
y estos lo devolvieron, como carta sobrante,
a España pedregosa y polvorienta,
él solamente solo nos descubrió a nosotros:
solo este abundantísimo palomo
se enmarañó en nosotros hasta ahora
y nos dejó en su testamento
un duradero amor ensangrentado.

–[Isla Negra, 5-6.7.1969] / *Aún,* poema IV, 1969

[TODOS ME RECLAMABAN]

Todos me reclamaban,
me decían: «Idiota,
quédate aquí. Está tibia
la cama en el jardín
y a tu balcón se asoman
los jazmines, honor
de Europa, el vino
suave toro
sube hasta el Partenón, Racine dirige
los árboles rimados y Petrarca
sigue siendo de mármol y de oro».

No pude ir sin volver a parte alguna:
la tierra me prestaba, me perdía
y pronto, tarde ya, golpeaba el muro
o desde un pájaro me reclamaba.
Me sentí vagamente tricolor
y el penetrante signo del ají,
ciertas comidas, los tomates frescos,

las guitarras de octubre, las ciudades
inconclusas, las páginas del bosque
no leídas aún en sus totales:
aquella catarata
que en el salvaje Aysén cae partiendo
una roca en dos senos salpicados
por la blancura torrencial, la luna
en las tablas podridas de Loncoche,
el olor a mercado pobre, a cholga seca,
a iglesia, a alerce, allá en el archipiélago,
mi casa, mi Partido, en el fuego de cada día,
y tú misma sureña, compañera de mi alma,
patrona de mis ojos, centinela,
todo lo que se llama lluvia y se llama patria,
lo que te ignora y te hiere y te acaricia a veces,
todo eso, un rumor cada semana más abierto,
cada noche más estrellado, cada vez más preciso,
me hizo volver y quedarme y no volver a partir:
que sepa todo el mundo que por lo menos en mí
la tierra me propone, me dispone y me embarga.

–[Isla Negra, 5-6.7.1969] / *Aún,* poema XIV, 1969

El *Winnipeg* y otros poemas

Me gustó desde un comienzo la palabra *Winnipeg.* Las palabras tienen alas o no las tienen. Las ásperas se quedan pegadas al papel, a la mesa, a la tierra. La palabra *Winnipeg* es alada. La vi volar por primera vez en un atracadero de vapores, cerca de Burdeos. Era un hermoso barco viejo, con esa dignidad que dan los siete mares a lo largo del tiempo. Lo cierto es que nunca llevó aquel barco más de setenta u ochenta personas a bordo. Lo demás fue cacao, copra, sacos de café y de arroz, minerales. Ahora le estaba destinado un cargamento más importante: la esperanza.

Ante mi vista, bajo mi dirección, el navío debía llenarse con dos mil hombres y mujeres. Venían de campos de concentración, de inhóspitas regiones, del desierto, del África. Venían de la angustia, de la derrota, y este barco debía llenarse con ellos para traerlos a las costas de Chile, a mi propio mundo que los acogía. Eran los combatientes españoles que cruzaron la frontera de Francia hacia un exilio que dura más de 30 años.

La guerra civil —e incivil— de España agonizaba en esta forma: con gentes semiprisioneras, acumuladas por aquí y allá, metidas en fortalezas, hacinadas durmiendo en el suelo sobre la arena. El éxodo rompió el corazón del máximo poeta don Antonio Machado. Apenas cruzó la frontera se terminó su vida. Todavía con restos de sus uniformes, soldados de la República llevaron su ataúd al cementerio de Colliure. Allí sigue enterrado aquel andaluz que cantó como nadie los campos de Castilla.

Yo no pensé, cuando viajé de Chile a Francia, en los azares, dificultades y adversidades que encontraría en mi misión. Mi país necesitaba capacidades calificadas, hombres de voluntad creadora. Necesitábamos especialistas. El mar chileno me había pedido pescadores. Las minas me pedían ingenieros. Los campos, tractoristas. Los primeros motores diesel me habían encargado mecánicos de precisión.

Recoger a estos seres desperdigados, escogerlos en los más remotos campamentos y llevarlos hasta aquel día azul, frente al mar de Francia, donde suavemente se mecía el barco *Winnipeg,* fue cosa grave, fue asunto enredado, fue trabajo de devoción y desesperación.

Se organizó el SERE, organismo de ayuda solidaria. La ayuda venía, por una parte, de los últimos dineros del gobierno republicano y, por otra, de aquella que para mí sigue siendo una institución misteriosa: la de los cuáqueros.

Me declaro abominablemente ignorante en lo que a religiones se refiere. Esa lucha contra el pecado en que estas se especializan me alejó en mi juventud de todos los credos y esta actitud superficial, de indiferencia, ha persistido toda mi vida. La verdad es que en el puerto de embarque aparecieron estos magníficos sectarios que pagaban la mitad de cada pasaje español hacia la libertad sin discriminar entre ateos o creyentes, entre *pecadores* o *pescadores.* Desde entonces cuando en alguna parte leo la palabra *cuáquero* le hago una reverencia mental.

Los trenes llegaban de continuo hasta el embarcadero. Las mujeres reconocían a sus maridos por las ventanillas de los vagones.

Habían estado separados desde el fin de la guerra. Y allí se veían por primera vez frente al barco que los esperaba. Nunca me tocó presenciar abrazos, sollozos, besos, apretones, carcajadas de dramatismo tan delirantes.

Luego venían los mesones para la documentación, identificación, sanidad. Mis colaboradores, secretarios, cónsules, amigos, a lo largo de las mesas, eran una especie de tribunal del purgatorio. Y yo, por primera y última vez, debo haber parecido Júpiter a los emigrados. Yo decretaba el último *SÍ* o el último *NO*. Pero yo soy más *SÍ* que *NO*, de modo que siempre dije *SÍ*.

Pero, véase bien, estuve a punto de estampar una negativa. Por suerte comprendí a tiempo y me libré de aquel *NO*.

Sucede que se presentó ante mí un castellano, paletó de blusa negra, abuchonada en las mangas. Ese blusón era uniforme en los campesinos manchegos. Allí estaba aquel hombre maduro, de arrugas profundísimas en el rostro quemado, con su mujer y sus siete hijos.

Al examinar la tarjeta con sus datos, le pregunté sorprendido:

—¿Usted es trabajador del corcho?

—Sí, señor —me contestó severamente.

—Hay aquí una equivocación —le repliqué—. En Chile no hay alcornoques. Qué haría usted por allá?

—Pues, los habrá —me respondió el campesino.

—Suba al barco —le dije—. Usted es de los hombres que necesitamos.

Y él, con el mismo orgullo de su respuesta y seguido de sus siete hijos, comenzó a subir las escalas del barco *Winnipeg*. Mucho después quedó probada la razón de aquel español inquebrantable: hubo alcornoques y, por lo tanto, ahora hay corcho en Chile.

Estaban ya a bordo casi todos mis buenos sobrinos, peregrinos hacia tierras desconocidas, y me preparaba yo a descansar de la dura tarea, pero mis emociones parecían no terminar nunca. El gobierno de Chile, presionado y combatido, me dirigía un mensaje: «INFORMACIONES DE PRENSA SOSTIENEN USTED EFECTÚA INMIGRACIÓN MASIVA ESPAÑOLES. RUÉGOLE DESMENTIR NOTICIA O CANCELAR VIAJE EMIGRADOS».

Qué hacer?

Una solución: llamar a la prensa, mostrarle el barco repleto con dos mil españoles, leer el telegrama con voz solemne y acto seguido dispararme un tiro en la cabeza.

Otra solución: partir yo mismo en el barco con mis emigrados y desembarcar en Chile por la razón o la poesía.

Antes de adoptar determinación alguna me fui al teléfono y hablé al Ministerio de Relaciones Exteriores de mi país. Era difícil hablar a larga distancia en 1939. Pero mi indignación y mi angustia se oyeron a través de océanos y cordilleras y el ministro solidarizó conmigo. Después de una incruenta crisis de gabinete, el *Winnipeg,* cargado con dos mil republicanos que cantaban y lloraban, levó anclas y enderezó rumbo a Valparaíso.

Que la crítica borre toda mi poesía, si le parece. Pero este poema, que hoy recuerdo, no podrá borrarlo nadie.

–*Ercilla,* n.º 1.788, Santiago, 24.9.1969 / *OC,* t. V, pp. 244-247

RHODO Y ROSÍA

Rhodo, pétreo patriarca, la vio sin verla, era
Rosía, hija cesárea, labradora.

Ancha de pechos, breve de boca y ojos,
salía a buscar agua y era un cántaro,
salía a lavar ropa y era pura,
cruzaba por la nieve y era nieve,
era estática como el ventisquero,
invisible y fragante era Rosía Raíz.

Rhodo la destinó, sin saberlo, al silencio.

Era el cerco glacial de la naturaleza:
de Aysén al Sur la Patagonia infligió
las desoladas cláusulas del invierno terrestre.

La cabeza de Rhodo vivía en la bruma,
de cicatriz en cicatriz volcánica,

sin cesar a caballo, persiguiendo
el olor, la distancia, la paz de las praderas.

–[Isla Negra, 1969] / *La espada encendida,*
poema II, 1970 (septiembre)

LAS FIERAS

Se deseaban, se lograban, se destruían,
se ardían, se rompían, se caían de bruces
el uno dentro del otro, en una lucha a muerte,
se enmarañaban, se perseguían, se odiaban,
se buscaban, se destrozaban de amor,
volvían a temerse y a maldecirse y a amarse,
se negaban cerrando los ojos. Y los puños
de Rosía golpeaban el muro de la noche,
sin dormir, mientras Rhodo desde su almena cruel
vigilaba el peligro de las fieras despiertas
sabiendo que él llevaba el puma en su sangre,
y aullaba un león agónico en la noche sin sueño
de Rhodo, y la mañana le traía
a su novia desnuda, cubierta de rocío,
fresca de nieve como una paloma,
incierta aún entre el amor y el odio,
y allí los dos inciertos resplandecían de nuevo
mordiéndose y besándose y arrastrándose al lecho
en donde se quedaba desmayada la furia.

–[Isla Negra, 1969] / *La espada encendida,* poema X, 1970

EL HOMBRE

Ciento treinta años tenía Rhodo, el viejo.
Rosía sin edad era una piedrecita
que el mismo viento de Nahuelbuta amarga

hubiera suavizado como una intacta almendra:
bella y serena era como una piedra blanca
en los brazos de Rhodo, el milenario.

–[Isla Negra, 1969] / *La espada encendida,* poema XI, 1970

HABLA RHODO

Dice Rhodo: «Tal vez somos dos árboles
encastillados a golpes de viento,
fortificados por la soledad.
Tal vez aquí debimos
crecer hacia la tierra,
sumergir el amor en el agua escondida,
buscar la última profundidad
hasta enterrarnos en mi beso oscuro.
Y que nos condujeran las raíces».

Pero esto fue para comienzo o fin?

Yo sé, amor mío, que tu eternidad
es mía, que hasta aquí alcanzamos
medidos, perseguidos y triunfantes,
pero se trata de nacer o morir?

Dónde puede llevarnos el amor
si esta gran soledad nos acechaba
para escondernos y para revelarnos?

Cuando ya nos fundimos y pasamos
a través del espejo
a lo más ancho del placer pasmoso,
cuando tú y yo debimos renunciar
a los reinos perdidos que nos amamantaron,
cuando ya descubrimos
que nos pertenecía esta aspereza
y que ya nos tenía destinados

la tierra, el agua, el cielo, el fuego,
y tú, la sola, la maldita mía,
la hija del oro muerto de la selva,
y yo, tu fundador desengañado,
yo el pobre diablo que imitaba a Dios,
cuando nos encontramos encendidos
por la centella amarga que nos quema,
fue para consumirnos,
para inventar de nuevo la muerte?

O somos inmortales
seres equivocados, dioses nuevos
que sobrevivirán desde la miel?

Nadie nos puede oír desde la tierra.

Todos se fueron, y esto era la dicha.

Ahora, qué haremos para reunir
la colmena, el ganado, la humanidad perdida,
y desde nuestra pobre pureza compartir
otro pan, otro fuego sin llanto,
con otros seres parecidos a nosotros,
los acosados, los desiertos, los fugitivos?

A quién desde hoy daremos nuestro sueño?
A dónde iremos a encontrarnos en otros?
Vinimos a vivir o a perecer?

De nuestro amor herido
debe soltar la vida un fulgor de fruto
o bajar a la muerte desde nuestras raíces?

–[Isla Negra, 1970] / *La espada encendida,* poema XXXI, 1970

AQUÍ TERMINA Y COMIENZA ESTE LIBRO

Dice Rhodo: Yo me consumí
en aquel reino que quise fundar
y no sabía ya que estaba solo.
Fue mi noción quebrantar esa herencia
de sangre y sociedad: deshabitarme.
Y cuando dominé la paz terrible
de las praderas, de los ventisqueros,
me hallé más solitario que la nieve.

Fue entonces: tú llegaste del incendio
y con la autoridad de tu ternura
comencé a continuarme y a extenderme.

Tú eres el infinito que comienza.

Tan simple tú, hierba desamparada
de matorral, me hiciste despertar
y yo te desperté, cuando los truenos
del volcán decidieron avisarnos
que el plazo se cumplía
yo no quise extinguirte ni extinguirme.

–[Isla Negra, 1970] / *La espada encendida,* poema LXXXVI, 1970

DICEN Y VIVIRÁN

Dice Rosía: rompimos la cadena.
Dice Rhodo: Me darás cien hijos.
Dice Rosía: Poblaré la luz.
Dice Rhodo: Te amo. Viviremos.
Dice Rosía: Sobre aquellas arenas
diviso sombras.
Dice Rhodo: Somos nosotros mismos.
Dice Rosía: Sí, nosotros, al fin.
Dice Rhodo: Al principio: nosotros.

Dice Rosía: Quiero vivir.
Dice Rhodo: Yo quiero comer.
Dice Rosía: Tú me diste la vida.
Dice Rhodo: Vamos a hacer el pan.
Dice Rosía: Desde toda la muerte
llegamos al comienzo de la vida.
Dice Rhodo: No te has visto?
Dice Rosía: Estoy desnuda. Tengo frío.
Dice Rhodo: Déjame el hacha.
Traeré la leña.
Dice Rosía: Sobre esta piedra
esperaré para encender el fuego.

–[Isla Negra, 1970] / *La espada encendida,* poema LXXXVII, 1970

A PLENA OLA

Es muy serio el viento del mes de marzo en el océano:
sin miedo: es día claro, sol ilustre,
yo con mil otros encima del mar
en la nave italiana que retorna a Nápoli.

Tal vez trajeron todos sus infidelidades,
enfermedades, tristes papeles, deudas, lágrimas,
dineros y derrotas en los números:
pero aquí arriba es difícil jugar con la razón
o complacerse con las desdichas ajenas
o mantenerse heridos por angas o por mangas:
hay tal ventolera que no se puede sufrir:
y como no veníamos preparados
aún para ser felices, aún y sin embargo
y subimos puentes y escalas para reflexionar,
el viento nos borró la cabeza, es extraño:
de inmediato sentimos que estábamos mejor:
sin cabeza se puede discutir con el viento.

A todos, melancólicos de mi especialidad,
los que inútilmente cargamos con pesadumbre propia
y ajena, los que pensamos tanto en las pequeñas cosas
hasta que crecen y son más grandes que nosotros,
a todos recomiendo mi claro tratamiento:
la higiene azul del viento en un día de sol,
un golpe de aire furioso y repetido
en el espacio atlántico sobre un barco en el mar,
dejando sí constancia de que la salud física
no es mi tema: es el alma mi cuidado:
quiero que las pequeñas cosas que nos desgarran
sigan siendo pequeñas, impares y solubles
para que cuando nos abandone el viento
veamos frente a frente lo invisible.

–[Alta mar hacia Europa, marzo de 1970] / *Geografía infructuosa,* 1972

[CUANDO REGRESÉ DE MI SÉPTIMO VIAJE]

Cuando regresé de mi séptimo viaje, antes de abrir la puerta de mi casa, se me ocurrió extraviarme en el laberinto rocoso de Trasmañán, entre el peñón de Tralca y las primeras casas del Quisco Sur. En busca de una anémona de color violentísimo que muchas veces, años antes, contemplé adherida a los muros de granito que la rompiente lava con sus estallidos salados. De pronto me quedé inmovilizado frente a una antigua puerta de hierro. Creí que se trataba de un despojo del mar: no era así: empujando con fuerza cedieron los goznes y entré en una gruta de piedra amarilla que se alumbraba sola, tanta luz irradiaban grietas, estalactitas y promontorios. Sin duda alguien o algo habitó alguna vez esta morada, a juzgar por los restos de latas oxidadas que sonaron a mi paso. Llamé en voz alta por si alguien estuviera oculto entre las agujas amarillas. Extrañamente, fui respondido: era mi propia voz, pero al eco ronco se agregaba al final un lamento penetrante y agudo. Repetí la experiencia, preguntando en voz más alta aún: Hay alguien detrás de estas piedras? El eco me respondió de nuevo con mi propia voz enronquecida y luego extendió la palabra piedras con un aullido delirante, como venido de otro planeta. Un largo escalofrío me recorrió clavándome a la arena de la gruta. Apenas pude zafar los pies, lentamente, como si caminara bajo el mar, regresé hacia la puerta de hierro de la entrada. Pensaba durante el esforzado retorno que si miraba hacia atrás me convertiría en arena, en piedra dorada, en sal de estalactita. Fue toda una victoria aquella evasión silenciosa. Llegado al umbral volví la cabeza entrecerrando el ala oxidada del portón y de pronto oí de nuevo, desde el fondo de aquella oscuridad amarilla, el lamento agudo y redoblado, como si un violín enloquecido me despidiera llorando.

Nunca me atreví a contar a nadie este suceso y desde entonces evito aquel lugar salvaje de grandes rocas marinas que castiga el océano implacable de Chile.

–[Isla Negra, 1970] / *Las piedras del cielo,* fragmento XXIV, 1970 (diciembre)

LAS MÁSCARAS

Piedad para estos siglos y sus sobrevivientes
alegres o maltrechos, lo que no hicimos
fue por culpa de nadie, faltó acero:
lo gastamos en tanta inútil destrucción,
no importa en el balance nada de esto:
los años padecieron de pústulas y guerras,
años desfallecientes cuando tembló la esperanza
en el fondo de las botellas enemigas.
Muy bien, hablaremos alguna vez, algunas veces,
con una golondrina para que nadie escuche:
tengo vergüenza, tenemos el pudor de los viudos:
se murió la verdad y se pudrió en tantas fosas:
es mejor recordar lo que va a suceder:
en este año nupcial no hay derrotados:
pongámonos cada uno máscaras victoriosas.

–[Isla Negra, fin de 1970-inicio de 1971] / *2000,* poema I, 1974

LA TIERRA

Amarillo, amarillo sigue siendo
el perro que detrás del otoño circula
haciendo entre las hojas circunferencias de oro,
ladrando hacia los días desconocidos.

Así veréis lo imprevisto de ciertas situaciones:
junto al explorador de las terribles fronteras
que abren el infinito, he aquí el predilecto,
el animal perdido del otoño.
Qué puede cambiar de tierra a tiempo, de sabor a estribor,
de luz velocidad a circunstancia terrestre?
Quién adivinará la semilla en la sombra
si como cabelleras las mismas arboledas
dejan caer rocío sobre las mismas herraduras,
sobre las cabezas que reúne el amor,
sobre las cenizas de corazones muertos?

Este mismo planeta, la alfombra de mil años,
puede florecer pero no acepta la muerte ni el reposo:
las cíclicas cerraduras de la fertilidad
se abren en cada primavera para las llaves del sol
y resuenan los frutos haciéndose cascada,
sube y baja el fulgor de la tierra a la boca
y el humano agradece la bondad de su reino.

Alabada sea la vieja tierra color de excremento,
sus cavidades, sus ovarios sacrosantos,
las bodegas de la sabiduría que encerraron
cobre, petróleo, imanes, ferreterías, pureza,
el relámpago que parecía bajar desde el infierno
fue atesorado por la antigua madre de las raíces
y cada día salió el pan a saludarnos
sin importarle la sangre y la muerte que vestimos los hombres,
la maldita progenie que hace la luz del mundo.

–[Isla Negra, fin de 1970-inicio de 1971] / *2000*, poema IV, 1974

LOS INVITADOS

Y nosotros los muertos, los escalonados en el tiempo,
sembrados en cementerios utilitarios y arrogantes
o caídos en hueseras de pobres bolivianos,
nosotros, los muertos de 1925, 26,
33, 1940, 1918, mil novecientos cinco,
mil novecientos mil, en fin, nosotros,
los fallecidos antes de esta estúpida cifra
en que ya no vivimos, qué pasa con nosotros?

Yo, Pedro Páramo, Pedro Semilla, Pedro Nadie,
es que no tuve derecho a cuatro números y a la resurrección?
Yo quiero ver a los resurrectos para escupirles la cara,
a los adelantados que están a punto de caer
en aviones, ferrocarriles, en las guerras del odio,
los que apenas tuvieron tiempo de nacer y presentar
armas al nuevo siglo y quedarán tronchados,
pudriéndose en la mitad de los festejos y del vino!

Quiero salir de mi tumba, yo muerto, por qué no?

Por qué los prematuros van a ser olvidados?
Todos son invitados al convite!

Es un año más, es un siglo más, con muertos y vivos,
y hay que cuidar el protocolo, poner no solo la vida,
sino las flores secas, las coronas podridas, el silencio,
porque el silencio tiene derecho a la hermosura
y nosotros, diputados de la muerte,
queremos existir un solo minuto florido
cuando se abran las puertas del honor venidero!

–[Isla Negra, fin de 1970-inicio de 1971] / *2000*, poema V, 1974

CELEBRACIÓN

Pongámonos los zapatos, la camisa listada,
el traje azul aunque ya brillen los codos,
pongámonos los fuegos de bengala y de artificio,
pongámonos vino y cerveza entre el cuello y los pies,
porque debidamente debemos celebrar
este número inmenso que costó tanto tiempo,
tantos años y días en paquetes,
tantas horas, tantos millones de minutos,
vamos a celebrar esta inauguración.

Desembotellemos todas las alegrías resguardadas
y busquemos alguna novia perdida
que acepte una festiva dentellada.
Hoy es. Hoy ha llegado. Pisamos el tapiz
del interrogativo milenio. El corazón, la almendra
de la época creciente, la uva definitiva
irá depositándose en nosotros,
y será la verdad tan esperada.

Mientras tanto una hoja del follaje
acrecienta el comienzo de la edad:
rama por rama se cruzará el ramaje,
hoja por hoja subirán los días
y fruto a fruto llegará la paz:
el árbol de la dicha se prepara
desde la encarnizada raíz que sobrevive
buscando el agua, la verdad, la vida.

Hoy es hoy. Ha llegado este mañana
preparado por mucha oscuridad:
no sabemos si es claro todavía
este mundo recién inaugurado:
lo aclararemos, lo oscureceremos
hasta que sea dorado y quemado
como los granos duros del maíz:
a cada uno, a los recién nacidos,
a los sobrevivientes, a los ciegos,

a los mudos, a los mancos y cojos,
para que vean y para que hablen,
para que sobrevivan y recorran,
para que agarren la futura fruta
del reino actual que dejamos abierto
tanto al explorador como a la reina,
tanto al interrogante cosmonauta
como al agricultor tradicional,
a las abejas que llegan ahora
para participar en la colmena
y sobre todo a los pueblos recientes,
a los pueblos crecientes desde ahora
con las nuevas banderas que nacieron
en cada gota de sangre o sudor.

Hoy es hoy y ayer se fue, no hay duda.

Hoy es también mañana, y yo me fui
con algún año frío que se fue,
se fue conmigo y me llevó aquel año.

De esto no cabe duda. Mi osamenta
consistió, a veces, en palabras duras
como huesos al aire y a la lluvia,
y pude celebrar lo que sucede
dejando en vez de canto o testimonio
un porfiado esqueleto de palabras.

–[Isla Negra, fin de 1970-inicio de 1971] / *2000*, poema IX, 1974

LA ROSA SEPARADA
[FRAGMENTOS]

I
LOS HOMBRES

Yo soy el peregrino
de Isla de Pascua, el caballero
extraño, vengo a golpear las puertas del silencio:
uno más de los que trae el aire
saltándose en un vuelo todo el mar:
aquí estoy, como los otros pesados peregrinos
que en inglés amamantan y levantan las ruinas:
egregios comensales del turismo, iguales a Simbad
y a Cristóbal, sin más descubrimiento
que la cuenta del bar.
Me confieso: matamos
los veleros de cinco palos y carne agusanada,
matamos los libros pálidos de marinos menguantes,
nos trasladamos en gansos inmensos de aluminio,
correctamente sentados, bebiendo copas ácidas,
descendiendo en hileras de estómagos amables.

II
LOS HOMBRES

Es la verdad del prólogo. Muerte al romanticón,
al experto en las incomunicaciones:
soy igual a la profesora de Colombia,
al rotario de Filadelfia, al comerciante
de Paysandú que juntó plata
para llegar aquí. Llegamos de calles diferentes,
de idiomas desiguales, al Silencio.

III
LA ISLA

Antigua Rapa Nui, patria sin voz,
perdónanos a nosotros los parlanchines del mundo:

hemos venido de todas partes a escupir en tu lava,
llegamos llenos de conflictos, de divergencias, de sangre,
de llanto y digestiones, de guerras y duraznos,
en pequeñas hileras de inamistad, de sonrisas
hipócritas, reunidos por los dados del cielo
sobre la mesa de tu silencio.

Una vez más llegamos a mancillarte.

Saludo primero al cráter, a Ranu Raraku, a sus párpados
de légamo, a sus viejos labios verdes:
es ancho, y altos muros lo circulan, lo encierran,
pero el agua allá abajo, mezquina, sucia, negra,
vive, se comunica con la muerte
como una iguana inmóvil, soñolienta, escondida.

Yo, aprendiz de volcanes, conocí,
infante aún, las lenguas de Aconcagua,
el vómito encendido del volcán Tronador,
en la noche espantosa vi caer
la luz del Villarrica fulminando las vacas,
torrencial, abrasando plantas y campamentos,
crepitar derribando peñascos en la hoguera.

Pero si aquí me hubiera dejado mi infancia,
en este volcán muerto hace mil años,
en este Ranu Raraku, ombligo de la muerte,
habría aullado de terror y habría obedecido:
habría deslizado mi vida al silencio,
hubiera caído al miedo verde, a la boca del cráter desdentado,
transformándome en légamo, en lenguas de la iguana.

Silencio depositado en la cuenca, terror
de la boca lunaria, hay un minuto, una hora
pesada como si el tiempo detenido
se fuera a convertir en piedra inmensa:
es un momento, pronto
también disuelve el tiempo su nueva estatua imposible
y queda el día inmóvil, como un encarcelado

dentro del cráter, dentro de la cárcel del cráter,
adentro de los ojos de la iguana del cráter.

IV
LOS HOMBRES

Somos torpes los transeúntes, nos atropellamos de codos,
de pies, de pantalones, de maletas,
bajamos del tren, del *jet,* de la nave, bajamos
con arrugados trajes y sombreros funestos.
Somos culpables, somos pecadores,
llegamos de hoteles estancados o de la paz industrial,
esta es tal vez la última camisa limpia,
perdimos la corbata,
pero aun así, desquiciados, solemnes,
hijos de puta considerados en los mejores ambientes,
o simples taciturnos que no debemos nada a nadie,
somos los mismos y lo mismo frente al tiempo,
frente a la soledad: los pobres hombres
que se ganaron la vida y la muerte trabajando
de manera normal o burotrágica,
sentados o hacinados en las estaciones del metro,
en los barcos, las minas, los centros de estudio, las cárceles,
las universidades, las fábricas de cerveza
(debajo de la ropa la misma piel sedienta),
(el pelo, el mismo pelo, repartido en colores).

[...]

XXII
LA ISLA

Amor, amor, oh separada mía
por tantas veces mar como nieve y distancia,
mínima y misteriosa, rodeada
de eternidad, agradezco
no solo tu mirada de doncella,
tu blancura escondida, rosa secreta, sino
el resplandor moral de tus estatuas,

la paz abandonada que impusiste en mis manos:
el día detenido en tu garganta.

XXIII
LOS HOMBRES

Porque si coincidiéramos allí
como los elefantes moribundos
dispuestos al oxígeno total,
si armados los satisfechos y los hambrientos,
los árabes y los bretones, los de Tehuantepec
y los de Hamburgo, los duros de Chicago y los senegaleses,
todos, si comprendiéramos que allí guardan las llaves
de la respiración, del equilibrio
basados en la verdad de la piedra y del viento,
si así fuera y corrieran las razas despoblándose
las naciones,
si navegáramos en tropel hacia la Isla,
si todos fueran sabios de golpe y acudiéramos
a Rapa Nui, la mataríamos,
la mataríamos con inmensas pisadas, con dialectos,
escupos, batallas, religiones,
y allí también se acabaría el aire,
caerían al suelo las estatuas,
se harían palos sucios las narices de piedra
y todo moriría amargamente.

XXIV
LA ISLA

Adiós, adiós, isla secreta, rosa
de purificación, ombligo de oro:
volvemos unos y otros a las obligaciones
de nuestras enlutadas profesiones y oficios.

Adiós, que el gran océano te guarde
lejos de nuestra estéril aspereza!
Ha llegado la hora de odiar la soledad:
esconde, isla, las llaves antiguas

bajo los esqueletos
que nos reprocharán hasta que sean polvo
en sus cuevas de piedra
nuestra invasión inútil.

Regresamos. Y este adiós, prodigado y perdido
es uno más, un adiós
sin más solemnidad que la que allí se queda:
la indiferencia inmóvil en el centro del mar:
cien miradas de piedra que miran hacia adentro
y hacia la eternidad del horizonte.

–[Isla de Pascua-Isla Negra, verano de 1971] / *La rosa separada,* 1972

XII

FULGOR Y MUERTE DE UN POETA

(1971-1973)

EL COBARDE

Y ahora, a dolerme el alma y todo el cuerpo,
a gritar, a escondernos en el pozo
de la infancia, con miedo y ventarrón:
hoy nos trajo el sol joven del invierno
una gota de sangre, un signo amargo
y ya se acabó todo: no hay remedio,
no hay mundo, ni bandera prometida:
basta una herida para derribarte:
con una sola letra
te mata el alfabeto de la muerte,
un solo pétalo del gran dolor humano
cae en tu orina y crees
que el mundo se desangra.

Así, con sol frío de Francia, en mes de marzo,
a fines del invierno dibujado
por negros árboles de la Normandía
con el cielo entreabierto ya al destello
de dulces días, flores venideras,
yo encogido, sin calles ni vitrinas,
callada mi campana de cristal,
con mi pequeña espina lastimosa
voy sin vivir, ya mineralizado,
inmóvil esperando la agonía,
mientras florece el territorio azul
predestinado de la primavera.

Mi verdad o mi fábula revelan
que es más tenaz que el hombre
el ejercicio de la cobardía.

–[París, marzo de 1971] / *Geografía infructuosa,* 1972 (mayo)

SER

Soy de anteayer como todo rumiante
que mastica el pasado todo el día.
Y qué pasado? Nadie
sino uno mismo, nada
sino un sabor
de asado y vino negro callado
para unos,
para otros de sangre
o de jazmines.

Yo eres el resumen
de lo que viviré, garganta o rosa,
coral gregario o toro,
pulsante ir y venir por las afueras
y por los adentros:
nadie invariable, eterno
solo porque la muchedumbre de los muertos,
de los que vivirán, de los que viven,
tienen atribuciones en ti mismo,
se continúan como un hilo roto
que sigue entrecortándose y siguiendo
de una vida a la otra, sin que nadie
asuma tanta esperma derramada:
polen ardiente, sexo, quemadura,
paternidad de todo lo que canta.

Ay yo no traje un signo
como corona sobre mi cabeza:

fui un pobre ser: soy un orgullo inútil,
un seré victorioso y derrotado.

–[París, 1971] / *Geografía infructuosa,* 1972 (mayo)

SONATA CON DOLORES

Cada vez resurrecto
entrando en agonía y alegría,
muriendo de una vez
y no muriendo,
así es, es así y es otra vez así.

El golpe que te dieron
lo repartiste alrededor de tu alma,
lo dejaste caer de ropa en ropa
manchando los vestuarios
con huellas digitales
de los dolores que te destinaron
y que a ti solo te pertenecían.

Ay, mientras tú caías
en la grieta terrible,
la boca que buscabas
para vivir y compartir tus besos
allí cayó contigo, con tu sombra
en la abertura destinada a ti.

Porque, por qué, por qué te destinaste
corona y compañía en el suplicio,
por qué se atribuyó la flor azul
la participación de tu quebranto?

Y un día de dolores como espadas
se repartió desde tu propia herida?
Sí, sobrevives. Sí, sobrevivimos
en lo imborrable, haciendo

de muchas vidas una cicatriz,
de tanta hoguera una ceniza amarga,
y de tantas campanas
un latido, un sonido bajo el mar.

–[París, 1971] / *Geografía infructuosa,* 1972 (mayo)

DISCURSO DE ESTOCOLMO

Mi discurso será una larga travesía, un viaje mío por regiones lejanas y antípodas, no por eso menos semejantes al paisaje y a las soledades del norte. Hablo del extremo sur de mi país. Tanto y tanto nos alejamos los chilenos hasta tocar con nuestros límites el Polo Sur, que nos parecemos a la geografía de Suecia, que roza con su cabeza el norte nevado del planeta.

Por allí, por aquellas extensiones de mi patria adonde me condujeron acontecimientos ya olvidados en sí mismos, hay que atravesar, tuve que atravesar los Andes buscando la frontera de mi país con Argentina. Grandes bosques cubren como un túnel las regiones inaccesibles y como nuestro camino era oculto y vedado, aceptábamos tan solo los signos más débiles de la orientación. No había huellas, no existían senderos y con mis cuatro compañeros a caballo buscábamos en ondulante cabalgata —eliminado los obstáculos de poderosos árboles, imposibles ríos, roqueríos inmensos, desoladas nieves, adivinando más bien— el derrotero de mi propia libertad. Los que me acompañaban conocían la orientación, la posibilidad entre los grandes follajes, pero para saberse más seguros montados en sus caballos marcaban de un machetazo aquí y allá las cortezas de los grandes árboles dejando huellas que los guiarían en el regreso, cuando me dejaran solo con mi destino.

Cada uno avanzaba embargado en aquella soledad sin márgenes, en aquel silencio verde y blanco, los árboles, las grandes enredaderas, el humus depositado por centenares de años, los troncos semiderribados que de pronto eran una barrera más en nuestra marcha. Todo era a la vez una naturaleza deslumbradora y secreta y a la vez una creciente amenaza del frío, nieve, persecución. Todo se mezclaba: la soledad, el peligro, el silencio y la urgencia de mi misión.

A veces seguíamos una huella delgadísima, dejada quizás por contrabandistas o delincuentes comunes fugitivos, e ignorábamos si muchos de ellos habían perecido, sorprendidos de repente por las glaciales manos del invierno, por las tormentas tremendas de nieve que, cuando en los Andes se descargan, envuelven al viajero, lo hunden bajo siete pisos de blancura.

A cada lado de la huella contemplé, en aquella salvaje desolación, algo como una construcción humana. Eran trozos de ramas acumulados que habían soportado muchos inviernos, vegetal ofrenda de centenares de viajeros, altos túmulos de madera para recordar a los caídos, para hacer pensar en los que no pudieron seguir y quedaron allí para siempre debajo de las nieves. También mis compañeros cortaron con sus machetes las ramas que nos tocaban las cabezas y que descendían sobre nosotros desde la altura de las coníferas inmensas, desde los robles cuyo último follaje palpitaba antes de las tempestades del invierno. Y también yo fui dejando en cada túmulo un recuerdo, una tarjeta de madera, una rama cortada del bosque para adornar las tumbas de uno y otro de los viajeros desconocidos.

Teníamos que cruzar un río. Esas pequeñas vertientes nacidas en las cumbres de los Andes se precipitan, descargan su fuerza vertiginosa y atropelladora, se tornan en cascadas, rompen tierras y rocas con la energía y la velocidad que trajeron de las alturas insignes: pero esa vez encontramos un remanso, un gran espejo de agua, un vado. Los caballos entraron, perdieron pie y nadaron hacia la otra ribera. Pronto mi caballo fue sobrepasado casi totalmente por las aguas, yo comencé a mecerme sin sostén, mis pies se afanaban al garete mientras la bestia pugnaba por mantener la cabeza al aire libre. Así cruzamos. Y apenas llegados a la otra orilla, los baqueanos, los campesinos que me acompañaban me preguntaron con cierta sonrisa:

—Tuvo mucho miedo?

—Mucho. Creí que había llegado mi última hora —dije.

—Íbamos detrás de usted con el lazo en la mano —me respondieron.

—Ahí mismo —agregó uno de ellos— cayó mi padre y le arrastró la corriente. No iba a pasar lo mismo con usted.

Seguimos hasta entrar en un túnel natural que tal vez abrió en las rocas imponentes un caudaloso río perdido, o un estremecimiento del planeta que dispuso en las alturas aquella obra, aquel canal rupestre de piedra socavada, de granito, en el cual penetramos. A los pocos pasos las cabalgaduras resbalaban, trataban de afincarse en los desniveles de piedra, se doblegaban sus patas, estallaban chispas en las herraduras: más de una vez me vi arrojado del caballo y tendido sobre las rocas. Mi cabalgadura sangraba de narices y patas, pero proseguimos empecinados el vasto, el espléndido, el difícil camino.

Algo nos esperaba en medio de aquella selva salvaje. Súbitamente, como singular visión, llegamos a una pequeña y esmerada pradera acurrucada en el regazo de las montañas: agua clara, prado verde, flores silvestres, rumor de ríos y el cielo azul arriba, generosa luz ininterrumpida por ningún follaje.

Allí nos detuvimos como dentro de un círculo mágico como huéspedes de un recinto sagrado: y mayor condición de sagrada tuvo aún la ceremonia en la que participé. Los vaqueros bajaron de sus cabalgaduras. En el centro del recinto estaba colocada, como en un rito, una calavera de buey. Mis compañeros se acercaron silenciosamente, uno por uno, para dejar unas monedas y algunos alimentos en los agujeros de hueso. Me uní a ellos en aquella ofrenda destinada a toscos Ulises extraviados, a fugitivos de todas las raleas que encontrarían pan y auxilio en las órbitas del toro muerto.

Pero no se detuvo en este punto la inolvidable ceremonia. Mis rústicos amigos se despojaron de sus sombreros e iniciaron una extraña danza, saltando sobre un solo pie alrededor de la calavera abandonada, repasando la huella circular dejada por tantos bailes de otros que por allí cruzaron antes. Comprendí entonces de una manera imprecisa, al lado de mis impenetrables compañeros, que existía una comunicación de desconocido a desconocido, que había una solicitud, una petición y una respuesta aun en las más lejanas y apartadas soledades de este mundo.

Más lejos, ya a punto de cruzar las fronteras que me alejarían por muchos años de mi patria, llegamos de noche a las últimas gargantas de las montañas. Vimos de pronto una luz encendida que era indicio cierto de habitación humana y, al acercarnos, hallamos unas desvencijadas construcciones, unos destartalados galpones al parecer vacíos. Entramos a uno de ellos y vimos, al claror de la lumbre, grandes troncos encendidos en el centro de la habitación, cuerpos de árboles gigantes que allí ardían de día y de noche y que dejaban escapar por las hendiduras del techo un humo que vagaba en medio de las tinieblas como un profundo velo azul. Vimos montones de quesos acumulados por quienes los cuajaron a aquellas alturas. Cerca del fuego, agrupados como sacos, yacían algunos hombres. Distinguimos en el silencio las cuerdas de una guitarra y las palabras de una canción que, naciendo de las brasas y de la oscuridad, nos traía la primera voz humana que habíamos topado en el camino. Era una canción de amor y de distancia, un lamento de amor y de nostalgia dirigido hacia la primavera lejana, hacia las ciudades de donde veníamos, hacia la infinita extensión de la vida. Ellos ignoraban quiénes éramos, ellos nada sabían del fugitivo, ellos no conocían mi poesía ni mi nombre. O lo conocían, nos conocían? El hecho real fue que junto a aquel fuego cantamos y comimos, y luego caminamos dentro de la oscuridad hacia unos cuartos elementales. A través de ellos pasaba una corriente termal, agua volcánica donde nos sumergimos, calor que se desprendía de las cordilleras y nos acogió en su seno.

Chapoteamos gozosos, lavándonos, limpiándonos el peso de la inmensa cabalgata. Nos sentimos frescos, renacidos, bautizados, cuando al amanecer emprendimos los últimos kilómetros de jornada que me separarían de aquel eclipse de mi patria. Nos alejamos cantando sobre nuestras cabalgaduras, plenos de un aire nuevo, de un aliento que nos empujaba al gran camino del mundo que me estaba esperando. Cuando quisimos dar (lo recuerdo vivamente) a los montañeses algunas monedas de recompensa por las canciones, por los alimentos, por las aguas termales, por el techo y los lechos, vale decir, por el inesperado amparo que nos salió al encuentro, ellos rechazaron nuestro ofrecimiento sin un ademán. Nos habían servido y nada más. Y en ese «nada más», en ese silencioso «nada más» había muchas cosas subentendidas, tal vez el reconocimiento, tal vez los mismos sueños.

Señoras y señores:

Yo no aprendí en los libros ninguna receta para la composición de un poema; y no dejaré impreso a mi vez ni siquiera un consejo, modo o estilo para que los nuevos poetas reciban de mí alguna gota de supuesta sabiduría. Si he narrado en este discurso ciertos sucesos del pasado, si he revivido un nunca olvidado relato en esta ocasión y en este sitio tan diferente a lo acontecido, es porque en el curso de mi vida he encontrado siempre en alguna parte la aseveración necesaria, la fórmula que me aguardaba, no para endurecerse en mis palabras sino para explicarme a mí mismo.

En aquella larga jornada encontré las dosis necesarias a la formación del poema. Allí me fueron dadas las aportaciones de la tierra y del alma. Y pienso que la poesía es una acción pasajera o solemne en que entran por parejas medidas la soledad y la solidaridad, el sentimiento y la acción, la intimidad de uno mismo, la intimidad del hombre y la secreta revelación de la naturaleza. Y pienso con no menor fe que todo está sostenido —el hombre y su sombra, el hombre y su actitud, el hombre y su poesía— en una comunidad cada vez más extensa, en un ejercicio que integrará para siempre en nosotros la realidad y los sueños, porque de tal manera los une y los confunde. Y digo de igual modo que no sé, después de tantos años, si aquellas lecciones que recibí al cruzar un río vertiginoso, al bailar alrededor del cráneo de una vaca, al bañar mi piel en el agua purificadora de las más altas regiones, digo que no sé si aquello salía de mí mismo para comunicarse después con muchos otros seres, o era el mensaje que los demás hombres me enviaban como exigencia o emplazamiento. No sé si aquello lo viví o lo escribí, no sé si fueron verdad o poesía, transición o eternidad, los versos que experimenté en aquel momento, las experiencias que canté más tarde.

De todo ello, amigos, surge una enseñanza que el poeta debe aprender de los demás hombres. No hay soledad inexpugnable. Todos los caminos llevan al mismo punto: a la comunicación de lo que somos. Y es preciso atravesar la soledad y la aspereza, la incomunicación y el silencio para llegar al recinto mágico en que podemos danzar torpemente o cantar con melancolía; mas en esa danza o en esa canción están consumados los más antiguos ritos de la conciencia; de la conciencia de ser hombres y de creer en un destino común.

En verdad, si bien alguna o mucha gente me consideró un sectario, sin posible participación en la mesa común de la amistad y de la responsabilidad, no quiero justificarme, no creo que las acusaciones ni las justificaciones tengan cabida entre los deberes del poeta. Después de todo, ningún poeta administró la poesía, y si alguno de ellos se detuvo a acusar a sus semejantes, o si otro pensó que podría gastarse la vida defendiéndose de recriminaciones razonables o absurdas, mi convicción es que solo la vanidad es capaz de desviarnos hasta tales extremos. Digo que los enemigos de la poesía no están entre quienes la profesan o resguardan, sino en la falta de concordancia del poeta. De ahí que ningún poeta tenga más enemigo esencial que su propia incapacidad para entenderse con los más ignorados y explotados de sus contemporáneos; y esto rige para todas las épocas y para todas las tierras.

El poeta no es un «pequeño dios». No, no es un «pequeño dios». No está signado por un destino cabalístico superior al de quienes ejercen otros menesteres y oficios. A menudo expresé que el mejor poeta es el hombre que nos entrega el pan de cada día: el panadero más próximo, que no se cree dios. Él cumple su majestuosa y humilde faena de amasar, meter al horno, dorar y entregar el pan de cada día, con una obligación comunitaria. Y si el poeta llega a alcanzar esa sencilla conciencia, podrá también la sencilla conciencia convertirse en parte de una colosal artesanía, de una construcción simple o complicada, que es la construcción de la sociedad, la transformación de las condiciones que rodean al hombre, la entrega de la mercadería: pan, verdad, vino, sueños. Si el poeta se incorpora a esa nunca gastada lucha por consignar cada uno en manos de los otros su ración de compromiso, su dedicación y su ternura al trabajo común de cada día y de todos los hombres, el poeta tomará parte en el sudor, en el pan, en el vino, en el sueño de la humanidad entera. Solo por ese camino inalienable de ser hombres comunes llegaremos a restituirle a la poesía el anchuroso espacio que le van recortando en cada época, que le vamos recortando en cada época nosotros mismos.

Los errores que me llevaron a una relativa verdad, y las verdades que repetidas veces me condujeron al error, unos y otras no me permitieron —ni yo lo pretendí nunca— orientar, dirigir, enseñar lo que se llama el proceso creador, los vericuetos de la literatura. Pero sí me di cuenta de una cosa: de que nosotros mismos vamos creando los fantasmas de nuestra propia mitificación. De la argamasa de lo que hacemos, o queremos hacer, surgen más tarde los impedimentos de nuestro propio y futuro desarrollo. Nos vemos indefectiblemente conducidos a la realidad y al realismo, es decir, a tomar una conciencia directa de lo que nos rodea y de los caminos de la transformación, y luego comprendemos, cuando parece tarde, que hemos construido una limitación tan exagerada que matamos lo vivo en vez de conducir la vida a desenvolverse y florecer. Nos imponemos un realismo que posteriormente nos resulta más pesado que el ladrillo de las construcciones, sin que por ello hayamos erigido el edificio que contemplábamos como parte integral de nuestro deber. Y en sentido contrario, si alcanzamos a crear el fetiche de lo incomprensible (o de lo comprensible para unos pocos), el fetiche de lo selecto y de lo secreto, si suprimimos la realidad y sus degeneraciones realistas, nos veremos de pronto rodeados de un terreno imposible, de un tembladeral de hojas, de barro, de nubes, en el que se hunden nuestros pies y nos ahoga una incomunicación opresiva.

En cuanto a nosotros en particular, escritores de la vasta extensión americana, escuchamos sin tregua el llamado para llenar ese espacio enorme con seres de carne y hueso. Somos conscientes de nuestra obligación de pobladores y —al mismo tiempo que nos resulta esencial el deber de una comunicación crítica en un mundo deshabitado, y no por deshabitado menos lleno de injusticias, castigos y dolores— sentimos también el compromiso de recobrar los antiguos sueños que duermen en las estatuas de piedra, en los antiguos monumentos destruidos, en los anchos silencios de pampas planetarias, de selvas espesas, de ríos que cantan como truenos. Necesitamos colmar de palabras los confines de un continente mudo y nos embriaga esta tarea de fabular y de nombrar. Tal vez esa sea la razón determinante de mi humilde caso individual: y en esa circunstancia mis excesos, o mi abundancia, o mi retórica, no vendrían a ser sino actos, los más simples, del menester americano de cada día. Cada uno de mis versos quiso instalarse como un objeto palpable; cada uno de mis poemas pretendió ser un instrumento útil de trabajo; cada uno de mis cantos aspiró a servir en el espacio como signos de reunión donde se cruzaron los caminos, o como fragmento de piedra o de madera en que alguien, otros, los que vendrán, pudieran depositar los nuevos signos.

Extendiendo estos deberes del poeta, en la verdad o en el error, hasta sus últimas consecuencias, decidí que mi actitud dentro de la sociedad y ante la vida debía ser también humildemente partidaria. Lo decidí viendo gloriosos fracasos, solitarias victorias, derrotas deslumbrantes. Comprendí, metido en el escenario de las luchas de América, que mi misión humana no era otra sino agregarme a la extensa fuerza del pueblo organizado, agregarme con sangre y alma, con pasión y esperanza, porque solo de esa henchida torrentera pueden nacer los cambios necesarios a los escritores y a los pueblos. Y aunque mi posición levantara o levante objeciones amargas o amables, lo cierto es que no hallo otro camino para el escritor de nuestros anchos y crueles países, si queremos que florezca la oscuridad, si pretendemos que los millones de hombres que aún no han aprendido a leernos ni a leer, que todavía no saben escribir ni escribirnos, se establezcan en el terreno de la dignidad sin la cual no es posible ser hombres integrales.

Heredamos la vida lacerada de los pueblos que arrastran un castigo de siglos, pueblos los más edénicos, los más puros, los que construyeron con piedras y metales torres milagrosas, alhajas de fulgor deslumbrante: pueblos que de pronto fueron arrasados y enmudecidos por las épocas terribles del colonialismo que aún existe.

Nuestras estrellas primordiales son la lucha y la esperanza. Pero no hay lucha ni esperanzas solitarias. En todo hombre se juntan las épocas remotas, la inercia, los errores, las pasiones, las urgencias de nuestro tiempo, la velocidad de la historia. Pero, qué sería de mí si yo, por ejemplo, hubiera contribuido en cualquiera forma al pasado feudal del gran continente americano? Cómo podría yo levantar la frente, iluminada por el honor que Suecia me ha otorgado, si no me sintiera orgulloso de haber tomado una mínima parte en la transformación actual de mi país? Hay que mirar el mapa de América, enfrentarse a la grandiosa diversidad, a la generosidad cósmica del espacio que nos rodea, para entender que muchos escritores se niegan a compartir el pasado de oprobio y de saqueo que oscuros dioses destinaron a los pueblos americanos.

Yo escogí el difícil camino de una responsabilidad compartida y, antes de reiterar la adoración hacia el individuo como sol central del sistema, preferí entregar con humildad mi servicio a un considerable ejército que a trechos puede equivocarse, pero que camina sin descanso y avanza cada día enfrentándose tanto a los anacrónicos recalcitrantes como a los infatuados impacientes.

Porque creo que mis deberes de poeta no solo me indicaban la fraternidad con la rosa y la simetría, con el exaltado amor y con la nostalgia infinita, sino también con las ásperas tareas humanas que incorporé a mi poesía.

Hace hoy cien años exactos, un pobre y espléndido poeta, el más atroz de los desesperados, escribió esta profecía: *A l'aurore, armés d'une ardente patience, nous entrerons aux splendides Villes.* («Al amanecer, armados de una ardiente paciencia, entraremos a las espléndidas ciudades»).

Yo creo en esa profecía de Rimbaud, el vidente. Yo vengo de una obscura provincia, de un país separado de todos los otros por la tajante geografía. Fui el más abandonado de los poetas y mi poesía fue regional, dolorosa y lluviosa. Pero tuve siempre confianza en el hombre. No perdí jamás la esperanza. Por eso tal vez he llegado hasta aquí con mi poesía, y también con mi bandera.

En conclusión, debo decir a los hombres de buena voluntad, a los trabajadores, a los poetas, que el entero porvenir fue expresado en esa frase de Rimbaud: solo con una ardiente paciencia conquistaremos la espléndida ciudad que dará luz, justicia y dignidad a todos los hombres.

Así la poesía no habrá cantado en vano.

–Discurso de recepción del Premio Nobel de Literatura 1971,
Estocolmo, 13.12.1971 / *OC,* t. V, pp 332-341

JARDÍN DE INVIERNO

Llega el invierno. Espléndido dictado
me dan las lentas hojas
vestidas de silencio y amarillo.

Soy un libro de nieve,
una espaciosa mano, una pradera,
un círculo que espera,
pertenezco a la tierra y a su invierno.

Creció el rumor del mundo en el follaje,
ardió después el trigo constelado
por flores rojas como quemaduras,
luego llegó el otoño a establecer
la escritura del vino:
todo pasó, fue cielo pasajero
la copa del estío,
y se apagó la nube navegante.

Yo esperé en el balcón, tan enlutado
como ayer con las yedras de mi infancia,
que la tierra extendiera
sus alas en mi amor deshabitado.

Yo supe que la rosa caería
y el hueso del durazno transitorio
volvería a dormir y a germinar:
y me embriagué con la copa del aire
hasta que todo el mar se hizo nocturno
y el arrebol se convirtió en ceniza.

La tierra vive ahora
tranquilizando su interrogatorio,
extendida la piel de su silencio.
Yo vuelvo a ser ahora
el taciturno que llegó de lejos
envuelto en lluvia fría y en campanas:
debo a la muerte pura de la tierra
la voluntad de mis germinaciones.

–[La Manquel, Condé-sur-Iton, invierno de 1971-1972] /
Jardín de invierno, 1974

EL CAMPANARIO DE AUTHENAY

Contra la claridad de la pradera
un campanario negro.

Salta desde la iglesia triangular:
pizarra y simetría.

Mínima iglesia en la suave extensión
como para que rece una paloma.

La pura voluntad de un campanario
contra el cielo de invierno.

La rectitud divina de la flecha
dura como una espada

con el metal de un gallo tempestuoso
volando en la veleta.

(No la nostalgia, es el orgullo
nuestro vestido pasajero

y el follaje que nos cubría
cae a los pies del campanario.

Este orden puro que se eleva
sostiene su sistema gris

en el desnudo poderío
de la estación color de lluvia.

Aquí el hombre estuvo y se fue:
dejó su deber en la altura,

y regresó a los elementos,
al agua de la geografía.

Así pude ser y no pude,
así no aprendí mis deberes:

me quedé donde todo el mundo
mirara mis manos vacías:

las construcciones que no hice:
mi corazón deshabitado:

mientras oscuras herramientas,
brazos grises, manos oscuras

levantaban la rectitud
de un campanario y de una flecha.

Ay lo que traje yo a la tierra
lo dispersé sin fundamento,

no levanté sino las nubes
y solo anduve con el humo

sin saber que de piedra oscura
se levantaba la pureza

en anteriores territorios,
en el invierno indiferente).

Oh asombro vertical en la pradera
húmeda y extendida:

una delgada dirección de aguja
exacta, sobre el cielo.

Cuántas veces de todo aquel paisaje,
árboles y terrones

en la infinita estrella horizontal
de la terrestre Normandía,

por nieve o lluvia o corazón cansado,
de tanto ir y venir por el mundo,

se quedaron mis ojos amarrados
al campanario de Authenay,

a la estructura de la voluntad
sobre los dominios dispersos

de la tierra que no tiene palabras
y de mi propia vida.

En la interrogación de la pradera
y mis atónitos dolores

una presencia inmóvil rodeada
por la pradera y el silencio:

la flecha de una pobre torre oscura
sosteniendo un gallo en el cielo.

–[La Manquel, Condé-sur-Iton, a comienzos de 1972] /
Geografía infructuosa, 1972 (mayo)

LA PIEL DEL ABEDUL

Como la piel del abedul
eres plateada y olorosa:
tengo que contar con tus ojos
al describir la primavera.

Y aunque no sé cómo te llamas
no hay primer tomo sin mujer:
los libros se escriben con besos
(y yo les ruego que se callen
para que se acerque la lluvia).

Quiero decir que entre dos mares
está colgando mi estatura
como una bandera abatida.
Y por mi amada sin mirada
estoy dispuesto hasta morir
aunque mi muerte se atribuya
a mi deficiente organismo
o a la tristeza innecesaria
depositada en los roperos.
Lo cierto es que el tiempo se escapa
y con voz de viuda me llama
desde los bosque olvidados.

Antes de ver el mundo, entonces,
cuando mis ojos no se abrían
yo disponía de cuatro ojos:
los míos y los de mi amor:
no me pregunten si he cambiado
(es solo el tiempo el que envejece)
(vive cambiando de camisa
mientras yo sigo caminando).

Todos los labios del amor
fueron haciendo mi ropaje
desde que me sentí desnudo:
ella se llamaba María
(tal vez Teresa se llamaba),
y me acostumbré a caminar
consumido por mis pasiones.

Eres tú la que tú serás
mujer innata de mi amor,
la que de greda fue formada
o la de plumas que voló
o la mujer territorial
de cabellera en el follaje
o la concéntrica caída
como una moneda desnuda
en el estanque de un topacio

o la presente cuidadora
de mi incorrecta indisciplina
o bien la que nunca nació
y que yo espero todavía.

Porque la luz del abedul
es la piel de la primavera.

–[La Manquel, Condé-sur-Iton, primavera de 1972] /
Jardín de invierno, 1974

CON QUEVEDO, EN PRIMAVERA

Todo ha florecido en
estos campos, manzanos,
azules titubeantes, malezas amarillas,
y entre la hierba verde viven las amapolas.
El cielo inextinguible, el aire nuevo
de cada día, el tácito fulgor,
regalo de una extensa primavera.
Solo no hay primavera en mi recinto.
Enfermedades, besos desquiciados,
como yedras de iglesia se pegaron
a las ventanas negras de mi vida
y el solo amor no basta, ni el salvaje
y extenso aroma de la primavera.

Y para ti qué son en este ahora
la luz desenfrenada, el desarrollo
floral de la evidencia, el canto verde
de las verdes hojas, la presencia
del cielo con su copa de frescura?
Primavera exterior, no me atormentes,
desatando en mis brazos vino y nieve,
corola y ramo roto de pesares,
dame por hoy el sueño de las hojas
nocturnas, la noche en que se encuentran

los muertos, los metales, las raíces,
y tantas primaveras extinguidas
que despiertan en cada primavera.

–[La Manquel, Condé-sur-Iton, primavera de 1972] /
Jardín de invierno, 1974

LIBRO DE LAS PREGUNTAS
[FRAGMENTOS]

[...]

III

Dime, la rosa está desnuda,
o solo tiene ese vestido?

Por qué los árboles esconden
el esplendor de sus raíces?

Quién oye los remordimientos
del automóvil criminal?

Hay algo más triste en el mundo
que un tren inmóvil en la lluvia?

[...]

V

Qué guardas bajo tu joroba?
dijo un camello a una tortuga.

Y la tortuga preguntó:
Qué conversas con las naranjas?

Tiene más hojas un peral
que Buscando el Tiempo Perdido?

Por qué se suicidan las hojas
cuando se sienten amarillas?

[...]

VIII

Qué cosa irrita a los volcanes
que escupen fuego, frío y furia?

Por qué Cristóbal Colón
no pudo descubrir a España?

Cuántas preguntas tiene un gato?

Las lágrimas que no se lloran
esperan en pequeños lagos?

O serán ríos invisibles
que corren hacia la tristeza?

[...]

X

Qué pensarán de mi sombrero,
en cien años más, los polacos?

Qué dirán de mi poesía
los que no tocaron mi sangre?

Cómo se mide la espuma
que resbala de la cerveza?

Qué hace una mosca encarcelada
en un soneto de Petrarca?

[...]

XIII

Es verdad que solo en Australia
hay cocodrilos voluptuosos?

Cómo se reparten el sol
en el naranjo las naranjas?

Venía de una boca amarga
la dentadura de la sal?

Es verdad que vuela de noche
sobre mi patria un cóndor negro?

[...]

XXIII

Se convierte en pez volador
si transmigra la mariposa?

Entonces no era verdad
que vivía Dios en la luna?

De qué color es el olor
del llanto azul de las violetas?

Cuántas semanas tiene un día
y cuántos años tiene un mes?

[...]

XXVIII

Por qué no recuerdan los viejos
las deudas ni las quemaduras?

Era verdad aquel aroma
de la doncella sorprendida?

Por qué los pobres no comprenden
apenas dejan de ser pobres?

Dónde encontrar una campana
que suene adentro de tus sueños?

[…]

XXX

Cuando escribió su libro azul
Rubén Darío no era verde?

No era escarlata Rimbaud,
Góngora de color violeta?

Y Victor Hugo tricolor?
Y yo a listones amarillos?

Se juntan todos los recuerdos
de los pobres de las aldeas?

Y en una caja mineral
guardaron sus sueños los ricos?

XXXI

A quién le puedo preguntar
qué vine a hacer en este mundo?

Por qué me muevo sin querer,
por qué no puedo estar inmóvil?

Por qué voy rodando sin ruedas,
volando sin alas ni plumas,

y qué me dio por transmigrar
si viven en Chile mis huesos?

XXXII

Hay algo más tonto en la vida
que llamarse Pablo Neruda?

Hay en el cielo de Colombia
un coleccionista de nubes?

Por qué siempre se hacen en Londres
los congresos de los paraguas?

Sangre color de amaranto
tenía la reina de Saba?

Cuando lloraba Baudelaire
lloraba con lágrimas negras?

[...]

XXXVI

No será la muerte por fin
una cocina interminable?

Qué harán tus huesos disgregados,
buscarán otra vez tu forma?

Se fundirá tu destrucción
en otra voz y en otra luz?

Formarán parte tus gusanos
de perros o de mariposas?

[...]

XXXIX

No sientes también el peligro
en la carcajada del mar?

No ves en la seda sangrienta
de la amapola una amenaza?

No ves que florece el manzano
para morir en la manzana?

No lloras rodeado de risa
con las botellas del olvido?

[…]

XLIII

Quién era aquella que te amó
en el sueño, cuando dormías?

Dónde van las cosas del sueño?
Se van al sueño de los otros?

Y el padre que vive en los sueños
vuelve a morir cuando despiertas?

Florecen las plantas del sueño
y maduran sus graves frutos?

[…]

L

Quién puede convencer al mar
para que sea razonable?

De qué le sirve demoler
ámbar azul, granito verde?

Y para qué tantas arrugas
y tanto agujero en la roca?

Yo llegué de detrás del mar
y dónde voy cuando me ataja?

Por qué me he cerrado el camino
cayendo en la trampa del mar?

[...]

LVIII

Y qué palpitaba en la noche?
Eran planetas o herraduras?

Debo escoger esta mañana
entre el mar desnudo y el cielo?

Y por qué el cielo está vestido
tan temprano con sus neblinas?

Qué me esperaba en Isla Negra?
La verdad verde o el decoro?

[...]

LXII

Qué significa persistir
en el callejón de la muerte?

En el desierto de la sal
cómo se puede florecer?

En el mar del no pasa nada
hay vestido para morir?

Cuando ya se fueron los huesos
quién vive en el polvo final?

–París, 1972 / *El Nacional,* Caracas, 12 entregas (enero-abril de 1973), con textos fechados por Neruda «París, 1972» / *Libro de las preguntas,* 1974

[HAY UNA HORA CUANDO CAE EL DÍA]

Hay una hora cuando cae el día,
la primera advertencia de ceniza,
la luz sacude su cola de pez,
el agua seca del atardecer
baja desde las torres:
pienso que es hoy
cuando debo pasear
solo por estas calles,
dejar la arteria Gorki, disiparme
como un aparecido transparente
en el viejo Moscú de las callejas
que aún se sostienen, isbas
con ventanas de marcos de madera
cortadas por tijeras celestiales,
por manos campesinas,
casas de color rosa y amarillo,
verde inocente, azul de ojos de ángel,
casas angelicales
salidas como brota la legumbre
de las tierras honradas:
viejo Moscú de iglesias minúsculas,
cúpulas con caderas de oro,
humo antiguo que vuela
desde las chimeneas
y las antenas de televisión.

–[Moscú, 24 de abril-inicio de mayo de 1972] /
Elegía, poema XIII, 1974

[LOS VIVOS, AÚN VIVIENTES]

Los vivos, aún vivientes,
el amor del poeta de bronce,
una mujer más frágil que un huevo de perdiz,
delgada como el silbido del canario salvaje,
una llamada Lily Brik es mi amiga,
mi vieja amiga mía. No conocí su hoguera:
y solo su retrato en las cubiertas
de Mayakovski me advirtieron
que fueron estos ojos apagados
los que encendieron púrpura soviética
en la dimensión descubierta.

Aquí Lily, aún fosforescente
desde su puñadito de cenizas
con una mano en todo lo que nace,
con una rosa de recibimiento
a todo golpe de ala que aparece,
herida por alguna tardía pedrada
destinada hoy aún a Mayakovski:
dulce y bravía Lily, buenas noches,
dame otra vez tu copa transparente
para beber de un trago y en tu honor
el pasado que canta y que crepita
como un ave de fuego.

–[Moscú, 24 de abril-inicio de mayo de 1972] /
Elegía, poema XV, 1974

[LO SÉ, LO SÉ]

Lo sé, lo sé, con muertos no se hicieron
muros, ni máquinas, ni panaderías:
tal vez así es, sin duda, pero
mi alma no se alimenta de edificios,
no recibo salud de las usinas,

ni tampoco tristeza.
Mi quebranto es de aquellos
que me anduvieron, que me dieron sol,
que me comunicaron existencias,
y ahora qué hago con el heroísmo
de los soldados y los ingenieros?
Dónde está la sonrisa
o la pintura comunicativa,
o la palabra enseñante,
o la risa, la risa,
la clara carcajada
de aquellos que perdí por esas calles,
por estos tiempos, por estas regiones
en donde me detuve y continuaron
ellos, hasta terminar sus viajes?

–[Moscú, 24 de abril-inicio de mayo de 1972] /
Elegía, poema XVIII, 1974

[AIRE DE EUROPA Y AIRE DE ASIA]

Aire de Europa y aire de Asia
se encuentran, se rechazan,
se casan, se confunden
en la ciudad del límite:
llega el polvo carbónico de Silesia,
la fragancia vinícola de Francia,
olor a Italia con cebollas fritas,
humo, sangre, claveles españoles,
todo lo trae el aire, la ventisca
de tundra y taiga bailan en la estepa,
el aire siberiano, fuerza pura,
viento de astro silvestre,
el ancho viento que hasta los Urales
con manos verdes como malaquita
plancha los caseríos, las praderas,

guarda en su centro un corazón de lluvia,
se desploma en arcángeles de nieve.

–[Moscú, 24 de abril-inicio de mayo de 1972] /
Elegía, poema XXVIII, 1974

[OH LÍNEA DE DOS MUNDOS]

Oh línea de dos mundos que palpitan
desgarradoramente, ostentatorios
de lo mejor y de lo venenoso,
línea
de muerte y nacimiento, de Afrodita
fragante a jazmineros entreabiertos
prolongando su esencial divinidad
y el trigo justiciero de este lado,
la cosecha de todos, la certeza
de haber cumplido con el sueño humano:
oh ciudad lineal que como un hacha
nos rompe el alma en dos mitades tristes,
insatisfechas ambas, esperando
la cicatrización de los dolores,
la paz, el tiempo del amor completo.

–[Moscú, 24 de abril-inicio de mayo de 1972] /
Elegía, poema XXIX, 1974

[PORQUE YO, CLÁSICO DE MI ARAUCANÍA]

Porque yo, clásico de mi araucanía,
castellano de sílabas, testigo
del Greco y su familia lacerada,
yo, hijo de Apollinaire o de Petrarca,
y también yo, pájaro de San Basilio,
viviendo entre las cúpulas burlescas,

elaborados rábanos, cebollas
del huerto bizantino, apariciones
de los íconos en su geometría,
yo que soy tú me abrazo a las herencias
y a las adquisiciones celestiales:
yo y tú, los que vivimos en el límite
del mundo antiguo y de los nuevos mundos
participamos con melancolía
en la fusión de los vientos contrarios,
en la unidad del tiempo que camina.

La vida es el espacio en movimiento.

–[Moscú, 24 de abril-inicio de mayo de 1972] /
Elegía, poema XXX, 1974

LLAMA EL OCÉANO

No voy al mar en este ancho verano
cubierto de calor, no voy más lejos
de los muros, las puertas y las grietas
que circundan las vidas y mi vida.

En qué distancia, frente a cuál ventana,
en qué estación de trenes
dejé olvidado el mar? Y allí quedamos,
yo dando las espaldas a lo que amo
mientras allá seguía la batalla
de blanco y verde y piedra y centelleo.

Así fue, así parece que así fue:
cambian las vidas, y el que va muriendo
no sabe que esa parte de la vida,
esa nota mayor, esa abundancia
de cólera y fulgor quedaron lejos,
te fueron ciegamente cercenadas.

No, yo me niego al mar desconocido,
muerto, rodeado de ciudades tristes,
mar cuyas olas no saben matar,
ni cargarse de sal y de sonido.
Yo quiero el mío mar, la artillería
del océano golpeando las orillas,
aquel derrumbe insigne de turquesas,
la espuma donde muere el poderío.

No salgo al mar este verano: estoy
encerrado, enterrado, y a lo largo
del túnel que me lleva prisionero
oigo remotamente un trueno verde,
un cataclismo de botellas rotas,
un susurro de sal y de agonía.
Es el libertador. Es el océano,
lejos, allá, en mi patria, que me espera.

–[La Manquel, Condé-sur-Iton, agosto de 1972] /
Jardín de invierno, 1974

AQUÍ ME QUEDO

Yo no quiero la Patria dividida

ni por siete cuchillos desangrada:
quiero la luz de Chile enarbolada
sobre la nueva casa construida:

cabemos todos en la tierra mía.

Y que los que se creen prisioneros
se vayan lejos con su melodía:

siempre los ricos fueron extranjeros.

Que se vayan a Miami con sus tías!

Yo me quedo a cantar con los obreros
en esta nueva historia y geografía.

–[Isla Negra, dic. de 1972-enero de 1973] /
Incitación al nixonicidio, poema XII, 1973

LEYENDO A QUEVEDO JUNTO AL MAR

Viviendo entre el océano y Quevedo,
es decir entre graves desmesuras,
leyendo el mar y recorriendo el miedo

del poeta mortal en su lamento
comprendo la razón de mi amargura.

Porque mi corazón no está contento.

Chile es golpeado por la misma gente
que nos destinan al sometimiento
y amenazan con uñas y con dientes.

Los intereses son como ciclones,
rompen la tierra y todo lo que vive:
estallan en Vietnam las invasiones,

fracasan en la espuma del Caribe.

–[Isla Negra, dic. de 1972-enero de 1973] /
Incitación al nixonicidio, poema XV, 1973

EL POLLO JEROGLÍFICO

Tan defectuoso era mi amigo
que no soportaba el crepúsculo.
Era una injuria personal
la aproximación de la sombra,
la duda crítica del día.

Mi pobre amigo aunque heredero
de posesiones terrenales
podía cambiar de estación
buscando el país de la nieve
o las palmeras de Sumatra:
pero, cómo evitarle al día
el crepúsculo inevitable?

Intentó somníferos verdes
y alcoholes extravagantes,
nadó en espuma de cerveza,
acudió a médicos, leyó
farmacopeas y almanaques:
escogió el amor a esa hora,
pero todo resultó inútil:
casi dejaba de latir
o palpitaba demasiado
su corazón que rechazaba
el advenimiento fatal
del crepúsculo de cada día.
Penosa vida que arrastró
mi amigo desinteresado.

Con C. B. íbamos con él
a un restaurante de París
a esa hora para que se viera
la aproximación de la noche.
Nuestro amigo creyó encontrar
un jeroglífico inquietante
en un manjar que le ofrecían.
Y acto seguido, iracundo,

arrojó el pollo jeroglífico
a la cabeza del benigno
maître d'hôtel del restaurante.
Mientras se cerraba el crepúsculo
como un abanico celeste
sobre las torres de París,
la salsa bajaba a los ojos
del servidor desorientado.

Llegó la noche y otro día
y sobre nuestro atormentado,
qué hacer? Cayó el olvido oscuro
como un crepúsculo de plomo.

C. B. me recuerda esta historia
en una carta que conservo.

–[Isla Negra, verano de 1973] / *El corazón amarillo,* 1974

CANCIÓN DEL AMOR

Te amo, te amo, es mi canción
y aquí comienza el desatino.

Te amo, te amo mi pulmón,
te amo, te amo mi parrón,
y si el amor es como el vino
eres tú mi predilección
desde las manos a los pies:
eres la copa del después
y la botella del destino.

Te amo al derecho y al revés
y no tengo tono ni tino
para cantarte mi canción,
mi canción que no tiene fin.

En mi violín que desentona
te lo declara mi violín
que te amo, te amo mi violona,
mi mujercita oscura y clara,
mi corazón, mi dentadura,
mi claridad y mi cuchara,
mi sal de la semana oscura,
mi luna de ventana clara.

–[Isla Negra, verano de 1973] / *El corazón amarillo,* 1974

INTEGRACIONES

Después de todo te amaré
como si fuera siempre antes
como si de tanto esperar
sin que te viera ni llegaras
estuvieras eternamente
respirando cerca de mí.
Cerca de mí con tus costumbres
con tu color y tu guitarra
como están juntos los países
en las lecciones escolares
y dos comarcas se confunden
y hay un río cerca de un río
y dos volcanes crecen juntos.

Cerca de ti es cerca de mí
y lejos de todo es tu ausencia
y es color de arcilla la luna
en la noche del terremoto
cuando en terror de la tierra
se juntan todas las raíces
y se oye sonar el silencio
con la música del espanto.
El miedo es también un camino.

Y entre sus piedras pavorosas
puede marchar con cuatro pies
y cuatro labios, la ternura.

Porque sin salir del presente
que es un anillo delicado
tocamos la arena de ayer
y en el mar enseña el amor
un arrebato repetido.

–[Isla Negra, marzo de 1973] / *El Nacional,* Caracas, 3.6.1973 /
El corazón amarillo, 1974

ANIMAL DE LUZ

Soy en este sin fin sin soledad
un animal de luz acorralado
por sus errores y por su follaje:
ancha es la selva: aquí mis semejantes
pululan, retroceden o trafican,
mientras yo me retiro acompañado
por la escolta que el tiempo determina:
olas del mar, estrellas de la noche.

Es poco, es ancho, es escaso y es todo.
De tanto ver mis ojos otros ojos
y mi boca de tanto ser besada,
de haber tragado el humo
de aquellos trenes desaparecidos,
las viejas estaciones despiadadas
y el polvo de incesantes librerías,
el hombre yo, el mortal, se fatigó
de ojos, de besos, de humo, de caminos,
de libros más espesos que la tierra.

Y hoy en el fondo del bosque perdido
oye el rumor del enemigo y huye

no de los otros sino de sí mismo,
de la conversación interminable,
del coro que cantaba con nosotros
y del significado de la vida.

Porque una vez, porque una voz, porque una
sílaba o el transcurso de un silencio
o el sonido insepulto de la ola
me dejan frente a la verdad,
y no hay nada más que descifrar,
ni nada más que hablar: eso era todo:
se cerraron las puertas de la selva,
circula el sol abriendo los follajes,
sube la luna como fruta blanca
y el hombre se acomoda a su destino.

–[Isla Negra, marzo de 1973] / *El Nacional,* Caracas, 22.7.1973 /
Jardín de invierno, 1974

LA ESTRELLA

Bueno, ya no volví, ya no padezco
de no volver, se decidió la arena
y como parte de ola y de pasaje,
sílaba de la sal, piojo del agua,
yo, soberano, esclavo de la costa
me sometí, me encadené a mi roca.

No hay albedrío para los que somos
fragmento del asombro,
no hay salida para este volver
a uno mismo, a la piedra de uno mismo,
ya no hay más estrella que el mar.

–[Isla Negra, marzo de 1973] / *Jardín de invierno,* 1974

TRISTE CANCIÓN PARA ABURRIR A CUALQUIERA

Toda la noche me pasé la vida
sacando cuentas,
pero no de vacas,
pero no de libras,
pero no de francos,
pero no de dólares,
no, nada de eso.

Toda la vida me pasé la noche
sacando cuentas,
pero no de coches,
pero no de gatos,
pero no de amores,
no.

Toda la vida me pasé la luz
sacando cuentas,
pero no de libros,
pero no de perros,
pero no de cifras,
no.

Toda la luna me pasé la noche
sacando cuentas,
pero no de besos,
pero no de novias,
pero no de camas,
no.

Toda la noche me pasé las olas
sacando cuentas,
pero no de botellas,
pero no de dientes,
pero no de copas,
no.

Toda la guerra me pasé la paz
sacando cuentas,
pero no de muertos,
pero no de flores,
no.

Toda la lluvia me pasé la tierra
haciendo cuentas,
pero no de caminos,
pero no de canciones,
no.

Toda la tierra me pasé la sombra
sacando cuentas,
pero no de cabellos,
no de arrugas,
no de cosas perdidas,
no.

Toda la muerte me pasé la vida
sacando cuentas:
pero de qué se trata
no me acuerdo,
no.

Toda la vida me pasé la muerte
sacando cuentas
y si salí perdiendo
o si salí ganando
yo no lo sé, la tierra
no lo sabe.

Etcétera.

–[Isla Negra, otoño de 1973] / *Defectos escogidos,* 1974

ORÉGANO

Cuando aprendí con lentitud
a hablar
creo que ya aprendí la incoherencia:
no me entendía nadie, ni yo mismo,
y odié aquellas palabras
que me volvían siempre
al mismo pozo,
al pozo de mi ser aún oscuro,
aún traspasado de mi nacimiento,
hasta que me encontré sobre un andén
o en un campo recién estrenado
una palabra: *orégano,*
palabra que me desenredó
como sacándome de un laberinto.

No quise aprender más palabra alguna.

Quemé los diccionarios,
me encerré en esas sílabas cantoras,
retrospectivas, mágicas, silvestres,
y a todo grito por la orilla
de los ríos,
entre las afiladas espadañas
o en el cemento de la ciudadela,
en minas, oficinas y velorios,
yo masticaba mi palabra *orégano*
y era como si fuera una paloma
la que soltaba entre los ignorantes.

Qué olor a corazón temible,
qué olor a violetario verdadero,
y qué forma de párpado
para dormir cerrando los ojos:
la noche tiene *orégano*
y otras veces haciéndose revólver
me acompañó a pasear entre las fieras:
esa palabra defendió mis versos.

Un tarascón, unos colmillos (iban
sin duda a destrozarme
los jabalíes y los cocodrilos):
entonces
saqué de mi bolsillo
mi estimable palabra:
orégano, grité con alegría,
blandiéndola en mi mano temblorosa.

Oh milagro, las fieras asustadas
me pidieron perdón y me pidieron
humildemente *orégano.*

Oh lepidóptero entre las palabras,
oh palabra helicóptero,
purísima y preñada
como una aparición sacerdotal
y cargada de aroma,
territorial como un leopardo negro,
fosforescente orégano
que me sirvió para no hablar con nadie,
y para aclarar mi destino
renunciando al alarde del discurso
con un secreto idioma, el del orégano.

–[Isla Negra, otoño de 1973] / *Defectos escogidos,* 1974

INICIAL

Hora por hora no es el día,
es dolor por dolor:
el tiempo no se arruga,
no se gasta:
mar, dice el mar,
sin tregua,
tierra, dice la tierra:
el hombre espera.

Y solo
su campana
allí está entre las otras
guardando en su vacío
un silencio implacable
que se repartirá cuando levante
su lengua de metal ola tras ola.

De tantas cosas que tuve,
andando de rodillas por el mundo,
aquí, desnudo,
no tengo más que el duro mediodía
del mar, y una campana.

Me dan ellos su voz para sufrir
y su advertencia para detenerme.

Esto sucede para todo el mundo:

continúa el espacio.

Y vive el mar.

Existen las campanas.

–[Isla Negra, otoño de 1973] / *El mar y las campanas,* 1973

REGRESANDO

Yo tengo tantas muertes de perfil
que por eso no muero,
soy incapaz de hacerlo,
me buscan y no me hallan
y salgo con la mía,
con mi pobre destino
de caballo perdido
en los potreros solos

del sur del Sur de América:
sopla un viento de fierro,
los árboles se agachan
desde su nacimiento:
deben besar la tierra,
la llanura:
llega después la nieve
hecha de mil espadas
que no terminan nunca.
Yo he regresado
desde donde estaré,
desde mañana Viernes,
yo regresé
con todas mis campanas
y me quedé plantado
buscando la pradera,
besando tierra amarga
como el arbusto agachado.
Porque es obligatorio
obedecer al invierno,
dejar crecer el viento
también dentro de ti,
hasta que cae la nieve,
se unen el hoy y el día,
el viento y el pasado,
cae el frío,
al fin estamos solos,
por fin nos callaremos.
Gracias.

–[Isla Negra, otoño de 1973] / *El mar y las campanas,* 1973

[CUANDO YO DECIDÍ QUEDARME CLARO]

Cuando yo decidí quedarme claro
y buscar mano a mano la desdicha
para jugar a los dados,
encontré la mujer que me acompaña
a troche y moche y noche,
a nube y a silencio.

Matilde es esta,
esta se llama así
desde Chillán,
y llueva
o truene o salga
el día con su pelo azul
o la noche delgada,
ella,
dele que dele,
lista para mi piel,
para mi espacio,
abriendo todas las ventanas del mar
para que vuele la palabra escrita,
para que se llenen los muebles
de signos silenciosos,
de fuego verde.

–[Isla Negra, otoño de 1973] / *El mar y las campanas,* 1973

[CONOCÍ AL MEXICANO TIHUATÍN]

Conocí al mexicano Tihuatín
hace ya algunos siglos, en Jalapa,
y luego de encontrarlo cada vez
en Colombia, en Iquique, en Arequipa,
comencé a sospechar de su existencia.
Extraño su sombrero
me había parecido cuando

el hombre aquel, alfarero de oficio,
vivía de la arcilla mexicana
y luego fue arquitecto, mayordomo
de una ferretería en Venezuela,
minero y alguacil en Guatemala.
Yo pensé cómo, con la misma edad,
solo trescientos años,
yo, con el mismo oficio, ensimismado
en mi campanería,
con golpear siempre piedras o metales
para que alguien oiga mis campanas
y conozca mi voz, mi única voz,
este hombre, desde muertos años
por ríos que no existen,
cambiaba de ejercicio?

Entonces comprendí que él era yo,
que éramos un sobreviviente más
entre otros de por acá o aquí,
otros de iguales linajes enterrados
con las manos sucias de arena,
naciendo siempre y en cualquiera parte
dispuestos a un trabajo interminable.

–[Isla Negra, otoño de 1973] / *El mar y las campanas,* 1973

[ESTA CAMPANA ROTA]

Esta campana rota
quiere sin embargo cantar:
el metal ahora es verde,
color de selva tiene la campana,
color de agua de estanques en el bosque,
color del día en las hojas.

El bronce roto y verde,
la campana de bruces

y dormida
fue enredada por las enredaderas,
y del color oro duro del bronce
pasó a color de rana:
fueron las manos del agua,
la humedad de la costa,
que dio verdura al metal,
ternura a la campana.

Esta campana rota
arrastrada en el brusco matorral
de mi jardín salvaje,
campana verde, herida,
hunde sus cicatrices en la hierba:
no llama a nadie más, no se congrega
junto a su copa verde
más que una mariposa que palpita
sobre el metal caído y vuela huyendo
con alas amarillas.

–[Isla Negra, otoño-invierno de 1973] /
El mar y las campanas, 1973

[EL PUERTO PUERTO DE VALPARAÍSO]

El puerto puerto de Valparaíso
mal vestido de tierra
me ha contado: no sabe navegar:
soporta la embestida,
vendaval, terremoto,
ola marina,
todas las fuerzas le pegan
en sus narices rotas.

Valparaíso, perro pobre
ladrando por los cerros,
le pegan los pies

de la tierra
y las manos del mar.
Puerto puerto que no puede salir
a su destino abierto en la distancia
y aúlla
solo
como un tren de invierno
hacia la soledad,
hacia el mar implacable.

–[Isla Negra, otoño-invierno de 1973] /
El mar y las campanas, 1973

TODOS

Yo tal vez yo no seré, tal vez no pude,
no fui, no vi, no estoy:
qué es esto? Y en qué junio, en qué madera
crecí hasta ahora, continué naciendo?

No crecí, no crecí, seguí muriendo?

Yo repetí en las puertas
el sonido del mar,
de las campanas.
Yo pregunté por mí, con embeleso
(con ansiedad más tarde),
con cascabel, con agua,
con dulzura:
siempre llegaba tarde.
Ya estaba lejos mi anterioridad,
ya no me respondía yo a mí mismo,
me había ido muchas veces yo.

Y fui a la próxima casa,
a la próxima mujer,
a todas partes

a preguntar por mí, por ti, por todos:
y donde yo no estaba ya no estaban,
todo estaba vacío
porque sencillamente no era hoy,
era mañana.

Por qué buscar en vano
en cada puerta en que no existiremos
porque no hemos llegado todavía?

Así fue como supe
que yo era exactamente como tú
y como todo el mundo.

–[Isla Negra, otoño-invierno de 1973] /
El mar y las campanas, 1973

[AHÍ ESTÁ EL MAR? MUY BIEN, QUE PASE]

Ahí está el mar? Muy bien, que pase.
Dadme
la gran campana, la de raza verde.
No, esa no es, la otra, la que tiene
en la boca de bronce una ruptura,
y ahora, nada más, quiero estar solo
con el mar principal y la campana.
Quiero no hablar por una larga vez,
silencio, quiero aprender aún,
quiero saber si existo.

–[Isla Negra, invierno de 1973] /
El mar y las campanas, 1973

FINAL

Matilde, años o días
dormidos, afiebrados,
aquí o allá,
clavando,
rompiendo el espinazo,
sangrando sangre verdadera,
despertando tal vez
o perdido, dormido:
camas clínicas, ventanas extranjeras,
vestidos blancos de las sigilosas,
la torpeza en los pies.

Luego estos viajes
y el mío mar de nuevo:
tu cabeza en la cabecera,

tus manos voladoras
en la luz, en mi luz,
sobre mi tierra.

Fue tan bello vivir
cuando vivías!

El mundo es más azul y más terrestre
de noche, cuando duermo
enorme, adentro de tus breves manos.

–[Isla Negra, invierno de 1973] / *El mar y las campanas,* 1973

Coda

EL POETA SALUDA A SUS AMORES ANTES DE PARTIR

LA CHILLANEJA

La vida me la pasé
buscando una chillaneja.
Por los palacios pasé,
miré detrás de las rejas,
los ranchos examiné
desde el patio hasta las tejas
hasta que,
hasta que me la encontré.

Por las pampas, por los mares,
por los montes, los desiertos,
por los ríos, las ciudades,
por los campos y los puertos
fui buscando mi pareja.
Fui por las calles del mundo
buscando una chillaneja.

Por los montes de Bolivia,
por las viñas de Rumania,
por los caminos de Francia,
en las casas de Alemania,
en China y en Portugal,
en otoño, en primavera,
en México, en Indostán,
por toda la tierra entera
yo busqué
una mujer de Chillán
que fuera mi compañera.

La tierra la recorrí
buscando una chillaneja,
iba de allí para allí,
no encontraba mi pareja,
y el alma con que nací
se me iba poniendo vieja
hasta que,
hasta que la encontré.

–[¿Isla Negra, 1973?] / *El fin del viaje,* 1982 /
OC, t. V, pp. 391-392

EL BOSQUE CHILENO

... Bajo los volcanes, junto a los ventisqueros, entre los grandes lagos, el fragante, el silencioso, el enmarañado bosque chileno... Se hunden los pies en el follaje muerto, crepitó una rama quebradiza, los gigantescos raulíes levantan su encrespada estatura, un pájaro de la selva fría cruza, aletea, se detiene entre los sombríos ramajes. Y luego desde su escondite suena como un oboe... Me entra por las narices hasta el alma el aroma salvaje del laurel, el aroma oscuro del boldo... El ciprés de las Guaitecas intercepta mi paso... Es un mundo vertical: una nación de pájaros, una muchedumbre de hojas... Tropiezo en una piedra, escarbo la cavidad descubierta, una inmensa araña de cabellera roja me mira con ojos fijos, inmóvil, grande como un cangrejo... Un cárabo dorado me lanza su emanación mefítica, mientras desaparece como un relámpago su radiante arco iris... Al pasar cruzo un bosque de helechos mucho más alto que mi persona: se me dejan caer en la cara sesenta lágrimas desde sus verdes ojos fríos, y detrás de mí quedan por mucho tiempo temblando sus abanicos... Un tronco podrido: qué tesoro!... Hongos negros y azules le han dado orejas, rojas plantas parásitas lo han colmado de rubíes, otras plantas perezosas le han prestado sus barbas y brota, veloz, una culebra desde sus entrañas podridas, como una emanación, como que al tronco muerto se le escapara el alma... Más lejos cada árbol se separó de sus semejantes... Se yerguen sobre la alfombra de la selva secreta, y cada uno de los follajes, lineal, encrespado, ramoso, lanceolado, tiene un estilo diferente, como cortado por una tijera de movimientos infinitos... Una barranca: abajo el agua transparente se desliza sobre el granito y el jaspe... Vuela una

mariposa pura como un limón, danzando entre el agua y la luz... A mi lado me saludan con sus cabecitas amarillas las infinitas calceolarias... En la altura, como gotas arteriales de la selva mágica se cimbran los copihues rojos (Lapageria rosea)... *El copihue rojo es la flor de la sangre, el copihue blanco es la flor de la nieve... En un temblor de hojas atravesó el silencio la velocidad de un zorro, pero el silencio es la ley de estos follajes... Apenas el grito lejano de un animal confuso... La intersección penetrante de un pájaro escondido... El universo vegetal susurra apenas hasta que una tempestad ponga en acción toda la música terrestre.*

Quien no conoce el bosque chileno, no conoce este planeta.

De aquellas tierras, de aquel barro, de aquel silencio, he salido yo a andar, a cantar por el mundo.

–[La Manquel o Isla Negra, 1972 o 1973] / *Confieso que he vivido,* 1974

LA PALABRA

... Todo lo que usted quiera, sí señor, pero son las palabras las que cantan, las que suben y bajan... Me prosterno ante ellas... Las amo, las adhiero, las persigo, las muerdo, las derrito... Amo tanto las palabras... Las inesperadas... Las que glotonamente se esperan, se acechan, hasta que de pronto caen... Vocablos amados... Brillan como piedras de colores, saltan como platinados peces, son espuma, hilo, metal, rocío... Persigo algunas palabras... Son tan hermosas que las quiero poner todas en mi poema... Las agarro al vuelo, cuando van zumbando, y las atrapo, las limpio, las pelo, me preparo frente al plato, las siento cristalinas, vibrantes, ebúrneas, vegetales, aceitosas, como frutas, como algas, como ágatas, como aceitunas... Y entonces las revuelvo, las agito, me las bebo, me las zampo, las trituro, las emperejilo, las liberto... Las dejo como estalactitas en mi poema, como pedacitos de madera bruñida, como carbón, como restos de naufragio, regalos de la ola... Todo está en la palabra... Una idea entera se cambia porque una palabra se trasladó de sitio, o porque otra se sentó como una reinita adentro de una frase que no la esperaba y que le obedeció... Tienen sombra, transparencia, peso, plumas, pelos, tienen de todo lo que se les fue agregando de tanto rodar por el río, de tanto transmigrar de patria, de tanto ser raíces... Son antiquísimas y recientísimas... Viven en el féretro escondido y en la flor apenas comenzada... Qué buen idioma el mío, qué

buena lengua heredamos de los conquistadores torvos... Estos andaban a zancadas por las tremendas cordilleras, por las Américas encrespadas, buscando patatas, butifarras, frijolitos, tabaco negro, oro, maíz, huevos fritos, con aquel apetito voraz que nunca más se ha visto en el mundo... Todo se lo tragaban, con religiones, pirámides, tribus, idolatrías iguales a las que ellos traían en sus grandes bolsas... Por donde pasaban quedaba arrasada la tierra... Pero a los bárbaros se les caían de las botas, de las barbas, de los yelmos, de las herraduras, como piedrecitas, las palabras luminosas que se quedaron aquí resplandecientes... el idioma. Salimos perdiendo... Salimos ganando... Se llevaron el oro y nos dejaron el oro... Se lo llevaron todo y nos dejaron todo... Nos dejaron las palabras.

–[La Manquel o Isla Negra, 1972 o 1973] / *Confieso que he vivido,* 1974

AUTORRETRATO

Por mi parte, soy o creo ser duro de nariz, mínimo de ojos, escaso de pelos en la cabeza, creciente de abdomen, largo de piernas, ancho de suelas, amarillo de tez, generoso de amores, imposible de cálculos, confuso de palabras, tierno de manos, lento de andar, inoxidable de corazón, aficionado a estrellas, mareas, terremotos, admirador de escarabajos, caminante de arenas, torpe de insti-tuciones, chileno a perpetuidad, amigo de mis amigos, mudo para enemigos, entrometido entre pájaros, mal educado en casa, tímido en los salones, audaz en la soledad, arrepentido sin objeto, horrendo administrador, navegante de boca, yerbatero de la tinta, discreto entre animales, afortunado en nubarrones, investi-gador en mercados, oscuro en las bibliotecas, melancólico en las cordilleras, incansable en los bosques, lentísimo de contestaciones, ocurrente años después, vulgar durante todo el año, resplandeciente con mi cuaderno, monumental de apetito, tigre para dormir, sosegado en la alegría, inspector de cielo nocturno, trabajador invisible, desordenado, persistente, valiente por nece-sidad, cobarde sin pecado, soñoliento de vocación, amable de mujeres, activo por padecimiento, poeta por maldición y tonto de capirote.

–[¿Isla Negra, 1973?] / Sara Facio-Alicia D'Amico, *Retratos y autorretratos,* Buenos Aires, Ediciones de Crisis, 1973 / *OC,* t. V, p. 393

CRÓNICA DE «SAN PANCHO»

Texto inédito

En esta edición conmemorativa se incluye un curioso texto inédito de Neruda, perteneciente a la colección nerudiana del abogado y bibliófilo chileno Nurieldín Hermosilla Rumié.

Aunque Pablo Neruda advierte a sus amigos de que el original de la *Crónica de «San Pancho»* necesita correcciones para su publicación, preferimos aquí respetar el original por su valor de espontaneidad en una comunicación de índole familiar. El discreto y avisado lector subsanará con facilidad las ocasionales erratas.

Nurieldín Hermosilla Rumié

NOTA A LA CRÓNICA DE «SAN PANCHO»

ANTECEDENTES

En febrero de 1948 Gabriel González Videla, elegido presidente de Chile en 1946 con el apoyo decisivo de los comunistas, obtiene el desafuero parlamentario del senador Pablo Neruda, quien fuera el muy eficiente jefe de su campaña electoral. Neruda pasa a la clandestinidad para evitar el arresto. Hasta febrero de 1949, durante un año de vida oculta —porque son perseguidos por la policía— Pablo Neruda y Delia del Carril se alojarán en casi una docena de domicilios diversos. Uno de ellos es una rústica casa de madera edificada a unos cien metros del océano sobre un terreno aislado y solitario, entre Punta de Tralca y El Quisco, al sur de Valparaíso. Es una provisoria cabaña, propiedad del ingeniero Francisco Cuevas Mackenna (1910-1988), cuya familia y las de sus hermanos se alternan para disfrutarla durante el verano.

Una relación más antigua y profunda de amistad existe entre Pablo y Luis Cuevas Mackenna (1905-1970), odontólogo, hermano mayor de Francisco y también de Carmen, Julia y María. Esta última, casada con el músico y dentista Alfonso Leng, había adquirido una casa en Isla Negra que su hermano Luis visitaba con alguna frecuencia y donde había trabado amistad con Pablo, que ya conocía a Leng.

En aquella primavera chilena de 1948 Pablo y Delia se refugian primero en la parcela El Raco que Luis posee en la zona aledaña a Pirque, entonces un villorrio de la periferia oriental de Santiago, hacia la cordillera. Allí los ha conducido el joven historiador Álvaro Jara, designado —por el Partido Comunista— máximo responsable de la seguridad de los Neruda y planificador de sus desplazamientos clandestinos (tarea que cumplirá con impecable eficacia, como se sabe). Pero al ser sorprendidos casualmente por la adolescente Patricia Cuevas Norton, hija de Luis, por un exceso de precaución Pablo y Delia son trasladados durante quince días a la parcela El Cardo, unos dos o tres kilómetros más arriba, propiedad de Julia Cuevas Mackenna. La morada siguiente será la cabaña al borde del océano.

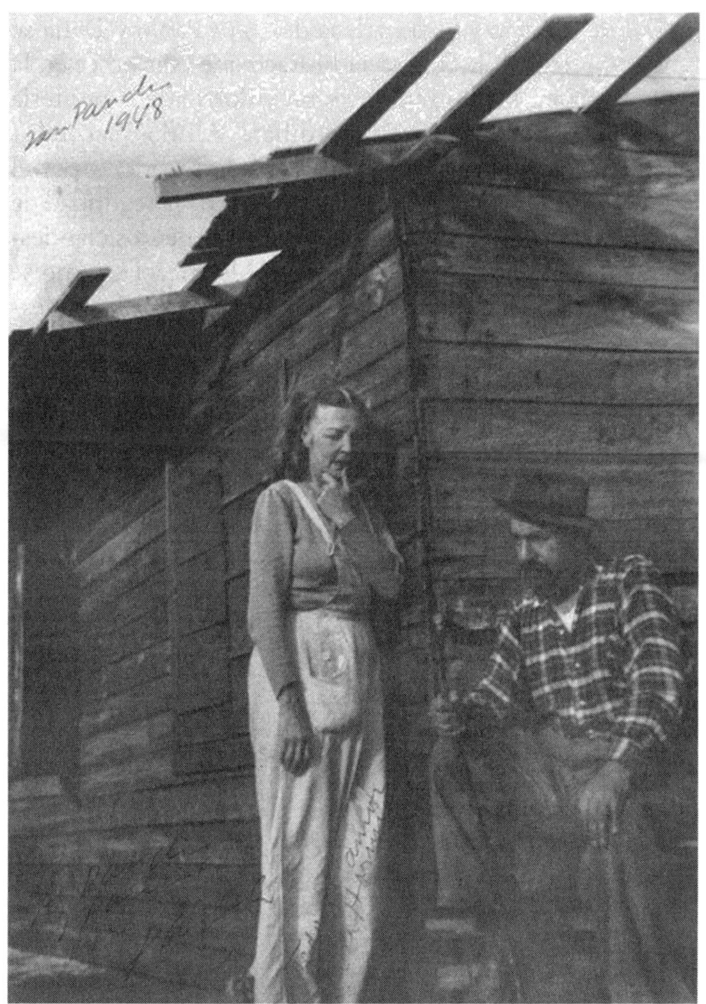

Pablo Neruda junto a Delia del Carril

LA CARTA MANUSCRITA

En apertura va el facsímil de la carta manuscrita con que Neruda acompaña el envío de los originales dactilografiados de «El Gran Océano», capítulo XIV de *Canto general,* a Francisco Cuevas Mackenna *(Pancho)* y a su mujer Paulina Pino *(Pauli)* en señal de gratitud y reconocimiento. Trae preciosas indicaciones: (1) el capítulo «El Gran Océano» fue enteramente escrito «donde tú sabes» entre el 20 de noviembre y el 20 de diciembre de aquel «mal año de 1948» («Mal año, año de ratas, año impuro!» —vocifera Neruda en *Canto general,* V, iv), y (2)— «Aquellos días felices dentro de la desdicha de nuestro país no tuvieron más que mar para mí», que confirman la escritura del capítulo-poema en la cabaña de *Pancho* Cuevas Mackenna. La indicación «de mar a cordillera» parece conectar el refugio en la cabaña con los escondites de Pirque. La misiva trae fecha «25 de enero de 1949», ya próxima la fuga por el sur hacia Argentina a través de la cordillera. Cabe suponer que por entonces Neruda sabe ya que esa fuga, según planes internacionalmente coordinados, debería llevarlo hasta París. Sobre esta suposición arriesgo una tentativa de descifre para las enigmáticas iniciales al pie, «E. Q. M. E. P.», que yo creo significan «El Que Murió En París», variante de una lúdica expresión (deíctica) de uso popular en Chile por aquellos años, *La que murió en París,* a su vez tomada del título de un célebre tango grabado en marzo de 1944 por el médico-cantante argentino Alberto Castillo (1914-2002).

Queridos Pancho y Pauli
este poema fue escrito integramente donde uds saben entre el 20 de Nov. y el 20 de Diciembre del mal año de 1948. Este es el original directo, ya que escribo directamente a la máquina, con las primeras correcciones. Naturalmente este original no sirve para publicarse ni siquiera para leerse, pero se los dejo en prueba de amistad, reconocimiento y cuevismo. Aquellos días felices dentro de la desdicha de nuestro país no tuvieron mas que mar para mí, y este mar complejo, vasto y lleno pasa vagamente por estas líneas.
Vuestro amigo de siempre, de mar a cordillera
Pablo Neruda
25 de Enero de 1949
E. Q. M. E. P.

Queridos Pancho y Pauli
este poema fue escrito in-
tegramente donde uds sa-
ben entre el 20 de Nov. y el 20
de Diciembre del mal año de
1948. Este es el original di-
recto - ya que escribo directa-
mente a la máquina con las
primeras correcciones. Natural-
mente este original no sir-
ve para publicarse ni siquiera
para leerse, pero se los dejo en
prueba de ámistad, reconoci-
miento y cuevismo. Aquellos
dias felices dentro de la des-
dicha de nuestro país no tu-
vieron mas que mar para mí,
y este mar complejo vasto y
lleno pasa vagamente por
estas líneas.

Nuestro amigo de
siempre, de mar
a cordillera

Pablo
Neruda

25 de Enero de
1949

E. Q. M. E. P.

LA CRÓNICA DE «SAN PANCHO»

La portadilla

Según certifica la anotación al pie de la portadilla (escrita seguramente por Álvaro Jara y fechada el mismo día 25.01.1949 de la *carta),* la que aquí llamaré *Crónica de San Pancho* o simplemente *Crónica* o *San Pancho* fue enviada a Francisco y Paulina Cuevas Mackenna junto con los originales de «El Gran Océano». Según su costumbre, Pablo quiso agregar un regalo personalizado, un texto específicamente vinculado a *Pancho* Cuevas Mackenna y al espacio en que este lo había acogido y protegido. Es la *Crónica* que aquí se publica por primera vez, y que trae fecha «1948». El envío incluía además una fotografía de Pablo (con barba) y Delia en el exterior de la cabaña, fechada «San Pancho 1948» con la característica grafía de Neruda.

El título de la *Crónica* evidencia el carácter lúdico del texto, escrito a imitación paródica de las crónicas o documentos de Indias, o de textos coloniales, con lenguaje cómico de tono deliberadamente arcaizante. La parodia está escrita con habilidad, pues Neruda era un asiduo lector de las Crónicas de Indias.

Capitán Pancho o Chompa. Francisco Cuevas Mackenna.

Hay una firma autógrafa en diagonal: *Antonio Ru-da-ne* = Neruda, quien durante este período de clandestinidad en Chile tuvo un documento de identidad con el nombre *Antonio Ruiz Lagorreta,* profesión *ornitólogo.* Siguen algunas aclaraciones al texto.

ORIGEN, HISTORIA Y ANTIGÜEDADES DE LA BENÉFICA Y ANTIGUA POSESIÓN LLAMADA "S A N P A N C H O"
con algunas narraciones y recuerdos curiosos y datos sobre su fundador el Capitán Pancho o Chompa y su lucha con un pez y otras curiosidades.
0948
25 de Enero de 1949
de Pablo Neruda a Panchoto.

ORIGEN

HISTORIA Y ANTIGUE-

DADES

DE

LA BENEFICA Y ANTIGUA POSESION

LLAMADA

"SANPANCHO"

"S A N P A N C H O"

con algunas narraciones y recuerdos curiosos y datos sobre su fundador el Capitán Pancho o Chompa y su lucha con un pez y otras curiosidades.

1948

25 de Enero de 1949

Página I

Casthedo. Alusión a Leopoldo Castedo, historiador español muy conocido en Chile, adonde llegó en el *Winnipeg,* 1939.

Cayo Paico. Más comúnmente *Paico,* sobrenombre afectuoso con que Neruda, familiares y amigos llamaban a Luis Cuevas Mackenna. Hay una críptica mención del amigo *paico* (= Luis) en el poema «Botánica» [1940] de *Canto general* (VII, XII), insólita dentro de la seriedad dominante en el lenguaje de ese libro. [Detalles en J. M. Varas, *Tal vez nunca. Crónicas nerudianas* (Santiago, Editorial Universitaria, 2007), pp. 44-45].

Ner Udah. Neruda.

Los orígenes de SANPANCHO se remontan a siglos antes de nuestra era. Ya era conocida de los fenicios. Entre estos según testimonio de tribus primitivas, se asegura que Casthedo habría visitado estos lugares con intención de establecerse.

En realidad lo único autorizado por la historia es la fundación, colonización y dominio de estos lugares por el Capitán Pancho, después canonizado, de donde proviene el nombre de Sanpancho dado por Cayo Paico, Ner Udah y otros eruditos a estos lugares y posesiones.

Los orígenes de SANPANCHO se remontan a siglos antes de nuestra era.Ya era conocida de los fenicios. Entre estos según testimonio de tribus primitivas, se asegura que Casthedo habría visitado estos lugares con intención de establecerse.

En realidad lo único autorizado por la historia es la fundación ,colonización y dominio de estos lugares por el Capitán Pancho ,después canonizado,de donde proviene el nombre de Sanpancho dado por Cayo Paico,Ner Udah y otros eruditos a estos lugares y posesiones .

Página 2

Pihrke. Pirque (véase arriba, Antecedentes).
Uachipaat. Alusión a Huachipato, empresa siderúrgica en Talcahuano, puerto del sur de Chile.
Paykho. Paico, Luis Cuevas Mackenna.
Dama Julita. Julia Cuevas Mackenna, una de las hermanas de Capitán Pancho.
Cuevas Style. Véase la foto adjunta a esta *Crónica.*

QUIÉN FUE SAN PANCHO?
Esta pregunta permaneció sin respuesta por largo tiempo antes de las investigaciones modernas que han revelado el misterio que cubría los orígenes del establecimiento.
Antes de entrar a la santidad el Capitán Pancho impulsado por el Maligno, llevó una vida tumultuosa, en las colinas de Pihrke, atendiendo luego maquinarias infernales en Uachipaat, y en otros sitios de perdición.
Pero la santidad no fué solo privilegio del Capitán en esta noble familia de Cuevas. Su hermano Paykho también fué canonizado. Solo la Dama Julita en esta ejemplar familia no tuvo las predilecciones ascéticas de este linaje. En verdad fué esta Dama Julita gran fascinatriz que se trasladaba con ligereza como ave voladora de un Gran Hotel a otro, precedida de fasto nunca igualado. De su linaje heredó solo las inclinaciones guerreras, aunque su bondad fué reconocida ampliamente por los historiadores. El Capitán Pancho, y todos los Cuevas, salvo la Dama Julita, fundaron establecimientos como este de Sanpancho, de gran sencillez, algunos en la sierra y otros en la orilla del océano.
La ligereza de estas construcciones, cómodas sin embargo dieron lugar al llamado "Cuevas style" muy en boga en aquellas lejanas épocas. Pero sus ~~imitadores~~

QUIEN FUE SAN PANCHO ?
Esta pregunta permaneció sin respuesta por largo tiempo antes de las investigaciones modernas que han revelado el misterio que cubría los orígenes del establecimiento .
Antes de entrar a la santidad el Capitán Pancho impulsado por el Maligno,llevó una vida tumultuosa, en las colinas de Pihrke ,atendiendo luego maquinarias infernales en Uachipaat,y en otros sitios de perdición .
Pero la santidad no fué solo privilegio del Capitán en esta noble familia de Cuevas.Su hermano Paykho también fué canonizado. Solo la Dama Julita en esta ejemplar familia no tuvo las predilecciones ascéticas de este linaje.En verdad fué esta Dama Julita gran fascinatriz que se trasladaba con ligereza como ave voladora de un Gran Hotel a otro,precedida de fasto nunca igualado.De su linaje heredó solo las inclinaciones guerreras,aunque su bondad fué reconocida ampliamente por los historiadores .
El Capitán Pancho,y todos los Cuevas ,salvo la Dama Julita,fundaron establecimientos como este de Sanpancho,de gran sencillez,algunos en la sierra y otros en la orilla del océano.

La ligereza de estas construcciones,cómodas sin embargo dieron lugar al llamado "Cuevas Style" muy en boga en aquellas lejanas épocas.Pero sus

imitadores

Página 3

Farraón Pingha Nillah. El término *pinganilla* se aplica en Chile a un individuo ruin, escuálido, de ningún valor humano. Alusión al presidente o faraón González Videla, aquí *Farraón* para subrayar su frivolidad, caricaturizada como afición a las *farras,* equivalente chileno de parrandas, juergas, jaranas, fiestas descontroladas.

El complicado sistema de agua... Neruda describe con humor las incomodidades de la cabaña, carente aún de servicios (agua, electricidad) por encontrarse lejos del pueblo (El Quisco).

imitadores nunca alcanzaron el verdadero e inimitable estilo original que alcanzó en Sanpancho su mayor florecimiento.

SANPANCHO.— Situado en un promontorio de escasa vegetación, fué totalmente restaurado en la época del Farraón Pingha Nillah que asoló Chile. Algunos monjes que allí encontraron generoso refugio ~~xx~~ erigieron muros y techos que habían sido arrancados por los vendavales. Solo el ala izquierda puede decirse conserva en su pureza el estilo original en descubierto, siendo su mejor reliquia el Fogón que algunos hacen datar a edades antiquísimas, pensando algunos eruditos que el mismo Capitán Pancho lo construyó con sus manos para dedicarlo a la alquimia, ciencia que en realidad fué siempre su predilecta.

El complicado sistema de agua es sin duda el original. Los monjes que allí se establecieron cuentan que la torre, depósitos, etc. construídos con tanta sabiduría nunca aportaron a la vivienda el agua siendo lo ingenioso del sistema que esta era llevada en baldes desde que fué fundado Sanpancho hasta hoy. No se ha dejado nada al azar.

imitadores nunca alcanzaron el verdadero e inimitable estilo original que alcanzó en Sanpancho su mayor florecimiento.

SANPANCHO.- Situado en un promontorio de escasa vegetación,fué totalmente restaurado en la época del Farraón Pingha Nillah que asoló Chile.Algunos monjes que allí encontraron generosa refugio xx erigieron muros y techos que habían sido arrancados por los vendavales. Solo el ala izquierda puede decirse conserva en su pureza el estilo original en descubierto,siendo su mejor reliquia el Fogón que algunos hacen datar a edades antiquísimas ,pensando algunos eruditos que el mismo Capitán Pancho lo construyó con sus manos para dedicarlo a la alquimia,ciencia que en realidad fué siempre su predilecta .

El complicado sistema de agua es sin duda el original.Los monjes que allí se establecieron cuentan que la torre,depósitos etc. construídos con tanta sabiduría nunca aportaron a la vivienda el agua siendo lo ingenioso del sistema que esta era llevada en baldes desde que fué fundado Sanpancho hasta hoy. No se ha dejado nada al azar.

Página 4

Chanchitos. Neruda prosigue su humorística descripción. Aparte de la estación veraniega, durante el resto del año nadie se ocupaba al parecer de la rústica cabaña. Pablo y Delia llegan a ella de improviso, antes de la anual operación de limpieza, lo que explica la abundancia de *chanchitos de tierra (Porcellio scaber* o *Armadillidium vulgare),* esos isópodos crustáceos terrestres conocidos también como bichos bolitas y cochinillas de humedad.

Historia natural. En esta sección de la *Crónica* las imágenes poéticas sustituyen a la parodia. Neruda se abandona a su amoroso lirismo ornitológico con algunas «greguerías» que anuncian futuros libros como *Arte de pájaros* y *Libro de las preguntas*.

Abad Blopa. Dentro de la parodia, Pablo y Delia son mencionados como monjes fugitivos de alguna persecución que encuentran refugio en *San Pancho*.

Marmadukianas. Alusión a la famosa nariz (prominente, curva y ganchuda de Marmaduke Grove, 1879-1954, coronel de aviación y político socialista chileno, activo en la vida pública desde 1925 (miembro de una Junta de Gobierno, después ministro y senador).

AGRICULTURA.— Estas posesiones aparentemente incultivadas criaron durante siglos especies de ganadería menor. Entre esta la mas propagada fueron los chanchitos que llegaron a subir las paredes en abundancia increible. El Abad Blopa ordenó la tanaxisación de estos animáculos.

HISTORIA NATURAL.—

Siempre las loicas abusando del rouge.

Bandurrias esquisitas, pero ligeramente marmadukianas, en las rocas.

El ave llamada "Turca", con su cola equivocada.

Los alcatraces, buzones que vuelan recogiendo cartas en el mar.

Las gaviotas en lo alto de las rocas, mirando el mar con complejo napoleónico.

Las tencas nunca aceptaron la falda corta.

Hay un ratón en la pirca que observa en las tarde hacia Sanpancho, pensando: "En esa casa debe haber ratonas"

Un zorzal coronado con pólen dorado es un monarca transitorio.

Cardones de flor verde, orquidáces de arena, flores de quisco,
y nadie en la florería.

AGRICULTURA.- Estas posesiones aparentemente incultivadas criaron durante siglos especies de ganadería menor.Entre esta la mas propagada fueron los chanchitos que llegaron a subir las paredes en abündancia increible.El Abad Blopa ordenó la tanàxisación de estos animáculos.

HISTORIA NATURAL.-

Siempre las loicas abusando del rouge.

Bandurrias esquisitas,pero ligeramente marmadukianas,en las rocas.

El ave llamada "Turca" ,con su cola equivocada.

Los alcatraces,buzones que vuelan recogiendo cartas en el mar.

Las gaviotas en lo alto de las rocas,mirando el mar con complejo napoleónico.

Las tencas nunca aceptaron la falda corta.

Hay un ratón en la pirca que observa en las tarde hacia Sanpancho,pensando:"En esa casa debe haber ratonas"

Un zorzal coronado con pólen dorado es un monarca transitorio.

Cardones de flor verde,orquidáces de arena, flores de quisco,y nadie en la florería.

Página 5

Lucha del capitán Pancho con un pescado. Tratamiento paródico de un tema que atrae mucho a Neruda (lecturas de Julio Verne o Melville), según certificará el poema «Furiosa lucha de marinos con pulpo de colosales dimensiones» en *Estravagario* (1958).

La piratesa Thamar podría ser una alusión a *Marta* Ponce, amiga de la familia Cuevas Mackenna, en particular de Carmen.

El carro *Buiko* es el automóvil Buick del ingeniero Francisco.

RECUERDOS PERSONALES.
LA LUCHA DEL CAPITAN PANCHO CON UN PESCADO.

Según antiguas crónicas escritas en papel antiquísimo y que sirvió para empapelar la residencia, el Capitán Pancho, en una de sus innumerables aventuras sostuvo entre estas históricas murallas memorable lucha contra un pescado. El apitán que debido a los azares de la clandestinidad llevaba el nombre de Chompa se lanzó a descamisar al pez. Durante largo rato no se sabía quie era el vencedor. Ca´ian envueltos en espumarajos pez y Chompa. Otras veces el pez cubría totalmente la cabeza del capitán. Por fin este, arremangado ~~xx~~ y decidido, ayudado por la piratesa Thamar, tiró fuertemente la camiseta del pescado sacnadosela integramente, con fines personales. Así terminó aquel~~la~~ episodio marchándose luego en su nuevo carro de guerra Buiko.

RECUERDOS PERSONALES.
LA LUCHA DEL CAPITAN PANCHO CON UN PESCADO.

Según antiguas crónicas escritas en papel antiquísimo y que sirvió para empapelar la residencia, el Capitán Pancho, en una de sus innumerables aventuras sostuvo entre estas históricas murallas memorable lucha contra un pescado. El capitán que debido a los azares de la clandestinidad llevaba el nombre de Chompa se lanzó a descamisar al pez. Durante largo rato no se sabía quie era el vencedor. Ca'ian envueltos en espumarajos pez y Chompa. Otras veces el pez cubría totalmente la cabeza del capitán. Por fin este, arremangado y decidido, ayudado por la piratesa Thamar, tiró fuertemente la camiseta del pescado sacnadosela integramente, con fines personales. Así terminó aquel episodio marchándose luego en su nuevo carro de guerra Biiko.

Página 6

Los monjes que huyeron del azote... Los fugitivos, Pablo y Delia.

... allí el profeta Ru-da-ne escribió varias obras y vaticinios... En todos los refugios de su clandestinidad Neruda escribió fragmentos de *Canto general* y sátiras contra González Videla.

... se dedicó... a pajarear... En Chile *pajarear* significa 'estar distraído o desatento', pero aquí es una irónica alusión a la pasión ornitológica de Neruda. Y a su pasión malacológica alude con la fórmula *caracolizó con devoción*.

VIDA DE LOS MONJES.— Los monjes que huyeron del azote vivieron entregados al reposo. Dormían en grandes hoyos llamados camas por los ingenuos habitantes de aquellas lejanas épocas. Sin embargo se alimentaban de grandes filetes que a veces aportaba el Capitán Chompa, a quien sin embargo los monjes daban bárbara alimentación, cocinada por la piratesa, y regada con piscolabis y ajo arriero.

Se cuenta que allí el profeta Ru-da-ne escribió varias obras y vaticinios. Piénsase que allí mirando el cercano océano se entregaba mas que a escribir, a pajarear, para lo cual siempre fue predispuesto. También caracolizó con devoción.

Estas sacras ocupaciones de Ru-da-ne fueron interrumpidas por la llegada a aquellos parajes de una banda de picapiedras. Estos vinieron en carros de guerray asentaron sus reales entre las rocas del promontorio. El vate, perseguido por el azote Pingah Nilla, se ocultó en uno de los sótanos de Sanpancho, siendo solo la Piratesa y un prior llamado Pedro quienes salían a la luz, en contadas ocasiones, y suplían las alimentaciones del santo varón.

Estos monjes depositaron mucho desperdicio en el promontorio, producto de sus comidas y libaciones, como ser latas de sardinas que allí pescaban. Tales desperdicios dieron alimentos a los pájaros salvajes.

Se dice que fueron visitados por un fiero león, al que alimentaron denominándolo "Perote". El natural de este león se dulcificó con este trato, pasando después este rústico animalito a la categoría de guardián y portapulgas.

VIDA DE LOS MONJES.- Los monjes que huyeron del azote vivieron entregados al reposo.Dormían en grandes hoyos llamados camas por los ingenuos habitantes de aquellas lejanas épocas.Sin embargo se alimentaban de grandes filetes que a veces aportaba el Capitán Chompa, a quien sin embargo los monjes daban bárbara alimentación,cocinada por la piratesa,y regada con piscolabis y ajo arriero.

Se cuenta que allí el profeta Ru-da-ne escribió varias obras y vaticinios. Piénsase que allí mirando el cercano océano se entregaba mas que a escribir ,a pajarear, para lo cual siempre fue predispuesto.También caracolizó con devoción.

Estas sacras ocupaciones de Ru-da-ne fueron interrumpidas por la llegada a aquellos parajes de una banda de picapiedras. Estos vinieron en carros de guerray asentaron sus reales entre las rocas del promontorio. El vate ,perseguido por el azote Pingah Nilla, se ocultó en uno de los sótanos de Sanpancho, siendo solo la Piratesa y un prior llamado Pedro quienes salían a la luz,en contadas ocasiones, y suplían las alimentaciones del santo varón.

Estos monjes depositaron mucho desperdicio en el promontorio,producto de sus comidas y libaciones,como ser latas de sardinas que allí pescaban.Tales desperdicios dieron alimentos a los pájaros salvajes.

Se dice que fueron visitados por un fiero león,al que alimentaron denominándolo "Perote".El natural de este león se dulcificó con este trato,pasando después este rústico animalito a la categoría de guardián y portapulgas.

Página 7

La abadesa Horgami. Delia del Carril, la Hormiga, con alusión a sus célebres distracciones y a sus habilidades de pintora.

Abadesa del monjesterio fué durante aquellos días la célebre Horgami, conocida en la Historia por sus distracciones que la llevaban a dar a los reclusos sopa de fósforos o jabones. nunca llegaba al refectorio a la hora fijada por el cónclave, por lo que tambi´en llamada Sor Pidulle.

Esta alma benéfica se complacía en dibujar al carbón retratos y cabezas, que durante el día trazaba y durante la noche borraba, siendo esta su característica, que no llegó a modificar.

Se cuenta que estos monjes por medio de un maléfico aparato oían a la distancia pero esto les encolerizabapues solo elogios del Farraón escuchaban, de sus escribas, lo que a ellos mucho descomponía.

PARTIDA DE LOS MONJES

No se sabe ni como ni cuando estos monjes dejaron la abadía. Parece que fué entre gallos y medianoche, como eran las costumbres de estos pobres cenobitas.

Aún se oyen en las noches de luna sus voces, entre los muros y torreones de fonolita. Particularmente se escuchan las salmodias del Ru-da-ne que acostumbraba decir sus predecías a la luz de la luna, cosa que inducía al sueño a numerosos de sus oyentes.

Ojalá hayan llegado a posesiones que los hayan acogido tan bien como esta de Sanpancho. Será difícil, y esto lo saben esos eruditos aunque distraidos y pajareros transeuntes.

Abadesa del monjesterio fué durante aquellos días la célebre Horgami,conocida en la Historia por sus distracciones que la llevaban a dar a los reclusos sopa de fósforos o jabones. nunca llegaba al refectorio a la hora fijada por el cónclave,por lo que tambi´en llamada Sor Pidulle .

Esta alma benéfica se complacía en dibujar al carbón retratos y cabezas,que durante el día trazaba y durante la noche borraba,siendo esta su característica,que no llegó a modificar.

Se cuenta que estos monjes por medio de un maléfico aparato oían a la distancia pero esto les encolerizabapues solo elogios del Farraón escuchaban,de sus escribas,lo que a ellos mucho descomponía.

PARTIDA DE LOS MONJES

No se sabe ni como ni cuando estos monjes dejaron la abadía.Parece que fué entre gallos y medianoche ,como eran las costumbres de estos pobres cenobitas.

Auń se oyen en las noches de luna sus voces,entre los muros y torreones de fonolita. Particularmente se escuchan las salmodias del Ru-da-ne que acostumbraba decir sus predecías a la luz de la luna,cosa que inducía al sueño a numerosos de sus oyentes.

Ojalá hayan llegado a posesiones que los hayan acogido tan bien como esta de Sanpancho.Será difícil,y esto lo saben esos eruditos aunque distraidos y pajareros transeuntes .

EVOCACIONES Y LECTURAS NERUDIANAS

[illegible]

Marco Martos [illegible]

NERUDA EN EL [illegible]

Celebramos en todo tiempo y [illegible] uno de los poetas fundadores de [illegible] hispanoamericana contemporánea [illegible] te original en el concierto de la lírica [illegible] mismo momento, en distintos [illegible] rentes voces para testimoniar [illegible] lectores, en su mayor parte [illegible] rarios, autoridades políticas [illegible] reconocimiento oficial que [illegible] [illegible] especiales en esto, [illegible] la. Mágica y simbólica, su palabra [illegible] vuelve a las primeras páginas de [illegible] nombre se menciona con respeto [illegible] cas, en noticieros de radio y televisión [illegible] privadas. Justo es decirlo: Neruda [illegible] como toda moda, ese rumor y esa [illegible] a diestro y siniestro, serán efímeros [illegible] extenderá su voz a lo largo un [illegible] valecerá más allá de esta circunstancia [illegible] pocos, ser responsable frente a [illegible] tuvo el talento para conservarla intacta [illegible] cionarla. Como poeta auténtico [illegible] su propio estro, sino que supo [illegible]

MARCO MARTOS CARRERA

NERUDA EN EL CORAZÓN

Celebramos en todo tiempo y circunstancia a Pablo Neruda, uno de los poetas fundadores de la pujante y diversa poesía hispanoamericana contemporánea, y una voz absolutamente original en el concierto de la lírica de todo orbe. En este mismo momento, en distintos escenarios se levantan diferentes voces para testimoniar el reconocimiento de diversos lectores, en su mayor parte eruditos profesores, críticos literarios, autoridades políticas y municipales. Neruda tiene un reconocimiento oficial que se renueva cada año y que tiene ribetes especiales en este V Congreso de la Lengua Española. Mágica y simbólica, su palabra, de un modo excepcional, vuelve a las primeras páginas de diarios y revistas, y su nombre se menciona con respeto en distintas ágoras públicas, en noticieros de radio y televisión y en conversaciones privadas. Justo es decirlo: Neruda es también una moda. Y como toda moda, ese rumor y esa gana de hablar de Neruda a diestro y siniestro, serán efímeros como el viento, aunque extenderá su voz a lo largo un buen tiempo. Pero él prevalecerá más allá de esta circunstancia porque supo, como pocos, ser responsable frente a la lengua de sus mayores, tuvo el talento para conservarla intacta, ampliarla y perfeccionarla. Como poeta auténtico no solo ofreció en sus versos su propio estro, sino que supo descubrir las variaciones de la sensibilidad, aquello que estaba en el aire de su tiempo, y así desarrolló y enriqueció nuestra lengua común.

Pero es aprovechada esa ola, en esta ocasión diremos una palabra sobre el Neruda permanente, la palabra que el lector busca en una noche lóbrega para encontrar sentido a su vida o a la historia de los pueblos. Desde su juventud, pasada en el sur de Chile, cuando Pablo Neruda empezó a escribir, nos fue entregando, como ha dicho Alain Sicard, una poesía autorreferencial. Estadísticamente son escasos los poemas nacidos de su pluma en los que no hay alusiones al propio autor de los textos. De manera que los sesudos profesores pueden señalar, sin equivocarse, una actitud romántica de base en la poesía de Neruda con un yo hipertrofiado que está en el centro del mundo. Y esta es una verdad redonda que nadie puede negar. Pero lo importante es que hablando de sí mismo, en sus poemas iniciales, los de *Crepusculario, Veinte poemas de amor y una canción desesperada* y *El hondero entusiasta,* el poeta está exponiendo situaciones arquetípicas que son compartidas por toda la humanidad. Neruda, desde sus comienzos, se convierte en la voz de la tribu. Cada uno de sus poemas nos remite a situaciones que conocemos y lo que el poeta expresa es un sentimiento que es nuestro. Como no podría ser de otro modo, el joven Neruda habla de amor y haciéndolo, aunque sus estudiosos y biógrafos han precisado de modo inequívoco los nombres de las mujeres que provocaron la creación de cada uno de sus versos, el decir del poeta es tan sencillo y a la vez tan profundo que atañe a todas las mujeres y a todos los hombres que viven situaciones amorosas, es decir, a toda la humanidad. Con esto queremos decir que desde el comienzo de su carrera literaria, sin que el poeta lo supiese de modo claro, se había convertido en uno de esos poetas que llamamos clásicos, que trae el perfume de otro tiempo y que se mezcla con el olor de la actualidad. Esa marca inicial, esa capacidad de expresar los sentimientos de los otros, Neruda la conservaría toda la vida. Siempre habrá un adolescente, una muchacha de larga cabellera, una mujer en la plenitud de su esplendorosa belleza, o un hombre adentrado en la senectud leyendo los versos de amor de Neruda. ¡Tanto se ha dicho sobre el amor a lo largo de los siglos! Nadie como los poetas para ser consultados sobre las veleidades de ese desconocido niño dios con su carcaj de flechas de amor, de desamor y de indiferencia, como lo señaló a principios del siglo XX Sigmund Freud. Y entre los poetas de habla castellana, ninguno como Neruda para decirlo con más propiedad.

En un hermoso opúsculo, titulado *En el mismo barco,* el filósofo alemán Peter Sloterdijk señala que dos movimientos, dos actitudes a la largo de toda la historia de la humanidad, presiden la vida de los hombres. En principio el hombre pertenece a una horda, se siente cómodo dentro de ella, se desplaza a sus anchas. La tribu primitiva se manejaba solamente con los valores de mantenerse y reproducirse. Nómada, iba de un lugar a otro cumpliendo esos mandatos instintivos. Los valores que hasta hoy conservamos de solidaridad, de reciprocidad, de afecto, nacieron entre esos tataratatarabuelos de todos los hombres. Pero uno de esos días primitivos que puede haber durado siglos, el hombre se sintió incompleto dentro de la tribu primitiva, tuvo apetencia de lo desconocido y se incorporó a otra tribu, más pequeña, menos genérica, más especializada. Salió de la familia que era la horda para internarse en un grupo diferente. La historia de la humanidad no es sino el movimiento pendular entre la horda primitiva y las superhordas que aumentan en proporción geométrica: las superhordas de los biólogos, de los matemáticos, de los juristas, de los aficionados al deporte, de los músicos, de los químicos, de los filósofos, de los políticos. Con sombrío humor dice Sloterdijk que la superhorda más superhorda de todas es la del gobierno de las naciones. Y que su tarea, que empezó en Occidente en los sofistas y en los demagogos griegos, es hacernos creer a los demás miembros de las tribus dispersas que todos pertenecemos a la misma supertribu que ellos comandan. Y una vez que todos estamos convencidos, procuran llevarnos a empresas comunes, que pueden ser benéficas, como la construcción y el crecimiento de una nación, o dañinas, como las guerras en las que apenas si sabemos las razones por las que peleamos.

Neruda como poeta, como todos los demás hombres, siguiendo la terminología de Sloterdijk, cumple con ese papel pendular de expresar la tribu y las supertribus a las que se adhería de todo corazón. Después del tiempo para él sombrío, pero sumamente intenso para su propia poesía de la lírica sobre los amores perdidos, Neruda entró en una fase de desazón, podemos decir que entró a la superhorda de los desesperados y así se manifiesta en la etapa del libro *Residencia en la tierra,* libro magnífico, para algunos el mejor que salió de su pluma, que le ha dado justa fama y numerosos adherentes en todo el mundo. En décadas recientes los franceses han inventado un término para señalar grados de desesperación. La palabra usual es *désespéré*, pero por influencia del castellano han inventado una palabra superlativa: *desperado.* Desperado no es otra cosa que un desesperado que llega a los límites, a los bordes mismos del abismo. Y justamente Neruda en algunos de los poemas de *Residencia en la tierra* que, recuérdese, inicialmente fue concebido como tres volúmenes diversos, *Primera, Segunda y Tercera Residencia,* llega a esa situación de extremada desazón que muy pocos poetas han logrado plasmar en el verso. Y los poemas que mejor expresan esta situación desesperada son *Tango del viudo* y *Walking Around.* El lector acucioso de *Residencia en la tierra* encontrará, a medida que va pasando esas páginas que parecen todas antologables, cómo el poeta va pasando de la tribu de los desesperados a la tribu política de los poetas que participan en las luchas del mundo.

Esos pasajes de *España en el corazón,* plenos de amor por la justicia y la libertad, conmovido testimonio de su afecto por Rafael Alberti, por Federico García Lorca, por la causa eterna de la España del Cid y del Quijote, de Unamuno y de Machado, son clara expresión de la adhesión de un poeta americano de primer nivel, a una causa que parecía y era justa a los ojos del mundo. *Residencia en la tierra* se terminó de escribir en medio de la vorágine. Ya la horda de los desesperados quedó atrás y Neruda nunca más volvió a ella. Tenía algo más intenso que cantar que el dolor individual: la lucha de los pueblos. Sus dos magníficos cantos de amor a Stalingrado permanecen como modelo de poesía épica en el siglo XX, como lo son los poemas de César Vallejo de *España, aparta de mí este cáliz.*

Fue este el momento en que Neruda se hizo militante comunista. Para seguir con la terminología propuesta, entró en la superhorda de los comunistas. Ser seguidor de Marx implica una visión del mundo, un objetivo político, una opción de vida. Y Neruda la tomó sin dudas ni murmuraciones, pero también sin imposiciones. Es interesante percibir cómo en este momento inicial de su adhesión al marxismo, el poeta permaneció fiel a los valores que ya traía, principalmente el del canto a la horda primitiva, es decir, al pueblo. Y como esa identificación con la horda primitiva coincidía con el credo comunista que hasta cierto punto tuvo la obligación de aceptar, no hubo dogmas, ni órdenes, ni consignas, en la extraordinaria poesía de *Canto general.*

Neruda, es un poeta chileno. Solo un chileno puede cantar con tan hondos acentos al salitre, al copihue, o a las lluvias torrenciales del sur del continente. Pero visto de otro modo, la chilena no es sino una de sus superhordas. Justamente, en el momento en que, siguiendo las enseñanzas de ese poeta extraordinario, Alonso de Ercilla y Zúñiga, hombre de dos patrias, España y Chile, Neruda estaba cantando a las glorias de la tierra chilena, el pequeño dios que vivía en su estro le aconsejó un camino más arriesgado y laborioso: cantar a toda la tierra americana. Y eso es *Canto general,* el poema épico de la tierra americana. Y de este modo el Perú entra con un papel de privilegio en la poesía de Pablo Neruda. Y los peruanos tenemos la satisfacción de que algunos de los versos más hermosos nacidos de la pluma de Neruda están dedicados a un rincón de nuestra patria que es uno de los más hermosos del mundo. «Alturas de Macchu Picchu», lo sabe bien quien lo lee, es una de las páginas más hermosas escritas por un poeta americano. Y es así como entra Neruda en la supertribu de América toda. Es interesante observar cómo a partir de ese momento, la poesía de Neruda se hace más libre. Podría decirse que se hizo impoluta frente a los avatares políticos del propio autor.

En los años que precedieron al Premio Nobel concedido en 1971, Neruda gozaba de tal popularidad y había alcanzado tal reconocimiento y tenía tal destreza verbal que escribió poema tras poema y libro tras libro. Mucho de estos textos han sido juzgados con extremado rigor por los críticos. Ya lo dijo Cervantes: «en las obras más logradas se buscan más yerros». Neruda es un gran poeta no solamente por el placer que podemos encontrar leyendo sus versos, sino porque formando parte de la tradición de la poesía en lengua española, la modificó y dio su sello personal a cada uno de sus versos. Mientras vivió, Neruda ejerció una influencia directa sobre otros poetas, sufrió también los consabidos ataques fratricidas y parricidas; ahora que las pasiones sobre él mismo se aquietan, es posible juzgarlo con mayor objetividad y disfrutarlo con toda libertad. Parte del misterio de su popularidad está en que siempre supo mantener un hilo de contacto con el gusto popular, y otro profundo, secreto, laberíntico, con la experimentación más extremada. La parentela literaria de Neruda es inmensa, desde Villon y François Rabelais, hasta Charles Baudelaire, Arthur Rimbaud, Louis Aragon y Paul Éluard; desde el *Poema de Mio Cid* hasta Lope de Vega y Miguel Hernández, desde Walt Whitman hasta José Santos Chocano, y Rubén Darío, por supuesto, que con su luz azul sigue iluminando América.

Pablo Neruda animó durante el siglo XX el panorama de la poesía chilena, que ha dado frutos sorprendentes de enorme calidad y trascendencia: Vicente Huidobro y Gabriela Mistral, Nicanor Parra y Gonzalo Rojas, Jorge Teillier y Enrique Lihn, Óscar Hahn, Omar Lara y Juan Luis Martínez, Pedro Lastra y Gonzalo Millán, Raúl Zurita, Federico Schopf y Juan Cameron, Elvira Hernández y Cecilia Vicuña. Un poeta de hondo talento se percibe de distintas maneras: por el efecto sobre sus contemporáneos, lectores y escritores, por la honda repercusión en los de las generaciones siguientes y también, por un efecto retardado, por lo que ocurre décadas o centurias más tarde. Y en Neruda todos los signos lo favorecen: tuvo una temprana popularidad en la época de los *Veinte poemas de amor y una canción desesperada* y de *Residencia en la tierra,* la acrecentó enormemente en los años de *Residencia en la tierra,* y alcanzó su apoteosis en el tiempo de *Canto general* y de las *Odas elementales.* Nadie sabe cómo será el futuro, pero se puede arriesgar un vaticinio: los poetas que vendrán lo tendrán también como uno de sus más importantes predecesores. De ser un referente literario, se volvió un referente cultural y también político, sin duda. En su larga travesía vital las escaramuzas literarias lo dejaron indemne, su poesía se fue abriendo paso en medio de los ventarrones y huracanes, fue tierna y poderosa y más que combativa, que también lo fue, es ahora mismo una poesía comunal que concierne a América y al mundo entero. En el manantial que constituye la escritura de Neruda, vienen a beber los críticos sesudos y los lectores de toda laya. Y ese es el secreto de su permanencia.

Los lectores de América y de todo el orbe hispano conocen a Neruda desde la escuela inicial y continúan disfrutándolo a lo largo de sus vidas. Siempre hay un verso de Neftalí Reyes, Pablo Neruda, que da esperanza en las horas más sombrías.

José Luis Vega

LA VISIÓN TRÁGICA EN LA POESÍA DE PABLO NERUDA

Yo veo solo, a veces,
ataúdes a vela
zarpar...

Pablo Neruda. «Solo la muerte», en *Residencia en la tierra,* II

Walter Muschg, quien dedicó buena parte de su vida a escribir una *Historia trágica de la literatura,* señaló que el motivo natural del pensamiento trágico en la poesía moderna es la muerte y el sufrimiento que genera su inevitabilidad. El enigma de la muerte —que domina al hombre arcaico como pavor cósmico e inquieta aún la conciencia profunda del civilizado— se manifiesta en la poesía trágica como el órgano que percibe la verdadera magnitud de las cosas. Tal perspectiva desvirtúa las explicaciones optimistas de la existencia; pero constituye un valor último que por sí mismo ya es una respuesta. En esto consiste, afirma Muschg, el secreto —la paradoja, diría yo— del arte trágico.

La visión trágica, así entendida, ocupó la poesía de Pablo Neruda desde su adolescencia y atravesó, con énfasis diverso, todas sus etapas vitales y poéticas, aun aquellas de predominio optimista. Como en olas encontradas, su escritura afirmó, negó, ironizó y reafirmó el sentido trágico de la creación poética. La pregunta sobre el origen inmediato de tal ocupación podría derivar, entre otros rumbos, hacia el asunto siempre azaroso de las fuentes y las influencias o hacia especulaciones de corte biográfico y psicológico. Convendría, sin embargo, revertir la perspectiva y adoptar el punto de vista de la poesía misma. Poseído desde muy temprano por la intuición del tiempo y de la muerte, Neruda hubiera podido afirmar, con palabras de Goethe, que sus poemas lo habían hecho a él, y no él a sus poemas. Si la inclinación de Pablo Neruda a los crepúsculos, a la melancolía, al misterio y a las efusiones del sufrimiento hubiera quedado confinada a sus páginas de adolescencia, estaríamos ante uno de tantos poetas hispanoamericanos tocados por el ave de paso del estilo decadente. No es el caso. Se trata de una profunda raíz psíquica de la cual, a veces a su pesar, el poeta no podrá desprenderse. «Tristeza, necesito / tu ala negra», escribirá en *Plenos poderes,* retractándose de la oda en que le había dicho a la misma tristeza: «... escarabajo / de siete patas rotas, / ... Aquí no entras». En *Estravagario,* el poeta suelta a boca de jarro este dístico desarmado y desolador: «No hay espacio más ancho que el dolor, / no hay universo como aquel que sangra».

¿Cómo vino a ocupar tan completamente el alma de un muchacho de Parral y Temuco el mismo viento oscuro que en su día desasosegó a los espíritus románticos de Alemania y Francia; y a relevo de vapor y mula, en América, al de Rubén Darío, entre otros? ¿Por cuáles resquicios vino a colarse después un diálogo entre la materia y el sujeto del conocimiento tan parecido al de Schopenhauer? Neruda eludió estas elucubraciones y sagazmente optó por atribuirle su temperamento poético a los influjos de la naturaleza americana: a sus ríos despiadados, al tenebroso poder de las grandes selvas o al olor decadente de los plátanos amontonados. En la historia de la poesía la continuidad coral de los grandes motivos prevalece junto a los reclamos de originalidad y las invocaciones a la tradición de la ruptura. Todo poeta auténtico es el heredero parcial de una tradición viva en la memoria de las formas literarias. Saint-John Perse, con ocasión de recibir el Premio Nobel, vislumbró la poesía como «un abrazo, como una sola y gigante estrofa viviente [...] consagrada a explorar la noche del alma y del misterio que rodea al ser humano». La idea de una gran tradición poética no fue ajena a Neruda; la imaginó como «la combustión de un fuego imborrable, de una comunicación inherente, de una sagrada herencia que desde hace miles de años se traduce en la palabra y se eleva en el canto».

El sentimiento trágico en la poesía de Pablo Neruda se nutre de la identidad parcial entre el sujeto y el objeto, y del hecho de que ambos, en este caso el poeta y la materia, están inevitablemente abocados a «un combate tan largo como el tiempo».

> Toco el tenaz esfuerzo de la roca,
> su baluarte golpeado en la salmuera,
> y sé que aquí quedaron grietas mías,
> arrugadas sustancias que subieron
> desde profundidades hasta mi alma,
> y piedra fui, piedra seré, por eso
> toco esta piedra y para mí no ha muerto:
> es lo que fui, lo que seré, reposo
> de un combate tan largo como el tiempo.
>
> («Casa», *Las piedras de Chile*)

Versos de la índole de: «Como todas las cosas están llenas de mi alma / emerges de las cosas, llena del alma mía», considerados desde la perspectiva total de la obra de Neruda, trascienden la afectación juvenil y apuntan hacia una profunda intuición de la relación de la subjetividad con el mundo. El alma, palabra que Neruda utilizó con mucha frecuencia y poco pudor, es el lugar donde el sujeto y el objeto, lo finito y lo infinito coinciden en el decurso de la temporalidad. Aun degradada a la condición de «trapo» o de «barajada cantidad», el alma es la piedra angular —«cuarzo y desvelo»— de la afinidad entre el poeta y las cosas. Ya casi al término de su vida, en un poema de *Geografía infructuosa,* Neruda insiste en esas afinidades y no descarta la posibilidad de rasgar «el velo de maya», para usar una expresión agradable a Schopenhauer:

> *... es el alma mi cuidado:*
> *quiero que las pequeñas cosas que nos desgarran*
> *sigan siendo pequeñas, impares y solubles*
> *para que cuando nos abandone el viento*
> *veamos frente a frente lo invisible.*
>
> («A plena ola»)

La materia, ya se sabe, es el centro dinámico del sistema poético de Neruda, quien la nombra con los tropos de la reverencia:

> Dulce materia, oh rosa de alas secas,
> en mi hundimiento tus pétalos subo
> con pies pesados de roja fatiga,
> y en tu catedral dura me arrodillo
> golpeándome los labios con un ángel.
>
> («Entrada a la madera», *Residencia en la tierra,* II)

En el movimiento perpetuo de las muertes y las resurrecciones de la materia, Neruda aprende su más honda y permanente lección poética. Aprende también que las germinaciones del mundo material no sirven de consuelo ante la inevitabilidad de la muerte humana, que entra en cada hombre «como una corta lanza».

El discurso de las destrucciones en la poesía de Pablo Neruda no se agotó en los temas; ocupó también la sustancia misma del lenguaje, a veces de manera radical. En sus iniciales efusiones románticas, Neruda había intuido que la afinidad entre el alma y el mundo implicaba también a las palabras: «Mariposa de sueño, te pareces a mi alma, / y te pareces a la palabra melancolía». Posteriormente, las seducciones de la vanguardia, particularmente del expresionismo y el surrealismo, lo indujeron, en los momentos más intensos de *Residencia en la tierra,* a instalar la visión trágica en las estructuras mismas del lenguaje. Neruda se arriesgó a la desestabilización —y en ocasiones a la destrucción— del tejido oracional del discurso. Lo que en *Tentativa del hombre infinito* comenzó por la supresión de los signos ortográficos, derivó hacia los tropos sin término de comparación, las proposiciones sin sujeto, los hipérbatos de corte gongorino y el uso y el abuso del gerundio como imagen viva del tiempo actuando en el centro mismo del lenguaje. Las peripecias ideológicas y la lógica interna de su propia obra lograron que el poeta, al asomarse al abismo del hermetismo, volviera sobre sus propios pasos hacia las formas más comunicantes. En su *Discurso de Estocolmo* dijo: «... si suprimimos la realidad y sus degeneraciones realistas, nos veremos de pronto rodeados de un terreno imposible, de un tembladeral de hojas, de barro, de nubes, en el que se hunden nuestros pies y nos ahoga una incomunicación opresiva».

Pudiera parecer que la inflexión de Neruda hacia una poesía política y comunicante a partir de los acontecimientos de la Guerra Civil en España constituyó una ruptura definitiva con la cosmovisión precedente. Tal giro, sin embargo, es el resultado lógico de la manifestación de la visión trágica en la historia y de la puesta en perspectiva ideológica de la conmiseración, latente ya en algunos poemas de *Crepusculario.* Aunque en notables ocasiones la poesía de Neruda practica los exorcismos de la melancolía, como en «Reunión bajo las nuevas banderas» o en «Nuevo canto de amor a Stalingrado», y escenifica revelaciones y tomas de conciencia, como en «Alturas de Macchu Picchu», el patetismo de la muerte, parcialmente desplumada de sus ornamentos románticos, nunca lo abandonará del todo. Aun en las *Odas elementales* más luminosas, el poeta, convertido a la alegría, no ceja en su diálogo con el tiempo que lo reducirá, y a su amada con él, a «un solo ser final bajo la tierra». El poema emblemático «Explico algunas cosas», que discurre como el testimonio de una conversión, solo inserta la visión trágica en el ámbito de la historia inmediata y pone la voz profética del poeta en sintonía con un sector importante de la intelectualidad del momento. El río metafísico de la temporalidad se tiñe del color de la sangre y de la historia:

Preguntaréis por qué su poesía
no nos habla del sueño, de las hojas,
de los grandes volcanes de su país natal?

Venid a ver la sangre por las calles,
venid a ver
la sangre por las calles,
venid a ver la sangre
por las calles!

Pablo Neruda escribió «Alturas de Macchu Picchu» en 1945, el mismo año de su ingreso al Partido Comunista Chileno. Este magno poema es la expresión más cabal de la tensión permanente entre la visión trágica y el compromiso político en su poesía. En lo alto de la montaña sagrada, como un Moisés en el Sinaí, el poeta se debate entre las revelaciones de la Muerte y el Amor. En aquella «alta ciudad de piedras escalares» funda simbólicamente el logos político que se expresa con fuerza en *España en el corazón* y *Canto general* y animará las peregrinaciones vitales de Neruda, convertido en emblema poético del antifascismo y la izquierda latinoamericana. El poeta descenderá de las alturas con el decálogo de la solidaridad en la mano. Sin embargo, el misterio irresuelto del poema, latente en la rosa de piedra de la ciudad y en la vibración de sus fantasmales habitantes oprimidos, seguirá siendo la muerte: el enigma de la diferencia entre «la poderosa muerte» de dimensiones cósmicas y cíclicas y el sufrimiento universal de la pequeña muerte humana.

Después de *España en el corazón,* la obra anterior de Neruda no se convirtió en pasado, sino en tensión. El pesimismo trágico y el optimismo político no son modulaciones rigurosamente excluyentes. Además de adoptar con voluntad y disciplina el credo de la alegría, Neruda también supo dar cuenta de sus profundas decepciones políticas y personales. Con lucidez procuró resolver las tensiones internas de su poesía mediante la dicción paradojal y la ironía, no exentas de humor. Desde *Estravagario,* por aludir a un temprano punto de referencia, se advierte esta actitud:

Mientras se resuelven las cosas
aquí dejé mi testimonio,
mi navegante estravagario
para que leyéndolo mucho
nadie pudiera aprender nada,
sino el movimiento perpetuo
de un hombre claro y confundido,
de un hombre lluvioso y alegre,
enérgico y otoñabundo.

(«Testamento de otoño»)

La experiencia española le había permitido a Neruda acrisolar su visión trágica en el ejemplo de la vida y la obra de Francisco de Quevedo. El encuentro con la poesía del poeta barroco —aunque tardío, según admite— lo puso en contacto con lo esencial de su propia poética. Las palabras que Neruda pronunció en La Habana, en 1942, son harto elocuentes:

[Para Quevedo hay] una sola enfermedad que mata, y esa es la vida. Hay un solo paso, y es el camino hacia la muerte. Hay una manera sola de gasto y de mortaja, es el paso arrastrador del tiempo que nos conduce.

La vida del poeta español es un espejo ante el cual el chileno, contemplándose con cierta velada complacencia, reconoce la tensión entre su vocación de poeta trágico y su convencimiento de poeta comprometido:

La borrascosa vida de Quevedo, no es un ejemplo de comprensión de la vida y sus deberes de lucha? No hay acontecimiento de su época que no lleve algo de su fuego activo. Lo conocen todas las embajadas y él conoce todas las miserias. Lo conocen todas las prisiones, y él conoce todo el esplendor. No hay nada que escape a su herejía en movimiento: ni los descubrimientos geográficos, ni la búsqueda de la verdad. Pero donde ataca con lanza y con linterna es en la gran altura. Quevedo es el enemigo viviente del linaje gubernamental. Quevedo es el más popular de todos los escritores de España.

Las lecciones de Quevedo nunca lo abandonarán. En «Celebración», poema escrito en sus años de recapitulaciones, Neruda vislumbra, en tiempo presentido de futuro, el destino común del discurrir del cuerpo y la escritura:

Hoy es hoy y ayer se fue, no hay duda.

Hoy es también mañana, y yo me fui
con algún año frío que se fue,
se fue conmigo y me llevó aquel año.

De esto no cabe duda. Mi osamenta
consistió, a veces, en palabras duras
como huesos al aire y a la lluvia,

y pude celebrar lo que sucede
dejando en vez de canto o testimonio
un porfiado esqueleto de palabras.

En la década final de su vida, tocado por los quebrantos, cuando la sombra real de la muerte lo rondaba, el poeta volvió a ser «el taciturno que llegó de lejos». En un poema de *Jardín de invierno,* titulado significativamente «Con Quevedo en primavera», Neruda exhibe la veta oscura de su más honda poesía:

Primavera exterior, no me atormentes,
desatando en mis brazos vino y nieve,
corola y ramo roto de pesares,
dame por hoy el sueño de las hojas
nocturnas, la noche en que se encuentran
los muertos, los metales, las raíces,
y tantas primaveras extinguidas
que despiertan en cada primavera.

Johannes Pfeiffer observó con atino que la autenticidad de la creación poética es un supuesto previo, puramente humano y de naturaleza ético-espiritual. Si bien es cierto que en manos de poetas pretenciosos el lenguaje puede intentar simulacros de autenticidad, la carencia de un fondo vital legítimo termina por traicionarlos. Como a la bisutería, a la falsa poesía siempre se le nota la impostura. En el caso de Pablo Neruda ni las caídas en la grandilocuencia de la melancolía ni su preocupación por su lugar en la historia de la ideología alcanzaron a ocultar su auténtica raíz trágica de hombre transido por el tiempo y la muerte. En la tensión mortal de la vida se sostiene la unidad de su poesía.

Pere Gimferrer

EL ESPACIO VERBAL DE NERUDA

Conocemos bien la prehistoria poética de Neruda: sus *Juvenilia* delatan a un epígono tardío del Modernismo. En métrica y ritmo, no se alejó nunca de esta raíz, ni podía hacerlo: no hay más verso español contemporáneo que el generado por Rubén Darío mediante la combinación de la métrica garcilasista, la de cancionero, ciertos préstamos de la métrica francesa y alguna aproximación al hexámetro latino, y de todo ello hay muestras en Neruda. Lo específico de nuestro poeta no reside, pues, en la hechura acentual del verso que aborda —esto es, en su sonido—, sino en su configuración léxica, semántica e imaginística, y lo peculiar de ella es el paso de las categorías previstas en el Modernismo —y que, en lo esencial, no iban más allá de la sinestesia, presente ya en Bécquer— hasta el irracionalismo, esto es —a nuestros efectos—, la imagen alógica, que se sostiene exclusivamente por su poderío fónico y su capacidad de plasmación visual.

Más acentuadamente que otros poetas de evolución similar a la suya —Alberti, Éluard o Aragon—, Neruda continúa usando este sistema imaginístico incluso en las zonas de su obra que requieren mayor diafanidad, y dice mucho de su éxito expresivo y estético la circunstancia de que ni su poesía amorosa ni su poesía política hayan dejado de concitar el asentimiento de los lectores: visiblemente, estos —como, a veces, tampoco los de García Lorca— no se han creído en el caso de pararse a analizar imágenes que, en sí, no son analizables en la forma habitual, lo cual evidencia el enorme poder de captación que tienen tales imágenes.

Tiempo atrás, y ocupándome de otro dominio idiomático, yo me detuve en una en concreto, de carácter amatorio, de tan innumerables imágenes: «... y una campana llena de uvas es tu piel». Este verso, sin particularidad métrica alguna —es un alejandrino a la española, formado por dos hemistiquios, el primero de los cuales, a diferencia de lo que ocurriría en francés, termina en palabra llana—, nada debe ni a Góngora ni a Mallarmé ni siquiera a Rubén Darío: como máximo, tendría su precedente en algún pasaje de Rimbaud.

Veamos de cerca, en efecto, por qué triunfa esta imagen; nuestro asentimiento —el de cualquier lector— a ella no depende, por cierto, como queda dicho, de la recomposición analítica, del mismo modo que, en un sistema imaginístico distinto, el asentimiento a una imagen de Góngora no depende tampoco de su siempre posible explicación racional o lógica; en este sentido, y únicamente en este, cabría establecer un paralelismo entre Góngora y Neruda, en la medida en que el poderío de la imagen y de su acuñamiento verbal es tal en ambos casos que preexiste a cualquier examen de la naturaleza de su génesis y prescinde de ella.

Hablamos, en suma, de la «piel» de una mujer, y esta «piel» es «una campana llena de uvas». «Campana» se asocia inmediatamente a metal, y a una determinada forma: dado el carácter atávico de la palabra nerudiana, no sería totalmente absurdo pensar en la remota cultura comúnmente llamada en los manuales «del vaso campaniforme» pero, por una parte, ya que está «llena de uvas», esta «campana» es solo forma, no puede evocar sonido alguno, ya que, o bien las uvas suplantan al badajo o bien, de haberlo, impedirían que sonara; por otro lado, es evidente que la textura material de las «uvas» se desplaza a la de la «campana», y sustituye la dureza del metal por la suavidad pulposa del fruto, sin por ello desmentir el volumen campaniforme y sugiriendo sin duda —aunque las uvas pueden a veces tener otros— el color verde, que puede revestir también a veces el metal de la campana.

La reformulación lógica aproximativa —totalmente distinta de la lógica férrea, aunque poéticamente irrelevante, a la que pueden remitirse los versos gongorinos— sería, pues, más o menos la siguiente: la piel de la mujer amada, hechura de su cuerpo, tiene la ensanchada y majestuosa ondulación de la campana y la suavidad y lozanía de un inmenso racimo de uvas; todo lo cual, naturalmente, está muy lejos de equivaler a «y una campana llena de uvas es tu piel», del mismo modo que, aunque se haya originado de otra forma, en Góngora el verso «los raudos torbellinos de Noruega» no equivale a su traducción en lenguaje lógico por «los halcones», aunque, desde el punto de vista lógico, tal trasposición resulte irreprochable.

Lo que singulariza a Neruda —y sin duda no se habría dado, de todos modos, sin el precedente gongorino— es la suprema audacia a la que (salvo, como quedó dicho, Rimbaud) no había llegado ningún poeta antes del siglo XX: sin más asidero que su propio sentido, tanto innato como adquirido, del poder de plasticidad de las palabras —así en lo fónico como en lo visual— las utiliza solo como sonido e imagen justificados en sí mismos, autónomos respecto a cualquier otra realidad; cierto que, en lo profundo, cabe decir lo mismo de todo poeta —no ya de Góngora sino también de Dante o de Virgilio—, pero cosa totalmente distinta es que el punto de partida ya equivalga resueltamente a lo que al cabo nos daría el examen del funcionamiento estético del verso en su consideración final (en el análisis) a la vez que inicial (en la lectura, que por definición precede a aquel). Aquí el usual fin es ya a la vez inicio: no se arriba a la autonomía del verso respecto al dominio de la lógica, sino que se parte de dicha autonomía como territorio propio.

En español —y Neruda cita a pocos poetas que escriban en otros idiomas, y de los que pudo leer en su lengua original solo parecen haber dejado huella duradera en él Rimbaud y Lautréamont— el camino que emprende, ya desde por lo menos *Residencia en la tierra* y en algunos aspectos incluso antes, es desde luego un camino peligroso: la plena posesión del idioma y la capacidad imaginativa (hay, tanto en léxico como en imágenes, poquísimas repeticiones, y no he visto ninguna literal) son el único modo de no caer en lo gárrulo o en la palabrería; llegado ya muy pronto a su total madurez expresiva, el antaño joven poeta modernista está tan seguro de sí mismo que podrá pasar de escribir «mi alma es un *carrousel* vacío en el crepúsculo» (*Crepusculario*, 1923) a escribir «noches deshilachadas hasta la última harina», «las hojas de color de ronco azufre», «como una espada envuelta en meteoros», «ramo de sal, cerezo de alas negras» (*Canto general*, 1950): el examen de cada uno de estos versos puede esbozarse, desde luego (el primero reemplaza lo negro de la noche por lo blanco, al modo gongorino; el segundo incluye personificación, desplazamiento cromático y sinestesia entre color y sonido; el tercero —del que puede ser protagonista, en una de las dos lecturas viables, el propio poeta— es de visionario de una cosmogonía épica; el cuarto, referido a Machu Picchu, intersecciona el reino vegetal, el mineral y el animal, y hace confluir lo marítimo y lo celeste), pero tal examen, aquí solo indicado sumariamente, nos llevará a parajes semejantes a los que se abrieron ante «y una campana llena de uvas es tu piel». Los versos de Neruda nos resultan tan intangibles y definitivos porque tienen siempre su estribadero en una expresión que es a la vez la más audaz y la más consolidada posible.

La poesía de Neruda vive, pues, ante todo del granero del idioma, y eso en un doble sentido: por una parte, hay en español buen número de palabras susceptibles de evocar imágenes con plena independencia de su carga semántica (en una dirección semejante a esta se orientaron en castellano, hacia los años veinte y treinta, Lorca, Alberti y Aleixandre, y en francés —aunque con resultados poéticamente inferiores en general, porque la tradición literaria de la lengua lo permitía menos— Tzara, Breton como poeta, el primer Éluard e incluso Juan Larrea); por otra parte, se da el salto desde la imagen incongruente en su estricto sentido verbal inmediato (lo que en inglés se llamaría su «importe» [«import: what is implied, meaning», según Oxford]) pero congruente respecto a una base lógica previa, tal vez facticia a veces, que visiblemente no tiene otro cometido real que hacer plausible el uso y la existencia misma de tal imagen, como en el caso de Góngora y también el de Mallarmé. Desde esta base, digo, se da el salto hacia, esencialmente, la misma clase de imagen, pero desprovista —por entender el poeta que no lo precisa ya— de pagar peaje a un presunto asidero lógico que habita en una zona conceptual distinta de la propia de la operación poética.

Esto, naturalmente, ya existía en Dante («in loco d'ogne luce muto», «là dove'l sol tace») y, con menos audacia, por la coartada bisémica, en Racine («une flamme si noire»); pero en Neruda es extremado y sistemático: las imágenes se sustentan exclusivamente en el instinto expresivo del autor, cuyo sistema poético es autorreferencial, y, en todo caso, remite únicamente a la historia de la lengua, entendiendo por tal no la historia morfológica o semántica de los vocablos o la evolución de su empleo en la anterior literatura en español, sino la formulación ajena a menudo a su sentido lógico que fónica y semánticamente han adquirido en el momento en que Neruda los emplea; por supuesto, tal sentido sería a su vez también transitorio, solo un momento más en la historia de cada vocablo, de no ser porque el poema de Neruda los fija y esculpe: ya no serán, en lo sucesivo, las palabras tal como aparecían en el uso común en 1923 o en 1950, por ejemplo, sino las palabras tal como aparecen en tal o cual verso concreto de tal o cual poema concreto de Neruda publicado en 1923 o en 1950, pero intemporal y perenne en lo sucesivo, ni más ni menos que ocurre, pongamos por caso, con el verso de Góngora «gigantes de cristal los teme el cielo», que existe perdurablemente incluso con independencia de que el verso anterior nos entere de que alude a unos «montes [...] de nieve armados».

Que no haya ido —no haya podido ir— más allá en ganancia estética que Góngora en nada enturbia o empaña la grandeza y el arrojo del gesto decisivo de Neruda: solo podía resolverse a dar tal paso quien supiera que el lenguaje le iba a acompañar indefectiblemente en el trayecto; en contra de la apariencia superficial, solo un extremo rigor verbal interno podía asegurar el resultado, imposible además en cualquier otra lengua románica o germánica con toda probabilidad. Por sí solo, Neruda ejemplifica la aportación específica del español a la poesía occidental contemporánea.

Andrés Gallardo

PABLO NERUDA Y LA LENGUA CASTELLANA

I

Un rasgo característico de las lenguas que han llegado a un grado considerable de desarrollo del proceso de estandarización es que los miembros de la comunidad hablante tienen un alto nivel de conciencia de este hecho: no solo usan la lengua, sino que tienen un conocimiento explícito de su normatividad y de su situación en el entorno cultural en que se mueven. Los hablantes más cultos han tenido una instrucción formal en cuanto al sistema de escritura —la ortografía— y la estructura básica —gramática— de su lengua, así como una formación institucionalizada especialmente en lo relativo a su historia —fuente importante de identidad— y los textos más representativos, que muchas veces adquieren una dimensión de ejemplaridad que marca la actividad idiomática, sobre todo en aquellas instancias más formales. Tales textos suelen coincidir con lo que, tradicionalmente, se llama la literatura. En suma, el hablante culto de una lengua estandarizada tiene una cultura idiomática que le permite una especial lucidez en cuanto a lo que significa ser hablante nativo de esa lengua y no de otra, lo que orienta su competencia, al mismo tiempo que la centra.

En el caso de las lenguas europeas que se han extendido de modo importante por zonas muy superiores, cultural, geográfica y aun étnicamente, a su fuente de origen, se dan algunos rasgos de gran interés para entender la dinámica de la expansión del desarrollo lingüístico. Consideremos el caso concreto de la lengua castellana: lo que comenzó como una variante casi familiar del latín ibérico, en una situación diglósica, se fue transformando en una lengua de notable vitalidad, el romance castellano, hasta llegar a ser la lengua nacional, o por lo menos predominante, de la España unificada durante los Reyes Católicos, una lengua que generó una notable tradición literaria y se fue haciendo apta para desarrollar en ella toda clase de transacciones culturales más y más intelectualizadas y refinadas. Por esa misma época se inició un proceso, hasta entonces inédito en las culturas occidentales: la lengua castellana se difundió rápidamente por zonas radicalmente diferentes de su fuente de origen, entró en contacto con lenguas y culturas desconocidas y terminó por convertirse en el idioma nacional de países que, a pesar de sus innegables diferencias, no solo la tienen como su idioma oficial y predominante, sino también como una de sus fuentes de identidad. (En Argentina se ha hablado durante años, sin más, de «idioma nacional», y en Chile de «idioma patrio» para referirse a la lengua castellana, sobre todo en cuanto que forma parte de los planes de estudio de la enseñanza media).

Esta difusión del castellano en el Nuevo Mundo no ha estado ausente de importantes conflictos. Desde luego, la irrupción de una lengua nueva en las culturas indoamericanas no fue solo una expansión lingüística, sino que abarcó todos los ámbitos de la vida de estas sociedades autóctonas, y tuvo aspectos oscuros de tremenda violencia, de arbitrariedades, de codicia y de injusticia. Lo concreto, sin embargo, es que hoy día la lengua castellana es la lengua de las naciones hispanoamericanas, una lengua que cuenta con 400 millones de hablantes nativos y varias decenas de millones de personas que la tienen como segunda lengua, y es una de las lenguas oficiales de entidades internacionales como las Naciones Unidas.

Sin embargo, la historia de la difusión de la lengua no ha ido aparejada con la adecuación fluida de los sistemas de actitudes de los hablantes. Por un lado, en España, hasta no hace demasiado tiempo, la lengua se consideraba un patrimonio nacional casi exclusivo, esto es, una lengua generada en España por españoles para interactuar entre españoles acerca de situaciones de interés español y en una perspectiva española. Una institución como la Real Academia Española se concebía más como una empresa patriótica que como un organismo propiamente cultural centrado en el estudio y divulgación de la lengua y de sus textos más representativos y válidos al servicio de la comunidad hablante. En otras palabras, se concebía que la unidad de la lengua estaba dada por una identidad territorial —la condición de España de solar idiomático patrimonial— y por una unidad cultural, étnica y aun religiosa, como si todo en esa rica y compleja historia política, idiomática y cultural española hubiera estado signado por la uniformidad. No faltó el intelectual español que se autodefiniera, en cuanto grupo nacional, como «los amos de la lengua».

Por otro lado, en Hispanoamérica, sobre todo entre los grupos dirigentes, se fue generando una actitud que podría llamarse colonial. Se asentó la ideología dicotómica «ellos y nosotros», como si América no hubiera sido producto, precisamente, de un encuentro de dos mundos, como si las primeras elites gobernantes e influyentes no hubieran desconocido, más allá de la mera retórica, casi unánimemente la presencia y función de las culturas, y por cierto de las lenguas, autóctonas. Especialmente después de consolidada la independencia de las nuevas naciones, se fue acentuando una actitud de rechazo a todo lo español, incluida la lengua castellana y su más emblemática manifestación, la literatura, así como una actitud de valoración y de subsecuente imitación de otras tradiciones culturales europeas, principalmente la francesa y la inglesa.

Por cierto, esta visión sesgada del desarrollo y expansión de la lengua castellana en el Nuevo Mundo solo podía conducir a situaciones, en último término, empobrecedoras, tanto para España como para las nuevas naciones hispanoamericanas. En el caso chileno, que es el que por ahora interesa, las contradicciones y las inseguridades son notorias. Escritores como Francisco Bilbao, Domingo Faustino Sarmiento (argentino avecindado un tiempo en Chile) y José Victorino Lastarria son clara manifestación de esta actitud antiespañola. Lastarria no solo rechazaba la tradición literaria hispánica, sino que hizo un propósito explícito de fundar una literatura propiamente chilena, aunque, por cierto, en lengua castellana. El resultado no fue grandioso, aunque sí interesante: no solo pone de manifiesto que el cultivo de la lengua sin un arraigo cultural es prácticamente imposible, sino que, sin quererlo, cae en una dinámica de imitación de modelos foráneos insuficientemente asimilados. Más interesante es el hecho de que, aunque quiere incorporar a su producción novelesca elementos autóctonos chilenos, en la práctica termina rechazando lo más inmediato y básico, como es la lengua castellana tal como se daba de hecho en Chile: con poco cultivo intelectualizado y con aún menor tradición culta.

2

Felizmente, hubo un intelectual que puso las cosas en su sitio: don Andrés Bello, nacido en Venezuela, educado en Londres y avecindado en Chile desde 1829. Bello vio con claridad que la continuidad idiomática es un proceso que trasciende nacionalidades y territorios, y que el pasado del idioma, por mucho que haya diferencias reales entre las comunidades donde tiene vigencia, es un pasado común. Específicamente, vio que la gran literatura del pasado, muy especialmente la literatura de los Siglos de Oro, no es «española» en un sentido estrecho, sino una literatura de toda la lengua, por ende patrimonio común de todos los hablantes y fuente de enriquecimiento. Sus estudios sobre el *Poema de Mio Cid* y sobre *La Araucana,* considerada como la puerta de entrada a la literatura chilena, así lo demuestran. Su monumental *Gramática de la lengua castellana,* de 1847, es la definitiva demostración de que la lengua es un patrimonio común que ha de enriquecerse entre todos y con relación al cual todos pueden aportar. Por cierto, las ideas de Bello tardaron en asimilarse, tanto en España como en las nuevas naciones. En Chile se le acusó de retrógrado por su valoración del pasado idiomático, y en España se le ignoró, especialmente desde los círculos oficiales académicos, por el hecho básico y simple de no ser español en el sentido nacional del término.

Esta situación, evidentemente conflictiva y empobrecedora, se prolongó durante el siglo XIX. Un hito definitivamente renovador tuvo comienzo simbólico el año 1888, cuando un joven nicaragüense de paso en Chile publicó un librito misceláneo: *Azul...,* el cual habría de renovar no solo la manera de concebir y ejercer activamente el lenguaje literario, sino que reformuló todo el sistema de actitudes hacia la lengua. Por primera vez en nuestra historia un escritor hispanoamericano asumía creativamente, y con un nivel de calidad y profundidad excepcional, el hecho de que la lengua castellana es, definitivamente, una lengua internacional, suprageográfica, supraétnica, con una raíz clara y potente, con una tradición rica, pero susceptible de ser renovada con tradiciones diferentes, tanto en lo histórico como en lo contemporáneo. Rubén Darío supo aunar lo más válido de la tradición literaria española con las tradiciones y vanguardias extranjeras y con elementos de raigambre indoamericana, en una síntesis que, sin desmentir lo que pudo llamarse «el genio de la lengua», lo extrema hasta darle matices y posibilidades expresivas hasta entonces no vistas. Como lo señalara otro gran escritor y renovador de las prácticas literarias en castellano, Jorge Luis Borges, Rubén Darío pasó por la lengua y dejó una impronta. Rubén Darío es, de hecho, quizás el primer gran escritor de la lengua castellana, simplemente, de resonancia idiomática total, que va más allá de nacionalidades, estilos o influencias.

Pero el hecho es que, en Hispanoamérica, esta noción de lengua española foránea, ajena a las realidades locales, se instaló con fuerza entre los intelectuales que, por cierto, manifestaban sus incomodidades en la propia lengua castellana. Aun escritores contemporáneos como Octavio Paz, tan potente y tan fecundo de raíces, se sintió siempre algo incómodo con esta lengua «trasplantada» que no terminaba de sentir plenamente suya. En Chile, Gabriela Mistral, a pesar de su enorme potencia creadora y de su lucidez precursora en muchas áreas, sintió como una contradicción el ser indoamericana, por un lado, y de nacionalidad chilena, y por otro lado, ser cristiana e hispanohablante, es decir, de religión y de lengua no generadas en la tierra americana, sin entender que las lealtades patrióticas, étnicas, religiosas y lingüísticas discurren por vías no contradictorias sino diferentes. Así, cada vez que esta escritora, tan ligada a su tierra y a su lengua, detectaba alguna diferencia entre el castellano que escuchaba en sus correrías por España y el que escuchaba entre los hablantes de Hispanoamérica, atribuía tales variaciones a algún tipo de desviación —llegó a hablar de «pecado fonético» hispanoamericano—, de una corriente de continuidad idiomática natural y legítima que solo podría darse —he ahí manifestado nuevamente el prejuicio de la continuidad geográfica— en España.

3

En este complejo marco cultural podemos entender mejor la extraordinaria importancia que tiene Pablo Neruda, no solo como uno de los grandes poetas hispanoamericanos del siglo XX, sino como un lúcido renovador del sistema de actitudes hacia la lengua castellana compartida. Neruda, íntimamente chileno, latinoamericanista casi furibundo, políticamente de militancia tan férrea como cuestionada, es, sin embargo, un habitante plenamente cómodo de la lengua castellana, más allá de toda inseguridad, ajeno a todo prejuicio, «latinoamericano, español de raza y de lenguaje», como se define en los recuerdos de *Para nacer he nacido.* Neruda se asume, simplemente, como un poeta chileno de la lengua castellana común, fuente de identidad y de energía creativa. Superación definitiva de la actitud que hemos llamado colonial. Sus propias palabras lo dicen más allá de toda duda:

> No se puede vivir toda una vida con un idioma, moviéndolo longitudinalmente, explorándolo, hurgándole el pelo y la barriga, sin que esta intimidad forme parte del organismo. Así me sucedió con la lengua española. La lengua hablada tiene otras dimensiones; la lengua escrita adquiere una longitud imprevista. El uso del idioma como vestido o como la piel en el cuerpo; con sus mangas, sus parches, sus transpiraciones y sus manchas de sangre o sudor, revela al escritor. Esto es el estilo. Yo encontré mi época trastornada por las revoluciones de la cultura francesa. Siempre me atrajeron, pero de alguna manera no le iban a mi cuerpo como traje *(Confieso que he vivido).*

Esta actitud nerudiana tan positiva hacia la lengua como instrumento de comunicación y como forma arraigada de instalarse en el mundo, cubre todas las dimensiones, desde la dinámica histórica como garantía de identidad, hasta la potencialidad comunicativa como aval de amplitud participativa y la finura estructural como cuenco concentrador de la intimidad expresiva.

Siguiendo la huella memorable de Andrés Bello, Neruda entiende que el pasado de la lengua es su propia historia, que su actuar como poeta prolonga activamente una raíz nunca interrumpida aunque sí plena de accidentes e incidentes. Así, por ejemplo, en una obra mayor como es el *Canto general,* manifiesta una actitud decididamente hostil hacia los protagonistas hispanos del proceso de conquista, una vez más la ideología del «ellos y nosotros», actitud que muchas veces resulta más bien cercana a la llamada «leyenda negra» que a los hechos reales. Sin embargo, la lengua es una herencia patrimonial que no se ve mancillada por esta sombra negativa:

> Qué buen idioma el mío, qué buena lengua heredamos de los conquistadores torvos... Estos andaban a zancadas por las tremendas cordilleras, por las Américas encrespadas, buscando patatas, butifarras, frijolitos, tabaco negro, oro, maíz, huevos fritos, con aquel apetito voraz que nunca más se ha visto en el mundo... Todo se lo tragaban, con religiones, pirámides, tribus, idolatrías iguales a las que ellos traían en sus grandes bolsas... Por donde pasaban quedaba arrasada la tierra... Pero a los bárbaros se les caían de las botas, de las babas, de los yelmos, de las herraduras, como piedrecitas, las palabras luminosas que se quedaron aquí resplandecientes... el idioma. Salimos perdiendo... Salimos ganando... Se llevaron el oro y nos dejaron el oro... Se lo llevaron todo y nos dejaron todo... Nos dejaron las palabras. *(Confieso que he vivido).*

Don Alonso de Ercilla, por cierto miembro de esa ralea de conquistadores rapaces, es, en este marco, aceptado como parte del legado idiomático y por ende intocable, y su *Araucana* «no solo es un poema, es un camino» *(Para nacer he nacido).* La figura de Ercilla, conquistador de primera hora, aparece como la de un verdadero fundador de una nueva identidad, ejemplar y heroico, un «padre diamantino», primer escritor chileno, pilar humano y literario, voz antigua para un nuevo agente de la lengua ancestral:

> Hombre, Ercilla sonoro, oigo el pulso del agua
> de tu primer amanecer, un frenesí de pájaros
> y un trueno en el follaje.
> Deja, deja tu huella
> de águila rubia, destroza
> tu mejilla contra el maíz salvaje,
> todo será en la tierra devorado.
> Sonoro, solo tú no beberás la copa
> de sangre, sonoro, solo al rápido
> fulgor de ti nacido
> llegará la secreta boca del tiempo en vano
> para decirte: en vano.
>
> (*Canto general,* «Ercilla», III, XXII)

Pablo Neruda es, fundamentalmente, poeta, un poeta chileno de lengua castellana. Es, sin duda, un intelectual sumamente culto y bastante lúcido, con momentos contradictorios y opacos, un escritor, cronista de sí mismo y del ancho mundo, de prosa tersa y llana. Pero aun siendo interesante como es, su trabajo descriptivo y reflexivo no es lo más memorable de su legado, porque Neruda es, repitamos, antes que nada, un poeta, y es en su poesía donde hallamos la entraña candente y clara de su decir y de su hacer. Por ello, rastrear en su obra poética su sistema de actitudes hacia la lengua castellana resulta ser una aventura especialmente enriquecedora para un lingüista como el que escribe estas páginas.

4

Pablo Neruda, a lo largo de su prolongada labor poética, fue refinando y definiendo una voz cada vez más propia. Sus primeros libros son testigos de una búsqueda que parece avanzar sin prisa, como consciente del camino que seguía y de la meta que aspiraba a alcanzar. Como todo escritor, parte de su búsqueda está marcada por un rechazo, nunca demasiado serio, de la tradición inmediatamente precedente, y por una voluntad de originalidad, aun cuando con ello se violente de algún modo la normatividad tradicional y aun la dinámica natural del enunciado en cuanto producto idiomático.

Solo a modo de ejemplo, recordemos un texto de *Residencia en la tierra,* libro donde cuaja y madura esta tendencia tempranamente iniciada, y donde es nítido el intento de lograr una expresividad a contrapelo de estructura sintáctica y semántica convencional:

> Alójame en tu espalda, ay refúgiame,
> aparéceme en tu espejo, de pronto,
> sobre la hoja solitaria, nocturna,
> brotando de lo oscuro, detrás de ti.
>
> Flor de la dulce luz completa,
> acúdeme tu boca de besos,
> violenta de separaciones,
> determinada y fina boca.

(«Madrigal escrito en invierno»).

Lo relevante de este proceso de búsqueda expresiva en Neruda es que no se trata de una manifestación casi adolescente de rechazo de una tradición representada por la raíz idiomática española, como sucedía en el siglo XIX con escritores como Lastarria, sino que se trata de una exploración, por decirlo así, funcional, en las potencialidades comunicativas de un sistema plenamente asumido como propio. La presencia de Rubén Darío actúa casi sin que los escritores posteriores sean conscientes de ello. Así resume el propio poeta su actitud al referirse a las hechuras vanguardistas de su libro:

> *Residencia en la tierra* está escrita, o por lo menos comenzada, antes del apogeo surrealista, como también *tentativa del hombre infinito,* pero en esto de las fechas no hay que confiar. El aire del mundo transporta las moléculas de la poesía, ligera como el polen o dura como el plomo, y esas semillas caen en los surcos o sobre las cabezas, les dan a las cosas aire de primavera o de batalla, producen por igual flores y proyectiles (*Confieso que he vivido).*

No hay aquí sombra de egoísmo juvenil ni de espíritu colonial de rechazo a una identidad, sino conciencia de ser un escritor asentado de una lengua estandarizada de presencia internacional. Así, en esta misma línea de presencia cultural, que ya podemos llamar premonitoriamente panhispánica, recibe Neruda, en su condición de poeta de lengua castellana, el extraordinario libro de Amado Alonso sobre su obra, especialmente sobre *Residencia en la tierra:*

> El estudio de Alonso recela la primera preocupación seria en nuestro idioma por la obra de un poeta contemporáneo. Y eso me honra más de la cuenta *(Confieso que he vivido).*

Esta asumida condición de poeta de lengua castellana, pero voz de una patria y aun de un continente, cuaja creativamente en el texto disparejo, desmedido y deslumbrante del *Canto general.* La raíz de la voz nerudiana quiere ser dual. Por una parte, está la tierra americana, su geografía y su gente. Baste con una declaración que habla por todo el libro y, quizás, por toda la obra del poeta:

América, no invoco tu nombre en vano.
Cuando sujeto al corazón la espada,
cuando aguanto en el alma la gotera,
cuando por las ventanas
un nuevo día tuyo me penetra,
soy y estoy en la luz que me produce,
vivo en la sombra que me determina,
duermo y despierto en tu esencial aurora:
dura como las uvas, y terrible,
conductor del azúcar y el castigo,
empapado en esperma de tu especie,
amamantado en sangre de tu herencia.
(«América no invoco tu nombre en vano»).

Ahora bien, toda esta conciencia de raíz americana halla su expresión en lengua castellana. El poema que mejor expresa esta actitud es, sin duda «Alturas de Macchu Picchu». Allí siente y comunica Neruda toda la fuerza de su identidad asentada en la tierra difícil pero fecunda y moldeada en la piedra labrada, y naturalmente siente que todo se resuelve en canto, en un poema donde la lengua brilla en toda su nítida y compleja sencillez. Machu Picchu pide que el poeta libere el potencial sonoro que la piedra esconde, y el poeta, como trabajador de la palabra, cumple su cometido, y lo cumple en la lengua que también está en la raíz del canto, la lengua castellana, en una síntesis que supera toda contradicción, una síntesis que es piedra y lengua, palabras y sangre:

A través de la tierra juntad todos
los silenciosos labios derramados
y desde el fondo habladme toda esta larga noche
como si yo estuviera con vosotros anclado...
... Dadme el silencio, el agua, la esperanza.

Dadme la lucha, el hierro, los volcanes.

Apegadme los cuerpos como imanes.

Acudid a mis venas y a mi boca.

Hablad por mis palabras y mi sangre.
(«Alturas de Macchu Picchu»).

El poeta ha plasmado también esta experiencia de ser vocero, en raíz de lengua castellana, de un fundamento de tierra y piedra y sangre americana, en una prosa de nítida calidez. Así, recuerda cómo, al contemplar por primera vez la ciudadela pétrea y callada,

Me sentí infinitamente pequeño en el centro de aquel ombligo de piedras, ombligo de un mundo deshabitado, orgulloso y eminente, al que de algún modo yo pertenecía. Sentí que mis propias manos habían trabajado allí en alguna etapa lejana, cavando surcos, alisando peñascos.

Me sentí chileno, peruano, americano. Había encontrado en aquellas alturas difíciles, entre aquellas ruinas gloriosas y dispersas, una profesión de fe para la continuación de mi canto (*Confieso que he vivido).*

5

Hay un poema que de algún modo resume y sintetiza la compleja actitud nerudiana hacia la lengua castellana y su condición de poeta de esta lengua, pero poeta asentado en su realidad chilena, de raíz plenamente chilena, que sin embargo no desdice ni reniega de la raíz tan honda y vieja como es la raíz de la lengua. Se trata de la «Oda al diccionario», una de las más entrañables que componen las *Odas elementales.*

La piedra angular intelectual de esta oda es la convicción de Neruda de que la lengua está en la base de su identidad como persona integrante de una sociedad, y como se trata de un idioma estandarizado que se superpone sin contradicción a fronteras ideológicas, nacionales o geográficas, puede servir como instrumento privilegiado de análisis de una realidad, al mismo tiempo que como expresión siempre renovada y original de una sensibilidad personal. Neruda, hay que insistir siempre en ello, no es dado a disquisiciones abstractas, pero tiene plena conciencia del trabajo que realiza como escritor de lengua castellana. Sus reflexiones sobre la lengua, y sobre la cultura de que esta lengua es expresión, son reflexiones poéticas, es decir, instancias textuales donde lo general se fusiona con lo particular y específico, donde lo intelectual se amalgama con lo emocional y donde la persona concreta se instaura en vocero válido de una sociedad compleja que reconoce un principio de unidad. Por ello, no es de extrañar que el poeta sume su voz a una corriente que es tradicional en lengua castellana, cual es la disposición a apropiarse poéticamente de la lengua misma como tema del poema y forma del mismo, resultando así un verdadero poeta lingüista, esto es, investigador acerca del potencial comunicativo y expresivo de la lengua, y poeta propiamente tal, concentrador concreto en el texto de ese potencial. El poema se torna, entonces, instancia lingüística sin dejar de ser poema.

En más de una ocasión el lenguaje, y sobre todo la lengua castellana, han sido objeto de manifestación poética por parte de Pablo Neruda. El lenguaje es entendido por el poeta como una manifestación de lucidez y de asombro ante el misterio del universo, en el marco de un acto de pertenencia a una comunidad de interacción. El hombre es para Neruda un ser social que solo en la palpitación del colectivo halla su potencial expresivo. Así concibe la gestación primigenia del lenguaje:

Aún la atmósfera tiembla
con la primera palabra

elaborada
con pánico y gemido.
Salió
de las tinieblas
y hasta ahora no hay trueno
que truene aún con su ferretería
como aquella palabra,
la primera
palabra pronunciada:
tal vez solo un susurro fue, una gota
y cae y cae aún su catarata.

(«La palabra»)

La «Oda al diccionario» no teoriza directamente sobre la palabra. Fiel a su condición de *Oda elemental,* se centra directamente en el diccionario, ese libro receptáculo alfabéticamente ordenado del léxico de la lengua, al que no siempre se considera con la atención debida, pero, a medida que el texto avanza, descubrimos que en su sencillez se agazapa una concepción de ese léxico no solo en su riqueza funcional de repertorio de las más variadas formas de referencia de experiencias acumuladas y compartidas, sino que el diccionario mismo se abre y se esponja hasta alcanzar la condición de símbolo de toda la lengua en su compleja riqueza de instrumento y de patrimonio. Es relevante esta distinción. El léxico es instrumento en cuanto que es un repertorio virtual que permite articular una experiencia en enunciados que tienen como función básica el intercambio de experiencias entre los miembros de una comunidad. Es también patrimonio, en el sentido de que es un legado intangible que liga a una historia y que es fuente de asentamiento en una realidad social específica, que actúa igualmente como fuente y garantía de identidad personal y colectiva.

El diccionario, recopilación del léxico, aparece en nuestra oda, en primera instancia, como un objeto, un libro algo desmesurado (obviamente, el punto de partida concreto del poema lo constituye la versión tradicional del diccionario académico, en su imponente pasta española y su tamaño superior al texto corriente). Pero ese diccionario parece ocultar los rasgos más evidentes y superficiales del léxico que contiene: es un cargador sistemático y espeso. Fácil es para un joven, por lo demás repleto de sí mismo, ignorarlo, en la creencia de que la expresividad, sobre todo la expresividad de voluntad poética, es asunto de originalidad y desparpajo personal:

> ... Recibo
> las palabras
> directamente
> del Sinaí bramante.
> Reduciré
> las formas a la alquimia.
> Soy mago.

Frente a esta frivolidad, el diccionario solo puede responder con el silencio. Ya hemos visto que la lengua no es solo instrumento de una expresividad personal, sino que es también patrimonio cultural. Solo desde esa raíz se puede desarrollar su condición instrumental. Cuando esto se descubre, y hacerlo es cosa de madurez y no de imposición, la situación cambia radicalmente y el viejo diccionario revela lo que de veras es. Las metáforas que siguen conducen todas a esa dimensión de vitalidad creadora. El diccionario es árbol, fuente de vida, su follaje es vivificador, acoge nidos, fuente también de nueva vida, de fecundidad, o sea, lo que el léxico guarda de potencialidad productiva. Más aun, el diccionario, o mejor dicho el léxico que en él anida, es también fuente de regocijo, de mero juego, carrusel de palabras que muchas veces no tienen más razón de ser que ser ellas mismas en su gozo de significar:

> ... palabras
> que se deslizan como suaves uvas
> o que a la luz estallan
> como gérmenes ciegos que esperaron
> en las bodegas del vocabulario
> y viven otra vez y dan la vida.
> una vez más el corazón las quema.

Vamos así notando cómo la clarividencia del lenguaje poético nos permite entender que, en sí misma, la lengua es una mera virtualidad asaz inerte, pero el acto de hablar es un acto de vivificación intelectual que tiene también una dimensión emotiva, por lo que usar una palabra es también quemarla desde el corazón. El diccionario, entonces, ya no es un repertorio frío, y las metáforas una vez más se acumulan para realzar la expresión de una vitalidad generosa: preservación, fuego, joyas, perpetuidad, granero, esto es, receptáculo de semillas cuyo destino es generar nueva vida, así como también expresar la valoración de esa vitalidad cultural: si por una parte, la palabra es herramienta, útil sin más, por otra es medalla, que vale por lo que representa. Lo práctico aunado con lo bello. Y aquí aparece una nueva dimensión. Si la lengua es patrimonio, es un patrimonio que tiene una génesis concreta y conocida. En nuestro caso, ese origen se remonta a España, desde donde se prolonga hasta la voz del poeta, que la preserva intacta al hacerla suya y con ella significar, o sea, comunicarse. El poeta ha entendido, por fin, que su potencial creativo no emana solo de su genialidad, sino también, y muy fundamentalmente, de su inmersión en una continuidad comunicativa.

6

Señalábamos al comienzo cómo escritores tan finos y cultos como Gabriela Mistral u Octavio Paz asumían la historia de su lengua en una dimensión de trasplante cultural. Neruda, quien ha tomado posesión plena de esa misma lengua, se asume a sí mismo como una voz más en una cadena que ha tenido interrupciones, hiatos, quiebres de todo tipo, pero que nunca ha dejado de cumplir las funciones primordiales de toda lengua: articulación de una experiencia colectiva en una concreción personal de referencia y emoción. Neruda es, concluyamos, un poeta chileno, tierra y trino americanos, pero canta con palabras, y esas palabras tienen una raíz tan honda y tan sólida que dan para la expresión de un poeta y para la interacción de una comunidad que no solo supera a ese poeta, sino que va más allá de patrias, de creencias o de razas.

En lo que se refiere a la lengua castellana, Pablo Neruda resulta ser un noble sucesor del maestro Nebrija, que visualizó la lengua más allá del ámbito del reino de Isabel y Fernando; un digno continuador de don Andrés Bello, que nos enseñó que la unidad de la lengua no se opone a la diversidad de naciones y modos de vida; un digno sucesor de Rubén Darío, que dio el salto que permitió a la lengua española apropiarse del ancho mundo con alegría y sensibilidad. Pablo Neruda, indudablemente, pasó por la lengua castellana y se ha convertido, él mismo, en patrimonio del idioma, en raíz del canto, encarnación anticipada del lema de la Academia Chilena de la Lengua que hoy, una vez más, lo reconoce en gesto de homenaje: unir por la palabra.

Francisco Brines

NERUDA Y GARCÍA LORCA: LA IMITACIÓN COMO INTENSIFICACIÓN POÉTICA

En la *Segunda Residencia* de Neruda se lee el poema titulado «Oda a Federico García Lorca», hermosísimo poema que traiciona el título, pues se me aparece como una de las grandes elegías de nuestro tiempo. ¿A qué se debe esta aparente contradicción? Escrito en vida de Lorca, es una exaltación del hombre y del poeta; de ahí que, en el impulso y en la voluntad del autor, se conciba como oda. Quieren coronar estos versos al «joven de la salud y de la mariposa». Mas el poema persigue descubrir la significación más honda de la poesía lorquiana; descubrirla y exaltarla. Y es la índole de ella, tan fatalmente dramática, la que origina la transformación de la oda en elegía. Lorca, en el poema, asume el dolor del mundo; gravitan la muerte y las lágrimas como elementos preponderantes. Se debe, según creo, a que para Neruda son ellas las que reflejan la última y más profunda visión de la mirada lorquiana (sin que estorbe a ello la presencia del milagro de la vida, o la sorpresa continua y espontánea de la belleza, tan consustanciales ambas al poeta granadino). Hay un momento determinante en que aquella concepción se adensa; ve al amigo

> de pie y llorando,
> porque ante el río de la muerte lloras

abandonadamente, heridamente,
lloras llorando, con los ojos llenos
de lágrimas, de lágrimas, de lágrimas.

Mas no es mi pretensión comentar, en esta u otra dirección, el poema, sino detenerme tan solo en uno de sus versos; más precisamente, en una determinada expresión. Aparece esta en el tercer verso de la primera estrofa de la oda. Ya desde el inicio, el poema se nos entregará como estremecida elegía:

Si pudiera llorar de miedo en una casa sola,
si pudiera sacarme los ojos y comérmelos,
lo haría por tu voz de naranjo enlutado
y por tu poesía que sale dando gritos.

«Tu voz de naranjo enlutado». Es esta la expresión que ahora interesa. Asistimos a la comparación de la voz del poeta con la voz de un naranjo, y percibimos la expresión como inequívocamente irracional. Solo en sentido figurado podemos concederles voz a los árboles, y esa voz no es otra que el sonido del aire o del viento en ellos. Serán la altura y la flexibilidad del tronco, y la disposición y el número de las ramas y de las hojas, los que, al ser movido el árbol con mayor o menor fuerza, nos den la impresión de voz propia. Mas no es el naranjo precisamente la especie vegetal que nos pueda hacer recordar un determinado silbido o susurro del aire en él: es árbol que, por el extremado vigor del tronco, y por el enmarañamiento y reciedumbre de las ramas, y también la fuerza broncínea de las hojas, no origina sonido especial. Oímos el viento, no su conjunción con el árbol.

La asignación al naranjo, siempre verde, de un color distinto: «naranjo enlutado» acrece la irracionalidad del verso. Y, sin embargo, en los oídos agricultores, la expresión puede tener una significación, aunque metafórica, real; mas presumo que Neruda la ignoraba. Y, aunque así no fuera, en el verso cumple de todos modos una función distinta. En Valencia, en su zona naranjera, se dice de algunos huertos, de pictórica presencia, que están negros; la expresión no atañe a la cantidad o calidad del fruto, sino al aspecto exterior de los árboles que, por el esmerado y generoso tratamiento recibido, alcanzan una foliación de un verde intenso, oscuro. La hipérbole expresiva acentúa la tonalidad hasta decantarla en negro, del mismo modo que, en oposición, el desvaído verde del árbol enfermo decanta la hipérbole expresiva al color amarillo. Cuando se dice que un huerto está amarillo de inmediato sabe el oyente que aquel adolece gravemente en su salud.

Nos encontramos, pues, ante un verso de marcada irracionalidad. Carlos Bousoño, en su *Teoría de la expresión poética* (Madrid, Gredos, 1985) nos ha dado a conocer un variable y no escaso número de procedimientos expresivos a los que mirábamos sin ver. En el verso que nos interesa encontramos, en yuxtaposición, dos de estos procedimientos estudiados por él: la *visión* y el *desplazamiento calificativo.* Importa principalmente, en este caso, el primero. Consiste la visión en la «atribución de cualidades o de funciones irreales a un objeto», con significación no lógica. Veámoslo en el verso nerudiano: en él se atribuye a un objeto real A (la voz de Lorca) cualidades que no pueden corresponderle por sí mismas (las propias del elemento B: naranjo enlutado). Las cualidades que se atribuyen a la «voz» son, pues, irreales, pero tal atribución es extraordinariamente significativa, pues nos informa poéticamente de unas cualidades que, *emotivamente,* las sentimos referidas tanto a B como a A. ¿Cuáles serán? La impresión emotiva que recibimos ante la expresión «naranjo enlutado» es una mezcla paradójica de plenitud de vida y de tristeza. Ello obedece a que los atributos reales del naranjo y del luto nos sitúan, a la vez, en esas contrarias coordenadas.

El naranjo es un árbol de hoja perenne, que vive en climas templados, lo que nos da una primera connotación de acusado signo primaveral. De gran belleza plástica en su forma esférica y recogida, es generoso en el fruto (de muy individualizado sabor, y de color tan propio que denomina al naranja; el contraste de las hojas y el fruto es siempre una fresca sorpresa visual) y es abundante la flor (diminuta y blanca, de intenso y muy delicado aroma: flor simbólica de la virginidad ofrecida). Atribuir a la voz de Lorca juventud y perennidad, belleza plástica, fecundidad, sensualidad, individualización, sorpresa visual, intensidad, contraste, plenitud de vida, es concretar cualidades suyas fundamentales. Y la sensorialidad: recordemos la conjunción de diversos sentidos en un mismo verso lorquiano, y asimismo cómo el naranjo permite la presencia conjunta del azahar y del fruto en el verdísimo follaje. Color, sabor, olor y tacto aunados. Y sonido: imposible zumbido de abejas. Si añadimos la significación que conlleva el «luto» en cuanto al sentido «dramático» de esa misma vida tan hermosa, y la función primerísima que la muerte cumple en la visión lorquiana del mundo, se nos evidencia el acierto expresivo que resulta de la atribución de estas cualidades, propias del «naranjo enlutado», a la voz de Lorca.

Interés más secundario tiene el que la estructura del verso se nos aparezca también de forma de *desplazamiento calificativo*. La significación que, en metáfora tradicional, conlleva «enlutado» se ha desplazado desde la voz (voz entristecida, intensamente dramática) hasta el naranjo, al que califica en el verso. La expresión resultante es también una *visión,* y como tal ha sido estudiada. La significación que alcanzan los dos procedimientos es la misma, puesto que el resultado es un mismo texto, y ambos se cumplen exclusivamente en él.

Aventuremos ahora una hipótesis. Este espléndido verso se nos tendría que presentar muy disminuido en su emoción y, por tanto, en su valor, si lo supiéramos formulado imitativamente. Desvalorización acrecida por darse en un poema en que cuenta fundamentalmente la originalidad. Y tal hipótesis sucede, en cuanto que existe el verso a cuya imagen y semejanza ha sido creado este (no importaría que de forma inconsciente), mas el resultado, en este caso concreto, se resuelve en todo lo contrario: con el conocimiento del verso matriz aumenta la emoción de este otro, y tanto más excelente lo estimamos. Curiosamente el verso al que nos referimos es del mismo García Lorca. Tendremos ocasión de comprobar que el hecho de que le pertenezca habrá de ser fatal. Lo leemos en «Muerte de Antoñito el Camborio», y dice así: «Voz de clavel varonil». (Omitiré, por obvio, el análisis de su irracionalidad).

Nos encontramos también aquí con idéntica yuxtaposición de procedimientos expresivos. Su estructura nos muestra el desplazamiento calificativo que en él ocurre trasladándose el adjetivo «varonil» desde el objeto «voz» al que lógicamente le correspondería calificar, hasta el término «clavel». Tal estructura origina una *visión*. En ella se atribuye a un objeto real A (la voz del protagonista poemático) cualidades que no pueden corresponderle por sí mismas (las propias del elemento B: clavel varonil). Y al igual que en el ejemplo anterior, sentimos *emotivamente* que las cualidades referidas a B sirven también a A. ¿Cuál es la impresión emotiva que recibimos ante la expresión «clavel varonil»? Una subrayada afirmación de joven y viril plenitud vital. Los atributos reales del clavel, en este caso, nos vienen dados por la forma, el color y las funciones que esta flor cumple en ciertas costumbres españolas. Un forma acabada, grácil y con cierto refinamiento sobrio. Sus hojas son firmes, levemente rizadas, y no se deshojan por sí solas. El color rojo, estallante, nos transmite un hálito intenso de pasión. Es, en contraposición a la rosa, la flor masculina; única que el hombre español común prende en el ojal de su chaqueta:

en la violenta fiesta de los toros alcanza, con el habano, un valor casi ritual. Todas estas atribuciones nos presentan al clavel simbolizando una virilidad joven, vistosa y plena. Ocioso es resaltar cómo el adjetivo «varonil» no hace más que orientar y subrayar la recepción emotiva del verso en tal sentido. Siendo así que la «voz» pertenece a Antoñito el Camborio, joven gitano, tan garboso como valiente, la adecuación emotiva está perfectamente justificada.

La estructura y composición de ambos versos es evidentemente semejante. A un mismo objeto A (la voz) se le atribuyen unas cualidades irreales que vienen conformadas, en ambos casos, por un elemento vegetal (naranjo o clavel), calificado a su vez por un adjetivo que, en realidad, corresponde más propiamente a las respectivas «voces» *(enlutado* y *varonil).* Ambos calificativos resaltan la cualidad máxima que quiere hacerse valer, mas el elemento al que acompañan, por su contraste, hace más compleja (aunque siempre sintética) la atribución total que recibe el objeto A.

Objeto A (voz)	elemento vegetal (naranjo) - calificativo *enlutado*
	elemento vegetal (clavel) - calificativo *varonil*

El componente más alejado, en ambos versos, es el calificativo. Poco tiene que ver entre sí «enlutado» y «varonil»; y es que establecen las diferencias y esenciales cualidades que corresponden a cada uno de los protagonistas poemáticos. La tesis gravitatoria del verso de Lorca sobre el de Neruda se refuerza, según creo, por el hecho de que, en la estrofa final del poema de este, aparezca la palabra *varonil,* poco importa ya que fuera del contexto: «... mi amistad / de melancólico varón varonil», dice de sí mismo el chileno. Como si la formulación del entero verso lorquiano, consciente o inconscientemente imitado en el de Neruda, tuviera necesidad de ser completada, y así dejar señalada una prueba más definitiva.

No importa tanto la voluntariedad del autor al imitar el verso, pues ya dijimos que aquella puede faltar, como la percepción, por parte del lector, de que así ha ocurrido; o, al menos, la seguridad que este tiene de que sin el primero no hubiese nacido el segundo. Ya dijimos que, en el caso que nos ocupa, el verso queda por ello muy revalorizado. La imitación cumple entonces una función intensificadora, enteramente al contrario de lo que habitualmente sucede. ¿Cuál es la razón de ello? Este verso lorquiano ha llegado a alcanzar una proyección popular poco común; cualquiera de sus lectores recuerda enseguida el afortunado verso. E incluso es verso que algunas veces se repite, al margen de que se tenga o no un mínimo de conocimiento de la poesía de su autor. Creo que a ningún poeta de nuestra época le corre esto con tanta abundancia como al autor del *Romancero gitano*.

Se trata ahora de «voz de clavel varonil»; sin salir del mismo texto podríamos también referirnos a «moreno de verde luna». Oímos estas expresiones, e inmediatamente vemos una concreta figura, la de Antoñito el Camborio. Cuando el más o menos remoto conocedor del *Cantar de Mio Cid* oía «el que en buen hora nació» sabía que se estaba nombrando a Rodrigo Díaz de Vivar, y conocía que «el burgalés de pro» denominaba a un ser concreto, Martín Antolínez. Ello se producía por la repetición de estas expresiones en el texto, acompañando a los nombres propios. Podía darse, pues, con toda naturalidad, la sustitución. Tal repetición, en el caso del verso de Lorca, viene dada por la propia fama del verso (y tiene lugar fuera del texto); pues aunque no es de desdeñar la importancia que adquiere su doble repetición en el poema, no lo es en absoluto con suficiencia. El verso cumple aquí, como en los casos vistos del *Cantar,* la misma función del *epíteto épico*. Designa con prontitud, en quien lo oye, un personaje literario mítico, muy genuinamente lorquiano; es decir, lleno de juventud y de vida, deslumbrante de gracia, y signado por un destino trágico. Al leer el verso nerudiano se nos refleja, de inmediato, el de Lorca, mas no en su más concreta y personalizada significación, pues los respectivos héroes son distintos, y por ello nos serviría, sino en la que interesa a la mejor lectura del de Neruda. Lo que sucede es esto: solo percibimos su significación mitificadora, pues así conviene a un verso que quiere ser mitificador; lo mítico del personaje del Camborio, no en su individualizada concreción, sino en su cualidad legendaria, queda asumida, en el verso de Neruda, por el personaje llamado Lorca. El hecho de que el verso recordado sea del mismo Federico, y el que a este y a su héroe les correspondan ciertas características comunes, hace más tangible la superposición emocional. Consecuencia de ello es, pues, esa intensificación de la finalidad exaltadora (da al poema el título de oda) que perseguía Neruda: expresar una visión legendaria de su héroe; su verso asume, en la dirección en que él opera, la emoción del de Lorca. Esto explica el que dijéramos que la imitación era aquí intensificadora; si un verso no nos recordara al otro, del modo que ha quedado expuesto, la emoción disminuiría. Que el lector, pues, perciba o no, a un mismo tiempo, los dos, tiene gran importancia receptora.

Dejamos señalada la dualidad de procedimientos expresivos que veíamos en el verso «voz de naranjo enlutado», y cómo la significación de ambos era la misma. Estamos ahora en condiciones de señalar un tercer procedimiento que actúa en el verso de Neruda, mas no en el de Lorca, y que sí añade significación al texto, pues opera en su mayor parte desde fuera de él. Tal procedimiento, en su especie, no ha sido estudiado por Bousoño, aunque sí le debemos el sorprendente hallazgo del género a que pertenece: las superposiciones. Bousoño enumera y describe las siguientes: metafóricas, temporales, espaciales, situacionales y significacionales. Creo que se podría añadir la observada aquí, con el nombre de *superposición de emoción textual*.

No debe confundirse este último procedimiento con el denominado por Bousoño *ruptura en el sistema formado por una frase hecha,* en la modalidad en que esta es un texto literario. En el caso de la *ruptura* la cercanía textual es tan evidente que *leemos* ambos textos a la vez, ya que el verso originador está casi enteramente reproducido en el nuevo; es necesario que el lector lo perciba al momento, ya que la existencia del verso nuevo está siempre en función de la presencia visible (aunque rota) del otro. En la superposición de emoción textual la huella física del verso originador es mucho menos visible; en nuestro ejemplo queda reducida al breve e insignificante conjunto «voz de», y solo la adición de una estructura versal similar (y una vaga sugerencia de tipo genérico) viene en nuestra ayuda, y nos pone en la pista acertada. De ahí que pueda ocurrir que no veamos el procedimiento, con la correspondiente disminución emotiva, pero sin que por ello se anule el valor independiente del verso, que puede seguir siendo muy considerable. Otra diferencia a tener en cuenta es que en la *ruptura* hay *siempre* conciencia, voluntariedad en el uso del procedimiento, mientras que en la *superposición* aquella puede faltar. El procedimiento puede aparecer inconscientemente, solo por el oscuro acierto de la intuición. Ocurre también que en la superposición el texto invisible lo percibimos en su significación emocional, aunque acotado en la dirección que el poema que estamos leyendo nos indica; se produce una fusión emocional impregnadora, que es más de espíritu que de letra.

Veamos esto en unos ejemplos distintos. Sirvámonos del mismo Lorca. En la segunda parte de su *Llanto por Ignacio Sánchez Mejías,* escrito a la muerte del torero amigo, encontramos una tirada de versos que exaltan una serie de cualidades personales; en un momento determinado la enumeración se resuelve en precipitadas expresiones, breves y admirativas:

¡Qué gran torero en la plaza!
¡Qué buen serrano en la sierra!
¡Qué blando con las espigas!
¡Qué duro con las espuelas!
¡Qué tierno con el rocío!
¡Qué deslumbrante en la feria!
¡Qué tremendo con las últimas
banderillas de tiniebla!

Al llegar a estos versos el lector los siente impregnados emocionalmente de otros invisibles y ajenos, que fueron escritos también como expresión de llanto a otro varón. Al *Llanto...* lorquiano se superponen las *Coplas por la muerte de su padre,* de Jorge Manrique, y así la gravedad elegíaca del poema del siglo XV, paradigma del más noble sentimiento español ante la muerte, intensifica la emoción receptora del poema nuevo. El prestigio secular alcanzado por el conmovedor acierto de las *Coplas...* opera connotativamente en la recepción del de Lorca. La elegía se hace más elegía. Ha bastado que la estructura de estos pocos versos lorquianos reflejaran, en medida suficiente, la estructura de un breve pasaje manriqueño; y también opera la similitud que se da en ciertos contrastes (blandura-dureza, en Lorca; benignidad o amistad-enemistad, en Manrique):

Amigo de sus amigos,
¡qué señor para criados
y parientes!
¡Qué enemigo de enemigos!
¡Qué maestro de esforzados
y valientes!
¡Qué seso para discretos!
¡Qué gracia para donosos!
¡Qué razón!
¡Muy benigno a los sujetos

¡Y a los bravos y dañosos,
un león!

La extraordinaria intuición de Neruda, su poderosa capacidad creadora, logró un espléndido verso, colmado de significaciones, desde otro que estaba lleno de peligros y escollos. Piense el lector, como la mejor prueba de lo que digo, la dificultad que entrañaría lograr similares resultados con otro verso lorquiano del mismo poema y dirigido al mismo personaje: «moreno de verde luna». Aventuremos que, al menos, la maestría tendría que ir pareja de la osadía. Un reto difícil y escasamente tentador.

EDUARDO LIZALDE

NERUDA, RÍO

Todos los grandes poetas y creadores literarios, son ríos que van al mar, los mares de las distintas lenguas de la historia. Pero los ríos mayores todo lo inundan y sus aguas brillan más que las otras en el vasto oleaje de la literatura: son ríos mayúsculos Homero, Dante, Shakespeare, Cervantes, Dostoievski, Balzac, o Whitman, Darío, García Lorca y no sé cuántos más. Y después de Darío, precisamente Neruda es el más grande río americano de su lengua. No el único, ni el más perfecto acaso, pero sí el más vasto y asombroso desde su nacimiento.

Ciertas obras tienden a imponerse por su misma abundancia. El fluir de ritmos y palabras, parecido a la marcha de las grandes aguas desbordadas, acaba por vencer la resistencia que todo lector lúcido opone a la embriaguez verbal. Río de imágenes, serpiente de fulgores y oscuridades, el poema se abre paso, avanza y, de pronto, echa a volar cubriendo con sus dos alas la conciencia adormecida.

Eso escribe Octavio Paz, creo que pensando en un tipo de poesía como la de Neruda, en contraste con otra estirpe lírica opuesta, como la de José Gorostiza, cuya obra, concluía Paz, «reducida hasta lo exiguo, es más silencio que voz».

Y claro, los grandes ríos ofrecen todo género de parajes, y en su curso, hallamos paisajes desolados, sucios, y riberas insalubres, como también panoramas de pasmosa belleza, y lo mismo sucede con los poemas y las obras de proporciones colosales.

Hemos escrito tanto sobre Neruda y tanto lo hemos leído, que no quiero en estas páginas en su homenaje resistirme al rescate cuando menos de dos breves notas publicadas en 1973 (a la hora de la muerte del poeta) y otra de 1993 en artículos, al conmemorarse dos décadas de su desaparición dispersos en diarios y revistas.

También rescato, para terminar, otro escrito inédito, unas palabras pronunciadas en la embajada de Chile en México, en 2004, durante la conmemoración del centenario del nacimiento de Neruda.

NERUDA, CANSANCIO Y MUERTE. *EXCÉLSIOR. REVISTA DE REVISTAS,* 10-X-1973

Sucede —bien lo dijo el gran poeta—, que uno se cansa de ser hombre. La muerte de Neruda, ocurrida precisamente en el momento en que ocurre, parece un signo trágico de cierta muerte paralela: la del optimismo de la cultura.

¿No es la poesía de Neruda, hasta en sus más amargas diatribas, una poesía del optimismo?

A lo mejor es ese optimismo lo que impulsa a discrepar de una importante sección de su poesía. A lo mejor parten de ahí las discrepancias políticas (dentro del mismo bando) que muchos mantuvimos frente al poeta; discrepancias graves que no parece la hora oportuna de recordar, y que en nada empañan la grandeza y profundidad de la obra artística de Neruda. Cómo habrían de hacerlo.

Muere el gran optimista a la hora del desastre mayúsculo de su pueblo, masacrado y pisoteado por miserables esbirros y traidores almidonados. Muere cuando parecen cerrarse todas las puertas y cuando las perspectivas son más turbias que nunca para los chilenos, y porque lo son para ellos, lo son también para la mayor parte de los latinoamericanos.

¿Cómo murió realmente el poeta? Tal vez su mala salud extrema le permitió aún recibir, minuto a minuto, las noticias hirientes de la catástrofe; el bombardeo del Palacio de la Moneda y de la Casa Presidencial (por cruenta ironía urbana situada en la calle de Tomás Moro), el sitio criminal del presidente y su digna muerte a manos de la hedionda Junta Militar chilena.

¿Alcanzó a ver Neruda la invasión de su casa, el saqueo, la destrucción de sus libros y cuadros, sometido por la enfermedad a la rabia y la impotencia?

La última noticia que leo al redactar esta nota es del 9 de octubre. Se dice que la casa de Isla Negra fue incendiada al amanecer del día 24 de septiembre, a pocas horas de la muerte de Neruda. Ya estaba enfermo el poeta la última vez, entre las muy pocas que yo llegué a verlo en veinte años, cuando lo hallé en Caracas. Se instalaba en esa ciudad el Congreso de Escritores de 1970.

Por ausencia del poeta Pellicer me tocó entonces la honra accidental de leer en el Ateneo de Caracas unos textos míos junto a Neruda. De los seis poetas que leían en ese recital han muerto tres, contando Neruda. Sara de Ibáñez y León de Greiff fueron los otros.

El público iba antes que nada a escuchar a Neruda, aunque estuvieran ahí Molinari, Otero Silva y la misma Sara, que leyó admirablemente aunque se hallaba al borde de la muerte, y era tan bella como debió de serlo en su juventud. Para mi gusto Neruda leyó maravillosamente (como Sara), con esa espantosa voz lenta que hizo características sus lecturas; con esa voz fascinante que Luis Cardoza llamaba con acierto «voz de boa constrictor». El poeta leyó largo, y el público quería verlo y oírlo solo a él. Pidió una silla. Comprendí que estaba herido como Sara, por la misma atroz maldición, y que era un agonizante como ella. Pero Neruda era una estrella esplendorosa y resultaba difícil acercarse a él, a través de las multitudes de cazadores de autógrafos.

No se me ocurrió entonces que su muerte fuera tan triste y horrenda como lo fue.

Ahora que se piensa en la forma en que ha muerto, y en el aciago tiempo chileno en que ha muerto, no dan ganas sino de haber estado ahí, en Isla Negra, para llorar o morir con él cuando menos.

Es triste también tener que declarar que la hora de los poetas oscuros, ajenos por completo al optimismo, está empezando, contra nuestra voluntad.

NERUDA A LA DISTANCIA. MÉXICO, 1993

Murió Pablo Neruda, —hace dos décadas— tras el sangriento golpe consumado en Santiago de Chile contra el iluso y heroico gobierno de Salvador Allende, acribillado en la Casa de la Moneda. La casa de Neruda en Isla Negra, hoy rehabilitada por el conciliador gobierno democrático en turno, fue saqueada y asaltada entonces por los golpistas, cuyos jefes militares se sobreviven en el poder.

No alcanzó el poeta a cumplir los setenta años, pues nació en 1904, y solo dos años antes (1971) recibió el Premio Nobel de Literatura. Su generación era exactamente la de Lorca, Alberti, Cernuda; la de los Contemporáneos en México.

Lo vi por última vez en el Congreso de Escritores en Caracas (1970).

El golpe chileno se veía venir, y unas horas antes del mismo, cenábamos en casa de Luis Cardoza y Aragón un pequeño grupo de personas, entre ellas Pablo González Casanova (que acababa de renunciar a la rectoría de la Universidad de México, debido a una intolerante revuelta sindical) y Gabriel

García Márquez, amigo de Neruda y de Allende, que volvían de Santiago preocupados por la situación política.

En 1967, durante una cena posterior al homenaje que en ese año se rindió a Neruda en la Universidad de México, tuvieron José Revueltas y Neruda creo que el último encuentro de su existencia, del que fuimos testigos y secundarios participantes el poeta Raúl Leiva (que consignó el incidente en una reseña), Juan Bañuelos, creo que Marco Antonio Montes de Oca y el que esto escribe. Ahí se discutió con Neruda (a propuesta capitaneada por Revueltas), cordial pero enérgicamente, la necesidad de que abogara, con su autoridad y su presencia intelectual, por el cese de las persecuciones contra escritores y disidentes de toda clase y profesión que el neoestalinismo continuaba consumando en Rusia, en China y en todas las democracias populares. Neruda se despidió especialmente de Revueltas con abrazos y lágrimas en los ojos, con la promesa de emprender una nueva lucha por los derechos humanos en los países socialistas.

Nunca dejamos de admirarlo como el gran poeta que era y sigue siendo, pero amargas fueron las discrepancias por su debilidad y su complacencia con los regímenes totalitarios de sus amados países socialistas. Injusto e irreal sería, pese a todo, suponer que la estrella poética de Neruda, y su inmensa fama internacional, fueron solo posibles gracias a su incondicional deferencia con la línea «histórica» y dura del socialismo: ¿cuántos serviles sectarios o militantes poéticos del mismo tono habrían logrado lo mismo?

Neruda es indudablemente uno de los poetas de condición extraordinaria, de lengua inimitable (los que la imitaron se hundieron en el intento) y de mayor presencia. «Gran mal poeta», lo llamó con agudeza Juan Ramón Jiménez en sus *Españoles de tres mundos,* en la brega política con el chileno. Buena bandera la del también grande Juan Ramón, porque Neruda desbarraba a veces, con frecuencia a propósito, para lanzar la musa a la revolución, como la fe se lo imponía. Bastan de todos modos sus poemas maestros, que son muchos, para que nadie pueda poner en duda su genio y su personalidad literaria inconfundible. No era el único entre los complacientes, pero, ¿qué poeta grande es a lo largo de su obra entera pleno sol?

Conmovedora y nuestra, y bellísima es la obra de Neruda, en la que se puede seguir bebiendo sin mirar a sus imitadores, y sin imitarla. Pudo continuar haciéndola; y hay más poesía y menos paja doctrinaria en ella que en la de otros más longevos y prolijos contemporáneos suyos, de distintos continentes.

Cardoza y Aragón (de quien fui amigo muchos años, y de quien también me distanciaron tristes diferencias ideológicas), me decía hace unos diez años en su casa: «¿No se verán las cosas que hoy escribimos tan mal como se ven algunos dislates y tropezones de algunos ilustres que antes nos parecían perfectos?» Era lúcido Cardoza, lo fue siempre. Hablamos muertos de risa de los literatos que pasarían por el ojo de la aguja, por la puerta estrecha al cielo de la historia literaria, y también de los camellos disfrazados de sílfides que nunca cruzarían por ese umbral celeste. La poesía de Neruda ya pasó por el ojo de la aguja; sus convicciones políticas, que también fueron en un tiempo las nuestras, se quedaron afuera junto a la caravana dromedaria.

MADRID, 1934

Pasmosa desde la auténtica infancia y la adolescencia en Temuco fue la disposición literaria y la vena excepcional de Neftalí Ricardo Reyes Basoalto, que publica sus primeros textos y poemas a los 13 y los 14 años de edad, y ya obtiene premios en juegos florales del Maule y en otros concursos a los 15 y a los 16.

Pero mucho más sorprendentes son los libros que escribe a partir de esos años, ya con el definitivo seudónimo de

Pablo Neruda, en los que se comprenden las páginas de *Crepusculario, Veinte poemas de amor y una canción desesperada,* que con traducciones de textos de Anatole France se editan en 1923 y 1924. El poeta veinteañero siembra su firme planta desde entonces en el panorama poético de la lengua española, probando una madurez fuera de serie y empezándose a hombrear con sus grandes predecesores latinoamericanos, el peruano Vallejo y el chileno Huidobro, más de una década anteriores en edad al autor de *El hondero entusiasta.*

Su carrera meteórica de creador y de viajero se dispara brillantemente desde esa época temprana de su vida, y ya desde junio de 1927 es nombrado cónsul ad honórem, en Rangún, Birmania, cuyo lejano destino aprovecha para visitar primero Lisboa, París y Madrid, donde la *Revista de Occidente* comienza a hospedar regularmente sus crónicas.

No quiero extenderme en ese largo periplo, pero sí hay que recordar que el salto mayor de la fama y el reconocimiento internacional de Neruda se produce a partir de octubre de 1933, cuando el chileno, cónsul de su país en Buenos Aires, se encuentra en esa ciudad con Federico García Lorca, y donde ambos celebran la gloriosa figura fundadora y paterna de Rubén Darío.

Rodeados estaban en su espléndida generación, tanto el chileno como el andaluz, de poetas mayores, tan grandes como ellos, en la península, en México, en Latinoamérica entera, como los Alberti, los Cernuda, los Jorge Guillén, los Gorostiza, los Pellicer y otros tantos. Aunque no quepa duda de que el especial favor de las musas, la gracia personal, y el genio hizo, cuando menos en el campo editorial y el crítico, que la obra de esos dos superdotados, ambos *primus inter pares*, se difundiera y destacara temporalmente sobre las otras, hoy sabemos que lo mismo eminentes.

Lorca, natural visionario, percibió desde entonces la singularidad y la potencia del poeta, que ya se hallaba desde 1925 trabajando en su grandiosa *Residencia en la tierra* (1933):

La América española nos envía constantemente poetas de diferente numen, de variadas capacidades y técnicas [...] que dan al idioma español una riqueza única [...]. Pero no todos estos poetas tienen el tono de América [...]. En los grandes cruje la luz ancha, romántica, cruel, desorbitada, misteriosa, de América [...] [donde] la poesía de Neruda se levanta con un tono nunca igualado [...]. Yo os aconsejo oír con atención a este gran poeta...

*

Y lo mismo diría, después de la edición de *Residencia en la tierra* (1925-1935) el ilustre humanista Amado Alonso que publicó en 1940 el extenso ensayo titulado *Poesía y estilo de Pablo Neruda,* donde afirma sobre ese libro: «[el poeta] inicia una extraña modalidad poética, cuya característica interna es el ímpetu de la emoción y el decisivo enfrentamiento del hombre ante su existencia, y la externa, el hermetismo de las expresiones [...] una poesía escapada tumultuosamente de su corazón, romántica por la exacerbación del sentimiento, expresionista por el modo eruptivo (de manifestarse), personalísima por la carrera desbocada de la fantasía y por la visión de apocalipsis perpetuo que la informa».

Hemos vivido los de mi edad (más avanzada hoy que la del chileno al morir) desde muy jóvenes en el mar de la poesía nerudiana, con cuyo genio fue preciso permanentemente luchar en América para escribir algo nuevo y digno de ser llevado a la página impresa.

HERNÁN LOYOLA

BIBLIOGRAFÍA

EDICIONES DE OBRAS COMPLETAS

Obras completas (OC), 5 vols. (edición y notas de Hernán Loyola), Barcelona, Círculo de Lectores-Galaxia Gutenberg, 1999-2002.

Vol. I De *Crepusculario* a *Las uvas y el viento.* 1923-1954.
Vol. II De *Odas elementales* a *Memorial de Isla Negra.* 1954-1964.
Vol. III De *Arte de pájaros* a *El mar y las campanas.* 1966-1973.
Vol. IV *Nerudiana dispersa* I. 1915-1964.
Vol. V *Nerudiana dispersa* II. 1922-1973.

El volumen IV incluye *Los cuadernos de Neftalí Reyes 1918-1920, Álbum Terusa 1923,* las crónicas 1927-1930 desde Oriente para *La Nación,* y textos dispersos 1915-1931.

El vol. V incluye *Confieso que he vivido* y cartas a Laura Reyes, a Terusa, a Albertina, a Alone, a Sabat Ercasty, a Eandi y a diversos amigos (Pedro Prado, Y. Pino Saavedra, González Vera, Cruchaga Santa María).

Obras completas (OCL), Buenos Aires, Losada, 1957, 1962[2], 1968[3] (2 vols.), 1973[4] (3 vols.).

EDICIONES ORIGINALES Y OTRAS IMPORTANTES

Crepusculario, Santiago, Claridad, 1923. Edición de autor.

Veinte poemas de amor y una canción desesperada, Santiago, Nascimento, 1924. Segunda edición, revisada, corregida y definitiva: Santiago, Nascimento, 1932. Véanse también ediciones de Gabriele Morelli (Madrid, Cátedra, 2008) y de José Carlos Rovira (Madrid, Espasa Calpe, 1997).

Tentativa del hombre infinito, Santiago, Nascimento, 1926.

El habitante y su esperanza, Santiago, Nascimento, 1926.

Anillos (prosas de Pablo Neruda y Tomás Lago), Santiago, Nascimento, 1926. Segunda edición completa: Santiago, LOM, 1997.

El hondero entusiasta 1923-1924, Santiago, Letras, 1933.

Residencia en la tierra [1925-1932], Santiago, Nascimento, 1933. Primera edición completa en dos volúmenes: *Residencia en la tierra 1925-1935,* Madrid, Cruz y Raya, 1935. Véase también: *Residencia en la tierra* (edición crítica, introducción y notas de Hernán Loyola), Madrid, Cátedra (colección Letras Hispánicas, n.° 254), 1987.

Tercera residencia, Buenos Aires, Losada, 1947.

Canto general (edición de autor), México, Talleres Gráficos de La Nación, 1950. (Hay edición coetánea y clandestina del Partido Comunista de Chile, Santiago, 1950.)

Los versos del Capitán, Nàpoli, L'Arte Tipografica, 1952.

Las uvas y el viento, Santiago, Nascimento, 1954.

Odas elementales, Buenos Aires, Losada, 1954.

Viajes, Santiago, Nascimento, 1955. Compilación de cinco viajes, todos recogidos en *OC,* IV.

Nuevas odas elementales, Buenos Aires, Losada, 1956.

Tercer libro de las odas, Buenos Aires, Losada, 1957.

Estravagario, Buenos Aires, Losada, 1958.

Navegaciones y regresos, Buenos Aires, Losada, 1959.

Cien sonetos de amor, Santiago, Editorial Universitaria, 1959.

Canción de gesta, La Habana, Imp. Nacional de Cuba, 1960. Primera edición definitiva: Barcelona, Seix-Barral, 1977 (agrega: prólogo de Neruda a la edición uruguaya de 1968 y poema XLIII, «Juicio Final»).

Las piedras de Chile, Buenos Aires, Losada, 1961.

Cantos ceremoniales, Buenos Aires, Losada, 1961.

Plenos poderes, Buenos Aires, Losada, 1962.

Memorial de Isla Negra, 5 vols., Buenos Aires, Losada, 1964. (Hay edición previa del vol. I: *Sumario. Libro donde nace la lluvia,* Alpignano, Alberto Tallone impresor, 1963).

Arte de pájaros, Santiago, edición SAAC (Sociedad de Amigos del Arte Contemporáneo), 1966.
Una casa en la arena, Barcelona, Lumen, 1966.
La barcarola, Buenos Aires, Losada, 1967.
Fulgor y muerte de Joaquín Murieta, Santiago, Zig-Zag, 1967.
Las manos del día, Buenos Aires, Losada, 1968.
Comiendo en Hungría (textos de Pablo Neruda y Miguel Ángel Asturias), Budapest, Corvina, 1969.
Fin de mundo, Santiago, SAC (Sociedad de Arte Contemporáneo), 1969.
Aún, Santiago, Nascimento, 1969.
Maremoto, Santiago, SAC (Sociedad de Arte Contemporáneo), 1970.
La espada encendida, Buenos Aires, Losada, 1970.
Las piedras del cielo, Buenos Aires, Losada, 1970.
Geografía infructuosa, Buenos Aires, Losada, 1972.
La rosa separada, París, Éditions du Dragon, 1972.
Incitación al nixonicidio y alabanza de la revolución chilena, Santiago, Quimantú, 1973.
El mar y las campanas, Buenos Aires, Losada, 1973.
2000, Buenos Aires, Losada, 1974.
Elegía, Buenos Aires, Losada, 1974.
El corazón amarillo, Buenos Aires, Losada, 1974.
Jardín de invierno, Buenos Aires, Losada, 1974.
Libro de las preguntas, Buenos Aires, Losada, 1974.
Defectos escogidos, Buenos Aires, Losada, 1974.
Confieso que he vivido. Memorias, Barcelona, Seix-Barral, 1974, y Buenos Aires, Losada, 1974.

EDICIONES DE TEXTOS DISPERSOS

Álbum Terusa 1923 (editado por Hernán Loyola), en *Anales de la Universidad de Chile,* n.ºs 157-160, Santiago, 1971, pp. 45-55, y en *OC,* IV, pp. 269-278.
Selección (establecida por Arturo Aldunate Phillips), Santiago, Nascimento, 1943.
Miliciano corazón de América (antología al cuidado de Luis Nieto), Cuzco (Perú), Talleres Gráficos La Economía, 1944.

Obra poética de Pablo Neruda, Santiago, Cruz del Sur, 1947-1948
Poesías completas, Buenos Aires, Losada, 1951.
Todo el amor, antología, Santiago, Nascimento, 1953.
Poesía política, 2 vols. (edición de Margarita Aguirre), Santiago, Editora Austral, 1953.
Las vidas del poeta [Crónicas autobiográficas (01 a 10)], en *O Cruzeiro Internacional,* Río de Janeiro, enero-junio de 1962. Refundidas en *Confieso que he vivido* (1974).
Cartas de amor [a Albertina Rosa Azócar] (edición de Sergio Fernández Larraín), Madrid, Rodas, 1974.
A Basic Anthology (edición de Robert Pring-Mill), Londres, The Dolphin Book Co., 1975.
Cartas a Laura (edición de Hugo Montes), Madrid, Cultura Hispánica, 1978.
Para nacer he nacido, Barcelona, Seix-Barral, 1978.
Pablo Neruda & Héctor Eandi. Correspondencia durante «Residencia en la tierra» (edición de Margarita Aguirre), Buenos Aires, Sudamericana, 1980.
El río invisible. Poesía y prosa de juventud (edición de Matilde Urrutia y Jorge Edwards), Barcelona, Seix-Barral, 1980.
El fin del viaje (textos dispersos) (edición de Matilde Urrutia), Barcelona, Seix-Barral, 1982.
Neruda joven. Cartas y poemas [a Albertina Rosa Azócar] (edición de Juan Ignacio Poveda), Madrid, Publicaciones del Banco Exterior de España, 1983.
Para Albertina Rosa (cartas y poemas editados por Francisco Cruchaga Azócar), Santiago, edición privada, 1992.
Discursos parlamentarios (1945-1948) (edición de Leonidas Aguirre), Santiago, Editorial Antártica, 1997.
Los cuadernos de Neftalí Reyes (1918-1920) (editados y anotados por Hernán Loyola en *OC,* IV, pp. 51-211, 1216-1232).
Cartas y poemas a Albertina Rosa (edición de Juan Ignacio Poveda), Madrid, publicaciones del BBVA, 2000.
Prólogos (editados por Juan Camilo Lorca), Santiago, Sudamericana, 2000.
Epistolario viajero (edición de Abraham Quezada y prólogo de Hernán Loyola), Santiago, RIL Editores, 2004.

Pablo Neruda, *A estos yo canto y nombro. Antología* (compilación y prólogo de Darío Oses), Santiago, Fondo de Cultura Económica, 2004.

Pablo Neruda, *Yo respondo con mi obra* (compilación de textos dispersos, 1932-1959) (edición de Pedro Gutiérrez Revuelta y Manuel J. Gutiérrez), Salamanca, Ediciones Universidad de Salamanca, 2004.

Correspondencia entre Pablo Neruda y Jorge Edwards (edición de Abraham Quezada), Santiago, Alfaguara, 2007.

Itinerario de una amistad: Pablo Neruda & Héctor Eandi, Epistolario 1927-1943 (edición y notas de Edmundo Olivares), Buenos Aires, Corregidor, 2008. Las cartas de Neruda a Eandi, revisadas, en *OC,* V, pp. 936-975.

Pablo Neruda. Cartas a Gabriela. Correspondencia con Gabriela Mistral (edición de Abraham Quezada), Santiago, RIL Editores, 2009.

Pablo Neruda, *Antología popular* (selección del autor), Santiago, edición del Gobierno de Chile, 1972. Reedición: Pablo Neruda, *Antología popular 1972* (prólogo de Hernán Loyola), Santiago, Comisión Bicentenario-Presidencia de la República, 2009.

REFERENCIAS

Para una bibliografía general de referencias nerudianas, véase *infra:* Woodbridge-Zubatsky [1989].

Aguirre [1964]: Aguirre, Margarita, *Genio y figura de Pablo Neruda,* Buenos Aires, EUDEBA, 1964. Edición revisada: *Las vidas del poeta,* Santiago, Zig-Zag, 1967.

Alazraki [1972]: Alazraki, Jaime, «El surrealismo de *Tentativa del hombre infinito* de Pablo Neruda», en *Hispanic Review,* vol. XL, n.° 1, Pensilvania, University of Pennsylvania, 1972, pp. 31-39.

Alberti [1959]: Alberti, Rafael, *La arboleda perdida. Libros I y II de Memorias,* Buenos Aires, Compañía General Fabril Editora, 1959.

Alone [1962]: Alone (Hernán Díaz Arrieta), *Los cuatro grandes de la literatura chilena* [Augusto D'Halmar – Pedro Prado – Gabriela Mistral – Pablo Neruda], Santiago, Zig-Zag, 1962.

Alonso [1951]: Alonso, Amado, *Poesía y estilo de Pablo Neruda*, Buenos Aires, Sudamericana, 1951[2]. Primera edición: Buenos Aires, Losada, 1940.

Arce [1980]: Arce, Homero, *Los libros y los viajes. Recuerdos de Pablo Neruda,* Santiago, Nascimento, 1980. Reproduce cartas y documentos de Neruda.

Arrué [1982]: Arrué, Laura, *Ventana del recuerdo,* prólogo de Diego Muñoz, Santiago, Nascimento, 1982. Reproduce cartas y documentos de Neruda.

Azócar [1931]: Azócar, Rubén (ed.), *La poesía chilena moderna,* antología, Santiago, Ediciones Pacífico del Sur, 1931.

Azócar [1964]: Azócar, Rubén, «Testimonio», en Loyola [1964b], pp. 213-218.

Canseco-Jerez [2001]: Canseco-Jerez, Alejandro, *La vanguardia chilena Santiago-París,* París, ACJB Éditions, 2001.

Cardona Peña [1955]: Cardona Peña, Alfredo, *Pablo Neruda y otros ensayos,* México, De Andrea, 1955.

Cardone [2003]: Cardone, Inés María, *Los amores de Neruda,* Santiago, Plaza & Janés-Random House Mondadori, 2003.

Castanedo [2005]: Castanedo Pfeiffer, Gunther, *Un triángulo literario: José María de Cossío – Miguel Hernández – Pablo Neruda,* Santander, Voces del Cotero, 2005.

Castanedo [2008]: Castanedo Pfeiffer, Gunther (ed.), *Pablo Neruda en Santander. Primer encuentro,* Santander, Obra Social de Caja Cantabria, 2008.

Castanedo [2009]: Castanedo Pfeiffer, Gunther, «Pablo Neruda y Olga Margarita Burgos: una relación desconocida», en *El Maquinista de la Generación,* n.º 17, Málaga, Centro Cultural de la Generación del 27, octubre de 2009, pp. 84-93.

Concha [1963]: Concha, Jaime, «Interpretación de *Residencia en la tierra* de Pablo Neruda», en *Mapocho,* t. 1, n.º 2, Santiago, Biblioteca Nacional de Chile, julio de 1963, pp. 5-39. Recogido en Concha [1974], pp. 31-84.

Concha [1972]: Concha, Jaime, *Neruda (1904-1936),* Santiago, Editorial Universitaria, 1972.

Concha [1974]: Concha, Jaime, *Tres ensayos sobre Pablo Neruda,* Columbia, The University of South Carolina-Hispanic Studies, 1974.

Concha [1975]: Concha, Jaime, «Observaciones sobre algunas imágenes de *Residencia en la tierra*», en Lévy-Loveluck [1975], pp.107-122.

Concha [1985]: Concha, Jaime, «"Cruzar" en *Residencia en la tierra*», en *Revista de Crítica Literaria Latinoamericana,* n.os 21-22, Lima, Centro de Estudios Literarios Antonio Cornejo Polar, 1985, pp.109-119.

Concha [2004]: Concha, Jaime, «Neruda, poeta del siglo XX», en *La dittatura di Pinochet e la transizione alla democrazia in Cile: tra storia e letteratura. Atti del Convegno di Messina, 11-12 novembre 2003, a cura di Domenico Antonio Cusato,* Messina, Andrea Lippolis Editore, 2004, pp. 43-56.

Cortínez [1973a]: Cortínez, Carlos, «Análisis de "Madrigal escrito en invierno"», en *Taller de Letras,* n.º 3, Santiago, Pontificia Universidad Católica de Chile, 1973, pp. 13-16, y en Lévy-Loveluck [1975], pp. 97-105.

Cortínez [1973b]: Cortínez, Carlos, «Interpretación de *El habitante y su esperanza* de Pablo Neruda», en *Revista Iberoamericana,* n.os 82-83, Pittsburgh, University of Pittsburgh, 1973, pp. 149-173.

Cortínez [1975]: Cortínez, Carlos, *Comentario crítico de los diez primeros poemas de «Residencia en la tierra»,* Iowa City, University of Iowa, 1975.

Costa [1979]: Costa, René de, *The Poetry of Pablo Neruda,* Cambridge (Massachussetts) y Londres, Harvard University Press, 1979.

Costa [1980]: Costa, René de, «Postdata: Neruda sobre Huidobro», en su *En pos de Huidobro. Siete ensayos de aproximación,* Santiago, Editorial Universitaria, 1980, pp. 95-107.

Dawes [2006]: Dawes, Greg, *Verses Against the Darkness. Pablo Neruda's Poetry and Politics,* Lewisburg, Bucknell University Press, 2006.

Dawes [2009]: Dawes, Greg, «Neruda ante la *New Criticism* anglosajona», en *Nerudiana,* n.º 7, Santiago, Fundación Pablo Neruda, agosto de 2009, pp. 16-19.

Dawes [2010]: Dawes, Greg, *Poetas ante la Modernidad: Vallejo, Huidobro, Neruda y Paz,* Madrid, Fundamentos, 2010.

Délano [1973]: Délano, Luis Enrique, *El año 20,* Santiago, Pineda Libros, 1973.

Délano [2004]: Délano, Luis Enrique, *Memorias: Aprendiz de escritor. Sobre todo Madrid,* Santiago, RIL Editores, 2004.

Donoso [2004]: Donoso, José. *El escribidor intruso. Artículos, crónicas y entrevistas* (selección, introducción y edición a cargo de Cecilia García-Huidobro McAuliffe), Santiago, Ediciones Universidad Diego Portales, 2004.

Edwards [1990]: Edwards, Jorge, *Adiós, poeta...,* Barcelona, Tusquets, 1990.

Edwards [1994]: Edwards, Jorge, *El whisky de los poetas,* Santiago, Editorial Universitaria, 1994.

Escámez [1964]: Escámez, Julio, «Testimonio», en Loyola [1964b], pp. 225-229.

Feinstein [2004]: Feinstein, Adam. *Pablo Neruda. A Passion for Life,* Londres, Bloomsbury, 2004.

Felstiner [1980]: Felstiner, John, *Translating Neruda. The Way to Macchu Picchu,* Stanford, Stanford University Press, 1980.

Ferrer [1989]: Ferrer Mir, Jaime, *Los españoles del «Winnipeg»,* Santiago, Ediciones Cal Sogas, 1989.

Figueroa [2000]: Figueroa, Aída, *A la mesa con Neruda,* Barcelona, Grijalbo-Mondadori, 2000.

Figueroa [2003]: Figueroa, Aída, *Mi amigo Pablo* (en colaboración con Edmundo Olivares), Santiago, Norma, 2003.

Fischer [2008]: Fischer, María Luisa, *Neruda: construcción y legados de una figura cultural,* Santiago, Editorial Universitaria, 2008.

Fundación Pablo Neruda (ed.) [2006-2009], *Nerudiana,* revista semestral, del n.º 1 (agosto de 2006) al n.º 8 (diciembre de 2009). Director: Hernán Loyola.

Gálvez [2003]: Gálvez Barraza, Julio, *Neruda y España,* Santiago, RIL Editores, 2003.

Gallagher [1973]: Gallagher, David, «Pablo Neruda», en su *Modern Latin American Literature,* Londres, Oxford University Press, 1973, pp. 39-66.

García [2001]: García Méndez, Javier, *Diez calas en el hacer de la poesía de Pablo Neruda,* Rennes, Presses Universitaires de Rennes, 2001.

Goic [1971]: Goic, Cedomil, «Alturas de Macchu Picchu: la torre y el abismo», en *Anales de la Universidad de Chile,* n.º 157-160, Santiago, 1971, pp. 153-165.

González [1964]: González Vera, José Santos, «Testimonio», en Loyola [1964b], pp. 229-231.

Guerra [1987]: Guerra Cunningham, Lucía, «*El habitante y su esperanza* de Pablo Neruda: primer exponente vanguardista en la novela chilena», en su *Texto e ideología en la narrativa chilena,* Minneapolis, The Prisma Institute, 1987.

Guillén [1983]: Guillén, Jorge, «El primer amor de Neruda», en *Neruda joven. Cartas y poemas,* pp. 105-109.

Gutiérrez [1984]: Gutiérrez Revuelta, Pedro, «Encuentro de Neruda con la "Metrópoli": tres días en Madrid (julio de 1927)», en *Araucaria de Chile,* n.° 29, Madrid, Ediciones Michay, 1984, pp. 83-91.

Ibáñez [1978]: Ibáñez Langlois, José Miguel, *Rilke, Pound, Neruda. Tres claves de la poesía contemporánea*, Madrid, Rialp, 1978.

Jameson [1991]: Jameson, Fredric, *Postmodernism or, The Cultural Logic of Late Capitalism,* Durham, Duke University Press, 1991.

Jofré [1987]: Jofré, Manuel, *Pablo Neruda. Residencia en la tierra,* Santiago-Ottawa, Girol Books, 1987.

Jofré [2004]: Jofré, Manuel, *Pablo Neruda: De los mitos y el ser americano,* Santo Domingo, Serilibros, 2004.

Lafourcade [1994]: Lafourcade, Enrique, *Neruda en el país de las maravillas,* Bogotá, Norma, 1994.

Lago [1999]: Lago, Tomás, *Ojos y oídos. Cerca de Neruda* (edición de Hernán Soto), Santiago, LOM Ediciones, 1999.

León [1970]: León, María Teresa, *Memoria de la melancolía,* Madrid, Bruguera, 1982.

Lévy-Loveluck [1975]: Isaac Lévy, Isaac y Juan Loveluck (eds.), *Simposio Pablo Neruda. Columbia, SC, 1974. Actas,* Columbia y Nueva York, University of South Carolina y Las Américas, 1975.

Longo [2002]: Longo, Teresa (ed.), *Pablo Neruda and the U.S. Culture Industry,* Nueva York y Londres, Routledge, 2002.

Loveluck [1975]: Loveluck, Juan, «El navío de Eros: *Veinte poemas de amor...,* número nueve», en Lévy-Loveluck [1975], pp. 217-231.

Loyola [1964a]: Loyola, Hernán, «Los modos de autorreferencia en la obra de Pablo Neruda», en *Aurora,* n.ºs 3-4, Santiago, Partido Comunista de Chile, julio-diciembre de 1964, pp. 64-125.

Loyola [1964b]: Loyola, Hernán (ed.), «Testimonios», en *Aurora,* n.ºs 3-4, Santiago, Partido Comunista de Chile, 1964, pp. 203-249.

Loyola [1967]: Loyola, Hernán, *Ser y morir en Pablo Neruda,* Santiago, Editora Santiago, 1967.

Loyola [1968]: Loyola, Hernán, «La obra de Pablo Neruda. Guía bibliográfica» [bibliografía activa], en Pablo Neruda, *OCL,* vol. II, 1968[3], pp. 1313-1501, y *OCL,* vol. III, 1973[4], pp. 911-1106.

Loyola [1971]: Loyola, Hernán (ed.), *Estudios sobre Pablo Neruda,* volumen de homenaje al premio Nobel de Literatura 1971: *Anales de la Universidad de Chile,* n.os 157-160, Santiago, 1971 (publicado en 1973).

Loyola [1987a]: Loyola, Hernán, Introducción, notas y apéndices a Pablo Neruda, *Residencia en la tierra,* edición crítica, Madrid, Cátedra (colección Letras Hispánicas n.º 254), 1987.

Loyola [1987b]: Loyola, Hernán (ed.), *Neruda en Sássari. Actas del Congreso Intercontinental 1984,* Sássari, Seminario di Studi Latinoamericani dell'Università, 1987.

Loyola [1995]: Loyola, Hernán, voz «Neruda, Pablo», en *Diccionario Enciclopédico de las Letras de América Latina – DELAL,* Caracas, Biblioteca Ayacucho y Monte Ávila, 1995, pp. 3360-3373.

Loyola [1996]: Loyola, Hernán, «Primera aproximación al uso del eneasílabo en Pablo Neruda», en *Revista Chilena de Literatura,* n.º 49, Santiago, Universidad de Chile, noviembre de 1996, pp. 103-112.

Loyola [2000]: Loyola, Hernán, «[Siete] Guías de Lectura» a Pablo Neruda, *Antología poética* (nueva edición revisada), 2 vols., Madrid, Alianza Editorial, 2000, pp. 23-35, 49-65, 93-106, 147-167, 211-231, 327-346, 451-468.

Loyola [2006]: Loyola, Hernán, *Neruda. La biografía literaria. Volumen 1: 1904-1932,* Santiago, Planeta-Seix-Barral, 2006.

Loyola [2007]: Loyola, Hernán, «La dimensión científica en la obra de Neruda», en *Nerudiana,* n.º 4, Santiago, Fundación Pablo Neruda, diciembre de 2007, pp. 18-23.

Loyola [2008]: Loyola, Hernán, «Neruda posmoderno», en Castanedo [2008], pp. 11-27.

Loyola [2009]: Loyola, Hernán, «Lorca y Neruda en Buenos Aires (1933-1934)», en Margherita Bernard, Ivana Rota y Marina Bianchi (eds.), *Vivir es ver volver. Studi in onore di Gabriele Morelli,* Bèrgamo, Bèrgamo University Press y Sestante Edizioni, 2009, pp. 345-362.

Lozada [1971]: Lozada, Alfredo, *El monismo agónico de Pablo Neruda. Estructura, significado y filiación de «Residencia en la tierra»*, México, B. Costa-Amic, editor, 1971.

Macías [2004]: Macías Brevis, Sergio, *El Madrid de Pablo Neruda,* Madrid, Tabla Rasa Libros y Ediciones, 2004.

Meléndez [1936]: Meléndez, Concha, «Pablo Neruda en su extremo imperio», en *Revista Hispánica Moderna,* año III, n.° 1, Nueva York, Columbia University, octubre de 1936, pp. 1-34.

Milanca [1996]: Milanca Guzmán, Mario, «Pablo Neruda: poesía y prosa en la prensa venezolana (1943-1973)», en *Mapocho*, n.° 40, Santiago, 1996, pp. 209-294.

Millares [2008]: Millares, Selena, *Neruda: el fuego y la fragua,* Salamanca, Ediciones Universidad de Salamanca, 2008.

Morla [2008a]: Morla Lynch, Carlos, *En España con Federico García Lorca (Páginas de un diario íntimo, 1928-1936)* (prólogo de Sergio Macías Brevis), Málaga-Córdoba, Renacimiento, 2008[2] aumentada.

Morla [2008b]: Morla Lynch, Carlos, *España sufre. Diarios de guerra en el Madrid republicano, 1936-1939* (prólogo de Andrés Trapiello), Málaga-Córdoba, Renacimiento, 2008.

Muñoz [1999]: Muñoz, Diego, *Memorias. Recuerdos de la bohemia nerudiana,* Santiago, Mosquito Editores y El Juglar Press, 1999.

Murga [2003]: Murga, Romeo, *Obra reunida* (recopilación, prólogo y notas de Santiago Aránguiz), Santiago, RIL Editores, 2003.

Neira [2008]: Neira, Julio, «España en el corazón de Pablo Neruda», en Castanedo [2008], pp. 29-42.

Neruda [1962]: Neruda, Pablo, «Mariano Latorre, Pedro Prado y mi propia sombra», en Neruda y Parra, *Discursos,* Santiago, Nascimento, 1962. Recogido en *OC,* IV, pp. 1082-1101.

Neruda [1964]: Neruda, Pablo, «Algunas reflexiones improvisadas sobre mis trabajos», en *Mapocho,* t. II, n.° 3, Santiago, Biblioteca Nacional de Chile, 1964, pp. 180-182. Recogido en *OC,* IV, pp. 1201-1207.

Olivares [2000]: Olivares, Edmundo, *Pablo Neruda: Los caminos de Oriente. Tras las huellas del poeta itinerante (1927-1933),* Santiago, LOM Ediciones, 2000.

Olivares [2001]: Olivares, Edmundo, *Pablo Neruda: Los caminos del mundo. Tras las huellas del poeta itinerante II (1933-1939),* Santiago, LOM Ediciones, 2001.

Olivares [2004]: Olivares, Edmundo, *Pablo Neruda: Los caminos de América. Tras las huellas del poeta itinerante III (1940-1950)*, Santiago, LOM Ediciones, 2004.

Orellana [1998]: Orellana, Carlos (ed.), *Los rostros de Neruda*, Santiago, Planeta, 1998.

Perriam [1988]: Perriam, Christopher, *The Late Poetry of Pablo Neruda*, Oxford, Dolphin, 1988.

Pino [1977]: Pino Saavedra, Yolando, «Notas marginales a las Memorias de Pablo Neruda», en *Humboldt*, n.º 62, Berlín, Goethe-Institut, 1977, pp. 74-75.

Poirot [1991]: Poirot, Luis, *Neruda. Retratar la ausencia*, Santiago, Hachette-Editorial Los Andes, 1991.

Pring-Mill [1970]: Pring-Mill, Robert, «La elaboración de la Oda a la Cebolla», en *Actas del Tercer Congreso Internacional de Hispanistas*, México, El Colegio de México, 1970.

Pring-Mill [1975]: Pring-Mill, Robert, «Introduction», *A Basic Anthology*, 1975, pp. XV-LXXXI.

Pring-Mill [1987]: Pring-Mill, Robert, «La composición de *Los versos del Capitán*: el testimonio de los borradores», en Loyola [1987b], pp. 173-204.

Puccini [1983]: Puccini, Dario (ed.), «Cuatro cartas de Neruda a Sabat Ercasty», en *Escritura*, n.º 16, Caracas, julio-diciembre de 1983, pp. 207-216. Recogidas en *OC*, V, pp. 932-935.

Reyes [1996]: Reyes, Bernardo, *Retrato de familia. Neruda 1904-1920*, San Juan, Editorial de la Universidad de Puerto Rico, 1996.

Reyes [2003]: Reyes, Bernardo, *Álbum de Temuco*, Santiago, Pehuén, 2003.

Reyes [2007]: Reyes, Bernardo, *El enigma de Malva Marina. La hija de Pablo Neruda*, Santiago, RIL Editores, 2007.

Riess [1972]: Riess, Frank, *The Word and the Stone. Language and Imagery in Neruda's Canto general*, Oxford, Oxford University Press, 1972.

Robertson [1999]: Robertson, Enrique, «Pablo Neruda: el enigma inaugural», en *América Sin Nombre*, n.º 1, Alicante, Universidad de Alicante, 1999, pp. 50-64. Edición en volumen: *La pista «Sarasate». Una investigación sherlockiana tras las huellas del nombre de Pablo Neruda*, Pamplona, Publicaciones del Gobierno de Navarra, 2008.

Robertson [2007]: Robertson, Enrique y Loyola, Hernán, «Esfera, Pez y Hexagrama: el LOGO de Pablo Neruda», en *Nerudiana,* n.° 3, Santiago, Fundación Pablo Neruda, agosto de 2007, pp. 1-7.

Rodríguez Monegal [1966]: Rodríguez Monegal, Emir, *El viajero inmóvil,* Buenos Aires, Losada, 1966. Segunda edición ampliada: Caracas, Monte Ávila, 1977.

Rodríguez Pérez [1995]: Rodríguez Pérez, Osvaldo, *La poesía póstuma de Pablo Neruda,* Gaithersburg, Hispamérica, 1995.

Rojas [1944]: Rojas Paz, Pablo, «Neruda», en su *Cada cual y su mundo. Ensayos biográficos,* Buenos Aires, Poseidón, 1944, pp. 101-120.

Rovira [1999]: Rovira, José Carlos (ed.), *Neruda con la perspectiva de 25 años,* Actas del Seminario Neruda en Alicante, marzo de 1999: *América Sin Nombre,* n.° 1, Alicante, Universidad de Alicante, diciembre 1999.

Rovira [2004]: Rovira, José Carlos, «El primer Neruda», en *Anuario Fundación Pablo Neruda,* Santiago, Fundación Pablo Neruda, 2004, pp. 100-107.

Rovira [2005]: Rovira, José Carlos (ed.), *Cien años de Pablo Neruda*, entrega monográfica de *América Sin Nombre,* n.° 7, Universidad de Alicante, diciembre 2005.

Rovira [2007a]: Rovira, José Carlos, *Neruda, testigo de un siglo,* Madrid, Atenea, 2007.

Rovira [2007b]: Rovira, José Carlos (ed.), *Pablo Neruda. Álbum,* Madrid, Publicaciones de la Residencia de Estudiantes, 2007.

Rubilar [2003]: Rubilar Solís, Luis, *Psicobiografía de Pablo Neruda (identidad psicosocial y creación poética),* Santiago, Universidad de Chile, 2003.

Sáez [2004]: Sáez, Fernando, *La Hormiga: Biografía de Delia del Carril, mujer de Pablo Neruda,* Santiago, Catalonia, 2004[2].

Sanhueza [1964]: Sanhueza, Jorge, «Pablo Neruda, los poetas y la poesía», en *Aurora,* n.os 3-4, Santiago, Universidad de Chile, julio-diciembre de 1964, pp. 28-63.

Sanhueza [2004]: Sanhueza, Leonardo (ed.), *El Bacalao. Diatribas antinerudianas y otros textos,* Santiago, Ediciones B, 2004.

Santí [1982]: Santí, Enrico Mario, *Pablo Neruda. The Poetics of Prophecy,* Ithaca (Nueva York), Cornell University Press, 1982.

Saunders [1999] Saunders, Frances Stonor, *Who Paid the Piper?*

The CIA and the Cultural Cold War, Londres, Granta Books, 1999. Traducción española: *La CIA y la Guerra Fría cultural,* Madrid, Debate, 2001.

Schidlowsky [2003]: Schidlowsky, David, *Las furias y las penas. Pablo Neruda y su tiempo,* 2 vols., Santiago, RIL Editores, 2008.

Sicard [1979]: Sicard, Alain (ed.), *Coloquio Internacional sobre Pablo Neruda. La obra posterior a Canto general,* Poitiers, Centre de Recherches Latino-Américaines, 1979.

Sicard [1981]: Sicard, Alain, *El pensamiento poético de Pablo Neruda,* Madrid, Gredos, 1981.

Sicard [2000]: Sicard, Alain, *Pablo Neruda: Une utopie poétique,* París, Messène, 2000.

Sicard [2003]: Sicard, Alain, *Alain Sicard commente, «Résidence sur la terre» de Pablo Neruda,* París, Folio, 2003.

Sicard [2006a]: Sicard, Alain, «Cinco desenterrados y un sobreviviente», en *Nerudiana,* n.° 1, Santiago, Fundación Pablo Neruda, agosto de 2006, pp. 11-14.

Sicard [2006b]: Sicard, Alain, «Neruda: la poética de los objetos», en *Nerudiana,* n.° 2, Santiago, Fundación Pablo Neruda, diciembre de 2006, pp. 8-14.

Sicard [2008]: Sicard, Alain, «Chivilcoy, transeúnte de la posmodernidad», en *Nerudiana,* n.° 5, Santiago, Fundación Pablo Neruda, agosto de 2008, pp. 7-9.

Sicard [2009]: Sicard, Alain, «De la envidia y sus alrededores», en *Nerudiana,* n.° 7, Santiago, Fundación Pablo Neruda, agosto de 2009, pp. 4-9.

Sicard-Moreno [2000]: Sicard, Alain y Fernando Moreno Turner, *Diccionario del «Canto general» de Pablo Neruda,* París, Ellipses, 2000.

Soto [2004]: Soto Gómez, César, *El libro de los libros de Pablo Neruda,* Santiago, Editorial América del Sur, 2004.

Suárez [1991]: Suárez, Eulogio, *Neruda total,* Santiago, Systhema, 1991.

Teitelboim [1996]: Teitelboim, Volodia, *Neruda,* Santiago, Sudamericana, 1996.

Terry [1985]: Terry, Arthur, «Pablo Neruda: "El fantasma del buque de carga"», en N. G. Round y D. G. Walters, (eds.), *Readings in Spanish and Portuguese Poetry for Geoffrey Connell,* Glasgow, University of Glasgow Press, 1985, pp. 214-258.

Thayer [1964]: Thayer, Sylvia, «Testimonio», en Loyola [1964], pp. 240-242.

Urrutia [1986]: Urrutia, Matilde, *Mi vida junto a Pablo Neruda. Memorias,* Barcelona, Seix-Barral, 1986.

Varas [1999]: Varas, José Miguel, *Nerudario,* Santiago, Planeta, 1999.

Varas [2003]: Varas, José Miguel, *Neruda clandestino,* Santiago, Alfaguara, 2003.

Varas [2008]: Varas, José Miguel, *Tal vez nunca. Crónicas nerudianas,* Santiago, Editorial Universitaria, 2008.

Vial [1983]: Vial, Sara, *Neruda en Valparaíso,* Valparaíso, Ediciones Universitarias, 1983. Nueva edición revisada: *Neruda vuelve a Valparaíso,* Valparaíso, Ediciones Universitarias, 2004.

Villegas, Juan [1976]: *Estructuras míticas y arquetipos en el «Canto general» de Pablo Neruda,* Barcelona, Planeta, 1976.

Woodbridge-Zubatsky [1989]: Woodbridge, Hensley C. y David S. Zubatsky, *Pablo Neruda. An Annotated Bibliography of Biographical and Critical Studies,* Nueva York y Londres, Garland Publishing, 1989.

Zerán [1992]: Zerán, Faride, *La guerrilla literaria. Huidobro – De Rokha – Neruda,* Santiago, Ediciones BAT, 1992.

GLOSARIO

Este glosario está concebido [illegible] de consulta que sirva al lector para [illegible] significado de las voces comunes [illegible] go de la antología, fundamentalmente [illegible] algunas de las voces son compartidas [illegible] de América. También se han incluido [illegible] pias de Neruda, dejando constancia [illegible] español general de difícil comprensión [illegible] procedentes de otras lenguas [illegible] las con cursiva.

El significado corresponde a [illegible] labra en cuestión tiene en cada [illegible] incluyen otras posibles acepciones de la [illegible]

En la gran mayoría de las acepciones [illegible] tor definiciones glosadas, aunque [illegible] palabras definidas por su correspondiente [illegible] español general.

Las entradas comienzan por el lema [illegible] en negritas, seguido después por la [illegible] te, detrás de la cual se indica la(s) [illegible] menta en la antología.

En el caso de entradas de lema [illegible] de un significado, las acepciones [illegible]

GLOSARIO

Este glosario está concebido como una herramienta de consulta que sirva al lector para tener una idea clara del significado de las voces comunes que se emplean a lo largo de la antología, fundamentalmente chilenismos, si bien algunas de las voces son compartidas por uno o más países de América. También se han incluido las acuñaciones propias de Neruda, dejando constancia de ello, y las voces del español general de difícil comprensión. Las pocas palabras procedentes de otras lenguas se han introducido marcándolas con cursiva.

El significado corresponde al sentido concreto que la palabra en cuestión tiene en cada contexto de Neruda; no se incluyen otras posibles acepciones de la voz.

En la gran mayoría de las acepciones, ofrecemos al lector definiciones glosadas, aunque también podrá encontrar palabras definidas por su correspondiente sinónimo en el español general.

Las entradas comienzan por el lema o expresión compleja en negritas, seguido después por la acepción correspondiente, detrás de la cual se indica la(s) página(s) donde se documenta en la antología.

En el caso de entradas de lema simple, si este tiene más de un significado, las acepciones se presentan en el orden de aparición en la obra. Si la entrada contiene, además, expresiones complejas, estas se organizan en orden alfabético.

Cuando es necesario, se emplea la abreviatura V. para remitir a la entrada donde se presenta la definición de la palabra asociada, en cuyo caso la remisión se indica en versalitas. Las remisiones pueden ir separadas por punto y coma o por coma. En el primer caso, remiten a entradas distintas; en el segundo, a dos o más acepciones dentro de la misma entrada.

Se indican todas las páginas donde aparece el término, si no superan el número de tres; si rebasan este número, se usa *etc.* para señalar que hay más menciones dentro de la obra.

Las palabras derivadas (diminutivos, aumentativos, superlativos, etc.) merecen una entrada aparte bien cuando modifican el significado respecto a la base de la que provienen, bien cuando en la antología no aparece dicha base para poder deducir el derivado, o bien cuando el derivado respecto a la forma base resulta poco transparente.

abigeato 'hurto de ganado' 397
abisinio, nia 'de Abisinia, actual Etiopía' 85
ábrego 'viento del sur o del sudoeste que trae lluvias' 133
abrumado, da 'cansado, con un peso encima' 176; 'lleno de brumas, neblinas' 219
acerbo, ba 'áspero o desapacible' 225
acre 'áspero, desabrido' 144
acrecer 'aumentar' 92
afincarse 'apoyarse firmemente' 500
agachado, da 'sometido, humillado' 185; 'encorvado, doblado sobre sí mismo' 458, 537
agorería 'agüero, presagio' 50
agorero, ra 'que presagia o anuncia algo' 179
agostarse 'marchitarse, consumirse, debilitarse' 17
aguacero 'lluvia repentina y abundante de poca duración' 422, 464
aguerrido, da 'ejercitado en la guerra' 199; 'valiente, agresivo' 394
aguijoneado, da 'atormentado, afligido' 250
agusanado, da 'lleno de gusanos, podrido' 188, 210, 487
ahíto, ta 'saciado, harto' 430
ahuecado, da 'que forma un hueco, un vacío' 65
ají 'pimiento picante americano' 471
ajorca 'adorno en forma de aro que ciñe el brazo, la muñeca o el tobillo' 96
alabastrino, na 'de alabastro' 95
alambrado 'cerca de alambres que divide las propiedades en el campo' 50
alba 'madrugada, amanecer' 67, 75, 144, *etc.*
albatros 'ave marina de plumaje blanco muy buena voladora' 168, 276
alcanfor 'sustancia sólida y olorosa que tiene diversos usos' 154
alcionario, ria 'del martín pescador o alción, ave marina' 247
alcurnia 'estirpe o linaje' 162
alear 'aletear, agitarse algo material o inmaterial' 33
alerce 'árbol de la familia del pino del que se extrae la trementina' 472
aletargado, da 'somnoliento, soporífero' 60
algarrobo 'árbol de zonas semidesérticas' 303, 304
alimón: al alimón 'conjunta o simultáneamente entre dos' 132
allegado, da 'persona que vive transitoriamente en un espacio 436
almanaque 'calendario con datos y noticias de diverso carácter' 527
almenado, da 'provisto de almenas' 186
alquería 'casa de labor, con finca agrícola' 239
alquitarado, da 'sutil, rebuscado' 415
altamisa 'artemisa, planta medicinal del sur de Chile' 168
amanecida 'amanecer' 59
amaranto 'planta de hojas alargadas y flores a manera de plumas de colores vistosos' 146
ambicionado, da 'deseado, buscado' 100
ambrosía 'manjar o bebida delicioso' 292
aminorador, ra 'reductor, disminuidor' 449

amontonado, da 'apiñado, colocado sin orden ni concierto' 178, 243, 383, *etc.*
anamita 'de Anam, antiguo reino de la Indochina francesa' 87, 91
anaquel 'estante, tabla o plancha horizontal' 390
anchuroso, sa 'ancho o espacioso' 503
anegado, da 'mojado, cubierto de agua' 143, 147
anémona 'pólipo tentacular que vive fijo a las rocas marinas' 288, 481
angas: por angas o por mangas 'por una razón u otra, a pesar de todo' 480
angostura 'estrechura' 195
anilina 'líquido aromático empleado en la fabricación de materias colorantes' 441
apesarado, da 'apesadumbrado' 354
apiadado, da 'que se apiada o tiene piedad' 58
apoderado, da 'poseído, tomado por la fuerza' 186
apostura 'buena disposición y aspecto' 161
apurar 'estimular a las bestias para que echen a andar; darse prisa' 62
aquilón 'viento tempestuoso del norte' 304
Araucanía 'región donde viven los araucanos' 159, 229, 233, *etc.;* 'condición de araucano' 523
araucano, na 'de un pueblo amerindio que, en la época de la conquista española, habitaba en Chile' 240, 288
araucaria 'planta conífera ornamental originaria de América' 233
arboladura 'conjunto de palos y vergas de una embarcación' 88
arcano, na 'secreto, recóndito' 188
arco: arco iris 'arco de colores que se forma cuando los rayos del Sol se refractan y reflejan en las gotas de agua' 79, 136, 289, *etc.*
arcoiris. V. ARCO.
argentuayo, ya (acuñación nerudiana) 'mezcla de argentino y uruguayo (o paraguayo)' 436
armiño 'mamífero de pelaje muy suave, pardo en verano y blanquísimo en invierno' 164
arnés 'conjunto de piezas y correajes que se pone a las caballerías' 281
aromar 'perfumar' 12
arpillera 'tela basta para cubrir objetos' 92
arponeado, da 'atravesado por un arpón, astil de madera con una punta de hierro que sirve para matar cetáceos' 247
arrasado, da 'destruido totalmente' 255, 505, 547
arrayán 'arbusto aromático utilizado frecuentemente en setos' 127
arrebol 'color rojizo de las nubes' 507
arrobador, ra 'enajenador, embelesador' 277, 394
arrullado, da 'emitido con sonido dulce y monótono' 15
artificio. V. FUEGO.
ascidia 'invertebrado marino que vive fijo en el fondo del mar' 247
astilla 'fragmento que se produce en una materia dura al romperse' 18, 22, 400

atajacaminos 'ave americana nocturna de canto monótono' 191
atavismo 'tendencia a imitar o a mantener formas de vida, costumbres, *etc.*, arcaicas' 337, 342, 393
aterido, da 'pasmado, rígido a causa del frío' 131
augusto, ta 'que infunde respeto por su majestad' 234
austral 'que procede del Sur' 159, 160, 172, *etc.*
aventar 'echar al viento los granos de trigo para separarlos de la paja' 442
azular 'teñir de color azul' 61

bancada 'tabla o banco donde se sientan los remeros' 27
baqueano, na 'baquiano, experto o entendido de caminos y atajos' 499
baranda 'barandilla, estructura de varias columnas verticales y un pasamanos' 119
barbecho 'tierra labrantía que temporalmente queda sin sembrar para que descanse' 50
barcarola 'canto de marineros que imita por su ritmo el movimiento de los remos' 124, 359
bardo 'poeta' 414, 415
barreno 'barrena, taladradora' 88
bastar 'haber bastante, ser suficiente' 28, 38, 328, *etc.*
bastión 'fortaleza, construcción o recinto fortificado' 200
belfo, fa 'que tiene el labio inferior más grueso que el superior' 225
bengala. V. FUEGO.
bermejo, ja 'rojizo' 16
bestiario 'colección de fábulas o relatos referentes a animales reales o fantásticos' 416
betel 'planta aromática medicinal de India y Malasia, cuya masticación produce una ligera embriaguez y tiñe los labios y la saliva de rojo' 317, 388
bienadmirado, da 'bien admirado, muy admirado' 157
bienamado, da 'bien amado, muy amado' 97, 315, 428, *etc.*
bienquerido, da 'bien querido, muy querido' 157
bigornia 'yunque con dos puntas opuestas' 8
biógrafo 'cine, sala donde se exhiben películas' 79
blindado, da 'protegido por planchas metálicas' 151
boca: como boca de lobo 'en completa oscuridad' 5
bocina 'aparato metálico de forma cónica usado para intensificar y dirigir sonidos' 40, 125, 144
boldo 'arbusto medicinal originario de Chile, de hojas siempre verdes, flores blancas y fruto comestible' 168, 249, 305, *etc.*
boleadora 'instrumento constituido por dos o tres bolas unidas por cuerdas que se usa para cazar animales' 60
bolivio (acuñación nerudiana) 'de Bolivia , boliviano' 436
bombacho, cha 'convexo y redondeado, en forma de campana' 93
borbotón: a borbotones 'precipitada o atropelladamente' 126
borda 'canto superior del costado de una embarcación' 85
boreal 'que procede del Norte' 158
borlón 'cuerda con nudos o abultamientos decorativos' 432
boscaje 'bosque pequeño' 87, 160

botar 'arrojar, echar fuera' 9, 10, 27
bravío, a 'indómito, salvaje' 5, 419, 431, *etc.*
breña 'terreno quebrado y poblado de maleza' 161, 250
Bric à brac 'rastro, bazar, tienda de ocasión' 277
brocato 'brocado, tela entretejida de hebras plateadas o doradas' 432
bruces: de bruces 'boca abajo' 21, 39, 452, *etc.*
bruñido, da 'reluciente, resplandeciente' 169, 289, 546
burotrágico, ca (acuñación nerudiana) 'mezcla de burocrático y trágico' 489
butifarra 'embutido hecho de carne de cerdo' 547

cabalístico, ca 'referente a la cábala, doctrina que revela informaciones ocultas acerca de Dios y del mundo' 503
caballazo 'golpe que da un jinete a otro o a alguno de a pie, echándole encima el caballo' 48
cabildo 'ayuntamiento, corporación encargada de la administración de un municipio' 229
cabro, ra 'niño, joven' 108
cacical 'de los caciques, jefes araucanos' 229
calceolaria 'planta herbácea, ornamental, de flores amarillas en forma de zapato' 546
calcinado, da 'quemado, abrasado por completo' 106, 164, 214, *etc.*
calichero, ra 'de las minas de caliche, sustancia arenosa de la que se extrae el nitrato de Chile' 395
camino: camino carretero 'vía expedita para el tránsito de carros o de otros carruajes' 55
campanería (acuñación nerudiana) 'oficio del campanero' 539
campero, ra 'persona que trabaja en el campo' 64
cancha 'espacio destinado a la práctica de ciertos juegos o espectáculos' 56
canelo 'árbol sagrado de los araucanos del que se extrae la canela' 168
cantil 'lugar que forma escalón en el borde del río' 50
cantina 'taberna, establecimiento donde se venden bebidas y algunos comestibles' 174
cañamazo 'tela tosca de cáñamo' 432
capacho 'recipiente fuerte para transportar minerales' 288
capirote: de capirote locución usada para intensificar el valor despectivo de los adjetivos a los que acompaña 547
caporal 'persona que hace de cabeza de un grupo de gente' 87, 292
caprario, ria 'propio de la cabra' 292
captatorio, ria 'que capta' 292
capucete 'capuz, capucha' 292
cárabo 'autillo, ave rapaz nocturna, parecida a la lechuza, de plumaje rojizo o grisáceo' 545
carcomer 'consumir, derruir poco a poco' 350
carcomido, da 'roído, consumido' 47, 128
cárdeno, na 'de color amoratado' 68, 159, 389
caribián (acuñación nerudiana) 'del Caribe, caribeño' 436
carretero. V. CAMINO.
cataléptico, ca 'atacado de catalepsia, ataque histérico que pro-

voca la inmovilización total del cuerpo' 328
caterva 'conjunto desordenado de personas o cosas' 355
catre 'cama ligera' 130
cavadora 'excavadora' 34
celaje 'cielo luminoso con nubes ligeras' 109
celestino, na 'celeste, relativo al cielo' 386
cenáculo 'reunión de personas que tienen una afinidad profesional o intelectual, especialmente artistas, escritores o pensadores' 391
cenicienta (acuñación nerudiana) 'la muerte' 328
ceniciento, ta 'de color ceniza' 83, 102, 147, *etc.*
cenital 'del cenit, punto culminante' 191, 388
cenote 'depósito de agua subterránea generalmente de gran profundidad' 191
centella 'chispa, luminosidad' 23, 170, 183, *etc.*; 'ranúnculo, planta herbácea anual de flores amarillas, que tiene un jugo acre y muy venenoso' 185
centellear 'despedir o emitir destellos vivos y rápidos' 22, 32, 90, *etc.*
cerciorado, da 'enterado, que se ha dado cuenta' 56
cerner 'mantener en el aire' 427
cernícalo 'ave de rapiña de plumaje rojizo que se caracteriza por mantenerse en el aire sin avanzar' 396
cesáreo, a 'del césar o de los césares' 475
chacal 'mamífero carroñero, similar al lobo en su constitución y a la zorra en la cola' 110, 156, 175, *etc.*
chacarería 'alquería o granja, producción de hortalizas' 219
chacarero 'campesino, granjero' 395
chancaca 'dulce en forma de tableta rectangular hecha con la miel que se obtiene de la caña de azúcar' 436
chascón, na 'enredado, enmarañado' 427
chépica 'grama, planta gramínea' 168
chibcha 'de los chibchas, pueblo que habitó la región de Bogotá' 215
chicharra 'cigarra' 62
chillanejo, ja 'de Chillán, ciudad chilena' 544, 545
chilote 'de Chiloé, archipiélago del sur de Chile' 217
cholga 'molusco comestible de la familia del mejillón, típico de Chile y Argentina' 472
cholo, la 'mestizo moreno de sangre europea, africana e indígena' 436
chucao 'ave pequeña del sur de Chile que habita en los bosques' 289
chupón 'fruto blanco y dulce cuya pulpa se chupa' 168
cimbrar 'cimbrear, hacer vibrar u ondularse algo especialmente largo y flexible' 16, 22, 23, *etc.*
cimera 'parte superior de la armadura, que cubría la cabeza y se solía adornar con plumas' 124
cimitarra 'sable corto, de hoja ancha y algo curvada, usado por turcos y persas' 200, 470
cinematógrafo 'cine' 113; 'proyector' 432

cineraria 'planta de hojas elegantes y flores olorosas muy estimada como ornamental' 457
cingalés, sa 'de Ceilán' 110
cisterna 'depósito' 461
claror 'claridad o resplandor' 501
cocota 'prostituta, ramera' 331
coigüe 'coihué, árbol de madera y altura semejantes al roble con copa ovoide' 289, 392
coigüilla 'renacuajo' 55, 62
coleóptero 'insecto con caparazón consistente y dos élitros que cubren las alas aptas para el vuelo' 289, 330
colomvenechilenomalteco, ca (acuñación nerudiana) 'mezcla de colombiano, venezolano, chileno y guatemalteco' 436
comprometerse 'ponerse de acuerdo, asumir una responsabilidad' 453
conflagración 'perturbación repentina y violenta' 178
conífera 'tipo de árbol o arbusto de hoja persistente y fruto en forma de cono, como el pino' 499
constelado, da 'cubierto de objetos o luces brillantes' 38, 385, 425, *etc.*
contrafuerte 'cadena secundaria de montañas' 50
contrito, ta 'que siente contrición o arrepentimiento por haber actuado mal' 461
coolí 'peón de carga en las posesiones inglesas del Oriente' 92, 93, 104
coolies. V. COOLÍ.
copihue 'planta americana de flores rojas o blancas, emblema nacional de Chile' 37, 169, 238, *etc.*
copra 'pulpa seca del coco' 118, 472
cordaje 'conjunto de aparejos de una embarcación' 88
coringhi 'de Coringa, ciudad de la India' 104
cormorán 'especie de cuervo marino' 410
cornucopia 'vaso en forma de cuerno' 248
corola 'conjunto de pétalos de las flores' 28, 44, 167, *etc.*
coronado, da 'con algo encima, en la parte superior, como corona' 174, 182, 197, *etc.*
corredor 'pasillo, galería' 118, 135, 142, *etc.*
corroído, da 'desgastado, roído' 89
corso, sa 'de Córcega, isla de Francia' 88
cotona 'chaqueta fuerte de algodón' 395
crepusculario 'conjunto de crepúsculos' 6, 7, 8, *etc.*
crispar 'contraer repentinamente' 8
cuatrero 'ladrón de ganado' 62
cuchillazo: a cuchillazos 'con golpes de cuchillo' 35; 'herida provocada con un cuchillo' 289
cuenta: sacar cuentas 'calcular pérdidas y ganancias' 355, 532, 533, *etc.*
cuotidiano, na 'cotidiano, de cada día' 179, 209
dancing 'cantina nocturna donde se baila y hay prostitutas' 93
dar: dele que dele 'dale que dale', interjección que se usa para indicar continuidad en una tarea 538
debajar (acuñación nerudiana) 'transcurrir' 60
déle que déle. V. DAR

delgadilla 'tipo de arbusto del sur de Chile' 169
derecho: al derecho y al revés 'al revés y al derecho, por todos lados, en cualquier situación' 528
desbaratarse 'deshacerse, marchitarse' 176
desconsolación 'desconsuelo, aflicción' 8
desembotellar 'destapar botellas' 485
designio 'propósito, meta, objetivo' 21, 75, 92, *etc.*
desintegrador, ra 'destructor, demoledor' 454
deslinde 'límite de un lugar' 160
destorcerse 'deshacerse lo torcido, enderezarse' 37
destrenzar 'deshacer la trenza' 137
desvelado, da 'insomne, que no puede dormir' 142, 243
desvencijado, da 'desarmado, descompuesto' 76, 125, 429, *etc.*
desventajoso, sa 'inferior en comparación con otra cosa, pobre' 52
deudo, da 'pariente de alguien que ha fallecido' 80, 138, 160
devorante 'devorador, que come o consume con avidez' 124, 354, 432
digital 'relativo a los dedos y su acción' 79, 151, 497
diputación 'ayuntamiento, casa consistorial' 137
disgregado, da 'disperso, separado' 517
diuca 'ave común chilena conocida por su canto' 397
doca 'planta del sur de Chile de flores rosadas' 169
doctor: doctor honoris causa 'título de distinción otorgado por una universidad por razón de honor' 246
dolo 'engaño, fraude' 5
durazno 'árbol frutal parecido al melocotonero' 147; 'fruto parecido al melocotón' 433, 488, 507
durecido, da 'endurecido, robusto' 47
durmiente 'traviesa, madero que sostiene la vía férrea' 288

ebúrneo, a 'de marfil o parecido a él' 546
ecuacional 'en relación proporcional' 7
edecán 'militar, ayudante de campo' 347
edénico, ca 'del edén, morada del hombre primigenio' 505
egregio, gia 'insigne, ilustre' 487
élitro 'ala dura de los insectos no apta para el vuelo' 203
elote 'mazorca de maíz' 242
embargado, da 'cautivado, extasiado' 498
embargar 'cautivar, suspender el ánimo' 472
empalado, da 'atravesado por una vara o palo como método de ajusticiamiento' 231, 234
empavonado, da 'recubierto de pavón, capa de óxido que abrillanta el acero' 288
emperejilar 'adornar algo con mucho cuidado y esmero' 546
enarbolado, da 'levantado como un estandarte' 181, 198, 525
encajonado, da 'encerrado, aprisionado' 60
encallecido, da 'endurecido, insensible' 162
encandilado, da 'deslumbrado, cegado por la luz' 76

encastillado, da 'fortificado como un castillo' 477
encharcado, da 'detenido, apresado' 244
encino 'encina, árbol mediterráneo que da bellotas' 183
enmarañado, da 'enredado' 198, 392, 421, *etc.*
enrarecido, da 'contaminado, impuro' 177, 183, 197
enroscado, da 'con forma de rosca o espiral' 8
ensangrecido, da 'que tiene color o apariencia de sangre' 47
ensartado, da 'atravesado por una vara' 226, 234
ensombrecer 'entristecer' 5
entrecruzado, da 'cruzado, intercalado' 190, 393
epitalamio 'composición lírica en celebración de una boda' 451
era 'lugar donde se separa el trigo de la paja' 62
errancia 'vagabundeo, itinerario incierto' 7
escalar 'en escalera' 196, 197
escarapela 'divisa circular de cintas fruncidas que se usa como adorno y emblema' 56
escualo 'cierta clase de pez parecida al tiburón' 354
escupo 'escupitajo' 490
espadaña 'planta con hojas en forma de espada' 534
espinar 'sitio poblado de espinos' 242
esponsales 'compromiso matrimonial entre dos personas' 412
estatuario, ria 'artista que hace estatuas' 47
estera 'tejido que se tiende en el suelo para dormir' 85, 88
estero 'arroyo, riachuelo' 19, 42, 240, *etc.*
estertor 'respiración agónica' 135, 153, 429
estocolmo 'tipo de tela procedente de la ciudad sueca del mismo nombre' 432
estravagario (acuñación nerudiana) 'mezcla de extravagante y vagar' 337
estricnina 'sustancia venenosa que poseen algunas plantas' 189, 432
estucado, da 'de estuco, yeso blanco' 425
etincelia (acuñación nerudiana) 'chispa, centella refulgente' 50
exprofeso 'intencionadamente' 436
exasperado, da 'irritado, dolido' 51, 66, 95, *etc.*
excepcionar 'exceptuar, excluir a algo de una generalidad' 93
exequias 'honras fúnebres' 347

fakir 'faquir, persona que exhibe actos de austeridad y resistencia al dolor' 85
farewell interjección inglesa para despedirse 'adiós' 12
farmacopea 'libro de uso y preparación de sustancias medicinales' 527
feraz 'fértil, abundante' 223
fiduciario, ria 'referido a la moneda, que no tiene valor' 85
fierro 'hierro' 8, 62, 537
filudo, da 'de filo muy agudo' 228
fogonero, ra 'encargado de cuidar el fuego en las máquinas de vapor' 444
fonógrafo 'gramófono, instrumento que reproduce los sonidos de un disco giratorio' 88
football 'fútbol, juego de balompié' 90

fosforecer 'fosforescer, emitir luminiscencia' 40

frac 'traje de etiqueta para caballero, que por delante llega hasta la cintura y por detrás tiene dos faldones más o menos ancho y largos' 332

fragoroso, sa 'ruidoso, estruendoso' 212

frazada 'manta gruesa que se echa sobre la cama' 130, 135

frejol 'fréjol, judía' 427

frijol 'fréjol, judía' 547

fruta: fruta del pan 'fruto del árbol del pan, de color verde y pulpa comestible ' 290

fuego: fuego de artificio 'conjunto de cohetes y otros dispositivos de pólvora que se usan en fiestas públicas' 485; **fuego de bengala** 'fuego artificial de luz muy viva que se usa para hacer señales' 485

fugar (acuñación nerudiana) 'convertirse en' 22

fulgor 'resplandor' 5, 20, 60, *etc.*

fulgurecer (acuñación nerudiana) 'brillar, resplandecer' 35, 49, 60

futbolar (acuñación nerudiana) 'jugar al fútbol o balompié' 321

gallardo, da 'valiente, bravo, altivo' 5

galpón 'cobertizo utilizado para almacenar objetos' 249, 500

galvanizar 'reactivar, estimular con fuerza' 392

garete: al garete 'a la deriva, a merced de la corriente' 499

gastrálgico, ca 'relativo al dolor de estómago' 86

generatriz 'generadora, engendradora' 419

genitor, ra 'que engendra' 110

gineceo 'habitación para mujeres' 91; 'pistilo de ciertas plantas' 342

gorguera 'adorno para el cuello de tela plegada y alechugada' 109

gozne 'bisagra metálica de una puerta' 481

gravitar 'cargar, recaer el peso' 56, 109, 203

graznar 'emitir voces algunas aves, como el cuervo, el grajo, el ganso, etc.' 8

graznido 'grito de algunas aves' 126

greda 'arcilla arenosa, barro moldeable' 204, 229, 394, *etc.*

greguería 'agudeza sorprendente y humorística inventada por el escritor Ramón Gómez de la Serna' 84

guanaco 'animal semejante a la llama que habita en la cordillera los Andes' 204, 236

guardabajo: caer guardabajo 'caer a tumbos, precipitar o rodar desde una altura con violencia' 73

guirnalda 'corona o tira entretejida de flores y ramas' 16, 36, 198

hacendado, da 'dueño de una hacienda de campo' 353

hacinado, da 'amontonado, acumulado' 156, 473, 489

hangar 'cobertizo grande donde se guardan aeroplanos' 59, 344

harpía 'arpía, ave fabulosa con rostro de mujer y cuerpo de ave de rapiña' 230

hemisferio 'cada una de las dos mitades de una esfera' 248, 287, 356, *etc.*

henequén 'especie de pita, planta de la que se extrae determinado hilo textil' 191
hipopotámico, ca 'que tiene apariencia de hipopótamo, grande' 92
hirsuto, ta 'cubierto con espinas o púas duras y dispersas ' 233
honda 'cuerda para lanzar piedras a distancia' 44
hondero 'soldado o cazador que usaba honda' 23, 46
honoris causa. V. DOCTOR.
horadar 'agujerear atravesando de parte a parte' 140, 177
hormigueante 'que bulle como muchas hormigas' 92
hostilizar 'atacar, agredir' 139
huesera 'lugar donde se echan o guardan los huesos de los muertos' 484
húsar 'soldado de caballería vestido a la húngara' 148, 420

ícono 'icono, imagen o representación religiosa' 524
improviso: de improviso 'imprevisible' 64; 'sin prevención ni previsión' 65, 74
impudicia 'falta de recato y pudor' 209, 414
inamistad 'enemistad' 488
incásico, ca 'incaico, perteneciente a los incas' 216
infatuado, da 'convertido en fatuo, arrogante' 505
infligir 'causar daño o perjuicio' 150, 475
iniquidad 'maldad, injusticia grande' 469
insepulto, ta 'que no se puede enterrar u ocultar' 429, 456, 531
intendencia 'distrito, demarcación administrativa de un territorio' 168
intocado, da 'intacto, puro, libre de imperfecciones' 9
invicto, ta 'nunca vencido, siempre victorioso' 426
isba 'vivienda rural de madera típica de Rusia' 520

jacinto 'flor olorosa de diferentes colores' 16, 17, 31
jaramago 'planta de flores amarillas muy común entre los escombros' 134
jazminero 'jazmín, arbusto de tallos trepadores y flores blancas olorosas' 214, 294; 'flor del jazmín' 523
jergón 'colchón de paja, esparto o hierbas' 8
jote 'zopilote, ave carroñera parecida al buitre' 397

khmer 'perteneciente a la antigua cultura de Camboya, Tailandia y Vietnam' 91

lacerado, da 'desdichado, pobre, mezquino' 430, 505, 523
laceria 'miseria, pobreza, penuria' 9
lagunar 'formar una laguna' 60
lanceolado, da 'afilado, que tiene forma de punta de lanza' 545
lancinante 'que desgarra, que destroza' 422, 436
lapageria rosea 'flor y emblema nacional de Chile' 546
lastrero, ra 'que transporta el lastre o piedra de las canteras' 288
latiente 'que late' 30
latigar 'dar latigazos' 51
légamo 'cieno, lodo' 159, 216, 488, *etc*.
lenocinio 'prostíbulo' 90

lepidóptero 'insecto que tiene alas y trompa chupadora como las mariposas' 535
lila 'arbusto y flor olorosa de color violeta' 7, 9, 10, *etc.*
limbo 'borde o extremo de una cosa' 73
linterna 'faro de las costas' 59
liquen 'mezcla de hongo y alga típica de ambientes muy fríos o húmedos' 10, 27, 187, *etc.*
lisa 'mújol, pez que abunda en las costas' 65
litre 'árbol chileno cuyas hojas provocan alergia' 168
lomaje 'conjunto de lomos o colinas suaves' 50
lomería 'serie de lomas o colinas' 61
loyalty 'lealtad' 245
luna 'árbol chileno de madera fuerte que puede alcanzar veinte metros de altura' 289
lunaria 'relativo a la luna o las lunaciones' 488

macfarlan 'especie de sobretodo, abrigo o impermeable con mangas anchas' 92
macrocustis 'tipo de alga marina' 247
madre: madre de la culebra 'insecto coleóptero con larvas gigantescas como culebras' 289
madreperla 'molusco con concha de nácar que contiene perlas' 276
madrépora 'pólipo de los mares tropicales que forma islas y escollos' 201
madreselva 'arbusto trepador con flores olorosas y fruto en baya' 37, 56, 185, *etc.*
madrigal 'poema breve de tema generalmente amoroso' 57, 151, 465
madurídad 'madurez, punto o estado de perfección de las cosas' 83
maestranza 'conjunto de talleres ferroviarios' 8
magnolia 'flor muy blanca, de olor intenso del árbol del mismo nombre' 136, 231, 286
magüey 'planta de la pita con la que se hacen tejidos y se fabrica un tipo de bebida alcohólica' 190
maître d'hôtel '*maître*, jefe de comedor en hoteles o restaurantes' 528
malacólogo, ga 'experto en malacología, ciencia que estudia los moluscos' 276
malaquita 'mineral de color verde que suele utilizarse para adornar objetos' 522
malsano, na 'dañoso a la salud' 8
mamadre (acuñación nerudiana) 'apelativo cariñoso para denominar a la madrastra' 372
mano: mano a mano 'en compañía, entre varias personas' 444, 538
mantur 'planta y flor andina' 200
manumitido, da 'esclavo liberado' 430
mapuche 'perteneciente al araucano, indio que habitaba la zona central de Chile' 433
maqui 'árbol chileno de frutos medicinales y comestibles' 289
marmolina 'sustancia que imita al mármol, de inferior calidad' 133
mascarón: mascarón de proa 'figura que adorna la parte delantera de los barcos' 47, 277

mazurca 'composición musical bailable' 167
medioeval 'medieval, anticuado' 355, 462
mefítico, ca 'fétido y tóxico' 545
mercadería 'mercancía, conjunto de objetos que se compran y venden' 130, 155, 429, *etc.*
mesón 'mesa grande' 382, 383
mexibiano, na (acuñación nerudiana) 'mezcla de mexicano y boliviano' 436
mies 'espiga' 20
milano 'milán, tela de lino' 432
moche: a troche y moche V. TROCHE.
monzón 'viento marino del Índico que suele traer lluvia' 95, 108, 316
muselina 'tela fina' 102

narwhal 'narval, ballena del océano Ártico con un diente a modo de cuerno que puede llegar a alcanzar los tres metros' 247
nimbo 'nube grande, baja y grisácea, portadora de lluvia, nieve o granizo' 221, 299
nomeolvides 'flor de la raspilla, planta espinosa' 141
nopal 'chumbera, cactus típico de México' 243

odre 'cuero cosido que se utiliza para contener líquidos' 90, 146
olear 'hacer o producir olas, como el mar' 32
olla: destapar la olla 'hacer público y manifiesto algo que se procuraba ocultar o disimular' 462
ónix 'ónice, tipo de cuarzo de colores empleado en joyería' 427
ornitorrinco 'mamífero australiano cuya boca se asemeja a la de un pato' 87
ostentatorio, ria 'ostentoso, magnífico, digno de verse' 523
otoñabundo, da (acuñación nerudiana) 'mezcla de otoñal y vagabundo' 337
ovillado, da 'encogido, contraído' 48
ovillarse 'acurrucarse, encogerse haciéndose un ovillo' 37

pa. V. PARA.
paico 'planta chilena cuyas hojas y flores se toman en infusión' 169
palanquín 'especie de andas usadas en Oriente para transportar a personas influyentes' 94
paletada 'porción que la paleta o la pala puede coger de una vez' 359
palio 'dosel sostenido por cuatro varas bajo el que se lleva una imagen religiosa en procesión o a personas influyentes' 103, 424
palm-beach 'tela fresca' 86
palpitante 'que palpita' 55, 112, 155, *etc.*; 'emocionante' 326
panamante (acuñación nerudiana) 'mezcla de panameño y amante' 436
panoplia 'colección de armas ordenadamente colocadas' 416
pantheos 'mundo sagrado, dios natural identificado con la madre tierra' 6
papa 'patata' 331
para: pa forma popular de 'para' 243
parado, da 'detenido, quieto' 14, 65, 380, *etc.*; 'erecto, levantado' 395
parar 'detener' 63, 351, 395; 'poner de pie' 289

parear 'unirse a otro para realizar una actividad' 132
paroxismo 'punto culminante de un estado o situación' 190
parrón 'parral, conjunto de parras' 528
patagua 'árbol de Chile de copa frondosa que crece en lugares húmedos' 169
patente 'testimonio que acredita una cualidad o mérito' 153
payés, sa 'campesino de Cataluña o de las Islas Baleares' 133
pesebrera 'conjunto de pesebres, lugar donde comen las bestias' 237
petimetre, tra 'persona que se preocupa mucho de su compostura y de seguir las modas' 471
piafante 'levantado, erguido' 224; 'que golpea el suelo levantando las patas delanteras con rapidez' 416
picaflor 'ave americana similar al colibrí' 398
picaflora (acuñación nerudiana) 'hembra del picaflor' 398
pie: poner los pies en el plato 'excederse' 325
pieza 'habitación' 64, 290, 359
piño 'manada, rebaño' 62
playero, ra 'de la playa' 64
pollera 'falda de mujer' 112
pollerón 'falda de mujer larga y grande' 86
polvoso, sa 'polvoriento, cubierto de polvo' 6
porfiado, da 'insistente, obstinado' 470, 486
pórfido 'roca muy resistente empleada como elemento decorativo y de construcción' 162
poro 'pequeño orificio' 8, 142
postrimería 'período último de la duración de algo' 276
potrero 'terreno cercado con pastos para alimentar y guardar el ganado' 249, 536
probeta 'tubo de cristal que contiene líquidos o gases' 291
progenie 'generación de la que desciende una persona' 483
promauca 'indio chileno no sometido por los españoles' 229
prosternado, da 'que se arrodilla por respeto' 88
prosternarse 'arrodillarse o inclinarse por respeto' 546

quebrada 'hendidura de una montaña' 288
quelenquelén 'planta medicinal de Chile, que se caracteriza por sus flores rosadas, pequeñas y en racimo' 168
queltehue 'ave zancuda de Chile, que habita en los campos húmedos' 431
quetzal 'ave propia de la América tropical, de colores llamativos y una larga cola muy característica' 191
quila 'especie de bambú con usos muy variados' 168

racha 'ráfaga de aire' 196, 198, 203, *etc.*
radioso, sa 'que despide rayos de luz' 356
radioterrible (acuñación nerudiana) 'mezcla de radiografía y terrible' 321
ralea 'raza, casta o linaje de una persona' 500
ramoso, sa 'que tiene muchos ramos o ramas' 275, 545

rastrojo 'restos agrícolas dejados en el campo' 20, 249
ratier 'parte de un telar mecánico' 432
raulí 'árbol de Argentina y Chile, muy alto y de madera apreciada' 434, 545
recién 'en ese mismo momento' 59, 92, 177, *etc.*
redoma 'vasija de vidrio ancha en su fondo que va estrechándose hacia la boca' 286
refregado, da 'frotado, restregado' 16
resurrecto, ta 'resucitado' 317, 405, 484, *etc.*
retículo 'tejido en forma de red' 59
revés. V. DERECHO.
rickshaman 'persona que tira del *rickshaw,* carruaje alquilable típico de Asia usado para el transporte de pasajeros' 93
riel 'carril de una vía férrea' 57, 68, 249, *etc.*
roquerío 'conjunto de rocas' 498
roquero, ra 'de roca' 176
rotario, ria 'miembro de la asociación filantrópica Rotary Club originada en Estados Unidos' 487
runrún 'zumbido difuso' 62

sacrosanto, ta 'sagrado y santo' 483
salam expresión de saludo en lengua árabe 317
salitre 'sustancia salina, especialmente la que aflora en tierras' 89, 133, 172, *etc.*
salitrera 'mina de salitre (nitrato) en el desierto del norte de Chile' 218, 219, 395
salivar 'salival, de palabra, pero sin respaldo en la realidad' 460
salmuera 'agua salada' 144, 277, 357
salobre 'que tiene sabor a sal' 88, 195, 221, *etc.*
sampang 'sampán, embarcación ligera propia de China' 109
sateloide 'cuerpo similar a un satélite' 466
satín 'satén, tejido parecido al raso' 92
sátrapa 'persona que gobierna despóticamente' 188, 244
saurio 'tipo de reptil al que pertenece, por ejemplo, el lagarto' 343
sementera 'tierra sembrada' 145, 399
sentina 'cavidad inferior del barco donde se reúnen las aguas que son luego expulsadas por las bombas' 44, 46
seringueiro 'siringuero, trabajador que se ocupa en la extracción del caucho' 84
sigilosidad 'sigilo, silencio cauteloso' 59
sigiriyo 'de Sigiriya, lugar de Sri Lanka con importantes restos arqueológicos' 111
signado, da 'señalado' 503
sobrecogido, da 'impactado, volcado sobre sí mismo' 58
sobredormido, da 'adormilado, traspuesto' 159
sobrelejos (acuñación nerudiana) 'más allá' 58
sobretodo 'prenda de vestir ancha, larga y con mangas que se lleva sobre el traje ordinario' 92
soldadera 'mujer soldado, guerrera' 229

solferino, na 'de color morado rojizo' 277
subceleste 'relativo a lo que está debajo del cielo' 116, 124

tactar 'tocar, palpar' 18
taiga 'selva del norte de Rusia y Siberia, formada principalmente de coníferas' 522
talabartería 'taller del talabartero, artesano que fabrica objetos de cuero' 365
tam-tam 'tambor africano, utilizado como instrumento musical y para la transmisión de mensajes' 102
tarascón 'mordedura' 535
temblador, ra 'que tiembla' 98
terylén 'tipo de fibra usada para fabricar telas sintéticas' 432
tintinear 'producir un sonido similar al de una campanilla o timbre' 346
tintitrán (acuñación nerudiana) 'ave imaginaria' 400
titilante 'que centellea con ligero temblor' 5
titilar 'centellear con ligero temblor' 7, 69
tontipájaro (acuñación nerudiana) dicho de sí mismo 'ave imaginaria' 401, 402
tontivuelo (acuñación nerudiana) 'ave imaginaria' 401
toqui 'título que recibía el líder araucano' 230, 233, 234, *etc.*
torcaza 'paloma torcaz' 289, 290, 394
torrentera 'cauce de un torrente' 505
torta 'tarta' 452
torvo, va 'fiero, airado' 228, 547
totora 'planta americana empleada en la construcción de techos y paredes' 85
tranca 'palo grueso que atraviesa puertas y ventanas para asegurar su cierre' 62
tranco 'paso largo o salto que se da abriendo mucho las piernas' 48, 64, 116
transmigración 'acción y efecto de transmigrar, emigración' 88
transmigrar 'pasar de un cuerpo a otro' 515; 'emigrar, ir a vivir a otro país' 517, 546
transmigratorio, ria 'relativo a la transmigración, mudable' 297
trasmigrante 'emigrante' 391
trementina 'jugo pegajoso de algunos árboles, cuya inhalación produce alteraciones en el sistema nervioso' 124
trepidación 'acción de trepidar, temblar fuertemente, vacilar' 422
tricao 'tricahue, loro grande de Chile' 50
tripentálico, ca 'relativo a un tipo de verso de quince sílabas' 393
trizado, da 'hecho trizas' 34
trizar 'hacer trizas' 45, 56, 103, *etc.*
troche: a troche y moche 'en cualquier circunstancia' 538
troje 'troj, granero para guardar frutos y especialmente cereales' 20
tropel 'muchedumbre, tropa, ganado' 5, 490
trunco, ca 'truncado, mutilado' 11
tugurio 'construcción muy pobre, lugar de prostitución' 395
tundra 'terreno de Siberia y Alaska, llano y frecuentemente pantanoso' 522

ulmo 'árbol siempre verde, de buena madera y flores blancas de las que se extrae una miel muy apreciada' 169

usina 'instalación industrial importante' 232, 395, 521

valva 'pieza dura y movible que constituye la concha de algunos moluscos e invertebrados' 69, 276, 433
vastedad 'gran amplitud y extensión' 29, 50, 59
vellón 'moneda de escaso valor' 11
velorio 'funeral' 534
ventarrón 'viento que sopla con mucha fuerza' 495
ventisquero 'ventisca, viento fuerte' 186, 195, 236, *etc.*
vericueto 'lugar recóndito o escondido' 276, 503
vertiente 'agua que surge desde la tierra' 201, 294, 499
vesperal 'vespertino, relativo al atardecer' 79, 95, 429
vicuña 'mamífero rumiante de piel muy apreciada en la confección textil' 197
vidalita 'canción popular, por lo general amorosa y triste, que se acompaña con la guitarra' 359
vinílico, ca 'de vinilo, sustancia de consistencia similar al cuero' 432
violetario (acuñación nerudiana) 'lugar donde crecen violetas' 534
violona (acuñación nerudiana) 'femenino de violón (o violín) y contrabajo' 529
volante 'manubrio de un coche o automóvil' 35

yerbatero, ra 'médico o curandero que cura con hierbas' 547

zafar 'desembarazar, quitar los estorbos' 482
zalagarda 'alegría bulliciosa' 86
zapallo 'calabaza comestible' 74
zapoteca 'relativo a esa tribu indígena americana' 216
zarcillo 'órgano de algunas plantas como la vid con la que se asen a tallos u otros objetos próximos' 47, 427

ÍNDICE ONOMÁSTICO

Aconcagua: montaña de la cordillera de los Andes, situada en la provincia de Mendoza, Argentina. Es el pico más alto de América. De él se desprende un río chileno del mismo nombre.

Afrodita: diosa del amor y de la belleza física en la antigua Grecia.

Alberti, Rafael (1902-1999): poeta de la Generación del 27. Gran amigo de Neruda. Vivió en Chile algunos años de exilio.

Aldebarán: es la estrella más brillante de la constelación de Tauro.

Aleixandre, Vicente (1898-1984): poeta español de la Generación del 27, amigo de Neruda. Premio Nobel de Literatura en 1977.

Alighieri, Dante (1265-1321): escritor, filósofo y político italiano autor de la *Divina comedia*.

Almagro, Diego de (1475-1538): conquistador español que participó en la conquista del Perú y al que se considera el descubridor oficial de Chile.

Altolaguirre, Manuel (1905-1959): poeta y editor de la Generación del 27, gran amigo de Neruda. Vivió exiliado en París, Cuba y México.

Anáhuac: nombre dado antiguamente al Valle de México y después a toda la meseta central mexicana. Hoy se aplica a las fértiles mesetas que rodean la ciudad de México, recorridas por Neruda en sus viajes.

Anales de la Universidad de Chile: publicación periódica de la Universidad de Chile, fundada en 1843, por Andrés Bello. Neruda colaboró en esta revista.

Andes: Sistema montañoso que recorre de norte a sur toda América del Sur. Pertenece a siete países diferentes y corre paralelo al océano Pacífico. En la zona central da origen al altiplano o macizo andino. En 1949, Pablo Neruda debió cruzar Los Andes clandestinamente, en el sur de Chile, hacia Argentina, para escapar de la persecución desatada contra los comunistas.

Antofagasta: ciudad puerto del desierto del norte de Chile, localizada en el borde del océano Pacífico.

Antonio, don. V. MACHADO, ANTONIO.

Anuradhapura: una de las capitales más antiguas de Sri Lanka, la antigua Ceilán, conocida por sus ruinas, donde Neruda estuvo en 1929.

Apollinaire, Guillaume (1880-1918): poeta, novelista y ensayista francés precursor del Surrealismo con sus obras *Alcoholes* y *Caligramas*.

Araucana, La: poema épico escrito por Alonso de Ercilla y Zúñiga, en el que se narra la guerra entre los españoles y los araucanos. Publicado en España en tres partes (1569, 1578, 1589), se considera base de la identidad chilena.

Araucanía: región étnica y sociocultural, desde el río Bío-Bío hasta Puerto Montt, espacio de las tribus araucanas, mapuches y huilliches, principalmente. Neruda vivió en Temuco, uno de los centros de la Araucanía.

Arauco: tierra y cultura de los araucanos, principales adversarios de los conquistadores españoles desde el siglo XVI. Tradicionalmente extendida desde el río Bío-Bío hacia el sur de Chile.

Arco del Triunfo: monumento en la Plaza de la Estrella, París, en los Campos Elíseos. Mandado construir por Bonaparte tras la victoria de Austerlitz en 1805.

Arequipa: ciudad peruana, situada a orillas del río Chili, en el sur del Perú.

Argensolas: referencia a los hermanos Bartolomé Leonardo (1562-1631) y Lupercio Leonardo de Argensola (1559-1613): poetas e historiadores españoles del Siglo de Oro.

Argüelles: barrio céntrico madrileño que toma el nombre de un político español del siglo XIX, donde vivió Neruda durante su permanencia en España como diplomático a mediados de los años treinta.

Arguijo, Juan de (1567-1623): poeta español poseedor de una gran fortuna que dilapidó.

Arno: río italiano que pasa por Florencia y Pisa y desemboca en el Mediterráneo.

Arrué, Laura (1982): esposa de Homero Arce, secretario personal de Neruda hasta su muerte. En 1925, Neruda, le dedica un álbum de poemas en el que se incluyen textos de *Tentativa del hombre infinito*.

Asturias: región del norte de España en la que se concentraba casi la totalidad de la industria minera española en los años treinta.

Atenas: ciudad capital de Grecia, lugar de origen de la filosofía occidental.

Atenea: publicación de la Universidad de Concepción, fundada en 1924, para divulgar la creación de académicos y estudiantes. Neruda colaboró en esta revista.

Aurora de Chile: primer periódico semanal chileno, que luchó por la soberanía nacional, publicado por el gobierno entre 1912 y 1913;

publicación periódica editada en Santiago de Chile de los años treinta que recibió colaboraciones de Pablo Neruda.

Authenay: pueblo de la Alta Normandía, en el norte de Francia.

Aysén: ciudad y región de la Patagonia chilena, al sur de Chiloé. Es zona de grandes lagos, fiordos y ventisqueros.

Bach, Johann Sebastian (1685-1750): compositor y organista alemán del Barroco considerado como uno de los más grandes músicos de todos los tiempos.

Bacon, Francis (1561-1626): filósofo, escritor y ensayista, fue canciller de Inglaterra, creador del método científico y del empirismo.

Bahía de Santos: bahía brasileña en el océano Atlántico.

Bangkok: capital de Tailandia, visitada por Neruda en 1928.

Barranca Yaco: quebrada ubicada cerca de Totoral, en la provincia argentina de Córdoba.

Battambang: ciudad y provincia de Camboya visitada por Neruda en 1928.

Baudelaire, Charles (1821-1867): poeta, traductor y crítico francés simbolista, primer poeta maldito. Autor de *Las flores del mal* (1857).

Bebé: María Manuela Vicuña Herboso (1892-1961), esposa de Carlos Morla Lynch.

Berenbeng: ciudad de Indonesia visitada por Neruda en 1928.

Bío-Bío: río principal de Chile, que marcaba la zona, hacia el Norte, dominada por los españoles (y antes, por los incas), y hacia el Sur, controlada por los araucanos. (Es el río más ancho de Chile).

Birmania: país del sudeste asiático, localizado al este de la India, que fue colonia británica. Neruda permanece allí como diplomático en 1927-1928.

Bliss, Josie: novia de Pablo Neruda en Rangún, llamada por él «pantera birmana». Neruda le dedica varios poemas lo largo de su obra.

Boca: barrio de Buenos Aires, capital de Argentina, situado en la desembocadura del Río de la Plata.

Bolívar, Simón (1783-1830): general y estadista venezolano que acaudilló la emancipación americana. Actuó decisivamente en la independencia de Bolivia, Colombia, Ecuador, Perú y Venezuela. Pretendía establecer una gran confederación de repúblicas latinoamericanas.

Bombal, María Luisa (1910-1980): narradora chilena, amiga de Neruda, que compartía las tertulias madrileñas en casa del poeta.

Boroa: pueblo situado en la región de la Araucanía, en el sur de Chile, cuya historia se remonta a la llegada de los españoles.

Brik, Lily (1891-1978): fue el gran amor y musa del poeta ruso Mayakovski. Amiga de Pablo Neruda que la llamaba «la musa de la vanguardia rusa».

Buda (*c*566-*c*478): figura religiosa sagrada para budistas e hinduistas, anteriormente llamado Siddhartha Gautama.

Buffalo Bill: sobrenombre de W. F. Cody (1845-1917), soldado y explorador norteamericano que adquirió notoriedad exhibiendo escenas de la vida salvaje del Oeste norteamericano. Fue inmortalizado por numerosas novelas populares.

Bund: distrito bancario de Shangai, en China, cuando fue visitado por Neruda en 1928.

Buscando el tiempo perdido: *À la recherche du temps perdu* (1913-1927), serie de siete novelas del escritor francés Marcel Proust (1871-1922), conocida en español como *En busca del tiempo perdido*.

Byron, George Gordon, lord (1788-1824): poeta romántico inglés, progresista, anticonvencional y excéntrico.

C. B.: Charles Baudelaire.

Caballo de bastos: publicación realizada por Pablo Neruda y Fuentes Vega en Santiago de Chile, en 1925, ligada a la Asociación General de Profesores de Chile.

Caballo Verde para la Poesía: publicación poética dirigida en Madrid por Pablo Neruda durante 1935 y 1936. Impresa por Manuel Altolaguirre y Concha Méndez. En ella colaboraron Rafael Alberti, Vicente Aleixandre, Federico García Lorca, Jorge Guillén y Miguel Hernández, entre otros.

Cádiz: ciudad española de Andalucía, famosa por la primera constitución.

Cambodge: Camboya, país del sudeste asiático, visitado por Neruda en 1928.

Candia Marverde, Trinidad (1869-1938): Madrastra de Pablo Neruda. Se casó con el padre de Neruda en 1906 ya viudo de Rosa Neftalí Basoalto Opazo. Neruda la nombra «la mamadre», por su ternura.

Cantalao: caleta ficticia al borde del océano Pacífico, que aparece en la novela *El habitante y su esperanza* (1926), de Neruda. Hoy lleva ese nombre el Parque de las Esculturas de Isla Negra.

Carahue: pueblo cercano a la costa, al oeste de Temuco en la provincia de Cautín.

Carampangue: puerto de Chile, en la provincia de Arauco, y desembocadura del río del mismo nombre.

Carías Andino, Tiburcio (1876-1969): dictador hondureño durante los años 1932-1949.

Caribe: región que incluye el mar Caribe donde están las Antillas. Primer lugar de desembarco de Cristóbal Colón.

Carlos: Carlos Morla Lynch (1885-1969). Diplomático chileno, amigo de García Lorca. Neruda lo acusó de haber abandonado a Miguel Hernández, negándole el asilo que lo habría salvado.

Caro, Rodrigo (1573-1647): poeta, historiador y arqueólogo español.

Cárpatos: sistema montañoso en Europa Central, parte de media docena de países diferentes.

Carril, Delia del (1884-1989): segunda esposa de Pablo Neruda.

Grabadora y pintora argentina. Se separan en 1952.

Carrión, Arturo: navegante conocido por Neruda en Iquique en 1948.

Castilla: región histórica española atravesada por el Duero y el Tajo y lugar de origen del castellano.

Caupolicán (?-1558): gran guerrero y caudillo mapuche, antecesor de Lautaro. Sus hazañas son narradas por Alonso de Ercilla en *La Araucana*.

Cauquenes: ciudad ubicada en el Valle Central, al sur de Santiago de Chile, en la región del Maule.

Cautín: provincia del sur de Chile, que recibe su nombre del río homónimo. Las comunas más importantes son Temuco, Villarrica, Padre Las Casas y Nueva Imperial.

Ceilán: antiguo nombre de Sri Lanka, país asiático donde Neruda mantuvo un cargo consular en 1929.

Chanco: comuna del centro de Chile, ubicada al borde del océano Pacífico y cerca de Talca.

Charlesville: localidad francesa en la región de la Champagna.

«Che»: sobrenombre de Ernesto Guevara (1928-1967), médico, político y escritor argentino que colaboró con Fidel Castro en la revolución cubana contra la dictadura de Batista. Murió ejecutado en Bolivia.

Chena: Poblado ubicado en el Valle Central, cerca de Santiago de Chile.

Chillán: ciudad del Valle Central de Chile, al sur de Santiago, donde nació Matilde Urrutia, tercera esposa de Pablo Neruda. El río Chillán recibe su nombre de los nativos locales, los indios chillanes.

Chiñigüe: poblado situado en las cercanías de Santiago de Chile.

Chivilcoy: nombre de una región de Argentina que Neruda utiliza como nombre de un viajante por las Américas, un transmigrante.

Claridad: publicación periódica de la Universidad de Chile editada entre 1920 y 1932. En ella colaboraron muchos artistas e intelectuales chilenos y latinoamericanos, incluyendo a Gabriela Mistral y Pablo Neruda.

Clignancourt: mercado parisino de antigüedades y de telas, localizado en París.

Coahuila: estado y ciudad al norte de Ciudad de México, que limita con la frontera de Estados Unidos.

Coihueco: pueblo al sur del Valle Central de Chile, a la altura de Chillán.

Coilaco: pueblo y río de la comuna de Nueva Imperial, en el sur de Chile, conocido por Neruda en su infancia.

Columbia University: Una de las principales universidades estadounidenses, localizada en Manhattan, en la ciudad de Nueva York.

Commune: breve gobierno federativo de los trabajadores de París durante los meses de marzo y mayo de 1871.

Coronel: ciudad productora de carbón de piedra, localizada cerca de Concepción, al borde del océano Pacífico, en el Golfo de Arauco.

Cortés, Hernán (1485-1547): Conquistador español de México, gobernador y capitán general de la Nueva España.

Cotapos, Acario (1889-1969): músico chileno nacido en Valdivia creador de la vanguardia musical de Chile. Gran amigo de Neruda, al que visitaba en su casa de Madrid.

Crepusculario: primer libro de poemas publicado por Neruda en Chile en 1923. Su título es un neologismo acuñado por Neruda que connota un conjunto de crepúsculos.

Cruchaga, Juan Guzmán (1895-1979): poeta y diplomático chileno amigo de Pablo Neruda.

Curanilahue: ciudad minera de la provincia de Arauco en el Valle Central chileno, en el área del río Bío-Bío.

Dambulla: ciudad de Sri Lanka, antigua Ceilán.

Darío, Rubén: sobrenombre de Félix Rubén García Sarmiento (1867-1916), escritor nicaragüense, principal figura del Modernismo.

Datitla: anagrama de la palabra Atlántida, ciudad de Uruguay muy cerca de Montevideo creada por Neruda para ocultar el nombre real del lugar.

Dávila, Pedrarias. V. PEDRARIAS DÁVILA.

Díaz Casanueva, Humberto (1906-1992): poeta y diplomático chileno amigo de Neruda. Premio Nacional de Literatura en 1971.

Diderot, Denis (1713-1784): escritor y filósofo francés de la Ilustración, autor de *La enciclopedia*.

Diederich: nombre comercial de una marca de telares alemanes.

Djibouti: Yibuti, país situado en el Cuerno de África, entre el Mar Rojo y el Golfo de Adén, que Neruda conoce en su primer viaje a Europa en 1927.

Dominique: marinero conocido por Neruda en su viaje por el Golfo de Bengala en 1927.

Don: río de la Rusia europea que desemboca en el mar de Azov.

Eandi, Héctor I. (1895-1965): escritor argentino con quien Neruda mantiene una copiosa correspondencia que es fuente fundamental para conocer su periplo asiático. No se conocerán personalmente hasta 1933.

Ebro: río español que va de la cordillera Cantábrica al mar Mediterráneo.

Edwards Bello, Joaquín (1887-1968): escritor y periodista chileno amigo de Pablo Neruda.

El Mercurio: periódico chileno conservador, publicado en Santiago, en el que Neruda colaboró muy ocasionalmente, en 1924 y 1925.

El Mono Azul: revista publicada en Madrid por el bando republicano durante la Guerra Civil española. Era el órgano de expresión de la Alianza de Intelectuales Antifascistas para la Defensa de la Cultura; contó con las firmas más reputadas del momento, entre

ellas la de Neruda en varias ocasiones.

El siglo: periódico chileno del Partido Comunista de Chile, fundado en 1940, donde Neruda colaboró en numerosas ocasiones, hasta 1973.

El Tiempo: periódico colombiano, publicado en Bogotá, fundado en 1911, en el que colaboró Neruda en los años cuarenta.

Elsinor: ciudad de Dinamarca, donde se desarrolla la tragedia de Shakespeare, *Hamlet* (1601). Así se llamaba también el buque de carga en que Neruda viajó por el Golfo de Bengala en 1927.

Ercilla, Alonso de (1533-1594): soldado y poeta español, fundador de la identidad nacional chilena, mediante su poema épico *La Araucana* (1569-1589).

España peregrina: revista fundada y dirigida por José Bergamín para dar voz a los escritores en el exilio mexicano en la que colaboró Neruda en 1940.

Estocolmo: capital de Suecia. En ella Neruda recibió el premio Nobel de Literatura y se dirigió a los presentes el 13 de diciembre de 1971, con un texto conocido como «Discurso de Estocolmo».

Estravagario: libro de Pablo Neruda que inaugura su tercera época, publicado en 1958. Palabra acuñada por Neruda, similar a *Crepusculario,* que connota un conjunto de extravaganzas y un vagar por distintos lugares.

Extremadura: Comunidad autónoma española situada al suroeste de la Península, vecina a Portugal, de donde procedía Pedro de Valdivia, fundador de Santiago de Chile.

Féval, Paul (1860-1933): escritor francés de novelas de aventuras, de capa y espada.

Floridor: nombre que da Neruda al pájaro tordo.

Franco, Francisco (1892-1975): general español que se sublevó contra la República en 1936 ocasionando la Guerra Civil. Gobernó el país dictatorialmente hasta su muerte.

García Lorca, Federico (1898-1936): poeta y dramaturgo español de la Generación del 27, gran amigo de Pablo Neruda. Fue ejecutado tras el levantamiento militar de la Guerra Civil española.

Gautama V. BUDA.

Girondo, Oliverio (1891-1967): poeta argentino amigo de Pablo Neruda. Se casó con la poeta argentina Norah Lange.

Glenfoster: Barco al que pertenece Arturo Carrión Cornejo, navegante, preso en la cárcel de Iquique, en junio de 1948.

Gómez, Laureano (1889-1965): presidente conservador de Colombia (1950-1953) caracterizado por una política autoritaria. Neruda escribe contra él tres sonetos en 1943.

Góngora y Argote, Luis de (1561-1627): poeta español del Siglo de Oro iniciador de la corriente culta (culteranismo) reivindicada por la Generación del 27.

González, Juan Natalicio (1897-1966): presidente del Paraguay (1948-1949), derrocado por un golpe de estado.

González, Pedro Antonio (1863-1903): poeta y periodista modernista chileno.

González Tuñón, Raúl (1905-1974): poeta vanguardista y periodista argentino; colaboró con la revista *Martín Fierro*. Fue amigo de Pablo Neruda en España.

González Vera, José Santos (1897-1970): escritor chileno, premio Nacional de Literatura, amigo de Pablo Neruda desde 1920.

Gorki, Máximo (1868-1936): pseudónimo del novelista y dramaturgo realista Alekséi Maksímovich Péshkov, que dibujó en sus obras la miseria del bajo pueblo ruso.

Goya, Francisco de (1746-1828): pintor y grabador del barroco tardío español, precursor de la pintura moderna.

Granada, Luis de (1504-1588): escritor y orador español que perteneció a la orden de Santo Domingo. Autor de la *Introducción al símbolo de la fe* (1583).

Greco, El: sobrenombre de Doménikos Theotokópoulos (1541-1614), pintor renacentista español, de origen cretense, que cultivó el estilo manierista y barroco. Sus cuadros se caracterizan por la estilización y alargamiento de las figuras.

Guaitecas: archipiélago localizado en el extremo sur de Chile, en Aisén. Parte de su territorio es un parque natural.

Guillermina: Amiga de Laura Reyes, media hermana del poeta. Neruda le dedicó un poema y bautizó como Guillermina al mascarón de proa de un barco adquirido en Perú.

Hagenaar Vogelzanz, María Antonieta: conocida también como Maruca. Primera esposa de Pablo Neruda, de nacionalidad holandesa. Se casan en Batavia en 1930 y se separan en 1936.

Halles: mercado de productos agrícolas, carnes y pescados en París, actualmente es un centro comercial.

Hernández, Miguel (1910-1942): poeta y dramaturgo español encuadrado entre la Generación del 27 y la del 36; amigo de Pablo Neruda. Muere tras tres años de cárcel durante la dictadura franquista.

Hinojosa, Álvaro Rafael: amigo chileno de Neruda que viaja con él a Oriente en dos ocasiones; una en 1927 y otra en 1928.

Hölderlin, Friedrich (1770-1843): poeta lírico alemán, neoclásico y precursor del romanticismo.

Hong Kong: ciudad-puerto en China de gran actividad comercial, visitada por Neruda en 1928, cuando era posesión británica.

Huantajaya: localidad en el desierto de Atacama, en el norte de Chile, cerca de Iquique, importante por sus minas de plata desde los tiempos de la colonia española.

Huelén: cerro en el centro de Santiago de Chile. Actualmente se llama Cerro Santa Lucía, nombre que le dio el conquistador Pedro de Valdivia.

Hugo, Victor (1802-1885): poeta, dramaturgo y novelista francés considerado el máximo exponente del Romanticismo en lengua francesa.

Ilela: faro situado en el océano Pacífico a la altura de Temuco, al sur de Chile.

Imperial: Nueva Imperial, ciudad cercana a Temuco, en el sur de Chile, a orillas del río Imperial.

Índico: océano que baña las costas de África y Asia. Recorrido por Neruda en 1927, y descrito en sus crónicas.

Indostán: antiguo nombre del subcontinente indio formado por India, Pakistán, Blangladesh, Sri Lanka, Maldivas, Bután y Nepal.

Iquique: ciudad-puerto localizada en la parte desértica del norte de Chile.

Irrawadhy: gran río navegable birmano que atraviesa el país de Norte a Sur, desembocando en el océano Índico, que Neruda conoció en 1927.

Isaacs, Jorge (1837-1895): novelista y poeta romántico colombiano.

Isla de Pascua: isla chilena situada en el océano Pacífico Sur. Famosa por sus esculturas megalíticas llamados moais. Neruda le dedicó el libro *La rosa separada* (1971-1972) después de visitarla.

Isla Negra: pequeño poblado localizado en el litoral central chileno, al norte del puerto de San Antonio. En este lugar pasó el poeta, con Matilde Urrutia, sus últimos días de vida. Ambos están sepultados ahí. Actualmente es Casa Museo de la Fundación Pablo Neruda.

Jalapa: ciudad mexicana cuyo nombre es Xalapa-Enríquez, en el estado de Veracruz, conocida por Neruda en sus viajes a México.

Jalisco: estado mexicano situado en el océano Pacífico, al sur del Golfo de California; recorrido por Neruda en sus viajes.

Janitzio: isla ubicada en el lago Pátzcuaro, en el estado mexicano de Michoacán, localizado en el océano Pacífico; visitada por Neruda en sus viajes.

Jarama: río español, afluente del Tajo, que pasa cerca de Madrid.

Jaramillo Restrepo: apellidos de una ilustre familia colombiana.

Java: isla de Indonesia, muy poblada, que Neruda conoció en 1927-1928.

Jiménez, Juan Ramón (1881-1958): poeta español, de gran influencia en la Generación del 27, que marchó al exilio después de la Guerra Civil. Fue premio Nobel de Literatura en 1956.

Jorobado de París: protagonista de la novela de Victor Hugo *Nuestra señora de París* (1831) también conocida como *El jorobado de Notre Dame*.

Josefina: amiga de infancia de Neruda en Temuco, sur de Chile.

Juan Piesdescalzos: forma genérica de Neruda para referirse a

los quechuas constructores de Machu Picchu.

Kafka, Franz (1883-1924): escritor checo en lengua alemana que, a pesar de no tener una obra demasiado extensa, se le considera una de las figuras más significativas de la literatura moderna.

Kowloon: distrito de Hong Kong, en China, visitado por Neruda en 1928, cuando era posesión británica.

La Guayra: puerto más importante de Venezuela, ubicado muy cerca de Caracas.

La Habana: capital de Cuba. Neruda la visitó por lo menos tres veces. Aparece mucho en su libro *Canción de gesta* (1960), dedicado a Cuba.

La Hora: Periódico chileno vinculado al Partido Socialista de Chile, en el cual colaboró Neruda en diversas ocasiones.

La Nación: periódico del gobierno de Chile, publicado en Santiago, en el que colaboró Neruda con doce crónicas entre 1927 y 1930, durante su primer viaje a Oriente.

La Sebastiana: Casa de Pablo Neruda ubicada en el cerro Florida de Valparaíso. Actualmente, es una Casa Museo de la Fundación Pablo Neruda.

Laho: uno de los jefes en el buque de carga *Elsinor,* en el que Neruda viaja por el Golfo de Bengala, en 1927.

Lamartine, Alfonso de (1790-1869): poeta y político francés del periodo romántico.

Lange, Norah (1905-1972): poeta argentina amiga de Pablo Neruda; mujer del también poeta argentino Oliverio Girondo.

Larco, Jorge (1897-1967): acuarelista argentino casado con María Luisa Bombal.

Larrea, Juan (1895-1980): poeta vanguardista español, adversario de Neruda. En su estancia en América ejerció como crítico literario.

Las montañas ardientes: obra poética de Daniel de la Vega, publicada en Chile en 1919.

Latorre, Mariano (1886-1955): novelista chileno regionalista y estudioso de la literatura chilena, premio Nacional de Literatura; autor de *Zurzulita* (1920).

Laurent: marinero mediterráneo conocido por Neruda en su viaje por el Golfo de Bengala en 1927.

Lautaro (*c*1534-1557): líder militar mapuche en la Guerra de Arauco durante la primera fase de la conquista española. Sus hazañas son narradas por Alonso de Ercilla, en *La Araucana*. También es el nombre de un pueblo ubicado al norte de Temuco, ciudad en la cual Neruda vivió su infancia y juventud.

Lautréamont, conde de (1846-1870): seudónimo del poeta romántico franco-uruguayo Isidore Ducasse, precursor del Surrealismo.

Leoncico: nombre de uno de los perros de Vasco Núñez de Balboa.

Leontes: personaje paterno en *Cuento de invierno,* de William Shakespeare.

Levante: costa mediterránea de la península española.

Lilliput: isla habitada por personas diminutas, creación del escritor satírico irlandés Jonathan Swift (1667-1745) en *Los viajes de Gulliver* (1726).

Loncoche: ciudad al sur de Temuco, cercana al lago Villarrica, conocida por Neruda en su infancia, en el sur de Chile.

Lonquimay: ciudad cordillerana cercana al nacimiento del río Bío-Bío, en Curacautín, sur de Chile, conocida por Neruda.

Los cantos de Maldoror (1869): una de las principales obras poéticas del poeta franco-uruguayo Isidore Ducasse, conde de Lautréamont.

Los cuadernos de Neftalí Reyes: conjunto de los cuadernos escritos por el joven Pablo Neruda, desde 1918 hasta 1920, principalmente. Totalizan unos doscientos poemas. También han sido llamados los *Cuadernos de Temuco* y publicados bajo el título de *El río invisible* (ambas son publicaciones parciales e incompletas).

Los Guindos: barrio de la ciudad de Santiago, Chile, localizado en la parte oriente de la ciudad, hoy día conocido como Plaza Egaña. Neruda tuvo allí su casa con Delia del Carril, su segunda esposa, en la calle Lynch Norte, a fines de los cuarenta y comienzo de los cincuenta.

Los miserables: novela del escritor romántico francés Victor Hugo, publicada en 1862.

Los poetas del mundo defienden al pueblo español: publicación realizada en 1936, en París, por Pablo Neruda y Nancy Cunard en forma manuscrita.

Lota: ciudad productora de carbón de piedra, localizada cerca de Concepción, al borde del océano Pacífico, en el Golfo de Arauco.

Loti, Pierre: sobrenombre de Julien Viaud (1850-1923), escritor francés impresionista, miembro de la Academia Francesa.

Lulú: amiga de Neruda, tal vez hipocorístico de Laura Arrué.

Luque, Hernando de (?-1532): sacerdote español que acompañó a conquistadores como Diego de Almagro y Francisco Pizarro.

Macbeth: tragedia, escrita en 1606 por William Shakespeare, sobre el poder y la ambición.

Machado. V. MACHADO, ANTONIO; MACHADO, MANUEL.

Machado, Antonio (1875-1939): poeta español que fue el máximo representante de la Generación del 98.

Machado, Manuel (1874-1947): poeta modernista español hermano de Antonio.

Machu Picchu: ciudad de los antiguos incas descubierta en 1911. Neruda la visitó en 1943 y algunos años más tarde escribió su poema «Alturas de Macchu Picchu».

Madrid: capital de España. Allí se localizaba la embajada de Chile donde Neruda era embajador en 1936, cuando se desató la Guerra Civil.

Mahoma (570-632): profeta fundador del Islam.

Malasia: país del sureste asiático, cuya capital es Kuala Lumpur, que Neruda conoció en su viaje y permanencia en Oriente, cuando era colonia británica.

Maldoror: V. LOS CANTOS DE MALDOROR.

Mallarmé, Stéphane (1842-1898): poeta simbolista y crítico francés, antecedente de la vanguardia del siglo XX.

Malleco: provincia en el sur de Chile, localizada al norte de Temuco, cuya capital es Victoria.

Malva Marina: única hija de de Pablo Neruda y María Antonieta Hagenaar Vogelzanz.

Mandalay: antigua capital de Birmania, visitada por Neruda en 1927.

Mapocho: río de la Región Metropolitana de Santiago, donde se fundó la actual capital de Chile. Nace en la cordillera de los Andes y desemboca en el río Maipo.

Mar Rojo: mar del océano Índico que comunica con el Mediterráneo a través del Canal de Suez. Neruda lo recorrió en 1927.

María (1867): novela romántica, escrita por el colombiano Jorge Isaacs, sobre un amor juvenil fatal y la naturaleza idílica. También es el nombre que Neruda da a una joven muchacha amada en su juventud.

María Celeste: nombre de un bergantín escocés construido en 1861, que fue descubierto sin su tripulación en 1872. Neruda obtuvo un mascarón de proa que bautizó con este nombre en París, que permanece en la Casa Museo de Isla Negra.

María Elena: ciudad salitrera localizada en el norte chileno a la altura de Tocopilla, en Antofagasta.

María Soledad: amiga de Neruda en su infancia, en Temuco, al sur de Chile.

Marinech: amiga de Neruda a la que conoce en el barco en su primer viaje a Europa en 1927.

Martabán: golfo de Birmania, al este de Rangún. El lugar fue conocido por Neruda en 1927-1928.

Martín Fierro: poema gauchesco en dos partes (1872 y 1879), publicado por el escritor y político argentino José Hernández (1834-1886), volumen que acompaña a Neruda en su viaje por Oriente.

Martinica: isla caribeña de posesión francesa.

Maruca: nombre familiar dado por Neruda a su primera esposa, María Antonieta Hagenaar Vogelzanz.

Marverde, Trinidad (1869-1938): Trinidad Candia Marverde, madrastra de Pablo Neruda.

Marx, Karl (1818-1883): filósofo, economista y político teórico del socialismo alemán. Su doctrina fue llamada marxismo. Junto a Federico Engels, escribe el *Manifiesto comunista* (1848).

Mayab: nombre indígena de la península de Yucatán. Tierra de los elegidos, de acuerdo con las leyendas mayas.

Mayakovski, Vladimir (1893-1930): poeta y dramaturgo ruso,

escritor revolucionario, vanguardista y futurista muy leído por Neruda.

Mediodía: región del sur de Francia que limita con España y los Pirineos.

Melipilla: ciudad chilena situada al oeste de Santiago, capital del país.

Méndez, Concha (1898-1986): poeta y dramaturga española de la Generación del 27. Fue esposa del poeta español Manuel Altolaguirre; que fue amiga de Neruda en Madrid.

Mendoza: ciudad argentina situada a la altura de Santiago de Chile.

Michoacán: estado mexicano situado en el océano Pacífico, al sur del Golfo de California; recorrido por Neruda en sus viajes. Fue el nombre que le dio a su casa de Los Guindos, donde vivió con Delia del Carril.

Mihintala: ciudad en Sri Lanka, antigua Ceilán, visitada por Neruda en 1929.

Mistral, Gabriela: Lucila Godoy Alcayaga (1889-1957): poeta chilena. Premio Nobel de Literatura en 1945. Como profesora de castellano facilitó al joven Neruda numerosos libros, en Temuco, antes de 1920.

Modotti, Tina (1896-1942): famosa fotógrafa italiana, amiga de los muralistas mexicanos. Luchó contra las dictaduras de Sandino y Franco. A su muerte, Neruda le dedica un poema.

Molinari, Ricardo (1898-1996): escritor argentino del grupo de la revista *Martín Fierro*. Asiste a las tertulias nerudianas en Madrid.

Monge: amigo del padre de Neruda, que le hacía regalos al joven poeta.

Montero: supuesto conquistador que acompañaba a Pedro Valdivia en la fundación de Santiago de Chile.

Montmartre: famoso barrio de pintores y bohemios en París.

Morazán, Francisco (1792-1842): pensador y político, luchador por la integración de las repúblicas centroamericanas. Fundó la República Federal de Centroamérica en 1824.

Moriñigo, Higinio (1897-1966): presidente del Paraguay, que fue derrocado.

Mortimer: personaje de *Enrique IV*, obra dramática histórica de William Shakespeare.

Murieta, Joaquín (1829-1853): chileno legendario, conocido como el Robin Hood de El Dorado, en California, en los años de 1850. Su nacionalidad ha sido discutida. Neruda escribe *Fulgor y muerte de Joaquín Murieta* (1965-1967), su única obra de teatro. También aparece en la obra de Neruda, *La barcarola* (1964-1967).

Nacimiento: ciudad ubicada en el Valle Central, al sur de Santiago de Chile, en el área de Arauco.

Nahuelbuta: Cordillera costera chilena que va desde el río Bío-Bío al río Imperial, y que es parte de la Araucanía.

Nankín: ciudad china situada cerca del río Yangtsé, visitada por Neruda en 1928.

Napoli: Nápoles, la ciudad más poblada del sur de Italia.

Naranjo, Margarita: personaje conocido por Neruda en la desértica oficina salitrera de María Elena, localizada en el norte de Chile.

Nayarit: estado mexicano localizado en el océano Pacífico, al sur del Golfo de California; recorrido por Neruda en sus viajes.

Neruda, Pablo: Ricardo Neftalí Eliécer Reyes Basoalto (1904-1973), poeta chileno que recibió el premio Nobel de Literatura en 1971. Nacido en Parral, se crió en el sur de Chile, estudió en Santiago en los años veinte y sirvió luego a la diplomacia chilena, primero en Oriente y después en Europa. Fue comunista gran parte de su vida. Sus obras más reconocidas son *Residencia en la tierra* (1935) y *Canto general* (1950).

Nietzsche, Friedrich (1844-1900): filósofo y poeta alemán, de una gran influencia en los siglos XIX y XX.

Normandía: región del norte de Francia, que llega hasta el borde del Canal de la Mancha.

Nueva York: ciudad estadounidense ubicada en el océano Atlántico Norte, centro financiero, comercial y cultural.

Núñez de Balboa, Vasco (1475-1519): conquistador español que descubrió el océano Pacífico, cruzando el istmo de Panamá. Mandado decapitar por Pedrarias Dávila y Gaspar de Espinosa.

Ñielol: cerro sagrado de los araucanos o mapuches, ubicado en la ciudad sureña de Temuco, donde Neruda vivió su infancia.

O Cruzeiro Internacional: revista quincenal brasileña publicada en Río de Janeiro, de gran circulación en América Latina. Pablo Neruda publicó allí «Las vidas del poeta», en diez partes, del 16 de enero de 1962 al 1 de junio de 1962. Esta primera versión de sus *Memorias* vino a ser parte esencial de la obra póstuma *Confieso que he vivido* (1974).

Ongamira: valle en la provincia argentina de Córdoba, famoso por sus cuevas.

Orinoco: río que nace en Venezuela y es uno de los más importantes del mundo.

Oruro: ciudad boliviana en el macizo andino, situada entre La Paz y Potosí.

Otero Silva, Miguel (1908-1995): escritor y político venezolano, miembro de la generación de 1928, muy amigo de Pablo Ne-ruda.

Pablo: alusión del poeta a sí mismo en la tipología ornitológica que hizo Neruda en *Arte de pájaros* («El pájaro yo»).

Pablo y Virginia: novela sentimental publicada en 1902, del autor francés Bernardino de Saint-Pierre (1737-1814).

Pagoda de oro: también llamada Shiva Dagón, es el templo más célebre, por ser reliquia de Buda, localizado en la ciudad birmana de Rangoon, donde vivió Neruda entre 1927 y 1928.

Paneros: referencia a los hermanos, Leopoldo y Juan Panero, poetas españoles de la posguerra.

Panorama: publicación periódica de Santiago de Chile de 1926, en la cual colaboró Pablo Neruda.

Paraná: río más grande de la cuenca del Río de la Plata, ubicado en el centro del interior del subcontinente sudamericano.

Pararicutín: volcán mexicano llamado también Paricutín, ubicado en el estado de Michoacán; conocido por Neruda en sus viajes.

París: capital de Francia, famosa por su historia y su cultura. Neruda vivió allí varias veces, primero cuando organizó la migración de 2200 españoles a Chile (1937), luego cuando asistió a un Congreso de Intelectuales al salir clandestino de Chile (1949) y después cuando fue embajador de Chile en Francia (1971-1972).

Parral: ciudad del Valle Central de Chile, ubicada al sur de Talca. Lugar de nacimiento de Pablo Neruda (12 de julio de 1904). Allí muere su madre en septiembre de 1904.

Patagonia: región más austral del Cono Sur de América, desde el Seno de Reloncaví (o Puerto Montt), en Chile, hasta el Cabo de Hornos, y equivalentemente, en Argentina.

Patoja: nombre familiar que Neruda daba a Matilde Urrutia, tercera esposa y gran amor de su vida, con el que se refiere a un modo especial de caminar debido a una característica de los pies.

Pátzcuaro: lago ubicado en el estado mexicano de Michoacán, en el océano Pacífico, recorrido por Neruda en sus viajes.

Paysandú: importante ciudad del Uruguay, ubicada en las márgenes del río Uruguay.

Pedrarias Dávila (1460?-1531): Pedro Arias Dávila, conquistador español, que llegó a ser capitán general de Castilla del Oro (Costa Rica, Panamá y Colombia).

Pedro Nadie: nombre con que Neruda alude a sí mismo.

Pedro Páramo: novela del narrador mexicano Juan Rulfo (1917-1986), publicada en 1955.

Pedro Semilla: nombre con que Neruda alude a sí mismo.

Petrarca, Francesco (1304-1374): poeta lírico italiano y gran humanista del Renacimiento, autor del *Canzoniere*.

Pillánlelbún: localidad ubicada al norte de Temuco, en la Araucanía, que Neruda conoció en su infancia.

Pisagua: puerto en el norte desértico de Chile, cercano a Iquique. Fue usado como campo de detención y torturas, especialmente de comunistas, a finales de los años cuarenta. La dictadura militar chilena le dio un uso similar.

Pizarro, Francisco (1476 o 1478-1541): conquistador español del Perú. Fue el primer gobernador de Lima.

Polonaruwa: antigua capital de Sri Lanka, antigua Ceilán; Neruda estuvo allí en 1929.

Pomaire: pueblo pequeño ubicado al oeste de Santiago de Chile, famoso por su artesanía en greda y su gastronomía criolla.

Prado, Pedro (1886-1952): poeta y novelista imaginista chileno, premio Nacional de Literatura.

Prat, Arturo (1848-1879): héroe nacional chileno del combate naval de Iquique, de 1879.

Próspero: protagonista de *la Tempestad* (1611), obra de teatro de fantasía de William Shakespeare.

Puerto Montt: ciudad del sur de Chile ubicada en el Seno de Reloncaví, al final del Valle Central.

Puerto Natales: ciudad austral de Chile, localizada en la Patagonia, más al sur de Punta Arenas.

Pushkin, Alexandr (1799-1837): poeta, dramaturgo y novelista ruso romántico, considerado el fundador de la literatura rusa moderna.

Quepe: pueblo pequeño al sur de Temuco, en Cautín, conocido por Neruda en su infancia.

Quevedo, Francisco de (1580-1645): escritor español, máximo representante del conceptismo, maestro en el uso del lenguaje. Es uno de los poetas predilectos de Neruda, que publicó «Viaje al corazón de Quevedo» en su libro *Viajes,* de 1955.

Quinchamalí: pueblo situado en el suroeste de Chillán, en el Valle Central, conocido por su alfarería.

Quinto regimiento: cuerpo de milicias populares creado por iniciativa de socialistas y comunistas en los primeros años de la Guerra Civil española.

Quisco Sur: zona sur de la ciudad de El Quisco, ubicada al norte de Isla Negra y al sur de Algarrobo, en el Litoral Central.

Racine, Jean (1639-1699): dramaturgo francés, autor de tragedias clásicas.

Rafael: sobrenombre de Rafael Rodríguez Rapún (1912-1937), secretario y último amante de Federico García Lorca, con quien colaboró en La Barraca.

Rana Raraku: cráter volcánico de la Isla de Pascua o Rapa Nui.

Rancagua: ciudad ubicada en el Valle Central, al sur de Santiago de Chile. Lugar del desastre, en 1814, cuando los patriotas insurgentes fueron derrotados por el ejército español.

Rangoon: Rangún, capital de Birmania hasta el año 2005. Neruda vive allí durante 1928.

Rapa Nui: étnia de la isla de Pascua, cuya cultura polinésica es conocida mundialmente por sus moais esculpidos en piedra volcánica.

Regan: segunda de las tres hijas en la tragedia del *Rey Lear* (1605-1606), de William Shakespeare.

Reina de Saba: reina legendaria de Arabia, que según la Biblia, fue a visitar al rey Salomón.

Reloncaví: golfo ubicado en el sur de Chile, que marca el fin del Valle Central; inicio de la Patagonia chilena.

Renaico: pueblo del sur del Valle Central de Chile, ubicado a la altura de la península de Arauco, en la Araucanía.

Rengo: ciudad en el Valle Central de Chile, al sur de Rancagua, su nombre procede de un cacique araucano.

Reyes Candia, Laura (1907-1977): media hermana (por parte de padre) de Pablo Neruda, hija de José del Carmen Reyes Morales y Aurelia Tolrá. Protegió a Neruda frente a los embates del padre, y conservó tres cuadernos manuscritos del período de Temuco.

Reyes Haagenar, Malva Marina Trinidad (1934-1943): única hija de Pablo Neruda, nacida en Madrid del matrimonio con María Antonieta Hagenaar.

Reyes Morales, José del Carmen (1871-1938): padre de Neruda. Era hijo de José Ángel Reyes Hermosilla y Natalia Morales Hermosilla.

Rhodo: personaje masculino del libro *La espada encendida* (1969-1970), que representa a Neruda y es pareja de Rosía Raíz.

Rilke, Rainer Maria (1875-1926): escritor y poeta alemán considerado como uno de los más importantes de la literatura universal.

Rimbaud, Arthur (1854-1891): poeta francés simbolista admirado por Neruda, al que le rinde homenaje en su «Discurso de Estocolmo» al recibir el premio Nobel de 1971.

Roces: apellido utilizado por Neruda para referirse a los emigrados españoles a Chile que en 1939 viajaban en el barco *Winnipeg.*

Rodríguez, Manuel (1785-1818): abogado, político, militar y guerrillero chileno que luchó por la independencia de su país.

Rojas: personaje citado por Neruda.

Rojas Jiménez, Alberto (1900-1934): poeta y escritor chileno de la generación de 1920. Contribuye a la vanguardia con un manifiesto en 1921. Fue director del periódico *Claridad,* de la Federación de Estudiantes de la Universidad de Chile.

Rojas Paz, Pablo (1896-1856): escritor argentino nacido en Tucumán, casado con la poeta argentina Sara Tornú, y amigo de Neruda.

Romeo y Julieta: obra de teatro de William Shakespeare que cuenta la historia de un amor juvenil en el marco de un conflicto entre familias. Pieza traducida por Neruda al español en 1964, que fue representada con gran éxito, por el Teatro de la Universidad de Chile.

Rosa: Rosa Neftalí Basoalto Opazo (1865-1904), madre de Pablo Neruda. Hija de Buenaventura Basoalto Lagos y María Tomasa Opazo Jara. Su nombre perdurará a través de las múltiples menciones al nombre Rosa en la escritura del poeta.

Rosales, Luis (1910-1992): poeta y ensayista español de la generación de 1936, amigo de Neruda en Madrid. Premio Cervantes en 1982.

Rosaura: esposa de Arturo Carrión Cornejo, navegante preso en la cárcel de Iquique, en junio de 1948.

Rosía: personaje femenino del libro *La espada encendida* (1969-1970), pareja de Rhodo, que habitan en el espacio idílico de la Patagonia. Corresponde a Alicia Urrutia, sobrina de Matilde Urrutia.

Rosita: amiga pequeña de infancia de Neruda, en Temuco, sur de Chile.

Rostellaria: nombre de una caracola originaria del Mar Rojo.

Rumay: localidad cercana a Melipilla, en el Valle Central de Chile, en las afueras de Santiago.

Saavedra: apellido utilizado por Neruda para referirse a los emigrados españoles a Chile en 1939, en el barco Winnipeg.

Saba. V. Reina de Saba

Sahara: el desierto más grande del mundo, localizado en el norte de África. Se extiende a lo largo de varios países y divide el continente en dos partes.

Saigón: ciudad vietnamita, actual Ho Chi Minh, visitada por Neruda en 1928.

Saint-Pierre, Bernardino de (1737-1814): novelista y ensayista francés amigo de Rousseau.

Salgari, Emilio (1862-1911): novelista y periodista italiano, autor de novelas de aventuras que acontecen tanto en Oriente como Occidente. Creador del personaje pirata, Sandokán, al cual Neruda alude variadas veces.

Samain, Albert (1858-1900): poeta simbolista francés.

San Basilio: catedral situada en la Plaza Roja de Moscú, Rusia, famosa por sus cúpulas acebolladas.

San Fernando: ciudad del Valle Central de Chile, ubicada al sur de Santiago, famosa por sus viñedos.

San Rosendo: ciudad ubicada en el Valle Central, al sur de Santiago de Chile, cerca del río Bío-Bío.

Sandokán: el tigre de la Malasia, protagonista de una serie de novelas escritas por el narrador italiano Emilio Salgari.

Santiago: capital de Chile, llamada inicialmente Santiago del Nuevo Extremo, fundada en 1541 por Pedro de Valdivia. La casa de Neruda, conocida como La Chascona (en homenaje a Matilde Urrutia, su última esposa) está localizada en los faldeos del cerro San Cristóbal.

Segundo Sombra (1926): *Don Segundo Sombra,* novela gauchesca del escritor argentino Ricardo Güiraldes (1886-1927).

Selva Oscura: área del Valle Central en el sur de Chile, en la Araucanía, cerca de Victoria.

Shakespeare, William (1564-1616): poeta, dramaturgo y actor inglés. Una de las grandes figuras de la literatura universal. Neruda tradujo al español su tragedia *Romeo y Julieta,* en 1964.

Shangai: puerto chino en el océano Pacífico, visitado por Neruda en 1928.

Siam: antiguo nombre de Tailandia, visitada por Neruda en 1928.

Siberia: región del norte y este de Rusia, que va desde los Montes Urales hasta el océano Pacífico.

Es zona de temperaturas muy bajas.

Sierra Maestra: cadena montañosa en el sur oriente de Cuba, donde Fidel Castro, «Che» Guevara y los revolucionarios iniciaron su lucha contra la dictadura de Batista.

Sigiriya: yacimiento arqueológico de Sri Lanka, antigua Ceilán, con un palacio cortado en las rocas, visitado por Neruda en 1929.

Silesia: región de Polonia, que antes perteneció a Checoslovaquia y Alemania.

Simbad: personaje de un cuento (*Simbad el marino*) anexado al original de *Las mil y una noches*.

Sinaí: monte localizado en la península del mismo nombre, y supuestamente, según el *Antiguo Testamento,* el lugar donde el Dios entregó los Mandamientos a Moisés.

Sinaloa: estado mexicano del oeste, en el Golfo de California, visitado por Neruda en sus viajes.

Somoza, Anastasio (1896-1956): dictador nicaragüense, conocido como «Tacho», planeó el asesinato del líder popular Augusto César Sandino.

Sonora: estado mexicano del noroeste, limita con el sur de Estados Unidos; visitado por Neruda en sus viajes.

Stalingrado: actual Volgogrado, ciudad rusa renombrada en honor del dictador soviético, a orillas del río Volga. Neruda le dedica un poema a esta ciudad por su heroica defensa frente al ejército invasor alemán (1941-1942).

Strindberg, Johan August (1849-1912): escritor y dramaturgo sueco, precursor del teatro del absurdo y de la crueldad.

Suárez, Inés de (1507-1580): compañera y pareja del conquistador de Chile, Pedro de Valdivia; mujer de gran arrojo y valentía, que participó en la fundación y defensa de Santiago, luchando contra los araucanos.

Sumatra: Isla indonésica localizada en el océano Índico, conocida por Neruda en 1927-1928.

Tagore, Rabindranath (1861-1941): poeta, novelista, ensayista y músico bengalí. Premio Nobel de Literatura en 1913. Su poesía influyó al joven Neruda, quien escribe algunas composiciones al modo de Tagore.

Talagante: ciudad chilena localizada al poniente de Santiago, la capital del país.

Tambo: casa de diversión, burdel.

Tata Nacho: nombre artístico del músico mexicano Ignacio Fernández Esperón (1892-1968).

Tehuantepec: Istmo mexicano que contiene una selva tropical y alta población indígena, punto más estrecho entre los océanos Pacífico y Atlántico.

Telésfora: Telésfora Candia, tía de Pablo Neruda, hija de Carlos Masson y Micaela Candia y hermana de la madrastra del joven Neftalí.

Temuco: ciudad de la provincia de Cautín, y capital de la Araucanía, en el sur de Chile. Neruda vive allí su infancia y adolescen-

Tybaldo: personaje de *Romeo y Julieta,* tragedia de William Shakespeare.

Ugarte, Eduardo (1901-1955): escritor, escenógrafo y cineasta español, amigo en Madrid de Federico García Lorca y Pablo Neruda.

Ulises: nombre latino de Odiseo, héroe protagonista de la *Odisea* (VIII a. C.), atribuida usualmente a Homero.

Unidad: revista periódica publicada en Santiago de Chile donde colaboró Pablo Neruda en los años cuarenta.

Unión de Pescadores: Organización local o sindicato de pescadores en diversas playas y puertos de Chile.

Ural: río que separa Europa de Asia, nace en los Montes Urales y desemboca en el mar Caspio.

Urales: cordillera montañosa que separa naturalmente Europa de Asia.

Urízar: coronel, símbolo de la represión del ejercito durante la dictadura chilena.

Urrutia, Matilde (1912-1985): tercera y última esposa de Pablo Neruda, nacida en Chillán. Creadora de la Fundación Pablo Neruda en los años de la dictadura militar chilena. A ella le dedicó *Los versos del Capitán* y *Cien sonetos de amor,* entre otras obras.

Urubamba: importante río del Perú, ubicado cerca de Machu Picchu, orientado posteriormente hacia la Amazonía.

Valdés: supuestamente, uno de los conquistadores que acompañaba a Pedro de Valdivia en la fundación de Santiago, Chile.

Valdivia: ciudad chilena, localizada al sur de Temuco, casi en la costa del océano Pacífico y cruzada por el río Calle-Calle.

Valdivia, Pedro de (1497-1553): conquistador español que llegó a Chile después de la expedición de Diego de Almagro. Fundó la ciudad de Santiago, actual capital de Chile, en 1541. Murió en la batalla de Tucapel, en la Guerra de Arauco.

Valle-Inclán, Ramón María del (1866-1936): novelista, dramaturgo y poeta español, miembro de la Generación del 98 y representante del Modernismo peninsular.

Vallejo, César (1892-1938): importante poeta peruano del siglo XX, vanguardista y neoindigenista. Fue también narrador y periodista. Amigo de Neruda, apoyó la República española en 1936.

Valparaíso: principal ciudad-puerto de Chile, localizada en el borde del océano Pacífico; fue fundada hacia 1536. Neruda tuvo allí su tercera casa (hoy museo), llamada La Sebastiana, ubicada en el cerro Florida, desde 1960 en adelante.

Vargas Vila, José María (1860-1933): polémico escritor colombiano, de ideas liberales y críticas.

Vea: revista chilena quincenal noticiosa y miscelánea de marcada presencia fotográfica. Neruda colaboró allí en los años cincuenta.

Vega Central: principal mercado popular (fundado en 1895) de productos agrícolas de Santiago de Chile, ubicado en la ribera norte del río Mapocho.

Vega, Daniel de la (1892-1971): poeta, dramaturgo, cronista y novelista chileno.

Vega, Lope de (1562-1635): poeta y dramaturgo español del Siglo de Oro. Autor de abundantísima obra y creador de la fórmula de la comedia nueva.

Velázquez, Diego (1599-1660): pintor barroco español, autor –entre otras obras– de *Las Meninas* (1656).

Venus y Adonis: poema sentimental, mitológico y pastoril escrito por William Shakespeare en 1593.

Veracruz: ciudad en el Golfo de México, y puerto más importante del país, visitado por Neruda.

Verne, Jules (1828-1905): novelista francés, autor de obras de aventuras y anticipador de la ciencia ficción.

Verona: *Los dos caballeros de Verona* (1590-1591), obra dramática de William Shakespeare, sobre el amor y la amistad.

Versalles: palacio francés clasicista y aristocrático de los tiempos de Luis XIV, sede no oficial del Gobierno.

Victoria: ciudad del sur de Chile, localizada en la Araucanía, al norte de Temuco, conocida por Neruda en su juventud.

Villar, Amado (1899-1954): poeta argentino, amigo de Federico García Lorca.

Villarrica: comuna del sur de Chile, en el Valle Central, que recibe su nombre de un lago y del volcán predominante.

Vistazo: publicación noticiosa chilena que recibió colaboraciones de Neruda en los años cincuenta.

Waldorf Astoria: Cadena de hoteles lujosos; el principal está en Nueva York.

Wangpoo: río de Shangai, China, visitado por Neruda en 1928.

Wellawatta: ciudad de Sri Lanka, antigua Ceilán, donde Neruda permanece en 1929.

Whitman, Walt (1819-1892): poeta y ensayista norteamericano. Muy admirado por Neruda, quien escribió una «Oda a Walt Whitman».

Wilkamayu: en quechua «río estelar sagrado», identificado con la Vía Láctea.

Winnipeg: barco rentado por Neruda para rescatar exiliados españoles y llevarlos desde Francia a Chile, en agosto de 1939.

Wiracocha: Huiracocha, el más importante de los dioses andinos, entendido como ser supremo.

Yucatán: península y uno de los estados mexicanos, localizado en América Central, en el Golfo de México, tierra de la cultura maya visitada por Neruda en sus viajes.

Zapata, Emiliano (1879-1919): caudillo de la Revolución mexicana (1910). Líder de los campesinos del sur de México que solicitaban la devolución de sus tierras.

Zigzag: revista de gran circulación en Chile; Neruda colaboró con ella antes de partir a Oriente; también nombre de una prestigiosa editorial chilena.

Zúñiga: apellido utilizado por Neruda para referirse a los emigrados españoles a Chile en 1939, que viajaban en el barco *Winnipeg*.

ÍNDICE ALFABÉTICO DE TÍTULOS POR OBRA*

* En el apartado final de este índice se recogen los títulos de los textos dispersos.

ÍNDICE DE PRIMEROS VERSOS Y TEXTOS EN PROSA

TABLA

La primera tirada de este libro
se acabó de imprimir
al cumplirse setenta años
de la arribada de Pablo Neruda,
«capitán de tierra firme»,
a Isla Negra

ISBN: 978-1-949061-40-6
Depósito legal: B-18612-2018

Impreso en España – Printed in Spain

Impreso en el mes de octubre de 2018
en los talleres gráficos de Liberdúplex, Sant Llorenç d'Hortons (Barcelona)

AL61406

Penguin
Random House
Grupo Editorial